教育部人文社会科学研究规划基金项目资助（项目批准号15YJA770009）

| 国 | 研 | 文 | 库 |

元明清时期
土司承袭制度研究

李良品——著

光明日报出版社

图书在版编目（CIP）数据

元明清时期土司承袭制度研究 / 李良品著 . -- 北京：光明日报出版社，2021.5

ISBN 978-7-5194-6131-7

Ⅰ.①元… Ⅱ.①李… Ⅲ.①土司制度—研究—中国—元代-清代 Ⅳ.①D691.4

中国版本图书馆 CIP 数据核字（2021）第 099934 号

元明清时期土司承袭制度研究

YUAN MING QING SHIQI TUSI CHENGXI ZHIDU YANJIU

著　　者：李良品

责任编辑：宋　悦　　责任校对：李　兵

封面设计：中联华文　　责任印制：曹　诤

出版发行：光明日报出版社

地　　址：北京市西城区永安路 106 号，100050

电　　话：010-63169890（咨询），010-63131930（邮购）

传　　真：010-63131930

网　　址：http//book.gmw.cn

E - mail：songyue@gmw.cn

法律顾问：北京德恒律师事务所龚柳方律师

印　　刷：三河市华东印刷有限公司

装　　订：三河市华东印刷有限公司

本书如有破损、缺页、装订错误，请与本社联系调换，电话：010-63131930

开　　本：170mm×240mm

字　　数：305 千字　　印　　张：17

版　　次：2021 年 5 月第 1 版　　印　　次：2021 年 5 月第 1 次印刷

书　　号：ISBN 978-7-5194-6131-7

定　　价：98.00 元

课题组成员

主 持 人：李良品（长江师范学院教授）

主研人员：

瞿州莲（吉首大学教授、博士）

彭福荣（长江师范学院教授、博士）

莫代山（长江师范学院教授、博士）

谭清宣（长江师范学院副教授、博士）

李思睿（西南大学讲师、博士）

张万东（四川化工大学讲师、博士）

廖佳玲（北京华图宏阳教育文化发展有限公司云南分公司讲师、硕士）

目 录
CONTENTS

绪　论

土司制度是元明清中央王朝在国家体制下治理云南、贵州、广西、四川、湖广、甘肃、青海等地边远少数民族地区所推行的一种特殊的政治制度。“土司承袭制度”不仅是土司制度的核心内容，而且关系到土司政权的稳定以及中央政府对土司政权的有效管理。

一、元明清时期土司承袭制度研究的缘起与价值

我国的土司制度形成于元代，盛于明代，衰落于清代。土司制度实施区域主要是西南、中南和西北地区，包括云南、贵州、四川、广西、湖广、甘肃等地区，该地区特殊的地理区位和复杂的社会环境促使这些地区各个民族之间或者土司之间相互延伸、接触、交融，从而使该地区的民族关系彰显出丰富的内涵。

（一）元明清时期土司承袭制度研究的缘起

从事元明清时期土司承袭制度的研究，并不是心血来潮和头脑发热，而是时代赋予当代土司研究学者的历史使命和社会责任。

1. 历史存在的土司承袭事象是研究的前提

土司承袭是土司制度能否顺利实施的关键所在。从元明清中央王朝的角度看，皇族实行世袭制是天经地义的事情；在各地土司看来，他们作为地方豪族，与皇族一样实行世袭制也是天经地义的事情。从某种角度来讲，之所以明清时期土司所辖地区乃至整个西南边疆地区的统治相对稳定，是因为明清的土司承袭制度对于稳定起到了十分重要的作用。在元明清时期，土司世代承袭是一个不争的事实，这是研究元明清时期土司承袭制度的前提。笔者根据龚荫先生的《中国土司制度》及《中国土司制度史》的相关内容，曾对中国土司做过不完全统计，各地土司承袭5代以上者，湖南土司36家，湖北土司21家，四川土司129家，云南土司208家，贵州土司164家，广西土司60家，甘肃土司29家，

青海土司22家。如果按照每代25年计算，5代以上，土司承袭也在125年以上。笔者又对土司承袭18代（承袭400年）以上者做过统计，全国土司承袭18代以上的有148家，其中湖广10家，四川13家，云南28家，贵州47家，广西31家，甘肃19家；在这148家土司中，承袭18～29代的有144家，30～39代的有2家，40代及以上的有2家。其中位于四川金川县绰斯甲土司宣抚使承袭41代。上述统计数字说明，元明清时期各地土司世代承袭不仅是常态，而且更是天经地义的事情。元明清时期土司承袭的事象包括世袭、不世袭（或不做世袭）、应袭、袭职、承袭、袭替、保袭、准袭、告袭、请袭、听袭、借袭、代袭、冒袭、争袭、夺袭等情况，虽然这些词语在《蛮司合志》《土官底簿》《明史·土司志》《明实录》《清史稿·土司志》等5部书中出现的频率有差异，但土司承袭事象确是不容置疑的事实。元明清时期土司承袭的事实正是元明清时期土司承袭制度研究的必要前提。

2. 现有保存的土司承袭文献是研究的基础

在土司制度实施近700年的历史长河中，留下了浩如烟海的与土司相关的历史文献资料，其中包括土司承袭制度的文献资料，这些与土司承袭制度密切相关的历史文献成为土司学界研究土司问题的宝贵财富。一是政策法令对土司承袭的规定保存在相关文献之中。如《明会典》卷6“土官承袭”① 条以及同书卷121“土夷袭替”条均对“土官承袭”“土官袭替”“土官就彼袭替”“土官袭替禁例”② 做了严格规定。在《钦定大清会典事例》卷145《吏部·土官》之“土官承袭”③ 条及同书卷589《兵部·土司》之“土司袭职”④ 条对土司承袭均做了相关规定。二是土司承袭过程中的具体时间保存在相关文献之中。元明清时期各地土司承袭的世系、土司内部的争袭、土司承袭违例的处理等具体事件保存在档案、史籍、志书、史料汇编、文集等文献之中，如中央王朝保存的档案、地方档案中就保存了一些朝廷命官处理土司承袭问题的奏疏，这些奏疏对于了解元明清中央政府处理土司承袭事件和治理土司地区很有价值。

3. 过往研究存在的空白是现实研究的必然

土司制度在近700年的实施过程中，承袭制度无疑是其最核心的内容。近80年来土司制度或土司承袭制度的研究虽取得了一定的成就，但与土司制度中

---

① ［明］申时行．明会典：第6卷［Z］．北京：中华书局，1989：31.
② ［明］申时行．明会典：第121卷［Z］．北京：中华书局，1989：626.
③ ［清］昆冈，等．钦定大清会典事例：第145卷［Z］．北京：中国书店，2018.
④ ［清］昆冈，等．钦定大清会典事例：第589卷［Z］．北京：中国书店，2018.

的土兵制度、贡赋制度等的研究相比，还存在诸多空白：一是对土司承袭制度实施过程中元明清中央政府与土司之间的互动、博弈等内容揭示不多；二是土司承袭制度本身的研究尚存在诸如新近承袭土司的程序、土司袭职的手续、土司承袭制度的运行、土司承袭制度的弊端、中央政府对土司从承袭制度方面的驾驭与控制等学术空白；三是对元明清三朝实施土司承袭制度与国家有效管理土司在预期目标、治策设计与施行效果诸方面存在的动态性和差异性探讨不够。针对这些研究空白，组织一批学术功底深厚、研究视野开阔和研究方法新颖的学术团队研究元明清时期土司承袭制度，对深化土司制度研究和国家治理研究不仅可行、必要，而且成为弥补学术研究空白的必然。

（二）元明清时期土司承袭制度研究的价值

任何一个课题或者一门学问的研究，都是因其有价值才引起学者高度的兴趣。元明清时期土司承袭制度的研究，不仅对土司地区的地方史和少数民族史的研究具有重要的价值，而且对学术理论和现实需要均具有重要的价值，因此，引起土司学界的高度重视。

1. 学术理论价值

从学术理论上看，深入研究元明清时期土司承袭制度，有利于深化土司制度和国家治理研究。国家治理是一个国家制度和制度执行能力的集中体现，元明清三代统治者具有“天下观”和“一统观”，他们在土司承袭制度上下足功夫，这不仅为维护土司政权的稳定以及中央政府对土司政权的有效管理做出巨大努力，而且在完善土司制度、加强国家治理方面取得重大成效。元明清统治者在对土司及土司地区进行国家治理的顶层设计、承袭制度、统治手段、达成目标等举措为国家权力在土司地区的深入奠定了坚实的基础。开展元明清时期土司承袭制度研究，既是对元明清时期中国土司制度研究的深化，又是对国家治理体系与治理能力相关理论的充实与完善。在元明清时期土司承袭制度研究的过程中，将土司承袭制度置于元明清三朝国家治理视野下进行考察，对深化土司制度研究、完善国家治理的理论体系、提高国家治理能力具有突出的理论价值。

2. 现实应用价值

从现实运用来看，深入研究元明清时期土司承袭制度，有利于为现实服务。以元明清时期土司制度中的核心内容——土司承袭制度为切入点，从元明清中央政府有效治理土司过程中吸取养分，做到“治官权”（中央政府和省级政府主要执掌选拔、监督和奖惩民族地区官员的权力）和“治民权”（民族地区官员执掌实际管治各地区事务的权力）有机结合，这对于加强中华民族大团结、促进民族地区的和谐发展以及推进民族地区国家治理现代化，具有重要的应用价值。

总的来讲，元明清时期土司承袭制度研究，不仅能够为中国土司制度内孕的土司承袭制度的深入研究奠定坚实的基础，而且能够对元明清时期国家治理体系与治理能力做深入的探讨。更为重要的是，通过元明清时期土司承袭制度的研究，能够为加强中华民族大团结、促进民族地区的和谐发展以及推进民族地区国家治理现代化提供有益借鉴和智力支持。

二、元明清时期土司承袭制度研究的学术史梳理

元明清时期中央政府如何初创、建构、再造土司承袭制度，健全土司制度内部权力体系，稳定土司地区政治社会稳定发展，成为元明清中央政府治理土司及有效管理土司地区的核心举措之一。元明清中央政权介入土司政治时，土司承袭制度就上升到国家高度，并且中央政府也逐渐规范了土司承袭制度。因此，初创、建构与再造土司承袭制度，成为元明清中央政府解决土司政权更迭体系的主要内容。对此，学界关注土司承袭制度也有 80 余年的历史。

（一）专著中的土司承袭研究

最早涉及这个问题的是佘贻泽先生，他在《明代之土司制度》（1936）和《清代之土司制度》（1936）中有“土司之承袭”“清代土司之承袭”等研究内容，这是我国近 80 年来系统而全面研究土司承袭制度的开山之作。凌纯声的《中国边政之土司制度》（1943）中有“土司之袭职”的研究内容，较佘贻泽论述更详细。1944 年，佘贻泽先生的硕士学位论文《中国土司制度》由中正书局出版，成为中国土司制度研究的第一部学术专著。该书除了明代和清代土司承袭制度的相关内容之外，附录中选取的云南丽江县应袭土通判木氏和云南永北县风浪州土知州应袭阿鸿钧承袭清册、川边倬窝（一名竹窝）安抚司之号纸的内容以及清代及“民国”的土司印信，是很多研究土司问题的学者有所耳闻但并未亲见的土司承袭的相关资料，独具价值。①

在西南地区土司制度实施过程中，女子承袭土官是明代的一大特色，自黄开华在《明代土司制度设施与西南开发》中列举了贵州有适尔、奢香、奢社辉等，云南有商胜、安素仪等，广西有瓦氏、庐氏、陈氏等，四川有食卜、安氏、者氏、师克、凤氏、瞿氏、禄氏、奢苏、奢爵、奢禄、奢世统、奢世续以及石

---

① 佘贻泽．中国土司制度［M］．南京：中正书局，1944：204－215.

硅覃氏、秦良玉等①，之后论及女土官执政的论文极为罕见。吴永章的《中国土司制度渊源与发展史》（1988）、李世愉的《清代土司制度论考》（1998）、田玉隆的《贵州土司史》等专著，均有较多内容涉及明清时期土司承袭制度的研究。特别是龚荫先生的《中国土司制度》（1992）和《中国土司制度史》（2012）两部巨著，将不同朝代对土司承袭的规定做了系统梳理。龚荫先生认为，元王朝开始朝廷授予民族酋领的诰敕、印章、虎符、驿传玺书与金（银）字圆符等信物，证明元代完全形成土司承袭制度。明代中央政府除赐予各地土司诰敕、印章及冠带等信物作为承袭土司的凭证之外，还对土司的承袭，做出"皆赴阙受职""承袭人范围""承袭的办法"等规定，如承袭条例规定：一要有当地官员的查核和作保；二要有土司的"宗支图本"、预定承袭人以及承袭的禁例。清代土司承袭职务须按宗支嫡庶次序、规定承袭人年龄、土司承袭的手续（包括顶辈宗图、亲供、地方官并邻封土司印甘各结以及原领号纸详报督抚，由督抚具题请袭等）、"承袭期限"与"亲身赴京"、袭替禁例等，这说明清代土司承袭规定更加完备而严格。②

贾霄锋的专著《藏区土司制度研究》，是迄今为止研究土司承袭制度内容最多、研究最深的著述。其中"藏区土司承袭制度"一节，专门探讨了藏区在明代和清代的土司承袭制度。就明代土司承袭制度看，主要探讨了两个问题，第一，涉及明代宗支图本、结状文书、制定土司承袭人"预为造册"制度、预造土司承袭人名册、诰敕文书、勘合与照会、告袭文簿等土司承袭管理办法；第二，明代土司承袭制度的七大特点：一是明代中央政府严格土司承袭人范围；二是明代中央政府规定土司"袭替必奉朝命，虽在万里外，皆赴阙受职"；三是土司袭职后必须学习明朝礼仪制度；四是土司承袭中的"借职"和"代职"问题；五是土司承袭中的"世袭""不世袭"问题；六是土司"禁例"问题；七是土官纳粟袭职和纳粟备振问题。就清代土司承袭制度的探讨，贾霄锋针对清代对土司承袭制度比明代更加严密和完善的情况，深入研究了两个问题：第一，清代土司承袭制度的调整，主要包括十个方面：一是承袭须按宗支嫡庶次序；二是规定了承袭人的年龄；三是严格土司承袭程序；四是预定袭嗣法和废亲身赴部制；五是规定应袭子弟必须人学习礼；六是实行分袭制；七是废除"土舍头人暨邻封土司甘结"；八是实施文职土司改授土官；九是规定了土司承袭的许

---

① 黄开华．明代土司制度设施与西南开发［M］//余贻泽．台北：学生书局，1968：143－151.

② 龚荫．中国土司制度史（上）［M］．成都：四川人民出版社，2012：114－176.

多“禁例”；十是规定土司代职问题。第二，清代土司承袭文书类型，主要有宗支图本、印信和号纸、甘结文书、诰敕文书、揭贴和草本、委牌等类型，这是清代中央政府为防止承袭过程中的弊端，逐渐完善了土司承袭手续。温春来在《从异域到旧疆——宋至清贵州西北部地区的制度、开发与认同》中探讨了明代中央政府对水西安氏土司在承袭问题上从“更迭而为”到嫡长子继承制以及对“此绝彼继”传统的干预等问题①，很有深度，这是很多土司研究学者尚未关注的问题。

（二）论文中的土司承袭研究

以土司承袭制度作为硕士学位论文的，迄今为止仅有云南师范大学的李钧，他在其论文《清代西南地区土司承袭问题研究》中以西南五省土司的承袭状况作为研究对象，从西南地区明清时期各自出台的土司政策作为出发点，把西南地区的土司袭职情况以及政府对土司袭职的干预作为研究内容，并把改流前后国家对西南地区采取不同政策作为大背景来探讨土司的袭职问题，并分析清王朝在土司袭职过程中的积极作用和不足。最后得出，西南地区的土司承袭问题在清王朝得到了很好的解决，也对土司地区产生了极大的影响，但是整个土司制度也开始逐渐衰落等结论。②

土司承袭制度研究的论文不多见，主要有三种情况：第一，宏观土司承袭制度探讨。李良品在其论文中将土司承袭制度的主要内容概括为六个方面：一是承袭程序；二是承袭文书；三是承袭次序与范围；四是承袭信物；五是承袭变通方法、弊端及处置；六是承袭法规。③ 陈季君则重点论述了清代土司承袭过程中册结的运用问题。她认为，凡土司承袭，首先是提交亲供，调取宗族图册，然后是邻里担保，地方政府逐级审核批准，最终由督抚上报朝廷。册结的运用，使土司承袭制度规范化、有序化，同时也强化了监督机制和责任制，是土司袭替得以正常进行的保证，也是土司制度臻于成熟的标志。④ 近年来，出现了土司分袭制度的研究。尤佳在《试析土司分袭制度创立的历史背景》中认为，清代在实行土司承袭制度的同时，又创立了分袭制度，其最主要原因当是统治者欲

---

① 温春来．从异域到旧疆——宋至清贵州西北部地区的制度、开发与认同［M］．上海：三联书店，2008.

② 李钧．清代西南地区土司承袭问题研究［D］．昆明：云南师范大学，2015.

③ 李良品．中国土司制度与土司文化研究应注意的八个问题［J］．民族学刊，2015，6（03）：79－84.

④ 陈季君．试论清代土司承袭中的册结及其作用［J］．青海民族研究，2016，27（04）：7－12.

进一步加强对土司的管控，更长久地维护土司地区社会秩序的稳定。自雍正元年君臣始论土司分袭之法，至雍正三年九月雍正帝批准建立土司分袭制度，其间雍正帝对土司分袭政策的态度发生了很大变化，这种变化应与当时朝廷的政治形势及受其影响的边疆治策等有密切的关系。① 这种论文目前还不多见。史继忠在论述元明清土司制度时从宏观层面探讨了元明清土司承袭制度的异同（《贵州文史丛刊》1986 年第 4 期）；华林和贾霄锋的研究有异曲同工之妙，均系统深入地研究了明代土司承袭制度的内容、特点和文书类型（《贵州文史丛刊》1994 年第 4 期和《青海民族研究》2012 年第 1 期）。第二，微观论述。土司的袭职与执政，这是土司制度研究中学者们比较关注的话题。罗勇在《明代云南土官袭职制度研究》中重点关注明代云南土官袭职问题，他认为，明代云南土官有选用和世袭两类。选用土官为汉人，世袭土官是土酋。土酋袭职的次序有父子、兄弟、妻子、女婿、叔侄，甚至得到明朝许可后头目也可以袭职。在云南土酋袭职方式的基础上，借鉴明代武职袭职程序，形成了云南土官袭职的基本程序——应袭土官提出申请、头目保举、官员勘合，且应袭者符合年龄条件后可袭职。为避免争袭，应袭土官要接受儒学教育，在职土官要编制宗支图谱。云南土官赴京袭职是明初形成的惯例，但为增强明朝对土官的凝聚力，万历初年便放宽土官袭职条件，不纳粮也可以就地勘合袭职。② 黄明光在《明代南方诸省女土官执政现象研究》中认为，由于政治官职上的借职制度及土官官族内封建宗法形态的发生等原因，明代南方诸省女性贵族人员有世袭土官职权的权力，也有向朝廷申请诰封和率兵外出征战的权力。女性土官掌权后，在抗击倭寇、捍卫国家领土完整，维护民族团结，促进边疆与中原地区物品的交流，发展民族地区教育，修建驿道等方面都起到了积极作用。女性土官为争夺世袭权力，运用土兵进行战争，导致了民族地区战乱，对土官地区人民的正常生活造成了破坏，具有消极作用。该论文将女土官的是非功过论述得十分清楚。③ 以某个具体的土司为个案，仍然是土司学界高度关注的重点。王君义在《试析明代土司承袭制度——以播州杨氏土司为例》中从土司承袭制度角度论证土司承袭制度对土司制度起着十分重要的作用。王君义认为，从元到明，伴随着土司制度的发展，土司承袭制度也日趋完善，突出表现为：土司承袭人的身份与范围有了

① 尤佳．试析土司分袭制度创立的历史背景［J］．遵义师范学院学报，2016，18（01）：16－20.

② 罗勇．明代云南土官袭职制度研究［J］．学术探索，2013（03）：89－98.

③ 黄明光．明代南方诸省女土官执政现象研究［J］．广西民族师范学院学报，2013，30（01）：21－25.

明确的规定，土司承袭的程序更加完备，土司承袭的禁例也愈加严格。在西南地区，播州杨氏土司是明代最具影响力的土司之一，因此，通过研究播州杨氏土司的承袭变迁，可以很好地揭示明朝土司承袭制度推行的情况。① 杨陆在《丽江木氏土司承袭的“任”与“代”问题》中认为，丽江木氏土司共传袭23任，其世系则为21代。木氏奉行嫡长承袭制，但出现了弟袭兄职的例外，承袭的“任”与“代”不一致，加之木氏宦谱记载的差异，造成了许多论著和资料沿相引用中的混淆。木氏传袭宜以“任”计，不宜笼统地以“代”计；或以“共传世××代、××任”来表述，更为明晰。② 刘东海以鄂西土司为个案，探讨了土司承袭问题（《湖北民族学院学报》1989年第3期）；温春来认为，水西土司的嫡长子继承制是明廷介入的结果，主要原因在于安陇富一支对朝廷的恭顺与效忠（《贵州民族研究》2004年第3期）；许新民的《论清咸同起义以来云南土司治策——以承袭与改流为中心》（《云南师范大学学报》2013年第1期），通过翻检晚清光绪朝督抚11宗奏议为个案，集中论述了云南土司袭职的相关情况；廖丽则以商胜、奢香、秦良玉三位女性土司为例，从土司设置及承袭看明代土司制度中女性土司的地位和贡献（《宁夏师范学院学报》2014年第4期）。第三，袭职中的有关问题研究。如张磊专门研究了明代云南土司袭职的困境，他认为，明中期开始，云南土司袭职出现混乱，不少土司无法正常袭职，造成诸多恶劣影响，如地方纷乱、土司土官叛乱、地方离心力加强，甚至影响到近代中缅划界等。影响土司正常袭职的主要因素是吏治腐败（官吏贪腐、积重难返及沐氏与三司矛盾等）和土司纳粟袭职政策。各种因素共同使土司承担大量负担，影响土司正常袭职，而其长期性又使土司产生了离心倾向，甚至威胁到王朝边境的稳定，并造成近代以来中国西南疆土大量丧失等深远影响。③ 土司承袭中的争袭之弊，也是一个十分严重的问题，莫代山结合土家族土司兄弟争袭、姻亲争袭、族人争袭和父子争袭等四种情况，指出争袭给土家族地区在政治、社会等方面造成不良影响（《贵州社会科学》2009年第6期）。

---

① 王君义．试析明代土司承袭制度——以播州杨氏土司为例［J］．遵义师范学院学报，2015，17（05）：13－16.

② 杨陆．丽江木氏土司承袭的“任”与“代”问题［J］．丽江师范高等专科学校，2016（1）：23－27.

③ 张磊．明代云南土司袭职困境研究——兼论明末西南边疆控制的削弱［J］．文山学院学报，2014，27（01）：41－46.

三、元明清时期土司承袭制度研究的内容与观点

土司承袭制度，建立于元代，兴盛于明代，完善于清代。西南、中南和西北地区的土司作为相对独立的地方实权群体，其承袭制度的确立也反映出各地土司不同时期的利益诉求。因此，研究元明清时期土司承袭制度，既是对元明清中央政府初创、建构、完善土司承袭制度的总结，也是对各地土司政权自我调整、适应和发展的历史梳理。

（一）元明清时期土司承袭制度研究的主要内容

有学者认为，所谓学术研究的成果是指由文本所表述的相关学科在探索未知世界、形成新知识的过程中所创造的概念、提出的命题及建构的理论。① 学术的基本内涵是"学"与"术"的表述及其关系的阐释。"学"是指学理，它讲究渊源、承继、发展和创新，自成严密的理论体系；"术"是指方术，探究方法、技术、应用，具有实践性。元明清时期土司承袭制度的研究无疑是一个学术问题，它必须由概念、命题和理论三个方面的内容构成。在具体研究过程中，本书拟通过元明清时期土司承袭制度的研究，彰显出元明清中央政府的土司承袭制度与国家治理，这就是研究所要提炼出的基本理论。深入探讨土司承袭制度，对推进国家治理体系和治理能力现代化提供有益借鉴，当是本书的重心所在。元明清时期土司承袭制度的研究，属于历史学、民族学、政治学、管理学等多学科的综合研究，其主要研究内容分为三篇，具体如下：

第一，基本理论篇。一是探讨元明清时期土司承袭制度研究的意义与价值、国内研究的学术史梳理、元明清时期土司承袭制度研究的主要内容与基本观点。二是探讨土司制度、土司承袭制度等相关理论及相互关系。三是土司承袭制度的实施，主要研究土司承袭制度实施的原因、特点、规律及作用。四是土司承袭制度的发展历程与嬗变，主要探讨土司承袭制度在元代的初创、明代的建构以及清代的再造，重点分析元明清三朝实施土司承袭制度过程中在预期目标、治策设计与施行效果诸方面的动态变化和朝代差异。

第二，土司承袭制度篇。一是承袭程序，包括中央政府委官体勘查核、取具宗支图本、册报应袭子侄名册、官吏人等作保、邻封土司甘结、督抚具题请袭（呈部具奏）、赴阙受职（就彼冠带）等内容。二是承袭文书，主要探讨宗支图本、结状文书、预造名册、诰敕文书、勘合照会、告袭文簿、揭贴和草本

① 曹文彪．概念、命题及理论——简论学术成果的三要素［J］．当代社科视野，2010（11）：32－39.

等文书。三是承袭次序与范围，主要探讨父死子继、兄终弟及、母女袭职、妻婿承袭、叔侄相袭、同族袭职、孙袭爷职、妾媳承袭、兄职妹袭、曾祖母袭孙职、地方官员保举等承袭人次序与范围。四是承袭信物，主要分析土司受职后中央政府赐予承袭土司的诰敕、印信、号纸、冠带、符牌等信物。五是承袭变通方法、弊端及处置，主要探讨中央政府在土司承袭制度上的借职（代职）、越职、捐输授职等变通方法，进而形成冒袭、争袭、仇杀、战乱等弊端，中央政府采取土司不世袭、土司分袭及改土归流等处置办法。六是承袭法规，主要探究元明清时期实施土司承袭制度中的国家法律规定（如收缴前朝信物、规定承袭人年龄及承袭手续、限制承袭时间、规定袭替禁例等），以体现国家在实施土司制度过程中的治理体系与治理能力，彰显中央政府对土司承袭的驾驭与控制。

第三，总结建议与结论篇。一是总结元明清时期实施土司承袭制度进行土司地区国家治理的方略、规律、特点、结果、得失及影响。二是从土司承袭制度实施过程中汲取有益养分，建议在民族地区治理策略上做到“治官权”（中央政府和省级政府主要执掌选拔、监督和奖惩民族地区官员的权力）、“治民权”（民族地区官员执掌实际管治各地区事务的权力）的有机结合，推进民族地区国家治理现代化，为推进国家治理体系和治理能力现代化提供有益借鉴。三是得出土司承袭制度下的国家治理是“国家主导、上下互动、双方博弈”的基本结论。

（二）元明清时期土司承袭制度研究的基本观点

因元明清时期土司承袭制度研究的内容十分丰富，所以，本书在研究过程中，将重点阐述三个基本观点：第一，元明清时期的土司制度是一种“齐政修教”“因俗而治”的政治制度和地方行政管理制度，土司承袭制度是土司制度的核心内容。第二，元明清时期土司承袭制度体现了国家对土司的有效管理始终占据主导地位，各地土司、流官政府在中央政府“因俗而治”的政策指导下共同参与土司地区的国家治理。第三，实施土司承袭制度是元明清时期国家职能在治理体系及治理能力上的体现与彰显，能为当前在民族地区推进国家治理现代化提供有益借鉴与智力支持。

四、元明清时期土司承袭制度的研究思路与方法

深入研究元明清时期土司承袭制度，不仅是土司研究者孜孜以求的期盼，也是一种社会重任。因此，我们必须找到系统的研究思路和研究方法，以便顺利完成这一历史使命。

（一）元明清时期土司承袭制度的研究思路

元明清时期土司承袭制度的研究必须按照“提出问题—理论梳理—事实分析—总结建议—基本结论”的逻辑思路初步拟定。在具体研究过程中，课题组将广泛查阅历史学、民族学、民族史、地方府县志、国家档案馆及地方档案资料，运用历时性方法纵向研究土司承袭制度的历程与演变，运用共时性方法横向研究土司承袭制度的内涵、程序、内容、法规等；综合运用历史学、民族学、政治学、社会学、法学等学科理论，对收集的第一手材料进行加工整理、归纳和分析，通过具体的数据和翔实的资料作定量和定性分析，最后形成学术专著，为当前在民族地区推进国家治理现代化提供有益借鉴与智力支持。

（二）元明清时期土司承袭制度的研究方法

本课题拟运用社会科学研究最基本的研究方法——辩证唯物主义和历史唯物主义方法、田野考察法、历史文献法、比较法等研究方法，并将历史学、民族学、政治学、社会学等学科的基本理论与本课题紧密结合，把握元明清时期土司承袭制度形成的基础、过程、演变、特点，土司承袭制度的内涵、承袭程序、承袭文书、承袭次序与范围、承袭信物、承袭变通处理、承袭法规，探寻元明清时期中央政府对土司的治理体系与治理能力。

对元明清时期土司承袭制度的研究，其中涉及的土司承袭制度与国家对土司的有效管理以及土司地区治理的相关理论的总结提炼、规律性的探讨，无疑是我们遇到的学术理论方面的困难。这些困难必须在清楚地研究元明清三朝中央政府实施土司承袭制度的各项具体内容以及元明清三朝中央政府在民族地区实施土司制度和土司承袭制度过程中运用的民族政策，彰显出来的国家治理体系和治理能力，以及不同时期的不同特点之后才能得到有效解决。在研究过程中，我们也期盼提出一个新的学术观点，即元明清时期土司承袭制度体现了国家对土司的有效管理并始终占据主导地位，各地土司、流官政府在中央政府“因俗而治”的政策指导下共同参与土司地区的国家治理。

五、土司承袭制度相关概念的梳理与界定

根据明清时期记载有关土司问题的重要文献来看，土司承袭的方式方法虽然不尽一致，但土司承袭事象确是不容置疑的事实。土司承袭的事实则成为研究元明清时期土司承袭制度的必要前提。在明清时期诸如《蛮司合志》《土官底簿》《明史·土司志》《明实录》《清史稿·土司志》等重要文献中，记载的各地土司“袭”职概念的用词不尽相同，详见表0-1。

表0－1 明清时期重要文献中“土司承袭”概念一览

文献名称／频次／用词	《蛮司合志》	《土官底簿》	《明史·土司志》	《明实录》	《清史稿·土司志》	合计
世袭	11	292	60	84	151	598
袭职	18	114	31	141	43	347
应袭	3	118	13	51	1	186
承袭	17	36	23	61	9	146
准袭	0	76	0	2	25	103
袭替	8	19	5	19	0	51
告袭	2	37	4	7	0	50
争袭	7	6	11	18	3	45
请袭	6	0	7	21	1	35
保袭	0	26	0	6	0	32
听袭	2	20	0	2	0	24
借袭	1	6	2	1	0	10
代袭	0	1	5	2	0	8
冒袭	2	0	2	2	0	6
夺袭	4	0	1	0	0	5
合计	81	751	164	417	233	1646

从表0－1可见，土司“袭”职概念的用词多种多样，按照使用频率，依次为世袭、袭职、应袭、承袭、准袭、袭替、告袭、争袭、请袭、保袭、听袭、借袭、代袭、冒袭、夺袭。从《明会典》和《钦定大清会典事例》对土司承袭的法律规定条文看，在《明会典》中，或用“土官承袭”①，或用“土夷袭替”（其中包括土官袭替、土官就彼袭替、土官袭替禁例等内容）②；在《钦定大清会典事例》中，或用“土官承袭”③，或用“土司袭职”④。可见，这两部带有

① ［明］申时行．明会典：第6卷［Z］．北京：中华书局，1989：31.
② ［明］申时行．明会典：第121卷［Z］．北京：中华书局，1989：626.
③ ［清］昆冈，等．钦定大清会典事例：第145卷［Z］．北京：中国书店，2018.
④ ［清］昆冈，等．钦定大清会典事例：第589卷［Z］．北京：中国书店，2018.

法律性质的政书，主要用了“承袭”“袭替”“袭职”三个词语。土司承袭一直是研究者不太关注的领域，过往的土司承袭研究中，李钧主要研究清代土司承袭问题，贾霄锋、王君义、华林主要研究明清时期土司承袭制度和文书，葛天博、张磊主要探讨明清土司袭职困境及国家法律控制，莫代山、郭伟和尤佳分析了土司争袭和分袭问题，陈季君探讨了清代土司承袭中的册结问题，土司“袭”职概念属于学界冷门，要研究元明清时期土司承袭制度，有必要对相关概念进行分类梳理与界定。

（一）合法之“袭”

土司承袭是各地土司与中央王朝不断进行政治博弈的结果，土司承袭制度是土司制度体系中的核心内容。土司承袭制度在元代已具雏形，明代已形成法律体系框架，清代已臻完备。《明会典》《礼部志稿》《大清会典》《钦定大清会典事例》《钦定吏部则例》等政书对土司承袭制度的相关法律规定记载十分详细。在上述与土司承袭制度有关的词语中，如“世袭”“袭职”“承袭”“袭替”等词语，它们不仅是叙述承袭的基本事实，也符合法律规定。

1. 世袭

所谓世袭，就是世世代代承袭土司职位。土司世袭就是指某个土司家族世世代代承袭指挥使、宣慰使、宣抚使、安抚使、长官司、土知府、土知州、土知县、土游击、土都司、土守备、土千总、土把总、土千户、土百户、土巡检等职位。从某种角度看，土司承袭是指各地土司将土司的专权一代继一代地保持在自己血缘家庭中的一个社会概念。土司世袭制是模仿我国封建社会中央王朝世袭制的产物。在已知的现有历史文献中，关于土司承袭制度的文献有两种，一是记载有土官世袭基本事实的文献，如明代有曹学佺的《广西名胜志》、过庭训的《本朝分省人物考》、焦竑的《熙朝名臣实录》、雷礼的《国朝列卿纪》、李贽的《续藏书》、钱谷的《吴都文萃续集》、王圻的《续文献通考》、徐溥的《谦斋文录》、徐象梅的《两浙名贤录》、颜季亨的《国朝武功纪胜通考》、佚名的《土官底簿》、朱应登的《凌溪先生集》；清代有鄂尔泰的《（乾隆）贵州通志》、甘汝来的《甘庄恪公全集》、贺长龄的《清经世文编》、穆彰阿的《（嘉庆）大清一统志》、彭绍升的《二林居集》、钱仪吉的《碑传集》、汪森的《粤西诗文载》、王昶的《湖海文传》、吴嵩梁的《香苏山馆诗集》、徐开任的《明名臣言行录》、许鸣盘的《方舆考证》、张英的《渊鉴类函》、朱奇龄的《续文献通考补》；民国时期赵尔巽的《清史稿》。二是记载有土司世袭基本事实的文献，如明代有郭应聘的《郭襄靖公遗集》；清代有嵇璜的《续文献通考》、屠述濂的《（乾隆）腾越州志》、许鸣盘的《方舆考证》、许容的《（乾隆）甘肃通志》、永瑢的《四库全书总目》、张勇的《张襄壮奏疏》、朱寿朋的《东华续录(光绪朝)》等。土司世袭制就是将土司的职衔、职级、职位、辖地以及财产等按照血统关系世代传承，这种传承主要按照父死子继、兄终弟及、母女袭职、妻婿承袭、叔侄相袭等袭职顺序，大凡谋权篡位、抢班夺权等，均不属于世袭之列。

2. 承袭

所谓承袭就是继承和沿袭的意思。《后汉书·孝顺孝冲孝质帝纪》中“孝安皇帝承袭统业”是较早对“承袭”一词的运用。土司的承袭和任职与流官的区别在于，土司不实行任满升迁，而是或父子承袭、或兄弟承袭、或妻妾承袭，实行子孙世代接替，世守其土。各地土司基本上遵循着一套承袭规律，并逐渐形成土司承袭制度。翻检历史文献，我们就会发现，现有文献或是记载土官承袭作为基本事实，如明代有过庭训的《本朝分省人物考》、焦竑的《国朝献征录》、雷礼的《国朝列卿纪》、李默的《吏部职掌》、李贤的《明一统志》、陆应阳的《广舆记》、申时行的《明会典》、沈德符的《万历野获编》、王鏊的《震泽集》、徐日久的《五边典则》、佚名的《秘阁元龟政要》、俞汝楫的《礼部志稿》、张辅之的《太仆奏议》，清代有傅维鳞的《明书》、官府主持编写的《清文献通考》、李绂的《穆堂类稿》、刘锦藻的《清续文献通考》、龙文彬的《明会要》、穆彰阿的《(嘉庆)大清一统志》、钱谦益的《牧斋有学集》、三泰的《大清律例》、沈家本的《大清现行新律例》、沈书城的《则例便览》、万斯同的《明史》、汪森的《粤西丛载》、谢旻的《(雍正)江西通志》、薛允升的《读例存疑》、允裪的《大清会典》、张廷玉的《明史》、朱轼的《大清律集解附例》、李榕的《(“民国”)杭州府志》等；或是以“土司承袭”的名义记载承袭的基本事实，如明代有申时行的《纶扉简牍》，清代有阿桂的《平定两金川方略》、储大文的《存砚楼二集》、鄂尔泰的《(乾隆)贵州通志》、方苞的《望溪集》、甘汝来的《甘庄恪公全集》、官府主持编写的《清通典》《清文献通考》《清通志》《八旗通志》、胡介祉的《茨村咏史新乐府》、来保的《平定金川方略》、李绂的《穆堂类稿》、李元度的《国朝先正事略》、钱林的《文献征存录》、钱仪吉的《碑传集》、阮元的《文选楼藏书记》、素尔讷的《学政全书》、王先谦的《东华录》、佚名的《皇清奏议》、朱寿朋的《东华续录(光绪朝)》，民国时期有杨钟羲的《雪桥诗话》、赵尔巽的《清史稿》等。元明清时期土司承袭制度是沿用封建中央王朝的皇帝继承法，父死子袭；在子之中，又以长子为法定首先继承人。若土官无子，则采取“兄修弟及”，若无子无弟，则妻妾承袭或血叔继位。由此可见，各地土司是同封建帝王一样坚持世代承袭，子子孙孙世代相传，保持独家在当地的统治特权。傅维鳞在《明书》中记载了当时“土官承袭”之规定：“凡土官承袭，地方官体勘明白，别无争袭之人，具宗图申奏承袭。除杂职及妇女外，余皆赴京承袭。”① 这里的土官，既指武职土司，也指文职土司。到了清代，“土官承袭”则主要是指文职土司的承袭，这在《钦定大清会典事例》卷145“土官承袭”条就规定得比较清楚：“顺治初年，定土知府、同知、通判、知州、州同、州判、吏目、知县、县丞、主簿、典史、经历、知事、巡检、驿丞等文职承袭。”② 而武职土司的承袭则成为“土司袭职”③。可见，文职土司和武职土司的承袭，名称出现一定的差异。

3. 袭职

袭职是承袭官职的简称。《明史·职官志一》就有“世官九等，皆有袭职，有替职”之说。这说明，有明一代的袭职已成为新常态。但土司袭职主要存在于清代，因为“土司”一词在清代才广泛使用。现有文献记载土官或土司“袭职”基本事实的文献较多，明代有陈子龙的《明经世文编》、郭正域的《皇明典礼志》、何乔远的《名山藏》、焦竑的《国朝献征录》、孔贞运的《皇明诏制》、雷礼的《国朝列卿纪》、李默的《吏部职掌》、申时行的《明会典》、孙旬的《皇明疏钞》、王圻的《续文献通考》、徐日久的《五边典则》、严嵩的《南宫奏议》、佚名的《秘阁元龟政要》、余子俊的《余肃敏公奏议》、俞汝楫的《礼部志稿》、张瀚的《皇明疏议辑略》、张萱的《西园闻见录》、吴亮的《万历疏钞》，清代有鄂尔泰的《(雍正) 云南通志》和《(乾隆) 贵州通志》、傅维鳞的《明书》、官修的《清通典》、金鉷的《(雍正) 广西通志》、毛奇龄的《蛮司合志》、穆彰阿的《（嘉庆）大清一统志》、三泰的《大清律例》、谈迁的《国榷》、万斯同的《明史》、刑部删定的《大清删除新律例》、徐开任的《明名臣言行录》、许鸣盘的《方舆考证》、薛允升的《读例存疑》、端方的《大清光绪新法令》、傅恒的《平定準噶尔方略》、甘汝来的《甘庄恪公全集》、官府主持编写的《清通典》、何绍基的《东洲草堂文钞》、王先谦的《东华续录（乾隆朝)》和《东华录》、胤祯的《雍正上谕内阁》、郑珍的《（道光）遵义府志》、朱轼的《大清律集解附例》等。清代土司袭职的有关内容在《大清会典》中，《钦定大清会典事例》卷589“土司袭职”条主要记载诸如“宣慰使司、宣抚使司、安抚使司，则有各司使、副使、同知、佥事等衔，招讨使司、副招讨使司、

① ［清］傅维鳞．明书：第64卷［M］．清畿辅丛书本．

② ［清］昆冈，等．钦定大清会典事例：第145卷［Z］．北京：中国书店，2018.

③ ［清］昆冈，等．钦定大清会典事例：第589卷［Z］．北京：中国书店，2018.

长官司，则有招讨使、长官、副长官衔，指挥使司，则有指挥使同知、佥事、正千户、副千户、百户等衔”等不同级别土司承袭职务问题。①

4. 袭替

按照一般的解释，所谓“袭替”就是袭职与替职，也专指袭荫官职。《明史·职官志一》在谈及世官（世袭官吏）时说：“武选掌卫所土官选授、升调、袭替、功赏之事……岁凡六选。有世官，有流官。世官九等，皆有袭职，有替职。”② 这里的“袭职”，应该是按照法律程序，顺理成章地承袭土司职位；“替职”与“袭职”是存在一定差别的。因为“替”字有代替、取代、更换等多个词义，所以，“替职”者就是符合法律程序且随时准备接替原土司的角色的人，或者是随时准备接替原土司的工作、职责、职位的人。记载土官或土司之袭替相关事件的文献众多，如明代有陈子龙的《明经世文编》、郭正域的《皇明典礼志》、焦竑的《焦氏澹园续集》、孔贞运的《皇明诏制》、雷梦麟的《读律琐言》、李默的《吏部职掌》、毛堪的《台中疏略》、申时行的《明会典》、舒化的《大明律附例》、王圻的《续文献通考》、吴亮的《万历疏钞》、徐日久的《五边典则》、徐学聚的《国朝典汇》、严嵩的《南宫奏议》、杨博的《本兵疏议》、俞汝楫的《礼部志稿》、张萱的《西园闻见录》、张岳的《小山类稿》、章潢的《图书编》、郑晓的《吾学编》、朱燮元的《督蜀疏草》，清代有查继佐的《罪惟录》、傅维鳞的《明书》、嵇璜的《续文献通考》、龙文彬的《明会要》、三泰的《大清律例》、沈家本的《大清现行新律例》、孙承泽的《春明梦余录》、谈迁的《国榷》、万斯同的《明史》、薛允升的《读例存疑》、张岱的《石匮书》、张廷玉的《明史》、张英的《渊鉴类函》、朱轼的《大清律例总类》等。这些历史文献中的“袭替者”在原土司病故或年事已高不能胜任土司工作的情况下，只要不犯事，就能够顺理成章地承袭土司职务。

5. 应袭

顾名思义，应袭就是应该承袭父兄土司职位的人员，在历史文献中多与“者”“人员”“子孙”等连用，如“应袭者”“应袭人员”“应袭子孙”，与世子类似。明清两代多用“应袭”一词指称各地土司的法定继承人。各地土司的“应袭者”只是根据中央王朝的土司承袭制度推导出的继承人，并不会获得应袭的告身，除了承袭土司职位的权力，并没有其他特权。在现有历史文献中，记载土官或土司应袭者相关事宜的不乏其例，如明代有陈子龙的《明经世文编》、

① ［清］昆冈，等．钦定大清会典事例：第589卷［Z］．北京：中国书店，2018.

② ［清］张廷玉．明史：第72卷［M］．北京：中华书局，1974：1751.

方孔照的《全边略记》、焦竑的《焦氏澹园集》、孔贞运的《皇明诏制》、雷礼的《国朝列卿纪》、李默的《吏部职掌》、李贤的《明一统志》、申时行的《明会典》、徐日久的《五边典则》、俞汝楫的《礼部志稿》、李化龙的《平播全书》、王圻的《续文献通考》、邹元标的《邹忠介公奏疏》，清代有查继佐的《罪惟录》、鄂尔泰的《（雍正）云南通志》《（乾隆）贵州通志》、贺长龄的《清经世文编》、金鉷的《（雍正）广西通志》、钱仪吉的《衎石斋记事稾》《碑传集》、谈迁的《国榷》、万斯同的《明史》、王先谦的《东华录》、谢俨的《（康熙）云南府志》、曾国荃的《（光绪）湖南通志》、张廷玉的《明史》、素尔讷的《学政全书》、郑珍的《（道光）遵义府志》等。由于土司"应袭者"的特殊身份，他们有时也会被授予除土司职位之外的其他官位。《明会典》对土司应袭者有明确的规定："正统二年奏准，土官应袭者，预为勘定，造册在官，依次承袭。弘治二年，令土官应袭子孙，年五岁以上者，勘定立案。年十五以上，许令袭。如年未及，暂令协同流官管事。"① 这段文字表明，土司应袭者不仅要"预为勘定，造册在官"，而且在五岁以上就勘定立案，年龄达到十五岁才能承袭土司之职。到了清代，规定更为严格："其应袭职者，由督抚查实，先令视事，令司府州邻封土司具结，及本族宗图，原领号纸，咨部具题请袭。"② "雍正三年覆准，土官病故，该督抚于题报时，即核明应袭之人，取其宗图邻封甘结，并原领号纸，定限六月内具题承袭。其未经题具之先，即令承袭之人照署印官例。"③ 这里对土司应袭者的承袭程序做出了明确规定，包括中央政府委"督抚查实，先令视事"以及取具宗支图本、邻封土司甘结等文书。这些文献中提到的"应袭者"，已经取得土司承袭的资格，在一般情况下，他们已经成为法定继承人。

6. 请袭与听袭

研究表明，各地土司要获得土司承袭职位，必须取得承袭资格，成为"应袭者"。之后，"应袭者"又要经历"请袭"或"听袭"的过程。所谓"请袭"，就是"应袭者"申请、请求或请示承袭土司职位，这不仅是"应袭者"对中央政府表示十分尊重，也是一种合法程序。土司"应袭者"从"请袭"到中央政府"准袭"，中间还有一个空窗期，被称为"听袭"，也就是听候、等候或者等待承袭土司职位。从元明清中央政府规定的土司承袭的法律制度看，土司支系、

① ［明］申时行．明会典：第121卷［Z］．北京：中华书局，1989：626.
② ［清］昆冈，等．钦定大清会典事例：第145卷［Z］．北京：中国书店，2018.
③ ［清］昆冈，等．钦定大清会典事例：第589卷［Z］．北京：中国书店，2018.

土司年龄以及承袭程序的合法，都是为了取得土司承袭资格。土司从“应袭者”到实际“承袭者”的过程，不仅是中央政府给予已故土司后代的名正言顺的政治授权的过程，而且也是中央政府将土司承袭人的承袭资格转化为政治人质的过程。

7. 准袭

如前所述，当某个土司符合土司承袭的法律规定，成为“应袭者”，说明其已经取得了承袭土司职位的资格，但其并非就一定能顺理成章地承袭土司职位，这里面还存在诸多变数，诸如“应袭者”犯事，其他人冒袭、越袭、争袭、夺袭等，都会影响“应袭者”是否承袭；此外，还有一种可能，就是中央政府是否准袭。一般来讲，“准”字具有允许、许可的意思，同时还有依照、依据的意思。也就是说，所谓“准袭”也就是中央政府依照、依据土司承袭相关的法律法规，允许或许可“应袭者”承袭土司职位。据笔者不完全统计，在《土官底簿》《明实录》《清史稿·土司志》三种历史文献中，对土司“准袭”有103次之多的记载。可见，中央政府允许各地土司后代顺利履行土司职务，承袭土司权力，实际是对各地土司履职过程是否忠诚的考验评估和政治交换。

8. 告袭

在明代陈九德的《皇明名臣经济录》、黄训的《名臣经济录》、孔贞运的《皇明诏制》、李默的《吏部职掌》、申时行的《明会典》、万表的《皇明经济文录》、王世贞的《弇州山人四部续稿》《弇州四部稿》、王恕的《王端毅公奏议》、佚名的《皇明诏令》、佚名的《土官底簿》、张萱的《西园闻见录》，清代鄂尔泰的《（乾隆）贵州通志》、冯苏的《滇考》、顾炎武的《天下郡国利病书》、嵇璜的《续文献通考》、金鉷的《（雍正）广西通志》、毛奇龄的《蛮司合志》、三泰的《大清律例》、屠述濂的《（乾隆）腾越州志》、万斯同的《明史》、汪森的《粤西诗文载》、夏燮的《明通鉴》、谢俨的《（康熙）云南府志》、刑部删定的《大清删除新律例》、薛允升的《读例存疑》、张廷玉的《明史》、朱轼的《大清律集解附例》等文献中都提到各地土司“告袭”之事。所谓“告袭”就是各地土司在中央政府“准袭”且自己顺利地承袭土司职位之后，非常严肃、严正或郑重地告诉中央政府承袭土司一事。

上述所列八种情况，都符合法律规定，也就是说，各地土司无论是承袭程序、承袭文书，还是承袭次序与范围、承袭年龄等均无懈可击，各方面都具备承袭资格。所不同的是，前四种并非按照承袭程序，只要符合承袭次序与范围，办理了相关的承袭文书，各方面无懈可击，就一定能够承袭土司职位。后面四种不仅要符合法律规定，而且还必须按照法律规定以及相关程序才能承袭土司职位。这就意味着土司具备承袭资格到顺利承袭土司职位，其中必须实现从特殊身份认同到实际行使权力的转变。

（二）借力之“袭”

按照土司承袭制度的规定，在有的情况下，虽然某个具体土司符合土司承袭的相关法律规定，但在承袭过程中，往往要借助他人力量才能得以顺利承袭，这主要有以下几种情况。

1. 保袭

明代方孔照的《全边略记》、徐日久的《五边典则》、佚名的《土官底簿》、何孟春的《何文简疏议》、何乔远的《名山藏》以及清代汪森的《粤西诗文载》《粤西丛载》、夏燮的《明通鉴》、阎镇珩的《六典通考》等历史文献对土官保袭的相关事宜均有记载。《明会典》卷6“土官承袭”条载：“（弘治）五年，令十年内，曾在本处上司具告者，亦准袭。（弘治）十八年，罢土官纳粟袭职例，令照旧保勘，起送赴京袭职。”同时又规定：“（万历）十三年题准，土官病故，应袭土舍，具告该管衙门，即为申报。……其土舍自不告袭，故违至十年之外者，即有保结，通不准袭。”① 这两处“保”，是对某应袭土司身份的真实性作保证或负责的人。其中，“保勘”就是核查勘定以及担保的意思；“保结”则是明清时期某土司的邻封土职、目把、里老、生妇、地方夷众、地方医生等写给官府的担保应袭土司身份、行为清白或符合某种法律规定条款的文书。这种具有保结性质的文书称为“结状”，也就是明清时期各地土司向官府出具的表示证明、担保某土司情况是否属实的文书，它是确保“应袭者”到时能够顺利承袭土司职位的有力凭据。如云南耿马县档案馆保存的《土官承袭格式》，其中就保存了很多种结状的格式，如：

> 目把、里老各结式七张
>
> 具结状，某土职目把、里老某某等，今于台前与结状，实结得某土职应袭某，系已故土官某正妻某氏亲生长子，于某年某月某日某时生，现年若干岁，例应承袭父职，管理地方，族无争袭之人，夷众悦服，并无乞养、异姓、庶出、诈冒违碍等弊，结状是实。
>
> 光绪某年某月某日具结状某土职目把、里老某某。②

---

① ［明］申时行．明会典：第6卷［Z］．北京：中华书局，1989：31.

② 土官承袭格式［Z］．现存于云南省耿马傣族佤族自治县档案馆．

如有一份“保结”原文如下：

保结

云南顺宁府属耿马宣抚司管下土目等为循例投具保结事，今于与保结，实结得现今循例报袭，耿马宣抚司土职罕华基，实系现任土司罕荣升正妻放氏于同治拾二年拾壹月初捌日酉时亲生长男，现年拾陆岁，俟后例应顶袭父职，族无争竞之人，夷众悦服，并无过继、乞养、冒名顶替、血脉不正、浮诈违碍等弊，倘有虚捏、掩饰、私情、异端，土目等甘罪无辞，理合预先投具保结，俟后现任宣抚司恐有事故，以杜争端，所结是实。

光绪拾肆年六月某日具保结土目宋正文　宋正华　宋仁　宋义　南送彩　南耀彩　南正礼　南正元①

据云南耿马县档案馆保存的《土官承袭格式》可见，“保袭”耿马土司“应袭者”的就是邻封土职、目把、里老、地方夷众、医生、收生妇等人。他们必须对应袭土司的身份、行为清白或是否符合法律规定条款等做出担保。可见，即便应袭土司符合相关法律规定，如果不借助邻封土职、目把、里老、地方夷众等人的力量，也不能顺利承袭土司职位。

2. 借袭

所谓借袭，是指元明清时期土司在承袭过程中，土司“应袭者”或因年幼、或因身体原因不能正常任职，由其亲属或他人暂时署理土司各种日常事务。其是等待“应袭者”成长后或身体治愈后能正常理事时再还职的一种特殊形式的土官承袭方式。② 土司承袭中的借袭制度的初始目的在于填补土官、土司袭替过程中所出现的空缺，其目的是保障各地土司世袭的延续，确保土司政权的连续性。“借袭”也称“借职”。《蛮司合志》中在记载车里宣慰使司土官刀氏家族承袭顺序时对“借职”一词有解释：“暹答死，子刀更孟袭职。刀更孟死，子刀霸羡幼，叔父刀怕汉请暂典州事，俟刀霸羡长，还之，谓之借职。既而刀怕汉亦死，怕汉妻恃势，请以女土官借职，不许。密召前夫子刀弄冒为暹答孙哺，请袭职，竟于永乐十五年袭宣慰使，而以刀更孟之弟刀双孟为土同知。”③ 在《明史·土司志》中有“安万镒死，他的儿子阿写年幼，朝廷任命安万铨借袭宣

① 土官承袭格式［Z］. 现存于云南省耿马傣族佤族自治县档案馆.

② 颜丙震. 明代土官借袭现象释析［J］. 贵州民族研究，2016，37（12）：182－186.

③ ［明］毛奇龄. 蛮司合志：第8卷［M］. 清乾隆（1736－1795）刻本.

慰使职务”的记载。《土官底簿》之“乌撒军民府土官知府”条以及朱燮元的《黎州土官袭替疏》中均有关于“借袭”[①] 相关事宜的记载。土司的“借袭”制度，不仅遵循了土司承袭制度中的先嫡后庶、先亲后疏的承袭规则，而且极大地保障了明清时期土司承袭制度的贯彻落实，并使之成为土司承袭制度的补充和完善。当然，土司“借袭”问题如果家族内没有协调机制，容易引起土司承袭纠纷甚至内部战争和连年仇杀。

3. 代袭

在明代，曾出现过“霭翠亦死，妻奢香代袭”[②] 以及明洪武十四年（1381）宋钦去世，因子宋诚年幼，由赎珠（刘叔贞）代袭其职并照顾幼子的事情。代职主要是因为原土官老疾，或因其他事宜，暂时不能处理土司的日常事务，而委任承袭人或其亲属代替、代领或代办土司衙门的日常事务。明代这种情况较多，如洪武二十四年（1391）云南丽江木氏土司木德去世后，其子木初应当袭职，但是由于木初当时守巨津州石网与西誉接境，袭职后不能署理土务，西平侯沐英就请“以初弟为千夫长代守石门”，结果，“从之”。（《续文献通考·四裔考·西南夷》卷240）明代车里宣慰使也有过“代袭”之事：“天顺二年六月……壬申，命故车里宣慰使司宣慰使刀更猛子三宝历代袭父职。初，刀更猛死，三宝历代随母金氏嫁头目刀思弄，掌管车里地方。思弄死，其子霸羡遂袭其职。霸羡死，诸夷欲保三宝历代继之，而霸羡弟板雅忠等不从，遂构兵作乱，朝廷命三司官往抚之，且勘知其事，故有是命。”（《明英宗实录》卷292）据《明史·土司志》记载，由于明清时期西南地区多有瘴气现象存在，很多流官不愿意到西南地区（尤其是云南、广西两省）任职，当地很多土司不向中央政府请示借袭或代袭之事，而自相冠带，最终导致干戈四起，战争不断。

上述三种情况虽然都符合土司承袭相关的法律规定，均需要借助他人力量才能使土司顺利承袭，但是，它们之间是存在区别的。保袭是确保土司“应袭者”顺利上位，而后两者在实施过程中如果处理不当，就会导致土司家族的内乱，甚至引起战争。

（三）违法之“袭”

在《蛮司合志》《土官底簿》《明史·土司志》《明实录》《清史稿·土司志》等书中，记载冒袭、争袭和夺袭相关事宜计有56次之多，特别是“争袭”竟达45次，这无疑说明明代争袭事件频发，对社会稳定造成重大影响。

---

① ［明］朱燮元．黎州土官袭替疏［Z］．钦定四库全书影印本．

② ［清］张廷玉．明史［M］．北京：中华书局，1974：8169.

1. 冒袭

按照字面的意思，所谓“冒袭”就是冒名顶替承袭土司职位。由于有明一代，土司承袭制度不够健全，各地土司乘机“冒袭”土司职位之事时有发生。如《蛮司合志》就记载奢崇明“以族人冒袭”① 的相关事情。该书在叙述庆远土舍发展演变的历程时说：“庆远土舍韦富挠……洪武初，富挠遣土目韦钱保诣阙，上故元所授东兰州印贡方物，时钱保欺谩，故匿富挠名，而谩以己名上之，朝廷不察，即以钱保为东兰知州，奉朝命赴任，阳阳设施，富挠无如何。既而钱保以征敛暴急虐土民，土民不服，乘富挠怏怏，遂召众挟富挠称乱，官军进讨之，先擒其党。韦公焕力言钱保冒袭不平，土民激变有所自。于是，乃奉间，执钱保去官，而勒富挠戴罪，责后效，置余党不问。”②《明史》载：天顺“三年，巡抚叶盛奏：田州叛目吕赵势愈獗，杀知府岑鉴，占据地方，伪称太平王，图谋岑氏宗族，冒袭知府职事”③。此外，《明史》还有关于“并令安疆臣约束尧臣归本土司，听遥授职衔，不许冒袭陇职”④ 相关事情的记载。“冒袭”之事频繁发生，不仅是制度设计本身存在一定的漏洞或缺陷，法律规定存在瑕疵，更重要的是，“冒袭”事件会给土司家族造成混乱，甚至造成当地社会的不稳定。

2. 夺袭

“夺”字有强取、争先取到、竞取、用力冲开的意思，也就是抢到本不该属于自己的东西的意思。所谓“夺袭”也就是强取到本不该属于自己承袭的土司职位。《蛮司合志》卷3《贵州（二)》载：“都匀部苗王阿向……先是，阿向之祖，世袭土官，忽为平浪王仲武先人用计夺袭，遂为世仇。而阿向亦复与仲武争印割地相攻杀，于是有凯口之役。”⑤《蛮司合志》卷9《云南（二)》载：“木邦宣慰罕襟者，利宝井所有，特以爱女曩罕弄妻司歪。罕襟死，孙罕宠立，嗜酒好杀。曩罕弄自恃姑行，思夺袭，结族人与争，不得。”⑥ 该书同卷又载：“武定……凤继祖，即凤朝文养子也。初，凤朝明死，其子凤诏以幼袭，令诏母瞿氏护印，而凤诏又死。继祖名阿伦，至是，遂更名继祖，欲以夺袭，而瞿氏

---

① ［明］毛奇龄．蛮司合志：第7卷［M］．清乾隆（1736－1795）刻本．
② ［明］毛奇龄．蛮司合志：第12卷［M］．清乾隆（1736－1795）刻本．
③ ［清］张廷玉．明史［M］．北京：中华书局，1974：8245.
④ ［清］张廷玉．明史［M］．北京：中华书局，1974：8054.
⑤ ［明］毛奇龄．蛮司合志：第3卷［M］．清乾隆（1736－1795）刻本．
⑥ ［明］毛奇龄．蛮司合志：第9卷［M］．清乾隆（1736－1795）刻本．

不许，请从土妇袭职例，令诏妻索林承袭，复使索林又娶妇，为后袭计。"[①] 从上面三个例子可见，一般情况下，大凡"夺袭不得"或"欲夺袭"而未成功，或许只是相互之间产生一定的矛盾而已；历史告诉我们，凡是通过不正当的手段"夺袭"土司职位者，后面一定会爆发内乱或局部战争。

3. 争袭

元明清时期，各地土司争袭现象时有发生，从表面上看，是因为"土司常有多妻，嫡庶之争，为其乱源，又兼妇女可得承袭，为祸更大"。[②] 但究其实质，土司争袭的根本原因有四：第一，土司制度赋予土司的特权是元明清各地土司争袭的直接动力[③]。众所周知，在土司制度下，土司是统治区域内的"土皇帝"，是一切生产资料的拥有者和土民的最高行政长官，拥有财政、行政、法律等诸多方面的特权。如："土司所到之处，土民皆下跪迎接，土司出，其仪卫颇盛，土民见之，皆夹道伏。即有遣责诛杀，惴惴听命，莫敢违者"[④]，这些特权的存在本身就是巨大的诱惑。第二，土司承袭制度本身存在承袭者众多和无序两大弊端。虽然中央政府规定了土司承袭有父死子继、兄终弟及、母女袭职、妻婿承袭、叔侄相袭、同族袭职、孙袭爷职、妾媳承袭、兄职妹袭、曾祖母袭孙职、地方官员保举等次序，但由于特权的诱惑太大，很多人在土司承袭上"不讲规矩"。针对这种现象，方国瑜先生早已指出："由于土官乏嗣，其族中皆可继承，争执乃起。因无次序规定，故遇土官乏嗣，同室操戈。"[⑤] 第三，土司袭职过程中虽然有相关部门的保结文书，但在实际操作中，或者由于流官的渎职疏慢，或者出于流官的随意索贿，不为土司保结，导致一些土司长期不得袭职，以致"土官子孙承袭，有积至二三十年不得职者"[⑥]，这就更加助长了土司争袭的可能。第四，朝廷官员不能主持正理，不依法，不按照承袭次序，造成土司争袭。仅在播州杨氏土司的发展历程中，就有杨友、杨爱争袭的例子。据《遵义县志》记载："明代第二十四世土司杨辉宠爱庶子杨友，企图废嫡长子杨爱，立友为宣慰使，安抚使宋韬等不保结，不得已立杨爱。杨友与长官张渊阴谋刺杀爱不成，捏造言词，罗织谋反罪诬告杨爱，朝廷派侍郎何乔新至播州勘

---

① ［明］毛奇龄．蛮司合志：第9卷［M］．清乾隆（1736－1795）刻本．

② 佘贻泽．明代之土司制度［J］．禹贡，1936（11）．

③ 莫代山．明清时期土家族土司争袭研究［J］．贵州社会科学，2009（06）：127－132.

④ ［清］周来贺．桑植县志·杂识：第8卷［Z］．同治十一年（1872）刊本．

⑤ 方国瑜．中国西南历史地理考释［M］．北京：中华书局，1992.

⑥ 李良品，等．二十五史西南地区土司史料辑录［Z］．北京：中国文史出版社，2006：273.

处；张渊论斩，杨友谋篡位，论死罪，撤去宣抚使职，发保宁城羁管。”① 在这场争袭事件中，还爆发了杨爱、杨友官城大战。《遵义县志》载：明成化十九年(1483)，播州宣慰使杨辉死，其次子杨友欲夺其兄杨爱官职，大战于火烧舟场侧之官城（今遵义县新舟镇），死者万余，杨友败亡。② 不久之后，悲剧再一次重演，据《遵义县志》载，二十七世杨相宠庶子杨煦，企图以煦袭职，嫡长子杨烈与其母张氏兴兵驱逐杨相，相死于水西。杨烈向水西土司安万铨索要父尸，安要挟杨烈归还水烟、天旺地。烈得尸悔约，杀水西长官王黻，与李保构怨，两方土司兴兵仇杀达十年。③ 总的来讲，这两次争袭事件均给当地各族人民带来深重灾难。

在各地土司发展的历程中，违背法律规定发生的冒袭、夺袭和争袭事件，不仅影响较大，而且极为深远。这里有两点值得注意：第一，任何土司家族发生争袭事件，不仅会给土司家族内部带来巨大冲击和分裂，而且随着争袭事件影响的扩大，还会给当地土民带来深重的苦难。第二，违背法律规定的冒袭、夺袭和争袭事件的频繁发生，也促进了明清中央政府进一步健全和完善土司承袭制度，加强土司地区管理，甚至推动改土归流的实施。

六、土司制度与土司承袭制度的关系

土司制度作为元明清时期中央政府在西南、中南和西北少数民族地区实施的一种管理制度，具有整体性和宏观性的特点。而土司承袭制度作为土司制度内孕的一项子制度，具有局部性和微型性的特点。无疑地，土司制度与土司承袭制度之间存在着密切的关系。

（一）土司制度的界定

笔者曾发文认为，土司制度是封建王朝在边疆民族聚居地区和杂居地带实行的封闭自治的地方政治制度。封建王朝对内附的各民族或部落的首领封以官爵，赐以名号，对其世袭统治辖地百姓，实行中央王朝对民族地区的间接统治；各民族首领承认自己是中央王朝委派的官吏，领地属于封建王朝，同时服从军事征调，按期缴纳相应的贡赋。④ 经过数年的深入研究，笔者认为这个解释不完

① 贵州省遵义县志编纂委员会．遵义县志［Z］．贵阳：贵州人民出版社，1992：1209.
② 贵州省遵义县志编纂委员会．遵义县志［Z］．贵阳：贵州人民出版社，1992：766.
③ 贵州省遵义县志编纂委员会．遵义县志［Z］．贵阳：贵州人民出版社，1992：766.
④ 李良品．历史时期重庆民族地区的土司制度［J］．重庆邮电大学学报，2011，23(03)：106－112.

全正确。笔者认为，土司制度是一种“齐政修教”“因俗而治”的政治制度，是元明清王朝在国家治理观念下逐渐实现国家统一与地方自治的地方行政管理制度。这个解释不仅指出推行土司制度的时间和制度性质，而且重点强调了土司制度的实施是在国家主导下进行的。与唐宋时期的羁縻制度相比，土司制度完全纳入中央政府对地方行政管理的体系之中，中央政府赋予各地土司统治的合法性，允许土司世袭，授予土司相应的职衔及品级，并颁发诰敕、印信、号纸等信物，土司则承认中央王朝统治的合法性，且与中央政府正常的隶属关系，并“额以赋役，听我驱调”①，履行土司承袭的各种文书。同时，中央政府对西南、中南及西北地区的土司实行严格的管理与考核，无论某个土司是恭顺还是叛逆，各地土司所管辖的“一亩三分地”永远属于行省管辖，这个性质从元代至清代都没有改变。

（二）土司承袭制度的界定

元明清时期土司承袭制度体现了国家对土司的有效管理始终占据主导地位，各地土司、流官在中央政府“因俗而治”的政策指导下共同参与土司地区的国家治理。元代中央政府对土司承袭制度的形成，具有开创“世袭其职”之功，也就是说，元代确定了土官土司世袭其职的一个基本原则。元代土官一经授职，即为世袭。元代的土官承袭制度，虽然不如明清时期完备，但已基本形成。明代土司承袭制度已经基本完备。明代各地土司不仅涉及主管单位有兵部和吏部之分，而且应袭之人也有嫡庶之别。各地土司承袭且不说涉及“应袭者”的主次、承袭的程序与手续、诰敕及印信、号纸等凭据，单是“土官册报”之事就十分复杂，如明代规定“土官衙门造册，将见在子孙尽数开报。某人年若干岁、系某氏生、应该承袭。某人年若干岁、某氏生、系以次土舍。未生子者，候有子造报。愿报弟姪若女者听，布政司依期缴送吏、兵二部查照”。② 到了清代，“承袭之时，应袭者开具祖宗三代亲册、亲供及邻封土司具结，再由朝廷查验无异时，始发给号纸。土司应袭者于领得号纸后，乃正式为土司。”③ 土司承袭制度的运行研究存在诸如新近承袭土司的程序、土司袭职的手续、土司承袭制度的弊端、中央政府对土司从承袭制度方面的驾驭与控制等学术空白。因此，必须加强元明清土司承袭制度的研究。

土司承袭制度不仅是土司制度的核心内容，而且关系到土司政权的稳定以

① ［清］张廷玉．明史［M］．北京：中华书局，1974：7981.

② ［明］申时行．明会典：第6卷［Z］．北京：中华书局，1989：31.

③ 佘贻泽．中国土司制度［M］．南京：正中书局，1944：40.

及中央政府对土司政权的有效管理。因此，元明清中央政府均十分重视土司承袭问题，故在《明会典》《礼部志稿》《大清会典》《钦定大清会典事例》中对土司承袭制度的内容有详细记载。如《明会典》卷121对“土官袭替”“土官就彼袭替”“土官袭替禁例”“夷人袭替”等制度规定记载尤为详细。[①]《钦定大清会典则例》卷30《土官》[②] 则对土司承袭的嫡子承袭、承袭年龄、族人护理以及“土官支庶子弟”分袭、降等分管、再降等分管分袭等相关问题规定得十分具体、明确，不会让人产生歧义。笔者认为，土司承袭制度是元明清中央政府主导并实施的土司制度的分项制度之一，是元明清中央政府对西南、中南和西北地区土司施行的地方行政管理制度。这个界定，不仅有具体的时间、空间，而且强调了它是国家主导下的土司制度的分项制度以及地方行政管理制度。土司承袭制度是沿用元明清中央政府的皇帝继承法，父死子袭；在众多儿子中又以长子为法定继承人。若土官或土司无子，则采取“兄终弟及”的办法；若无子又无兄弟，则实行“血叔继位”的办法。土司承袭制度包括土司承袭程序、承袭文书、承袭次序与范围、中央政府颁发给土司的承袭信物、承袭变通方法及处置、承袭相关法规等。这些规定就是为了让各地土司明白，凡承袭土司，必须按照这些制度执行，绝不含糊，没有伸缩余地和空间。

（三）土司制度与土司承袭制度具有整体与局部的关系

系统哲学认为，对于局部与整体的关系必须以整体观去看待，应把局部与整体看作一个系统问题。局部是构成整体的系统要素之一，每一个整体都是由若干局部所构成。对大多数系统而言，内部存在着等级，本身是一个多层次系统。系统的整体性必须依赖局部才能存在，脱离了整体的局部不再是原来意义上的局部，同“离开了身体的手不再是手”是一样的道理。我们不能简单地放大局部的意义与作用，也不能抽象地看待整体。由此可见，整体和局部之间是一种辩证的关系。整体统筹局部，局部服从于整体；在整体的统筹下，局部又要有一定的变化，从而让整体更加丰富。根据这一哲学原理，笔者认为，土司制度与土司承袭制度之间也存在着整体与局部的关系。具体来讲，主要体现在两个方面：一是整体统筹局部和局部服从于整体的关系。土司制度包含十分丰富的内容，诸如土司职官制度、土司承袭制度、土司朝贡制度、土司赋税制度、土司升降制度、土司赏罚制度、土兵征调制度、土司教育制度、土司礼仪制度、土司分袭制度、土司安插制度。也就是说，土司制度是一个复杂的整体，它统

① ［明］申时行．明会典：第121卷［Z］．北京：中华书局，1989：626.

② ［清］乾隆．钦定大清会典则例［Z］．乾隆十三年（1748）抄本．

筹着上述各个局部的分项制度。二是整体统筹下的局部变化关系。上述所列的各个分项制度，只是土司制度的一个局部而已，它必须服从于整体的土司制度，各个分项制度是在整体统筹下的局部关系。但是，每一个属于局部的分项制度也不是一成不变的。如土司信物制度，明清两代就存在差异。明代中央政府赐给西南、中南和西北各地土司的信物主要有诰敕、印章、冠带、符牌等；而清代中央政府赐给各地土司的信物有诰命、敕命、印信，新增了号纸，省去了冠带、符牌等信物。

由此可见，土司制度与土司承袭制度之间确实存在整体与局部的关系，这就要求我们在研究元明清土司制度时既要着眼于立足整体土司制度的研究，追求系统研究和整体研究的最佳效应，又要重视和充分注重各个分项制度的深入研究，注意各个分项制度的特点、规律和时空差异、民族差异。

总之，元明清时期土司承袭制度的研究是在探讨相关学术理论的基础上，认真分析元明清时期土司承袭制度发展演变的历程，采用多学科视野和多种研究方法，围绕土司承袭制度的主要内容展开基础理论研究，并提出一些有利于推进民族地区国家治理现代化的建议。虽然元明清时期土司承袭制度研究是一项艰巨的任务，但只要我们不忘初心，就能产出无愧于时代、无愧于历史、无愧于社会的学术著作。

第一章

世袭其职：土司承袭制度的实施

元明清时期土司世袭其职是中国封建社会“世袭制”的体现。“世袭制”就是将名号、爵位以及财产等按照血统关系世代传承，这种传承主要有“家长”的传承和诸侯国的传承。“家长”的传承主要是父系传承。也就是说，君主与君主之间可能有血缘关系，但不一定就是直系，有的是兄传弟、叔传侄。土司制度中的核心就是“世袭其职”，本章拟讨论土司承袭制度的生成逻辑、表象特征和影响等问题。

第一节　土司承袭制度的生成逻辑

土司承袭制度作为土司制度的核心内容，它与土司制度的形成、兴盛及消亡相伴始终。如果按照“存在即合理”理论来分析，土司承袭制度存在近700年，这说明土司承袭制度也是合理的。这里拟结合元明清中央政府在土司承袭制度实施过程中的相关情况，探讨土司承袭制度的生成逻辑。

一、皇族世家的引领

我国封建社会的2000多年中，均实施的是世袭制。所谓“世袭制”，就是封建君王去世或下台之后，将皇帝的职位传给自己的儿子。世袭传子施行于国家形成之后的自秦朝到清朝的所有朝代。世袭制度是指某政权一代继一代地保持在某个血缘家庭中的政治制度，其基本做法就是将名号、爵位及财产等按照血统关系世代传承，这种传承主要有封建王朝的传承、诸侯国的传承以及地方土酋的传承。封建王朝的传承必须有血缘关系，或父子传承、或兄弟传承、或叔侄传承等。至于抢班夺权、谋权篡位等情况，则不在世袭之列。

从秦朝以降的各个政权变化的形式看，世袭继承主要是同一王朝内的政权传承；从政权更迭传承的主要手段看，中央王朝的世袭传承尽管不完全排斥宗室内或君臣之间的残杀，但呈现出政权之间是一种平和过渡的表象；从跨越的朝代与持续的时间看，皇权世袭是封建王朝政权更迭传承的主要形态。因此，

“立子以贵不以长，立嫡以长不以贤”，既是封建世袭制度的指导原则，也是封建王朝王位继承的指导原则。“立子以贵不以长”，主要是为了确保正房在家族财产与权力上的主导地位，预防有能力觊觎正室之子继承权的偏房子嗣的觊觎企图，这就决定了偏房的子嗣即使年龄大于正房的子嗣，也不能继承家族的财产、地位与权力。“立嫡以长不以贤”，主要是在确定了正房继承制度的前提下，规定正房之子嗣继承权的排序遵照长子优先原则，这适用于与长房并列的偏房子嗣的继承。由此可见，封建王朝的世袭继承主要遵循的原则有两个：亲亲原则（也就是“立子以贵不以长”原则）和尊长原则（也就是“立嫡以长不以贤”原则）。尊长原则以亲亲原则为前提，二者皆与尚贤原则相对立。采用亲亲原则和尊长原则来解决王位继承问题，这就导致封建最高统治者的王位世袭在人选上陷入范围越来越狭窄的局面。在一定程度上讲，皇族世家的引领对土司职位的承袭起着主导作用。从西南、中南和西北地区土司职权世袭看，它是封建社会皇家世袭继承制度的一种统治现象，是将家庭、家族中诸多事宜与国家政权职能相结合。土司家族是封建王朝皇室家族的微缩版，承载了地方政权治理功能。国家政权稳定、巩固离不开土司家族的支持；一个时代的文化传承、发扬光大依赖各地土司的薪火相传。封建皇帝作为全国的皇帝可以世袭，按照上行下效之理，土司作为地方的土皇帝，世代承袭，也是理所当然的事情了。

二、中央政府的规定

翻检文献得知，元代西南、中南少数民族聚居地区基本上是以“土人”为官的基层地方政权。李思聪在《百夷传》书中提道：元世祖忽必烈平云南后，在云南少数民族地区“皆设土官管辖”　（钱古训撰《百夷传》作“各设土官”）①。此处虽然说的是云南的情况，而实际在西南少数民族地区，元代普遍是以“土人”为官了。元王朝在西南少数民族地区基层地方政权中实行的“皆设土官”的政策，事实上为土官承袭制度的初创奠定了坚实的基础。

元代土官承袭土职，必须经中央政府允准方可承袭，土官一经授职，即为世袭。一是土官承袭制度的批准。《元史》卷 26 载：延祐六年（1319）夏四月壬辰，中书省臣言：“云南土官病故，子侄兄弟袭之，无则妻承夫职。远方蛮夷，顽犷难制，必任土人，可以集事。今或阙员，宜从本俗，权职以行。”制曰：“可。”② 这是元代土司承袭制度之初创，即在坚持“子侄兄弟袭之”的血

---

① 钱古训撰，江应樑校注．百夷传［Z］．昆明：云南人民出版社，1980：50，146.

② ［明］宋濂．元史：第26卷［M］．北京：中华书局，1976：589.

缘基础上增加了“无则妻承夫职”和“宜从本俗”等内容，从制度上实现了传统“血缘”承袭办法与土司地方社会实际的首度结合。据《元史》卷29载：泰定元年（1324）十二月癸丑朔，“以岑世兴为怀远大将军，遥授沿边溪洞军民安抚使，佩虎符，仍来安路总管；黄胜许为怀远大将军，遥授沿边溪洞军民安抚使，佩虎符，致仕，其子志熟袭为上思州知州。降诏宣谕，仍各赐币帛二”。① 从上面两则材料看，在云南边地的地方礼俗中，盛行父死子继、兄终弟继、叔死侄继、夫死妻继的土官世袭制度。这种土官世袭制度，后来不仅被明清中央政府沿袭，而且成为明清土司制度的核心内容。二是土官承袭制度从边疆地区向内地少数民族地区延伸推广。《元史》卷35载：至顺二年（1331），“以前东川路总管普护子安乐袭其父职”②。从历史文献中可知，元代土官的承袭事先须报经朝廷，准许之后才能袭职。《元史》卷8载：至元十三年（1276），“佥书四川行枢密院事昝顺言：绍庆府、施州、南平及诸蛮吕告、马蒙、阿永等，有向化之心。又播州安抚杨邦宪、思州安抚田景贤，未知逆顺，乞降诏使之自新，并许世绍封爵，从之”。③ 如果土官不经朝廷批准而擅自袭职，朝廷则要兴师问罪。《元史》卷11载：至元十七年（1280），“亦奚不薛病，遣其从子入觐。帝曰：‘亦奚不薛不禀命，辄以职授其从子，无人臣礼。宜令亦奚不薛出，乃还军’”④。总之，元代土官承袭制度属于初创时期，制度较为模糊宽泛，执行不甚严格。

明代中央政府制定了一套完整的土司承袭办法并逐渐完善，该办法基本上延续嫡长子继承为主，以孙、婿、妻、舍人（土司家族）、女及外亲等继承为补充的“先嫡后庶，先亲后疏”承袭原则，而且土司应将承袭之人依次呈报。在呈请袭职时，要取上司印结、本人宗支图及邻境保结等文书方能承袭。对于明代土官承袭，清代桂林府通判汪森在其笔记中记载了嘉靖、万历年间土官承袭制，“嘉靖七年例，土官病故，其应袭儿男查勘无疑，止令以官，男孙名色就彼袭替，权管地方。俟著有功劳，然后授以冠带；俟功劳再著，然后授署职；俟功劳屡著，然后实授本职。嘉靖九年，土官衙门造册，将见在子孙，尽数开报。某人年若干岁，系某氏生，应该承袭；某人年若干岁，某氏生，系以次。土舍未生子者，候有子造报。愿报弟侄若女者，听布政司送吏、兵二部查照。嘉靖

① ［明］宋濂. 元史：第29卷［M］. 北京：中华书局，1976：652.
② ［明］宋濂. 元史：第35卷［M］. 北京：中华书局，1976：791.
③ ［明］宋濂. 元史：第8卷［M］. 北京：中华书局，1976：171.
④ ［明］宋濂. 元史：第11卷［M］. 北京：中华书局，1976：227.

二十八年例，应袭土舍，曾经调遣，效有功劳者，暂免赴京。就彼冠带署印，管束夷民，待后功劳显著，方许实授。万历二十年，三院会议，土舍初袭，照旧小帽管事。三年后，若守法奉公，兵粮完足者，给冠带。至六年、九年，劳绩愈彰，渐次议加，署职实授。如有恣肆不检，仇邻构兵，及钱粮兵马负欠逾期，追夺示罚，仍置立宗枝文簿印贮辖属该道。遇土官嫡妻生子，限一月内具报该府，报道填注，用为日后勘袭左券，以杜争端。万历二十二年例，土官土舍，与民间子弟不同，一经援纳，假借大冠，交结生事，麋扰地方，深为未便通行。"① 由此可见，明代土司承袭，必须具有委官体勘查核、取具宗支图本、册报应袭子侄名册、官吏人等作保、邻封土司甘结、督抚具题请袭（呈部具奏）、土司赴阙受职（或就彼冠带）等程序和手续。这说明，明代土司承袭制度的立体构建，有助于促使各地土司谨遵承袭程序，严格履行各种相关手续。

有清一代的土司承袭制度是对明代土司承袭制度的继承和发展，在许多方面与明代有相似之处，这里举一例予以说明。

少保兵部尚书兼都察院右都御史总督云南贵州广西三省等处地方军务兼理粮饷世袭三等阿思哈尼哈番加十二级纪录二次臣鄂尔泰谨题：为土司承袭事。

该臣看得，广西太平府龙英土知州赵作晋，于雍正七年十二月初七日病故。先据布政使详报，经臣批行查明应袭之人，取具亲供宗图、册结详题去后，兹据布政使元展成详称，查赵作梁系已故土知州赵作晋同父亲弟，作晋病故无嗣，作梁应承袭兄职，众心悦服，并无搀越情弊，取有亲供宗图、印甘各结、该司加结，详送前来。臣覆查无异，相应题请，将赵作梁准其承袭龙英土知州之职。将宗图册结及已故土官赵作晋原领号纸送部外，臣谨会题请旨。雍正八年十一月初八日题。十二月十九日奉旨："该部议奏"。②

这里不仅沿袭了明代兄终弟及的承袭顺序，制作了"亲供宗图、印甘各结、该司加结"等土司承袭文书，而且也履行了"将宗图、册结及已故土官赵作晋原领号纸送部"等土司承袭程序，说明该土司的承袭是合法承袭。但清代土司

① ［清］汪森．粤西丛载校注［Z］．南宁：广西民族出版社，2007：1053－1054.

② 中国第一历史档案馆．鄂尔泰谨题为土司承袭事［A］．清代土司档案图像号：063－505.

承袭制度比明代更加完善、严密和严苛。如《钦定大清会典则例》卷47有载：

> 凡土司，曰指挥、曰宣慰、曰宣抚、曰安抚、曰招讨，各以其长为使，惟长官司不置使，指挥使而下，其等七：宣慰使司，其等四；宣抚使司、安抚使司，亦如之。招讨使而下，其等二，长官司亦如之。加等者至指挥使、宣慰使则止焉；降等者各于其司。凡土职皆世其袭。①

清政府甚至规定："土官亲生之子，未满十五岁者，该督抚题明注册，将土司事务，委族人护理，俟其子长成，具题承袭。"② 尤其是"降一级留任"或"降三级留任"降级制度、"分管疆土"的分袭制度的实施以及号纸的使用，彰显了清代土司承袭制度在明代的基础上的调整与转型。

三、历史经验的借鉴

元代的土官土司，一经授职即为世袭。《元史》卷82《选举二·铨法上》载：至元十九年（1282），奏拟：

> 万户、千户、百户物故，视其子孙堪承袭者，依例承袭外，都元帅、招讨使、总管、总把，视其子孙堪承袭者，止令管其元军。元帅、招讨子孙为万户，总管子孙为千户，总把子孙为百户，给元佩金银符。病故者降等，惟阵亡者本等承袭。③

《元史》卷26载：延祐六年（1319），"中书省臣言：'云南土官病故，子侄兄弟袭之，无则妻承夫职。远方蛮夷，顽犷难制，必任土人，可以集事。今或阙员，宜从本俗，权职以行。'制曰'可'"。④ 元代大的土官土司，须先报经朝廷准许后方可袭职。据《元史·世祖本纪五》载：至元十二年十二月，"佥书四川行枢密院事昝顺言：'绍庆府、施州、南平及诸蛮吕告、马蒙、阿永等，有向化之心。又播州安抚杨邦宪、思州安抚田景贤，未知逆顺，乞降诏使之自新，

① ［清］昆冈，等．钦定大清会典事例：第47卷［Z］．台北：新文丰出版公司，1976：501.

② ［清］昆冈，等．钦定大清会典事例：第145卷［Z］．台北：新文丰出版公司，1976：6997.

③ ［明］宋濂．元史：第82卷［M］．北京：中华书局，1976：2038.

④ ［明］宋濂．元史：第26卷［M］．北京：中华书局，1976：589.

并许世绍封爵，从之”①。土官土司倘若不经朝廷准许擅自袭职，朝廷则要兴师问罪，如《元史》卷11载：至元十七年（1280），“亦奚不薛病，遣其从子入觐。帝曰：‘亦奚不薛不禀命，辄以职授其从子，无人臣礼。宜令亦奚不薛出，乃还军”②。从总的来看，元代的土官土司承袭制度，主要还是“从本俗”行事，即按照“子侄兄弟”及“妻”的次序袭替，远不如明清时期完备的土司制度严格，这反映了土司制度草创时期的特点。

元代中央王朝任命土官后，均赐予诰敕、印章、虎符、驿玺书、金银符作为信物。其作用在于统摄土官部落。土官一经授职，即为世袭。但为了便于管理，元代中央王朝，对土官的任命、承袭、升迁、惩罚等均有严格规定。据《元史·世祖本纪五》载：至元十二年十二月，“佥书四川行枢密院事昝顺言：‘绍庆府（今重庆市彭水县）、施州（今湖北恩施）、南平（今重庆市南川区）及诸蛮吕告、马蒙、阿永等，有向化之心。又播州安抚杨邦宪、思州安抚田景贤，未知逆顺，乞降诏使之自新，并许世绍封爵，从之”；《元史·文宗本纪五》载：“禄余言于四川行省：‘自父祖世为乌撒土官宣慰使，……素无异心。”而土官子孙世代相继的结果，形成了元代的“世袭土官籍”。土官既是世袭，当然就需要规定承袭次序。因此，元代规定，土官的承袭之法，主要“从本俗”行事，即按照“子侄兄弟”及“妻”的次序袭替，这反映了土司制度草创时期的特点。

明初新土司袭职过程中，虽然又有一些新的规定，如应袭者必须年满15岁，未及者必须暂令“协同流官管事”；准备袭职者，必须先“申报抚按勘明”，还须有同族保结，待该管衙门查明情况属实后，再由布政司“代为奏请”。批准后，应袭者还要赴京受职，换取号纸。弘治年间又规定：“以后土官应袭子弟悉令入学，渐染风化，以格顽冥。如不入学者，不准承袭。”③ 但基本上是在借鉴元代土司承袭经验的基础上的一些改革。

第二节 土司承袭制度与国家治理

明清时期土司制度的实施不仅使土司在土司区取得了合法的统治地位，而

① ［明］宋濂．元史：第8卷［M］．北京：中华书局，1976：171.
② ［明］宋濂．元史：第11卷［M］．北京：中华书局，1976：227.
③ ［明］申时行．明会典：第6卷［Z］．北京：中华书局，1989：31.

且为中央政府对土司地区的强性控制和国家权力在土司地区乡村社会的不断延伸铺平了道路。在明清时期国家实施的土司制度中，土司承袭制度是其核心内容。虽然土司政权与国家政权之间在土司制度实施过程中始终存在着博弈或冲突甚至战争，但中央政府自始至终掌控着各地土司的承袭，换言之，国家在土司地区的治理中始终占据主导地位，起着决定性的作用。国家治理是国家制度和制度执行能力的集中体现，明清统治者在土司承袭制度上下足功夫，这不仅为维护土司政权的稳定、土司地区社会稳定以及中央政府对土司政权的有效管控做出巨大努力，而且在完善土司制度、加强国家治理方面取得重大成效。

一、明清时期土司承袭制度中国家治理的举措

明清时期各地土司的承袭，事关中央政府对土司政权的有效管控以及土司地区的长治久安。建构土司承袭制度、完善土司制度与土司政权的内部权力体系逐渐成为明清中央政府治理土司的核心举措。当国家权力介入土司地区时，土司承袭制度就上升到国家制度的高度，在中央政府的管控下逐渐规范。从现有文献看，明清中央政府除了在朝廷、行省、府州县设置相关机构（如中央政府的兵部武选清吏司、吏部验封清吏司以及行省的布政司、按察司、都司等）对土司承袭加强管理外，其举措主要体现在五个方面。

（一）中央政府颁布土司承袭法规

明清统治者在建构土司承袭制度过程中颁布了一系列承袭法规以体现国家的治理体系与治理能力，彰显中央政府对土司承袭的驾驭与控制。其承袭法规主要包括收缴前朝信物、规定承袭人年龄及承袭手续、限制承袭时间、规定袭替禁例等。在收缴前朝信物方面，大凡遇到改朝换代，土司要归降新政权，到新的王朝去请袭时，必须上缴前朝的信物。《明实录大明太祖高皇帝实录》载：洪武元年（1368）三月，“壬申，克全州。……道州万户吴友孙、宁远州土官李文卿、守蓝山县元帅黎茂陵等，俱遣人请降，纳元所授印章宣敕。”① 朝廷制定和颁布承袭法规，一方面是为了体现各地土司承袭的合法性和正统性，另一方面是为了中央王朝以及当地流官驾驭和控制各地土司有法律依据可循。

（二）中央政府控制土司承袭相关程序

明清政府十分重视土司的承袭，设定了一系列项目繁多的承袭流程和操作严格的核查机制，试图通过土司承袭程序的实施与控制强化中央政府对土司的

① 明实录·大明太祖高皇帝实录：第31卷［Z］. 台北：“中央研究院”历史语言研究所，1961.

管理。《明会典》载："凡各处土官承袭。……务要验封司委官体勘，别无争袭之人，明白取具宗支图本，并官吏人等结状，呈部具奏，照例承袭。移付选部附选，司勋贴黄，考功附写行止，类行到任。见到者，关给札付，颁给诰敕。"《明会典》即有呈部具奏、移交附选、司勋贴黄、颁给诰敕等承袭流程，又有验封司委官体勘、官吏人等结状等核查机制。到了清代，也大体如此。《钦定大清会典则例》载："顺治初年定，……其应承袭之人，由督抚具题，将该土官顶辈宗图、亲供、司府州邻印甘、各结及原领敕印，亲身赴部，由部核明，方准承袭。"① 总的来讲，明清中央政府制定的这套委官体勘查核、取具宗支图本、册报应袭子侄名册、官吏人等作保、邻封土司甘结、督抚具题请袭、赴阙受职（或就彼冠带、亲身赴部）、兵部或吏部核明等承袭程序，体现了明清政府先进的国家治理理念和较强的地方管理能力。

（三）中央政府规定土司制作承袭文书

明清中央政府虽然对土官、土酋加以任用，让其世袭其职，但在土司承袭前的文书制作上却做出了明确规定：凡土官应袭者必须具亲供册，备载先世事迹、应袭职务、宗支、年龄、所领辖之境界、人口及贡赋钱粮数目等，且有邻近土职具结证明书。这些规定一直延续到清末及民国时期。亲供册又叫宗支图本，实际就是土官族谱世系，是各地土司承袭的主要依据。明代土司承袭，一是要承袭人"明白取具宗支图本"②、"体勘应袭之人，取具结状宗图，连人保送赴部，奏请定夺"。③ 二是要具备邻近土司以及地方官勘验承袭人的嫡亲确认该土司"别无争袭之人"的"结状文书"。否则，就不准继承土司职位。清代的承袭，也大体相同。《钦定大清会典事例》卷 145"土官承袭"条载："其应袭职者，由督抚查实，先令视事，令司府州邻封土司具结，及本族宗图，原领号纸，咨部具题请袭。"④ 明清中央政府一方面通过"宗支图本""结状文书"等承袭文书落实对土司承袭的管理；另一方面又通过预造应袭名册、制作告袭文簿等承袭文书来弥补土司承袭中土司家族制作宗支图本和土司族人、邻近土司以及地方官吏结状文书造假的缺陷。《明会典》卷 6"土官承袭"条载："凡土官册报应袭。……先具应袭子侄姓名，开报合干上司。……预取应袭儿男姓

---

① ［清］来保．钦定大清会典则例：第 110 卷［Z］．乾隆十二年（1747）抄本．

② ［明］申时行．明会典：第 6 卷［Z］．北京：中华书局，1989：31.

③ ［明］申时行．明会典：第 6 卷［Z］．北京：中华书局，1989：31.

④ ［清］昆冈，等．钦定大清会典事例：第 145 卷［Z］．台北：新文丰出版公司，1976：6997.

名，造册四本，都、布、按三司各存一本，一本年终类送吏部备查。”① 万历年间规定：“凡土司告袭，所司作速勘明，具呈抚按，核实批允，布政司即为代奏。该部题选，填凭转给，就彼冠带袭职……抚按仍设告袭文簿，将土舍告袭、藩司代奏日期，登记明白，年终报部备考。”②《钦定大清会典事例》卷589“土司袭职”条也规定：“顺治初年，定……其应承袭之人，由督抚具题，将该土官顶辈宗图亲供、司府州邻印甘各结，及原领敕印，亲身赴部，由部核明，方准承袭。”③ 总之，中央政府规定土司制作相关的承袭文书，实际上是为了防止土司在承袭过程中的作弊、假冒、争袭等弊端的出现。这一做法，体现了明清中央政府对土司在承袭过程中的有力监督。

（四）中央政府限制土司家族承袭次序

众所周知，家族“血缘”纽带是封建社会解决世袭问题的政治原则与基本特色。明清中央政府在治理土司的具体措施上也以家族血缘世袭为主。《明史》卷72《职官一》“土司之官”条载：土司之官，“其子弟、族属、妻女、若婿及甥之袭替，胥从其俗。”《明会典》卷121“土官袭替”条载：“洪武二十七年，令土官无子、许弟袭。三十年，令土官无子弟，而其妻、或婿，为夷民信服者，许令一人袭。”④ 这是明朝中央政府规定的土司承袭人范围。具体而言，明清中央政府在土司承袭次序问题上，依然采取与汉族相同的亲属次序和从其俗的姻属、族属次序。《钦定大清会典事例》卷145“土官承袭”条载：顺治初年定，“凡承袭之土官，嫡庶不得越序，无子许弟承袭，族无可承袭者，或妻或婿，为夷众信服者，亦许承袭……如土官受贿隐匿凶犯逃入者，革职提问，不准亲子承袭，择本支伯叔兄弟、兄弟之子继之。若有大罪被戮，即立夷众素所推服者，以继其职。”⑤《钦定大清会典事例》卷589“土司袭职”条载：“顺治初年定，土官无子者许弟袭，无子弟，许其妻或婿、为夷民所信服者一人袭。”⑥ 由此可见，明清时期土司承袭的次序主要有父死子继、兄终弟及、母女袭职、妻婿承袭、叔侄相袭、同族袭职、孙袭爷职、妾媳承袭、兄职妹袭、曾祖母袭孙职、

---

① ［明］申时行．明会典：第6卷［Z］．北京：中华书局，1989：31.

② ［明］申时行．明会典：第121卷［Z］．北京：中华书局，1989：626.

③ ［清］昆冈，等．钦定大清会典事例：第589卷［Z］．台北：新文丰出版公司，1976：12831.

④ ［明］申时行．明会典：第121卷［Z］．北京：中华书局，1989：626.

⑤ ［清］昆冈，等．钦定大清会典事例：第145卷［Z］．台北：新文丰出版公司，1976：6997.

⑥ ［清］昆冈，等．钦定大清会典事例：第589卷［Z］．台北：新文丰出版公司，1976：12831.

地方官员保举等形式。这里提及的无论是明代的子弟、族属、妻女、若婿及甥之承袭，还是清代的子弟、妻婿、族人的袭职，均表明土司承袭的亲属次序。在土司承袭的实际操作中，各地土司均有一定规定，如四川龙安的薛氏、王氏等土司世职的传袭，虽无明确的文字规定，但却有亘古不变的传承族规。其具体规矩为：世职传长，不计嫡庶，不得异姓乱宗。其承袭次序是：父亲亡故后，由长子继袭。长子已故，由长孙继袭。长房无后，二房继任。如应袭世职者年幼，则公议年高有才德者护理，而应袭之人则专事读书习礼，以待成人成才后袭任世职。① 从明代规定土司承袭因“俗”而定，到清代规定土司承袭“嫡庶不得越序”，不仅凸显了国家治理土司时的管控逐渐有序，而且彰显了中央政府治理土司的能力逐渐加强，国家治理土司的体系逐渐完善。

（五）中央政府赐予承袭土司多种信物

明清时期的土司受职后，中央政府要赐予诰敕、印章、号纸等信物，作为朝廷命官的凭证。所谓“诰敕”，是中央朝廷颁给土司的“任职证书”，是朝廷“命官”的书面凭证。印章，是土司威权的象征，各地土司凭此不仅代表朝廷命官，而且可以此号令其民。所以，无论是明清中央政府还是各地土司，均极为重视印章。对中央政府而言，当土司归附后，必须交出前朝所授印章，以示臣服。所谓号纸，其实就是朝廷颁发给土司的任命书。《清朝文献通考》卷85“职官”条载：“定例：凡土官承袭，由部给牒，书其职衔、世系及承袭年月于上，曰‘号纸’。应袭职者，督抚察核，先令视事，取具各结及本族宗图，原领号纸纳部请袭。”② 如果土司遗失印信号纸，则意味着该土司失去土职和实权。据《道光茂州志》卷3“土司”条载：“陇木长官司何棠之，其先杨文贵，于宋时随剿罗打鼓有功授职。明洪武四年颁给印信，嘉靖间土司杨翱随总兵何乡征白草生番，著有功绩，命改何姓。国朝顺治九年投诚，康熙二十四年颁给印信号纸，住牧陇东。”③ 这是中央王朝驾驭土司、治理土司地区十分有效的重要举措之一。

二、土司承袭制度中国家治理的特点

明清时期土司承袭制度体现了国家在土司管理中的主导地位，各地土司、流官在中央政府“因俗而治”政策的指导下共同参与土司地区的国家治理。土

① 曾维益. 龙安土司［M］. 成都：四川民族研究所，2000：274－275.

②［清］乾隆. 清朝文献通考：第85卷［Z］. 乾隆五十二年（1787）刻本.

③［清］杨迦怿. 道光茂州志：第3卷［Z］. 道光十一年（1831）刻本.

司承袭制度中国家治理具有国家权力的主导性、实施策略的创新性、具体过程的渐进性、治理技巧的灵活性等特点。

（一）国家权力的主导性

明清中央政府在土司地区施行"齐正修教""因俗而治"的民族政策，充分体现了以皇帝为首的统治者在治理土司承袭时的意志和利益，决定了土司承袭中的国家主导原则和国家利益至上走向。具体来讲，国家权力主导在土司承袭中表现在以下三个方面。

1. 重视顶层设计

在土司承袭制度的顶层设计上，无论是《明会典》还是《钦定大清会典则例》均做出了明确规定。任何一个土司要承袭，中央政府都要委官体勘查核，且取具应袭土司的宗支图本、地方官吏和邻近土司要作保结，当相关手续完结之后，由督抚向中央政府具题请袭，当中央政府准允某土司承袭土职后，应袭土司或到京城赴阙受职，或"取具地方官保结并宗图，呈报该督抚保送，到日准其承袭。"① 当然，明清政府的这种顶层设计，有一个逐渐完善的过程，这个过程也是中央政府对土司承袭逐渐加强控制的过程。

2. 严格加强管理

在土司承袭过程中，中央政府从三个方面严格管理。一是强制要求应袭土司必须建造宗支图本、预造应袭名册、制作告袭文簿且请地方官吏和邻近土司撰写结状文书等承袭文书，这是对土司承袭的一种有力监督。二是控制土司承袭的次序，虽然规定了以父死子继为主的世袭制度，但也不排除兄终弟及、母女袭职、妻婿承袭、叔侄相袭等袭职顺序与形式，这无疑使土司承袭基本上是在有序的状态下进行，实现了中央政府对土司承袭有序管控的目的。三是通过中央政府授予应袭土司诰敕、印信、号纸、冠带、符牌等信物，达到了对土司承袭的有效驾驭。

3. 妥善处理问题

在土司承袭过程中难免会出现诸如借职、代职、越职等事象以及冒袭、争袭、仇杀、战乱等弊端，明清中央政府会采取一些诸如土司不世袭、土司分袭、革职、改土归流等处置办法。笔者在查阅《土官底簿》时发现，其中规定某土司"不世袭"或"不做世袭"之处多达168次。有时中央王朝甚至威胁土司，"若不守法度时换了"或"废了"。如《土官底簿》卷上"云南府安宁州知州"条中：永乐元年二月奉圣旨："见任的流官知州不动，这董节是土人，还著他做

① ［清］乾隆．钦定大清会典则例：第110卷［Z］．乾隆十三年（1748）抄本．

知州，一同管事，不做世袭，他若不守法度时换了。”总之，《土官底簿》中“奉圣旨”“奉钦依准”“不世袭”“还不世袭”“他若不守法度时换了”等字样的记载，充分表明了土司官职由中央王朝所授，中央政府有任免大权，各地土司必须唯命听从的事实。明清时期土司承袭始终处于中央王朝的严格控制之下。

（二）实施策略的创新性

明清时期的土司承袭制度随着时间的推移，经历了一个从设定到实施，从实施到落实，又在实施和落实中发现问题，不断修正，最后归于改流的历程。这一历程也是土司承袭制度的积极创新与不断完善的过程。

1. 承袭机制创新

“预制土官”是选定土司承袭人在机制上的创新。明清时期由于有的土司妻妾成群，子孙繁多，存在因争袭而引起仇杀的案例。因此，中央政府在承袭人选定机制上实施“预制土官”的新策略。明代嘉靖元年十一月贵州巡抚都御史杨沐上议，其第一条就是关于“预制土官”的问题：“今土舍私相传接，支系不明，争夺由起，宜如军职贴黄例，岁终令土官各上其世系、履历及有无子状于布政司，三岁当入觐，则预上其籍于部，其起送袭替及争袭奏扰者，按籍立辨，可以消争夺之衅。”[①]《明会典》卷6“土官册报应袭”条载：“正统元年奏准，土官在任，先具应袭子侄姓名，开报合干上司。候亡故，照名起送承袭。六年奏准，预取应袭儿男姓名，造册四本，都、布、按三司各存一本，一本年终类送吏部备查。以后每三年一次造缴。嘉靖九年题准，土官衙门造册，将见在子孙尽数开报。某人年若干岁，系某氏生，应该承袭。某人年若干岁，某氏生，系以次土舍。未生子者，候有子造报。愿报弟侄若女者，听。布政司依期缴送吏、兵二部查照。”[②] 时值清代，“预制土官”的办法一直被沿袭，这使得土司在选定承袭人时有法可依，在很大程度上杜绝了以往土司私相传承，兄弟、亲族之间相互争袭、仇杀等类似事件，对土司政权起到了稳定作用。[③]

2. 承袭次序创新

从明代“依次承袭”到清代“嫡庶不得越序”，是土司承袭人在承袭次序上的创新。明朝时，土司承袭人的次序基本上是约定俗成，依次承袭。《明史》卷72载：“其子弟、族属、妻女、若婿及甥之袭替，胥从其俗。”[④]《明会典》

---

① 明实录·世宗实录：第20卷［Z］. 台北：“中央研究院”历史语言研究所，1961.

② ［明］申时行. 明会典：第6卷［Z］. 北京：中华书局，1989：31.

③ 李均. 清代西南地区土司承袭问题研究［D］. 昆明：云南师范大学，2015：22.

④ ［清］张廷玉. 明史：第72卷［Z］. 北京：中华书局，1974：1752.

卷121“土夷袭替”条载：“正统二年奏准，土官应袭者，预为勘定，造册在官，依次承袭。”① 事实上，明代的规定并不严格，只要“从其俗”（先嫡后庶，先亲后疏）且“依次承袭”即可。故有明一代，作弊假冒、争袭仇杀之事层出不穷。到了清代，清政府为了杜绝争袭仇杀之事，规定必须按宗支嫡庶次序承袭。《钦定大清会典则例》卷30“土官承袭”条载：“承袭之土官，嫡庶不得越序。无子，许弟袭；族无可袭者，或妻或婿；为夷众信服，亦许袭”。②《钦定大清会典则例》卷145载：乾隆三十三年奏准，“土官袭替定例，必分嫡次长庶，不得以亲爱过继为词。”③ 清政府还规定，对破坏宗支嫡庶次序袭替的土司，要给予处分。这在《钦定大清会典事例》卷589有载：“如宗派冒混，查出参究”，“承袭之人，有宗派不清、顶冒、陵夺各弊，查出革职。具结之邻封土官，照例议处。”④ 据笔者不完全统计，《蛮司合志》《土官底簿》《明史·土司志》载，有明一代发生的冒袭、争袭、夺袭的记载有33次，《清史稿·土司志》记载争袭仅有3次。

3. 承袭程序创新

从“赴阙受职”到“停其亲身赴京”，是土司承袭程序上的改革。《明会典》中对应袭土司有“连人保送赴部”“起送赴京袭职”“照例保送赴京袭替”⑤ 的规定。《明史》卷310说得更为明确：“袭替必奉朝命，虽在万里外，皆赴阙受职。”⑥ 但随着时间的推移，明代中央政府觉得推行过程中有一定难度，于是又有“令极边有警地方，暂免赴京”“令该管衙门，作速查勘明白，……填凭转给土舍，就彼冠带袭职”等规定。清初承袭土司之人，仍需“亲身赴京”授职；康熙年间，则取消这一规定。《钦定大清会典则例》卷589载：康熙十一年题准，“土官袭职，停其亲身赴京。取具地方官保结并宗图，呈报该督抚保送，到日准其承袭。”⑦ 土司承袭程序的改革，大大降低了土司承袭的社会成本，在操作层面更显科学。

---

① ［明］申时行．明会典：第121卷［Z］．北京：中华书局，1989：626.

② ［清］乾隆．钦定大清会典则例：第30卷［Z］．乾隆十二年（1747）抄本．

③ ［清］昆冈，等．钦定大清会典事例：第145卷［Z］．台北：新文丰出版公司，1976：6999.

④ ［清］昆冈，等．钦定大清会典事例：第589卷［Z］．台北：新文丰出版公司，1976：12831，12832.

⑤ ［明］申时行．明会典：第6卷［Z］．北京：中华书局，1989：31.

⑥ ［清］张廷玉．明史：第310卷［M］．北京：中华书局，1974：7982.

⑦ ［清］乾隆．钦定大清会典则例：第110卷［Z］．乾隆十三年（1748）抄本．

（三）具体过程的渐进性

明清时期中央王朝在施行土司承袭制度时，有很多规定不是一步到位、一蹴而就，而是渐进发展的，这就在制度的具体实施过程中减少了麻烦，减轻了压力。

1. 土司承袭人选择顺序从模糊性向明晰化发展

据《明会典》卷121“土夷袭替”条载：“洪武二十七年，令土官无子，许弟袭。三十年，令土官无子弟，而其妻、或婿，为夷民信服者，许令一人袭。”① 或者“胥从其俗”。② 这无形之中给土司承袭人及承袭顺序预留下了很大的模糊空间，这就使明代土司争袭之事时有发生。基于此，顺治初年规定：“承袭之土官，嫡庶不得越序。无子，许弟袭；族无可袭者，或妻或婿；为夷众信服，亦许袭。”③ 清政府规定土司承袭必须有序进行，也就是先嫡后庶，先族内，再妻婿，后族外。同时还规定：“土官袭替定例，必分嫡次长庶，不得以亲爱过继为词。”④ 清政府明确规定土司承袭时必须严格按照承袭次序，嫡庶分明，这就减少了土司争袭事件的发生。

2. 土司承袭中渐进推进改土归流

清代中央政府在土司承袭中渐进推进改土归流，使土司在不知不觉中接受了改土归流这一事实。一是用仕途来消解土司家族对土司职衔的争夺。《钦定大清会典则例》卷110“土官袭职”条载：雍正三年清政府规定，各地土官的其他支庶子孙，如果“更无他途，可以进身”。这里的“进身”，就是让这些人入仕做官，提高他们的社会地位，使之不再迷恋土司职衔，这有助于促进改土归流。二是采取降等或分袭的措施来分化土司的权力和利益。雍正三年清政府规定，对于各处土官庶支子弟，如果确实有“驯谨能办事者，许本土官详报督抚，具题请旨，酌量给与职衔。令其分管地方事务，其所授职衔，视土官各降二等，……视本土官多不过三之一，少五之一，此后再有子孙可分者，……照例分管，再降一等给与职衔、印信、号纸”。⑤ 土司经过分袭与降等后，原有职衔品级降低，土地、人口都大为缩减，这是明中央政府“众建土司”的延续。清

---

① ［明］申时行．明会典：第121卷［Z］．北京：中华书局，1989：626.

② ［清］张廷玉．明史［M］．上海：上海古籍出版社，1991.

③ ［清］昆冈，等．钦定大清会典事例：第589卷［Z］．台北：新文丰出版公司，1976：12831.

④ ［清］昆冈，等．钦定大清会典事例：第145卷［Z］．台北：新文丰出版公司，1976：6999.

⑤ ［清］乾隆．钦定大清会典则例：第110卷［Z］．乾隆十三年（1748）抄本．

代中央政府就是想通过这种办法以期达到削弱土司势力、分而治之的目的，同时，又在分化瓦解的过程中推进改土归流的历史进程。

（四）治理技巧的灵活性

明清中央政府在灵活性与法规性之间不断探索、积极调试，在处理土司承袭具体问题时往往采取灵活、多变的技巧。

1. 明政府对土司承袭采取了因地制宜、灵活处理的策略

除部分土司的诰敕文书上规定“世袭”其职外，大部分土司都规定“不世袭”。这正如《土官底簿》“提要”所言：“其官虽世及，而请袭之时，必以并无世袭之文上请；所奉进止，亦必以姑准任事，仍不以世袭为词。”① 其主要原因在于“明自中叶而后，抚绥失宜，威柄日弛，诸土司叛服不常，仅能羁縻勿绝”②，中央政府对此采取“不世袭”的处理策略，以彰显中央政府的“驾驭之威”③ 和“驾驭之权”④。明朝对原来没有开设“世袭”字样的土司是不准世袭的，如云南宁州知州禄永成化二年十二月奉圣旨：“禄永准做知州，还不世袭。”又如庶次男禄俸弘治十一年十一月奉圣旨：“禄俸还著他做知州，不世袭。”⑤ 这种灵活处理“世袭”与“不世袭”的例子，在《土官底簿》中不胜枚举。明代中央政府在必要时往往以“不守法度”“有虚诈”或“不系世袭官员”等为借口，即行改土归流。

2. 明代在土司承袭后出现的问题及其处置上极具灵活性

明代中央政府在土司承袭后出现的问题及其处置上极具灵活性具体表现有四：一是规定土司“不世袭”之外，出现问题采取“换”“废”“替”的处理。如“云南府安宁州知州”条有记载：永乐元年二月奉圣旨：“见任的流官知州不动，这董节是土人，还著他做知州，一同管事，不做世袭，他若不守法度时换了。”⑥ 在“云南驿驿丞”条也有“若不志诚时却著别人做”⑦ 的记载。二是对

---

① ［明］佚名．土官底簿：提要［M］//钦定四库全书：职官类．北京：中国书店，2018：2.

② ［明］佚名．土官底簿：提要［M］//钦定四库全书：职官类．北京：中国书店，2018：2.

③ ［明］申时行．明会典：第121卷［Z］．北京：中华书局，1989：626.

④ ［明］佚名．土官底簿：提要［M］//钦定四库全书：职官类．北京：中国书店，2018：2.

⑤ ［明］佚名．土官底簿：上卷［M］//钦定四库全书：职官类．北京：中国书店，2018：69－70.

⑥ ［明］佚名．土官底簿：上卷［M］//钦定四库全书：职官类．北京：中国书店，2018：8－9.

⑦ ［明］佚名．土官底簿：上卷［M］//钦定四库全书：职官类．北京：中国书店，2018：39.

犯事的土司，主要有“犯了法度时不饶”① 之说，如“禄脿巡检司巡检”条对赵氏巡检的规定是“但有虚诈就拿解京”②，在“赵州定西岭巡检司巡检”条有“若不守法度时罪他，著流官掌印”③ 的记述。三是实行土流并治。如“宁州知州”条载：弘治十六年四月文选司报：“宁州添设流官知州掌印，土官专一管束夷民巡捕盗贼。”④ 四是对“绝嗣”或“户绝”的土司，实施改土归流。如“蒙自县知县”条载：嘉靖二年九月巡抚王启奏：“禄赐户绝，流官知县管理县事，土官公座裁革。”⑤

明清中央政府在治理土司的承袭问题时，积极探索、不断创新，能做到灵活机动、循序渐进、量力而行又留有余地。这种处理能在保证封建国家权力的基础上，在尊重各地土司合理利益的同时，最大限度地追求和实现国家利益的最大化。

三、土司承袭制度中国家治理的思考

明清时期的土司制度是一种“齐政修教”“因俗而治”的政治制度和地方行政管理制度，而土司承袭制度是其核心内容。基于明清时期土司承袭制度中国家治理的举措和特点分析，笔者认为，在明清时期土司承袭问题上，有以下几点值得高度重视。

（一）土司承袭制度中国家治理体现得十分明显

明清统治者制定土司承袭法规、控制土司承袭程序、规定土司制作承袭文书、限制土司家族承袭次序、赐予承袭土司多种信物等一系列举措，不仅体现了明清中央政府在实施土司制度过程中的治理能力，而且彰显了中央政府对土司承袭的有效驾驭与严格控制，更为重要的是为国家权力在土司地区的深入奠定了坚实的基础。

---

① ［明］佚名．土官底簿：上卷［M］//钦定四库全书：职官类．北京：中国书店，2018：42－43.

② ［明］佚名．土官底簿：上卷［M］//钦定四库全书：职官类．北京：中国书店，2018：14.

③ ［明］佚名．土官底簿：上卷［M］//钦定四库全书：职官类．北京：中国书店，2018：28.

④ ［明］佚名．土官底簿：上卷［M］//钦定四库全书：职官类．北京：中国书店，2018：70.

⑤ ［明］佚名．土官底簿：上卷［M］//钦定四库全书：职官类．北京：中国书店，2018：68.

（二）土司承袭制度下国家治理力度呈加强态势

如果说明王朝对土司承袭采取“柔服远人”的态度，企盼与土司政权和谐共存，以达到稳定国家政权的目的，那么，在清代中期实施大规模改土归流之后，中国土司势力已明显减弱，除金川土司之外，再无与中央相抗衡的力量，包括土司承袭等权力已逐渐被中央政府掌控，这体现了清代中央政府对土司的管理趋于加强。

（三）土司承袭制度下国家治理始终占主导地位

虽然中央政府、流官及各地土司在中央政府“因俗而治”的政策指导下共同参与土司承袭的国家治理，土司政权与国家政权之间在土司承袭过程中存在着“双方博弈”，但明清时期中央政府在土司承袭制度中始终占据主导地位，起着决定性的作用，对土司承袭进行有效治理。

第三节　土司承袭制度实施的影响

土司制度中最纷繁复杂的分项制度无疑是土司承袭制度。从权力结构的角度看，元明清中央王朝自始至终处于权力的“巅峰圈”，中央王朝各部官员及行省督抚处于权力的“核心圈”，各地土司始终处于权力的“核心圈”与“外圈”交界处的“中间圈”，也就是说，处于“核心圈”与“外圈”交界处的“中间圈”的这种特殊身份和地位的各地土司，无疑是历代中央王朝在国家治理中的“被治理”对象。各地土司虽然对辖区内的各族民众具有绝对的统治权，但在中央王朝的统治之下，他们在承袭方面，必须听命于中央王朝。作为土司制度的核心内容的土司承袭制度，在元明清三朝的国家治理中，其影响是巨大的，具体来讲，这种影响分为积极影响和消极影响两个方面。

一、土司承袭制度在国家治理中的积极影响

土司承袭制度是土司制度的核心内容之一，它对于元明清中央王朝治理土司地区确实做出过积极贡献，发挥过积极作用。

（一）土司承袭制度的制度化，维护了土司地区的社会稳定

所谓制度化，是指一个群体或一个社会组织的社会生活从不固定的方式向固定化模式转化的过程。这个过程不仅是群体或组织产生质变的一种方式，而且是整个群体或组织社会生活规范化、有序化的变迁过程。土司承袭制度的制

度化就是让土司承袭的整个过程有章可循，权责明确。元明清时期土司承袭制度的制度化就是从承袭制度的不健全到逐步健全完善的过程。这一过程主要经历了三个阶段：第一，价值观念确定阶段。无论是元明清中央政府，还是各地土司，双方确立共同的价值观念是土司承袭制度能够确立的前提和基础。回顾历史，元明清时期的各地土司必须承认国家的存在以及对历代中央王朝统治合法性的认同，而中央王朝在各地土司归附之后授予相应职级，颁给各种信物，承认统治辖区民众的合法性，这就是双方确定的价值观念。这种价值取向一旦确立，建立土司承袭制度体系，增强土司地区各族民众的凝聚力，就绝非难事。第二，规范制度制定阶段。当中央王朝与各地土司共同的价值观确定以后，就必须要有规范制度来支持。根据双方共同价值观念的需要而制定规范制度，能够将双方的行为纳入相同模式之中，这种规范制度注重的是制度的普遍性。从元明清时期土司承袭制度的发展历程看，《元典章·吏部》就规定，元代的土司不分秩品均可世袭，且承袭的大多是部落首领。元代中央政府允许各地土司世袭，既是对土司的认可，也是为了便于管理。元朝虽然将土司世袭纳入中央王朝官吏的管理体系，但朝廷更多的是着眼于土司能否按照中央政府规定的继承资格和继承顺序予以承袭。到了明代，土司承袭制度逐渐健全与完善。据文献记载，明代中期，中央政府对土司承袭次序、承袭程序、承袭文书①等做出了明确的规定，这在《明世宗实录》之“嘉靖九年四月甲申”条得以充分体现：

> 兵部会吏部议，上《土官袭职条例》，请通行各镇巡官，转行土官衙门，将见在子孙，尽数开报，务见某人年若干岁，系某氏所生，应该承袭某人，系以次土舍，未生子者，候有子造报，愿报弟侄若女者听，已后应袭之人告袭，再行司府覆勘无碍，方与奏请。除杂职、妇女照旧就彼袭替者外，其余连人保送赴部袭替，若有违碍，即与辩明。倘各官避嫌疑推调，逾一年者即除俸，限完虽有升迁等项，务待事毕，方许离任。保送之时，若有紧急军情，已奉调遣，难以擅离；及先人有功，嗣子幼弱，未可远出者，镇巡官酌议奏请，候有成命行令冠带管事及地方宁息，年岁长成，仍保送赴京，袭替如例。其他纳谷敝政，一切禁革。②

---

① ［明］申时行．明会典：第6卷［Z］．北京：中华书局，1989：31.

② 云南省志编纂委员会办公室．《明实录》有关云南历史资料摘抄［Z］．昆明：云南人民出版社，1959：1055－1056.

据史料载，明代颁发的这份《土官袭职条例》，计十五条，主要规定了土司守则及承袭程序例规以及内地汉人不得到土司地区重利盘剥买田治地等内容①，遗憾的是，我们无法看到整个条例内容。到光绪年间，清代中央政府又颁发《土司例纂》，其内容与此基本相同②。元明清时期正是因为有制度化的土司承袭制度，才确保了各地土司在承袭职位时基本上得以顺利进行。第三，执行机构建立阶段。任何一种规范制度的实施都要有一定的组织机构来保证，土司承袭制度的制度化过程也是元明清中央政府相关组织机构建立和健全的过程。自明代以降，凡文职土官袭替之事，均由吏部验封清吏司负责；武职土司承袭之事，则由兵部武选清吏司负责。如此一来，职责分明，各司其职。

可见，中央政府与各地土司之间价值观念的确定、规范制度的制定和执行机构的建立，无疑是一种制度化手段。这种手段具有秩序功能、控制功能和强化组织功能。因此，元明清时期土司承袭的制度化建设，不仅使土司家族内部在解决承袭问题上有章可循，有序可依，减少了土司家族因承袭的纷争与仇杀，而且维护了土司地区的社会稳定。

（二）土司承袭制度的法治化，确保了土司制度的顺利实施

土司世袭是土司制度赋予的权利。元代开始，土司就基本上保持世袭的惯例，虽然《土官底簿》中记载有明代皇帝“著他做，只不做世袭，若不守法度时不著他做，还著流官掌印”“只不做世袭，若不守法度时换了”等吓唬土司的话语，但最终实施时还是采用土司世袭制。这或许是对土司一职基本属性的认可，或许是为了中央政府便于管理。翻检史料可见，元明清时期中央政府建构了一套逐渐完善的土司承袭资格、土司承袭程序、土司承袭信物、土司承袭禁例、土司承袭惩罚等制度体系，这是土司承袭制度法治化的体现，不但实现了元明清三代土司权力延续的稳定性，而且也确保了土司制度在各地的顺利实施。

明代初年地方官员对土司承袭就有很多建议，如正统二年（1437）二月丙戌，云南曲靖军民府知府晏毅建议：“土官承袭或以子孙，或以兄弟，或以妻继夫，或以妾绍嫡，皆无预定序次，多致临袭争夺，以故仇杀连年，边方弗宁。乞敕该部移文所司，预为定序造册，土官有故，如序袭职。”③这个建议在确保土司承袭顺序的同时，最具重要价值的是“预定序次”，避免土司“临袭争

① 德宏州史志办公室．德宏历史资料·土司山官卷［Z］．芒市：德宏民族出版社，2012：362.

② 德宏州史志办公室．德宏历史资料·土司山官卷［Z］．芒市：德宏民族出版社，2012：367.

③ 方国瑜．云南史料丛刊［Z］．昆明：云南大学出版社，1998：49.

夺”，造成“仇杀连年，边方弗宁”的现象发生。中央政府在采纳该建议的基础上，遂有弘治二年（1489）“土官应袭子孙，年五岁以上者，勘定立案”① 的规定。巡按贵州御史陈克宅的《议处苗情以弭边患五事》一文，是一篇偏重于对土司承袭制度法治化建设的内容。全文如下：

兵部覆：“巡按贵州御史陈克宅《议处苗情以弭边患五事》。其一谓土官俱系溪洞蛮夷，开国之时，酋长投降，授以官职，令其钤束部落，羁縻不治，近年土官强盛，间有叛逆之心，今欲仿古制分封子弟，使其削弱。但无事举行，未免惊疑。况夷情易动难安，恐生他变。若土官有不守国法，犯属大逆，调兵剿灭者，临朝议处。其二谓土官职级，俱系祖宗旧制，而善恶未别，难以激劝，乞行抚按官察其粮马早完，盗贼不行者以礼奖劝；或误事害人，盗贼不息者，量戒治以警之。其三谓各司苗民有变，须究衅端所由始，若干碍土官，奏请定夺。首从随宜抚剿，毋轻动官军，贻害地方，其化外生苗，聚众为恶，不在此例。其四言土官袭替，皆头目各辅亲厚之人，相为依倚，致生仇杀。今欲概与头目冠带，责令各回管辖。诚恐事体变更，土人生疑，须从便宜议处。其五言土夷轻生善斗，其词讼官司不为理，怠干出巡，巧于避事，致各夷冤不能伸，酿成大患，宜一切轻重事情，悉与准受，轻则讲断，重则亲提，则苗民不平之情有所赴愬矣！诏议‘行之。’”②

从土司承袭制度的历史发展看，元代较为粗放，明代比较完善，清代十分严苛。为什么说清代十分严苛呢？从《明会典》所载土司承袭的内容看，如果土司承袭前后不合王朝规定，多用“不准承袭”“问罪”“降级”“奏请革职”“参奏处治”“发极边烟瘴地面充军”“削夺官阶”“革职闲住”“子孙永不许承袭”③ 等词语；而《钦定大清会典事例》所载“土官承袭”“土司袭职”和“土司议处”的内容，如果土司承袭出现不合王朝的规定，其处罚多用“将号纸缴部注销”“查出参究”“降等”“革职”“治罪”“分袭”“充军”“杖徙”“改

① ［明］申时行．明会典：第121卷［Z］．北京：中华书局，1989：626.

② 世宗嘉靖实录：第39卷［Z］//贵州民族研究所．明实录·贵州资料辑录．贵阳：贵州人民出版社，1983：703－704.

③ ［明］申时行．明会典［Z］．北京：中华书局，1989：31，618，626.

土归流”等词语，特别是“分袭”“充军”“杖徙”“改土归流”① 四个词语，这是任何一个土司都不愿接受的结果。

不可否认，清代出现上述这些结果有两方面的原因：第一，清代统治者的原因。有专家研究表明，清代“大一统”理念，发端于清太宗皇太极，传承于顺治皇帝，初成于康熙皇帝，雍正皇帝完成该理念的理论论证，乾隆皇帝加以全面实践并最后实现国家的“大一统”，并将“大一统”理念发展到极限。② 在民族地区，与清代统治者“大一统”理念不吻合、不协调的重要因素是土司制度，由于土司制度自身的缺陷，明清时期的各地土司，不乏与中央王朝对抗者，甚至与明清中央政府矛盾激化而爆发战争。因此，清代中央王朝为了实现国家与民族“大一统”，不得不对土司实施大规模的改土归流，并将原土司辖区纳入国家的有效管控范围之内。第二，各地土司自身的原因。正如蔡毓荣在《筹滇第二疏》之“制土人”条中所言：“土官以世系承袭，不由选举，其祖父势利相传，其子弟恣睢相尚，不知诗书礼义为何物，罔上虐下，有由然矣。”③ 其实，由于土司制度自身存在的弊端，各地土司在承袭过程中冒袭、代袭、争袭事件屡见不鲜。兄弟争袭、父子争袭、族人争袭和姻亲争袭等导致连年仇杀，危害土司地区社会稳定，这是明清中央政府所不愿看到的。

土司承袭制度的制定与施行，是元明清中央王朝在少数民族地区、边疆地区在当时的社会条件下不得已而做出的政治选择，也是元明清中央王朝实现国家统一的阶段性策略。正是基于此，元明清中央王朝努力实现土司承袭制度的法治化，其目的在于在确保土司制度顺利实施的情况下，最终实现国家权力对土司地区的地方治理，实现国家的完全统一。

（三）土司承袭制度的差异化，坚持了土司地区的“因俗而治”

由于元明清中央政府实施的土司分袭制度是土司制度重要的分项制度，因此，它是一种“因俗而治”的民族政策。这里的“因俗”仅限于一些具体的行政事务以及少数民族的历史传统、宗教信仰、风俗习惯、生产生活方式可以继续保留、传承与发展的内容，而中央政府掌握和控制着各地土司的授职、承袭

① ［清］昆冈，等．钦定大清会典事例：第145卷，第589卷［Z］．台北：新文丰出版公司，1976：6997－7001，12831－12836.

② 李治亭．清帝“大一统”论［J］．云南师范大学学报，2015，47（06）：1－9.

③ ［清］蔡毓荣．筹滇第二疏·制土人［Z］//方国瑜．云南史料丛刊．昆明：云南大学出版社，2001：426－427.

等重大事项的决定权，这些内容是不能“因俗”的。① 明人沈德符在《万历野获编》补遗四《土司》之“土官承袭”中说得十分清楚：

> 武官袭替，例有赀为凭，其纪载生时邻佑，及收生妇人甚详，盖防异姓假冒，及乞养之混也。近世作伪者多凭空捏造，苟得金钱，兵部武选司吏胥概为准行，虽讦奸弊可恨，然仗此为提防，稍杜争竞。至于土官则全凭宗支一图为据，今惟云南布政司贮有各土司宗系，以故袭替最便。而贵州、广西诸土官，竟自以所藏谱牒上请，以致彼此纷争，累年不决，称后构难。而不肖监司，又借以收渔人之利，此最大弊事。②

这里虽然只是提及云南与贵州、广西在土司承袭问题上是否便捷，但是也反映出土司承袭的差异以及“因俗而治”政策的施行。土司承袭制度的“因俗而治”体现在哪里？嘉靖二年（1523）巡抚云南都御史王启向中央政府的建议，或许能够说明这个问题，其建议全文如下：

> 处置土官事宜，请令今后土官应袭替者，该管府州县并守巡官，即为勘明，具呈抚按，批送三司，比册相同，免其参驳。除杂职及妇人代为具奏外，其品官衙门，设在腹里，地方宁靖者，照旧赴部袭替，俱免纳谷；其设在边远，兼有争竞仇杀者，抚按等官勘实，代为奏请，就彼袭替。仍依原侧纳谷备赈，其六品以下，有贫乏者，听该管官审实量减。若应袭土舍有罪未结，或争袭未明者，各官速为勘处，若延至一年之上不为勘结，或本部转行覆勘一年之上不行回报者，听抚按及本部查参治罪；或土舍恃顽延至十年之上方告袭者，不准承袭；或因为事及查勘迟延至限外者，不在此例。若土官举宗朋恶，相应改设流官者，抚按酌处，具奏定夺。③

这个建议除了开头讲了承袭的几个主要程序之外，后面主要叙述了土司承袭地点、承袭方式、承袭类别、承袭处罚等内容，这其实凸显了土司承袭制度的差异性，进一步彰显了有明一代“因俗而治”的民族政策。嘉靖九年（1530）

---

① 李良品，谈建成．“因俗而治”：明清时期土司地区的国家治理政策［J］．西南民族大学学报，2017，38（09）：37－42.

② ［明］沈德符．万历野获编［G］．北京：中华书局，1997：934.

③ 云南省志编纂委员会办公室．《明实录》有关云南历史资料摘抄［Z］．昆明：云南人民出版社，1959：1012.

二月戊寅，兵部给嘉靖皇帝上疏说：

> 土官袭替，自天顺以来，事例不一，有起送赴京袭替者；有将应袭之人预勘造册及报名上司，待其亲故起送者；有令就彼冠带者；有地方灾荒，令其纳谷备赈者；有免其纳谷，仍起送赴部者；有因极边，地方不宁，免其来京及许就彼冠带，仍旧纳谷者；有以报效有功，许就彼袭替者。或出一人之建白，或系一时之权宜，以故条例纷纭，持循靡定，而贪险者得缘以为奸，非国体也。宜因续修《会典》之时，著为画一之法，请得会同吏部详议以闻。①

总的来讲，这段文字主要阐述了土官袭替程序、袭替方式、袭替地点、袭替缘由等问题，兵部最担忧的是，可能会因“一人之建白”或“一时之权宜”导致土司袭替相关“条例纷纭”“贪险者得缘以为奸”之类事情的发生。这里同样强调了土司承袭制度的差异性问题。正是因为这份奏疏得到嘉靖皇帝的同意，于是，同年九月就以明代中央王朝的名义颁发了《土官袭职条例》。

有清一代，土司承袭制度的差异性主要体现在有的土司继续执行原有的承袭制度，有的土司则由于多种原因而实施土司分袭制度，无论是一分为两个土司，或一分为四个土司，甚至一分为数个土司，土司分袭制度的确立，都是当时当地形势变化的结果。正是由于土司分袭制度的确立，才促进了明代丘浚“众建官而分其权”②、陈克宅“分封子弟，使其削弱”③、王守仁“分设土官巡检以散各夷之党”④、朱燮元“乃裂疆域，众建诸蛮”⑤ 等建议，以及清代岳钟琪分地袭职的建议成为现实，最终使雍正年间大规模的改土归流得以实施。

“因俗而治”民族政策的精髓在于因民族不同、时空不同、地理环境不同而采取差异化的管理制度。虽然元明清时期在西南、中南及西北等地民族地区都实施土司制度，但差别十分显著，如藏族地区实施的是政教合一制，彝族、白族、傣族、土家族、布依族等民族实施的是土官土司制，景颇族则实施的是山

---

① 云南省志编纂委员会办公室．《明实录》有关云南历史资料摘抄［Z］．昆明：云南人民出版社，1959：1053.

② ［明］丘浚．广西众建土官议［Z］//［清］汪森辑．粤西文载．南宁：广西人民出版社，1990：198.

③ 辽宁社科院．世宗嘉靖实录：第39卷［Z］．台北：华文书局，1989：5.

④ ［明］刘尧诲．苍梧总督军门志［A］．全国图书馆文献缩微复制中心，1991：262－263.

⑤ ［明］张廷玉．明史：第249卷［M］．北京：中华书局，1974：6446.

官制等。即便是同一民族，土司制度也不尽一致，如藏族地区的土司制度，既有政教联合管理制、政教合一土司制，也有土千户土百户制、土屯结合管理制，还有土流并存管理制以及健全的土司管理体制等。① 因为土司制度的差别，自然在土司承袭问题上也是林林总总，不尽一致。

二、土司承袭制度在国家治理中的消极影响

元明清中央王朝实施的土司承袭制度，虽然在维护土司地区的社会稳定、确保土司制度的顺利实施以及保证土司地区的“因俗而治”等方面起到一定的积极作用，但中央王朝在国家治理土司地区的过程中存在着诸多弊端和问题，在一定程度上也造成了不良的社会影响。

（一）帝国制度左右摇摆

土司制度实施时期，帝国政权由元代变换为明代，又由明代变换为清代，其中有两代为少数民族执政，一代为汉族执政。虽然元明清三代都是帝国政权，但由于少数民族和汉族在国家治理理念、举措、方法、路径等方面不尽一致以及对土司制度的认知时有差异，因此，在制定和实施土司承袭制度的过程中方法、举措等也不尽相同，有时甚至会出现制度左右摇摆的现象。以土司承袭次序看，元代由于是土司制度的初创时期，主要盛行父死子继、兄终弟继、叔死侄继、夫死妻继的土官世袭制度。到明代，土司承袭制度进一步完善，除了父死子继、嫡子继承、兄终弟及、妻婿承袭、族属袭替等可以世袭土司之职之外，母女袭职、叔侄相立、兄职妹袭、曾祖母袭孙职、孙袭爷职等也是常见的承袭方式。有清一代，主要是父子袭职、孙爷袭职、兄弟袭职、叔侄袭职、兄妹袭职、妻妾袭职等承袭土司之职的方式。除土司承袭顺序外，至于承袭年龄、承袭期限、承袭手续、承袭文书（宗支图本、预造名册、结状文书、告袭文簿等）、承袭信物（包括诰敕、冠带、符牌、号纸、印信等）、降级承袭、预制土官等与土司承袭制度相关的问题均在不同时期有诸多变化。如明代土司承袭制度中涉及纳谷、纳粟的问题就时有变化。明初中央政府规定，为了显示朝廷的“威柄”，各地土司无论远近，“袭替必奉朝命，虽在万里外，皆赴阙受职”②，但事实上，有明一代，真正“赴阙受职”并未完全执行。明代天顺年间，中央政府允许各地土司在承袭时，可以交纳一定数量的谷米而不必“赴阙受职”，实

---

① 李良品，谈建成．“因俗而治”：明清时期土司地区的国家治理政策［J］．西南民族大学学报，2017，38（09）：37－42.

② ［清］张廷玉．明史：第310卷［M］．北京：中华书局，1974：7982.

施“就彼冠带”。这在《明会典》卷121《铨选四》之“凡土官就彼袭替”条有详细记载：

天顺八年，令土官告袭，勘明会奏，就彼冠带。嘉靖二年，令土官衙门，设在荒远，兼因争竞仇杀等项，不能赴京者，抚按等官勘实代奏，就彼袭替。仍依先年户部原拟等级，令其纳谷备赈。六年奏准，地方有事调遣镇守抚按等官查明具奏，就彼袭替。十五年议准，纳谷冠带土舍，曾经兵部题奉钦依者，不必再勘。其止曾纳获实收，未奉钦命，本布政司径札冠带者，备勘明白，免赴京。类具供结，兵部查照，上请降给凭札，方许实授管事。其有不服起送，与擅自冠带管事者，听抚按从重参究革职，另取应袭之人，赴部袭职。二十八年题准，应袭土舍，曾经调遣，效有功劳，暂免赴京，就彼冠带署职，管束夷民。待后功劳显著，方许实授。其余不曾调遣，及无功可录者，照例起送赴京袭替。各官授职之后，若能建立奇功，平定大盗，应合重加赏赉、或诰敕褒奖。如有骄纵违误，征调愆期，听镇巡官临时议拟，奏请明旨，遵奉施行。三十三年议准，云贵土舍应袭，令照品纳米。抚按查明具奏，就彼袭替。①

从《明会典》所载相关规定看，在明代嘉靖二十八年（1549）、嘉靖三十三年（1554）、隆庆四年（1570）、万历九年（1581）均由中央政府发令允准各地土官就地袭替，其具体举措主要是纳谷、纳银或纳其他财物等。事实上，早在天顺八年（1464）以前就已出现了不少“就彼冠带”的记载。如《土官底簿》之“乌蒙军民府知府”记载：

实哲，系本府知府亦得曾祖母。洪武十九年七月蒙总兵官西平侯钧旨：“亦得年幼，不谙理法，着令曾祖母实哲替职。本年十一月文华殿启闻讫依蒙管事。”故，男阿普袭。故，纳孔年幼难袭，三十三年六月令伊妻设北替任管事。亦故，缘男纳孔先于三十一年五月保纳孔妻撒可承袭前职。保部。永乐二年八月奉圣旨：“着撒可袭了知府职事，还要布政司保来。钦此。”故，男禄昭告要就府冠带承袭。宣德六年二月奉圣旨：“准他就那里冠带，还催那保结来。钦此。”故，无子，正妻杨普亦故，止有次妾撒姑应袭，要照撒可等事例，就府冠带袭职。正统元年四月奉圣旨：“照例准他，还催取

① ［明］申时行．明会典：第121卷［Z］．北京：中华书局，1989：626.

布政司保结来。钦此。”故，要保已故长男厄勒正妻亦得母实固就彼冠带。正统十二年七月奉圣旨：“准他袭，还着三司保勘来，若不实就着巡按御史拏了问。钦此。”亲男禄尉告袭，勘报，成化四年三月准行令禄尉就彼冠带承袭。患病，伊妻实舟应替，六年九月准袭。故，禄溥族兄阿圭嫡长男禄载应袭，但称该府地方与芒部犬牙相搀，难以摘离，行令本舍照例纳谷三百石，就彼冠带管事。嘉靖三年七月奉圣旨：“是。这土舍准照例纳谷，完日就彼袭替。”①

以上材料说明，《明史·土司序》关于“天顺末，许土官缴呈勘奏，则威柄渐弛”② 的说法，并不确切。实际上，永乐二年（1404）八月便开始“就府冠带承袭”土司之职。在其后的宣德、正统、景泰年间，“赴阙受职”的制度已形同虚设。据《蛮司合志》载，车勺袭四川静州长官司土舍就“照例纳谷五千石，免其赴京”。也有纳银就彼冠带土司之职者，如海潮于正德十三年（1518）承袭土县丞时，则是“奉例纳银八十两，就彼冠带”。然而，弘治十八年（1505），“罢土官纳粟袭职例，令照旧保勘，起送赴京袭职”。③ 这仅是明代交纳一定数量的谷、米、银等物而不必“赴阙受职”，实施“就彼冠带”的例子，至于其他政策导致土司承袭制度朝令夕改、反反复复、摇摆不定的事例就不胜枚举。中央政府对于包括土司承袭制度在内的土司制度朝令夕改、摇摆不定的做法，在一定程度上动摇了各地土司对中央政府的文化认同和心理归属，增加了土司承袭制度的执行难度和行政绩效。

（二）朝廷命官无所作为

从明清时期土司承袭制度的实践看，朝廷命官确实有无所作为的现象，这就导致地方土司无所适从。具体来讲，朝廷命官无所作为主要表现在三个方面。

1. 朝廷命官渎职疏慢

元明清时期各地土司承袭土司之职，虽有土司家族的宗支图本、预造名册，有邻封土司和地方府州县流官机构的保结文书，但在实际操作中，由于有的流官渎职疏慢，往往长期不为地方土司保结，导致一些应袭土司长期不得袭职，正如《明史稿》所说的“及承平久，文纲周密，凡事必与太监、抚、按三司会

---

① ［明］佚名．土官底簿：下卷［M］//钦定四库全书：职官类．北京：中国书店，2018：282－285.

② ［清］张廷玉．明史：第310卷［M］．北京：中华书局，1974：7982.

③ ［明］申时行．明会典：第6卷［Z］．北京：中华书局，1989：31.

议，而后行动多掣肘。土官子孙承袭有积至二三十年不得职者，土官谓上官不足凭恃，亦复慢令玩法，无所忌惮”① 的事象不断，这就更加助长了土司仇杀、土司争袭事件的发生。

2. 朝廷命官随意索贿

元明清时期各地土司在承袭土司的过程中，有的流官借机勒索应袭土司的财物，如果应袭土司不行贿，地方流官就长期不为应袭土司保结，这就导致一些应袭土司长期不能承袭土司之职。《明会典》卷6“土官承袭”条就有这样的规定：“万历十三年题准……抚按勘明，照例代奏承袭，不得过三年之外。若吏胥勒索及承勘官纵容延榛，不行申报者，抚按官即据法参治。”② 但这些规定在一定时期和一定范围内并未完全执行，如《明史稿》在论述木邦土司时就有如下一段文字：“隆庆二年，木邦土舍罕拔告袭，有司索赂不为请。拔怒，与弟罕章集兵梗往来道，商旅不前，而已，食盐亦之绝。”③ 朝廷命官在木邦土司承袭过程中随意索贿，不为木邦土司请袭土司之职，最终导致该地区的交通阻塞，当地民众无盐可食。《钦定大清会典事例》载：康熙二十五年议准，“督抚提镇等官，如有需索土司以致起衅者，许该督抚互相纠参，将启衅之人，革职从重治罪。如督抚互相容隐，一并从重治罪。”④ 雍正三年覆准，“署印任事，地方官不得将印信封固，致滋事端，有勒索留难者，将该管上司照违限例议处。”⑤ 这从反面说明，在清代土司承袭过程中，朝廷命官借土司承袭土司职位之机勒索应袭土司也不乏其例。据《雍正实录》载：“署川陕总督查郎阿摺奏，据四川提督黄廷桂咨称，护理重庆镇标游击保璠，于委署黔彭营游击任内，与酉阳冉土司书使往来，节次勒索人口骡马等物。”⑥ 另从清代广西布政使崔维雅所做的《抚恤土司以靖疆索议》可见一斑：

> 即其承袭一节，土司不得自主，必听断结于朝廷之流官，可以见土司之归命矣。其争袭应袭诸案，向来积习，承问官藉为奇货，往往至四五年不结，因而贿赂日兹。更有乘机借贷之人，乘土司需用盘利至数倍者，是

① ［清］王鸿绪．明史稿：列传187［Z］．台北：文海出版社，1984：113.
② ［明］申时行．明会典：第6卷［Z］．北京：中华书局，1989：31.
③ ［清］王鸿绪．明史稿：列传189［Z］．台北：文海出版社，1984：151.
④ ［清］昆冈，等．钦定大清会典事例：第145卷［Z］．台北：新文丰出版公司，1976：6997.
⑤ ［清］昆冈，等．钦定大清会典事例：第589卷［Z］．台北：新文丰出版公司，1976：12831.
⑥ 清实录．世宗实录：第89卷［Z］．台北：华文书局，1989：1380.

大有悖于柔远人之意，此前之流弊也，查土司承袭事，隶本司衙门，详究定案，今后凡有争袭应袭等事到司，即行该属，不许耽延，立取宗枝亲疏图谱、邻封甘结，先言可剖，若承问官游移耽搁，滋贿赂之门，长奸狡之风，将承问官揭报纠参。如有从前积弊，严行禁革，不使朋奸刻剥，则土司乐业归化之心宜固，变乱之萌潜消，远人皆吾赤子，边围安如磐石矣。①

这反映出清代土司在承袭过程中不仅没有自主权，而且还要受“朝廷之流官”的勒索，还要受他人之“盘利”。

3. 朝廷命官陈奏不一

明清时期，由于封建统治阶级使用制衡伎俩，加之官场的黑暗和腐败，朝廷命官对土司承袭诸事宜相互掣肘，以致形成对同一事件陈奏不一。从明代看，为什么会出现广西土司“改土归流”又“复流为土”，这与朝廷命官密切相关。到了清代针对土司承袭之事，朝廷命官陈奏不一的现象时有发生。据史载，康熙二十二年三月戊午，贵州提督赵赖疏言：“土司安胜祖宜授以文职；若授武职，恐致妄为。”上曰：“土司事宜，或云宜补流官，或云宜补土官，或云可令管兵，或云不可令管兵。种种陈奏不一。云南、贵州离京甚远，往来移文，多需时日。”②朝廷命官陈奏不一，不仅使中央政府对土司承袭等事项不能做出正确的抉择，而且也严重影响土司地区的社会稳定。

（三）各地土司争袭不断

元明清时期各地土司争袭之事时有发生，其表面原因是“土司常有多妻，嫡庶之争，为其乱源，又兼妇女可得承袭，为祸更大”。③ 其实，土司争袭主要有以下三个原因④。

（1）土司制度赋予土司诸多特权是造成各地土司争袭的直接动力。众所周知，在土司制度下，土司是统治区域内的“土皇帝”，是一切生产资料的拥有者和土民的最高行政长官，他（或她）拥有财政、行政、法律等方面的特权。“土司所到之处，土民皆下跪迎接，土司出，其仪卫颇盛，土民见之，皆夹道伏。即有遣责诛杀，惴惴听命，莫敢违者”⑤，这些特权的存在是造成各地土司争袭

① ［清］羊复礼．镇安府志：第6卷［Z］．台北：成文出版社，清康熙十八年（1679）刊本．

② 清实录．圣祖实录：第108卷［Z］．台北：华文书局，1989：1438.

③ 佘贻泽．明代之土司制度［J］．禹贡，1936（11）．

④ 莫代山．明清时期土家族土司争袭研究［J］．贵州社会科学，2009（06）：127－132.

⑤ ［清］周来贺．桑植县志·杂识［Z］．同治十一年（1872）刊本．

的最大动力。

（2）土司承袭制度本身存在承袭者众多和无序两大弊端。虽然中央政府规定了土司承袭有父死子继、兄终弟及、母女袭职、妻婿承袭、叔侄相袭、同族袭职、孙袭爷职、妾媳承袭、兄职妹袭、曾祖母袭孙职、地方官员保举等次序，但由于特权的诱惑，很多人在土司承袭上“不讲规矩”。土司承袭制度承认土司家族的相对独立性和世袭权，便不能不规定土司乏嗣则其族人可告袭，而绝大多数土司家族都是盘踞一方上百年乃至数百年的豪酋大族，嫡庶纷纭，支派众多，土司地区盛行的土司间长期联姻等风习更使得支系错综复杂，朝廷要把握其间袭递规律，具体确定继承人次第，根本不可能真正做到。

（3）中央王朝不能严格按照承袭次序使应袭土司承袭，也容易造成土司争袭。据《明宪宗实录》卷142中“成化十一年六月壬午”条载：“命四川播州宣慰使杨辉子爱袭父职。旧制土官袭职，必先三司按实奏请而后许。正统末，苗蛮聚众寇边，时辉父纲不任职，朝廷因土官安抚犹恭等请，特命辉越职（制）袭职。至是土官同知罗宏奏：‘辉有疾，欲援例令爱就彼袭职。’兵部以其夷人，宜俯顺所请，上乃命爱袭职，仍敕爱与宏率土兵从总兵官剿贼。”① 这个事例也说明土司不遵朝命，仍随心所欲立承袭对象。对此，《遵义县志》有记载：“明代第二十四世土司杨辉宠爱庶子杨友，企图废嫡长子杨爱，立友为宣慰使，安抚使宋韬等不保结，不得已立杨爱。杨友与长官张渊阴谋刺杀爱不成，捏造言词，罗织谋反罪诬告杨爱，朝廷派侍郎何乔新至播州勘处；张渊论斩，杨友谋篡位，论死罪，撤去宣抚使职，发保宁城羁管。”② 在播州杨氏土司争袭的过程中，还爆发了杨爱、杨友官城大战。《遵义县志》载：明成化十九年（1483）播州宣慰使杨辉死，其次子杨友欲夺其兄杨爱官职，大战于火烧舟场侧之官城（今遵义县新舟镇），死者万余，杨友败亡。③ 在播州杨氏土司的历史上，悲剧后来再一次重演，据《遵义县志》载，二十七世杨相宠庶子杨煦，企图以煦袭职，嫡长子杨烈与其母张氏兴兵驱逐杨相，相死于水西。杨烈向水西土司安万铨索要父尸，安要挟杨烈归还水烟、天旺地。烈得尸悔约，杀水西长官王黻，与李保构怨，两方土司兴兵仇杀达十年。

总之，元明清时期中央政权介入土司地区政治时，土司承袭制度就上升到国家高度，并且中央政府也逐渐规范了土司承袭制度。因此，土司承袭制度成

① 明宪宗实录：第142卷［Z］//钞本明实录：第九册. 北京：线装书局，2005：46.
② 贵州省遵义县志编纂委员会. 遵义县志［Z］. 贵阳：贵州人民出版社，1992：1209.
③ 贵州省遵义县志编纂委员会. 遵义县志［Z］. 贵阳：贵州人民出版社，1992：766.

为元明清中央政府治理土司地区、解决土司政权更迭的主要内容之一。元明清中央政府在土司承袭制度上下足功夫，这不仅为维护土司政权的稳定以及中央政府对土司政权的有效管理做出巨大努力，而且为完善包括土司承袭制度在内的土司制度取得重大成效。如果说元明清时期中央政府对土司地区的国家治理是国家制度和制度执行能力的集中体现，那么，土司政权的承袭就是各地土司衙门对土司承袭制度执行能力和地方社会治理能力的主要体现。当元明清中央政府治理能力强的时候，各地土司的承袭就相对顺利，土司家族就很少产生争袭、仇杀等事件，土司地区就社会稳定；反之，各地土司的承袭就不太顺利，土司家族就争袭不断、仇杀连年，土司地区各族民众就会灾害不断。历史事实多次证明，当土司政权不认真执行中央政府的承袭制度，甚至违背法律规定频繁发生冒袭、夺袭和争袭事件时，不仅会给土司地区各族民众带来深重的灾难，而且随着冒袭、夺袭和争袭事件影响的扩大，还会给土司家族带来巨大冲击和分裂，促使中央政府对土司及土司地区的控制加强，且导致一些土司因冒袭、夺袭和争袭而被中央政府顺利地实施改土归流。

第二章

权力嬗变：土司承袭制度的发展历程

无论是国家权力、社会权力还是政权权力，均是指影响力和支配力。随着土司制度在西南、中南和西北地区的实施，国家权力与土司地区的地方权力一直在不断地进行博弈，元明清中央政府为了实现其阶级利益和建立统治秩序，必须具有强制性和组织性的支配力；土司政权为了自身利益以及地方社会的稳定，也期盼获得更多、更大的影响力和支配力。因此，元明清中央政府与土司政权之间的权力争夺，就不时出现相对稳定且有步骤的嬗变，甚至会出现此消彼长的现象。但最终的结果是，国家权力越来越大，土司权力越来越小，直至取缔土司承袭制度。

第一节　土司承袭制度的初创

翻检文献资料可见，唐末以降直至两宋，在今武陵山区、大娄山区以及广西地区，已陆续出现了土官及土官群体。如播州杨氏为土官始于唐乾符三年（876），永顺彭氏为土官始于五代时期的晋天福五年（940），酉阳冉氏为土官始于南宋建炎三年（1129），石砫马氏为土官始于南宋建炎年间（1127—1130）。这些土官群体随着历史的发展而不断扩大，并且在元代土司制度形成过程中，顺利地成为土官，治理地方。

元代是土司承袭制度的初创时代。这个初创也是在沿用宋代土官承袭官爵的基础上的初创。据龚荫先生研究表明，在宋代，西南边疆少数民族地区的羁縻州、县、峒、寨土官的承袭，已有了一些规定。① 据史载，西南夷南宁州刺史、蕃落使龙氏的承袭，“（开宝）四年（971），其国（族）人诣涪州，言南宁州蕃落使龙彦瑫卒，归德将军武才及八刺史壮请以彦瑶子汉瑭为嗣，诏授汉瑭南宁州刺史兼蕃落使”②。也就是说，土官承袭，必须经过由“国（族）”人上

① 龚荫．中国土司制度史［Z］．成都：四川人民出版社，2012：100－101.

② ［元］脱脱．宋史：第496卷［M］．北京：中华书局，1977：14224.

报，经部将及所属部落首领（八刺史）联名状请子嗣，然后报朝廷发诏确认才能够承袭。土官承袭的范围和承袭过程在历史文献中有载：宋真宗天禧（1017—1021）年间，酉水流域北江蛮的承袭，“州将承袭，都誓主（领北江十九州）率群酋合议，子孙若弟、侄、亲党之当立者，具州名移辰州为保证，申钤辖司以闻，乃赐敕告、印符，受命者隔江北望拜谢”①。由此可见，土官承袭是先由都誓主召集群酋（管辖下的首领）会议，从土官的子孙及弟、侄、亲党中确定应当承袭土官的人。然后联名具保，经有关部门上报，朝廷赐敕告、印符作为信物，承袭人要北望天阙叩拜谢恩。经过这些手续之后，承袭土官之事才算完成。宋绍兴七年（1137）九月规定，驻地帅司要核实土官子孙应袭职者后上报，史载：“（绍兴七年）九月，诏荆湖、广南路溪峒头首土人内有子孙应袭职名差遣，及主管年满合给恩赐之数，俾帅司取会核实以闻。”② 这些规定是宋代中央政府预防土官承袭过程中发生错乱和争袭而主动采取的措施。据笔者所知，南宋时期中央政府给酉阳冉氏就颁发过很多诰敕，足以证明当时的土官已实施世袭制。如：诰封武略将军从五品、世袭酉阳知寨。加阁门宣赞舍人，知制御前兵马使官酉始祖冉守忠；诰封武略将军，世袭知酉阳寨事二世祖冉文炳；诰封武略将军，世袭知酉阳寨事、加授西路巡防殿侍都指挥使三世祖冉世昌；诰封武略将军，世袭知酉阳寨事，四世祖冉胜宗；诰封武略将军，世袭知酉阳寨事、改授奉训大夫从五品，知酉阳州事五世祖冉维义；诰封奉训大夫，知酉阳州事、改授武略将军、酉阳安抚使司从五品安抚使六世祖冉贵迁；诰封武略将军、酉阳安抚使司安抚使，改授奉训大夫，知酉阳州事七世祖冉思通。③酉阳冉氏自冉守忠至冉思通，计 7 代世袭。从宋代土官承袭的情况看，土官承袭者，或嫡子、庶子，或弟侄，或亲党，或族人，办理程序已初具形制，只不过尚未形成正式制度。④

元代的西南、中南少数民族地区，不仅出现了土官、土官机构，而且初步形成了土官制度，其中包括土官承袭制度。由于当时的土官制度尚未形成定制，因此土官承袭制度也不够完善，尚属土司承袭制度的初创阶段。

一、“参用土人”为官

元王朝在西南、中南少数民族地区施行土官制度，主要实行“参用其土人”

① ［元］脱脱．宋史：第 493 卷［M］．北京：中华书局，1977：14178.
② ［元］脱脱．宋史：第 494 卷［M］．北京：中华书局，1977：14189.
③ 重庆酉阳冉氏族谱续修委员会．冉氏族谱·总谱［Z］．内部刊印本，2007：63.
④ 龚荫．中国土司制度史［M］．成都：四川人民出版社，2012：101.

（见《元史·百官志七》）为官的原则：

> 宣慰司，掌军民之务，分道以总郡县，行省有政令则布于下，郡县有请则为达于省。有边陲军旅之事，则兼都元帅府，其次则止为元帅府。其在远服，又有招讨、安抚、宣抚等使，品秩员数，各有差等……诸蛮夷长官司。西南夷诸溪峒各置长官司，秩如下州，达鲁花赤、长官、副长官，参用其土人为之。①

从这段文字可见，当时不仅确定了这样的原则，而且还在少数民族聚居地区设置了职级不同的地方政权。一是设置具有武职土司的机构，诸如宣慰使或宣慰使都元帅、宣抚使、安抚使、长官等职的机构。据《元史》卷165载：至元十三年（1276），世祖诏谕之，杨邦宪奉版籍内附，授“绍庆珍州南平等处沿边宣慰使”②，其子杨汉英（杨赛因不花，赛因不花为元世祖所赐名），袭土司职。另据《元史》卷163载：至元十七年（1280），“西南夷罗施鬼国既降复叛，诏云南、湖广、四川合兵三万人讨之”，鬼国酋阿察投降，“乃改鬼国为顺元路，以其酋为宣抚使”③。二是设置具有文职土司的机构，诸如路总管府或军民总管府土官、府土官、州土官、县土官等职的机构。据《元史》卷12载：至元二十年（1283）七月，顺元路军民总管兼宣抚司使阿里等来降，“立亦奚不薛总管府，命阿里为总管”④。《元史》卷35载：至顺二年（1331）五月，“立云南省芦传路军民总管府，以土官为之”⑤。《元史》卷38载：元统二年（1334）正月，“四川大盘洞蛮谋谷什用遣男谋者什用来贡方物，即其地立盘顺府，命谋谷什用为知府”⑥。根据相关历史文献得知，元代西南、中南少数民族聚居地区基本上是以“土人”为官的基层地方政权。李思聪在《百夷传》书中认为，元世祖忽必烈平云南后，在云南少数民族地区“皆设土官管辖”（钱古训撰《百夷传》作“各设土官”）⑦。此处虽然说的是云南的情况，而实际在西南少数民族地区，元代普遍是以“土人”为官了。元王朝在西南少数民族地区基层地方政

---

① ［明］宋濂．元史：第91卷［M］．北京：中华书局，1976：2308.
② ［明］宋濂．元史：第165卷［M］．北京：中华书局，1976：3884.
③ ［明］宋濂．元史：第163卷［M］．北京：中华书局，1976：3818.
④ ［明］宋濂．元史：第12卷［M］．北京：中华书局，1976：256.
⑤ ［明］宋濂．元史：第35卷［M］．北京：中华书局，1976：785.
⑥ ［明］宋濂．元史：第38卷［M］．北京：中华书局，1976：819.
⑦ 钱古训撰，江应樑校注．百夷传［Z］．昆明：云南人民出版社，1980：50，146.

权中实行的“皆设土官”的政策，事实上为土官承袭制度的初创奠定了坚实的基础。

二、初创土官承袭制度

元代土官承袭土职，必须经中央政府允准方可承袭，土官一经授职，即为世袭。一是土官承袭制度的批准。《元史》卷26载：延祐六年（1319）夏四月壬辰，中书省臣言：“云南土官病故，子侄兄弟袭之，无则妻承夫职。远方蛮夷，顽犷难制，必任土人，可以集事。今或阙员，宜从本俗，权职以行。”制曰：“可。”① 这是元代土司承袭制度之初创，即在坚持“子侄兄弟袭之”的血缘基础上增加了“无则妻承夫职”和“宜从本俗”等内容，从制度上实现了传统“血缘”承袭办法与土司地方社会实际的首度结合。据《元史》卷29载：泰定元年（1324）十二月癸丑朔，“以岑世兴为怀远大将军，遥授沿边溪洞军民安抚使，佩虎符，仍来安路总管；黄胜许为怀远大将军，遥授沿边溪洞军民安抚使，佩虎符，致仕，其子志熟袭为上思州知州。降诏宣谕，仍各赐币帛二。”②从上面两则材料看，在云南边地的地方礼俗中，盛行父死子继、兄终弟继、叔死侄继、夫死妻继的土官世袭制度。这种土官世袭制度，后来不仅被明清中央政府沿袭，而且成为明清土司制度的核心内容。二是土官承袭制度从边疆地区向内地少数民族地区延伸推广。《元史》卷35载：至顺二年（1331），“以前东川路总管普护子安乐袭其父职”③。从历史文献中可知，元代土官的承袭事先须报经朝廷，准许之后才能袭职。《元史》卷8载：至元十二年（1276），“佥书四川行枢密院事昝顺言：绍庆府、施州、南平及诸蛮吕告、马蒙、阿永等，有向化之心。又播州安抚杨邦宪、思州安抚田景贤，未知逆顺，乞降诏使之自新，并许世绍封爵，从之”④。如果土官不经朝廷批准而擅自袭职，朝廷则要兴师问罪。《元史》卷11载：至元十七年（1280），“亦奚不薛病，遣其从子入觐。帝曰：‘亦奚不薛不禀命，辄以职授其从子，无人臣礼。宜令亦奚不薛出，乃还军’”⑤。总之，元代土官承袭制度属于初创时期，制度较为模糊宽泛，执行不甚严格。

元代中央政府实施土司制度后，朝廷不仅初创了土官承袭制度，而且还要

---

① ［明］宋濂．元史：第26卷［M］．北京：中华书局，1976：589.
② ［明］宋濂．元史：第29卷［M］．北京：中华书局，1976：652.
③ ［明］宋濂．元史：第35卷［M］．北京：中华书局，1976：791.
④ ［明］宋濂．元史：第8卷［M］．北京：中华书局，1976：171.
⑤ ［明］宋濂．元史：第11卷［M］．北京：中华书局，1976：227.

授予少数民族首领土官之职，正式赐予世袭土官诰敕、印章、虎符、驿传玺书与金（银）字圆符等信物。① 按照规定，各地土官只有拥有上述这些信物之后才能称土官，才能行使土官职权。

从上面的分析可见，元代土司承袭制度只注重了土官承袭过程中的父死子继、兄终弟及、母女袭职、叔侄相袭等次序以及土司承袭的诰敕、印信、虎符等信物，而对于土司承袭过程中的程序、土司承袭的文书、土司承袭的相关法规以及土司承袭过程中的弊端及处置等问题却基本没有涉及，因此，这体现出元代初创的土司承袭制度不够完善。

第二节　土司承袭制度的构建

土司承袭制度的构建，源于元王朝对唐宋王朝管理民族地区事务和控制西南少数民族首领的经验总结。明代，一套完整的土司承袭办法逐渐形成并完善，基本上延续嫡长子继承为主，以孙、婿、妻、舍人（土司家族）、女及外亲等继承为补充的“先嫡后庶，先亲后疏”承袭原则，而且土司应将承袭之人依次呈报。在呈请袭职时，要取上司印结、本人宗支图及邻境保结等文献书方能承袭。对于明代土官承袭，清代桂林府通判汪森在其笔记中记载了嘉靖、万历年间土官承袭制，“嘉靖七年例，土官病故，其应袭儿男查勘无疑，止令以官，男孙名色就彼袭替，权管地方。俟著有功劳，然后授以冠带；俟功劳再著，然后授署职；俟功劳屡著，然后实授本职。嘉靖九年，土官衙门造册，将见在子孙，尽数开报。某人年若干岁，系某氏生，应该承袭；某人年若干岁，某氏生，系以次。土舍未生子者，候有子造报。愿报弟侄若女者，听布政司送吏、兵二部查照。嘉靖二十八年例，应袭土舍，曾经调遣，效有功劳者，暂免赴京。就彼冠带署印，管束夷民，待后功劳显著，方许实授。万历二十年，三院会议，土舍初袭照旧，小□管事三年后，若守法奉公，兵粮完足者，给冠带。至六年、九年，劳绩愈彰，渐次议加，署职实授。如有恣肆不检，仇邻构兵，及钱粮兵马负欠逾期，追夺示罚，仍置立宗枝文簿印贮辖属该道。遇土官嫡妻生子，限一月内具报该府，报道填注，用为日后勘袭左券，以杜争端。万历二十二年例，土官土舍，与民间子弟不同，一经援纳，假借大冠，交结生事，麋扰地方，深

① 龚荫．中国土司制度史［M］．成都：四川人民出版社，2012：118.

为未便通行。”① 由此可见，明代土司承袭，必须具有委官体勘查核、取具宗支图本、册报应袭子侄名册、官吏人等作保、邻封土司甘结、督抚具题请袭（呈部具奏）、土司赴阙受职（或就彼冠带）等程序和手续。这说明，明代土司承袭制度的立体构建，有助于促使各地土司谨遵承袭程序，严格履行各种相关手续。

一、规定土司承袭范围

明代中央政府严格各地土司承袭人范围，这有利于土司承袭的有序进行。《明史》卷72载：“其子弟、族属、妻女、若婿及甥之袭替，胥从其俗。”② 这是明代中央政府在“因俗而治”的民族政策指导下对土司承袭人范围所做的原则规定。在具体承袭过程中，中央政府为了尽量避免土司争袭事件的发生，又规定了先后顺序。

（一）父死子继，嫡子继承

依据土司承袭过程中“先嫡后庶，先亲后疏”的承袭原则，子袭父职并且嫡长子首先承袭，这是天经地义的事情。《土官底簿》卷上载：洪武中，阿迷州知州普宁“故，男普救告袭，二十年准袭。二十六年故，嫡长男普誓西平侯札付接缺管事，二十九年正月奉太祖皇帝圣旨：‘既是西平侯著他署事，与他实授。钦此。’”③

（二）兄终弟及

土司承袭过程中，因兄长死后无子由其弟承袭土司之职，不仅常见，而且也符合明王朝的规定。《明会典》载：“洪武二十七年，令土官无子，许弟袭。”④《土官底簿》卷下载：镇远府通判杨瑄，成化二年领兵征进阵亡，“未有儿男，保送亲叔永宁嫡长男杨裕袭替间，杨瑄妾赵氏生子杨复生，仍保杨裕借袭，三年十二月题准，行令杨裕就彼冠带，借袭堂兄杨瑄土官通判，候杨复生长成照旧承袭。”其后杨复生，子杨蕃故，又无嗣，“嘉靖十五年五月，亲弟杨薰”袭职⑤。

---

① ［清］汪森．粤西丛载校注［Z］．南宁：广西民族出版社，2007：1053－1054.

② ［清］张廷玉．明史：第72卷［M］．北京：中华书局，1974：1752.

③ ［明］佚名．土官底簿：上卷［M］//钦定四库全书：职官类．北京：中国书店，2018：70.

④ ［明］申时行．明会典：第121卷［Z］．北京：中华书局，1989：626.

⑤ ［明］佚名．土官底簿：下卷［M］//钦定四库全书：职官类．北京：中国书店，2018：309－310.

（三）妻婿承袭

妻婿承袭或族属袭替土司之职，同样符合明王朝的规定。据《明会典》载：洪武“三十年，令土官无子弟，而其妻、或婿”。① 这里包括三种情况：一是妻妾继袭土司之职。《土官底簿》卷下载：洪武末，乌蒙军民府土知府阿普故，子纳孔年幼，“三十三年六月令伊妻设北替任管事”，宣德间土知府禄昭故，无子，“正妻杨普亦故，止有次妾撒姑应袭”②。二是女婿承袭土司之职。《土官底簿》卷下载：云南，天顺时路南州土知州秦福“故，无子，止生三女，据布政司咨称：秦福次女元真无过，性纯，识字，夷民信服，该袭。天顺六年十月，奉圣旨：是，钦此”③。三是子幼母袭或子死母袭。乾隆《石砫厅志·承袭志》载，石砫马氏土司在土司承袭过程中，出现过三次子幼母袭的情况，第一次是因马千泗年幼由其母覃氏承袭，第二次是因马祥麟年幼由其母秦良玉承袭，第三次因马正倓年幼由其母杨舜珍承袭。④ 也有因子死母袭的现象，《蛮司合志》卷12载：“宣德四年，上隆州土官知州岑琼卒，无子，有侄岑松尚幼。土人诉于朝，言琼母陈氏有才识，可理州事，愿得陈氏袭职以抚其民，诏从之。”⑤

（四）族属袭替

《明会典》载：洪武“三十年，令土官无子弟……为夷民信服者，许令一人袭”⑥。

族属袭替土司之职，这个人必须“为夷民信服者”，也就是说，他（或她）必须有治理地方的能力，在当地有很高威望，做事被大家信任，为当地民众公认或举荐。《土官底簿》卷上载“箭杆场巡检司巡检”条载：成化二十三年（1487）字宸承袭后不久病故，“男字俸未袭，男字廷宣亦未袭，止据本司兵夫、火头、拾排、里老，李荣等保呈云南按察司分巡金沧道批县给帖，令字廷宣协同管事”⑦。另据天启《滇志·羁縻志》载：云南广南土司侬承恩死后无嗣，“四门族舍、目兵、百姓，咸推侬文举以冠带署事。阿堂之役，（文举）率兵三千助征。凤继祖、别者龙之讨，皆以功奖。其后征河底，亦以功著。万历七年

① ［明］申时行．明会典：第121卷［Z］．北京：中华书局，1989：626.

② ［明］佚名．土官底簿：下卷［M］//钦定四库全书：职官类．北京：中国书店，2018：283.

③ ［明］无名氏．土官底簿：卷上［Z］．涵芬楼影印本，1935：17.

④ ［清］王萦绪．乾隆石砫厅志·承袭志［Z］．乾隆四十四年（1779）刻本．

⑤ ［清］毛奇龄．蛮司合志：第12卷［M］．清乾隆（1736－1795）刻本．

⑥ ［明］申时行．明会典：第121卷［Z］．北京：中华书局，1989：626.

⑦ ［明］无名氏．土官底簿：上卷［Z］．涵芬楼影印本，1935：25.

(1579)，遂实授同知。兵征罕、岳，（文举）亦建功焉”。① 这里的“咸推”就是“公举”“公荐”的意思。

总之，上述四大类的六七种情况的承袭就是明代中央政府规定各地土司承袭人的范围。除此之外，其实还有母女袭职、叔侄相立、兄职妹袭、曾祖母袭孙职、孙袭爷职等形式。通过子、兄弟、孙、叔侄、族属、妻女、女婿、母等承袭土司职位的事例说明，明代各地土司承袭的亲属次序，是从“俗”而定的，明代中央政府也往往采取“因俗而治”的政策，在原则性之外，也具有一定的灵活性。

二、制作土司承袭文书

明代中央政府在管理西南、中南及西北各地土司承袭过程中，为了防止土司承袭的作弊假冒，制定了一些有效的管理办法，特别是产生了大量的土司承袭文书，这些承袭文书成为土司承袭的有效凭证。主要有以下四种类型。

（一）宗支图本与土司承袭人名册

宗支图本与土司承袭人名册是各地应袭土司为了顺利承袭土司之职而制作的文书。宗支图本也叫“亲供册”，是土司承袭的主要依据。明人沈德符说：“（土官承袭）全凭宗支一图为据，今推云南布政司贮有各土司宗支，以故袭替最便，而贵州、广西诸土官，竟自以所藏谱本上请，以致彼此纠纷，累年不决，称兵构难而不害，监司又借以取渔人之利，此最大弊事。”② 方国瑜先生说：“又明制，土官袭职，应袭者当系‘亲供’册，载其先世事迹、职位，所领境界、人户及贡赋之数……”③各地土司制作或撰写的宗支图本，除各地土司自己保存外，各行省布政司存有一份备案。明代中央政府为了防止各地土司在承袭过程中发生争袭事件，每当土司承袭时，吏部和兵部都要委派各行省地方官到土司辖区来“体勘”，行省巡抚、督抚以及府州县流官均要为该土司具结作保。因此，“洪武二十六年定，湖广、四川、云南、广西土官承袭，务要验封司委官体勘，别无争袭之人，明白取具宗支图本，并官吏人等结状，呈部具奏，照例承袭。”④ 按照明代中央政府的承袭条例规定，土司承袭过程中，必须要具备当地官员的“体勘”和作保以及应袭土司的“宗支图本”。如果不具备这两个必

---

① ［明］刘文征撰，古永继校点．滇志［Z］．昆明：云南教育出版社，1991：983.

② ［明］沈德符．万历野获编［Z］．北京：中华书局，1997：934.

③ 方国瑜．云南史料目录概说［Z］．北京：中华书局，1984：458.

④ ［明］申时行．明会典：第6卷［Z］．北京：中华书局，1989：31.

备条件，则不准土司承袭。

明代中央政府规定，各地土司须预造土司承袭人名册，这就是所谓的制定土司承袭人“预为造册”制度。这是中央政府为了弥补宗支图本和结状文书的不足和防止各行省巡抚、督抚以及府州县流官在土司承袭过程中从中渔利的一种举措。《明会典》卷6“土官承袭”条之“凡土官册报应袭”款规定：“正统元年奏准，土官在任，先具应袭子侄姓名，开报合干上司。候亡故，照名起送承袭。六年奏准，预取应袭儿男姓名，造册四本，都、布、按三司各存一本，一本年终类送吏部备查。以后每三年一次造缴。嘉靖九年题准，土官衙门造册，将见在子孙尽数开报。某人年若干岁，系某氏生，应该承袭。某人年若干岁，某氏生，系以次土舍。未生子者，候有子造报。愿报弟侄若女者，听。布政司依期缴送吏、兵二部查照。”① 从土司承袭的制度建设来讲，好像是日臻完善，但在全国土司地区推行过程中却不尽相同。例如，在云南，则采纳曲靖军民知府晏毅的建议：“土官承袭，或子孙，或兄弟，或妻继夫，或妾继嫡，皆无豫定次序，致临袭争夺，仇杀连年。乞敕该部移文所司，豫为定序造册，土官有故，如序袭职。”② 广西是“按籍请官于朝”③。只有贵州是“预定土藉”④。预造土司承袭人名册办法的实行，实际是加强土司管理。明嘉靖九年（1530）四月甲申，“兵部会吏部议上《土官袭职条例》，请通行各镇巡官转行土官衙门，将见在子孙尽数开报。务见某人年若干岁，系某氏所生，应该承袭某人，年若干岁，系某氏所生，系以次。土舍未生子者，候有子造报。愿报弟侄若女者，听以后应袭之人告袭，再行司府覆勘无碍，方与奏请。除杂职妇女，照旧就彼袭替外，其余连人保送赴部袭替。”⑤ 明政府还规定了预造土司承袭人名册的造册时间和土司承袭年限，“弘治二年，令土官应袭子孙，年五岁以上者，勘定立案。年十五以上，许令袭。如年未及，暂令协同流官管事。”⑥ 预造土司承袭人名册的主要目的是防止土司争袭，避免土司家族纷争以致引起内乱或战争。

（二）结状文书

结状文书是土司家族族人、邻近土官土司以及地方流官制作的担保文书。洪武二十六年（1393），明代中央政府规定：“湖广、四川、云南、广西土官承

① ［明］申时行．明会典：第6卷［Z］．北京：中华书局，1989：31.
② ［清］张廷玉．明史：第313卷［M］．北京：中华书局，1974：8085.
③ ［清］龙文彬．明会要：第2卷［Z］．北京：中华书局，1956：771.
④ ［清］毛奇龄．蛮司合志：第3卷［M］．清乾隆（1736－1795）刻本．
⑤ 钞本明实录．明世宗实录：第112卷［Z］．北京：线装书局，2015：405－406.
⑥ ［明］申时行．明会典：第121卷［Z］．北京：中华书局，1989：626.

袭，务要验封司委官体勘，别无争袭之人，明白取具宗支图本，并官吏人等结状，呈部具奏，照例承袭。"① 天顺二年（1458）又奏准，"土官病故。该管衙门，委堂上官，体勘应袭之人，取具结状宗图，连人保送赴部，奏请定夺。"② 可见，明代各地土官承袭时，需履行两套手续，一套是土官承袭人的族人和邻近土官的作保结状，该类文书的作用在于证明应袭之人的真实性。其具体格式如下：

> 云南耿马宣抚司军民族舍结式七张
>
> 具结状某土职族舍某某等，今于台前与结状，实结得某土职应袭某，系已故土官某正妻某氏亲生长子，于某年某月某日某时生，现年若干岁，例应承袭父职，管理地方，族无争袭之人，夷众悦服，并无乞养、异姓、庶出、诈冒、违碍等弊，结状是实。
>
> 某年号某年某月某日具结状某某③

另一套是地方官勘验某个土司承袭人确系土司嫡亲、"别无争袭之人"的作保结状，该类文书的作用同样在于证明应袭之人的真实性，其具体格式如下：

> 邻封土职结式七张
>
> 具邻封印结云南某土职某，今于台前与印结，实结得土职应袭某，系已故土官某正妻某氏亲生长子，于某年某月某日某时生，现年若干岁，例应承袭父职，管理地方，族无争袭之人，夷众悦服，并无扶同隐匿、违碍等弊，所具邻封印结是实。
>
> 某年号某年某月某日土职某④

按照明代中央政府的规定，"土舍告袭事例，经族人头目具结报分守分巡，勘处明白，转报布政司、按察司、都司，即由布政司会都按二司比册。通呈巡抚、巡按批准，然后给文交付就袭土舍，持赴吏部告袭。"⑤ 从《土官底簿》上的有关记载看，明代土官承袭基本上是按照这些规定办理的，其中不乏"查勘"

---

① ［明］申时行．明会典：第6卷［Z］．北京：中华书局，1989：31.

② ［明］申时行．明会典：第6卷［Z］．北京：中华书局，1989：31.

③ 土官承袭格式［Z］．现存于云南省耿马傣族佤族自治县档案馆．

④ 土官承袭格式［Z］．现存于云南省耿马傣族佤族自治县档案馆．

⑤ 何耀华．武定凤氏本末笺证［M］．昆明：云南民族出版社，1986：80.

“体勘”“审勘”“复勘”和“府州都保结明白”等记载。

（三）告袭文簿

告袭文簿是四川、云南、贵州、广西、湖广等行省巡抚、巡按等地方流官政府登记各地土司承袭相关事宜以备查考的底簿，这是有关行省巡抚、巡按等地方流官政府制作的文书。明代中央政府对告袭文簿有明确规定，《明会典》载：“凡土司告袭，所司作速勘明，具呈抚按，核实批允，布政司即为代奏。该部题选，填凭转给，就彼冠带袭职……抚按仍设告袭文簿，将土舍告袭、藩司代奏日期，登记明白，年终报部备考。”① 由此可见，这种“告袭文簿”主要是登记各地土司告袭和藩司代奏的日期，其目的在于“年终报部备考”。

（四）诰敕文书、勘合与照会

这两种文书仅是中央政府及吏部制作的文书。按照规定，土司承袭土司之职，明代中央政府要给土司颁发诰敕文书。一般来看，一品至五品的土司，授予诰命；六品至九品的土司，授予敕命。土司武职的宣慰使、宣抚使、安抚使、招讨使，文职的土知府、土同知、土知州等均颁发诰命，其余入流土官发给敕命。在《同治酉阳直隶州总志》《冉氏族谱》中保存了十分丰富的诰命文书，其中不乏与酉阳土司承袭有关的文书，如《元祖诰命》内容为：

> 奉天承运，皇帝制曰：朕惟帝王以天下为家，一视同仁，远间遐迩，此敬体怀柔之道也。尔四川东路酉阳宣抚司宣抚冉元，自尔祖父以来，敬事朝廷，恪修贡职，尔今继袭，善承厥志，立功边徼，以扬王休，兹特封尔昭毅将军，赐之诰命，以为尔荣，尚笃棐忱，忠勤王事，庶无忝乃职，永享太平之福。钦哉！
>
> 制曰：朝廷之制，有命官即有命妇，盖禄无并益受，而恩有同推也。尔四川东路酉阳宣抚司宣抚冉元之妻黎氏，克修内职，以相厥夫，兹特封尔为淑人，被兹纶绂之尊荣，益著闻仪之肃穆。
>
> 嘉靖二十七年八月初一制诰之宝②

明代中央政府的诰敕文书有“总诰”“总敕”和“分诰”“分敕”之分。据历史文献载：“诰织用五色纶丝，其前织文曰‘奉天诰命’，敕织用纯白绫，其

---

① ［明］申时行．明会典：第121卷［Z］．北京：中华书局，1989：626.

② 重庆酉阳冉氏族谱续修委员会．冉氏族谱·总谱［Z］．内部刊印本，2007：68.

前织文曰‘奉天诰命’，俱用升降龙盘绕，带俱用五色。”①明代中央政府除了皇帝颁发承袭土司的诰敕文书外，吏部还要发给土司勘合、照会，作为某个土司袭职的正式凭证文书。② 勘合、照会文书大多是颁发给地处边疆的少数民族土司。

无论是各地土司、土司族人和邻近土官制作的文书，还是地方流官政府以及明代中央政府制作的文书，这些承袭文书的作用不仅是土司承袭的有效凭证，而且也是避免土司家族争袭、维护地方稳定的有力举措。

三、制定土司承袭法规

明代中央政府为了防止土司承袭过程中频繁发生假冒、违例、争袭等事件，制定了一系列法规。

（一）由万里赴阙受职到“就彼冠带”

明朝初年，各地老土司亡故，其应袭者须赴朝廷请袭受职。《明史》卷310载：“袭替必奉朝命，虽在万里外，皆赴阙受职。”③ 但万里赴阙受职这项规定仅是在明朝初年的中小土司中执行，实力雄厚的土司并未真正实施。如《明史》卷318载：洪武二十四年（1391），思明府土知府黄忽都死，子广平遣使贡方物，“诏广平袭职”④。可见，应袭者并未赴京告袭，而是采取遣使贡方物的形式，朝廷同样下诏让黄广平袭职。明代天顺年间，中央政府将原来的“赴阙受职”改为“就彼冠带”。这在《明会典》也有“天顺八年，令土官告袭，勘明会奏，就彼冠带”⑤ 的规定。

（二）赐予承袭土司信物

明代土司一经除授，中央政府就会赐予各土司印章、冠带及符牌等信物，作为朝廷命官的凭证。一是诰敕。这是明代中央政府除授土司之职时的任命书。是诰命还是敕命，必须依据土司的品级而定。据《明会典》卷6“诰敕等级”条载：“洪武二十六年定，一品至五品皆授以诰命，六品至九品皆授以敕命。”⑥按此规定，武职土司在招讨使以上、文职土司在土知州以上者，其任命书称为诰命。武职土司级别在长官司长官、文职土司在土知县以下官员的任命书称为

---

① 黄才庚．文书史纲要［Z］．档案史教研室内刊资料，1982：58.
② 贾霄锋．藏区土司制度研究［M］．西宁：青海人民出版社，2010：118.
③ ［清］张廷玉．明史：第310卷［M］．北京：中华书局，1974：7982.
④ ［清］张廷玉．明史：第318卷［M］．北京：中华书局，1974：8234.
⑤ ［明］申时行．明会典：第121卷［Z］．北京：中华书局，1989：626.
⑥ ［明］申时行．明会典：第6卷［Z］．北京：中华书局，1989：31.

敕命。二是印章。明代中央政府授予各地土司的印章，不管是银印还是铜印，都是土司权力的象征。只是铜印有大小、厚薄之分，并且按其品级分别赐予。三是冠带。按照明代中央政府的规定，无论是文职土司还是武职土司，他们与当时朝廷命官一样，按品级高低而授予规格不一的冠带。《明史》卷314载，洪武十七年（1384）八月，思伦发遣使献方物，并上元所授宣慰司印，“诏改平缅宣慰司为平缅军民宣慰使司，并赐伦发朝服、冠带”。① 中央政府就是用朝服、冠带来表示不同级别土司的身份和地位。四是敕符。敕符的创建是明代中央政府的一大创举，它不仅是中央政府颁给边疆土司的联系证件，而且也是明代中央政府加强控制边疆土司的重要举措。据《明会典》《礼部志稿》和《明太宗实录》卷35有关内容看，明代云南计有敕符勘合的土官衙署有车里、木邦、缅甸、麓川平缅、八百大甸、老挝等6个宣慰司，干崖、大侯、里马、茶马4个长官司，潞江安抚司以及孟艮、孟定、湾甸、镇康等府州。② 《明史》卷314载，正统时，大侯州土知州刀奉汉，“奏欲与木邦宣慰罕门法共起土兵十万，协同征剿麓川，乞赐金牌、信符，以安民心。特赐之。”③ 这说明了明代边疆土司拥有符牌的重要作用。

（三）学习礼仪制度

明代中央政府规定，土司袭职后，必须学习明朝的礼仪制度。弘治五年（1492）就规定，土官袭职后必须到国子监习礼三月后，才能够回到原土司地区管理各种日常事务。④《礼部志稿》卷1“敦教化之训”条载：

> 洪武二十三年五月，播州贵州宣慰使司并所属宣抚司官，各遣其子来朝，请入太学。上敕国子监官曰：“移风善俗，礼为之本；敷政导民，教为之先。故礼教明于朝廷，而后风化达于四海。今西南夷土官各遣子弟来朝求入太学，因其慕义，特允其请耳！尔等善为训教，俾有成就，庶不负远人慕学之心。”⑤

《礼部志稿》卷92“土官应袭子弟入学”条载：

---

① ［清］张廷玉．明史：第314卷［M］．北京：中华书局，1974：8111.
② ［明］申时行．明会典：第108卷［Z］．北京：中华书局，1989：585－586.
③ ［清］张廷玉．明史：第314卷［M］．北京：中华书局，1974：8109.
④ ［明］申时行．明会典：第121卷［Z］．北京：中华书局，1989：626.
⑤ ［明］俞汝楫．礼部志稿：第1卷，文渊阁四库全书本．

成化十七年二月，巡抚云南右副都御史吴诚奏，乞令土官衙门，各遣应袭子弟于附近府学读书，使知忠孝礼义，庶夷俗可变而争袭之弊可息。仍禁约师生，不许索其束脩馈送。礼部覆奏：以为有益风化，事在可行。如地远年幼者，督令开一社学，延邻境有学者以之为师，仍听提学官稽考。上曰："然云南土官世脩职贡无敢违越，但争袭之弊往往有之，盖虽由于政而未化于教也。其令土官各遣应袭子弟就学。如巡抚官及尔礼部所言，使蛮貊乖争之风潜消，而华夏礼义之化远，暨顾不美欤?"①

明代中央政府这样做的目的在于使各地土司知君臣父子之道以及礼乐教化之事，且通过各地土司进而改变边疆少数民族地区的风俗习惯，促使少数民族地区的风俗习惯与内地趋于一致。

(四) 规定土司"禁例"

明代中央政府为了强化对土司的控制，规定了许多"禁例"，若各地土司有违"禁例"规定，就不准承袭土司职位。据《明会典》卷121"凡土官袭替禁例"条载：

弘治十三年奏准，土官袭替，其通事把事人等，及各处逃流军囚客人，拨置不该承袭之人，争夺仇杀者，俱问发极边烟瘴地面充军。嘉靖十年议准，各边军职及勘事人员，索取土夷财物，致生他变者，依激变良民律例。嘉靖十四年议准，云南、四川两省土官，各照旧分管地方。如有不遵断案、互相仇杀及借兵助恶、残害军民、并经断未久，辄复奏扰变乱者，土官子孙不许承袭。……三十三年题准，土官土舍嫁娶，止许本境本类。不许越省，并与外夷交结往来，遣害地方。每季兵备道取具重甘结状。如再故违，听抚按官从实具奏。兵部查究，量情轻重，或削夺官阶，或革职闲住，子孙永不许承袭。②

从上面这段文字可见，明代中央政府对土司承袭控制得十分严格，其具体体现有三：一是在土司承袭问题上，凡通事把事人等"拨置不该承袭之人"或者是"争夺仇杀者"，均要发配到极边烟瘴之地充军；二是"各边军职及勘事人员"假借土司承袭之事"索取土夷财物"进而导致土司地区生变，则对上述人

① ［明］俞汝楫．礼部志稿：第92卷［Z］．文渊阁四库全书本．
② ［明］申时行．明会典：第121卷［Z］．北京：中华书局，1989：626.

员按照“激变良民”的相关律例严惩；三是对土司承袭的禁例，主要体现在两点，不仅规定“不遵断案、互相仇杀及借兵助恶、残害军民、并经断未久，辄复奏扰变乱者”的土官子孙不许承袭，而且连违反婚姻和往来规定者，也要剥夺土司子孙的承袭权，由此可见明代中央政府对各地土司限制之严格。更有甚者，万历十三年（1585）还规定：“土官病故，应袭土舍，具告该管衙门，即为申报。抚按勘明，照例代奏承袭，不得过三年之外。若吏胥勒索，及承勘官纵容延榇，不行申报者，抚按官即据法参治。其土舍自不告袭，故迟至十年之外者，即有保结，通不准袭。”① 这些土司承袭的规定，可用“严苛”二字来形容。

由此可见，明代土司承袭制度在元代土司承袭制度的基础上逐渐健全与完善，充分体现了作为一个国家在土司承袭过程中的主导作用。更为重要的是，明代土司承袭制度不仅注重了土官承袭的次序以及土司承袭的信物，而且加强了土司承袭法规的建设以及土司承袭过程中弊端的处置。可以说，明代土司承袭制度的构建已基本完善。明代中央政府不断完善土司承袭制度，其目的在于加强对土司的控制，体现明代中央政府在土司政权及土司地区的绝对威望，进而确保土司政权稳固和土司地区社会稳定。

第三节　土司承袭制度的转型

一、调整土司承袭的职官制度

如果说明代严格规定土司承袭人范围属于对土司承袭的职官制度的话，那么，有清一代的嫡庶不得越序、15 岁方准承袭、限期承袭等新规则是对土司承袭的职官制度所做的调整。具体来讲，清代调整土司承袭的职官制度有以下几个方面。

（一）嫡庶不得越序

清代中央政府在承袭人的次序上做出明确规定，即宗支嫡庶不得越序。顺治初年定“凡承袭之土官，嫡庶不得越序，无子许弟承袭，族无可承袭者，或妻或婿，为夷众信服者，亦许承袭。”② 康熙十九年（1680）规定，“土官病故，

① ［明］申时行．明会典：第 6 卷［Z］．北京：中华书局，1989：31.

② ［清］昆冈，等．钦定大清会典事例：第 145 卷［Z］．北京：中国书店，2018.

其子病废不能承袭者，准与孙袭。"① 乾隆三十三年（1768），清政府对土司承袭又做出明确规定，"土官袭替定例，必分嫡次长庶，不得以亲爱过继为词，如实系土官身故乏嗣，除笃疾残废，及身有过犯，与苗民不肯悦服之人，例不准请袭外，其承继之子，仍论其本身支派。如非挨次承袭者，不准袭职。"② 当"土司病故，或年老有疾请代"时，首先是"嫡子嫡孙承袭；无嫡子嫡孙，则以庶子庶孙承袭；无子孙，则以弟或其族人承袭；其土官之妻及婿有为土民所服者，亦准承袭"③。由此可见，清代对土司承袭次序的规定十分严格，并且不允许以任何借口违反承袭次序。由于清代对土司承袭的规定比明代更加严格和具体，所以，土司承袭过程中的争袭事件较明代有所减少。

（二）规定承袭年龄

明代虽有对于土司承袭人年龄的规定，但执行并非严格。清代则对土司承袭人的年龄做出了明确规定："子或年幼，由督抚题明注册，选本族土舍护理，俟其年至十五岁时请袭。又定，土官年老有疾，请以子代者听。又定，土官亲生之子，未满十五岁者，该督抚题明注册，将土司事务，委族人护理，俟其子长成，具题承袭。"④ 康熙十一年（1672）题准，"土官子弟，年至十五，方准承袭。未满十五岁者，督抚报部，将土官印信事务，令本族土舍护理。俟承袭之人，年满十五，督抚题请承袭。"⑤ 可见，即使按土司承袭次序的应袭之人，也必须年满15周岁才能承袭任职；未满15周岁时，该地督抚就要题明注册，把土司事务委托其族人或其母，直到应袭土司者年满15周岁时再承袭。⑥

（三）规定预制土官

清政府为确保对各土司支系情况的了解，从根本上杜绝土司承袭过程中的争袭、假冒事件的发生，制定了预制土官的办法。顺治十六年（1659），贵州巡抚赵廷臣根据贵州土司承袭过程中的实际情况提出了预制土官的建议。他认为，要安定地方，"莫如预制土官。夫土舍私相传接，支系不明，争夺由起，遂致酿成变乱"。他建议："今后每逞岁终，土官各上其世系、履历及有无嗣子，开报布政司。三年当入觐，则预上其籍于部。其起送袭替时，有争论奏扰者，按籍

① ［清］昆冈，等．钦定大清会典事例：第589卷［Z］．北京：中国书店，2018.
② ［清］昆冈，等．钦定大清会典事例：第145卷［Z］．北京：中国书店，2018.
③ ［清］昆冈，等．钦定大清会典事例：第12卷［Z］．光绪二十五年（1899）重修本．
④ ［清］昆冈，等．钦定大清会典事例：第145卷［Z］．北京：中国书店，2018.
⑤ ［清］昆冈，等．钦定大清会典事例：第589卷［Z］．北京：中国书店，2018.
⑥ 贾霄锋．藏区土司制度研究［M］．西宁：青海人民出版社，2010：126.

立办。斯方策既明，而衅端预杜矣。"① 赵廷臣的这一建议经部议批准，遂成定制。清代"预制土官"的办法实际上是明代"土官册报应袭法"的发展和完善。

（四）规定承袭手续

顺治初，清政府规定："土司承袭，由督抚具题，将该土司宗图亲供，司府、州邻印信、甘结及旧敕印、号纸送部，亲身赴京，兵部查验明确，方准承袭。"②《钦定大清会典事例》也有类似规定："其应承袭之人，由督抚具题，将该土官顶辈宗图亲供、司府州邻印甘各结，及原领敕印，亲身赴部，由部核明，方准承袭。"③ 也就是说，凡土司承袭，承袭人须将顶辈宗图、亲供、地方官、邻封土司印甘各结以及原领号纸，详报督抚，由督抚具题请袭。"邻封土司甘结"，是承袭人的邻近土司为土司应袭者撰写的证明文书，其主要目的在于防止假冒和混袭土司之职。

（五）限期具题承袭

清政府为了从行政监管上加大对土司承袭的控制，规定了具题承袭期限，这在程序上比明代更加严格。《钦定大清会典事例》载："凡土官病故，该督抚于题报时，即查明应袭之人，限六个月内具题承袭。如违限，将该管上司照例议处。"④ 乾隆七年（1742）议准，"土官承袭旧例，由本省都司验明起文，今各省掌印都司业经裁汰，嗣后土官承袭，由布政使司取具地方并邻封土官印甘各结及土官亲供户族宗图、原领号纸，详报督抚，于半年内具题请袭。由部核对无异，题明准袭后，将袭替职衔缮入号纸给发；如有事故稽迟不能请袭者，于半年限内咨部存案，日久亦准承袭，其不于限内咨部有案者，日久不准承袭。"⑤ 可见，无论是土司病故还是其他情况，土司具题承袭的时间就是半年。这在一定程度上保证了土司承袭一直在清代中央政府的有效控制之下。

二、调整土司承袭的文书制度

明代的土司承袭文书主要有宗支图本、土司承袭人名册、结状文书、告袭文簿、诰敕文书、勘合与照会等，但是到了清代，中央政府对土司承袭文书进

① 清世祖实录：第126卷［Z］. 北京：中华书局，2008：2470.

② 清朝通典：第39卷［Z］. 台北：商务印书馆，民国二十六年（1937）影印本.

③ ［清］昆冈，等. 钦定大清会典事例：第589卷［Z］. 北京：中国书店，2018.

④ ［清］昆冈，等. 钦定大清会典事例：第145卷［Z］. 北京：中国书店，2018.

⑤ ［清］昆冈. 大清会典则例：第110卷［Z］. 文渊阁四库本.

行了必要的调整，除宗支图本、土司承袭人名册、册结等文书继续保留外，新增加了号纸等新的文书形式。尤其是号纸的使用，更是一大创举。

（一）册结

在清代的一些涉及土司承袭的法规或奏折等文献中，常有“取造宗图册结”“取有亲供宗图、印甘各结”① 之语，这说明“册结”是土司承袭过程中不可或缺的重要环节。“册结”不是清代的发明，事实上在明代土司承袭过程中早已有之，只不过在清代土司承袭过程中更加重视“册结”的作用。在土司承袭过程中的“册”主要是指“宗支图册”“亲供图册”等，它属于一种备查的档案文书，主要记载承袭人是否符合承袭条例、承袭资格的原始记录。如云南耿马县档案馆保存的《土官承袭格式》，其中保存有宗图册式格式，如：

宗图册式，册七本。云南某府/州/厅土职应袭某谨将顶辈宗图出身、年貌、履历、亲供疆界户口造具清册，呈请查核，计开——职名，云南某府、州、厅土职应袭某——宗支图。一世祖某因何项有功，授土职，已仕故。二世祖某、三世祖某、四世祖某、五世祖某、六世祖某、七世祖某、八世祖某、九世祖某、十世祖某、十一世祖某、十二世祖某、十三世祖某、十四世祖某、十五世祖某，后一世起至应袭本身止，均皆照此，样样开例应袭。某系前土职正妻某氏亲生长子，现年若干岁，与例相符，例应承袭。

亲供

具亲供人某，系云南某府/州/厅土职已故土官某正妻某氏亲生长子，现年若干岁，身中材，面白/黄/红，有/无须，本土夷人，由祖建功，世授某项土职，于某年随征进剿，某处有功，蒙督/抚宪某姓氏，奏咨兵部，奉覆准，世授某处土职，管理某土职地方，递相袭替，发给委牌，钤记纸领任事，前土职于某年某月某日染疾病故，遗缺，卑应袭系已故土职正妻某氏亲生长子，现年若干岁，例应承袭父职，中间并无乞养、异姓、庶族、诈冒违碍等弊，亲供是实。

户口

某土职民男妇若干户。

居址

承袭某祖代世居某处土职管理旧制地方

① 中国第一历史档案馆．鄂尔泰谨题为土司承袭事［Z］．清代土司档案图像号：063-505.

疆界四至

东至某处若干里某处界，南至某处若干里某处界，西至某处若干里某处界，北至某处若干里某处界。

右具七册

光绪某年某月某日某土职应袭某①

可见，土职应袭者的宗支图，本人出身、年貌、履历、资格等亲供清楚，并将辖区内的户口、居址、疆界等交代清楚，造具清册。时值清代，宗支图本仍然是各地土司承袭土司之职的主要依据。宗支图本在清代要求制作七份，除土司自己保存外，行省布政司及中央王朝有关部门也存有一份。按照清政府的规定，如果不具有宗支图本，则是不准承袭土司职务的。

土司承袭过程中的“结”，主要有“甘结”“印结”，它是一种保证承担责任或承认了结的证明文书，土司承袭过程中多用“甘结”和“印结”。所谓“甘结”，就是“向官府出具的保证书”②。下面是云南省耿马县罕氏土司周边土舍为其承袭所撰写的保证书。

云南顺宁府属耿马宣抚司阖族土舍等为循例投具保结事，今于与保结，实结得现今循例报袭，耿马宣抚司土职罕华基，实系现任土司罕荣升正妻放氏于同治拾贰年拾壹月初捌日酉时亲生长男，现年拾陆岁，俟后例应顶袭父职，族无争竞之人，夷众悦服，并无过继、乞养、冒名顶替、血脉不正、浮诈违碍等弊，倘有虚捏、掩饰、私情、异端，土舍等甘罪无辞，理合预先投具保结，俟后现任宣抚司恐有事故，以杜争端，所结是实。

光绪拾肆年六月某日

具保结土舍：罕恩康、罕恩泰、罕荣耀、罕荣彩、罕荣连、罕荣昌、罕荣鼎、罕荣秉、罕荣文、罕荣定、罕荣成、罕荣高、罕荣先③

该保证书对耿马宣抚司土职罕华基的承袭资格、出生时间、年龄、是否符合国家有关政策规定等均做了担保。所谓“印结”则是指盖有印章的具结文书，主要是指官员或政府机构为应袭土司出具的证明书。在土司承袭过程中，“甘

① 土官承袭格式［Z］. 现存于云南省耿马傣族佤族自治县档案馆.

② 朱金甫，张书才. 清代典章制度辞典［Z］. 北京：中国人民大学出版社，2011：152.

③ 土官承袭格式［Z］. 现存于云南省耿马傣族佤族自治县档案馆.

结”“印结”都是必需的证明文书。“册”“结”二者虽然都属于文书，但“宗支图册”和“亲供图册”属于记录性文书，主要记载某一具体土司的世系、土司病故原因、应袭人各方面状况等；“甘结”和“印结”则是对“宗支图册”和“亲供图册”所记载相关事实的担保和证明性文书。

（二）号纸

土司的职衔与职级代表了土司的不同等级，而能反映土司职衔和职级的是清代中央政府颁发的印信与号纸。所谓“号纸”，就是清代中央政府给某一土司的任命文书，当然也是土司承袭文书中的重要凭证。顺治初年，“定土知府、同知、通判、知州、州同、州判、吏目、知县、县丞、主簿、典史、经历、知事、巡检、驿丞等文职承袭，由部给牒，书其职衔、世系及承袭年月于上，名曰号纸”。① 清代中央政府颁发给土司的号纸是土司承袭土司之职的根据。康熙十一年（1672）规定：“每承袭世职之人，给予钤印号纸一张，将功次、宗派及职守事宜，填注于后。遇子孙袭替，本省掌印都司验明起文，或由布政司起文，并号纸送部。查核无异，即与题请袭替，将袭替年月、顶辈填注于后，填满换给。如遇有水火、盗贼损失者，由所在官司告给执照，送部查明补给。如有犯罪革职、故绝等事，都司、布政司开具所由，将号纸缴部注销。如宗派冒混，查出参究。”② 可见，清代中央政府颁发的号纸是土司享受荣禄的根据。关于土司号纸的颁发、填写规格、书写内容、换给、补给、注销、遗失以及争夺等，清政府都有专门规定。总之，在土司承袭过程中，号纸是必不可少的重要一环。

在土司制度的历史发展过程中，清代中央政府为防止土司承袭过程中有可能产生的各种弊端，逐渐完善了土司承袭的相关手续。

三、调整土司承袭的法规制度

土司承袭不仅是元明清中央王朝与各地土司进行政治博弈的结果，而且是维护国家领土统一的阶段性策略。到了清代，由于土司承袭制度在各地实施时出现众多新的情况，中央政府不得不使土司承袭制度法律化，以逐渐限制直至剥夺土司的一些特权，维护国家稳定。具体而言，清代调整土司承袭的法规制度主要体现在以下几个方面。

（一）建立土司降级留任制

建立土司降级留任制是清代中央政府的又一大创新点。《钦定大清会典事

① ［清］昆冈，等．钦定大清会典事例：第145卷［Z］．北京：中国书店，2018.

② ［清］昆冈，等．钦定大清会典事例：第589卷［Z］．北京：中国书店，2018.

例》卷145“土官承袭”条载：“康熙三十五年覆准，土官公罪，应降三级以内调用者，降一级留任；应降五级以内调用者，降二级留任；应革职者，降四级留任。如有贪酷不法等罪，仍革职……雍正三年覆准，各处土司嫡长子孙承袭，其支庶子弟中，有驯谨能办事者，俱许本土官申请督抚题给职衔，令其分管地方事务，其所授职衔，视本土官降二等。如土官系知府，则所分者给通判衔；土官系通判，则所分者给县丞衔。”① 清朝对各地土司无论是降级留任，还是承袭降等，其处罚虽然比明代较为严厉，但较清代流官的处罚还是要轻一些。这里有两点值得注意：第一，土司的降等是按该土司所属的等内降职。如土知府的支庶子弟则降为土通判，土同知的支庶子弟则降为土推官。第二，如土知事、土经历等级别较低的土司，其支庶子弟分管地方者，则降为土舍、土目。土司降级留用和分袭制度的建立，不仅是清代中央政府对土司限制的重要措施，而且是造成改土归流之后土司数目仍然很多的重要原因。②

（二）废除土司亲身赴部制

按照清朝顺治初年的规定，各地土司承袭土司之职，必须“亲身赴部”，这无疑是对明代土司承袭须“赴京袭职”的继承；清代康熙十一年（1672）虽然题准“土官袭职，停其亲身赴京”③，但仍然要求土司“取具地方官保结，并宗图呈报该督抚，保送到部”等程序，方准土司承袭。清代正式取消各地土司“亲身赴京”决定，不仅是对明代土司“就彼袭替”的发挥，而且也减少土司赴京承袭土司所造成的劳民伤财。

（三）严禁流官勒索应袭土司

地方流官借土司承袭的机会，趁机勒索应袭土司的例子不胜枚举。这种现象源于明代，《明会典》卷121“土夷袭替”条之“土官袭替禁例”中有“嘉靖十年议准，各边军职及勘事人员，索取土夷财物，致生他变者，依激变良民律例”的规定；④《明会典》卷6“土官承袭”条载，万历十三年（1585）题准，“土司病故，应袭土舍具告该管衙门，即为申报。抚按勘明，照例代奏承袭，不得过三年之久。若胥吏勒索，及承勘官纵容延棕不行申报者，抚按官即据法参治。”⑤ 这说明在明代已有流官勒索应袭土司的例子。流官勒索应袭土司的情况盛行于清代，尤其是在清朝初年更为严重，所以，岳钟琪在几次奏折中均提及

① ［清］昆冈，等．钦定大清会典事例：第145卷［Z］．北京：中国书店，2018.
② 贾霄锋．藏区土司制度研究［M］．西宁：青海人民出版社，2010：132.
③ ［清］昆冈，等．钦定大清会典事例：第589卷［Z］．北京：中国书店，2018.
④ ［明］申时行．明会典：第121卷［Z］．北京：中华书局，1989：626.
⑤ ［明］申时行．明会典：第6卷［Z］．北京：中华书局，1989：31.

此类事情。针对这种情况，“雍正三年覆准……署印任事，地方官不得将印信封固，致滋事端，有勒索留难者，将该管上司照违限例议处”①。这清楚表明，清代中央政府对地方流官借机勒索应袭土司的事情是明令严禁的。

第四节　土司分袭制度的建立

清代中央政府代表国家对土司地区实施有效治理，创建了土司分袭制度，其核心在于土司子孙和庶支子弟可以分袭土司职位，分管土司领地。作为善治之举的土司分袭制度，无疑是土司承袭制度的一大创举和重大变革。从国家治理角度看，土司分袭制度的创建，不仅在客观上减少了各地土司因争袭土司之职而引起的纠纷，而且无形中削弱了土司的实力，为改土归流的实施创造了有利条件。清政府创建土司分袭制度，既是国家有效管控土司的实践，也是回应改革诉求、着眼未来治理目标的制度安排。目前学界基本上没有对此展开研究，笔者拟以国家治理为视角，从理论与实践两方面探寻清代土司分袭制度的生成逻辑与构建路径，以便学界更加深入地研究土司制度。

一、清代土司分袭制度的生成逻辑

清代治理土司地区和管控土司的模式是伴随着清代中央政府与土司地区各种关系的嬗变而逐步建构出来的。特别是清王朝实力的增强与地方土司追求自身利益最大化的矛盾日益凸显，促使清代中央政府在管控土司时创建新的制度。如果说清代中央政府与土司地区各种关系的嬗变为王朝治理模式提供了必要性说明，那么，“众建土官”的思想则为土司分袭制度的治理模式提供了可能。清代土司分袭制度的生成逻辑有三个方面。

（一）明代朝廷命官的治边思想为清代土司分袭制度的创建提供了理论先导

理论是行动的先导。古今中外，大凡有大的社会变革，都有先进的理论和进步的思想作为先导。翻检史籍可见，清代中央政府实施的土司分袭制度，同样有一定的理论先导。土司分袭制度最早源于汉代贾谊在《治安策》中提出的“欲天下之治安，莫若众建诸侯而少其力。力少则易使以义，国小则亡邪心。令

---

① ［清］昆冈，等．钦定大清会典事例：第589卷［Z］．北京：中国书店，2018.

海内之势如身之使臂，臂之使指，莫不制从。诸侯之君不敢有异心，辐凑并进而归命天子，虽在细民，且知其安，故天下咸知陛下之明”① 的削藩建议。作为土司承袭制度的重要内容之一的分袭制度，其“众建寡力”的思想发端于明成化初年（1465—1470）礼部右侍郎丘浚提出的“众建官而分其权”② 的建议。他认为“众建土司”的功效十分明显：“积久成俗，彼皆慕华风，习礼教，而知杀掠之为非。况众设其官，势分力敌，自足相制，不能为乱。而其中不能无自相争讼者，须至申上司，奏朝廷，则国家之势益尊，不劳兵戈而一方安靖矣。”③ 嘉靖三年（1524），巡按贵州御史陈克宅在《议处苗情以弭边患五事》中再次提出了“众建土官”的建议：“土官俱系溪洞蛮夷。开国之时，酋投降授以官职，令其钤束部落，羁縻不治。近年土官强盛，有叛逆之心。今欲仿古制，分封子弟，使其削弱。”④ 嘉靖皇帝诏议：“行之。”由此可见，在明代业已开创“众建土官”之举，只是规模小，未能在土司地区全面铺开。嘉靖七年（1528），王守仁在广西平定了思恩、田州叛乱之后，他在《议处思恩田州事宜》中针对“土官知州既立，若仍以各土目之兵尽属于知州，则其势并力众，骄恣易生，数年之后必有报仇复怨、吞弱暴寡之事，则土官之患犹如故”以及“土目既属于土官，而操其生杀予夺之权，则彼但惟土官之是从，宁复知有流官知府者！则流官知府虽欲行其控御节制之道，施其绥怀抚恤之仁，亦无因而与各土目者相接矣”⑤ 的实际情况，提出了“分设土官巡检以散各夷之党”的建议，其具体做法是：“以旧属八甲割以立州之外，其余四十甲者，每三甲或二甲立为一巡检司，而属之流官知府；每司立土巡检一员，以土目之素为众所信服者为之，而听其各以土俗自治。其始授以署巡检司事土目；三年之后，而地方宁靖，效有勤劳，则授以冠带；六年之后，而地方宁靖，效有勤劳，则授以为土巡检。”⑥ 其目的在于：“势分难合，息朋奸济虐之谋；地小易制，绝恃众跋扈之患。如

---

① ［汉］贾谊．治安策［Z］//［明］张溥．汉魏六朝百三家集·贾长沙集．光绪信述堂重刻本．

② ［明］丘浚．广西众建土官议［Z］//［清］汪森．粤西文载．南宁：广西人民出版社（校点本），1990：198.

③ ［明］丘浚．广西众建土官议［Z］//［清］汪森．粤西文载．南宁：广西人民出版社（校点本）．1990：198.

④ 明世宗实录：第39卷［Z］．台北：华文书局，1989：5.

⑤ ［明］刘尧诲．苍梧总督军门志［Z］．全国图书馆文献缩微复制中心，1991：262－263.

⑥ ［明］刘尧诲．苍梧总督军门志［Z］．全国图书馆文献缩微复制中心，1991：262－263.

此，则土官既无羽翼牙爪之助，而不敢纵肆于为恶；土目各有土地人民之保，而不敢党比以为乱。此今日巡检之设所以异于昔日之土目而为久安长治之策也。"① 明朝末年，时任贵州巡抚朱燮元针对水西宣慰使安位死后无嫡子继承土司之职，族属争袭不断，而提出"分裂疆域，众建诸蛮"的建议，以实现"分水西地，授之酋长及有功汉人，咸俾世守"②，最终实现"大小相维，轻重相制，无事易以安，有事易以制"③ 的目的。虽然明代的这些建议或未实施，或仅限于小范围实施，并没有成为一种土司分袭制度，但明代这些朝廷命官的治边思想却为清代土司分袭制度的创立提供了理论先导。

（二）明末清初土司制度的嬗变成为清代雍正时期土司分袭制度创建的应然诉求

清代土司分袭制度的建立不仅是明末清初中央政府与各地土司之间相互博弈的结果，而且也是土司制度嬗变的应然诉求。元明清时期实施的土司制度，不仅预定了国家权力的分配格局，而且也佐证了中央政府与各地土司之间相互博弈的结果。毛奇龄《蛮司合志》序中的"文武相继，机权攸寓，细大相关，股掌易运"④ 之说证明了这一点。众所周知，元明清时期的土司制度是在封建王朝政体之下的产物，各地土司对中央王朝自然有一种依附关系。因为"皮之不存，毛将焉附"？也就是说，元明清时期各地土司与中央政府之间本应为了相同的目标而结成命运共同体或利益共同体，真正形成相互依存的关系。但由于中央政府与各地土司都为了实现自身利益的最大化，所以，当中央政府与各地土司之间认为自身利益受到重大损害时，就会发生冲突、产生对抗，乃至爆发战争，完全形成对立局面。广西思恩、田州的土司叛乱，云南麓川和武定的土司叛乱，川黔地区的"奢安之乱"，四川的"播州之乱""金川之乱"等无不如此。这些叛乱的背后无不体现土司与中央政府之间充斥着各种不同的矛盾，彰显了中央王朝与各地土司之间的激烈博弈。随着清代中央王朝各种实力的增强、行政秩序的推进和"大一统"目标的追求，各地土司的权力空间逐渐被中央政府挤压。一方面，宣慰司、宣抚司、安抚司、长官司、土知府、土知州、土知县等级别较高的土司利用政区调整，借助清王朝的地方行政体系不断获取国家资源和维护自身利益；另一方面，这些土司在获得国家承认其合法性地方政权

① ［明］刘尧诲．苍梧总督军门志［Z］．全国图书馆文献缩微复制中心，1991：262－263.

② ［明］张廷玉．明史：第249卷［M］．北京：中华书局标点本，1974：6446.

③ ［明］张廷玉．明史：第249卷［M］．北京：中华书局标点本，1974：6447.

④ ［清］毛奇龄．蛮司合志·序［M］．清乾隆（1736－1795）刻本．

的同时，反过来又倒映出中央王朝权力在土司地区社会的延伸、扩张与下沉，凸显了中央王朝对土司地区的国家治理过程的逐渐加强。① 清代中央政府治理土司地区以及管控土司的一个重大变化是，有的土司虽然让其承袭，但其职衔只是一个虚衔，并无实权。如《清史稿》卷117“云南土知府”条载：“其不管理苗裔村寨者，土通判二人，丽江府、鹤庆州，各一人”；同卷“贵州土同知”条也载：“其不管理土峒者，正六品、正七品土官各一人，正八品土官三人，正九品、从九品土官各二人”。② 可见，这些土司既然不管理土峒和村寨，也就没有任何行政权力，因为代表土司实施行政权力的凭证——印信已回收且“咨送礼部销毁”。这说明清代部分土司在与中央政府博弈过程中，其权力越来越小，中央政府对这些土司的管控越来越强。中央王朝就是通过对土司实施分其地、降其职、限其权、虚其衔等举措，使国家治理能力不断增强，有效地维持了土司地区的社会稳定。

清代土司分袭制度的建立，无疑是土司制度不断演变的应然诉求。所谓“应然”，是指明末清初土司制度变化的实际情况和不断发展应该达到的状态。明朝末年，由于土司制度自身的弊端逐渐显露，中央政府与各地土司之间为了实现各自利益的最大化，爆发了“平播之役”和“奢安之乱”，两次重大事件不仅严重破坏了四川和贵州的社会秩序，而且加速了明王朝的灭亡。清朝初年，由于土司制度弊端更加突出，“云贵川广以及楚省各土司”出现了“互相仇杀，争夺不休”③ 等现象，诸如“桑植土司向国栋、保靖土司彭御彬暴虐不仁，动辄杀戮，且骨肉相残，土民如在水火”④。清雍正时期，土司之患已成为清政府之痛。雍正皇帝为确保土司地区的社会稳定，实现控制各地土司势力无限膨胀的目的，建立了土司子孙及庶支子弟分袭制度，这无疑是对明末清初土司制度不断演变的积极回应。

（三）中央政府的积极回应成为清代土司分袭制度创建的必然结果

研究表明，雍正皇帝在他接任大统之位的初期，为了维护自身政权的稳固，没有对各地土司实施分袭制度或大规模改土归流，即便有地方官提出“众建土

---

① 刘家铨. 王朝·边地·土司：边疆管控与明代桂西南政区演变研究［D］. 南宁：广西民族大学，2016：53－54.

② ［民国］赵尔巽. 清史稿：第117卷［Z］. 北京：中华书局标点本，1977：3414－3416.

③ 清世宗实录：第64卷［Z］. 台北：华文书局，1989：1010.

④ 清世宗实录：第72卷［Z］. 台北：华文书局，1989：1106.

司”的建议，他并没有予以采纳。① 直至雍正二年（1724），雍正皇帝对土司实施分袭制度或大规模改土归流才有了一些变化。例如，雍正皇帝针对“各处土官，鲜知法纪，所属土民，每年科敛，较之有司征收正供，不啻倍蓰，甚至取其马牛，夺其子女，生杀任情，土民敢怒而不敢言”② 的实际情况，他在“深为不忍”之时，指出“土司之敢于恣肆者”的原因在于有“汉奸指使”，各地土司“或缘事犯法，避罪藏身；或积恶生奸，依势横行”。雍正皇帝不仅十分“痛恨”，而且要求“嗣后督抚提镇，宜严饬所属土官，爱恤土民，毋得肆为残暴，毋得滥行科派。倘申饬之后，不改前非，一经发觉，土司参革，从重究拟”③。与此同时，蓝鼎元在《论边省苗蛮事宜书》中针对“土司多冥顽不法，坐纵其行凶杀夺”的现象，尤其是针对“黔省土司，一年四小派，三年一大派，小派计钱，大派计两。土民岁输土徭，较汉民丁粮加多十倍。土司一日为子娶妇，则土民三载不敢婚姻；土民一人犯罪，土司缚而杀之。其被杀者之族，尚当敛银以奉土司，六十两、四十两不等，最下亦二十四两，名曰玷刀银。种种朘削，无可告诉”以及“土司无俸可罚（区画极悉）、无级可降，革职，则子孙承袭，仍旧为大土司，得以暴虐其民”④ 的实际，系统阐述了他关于削地分权、众建土司的“削土之法”主张：“题定削土则例，照所犯重轻，削夺村落里数，以当罚俸降级。所犯重大至革职者，相其远近强弱，可以改土为流。即将土地人民，归州县管辖（善策），勿许承袭。并土民有不甘受土司毒虐，愿呈改土籍为汉民者，亦顺民情，改归州县。”⑤ 蓝鼎元的主张不仅是在汉初贾谊、明初丘浚及明中期王守仁、明末朱燮元等人思想的基础上的发挥，而且他的倡议有实施前提，也就是对大清王朝法令所不及的僻远之处，且该土司犯罪当至削土的情形下，建议“将所削之土分立本人子弟为众土司，使其地小势分，事权不一，而不能为害”⑥。由此可见，蓝鼎元“众建土司”的建议是将原土司之地“析分给其子弟，立为众土司”⑦。这种建议具有很高的施政理性和较强的可操作性，对雍正皇帝建立土司分袭制度有一定的促进作用。清政府创建土司分袭

① 尤佳．试析土司分袭制度创立的历史背景［J］．遵义师范学院学报，2016，18（01）：16－20.

② ［清］昆冈，等．钦定大清会典事例：第589卷［Z］．北京：中国书店，2018.

③ 清世宗实录：第20卷［Z］．台北：华文书局，1989：311.

④ ［清］蓝鼎元．论边省苗蛮事宜书［Z］//鹿洲全集·鹿洲初集：第1卷．清刻本．

⑤ ［清］蓝鼎元．论边省苗蛮事宜书［Z］//鹿洲全集·鹿洲初集：第1卷．清刻本．

⑥ ［清］蓝鼎元．论边省苗蛮事宜书［Z］//鹿洲全集·鹿洲初集：第1卷．清刻本．

⑦ 尤佳．试析土司分袭制度创立的历史背景［J］．遵义师范学院学报，2016，18（01）：16－20.

制度无疑是土司制度发展与嬗变的必然结果。雍正年间的川陕总督岳钟琪的奏疏是土司分袭制度成功创建的最大推手。他于雍正三年（1725）向雍正皇帝奏疏言："土司有外支循谨能治事者，许土官详督抚给职衔，分辖其地，多三之一，少五之一，使势相维、情相安。"① 雍正皇帝同意了岳钟琪的建议，最终使土司分袭制度得以创建和实施。

二、清代土司分袭制度的构建路径

清代土司分袭制度是一种互动过程的治理模式，它涉及三个层面，按国家治理程度由高到低依次为"决策者""执行者"和"协同者"。这三个层面的区分与界定，是以决策要素、执行要素以及协同要素的层级递进作为标准的。

（一）决策者：厘定分袭制度、占据决策主导

众所周知，在元明清实施土司制度的过程中，土司承袭制度一直是土司制度的核心内容。虽然各地土司政权与国家政权之间始终存在着博弈或冲突，但元明清中央政府自始至终掌控着各地土司的承袭，有清一代更是如此。国家治理是国家制度和国家制度执行能力的集中体现，清代统治者在土司承袭制度上下足功夫，这不仅为维护土司政权的稳定、土司地区社会稳定以及中央政府对土司政权的有效管控做出巨大努力，而且为完善土司制度、加强国家治理取得重大成效。清代中央政府在土司承袭制度中不仅继续采取颁布土司承袭法规、控制土司承袭程序、规定土司制作承袭文书、限制土司家族承袭次序、赐予承袭土司信物等举措，而且在土司分袭制度的建立方面也自始至终占据主导地位，起着决定性作用，一直是土司分袭制度的制定者和决策者，对土司承袭进行有效治理。

清朝雍正三年（1725）六月，川陕总督岳钟琪针对西南地区土司争袭纷争不断的情况提出了众建土司的建议，被中央政府采纳。特别是"其支庶子弟中有驯谨能办事者，俱许本土官详报督抚，具题请旨，酌量给与职衔，令其分管地方事务。其所授职衔，视本土官各降二等，一体颁给敕印、号纸。其所分管地方，视本土官，多则三分之一，少则五分之一"② 的规定非常明确。《钦定大清会典事例》卷145"土官承袭"条规定："各处土司嫡长子孙承袭，其支庶子弟中，有驯谨能办事者，俱许本土官申请督抚题给职衔，令其分管地方事务，其所授职衔，视本土官降二等。如土官系知府，则所分者给通判衔；土官系通

① ［民国］赵尔巽．清史稿：第296卷［Z］．北京：中华书局标点本，1977：10370.

② 清世宗实录：第36卷［Z］．台北：华文书局，1989：539.

判，则所分者给县丞衔。其分管疆土，视本土官或三分之一，或五分之一。再有子孙可分者，分土如前例，授职再降一等。”① 这里十分具体地将土知府分袭为土通判职衔，土通判分袭为土县丞职衔，以及土官土司分袭后的名称、职衔等呈现出来，更具可操作性。在同书卷589“土司袭职”条又有类似规定：“土官之许其承袭者，原因其祖父向化归诚，着有劳绩，故世其官以昭激劝，今土官嫡长子孙，虽得承袭本职，此外支庶，更无他途可以进身，嗣后各处土官庶支子弟，有驯谨能办事者，许本土官详报督抚，具题请旨，酌量给予职衔，令其分管地方事务。其所授职衔，视土官各降二等，如文职本土官系知府，则所分者给通判衔；系通判，则所分者给县丞衔。武职本土官系指挥使，则所分者给指挥佥事衔；系指挥佥事，则所分者给正千户衔，照例颁给敕印号纸。其分管地方，视本土官多不过三之一，少五之一，此后再有子孙可分者，亦许其详报督抚，具题请旨。照例分管，再降一等，给予职衔印信号纸。”② 这个土司分袭制度十分具体、周密、详尽，文职土司、武职土司的名称、职衔、等级等内容一应俱全。清代中央政府采取土司分袭举措之后，原有职衔和品级降低，土地和人口大为缩减，这种“众建土司”的办法不仅达到削弱土司势力、分而治之的目的，而且在分化瓦解土司的过程中又不断推进改土归流的历史进程。

（二）执行者：实施分袭制度、维护王朝权威

清代中央政府将土司分袭制度执行权力下放到行省的督抚以及府州县的朝廷命官之后，执行要素就显得尤为重要，同时也会面对许多亟须解决的迫切问题。按照川陕总督岳钟琪的条奏：“各省土司承袭。例取宗图册结，邻封甘结，由该管地方文武官，以次申呈督抚具题。”③ 各级涉及土司的地方官员，在实施土司分袭制度过程中，必须维护中央王朝的权威。首先，各地分袭土司仍然要履行相关程序，诸如制作“亲供宗图、印甘各结、该司加结”等承袭文书，同时还要履行将宗图、册结及已故土官原领号纸送部等承袭程序，只有履行上述这些文书和程序，才证明分袭土司的承袭是合法承袭。其次，国家管控土司及治理土司地区，强调治理权力的下放与分担，无论是督抚，还是知府、知州、知县，他们在土司分袭制度执行过程中，对自身权力的行使边界、职能范围及责任清单都较为清楚，即便在土司分袭制度实施过程中不乏勒索土司、拖延土司承袭工作，但毕竟不是主流。最后，在清代帝国体制下的权力架构中，地方

---

① ［清］昆冈，等．钦定大清会典事例：第145卷［Z］．北京：中国书店，2018.

② ［清］昆冈，等．钦定大清会典事例：第589卷［Z］．北京：中国书店，2018.

③ 清世宗实录：第36卷［Z］．台北：华文书局，1989：539.

分袭土司的权力行使始终受到中央王朝的有效约束与规制，这是毋庸置疑的事实。清乾隆年间时任云贵总督的硕色在《处置秤戛等分隶奏折》中“各寨土舍宜酌给土职，以严约束”条，不仅明确提出让各土舍分管地方，且按其是否有“劳绩”或“有功”而授予不同职级。其原文如下：

> 查各土舍既经分委管理地方，自应给以土职，俾各野夷咸遵约束。除土目罕四所管之寨，原系伊之旧业，毋庸给委外，查罗君美奋勇报效，劳绩最多，请给以土守备职衔；其段复健、段维精、段连第、茶尚庆、劳绩相等，请俱给以土千总职衔；左正邦、左世英、刘尔游、刘尔立、杨德深、杨建国各在事有功，请给以土把总职衔，仍给扎以昭信守。至段连甲、蚌保拉昌逩、艾允中等未经出师效力，较之左正邦等在事有功者有间，但既令其管理夷寨，亦应酌给土目委牌，以资约束。前项分别给以土职衔名。原令稽查管理地方，该管夷寨如有事故，仍即禀报该文武酌夺，毋得擅作威权，至滋事端。①

清乾隆三十一年（1766），耿马土司派遣其弟罕朝金为勐角董太爷，勐角董太爷经过四代人的努力，到第五代时，勐角董太爷的势力逐渐超过耿马安抚司，并有篡夺耿马土司职位的想法，于是耿马安抚司与勐角董太爷之间引发了纷争。清政府为了平息二者之间的内部纷争以及加强对云南西南部傣族土司地区的控制，采取了“分而治之”的政策。于道光八年（1828），清政府将挡帕河南部地区划给勐角董归罕荣高管理，挡帕河北部由耿马安抚司管理。光绪十七年（1891），清政府封勐角董土千总，有印信一枚、号纸一张，准其世袭，由此形成了勐角董土司。② 这是清王朝利用土司与土司之间的矛盾进而分而治之的成功案例。又如清道光二年（1822），陕甘总督那彦成在今青海地区的循化、贵德“将野番编查户口，分立千户、百户、百总，令其递相管辖”③。后人认为：“西宁野番久为边患，此次编查户口，设立千户、百户、百总，约束严明，似不能

---

① ［清］硕色．处置秤戛等分隶奏折［Z］//方国瑜云南史料丛刊：第8卷，昆明：云南大学出版社，2001：778.

② 李国明．土司制度下的地方与中央：以佤族聚居区为例［J］．承德民族师专学报，2011，31（04）：57－59.

③ 慕寿祺．甘宁青史略：第19卷［Z］//吴坚．西北史地文献：第22卷．北京：学苑出版社，1991：36.

再为乱矣！"[①] 当时循化、贵德各族"野番"设千户十名，百户四十名，百总八十六名，什总四百名之举措[②]，同样是清王朝"众建寡力"的又一成功案例。从上面两个案例可见，各地土司分袭，均是在"例取宗图册结，邻封甘结"之后，再由各地府州县官"以次申呈督抚具题"[③]，直至送达中央政府，中央政府"给予职衔印信号纸"之后，分袭之土司才能真正行使权力。这一整套做法，其实质是在土司分袭制度实施过程中，各级官员在不折不扣地维护中央王朝的权威。

（三）协同者：落实分袭制度、加强自我约束

任何一项制度的最终实践，都是在基础条件中寻找相应的可行元素。基于国家治理的实践逻辑，文化价值认同与自身利益获取是最基础的两大要素。在清代中后期，无论是清政府，还是分袭成功的土司，其价值认同与利益获取都会对二者的行为选择起着导向和规约的作用。作为土司分袭制度的受益者，必须对自己辖区起协同治理作用，具体的职责就是落实分袭制度、加强自我约束。在这方面，云南临安府纳楼普氏土司从一分为二再到二分为四就是一个很好的案例。纳楼普氏土司如同我国历代封建帝王骨肉之间的争权篡位一样，其家族内部也存在着激烈的争权夺位斗争，甚至为夺取土司之职，不惜互相残杀，几至子孙灭绝。据史料记载，清道光七年（1827），纳楼土司普承恩之子普永年承袭土司职后，其子普卫邦未满周岁夭折。不久，普永年病死无嗣。纳楼土司家族的普善保、普尧年等为争夺土司之职互相残杀。后经云贵总督岑毓英奏准，将纳楼茶甸土司析为太和、永乐二司。然其内部争权夺位的残杀一直未停，至光绪年间，纳楼土司家族内部旷日持久的争夺战已造成了严重的地方动乱，危及清政府边疆地区的稳定。清光绪九年（1883），经临安府王知府提议，又经云南巡抚唐炯奏准，遂将纳楼土司二司析为四土舍。在今云南建水县官厅村纳楼土司普氏宗祠的后殿东墙壁上镶嵌有石碑一块，清晰地记述了清政府将纳楼土司分为四土舍，并协同治理土司地区的历史事件[④]。其碑文如下：

钦命镇守云南临元澄江等处地方控制土司守御总镇都督府著勇巴图鲁登为示谕，勒石永远遵守事。照得纳楼司八里地方，现因嫡派土职故绝，

① ［清］那彦成．平番奏议：第3卷［Z］．咸丰三年（1853），兰垣阿公祠藏版．
② ［清］那彦成．平番奏议：第3卷［Z］．咸丰三年（1853），兰垣阿公祠藏版．
③ 清世宗实录：第36卷［Z］．台北：华文书局，1989：539.
④ 杨甫旺．彝族纳楼土司世家［M］．昆明：云南人民出版社，1999：62－63.

普族争夺，民不聊生。蒙两院宪奏明，改为四土舍。以长房普卫本住吉祥寨，管乐善、永顺二里；二房普文礼住西底，管崇道、安正二里；三房普应元住官厅，管复盛、敦厚二里；四房普应隆住牛角寨，管钦从、太和二里。分任管理。本总镇奉准太子少保兵部尚书云贵总督部堂岑、兵部侍郎云南巡抚院唐会委，统兵亲临江内外，按照所分各里村寨，逐一履勘地址，清查明白。面谕汉夷头人百姓，现在深蒙两院鸿恩，奏免光绪捌、玖、拾三年钱粮，休息培养民生。务须遵照宪章，应听本官约束管理，各安耕凿，永不准滋生事端。而该四土舍亦应激发天良，仰体怀保。按照所分管二里地方村寨，加意抚恤，以期长治久安。经此次本总镇亲历查明，分定界址之后，该土舍等务须各守畛域，专管该二里事务，不准越境苛索，滋扰侵夺。如敢有违，定干罪戾。尔各村寨夷汉头目百姓人等安分遵守，除免此三年钱粮外，以后照旧完纳，不准借故抗估。倘有不法情事，定即派兵严拿重究，决不姑宽，其各凛遵，毋违特示。……

光绪九年十一月二十日立 发往官厅

土舍普××永远遵行①

清政府将纳楼土司一分为四，实质上是清政府在特定的政治、经济、军事环境中对特定的彝族土司采取的变相的改土归流行动。按照纳楼土司后裔普梅夫先生的话说，对纳楼土司家族来说，经历了40多年的内讧，一分为四，都能承袭土司职位，并享有两个里的封地和土司特权，内讧目的已达到。而对清王朝来说，一分为四的办法有利于统治。因为纳楼土司是当时临安府所属的"十土司、十五掌寨"中最大的土司，把红河流域最大的土司分而治之，削弱力量，不仅达到对纳楼土司的控制，而且使纳楼土司普氏家族四个家支各有所得，相安无事，有利于滇南地区的社会安定。② 清政府将纳楼土司分而治之的策略，不仅使四土舍之间相互隔离、相互牵制，重新实现分袭土司辖区内社会结构的组织化、秩序化，而且通过四土舍利益关系的协调与维系，各分袭土司自觉提升归属感、责任感和认同感，实现协同治理过程中四土舍的自我约束、自我管理，从而建构协同治理边疆土司地区的长效运作机制，保障边疆社会的安定。

① 杨甫旺．彝族纳楼土司世家［M］．昆明：云南人民出版社，1999：62－63.

② 杨甫旺．彝族纳楼土司世家［M］．昆明：云南人民出版社，1999：64－65.

三、结语

针对清代土司分袭制度，笔者想强调几点：第一，土司分袭制度的创建，是历史发展的必然。俗话说“国有国法、家有家规”，任何一个组织或政府都需要依靠规章制度来保证其正常运转。土司承袭制度在土司制度中扮演了十分重要的角色，具有举足轻重的地位。但是，当明末清初土司叛乱、仇杀等问题已成为中央政府心头之患时，土司分袭制度就应运而生。任何一种新制度的诞生，都有其历史原因，绝不是统治者的骤然之举。第二，土司分袭制度的确立，是形势变化的结果。清代雍正时期，帝国处于康乾盛世的中期，社会发展站在了新的历史起点上，国家的发展路径、边疆地区出现的问题需要统治阶级提出新的治国理念和治理方案。虽然土司承袭制度在实践中不断发展和完善，但由于清代统治者“大一统”思想的逐步形成，这不仅需要理论的引领，而且也彰显了理论的力量。“众建土司”的分袭制度，作为一种理论创新和制度安排，就是在这种背景下应运而生的，无疑是康乾盛世时期形势发展的必然结果。第三，土司分袭制度的建立，是限制土司权力的重要措施。土司分袭制度的核心有两点：一是对原有土司之等递降，也就是在该土司所属等内降职。如土知府之庶支子弟承袭土司之职时降授土通判，土同知之庶支子弟承袭土司之职时降授土推官。二是无等可降者则让其为土舍、土目，即是说，诸如土知事、土经历等职级较低的土司，其庶支子弟承袭土司之职或分管地方者，级别为土舍、土目。这就使土舍、土目的内涵发生了变化。土司分袭制度的建立，是清政府对土司权力限制的制度安排。正是土司分袭制度的建立和推行，才造成了清代中后期土司数目仍然众多的现象。由于土司实力的锐减，清政府能够牢牢地控制土司。第四，土司分袭制度的确立，为顺利推进改土归流铺平道路。土司分袭制度源于“众建诸侯而少其力”的核心思想，雍正皇帝在执行嫡长子承袭土司之职的同时，允许庶支子弟同样有资格承袭土司之职，这是土司承袭制度最具颠覆性的创新。这一规定对广土巨族、最具实力、心存割据的大土司是一次巨大的打击。土司分袭制度创建的重要意义在于，它不是对土司制度的正常维护，而是对土司制度的直接削弱，是中央政府逐步削弱土司力量，保证中央政令顺利畅通，而且最终使改土归流成为历史必然的明智之举。

总之，元明清时期土司承袭制度的运行历程，不仅体现了中央政府与土司政权之间的权力的此消彼长，更彰显了中央政府与土司政权之间的不断博弈和权力争夺。其结果是，以中央政府为代表的国家权力越来越大，以土司为代表的地方权力越来越小，最终在清朝被推翻时，包括土司承袭制度在内的土司制度即告终结。

第三章

顶层设计：土司承袭的程序

土司承袭是各地土司与中央王朝的政治协议或者说是政治博弈的结果。政治博弈之后双方约定：各地土司自觉履行元明清中央王朝交办朝贡、征调、纳税以及守土、治理地方的各项任务，中央王朝则给予各地土司诰敕、印信、号纸等方面相应的政治待遇。其中，中央王朝承诺各地土司享有世代承袭的权利，是各地土司是否愿意完成各项任务的根本保障。

翻检文献资料可见，唐末以降直至两宋，在今武陵山区、大娄山区以及广西地区，已陆续出现了土官及土官群体。如播州杨氏为土官始于唐乾符三年（876），永顺彭氏为土官始于五代时期的晋天福五年（940），酉阳冉氏为土官始于南宋建炎三年（1129），石砫马氏为土官始于南宋建炎年间（1127—1130）。这些土官群体随着历史的发展而不断扩大，并且在元代土司制度形成过程中，顺利地成为土官，治理地方。

元代是土司承袭制度的初创时代。这个初创也是在沿用宋代土官承袭官爵的基础上的初创。据龚荫先生研究表明，在宋代，西南边疆少数民族地区的羁縻州、县、峒、寨土官的承袭，已有了一些规定。① 据史载，西南夷南宁州刺史、蕃落使龙氏的承袭，"（开宝）四年（971），其国（族）人诣涪州，言南宁州蕃落使龙彦瑫卒，归德将军武才及八刺史壮请以彦瑫子汉瑭为嗣，诏授汉瑭南宁州刺史兼蕃落使"②。也就是说，土官承袭，必须经过由"国（族）"人上报，经部将及所属部落首领（八刺史）联名状请子嗣，然后报朝廷发诏确认才能够承袭。土官承袭的范围和承袭过程在历史文献中有载：宋真宗天禧（1017—1021）年间，酉水流域北江蛮的承袭，"州将承袭，都誓主（领北江十九州）率群酋合议，子孙若弟、侄、亲党之当立者，具州名移辰州为保证，申钤辖司以闻，乃赐敕告、印符，受命者隔江北望拜谢"③。由此可见，土官承袭是先由都誓主召集群酋（管辖下的首领）合议，从土官的子孙及弟、侄、亲党

① 龚荫．中国土司制度史［M］．成都：四川人民出版社，2012：100－101.

② ［元］脱脱．宋史：第496卷［M］．北京：中华书局，1977：14224.

③ ［元］脱脱．宋史：第493卷［M］．北京：中华书局，1977：14178.

中确定应当承袭土官的人。然后联名具保，经有关部门上报，朝廷赐予敕告、印符作为信物，承袭人要北望天阙叩拜谢恩。经过这些程序之后，承袭土官之事才算完成。宋绍兴七年（1137）九月规定，驻地帅司要核实土官子孙应袭职者后上报，史载：“（绍兴七年）九月，诏荆湖、广南路溪峒头首土人内有子孙应袭职名差遣，及主管年满合给恩赐之数，俾帅司取会核实以闻。”① 这些规定是宋代中央政府预防土官承袭过程中发生错乱和争袭而主动采取的措施。据笔者所知，南宋时期中央政府给酉阳冉氏就颁发过很多诰敕，足以证明当时的土官已实施世袭制。如：诰封武略将军从五品、世袭酉阳知寨。加阁门宣赞舍人，知制御前兵马使官酉始祖冉守忠；诰封武略将军，世袭知酉阳寨事二世祖冉文炳；诰封武略将军，世袭知酉阳寨事、加授西路巡防殿侍都指挥使三世祖冉世昌；诰封武略将军，世袭知酉阳寨事，四世祖冉胜宗；诰封武略将军，世袭知酉阳寨事、改授奉训大夫从五品，知酉阳州事五世祖冉维义；诰封奉训大夫，知酉阳州事、改授武略将军、酉阳安抚使司从五品安抚使六世祖冉贵迁；诰封武略将军、酉阳安抚使司安抚使，改授奉训大夫，知酉阳州事七世祖冉思通。②酉阳冉氏自冉守忠至冉思通，计7代世袭。从宋代土官承袭的情况看，土官承袭者，或嫡子、庶子，或弟侄，或亲党，或族人，办理程序已初具形制，只不过尚未形成正式制度。③

元代的西南、中南少数民族地区，不仅出现了土官、土官机构，而且初步形成了土官承袭制度。由于当时的土官制度尚未形成定制，因此土官承袭制度也不够完善，尚属土司承袭制度的初创阶段。在这个阶段，元王朝在西南、中南少数民族地区主要实行“参用其土人”（见《元史·百官志七》）为官的原则：

> 宣慰司，掌军民之务，分道以总郡县，行省有政令则布于下，郡县有请则为达于省。有边陲军旅之事，则兼都元帅府，其次则止为元帅府。其在远服，又有招讨、安抚、宣抚等使，品秩员数，各有差等……诸蛮夷长官司。西南夷诸溪峒各置长官司，秩如下州，达鲁花赤、长官、副长官，参用其土人为之。④

① ［元］脱脱．宋史：第494卷［M］．北京：中华书局，1977：14189.
② 重庆酉阳冉氏族谱续修委员会．冉氏族谱·总谱［Z］．内部刊印本，2007：63.
③ 龚荫．中国土司制度史［M］．成都：四川人民出版社，2012：101.
④ ［明］宋濂．元史：第91卷［M］．北京：中华书局，1976：2308.

从这段文字可见，当时不仅确定了这样的原则，而且还在少数民族聚居地区设置了职级不同的地方政权。一是设置具有武职土司的机构，诸如宣慰使或宣慰使都元帅、宣抚使、安抚使、长官等职的机构。据《元史》卷165载：至元十三年（1276），世祖诏谕之，杨邦宪奉版籍内附，授“绍庆珍州南平等处沿边宣慰使”①，其子杨汉英（杨赛因不花，赛因不花为元世祖所赐名），袭土司职。另据《元史》卷163载：至元十七年（1280），“西南夷罗施鬼国既降复叛，诏云南、湖广、四川合兵三万人讨之”，鬼国酋阿察投降，“乃改鬼国为顺元路，以其酋为宣抚使”②。二是设置具有文职土司的机构，诸如路总管府或军民总管府土官、府土官、州土官、县土官等职的机构。据《元史》卷12载：至元二十年（1283）七月，顺元路军民总管兼宣抚使阿里等来降，“立亦奚不薛总管府，命阿里为总管”③。《元史》卷35载：至顺二年（1331）五月，“立云南省芦传路军民总管府，以土官为之”④。《元史》卷38载：元统二年（1334）正月，“四川大盘洞蛮谋谷什用遣男谋者什用来贡方物，即其地立盘顺府，命谋谷什用为知府”⑤。土司承袭制度不仅是土司制度最核心的内容，而且关系到土司政权的稳定以及中央政府对土司政权的有效管理。土司承袭的相关程序，无疑属于土司承袭制度研究的重要方面。元代“皆设土官”的政策，虽然为土官承袭制度奠定一定的基础，但是，土司承袭的程序并没有形成制度。本章拟探讨中央王朝委官体勘查核、取具宗支图本，地方官吏保结、督抚具题请袭以及最后由中央政府授予土司职位等涉及土司承袭程序的一些顶层设计的问题。

第一节　委官体勘查核

翻检《元典章·吏部》得知，元代土官不分秩品均可世袭，且承袭的大多是部落首领。元代中央政府允许各地土司世袭，且将土司世袭纳入中央王朝官吏的管理体系，但朝廷关注的是土官能否按照中央政府规定的继承资格和继承顺序予以承袭。元代以降的历代王朝，当某个应袭土司向当地府州县流官申请承袭后，中央王朝及行省就不得不委派地方官员对某土司申报情况的真实性予

① ［明］宋濂．元史：第165卷［M］．北京：中华书局，1976：3884.
② ［明］宋濂．元史：第163卷［M］．北京：中华书局，1976：3818.
③ ［明］宋濂．元史：第12卷［M］．北京：中华书局，1976：256.
④ ［明］宋濂．元史：第35卷［M］．北京：中华书局，1976：785.
⑤ ［明］宋濂．元史：第38卷［M］．北京：中华书局，1976：819.

以探察。

一、明清两代的体勘与查核

明清两代颁发的《土官袭职条例》和《土司例纂》，是土司承袭制度逐渐健全与完善的重要标志。特别是《明会典》对“土官承袭”特别强调“验封司”“务要”对应袭土司申报的情况“委官体勘”①；清代也有类似的规定，只不过变成了“查核”。

（一）明代中央政府委官体勘

《明会典》卷6“土官承袭”条对“土官承袭”就有“务要验封司委官体勘，别无争袭之人，明白取具宗支图本，并官吏人等结状，呈部具奏，照例承袭。移付选部附选，司勋贴黄，考功附写行止，类行到任。见到者，关给札付，颁给诰敕”的规定，同时，对“土官册报应袭”又有“土官在任，先具应袭子侄姓名，开报合干上司。候亡故，照名起送承袭。六年奏准，预取应袭儿男姓名，造册四本，都、布、按三司各存一本，一本年终类送吏部备查。以后每三年一次造缴”② 等规定；在《明会典》卷121“土夷袭替”条③也有类似的规定，这是明代中央政府对土司承袭程序做出的明确规定。明代中央政府对应袭土司的真实性予以体勘查核却是事实，如《明宪宗纯皇帝实录》卷3中载：“云南、贵州、广西、湖广、四川土官袭职者，该部行委三司体勘，其委官多有徇私图利，取勘不公，以致互相争袭，累年纷扰，今后有告袭者，委官务要从公体勘，定名会奏。”④《明实录》中也多有“委官体勘”“体勘会奏”的记载。明代官员对应袭土司的真实性予以体勘查核有过一些建议。如明代成化年间兵部尚书余子俊在《修举边备事》之“申明恩典”条就有“照得云南、贵州、广西、湖广、四川土官袭职定例，具在顺天八年三月初八日钦奉诏书之内，应该本部行委三司御史体勘定明会奏，行令就冠带袭职”“成化十三年二月初十日申明奏行例，照旧土官袭职”⑤ 的记载。由此可见，明代中央政府委官对土司承袭情况的“体勘”是一个不争的事实。

（二）清代中央政府委官查核

到了清代，土司承袭程序的规定更加严格和具体，如《钦定大清会典事例》

---

① ［明］申时行．明会典：第6卷［Z］．北京：中华书局，1989：31.

② ［明］申时行．明会典：第6卷［Z］．北京：中华书局，1989：31.

③ ［明］申时行．明会典：第121卷［Z］．北京：中华书局，1989：626.

④ 明宪宗实录：第3卷［Z］．台北：“中央研究院”历史语言研究所，1961：59.

⑤ ［明］余子俊．修举边备事［Z］//明经世文编．北京：中华书局，1962：500.

卷145“土官承袭”条规定：“其应袭职者，由督抚查实，先令视事，令司府州邻封土司具结，及本族宗图，原领号纸，咨部具题请袭。”① 并多次提及“督抚核明具题”“核实”等要求。在同书卷589“土司袭职”条中，又有“雍正三年覆准，土官病故，该督抚于题报时，即核明应袭之人……乾隆七年议准，土官承袭，旧例由本省都司验明起文”② 的规定。

从某种意义上讲，明清中央政府委官对土司承袭情况的“体勘”“查核”的规定，使得土司袭职程序更为完备，这有利于从根本上杜绝土司冒袭、争袭、代袭、借袭等不合法程序。

二、中央政府委官体勘查核的内容

《明会典》卷6“土官承袭”条中十分明确指出“验封司委官体勘”应该要考察是否有“争袭之人”；在《钦定大清会典事例》卷145“土官承袭”条中规定，凡应袭土司职位者，在“督抚查实，先令视事”的前提下，再“令司府州邻封土司具结，及本族宗图”③。由此可见，明清两代的体勘查核，主要是考察土司承袭是否有争袭之人。

明清中央政府对各地土司争袭进而导致土司家族终无休息、土司地区民不聊生、地方社会程序惨遭破坏的事件深恶痛绝。元明清时期，各地土司争袭现象时有发生，究其原因，有四④：第一，元明清时期的土司制度赋予土司很多的特权是造成土司争袭的直接动力。翻检历史文献可见，各地土司是土司辖区内的“土皇帝”，是一切生产资料的拥有者和土民的最高行政长官，他（或她）拥有财政、行政、法律等方面的特权。“土司所到之处，土民皆下跪迎接，土司出，其仪卫颇盛，土民见之，皆夹道伏。即有谴责诛杀，惴惴听命，莫敢违者”⑤，这些特权的存在是促成各地土司争袭的最大动力。第二，土司承袭制度本身存在着承袭者众多、承袭无序等弊端。虽然中央政府规定了土司承袭有父死子继、兄终弟及、母女袭职、妻婿承袭、叔侄相袭、同族袭职、孙袭爷职、妾媳承袭、兄职妹袭、曾祖母袭孙职、地方官员保举等次序，但由于特权的诱惑导致很多人在土司承袭上“不讲规矩”。土司承袭制度承认土司家族的相对独立性和世袭权，便不能不规定土司乏嗣则其族人可告袭，而绝大多数土司家族

---

① ［清］昆冈，等．钦定大清会典事例：第145卷［Z］．北京：中国书店，2018.
② ［清］昆冈，等．钦定大清会典事例：第589卷［Z］．北京：中国书店，2018.
③ ［清］昆冈，等．钦定大清会典事例：第145卷［Z］．北京：中国书店，2018.
④ 莫代山．明清时期土家族土司争袭研究［J］．贵州社会科学，2009（06）：127－132.
⑤ ［清］周来贺．桑植县志·杂识［Z］．同治十一年（1872）刊本．

都是盘踞一方、上百年乃至数百年的豪酋大族，嫡庶纷纭，支派众多，土司地区盛行的土司间长期联姻等风习更使得支系错综复杂，朝廷要把握其间袭递规律，具体确定继承人次第，根本不可能真正做到。因此，元明清时期所规定的承袭次第，实际上意义不大。第三，土司袭职过程中虽然有相关部门的保结文书，但在实际操作中，或者由于流官的渎职疏慢，或者出于流官的随意索贿，往往长期不为土司保结，导致一些土司长期不得袭职，以致“土官子孙承袭，有积至二三十年不得职者”① 的情况时有发生，这就更加助长了土司争袭事件的发生。第四，由于部分朝廷命官不能依法严格执行土司承袭制度，因此造成土司争袭。明代播州杨氏土司内部争袭即可说明这个问题。据文献记载，成化年间，杨辉欲以“夺嫡之私”造成越职（制）袭职的情况，这件事在《明宪宗实录》卷142中“成化十一年六月壬午”条有详细记载：“命四川播州宣慰使杨辉子爱袭父职。旧制土官袭职，必先三司按实奏请而后许。正统末，苗蛮聚众寇边，时辉父纲不任职，朝廷因土官安抚犹恭等请，特命辉越职（制）袭职。至是土官同知罗宏奏：‘辉有疾，欲援例令爱就彼袭职。’兵部以其夷人，宜俯顺所请，上乃命爱袭职，仍敕爱与宏率土兵从总兵官剿贼。”这个事例也说明土司不遵朝命，仍随心所欲立承袭对象。对此，《遵义县志》有记载：“明代第二十四世土司杨辉宠爱庶子杨友，企图废嫡长子杨爱，立友为宣慰使，安抚使宋韬等不保结，不得已立杨爱。杨友与长官张渊阴谋刺杀爱不成，捏造言词，罗织谋反罪诬告杨爱，朝廷派侍郎何乔新至播州勘处；张渊论斩，杨友谋篡位，论死罪，撤去宣抚使职，发保宁城羁管。”② 在播州杨氏土司争袭的过程中，还爆发了杨爱、杨友官城大战。《遵义县志》载：“明成化十九年（1483）播州宣慰使杨辉死，其次子杨友欲夺其兄杨爱官职，大战于火烧舟场侧之官城（今遵义县新舟镇），死者万余，杨友败亡。”③ 在播州杨氏土司统治期间，争袭事件频繁发生，除这次之外，悲剧再次重演。据《遵义县志》载，二十七世杨相宠庶子杨煦，企图以煦袭职，嫡长子杨烈与其母张氏兴兵驱逐杨相，相死于水西。杨烈向水西土司安万铨索要父尸，安要挟杨烈归还水烟、天旺地。烈得尸悔约，杀水西长官王黻，与李保构怨，两方土司兴兵仇杀达十年。总的来讲，这两次争袭事件给当地各族人民带来深重灾难。④ 在播州杨氏土司的发展历史上，杨氏

① 李良品，等．二十五史西南地区土司史料辑录［Z］．北京：中国文史出版社，2006：273.

② 葛镇亚．遵义县志·播州土司［Z］．贵阳：贵州人民出版社，1992：1209.

③ 贵州省遵义县志编纂委员会．遵义县志［Z］．贵阳：贵州人民出版社，1992：766.

④ 贵州省遵义县志编纂委员会．遵义县志［Z］．贵阳：贵州人民出版社，1992：766.

土司的争袭影响较大而且深远，甚至造成了杨氏土司内部的分裂。如《明史》载：

(成化)二十二年，爱兄宣抚杨友讦奏爱，帝命刑部侍郎何乔新往勘。二十三年，乔新奏："辉在日，溺其庶子友，欲令承袭，长官张渊阿顺之。安抚宋韬谓杨氏家法，立嗣以嫡，爱宜立。辉不得已立爱，又欲割地以授友，谋于渊，因以夭坝干乃本州怀远故地，为生苗所据，请兵取之。容山长官韩瑄以土民安辑日久，不宜征。渊与辉计执瑄，杖杀之。前巡抚张瓒受辉赂，以其地设安宁宣抚司，冒以友任宣抚。辉立券，以所有金玉、服用、庄田召诸子均分之。辉没，渊乃与友潜谋刺爱，渊弟深亦与谋，不果，友遂奏爱居处器用僭拟朝廷，又通唐府，密书往来，私习兵法、天文，谋不轨，事皆诬。"帝命斩渊、深。以爱信谗薄兄，友因公擅杀，且谋嫡，盗官钱，皆有罪。爱赎复任，友迁保宁羁管，仍敕乔新从宜处治。"①

针对在播州杨氏土司在争袭过程中爆发了的杨爱、杨友官城大战一事，田汝成在《炎徼纪闻》中有一段精彩的评论，其内容为：

"播凯之乱，其初不过杨辉夺嫡之私耳！妄一夷酋上书诬人以逞，兵部不核实而遽许兴师，非徇情何以有此？张瓒欺君曲法，造祸百年，蔓延边徼。其后展转调停，不过分疆别省耳！贷祸首而不究，何以服诸夷哉！"②

争袭事件的发生，不仅给播州杨氏土司家族内带来巨大冲击，而且随着争袭事件影响的扩大，还给当地民众带来深重的苦难。同时，争袭事件的频繁发生，也导致中央政府对土司及土司制度控制的加强，且导致一些土司因争袭而被中央政府改土归流。

因此，无论是明清《会典》，还是《大明律》《大清律例》等均对土司承袭人的合法性高度重视。那么，受中央政府委派的官员主要对应袭土司本人考察过程中确定是否有争袭之人，在确定无争袭之人后，就必须对应袭土司者的身高、体重、体征、体貌、体魄等方面进行实地探究审察与考察。

---

① [清]张廷玉. 明史：第312卷[M]. 北京：中华书局，1974：8042.
② [明]田汝成. 炎徼纪闻：第3卷[Z]. 北京：中华书局，1985.

第二节　取具宗支图本

由朝廷命官取具土司家族的宗支图本，是土司承袭程序必不可少的一个重要环节。这个环节至少应该包括两个方面的内容。

一、土司家族制作“宗支图本”

“宗支图本”也叫“亲供册”，在元明清中央政府的土司管理制度中，它是判定土司承袭是否具有合法性的主要依据。元明清中央政府虽然规定土司承袭可“从其俗”，但在承袭的过程中却十分注重勘查应袭者的宗支嫡秩，并必须经过严格的验封，由中央批准后方可袭职。如没有宗支图本，则不准承袭。如《土官底簿》卷上载：永乐时，云南浪穹县箭杆场巡检司土巡检字良故，“亲男字达，备马赴京进贡袭职。为无布政司官吏保结及无宗图随缴，拟将本人发回”。“开具宗支图本”这项规定，从制度上固化了土司在申请承袭时必须提交宗支图本，以表示合法承袭人身份的承袭程序。有些地方的土司实际上只是在需要承袭的时候，由申请承袭者拿出一份谱系，用来申请承袭。明清时期的地方官员，往往借此乘机坐收渔翁之利，导致各种争袭不断。但不管土司拿出来的宗支图本是否真实，谱系是否存在问题，这项规定在客观上就是导致土司在申请承袭时需要交出一份宗支图本以表示合法承袭人的身份。在云南省耿马傣族佤族自治县档案馆保存了一份《耿马宣抚司应袭罕华基顶辈宗图出身年貌履历亲供户口疆界清册》，内容较为详尽，现抄录于后：

> 云南顺宁府世袭耿马宣抚司罕荣升，为遵奉循例，详请报袭事。案：奉署府县萧某札，并窃查定例，土职承袭必须亲生嫡子，亟应先将亲生嫡子，合例承袭之人，具文呈报，以凭核办。遇有土司事故，俾免临时争竞，历经遵办在案。兹查该土司年逾五旬，未将亲生之子，合例承袭之人具文报袭。前来实属因循不谙例制，设有事故，患将何测？亟应遵例查取合行札饬。为此，札仰该土司遵照札到迅即查明该土司有无亲生嫡子，合例承袭之人，其人是否年已及岁，夷众是否悦服，赶紧造具亲供图册结，申赍来府，以凭核办，事关袭典，勿得迟延，违误自贻伊戚，火速！飞速！特札等因在案。兹查，有罕华基实系是卑土职亲生长男，现年十六岁，俟后例应顶袭土职，遵将该应袭亲供宗图、疆界、户口，造具清册，呈请查核，

为此，具册须至册者。

计开：

应袭职名：云南顺宁府应袭耿马宣抚司罕华基。

宗枝图：一世祖罕谢，未仕，故。

二世祖罕泽，未仕，故。

三世祖罕边，未仕，故。

四世祖罕庆，未仕，故。

五世祖罕尽忠，未仕，故。

六世祖罕闷坎，前明万历年间杀退贼匪，赏给耿马宣抚司印信一颗，世守耿马，管理地方，故。

七世祖罕闷金，承袭兄职，接管地方，故。

八世祖罕闷摆，系于顺治乙亥年授诚，承袭父职。康熙二十五年颁发号纸，祗领任事，管理地方，故。

九世祖罕抒忠，承袭父职，管理地方，故。

十世祖罕世藩，顶袭世职，患病告替，故。

十一世祖罕国楷，承袭父职，管理地方，故。

十二世祖罕朝瑷，承袭父职，因年老告替，故。

十三世祖罕君相，承袭世职，管理地方，故。

十四世祖罕恩保，例应袭职，年未及岁，故。

十五世祖罕恩沛，承袭父职，颁发号纸，管理地方，故。

十六世伯罕荣福，例应袭职，未经承袭，故。

十七世祖罕恩泽，承袭世职，颁发号纸，管理地方，因杜逆悖叛，于咸丰七年十一月被逆族戕故。

十八世父罕荣升，现任宣抚司世职，颁发号纸，管理地方。

十九世本身罕华基，系现任宣抚司罕荣升亲生长男，俟后例应顶袭父职。

亲供：

应袭罕华基系云南顺宁府现任世袭耿马宣抚司罕荣升亲生长男，现年十六岁，身中面白无迹。原籍耿马人氏，始祖系木邦村寨土舍罕榭、罕泽、罕边、罕庆，相传四代至五世祖罕尽忠，于前明万历十一年，莽贼犯边，侵踞孟定，祸延永昌，罕尽忠奔投永昌申报，金腾道具题差参将邓子龙、副将刘挺率兵进剿，大兵至永，莽贼日益猖獗，罕尽忠率子罕闷坎、罕闷金请为前部，率本部夷兵极力协战，直捣莽营，恢复土宇。奉议闷坎、闷金奋勇当先，忠义可嘉，杀退贼匪，功叙首列，应宜奖赏。给耿马宣抚司印信一颗，世守耿马，抚宇土民，将孟定附近耿马数村拨与管食，以励忠勤，每年额纳差发银三十两；所属猛猛巡检司，差发银二十两，董勒村粮银六两，共五十六两，解赴布政司，上纳复又改附金腾道就近输纳。六世祖罕闷坎管理地方病故，乏嗣。七世祖罕闷金承袭兄职，接管地方，故。八世祖罕闷摆年幼未及顶袭，土妇刀氏获理。顺治乙亥年，大师开滇，刀氏差目领赍印札，前赴军营投缴。蒙皇恩浩荡，仍颁宣抚司印扎，照官地方。因金腾道奉裁所有差发银两，仍解布政司库。刀式病故，闷摆年长，承袭父职，差发银两批解布政司库。康熙十二年，吴逆悖叛，将印扎追缴，给与伪扎一张。康熙二十年，大师入滇，恢复全省，即差目赴省投诚。荷蒙定远平寇大将军固山贝子，征南大将军都统领，提督云南全省军门桑，暨巡抚云南督察院，伊颁给遵照。于康熙二十一年内祇领任事。二十五年蒙颁号纸，接管地方，故。九世祖罕抒忠，承办父职，管理地方，故。十世祖罕世藩，顶袭世职，管理地方，因病告替，故。十一世祖罕国楷，顶袭世职，管理地方，任内缅甸投诚，办理贡使，屡蒙奖赏，又缘宫里雁犯边，承辦提解，蒙记军功头等，记大功三次，病故，乏嗣，适因木贼犯边。十二世祖罕朝瑗，因年未及岁，族叔罕国楷护理，于乾隆三十六年内，朝瑷年岁合例，承袭叔父国楷世职，管理地方，至嘉庆八年五月，年老告休，其长子罕廷所有病，系罕君相年幼，详蒙上宪委令叔父罕廷绶护理。嘉庆十三年，十三世祖罕君相，年已及岁，承袭世职。嘉庆十七八等年，剿捕缅宁边外南，与逆目张辅国案内，罕君相带练随征，奋勇出力，军务告竣。蒙督部堂伯，专折保奏，仰沐皇恩，赏戴蓝翎，管理地方，于嘉庆二十五年六月二十九日病故。十四世祖罕君相之长子罕恩保，例应袭职，因年幼，委令叔祖罕廷弼代办，罕恩保旋于道光四年五月二十四日，年未及岁，未经承袭，病故，并无子嗣。道光四年十一月内，罕廷弼因病辞休。十五世祖罕君相之次子罕恩沛虽经具报承袭，尤年幼不谙，详蒙上宪亲母线氏抚孤护印，至道光十五年，罕恩沛年已及岁，承袭父职，颁发号纸，管理地方，于咸丰元年三月二十四日病故。十六世伯罕恩沛之长子罕荣福，例应袭职，未经承袭，于咸丰元年四月十一日病故，绝嗣。十七世祖罕恩沛之亲堂弟恩泽，于咸丰三年承袭世职，颁发号纸，管理地方，于咸丰六七等年，杜逆谋叛，站踞迤西，罕恩泽挑调本部夷兵，会同顺云协魁，整备进剿，被逆族罕恩伦、恩正等暗串贼党，乘隙侵耿。至咸丰八年十一月初三日将罕恩泽戕故，其子应袭，罕荣升逃出在外。至同治十二年，迤西恢复。

荷蒙兼署督部堂岑，转奏谢委，署顺宁府陈，署顺云协蒋，赴耿按律究办，复寻罕荣升招抚夷民。十八世父罕荣升，于光绪二年承袭，颁发号纸，管理地方，应袭罕华基，实系云南顺宁府现任世袭耿马宣抚司罕荣升正妻放氏，于同治十二年十一月初八日酉时亲生长男，现年十六岁，俟后例应顶袭父职，中间并无违碍等情，理合出具亲供宗图是实。

居址：应袭罕华基祖代居住耿马地方

疆界四至：东至腊渗江人界一百三十里，南至猛董卡喇界一百里，西至南滚河一百二十里，北至遮别界一百五十里。

户口：原猛猛二百十五户，猛渗五十户，猛角一百五十户，猛董一百五十户，猛撒一百户，猛永一百户。

右具　册

光绪十四年六月　　日宣抚司罕荣升具①

由此可见，明清时期各地土司要承袭职位，必须要开具十分清楚的宗图、亲供、户口、疆域等清册，呈请上司核准无异之后，才允许承袭。

二、地方官员“取具宗支图本”

事实上，明清中央政府规定“取具宗支图本”，体现了土司承袭制度的逐渐健全与完善。元明清时期的土官土司虽可世袭，但经历了一个承袭制度一步一步明确、具体和细化的过程。宗支图本除土司自己保存外，行省布政司存有一份。“凡各处土官承袭，洪武二十六年定，湖广、四川、云南、广西土官承袭，务要验封司委官体勘，别无争袭之人，明白取具宗支图本，并官吏人等结状，呈部具奏，照例承袭”②；承袭条例规定，一要有当地官员的查核和作保，二要有土司的“宗支图本”。如无，则不准承袭。

土官承袭、原俱属验封司掌行。洪武末年，以宣慰、宣抚、安抚、长官等官皆领土兵，改隶兵部。其余守土者，仍隶验封司。

凡各处土官承袭。洪武二十六年定，湖广、四川、云南、广西土官承袭，务要验封司委官体勘，别无争袭之人，明白取具宗支图本，并官吏人

① 耿马宣抚司应袭罕华基顶辈宗图出身年貌履历亲供户口疆界清册［Z］. 现存于云南省耿马傣族佤族自治县档案馆.

② ［明］申时行. 明会典：第6卷［Z］. 北京：中华书局，1989：31.

等结状，呈部具奏，照例承袭。移付选部附选，司勋贴黄，考功附写行止，类行到任。见到者，关给札付，颁给诰敕。

天顺二年奏准，土官病故。该管衙门，委堂上官，体勘应袭之人，取具结状宗图，连人保送赴部，奏请定夺。

弘治二年奏准，十年外，文书到部者，不准承袭。（弘治）五年，令十年内，曾在本处上司具告者，亦准袭。（弘治）十八年，罢土官纳粟袭职例，令照旧保勘，起送赴京袭职。

正德初，令极边有警地方，暂免赴京。余各照旧。

嘉靖九年题准，应袭之人，果系原册有名，覆勘无碍，除杂职妇女，就彼袭替外，其余限半年内连人保送赴部，如有违碍，即与辩明。一年以上，勘官住俸，立限完结。若有紧急军情，已奉调遣及嗣子幼弱，未可远出者，镇巡官斟酌奏请，暂令冠带，管束夷人。候地方宁息、年岁长成，仍照例保送赴京袭替，给凭管事。四十五年题准，各处土官病故后，勘报过一年者，行巡按官查究。二年以上者，听吏部径自查参。

隆庆四年奏准，今后土官袭替，除愿赴京者听，其余酌量。嘉靖年间事例，各照品级，输忠纳米。折银完日，布政司即呈抚按勘实具奏。吏部查对底册明白，照例查覆付选。万历九年，停止输纳事例。令该管衙门，作速查勘明白，取具亲供宗图印结，具呈抚按，勘实批允，布政司即为代奏，吏部题选。填凭转给土舍，就彼冠带袭职。如有情愿亲自赴京者，听。十三年题准，土官病故，应袭土舍，具告该管衙门，即为申报。抚按勘明，照例代奏承袭，不得过三年之外。若吏胥勒索及承勘官纵容延捺，不行申报者，抚按官即据法参治。其土舍自不告袭，故违至十年之外者，即有保结，通不准袭。

凡土官册报应袭。正统元年奏准，土官在任，先具应袭子侄姓名，开报合干上司。候亡故，照名起送承袭。六年奏准，预取应袭儿男姓名，造册四本，都、布、按三司各存一本，一本年终类送吏部备查。以后每三年一次造缴。

嘉靖九年题准，土官衙门造册，将见在子孙尽数开报。某人年若干岁，系某氏生，应该承袭。某人年若干岁，某氏生，系以次土舍。未生子者，候有子造报。愿报弟侄若女者，听。布政司依期缴送吏、兵二部查照。

凡土官犯恶逆被戮。嘉靖十年题准，即推伦序相应，素为夷众所服者，授以原职，管束夷民。

凡各处土官请给诰敕。行本布政司、转行按察司、委官访察无碍会奏。

仍具结状缴报到部单题。万历五年题准，凡土官积有年劳、地方安静，当得封典。止申呈各该司道衙门，勘结明白，转呈抚按，即与具奏。不必自行陈请。如有阻滞不行者，方许具实陈奏。①

由上面文字则可见明代土官承袭制度不断修正，取具宗图册结是土官承袭程序的重要程序之一。到了清代，土司承袭制度更加完善，取具宗图册结成为土官承袭制度中不可或缺的环节，官吏保结、督抚具题请袭等程序均是在此基础之上进行。

第三节 地方官吏保结

土司承袭制度作为土司制度的核心部分，是明清中央政府控制地方土司的重要措施，而官吏保结则是袭替制度的重要环节，也是中央政府制约土司的重要程序之一。纵观土司袭替相关文史，尤其是有清一代，土官土司若无保结状书则不可袭替，则可见之重要性。这类担保主要形成两类状书，即甘结和印结。

一、甘结

为有效防止争袭事件，明清中央政府规定土司承袭之时，除宗支图本外，土司还需有包括应袭土司本人、土司之下土目、里老、土司族人、收生妇、土民等制作的担保文书，即“甘结”文书，它是用于向官府证明的文书。

明初即规定“湖广、四川、云南、广西土官承袭，务要验封司委官体勘，别无争袭之人，明白取具宗支图本，并官吏人等结状，呈部具奏，照例承袭”；明天顺二年（1458）又奏准，“土官病故，该管衙门，委堂上官，体勘应袭之人，取具结状宗图，连人保送赴部，奏请定夺”②。为印证土官承袭的真实性和合法性，须应袭人的族人与邻近土司作保。清代继承了明代的土官承袭制度，同样要求应袭人得到来自本人、直系亲属、各族长头目、族人、土民等人的作保状书。

“顺治初年定，土官无子者许弟袭，无子弟，许其妻或婿、为夷民所信

① ［明］申时行．明会典：第6卷［Z］．北京：中华书局，1989：31.

② ［明］申时行．明会典：第6卷［Z］．北京：中华书局，1989：31.

服者一人袭。其应承袭之人，由督抚具题，将该土官顶辈宗图亲供、司府州邻印甘各结，及原领敕印，亲身赴部，由部核明，方准承袭。

……雍正三年覆准，土官病故，该督抚于题报时，即核明应袭之人，取其宗图邻封甘结，并原领号纸，定限六月内具题承袭。其未经题具之先，即令承袭之人照署印官例。署印任事，地方官不得将印信封固，致滋事端，有勒索留难者，将该管上司照违限例议处。再土官之许其承袭者，原因其祖父向化归诚，着有劳绩，故世其官以昭激劝，今土官嫡长子孙，虽得承袭本职，此外支庶，更无他途可以进身，嗣后各处土官庶支子弟，有驯谨能办事者，许本土官详报督抚，具题请旨，酌量给予职衔，令其分管地方事务。其所授职衔，视土官各降二等，如文职本土官系知府，则所分者给通判衔；系通判，则所分者给县丞衔。武职本土官系指挥使，则所分者给指挥佥事衔；系指挥佥事，则所分者给正千户衔，照例颁给敕印号纸。其分管地方，视本土官多不过三之一，少五之一，此后再有子孙可分者，亦许其详报督抚，具题请旨。照例分管，再降一等，给予职衔印信号纸。

乾隆七年议准，土官承袭，旧例由本省都司验明起文。今各省掌印都司，业经裁汰，嗣后土官承袭，由布政使司取具地方并邻封土官印甘各结，及土官亲供户族宗图原领号纸，详报督抚，于半年内具题请袭，由部核对无异，题明准袭后，将袭替职衔缮入号纸给发。如有事故稽迟，不能请袭者，于半年限内咨部存案，日久亦准承袭。承袭之人，有宗派不清、顶冒陵夺各弊，查出革职。具结之邻封土官，照例议处。二十八年覆准，西藏管辖之千户、百户、百长等缺出，向系转咨西宁大臣报部办理，但此三十九部落，各分游牧居住，远近不同，头目之缺，甚属紧要，其千户、百户、百长各项缺出，自应就近令驻藏大臣查明咨部，兵部汇题，给予执照。毋庸转咨西宁大臣办理。三十三年覆准，土官病故乏嗣，均照定例挨次承袭，非笃疾残废，及身有过犯，与苗民不肯悦服，例不准承袭之人，概不得越次请袭。其承继之子，仍论其本身支派，如非挨次承袭者，止许分授财产，不准承袭，仍取具图结咨部存案。其袭职时，文武土官造送宗图册内，将本支各派全行开列，逐一添注，以备稽查。三十八年覆准，苏尔莽族百户喇嘛噶尔旺瓦病故转生，其前世既无伯叔兄弟侄婿可以承袭，该族番众素崇黄教，噶尔旺瓦已转七世，实属番众崇信之人，将百户之职，仍以转生喇嘛噶尔旺瓦承袭。”①

① ［清］昆冈，等．钦定大清会典事例：第589卷［Z］．北京：中华书局影印本．1991.

根据明清中央政府对土司承袭制度的规定，应袭土司需要该应袭土司的下属对其进行作结具保，如云南省耿马县罕氏土司周边土舍所撰写的保证书，其格式如下：

云南顺宁府属耿马宣抚司阖族土舍等为循例投具保结事，今于与保结，实结得现今循例报袭，耿马宣抚司土职罕华基，实系现任土司罕荣升正妻放氏于同治拾贰年拾壹月初捌日酉时亲生长男，现年拾陆岁，俟后例应顶袭父职，族无争竞之人，夷众悦服，并无过继、乞养、冒名顶替、血脉不正、浮诈违碍等弊，倘有虚捏、掩饰、私情、异端，土舍等甘罪无辞，理合预先投具保结，俟后现任宣抚司恐有事故，以杜争端，所结是实。

光绪拾肆年六月某日

具保结土舍：罕恩康、罕恩泰、罕荣耀、罕荣彩、罕荣连、罕荣昌、罕荣鼎、罕荣秉、罕荣文、罕荣定、罕荣成、罕荣高、罕荣先①

耿马县土司辖区的诸土舍对宣抚司土职应袭人罕华基的承袭资格、出生时间、年龄、是否符合国家有关政策规定等内容做出担保。

再如南甸土司辖区的土目对南甸土司应袭人刀樾椿的具保作结，其文书如下：

具结状南甸宣抚司土职目把管绍唐、克三级、谢上福、刘湛然等，今于台前与结状，实结得南甸宣抚司土职应袭刀樾椿，系已故土官刀定国罕氏亲生长男，于光绪十七年四月初七日巳时生，现年十八岁，例应承袭父职，管理地方，族无争竞之人，夷众悦服，并无乞养异姓、庶出、冒诈、违碍等弊，结状是实。

光绪三十四年十月　日具②

土司辖区的里老、应袭土司族人、辖区内的土民、应袭土司的收生妇等制作的保结状书，其格式、内容与应袭土司下属土官制作的结状文书基本相同。

---

① 土官承袭格式［Z］．现存于云南省耿马傣族佤族自治县档案馆．

② ［清］刀樾椿．南甸宣抚司呈报袭职清册［Z］．现存于云南省梁河县档案馆，光绪三十四年（1908）．

如《乾隆五十五年十一月二十五日冕宁县申册》所载的四川冕宁县糯白瓦土司地区的应袭土司李遵文为请袭事宜所备保结文书如下：

冕宁县糯白瓦应袭土百户李遵文。为详请题袭事，遵将土职印信备造印模年月字号清册，呈赉察核施行。须至册者。

计开：

糯白瓦土百户印模乾字一万二千五百八十号，乾隆二十八年七月内礼部颁发右具册：

具结状

冕宁县糯白瓦承袭土百户李遵文，今于与结状。为报明事。遵奉结得故百户胞兄李遵禄，实系得染寒症，服药不效，于乾隆五十五年五月二十五日身故，并无别情。中间不虚，结状是实。

具结状

糯白瓦土百户属下土舍剪处，今于与结状。为报明事。遵奉结得故百户李遵禄委系得染寒症，服药不效，于乾隆五十五年五月二十五日身故，并无别情。中间不虚，结状是实。

具结状

糯白瓦土百户属下头目长命叱、耳他六月、呷牛牛别，今于与结状。为报明事。遵奉结得土百户李遵禄，委系得染寒症，服药不效，于乾隆五十五年五月二十五日身故，并无别情，中间不虚，结状是实。

具结状

糯白瓦夷众桥受保、工呷比果、即别贯呷，今于与结状。为报明事。遵奉结得土百户李遵禄，委系得染寒症，服药不效，于乾隆五十五年五月二十五日身故，并无别情。中间不虚，结状是实。

具结状

医生刘禄永，今于与结状。为报明事。遵奉结得糯白瓦土百户李遵禄，实系染患寒症，调治不愈，于乾隆五十五年五月二十五日身故，并无别情。中间不虚，结状是实。

具结状

邻封架州土百户那咱，今于与结状。为报明事。遵奉结得邻封土百户李遵禄，实系染患寒症，服药不效，于乾隆五十五年五月二十五日身故，并无别情。中间不虚，邻封结状是实。

具结状

四川宁远府冕宁县，今于与印结。为报明事。依据结得糯白瓦土百户李遵禄，实系患染寒症，调治不愈，于乾隆五十五年五月二十五日身故，并无别情。中间不虚，印结是实。

具亲供

冕宁县糯白瓦应袭土百户李遵文，今于与亲供。为详请题袭事。遵奉供得已故土百户胞兄李遵禄，并无子嗣，嫡亲胞弟李遵文，现年一十九岁，身中面白无须，例应承袭兄职，夷众悦服。中间不虚，亲供是实。

具结状

糯白瓦土百户属下土舍剪处，今于与结状。为报明事。遵奉结得应袭土百户李遵文，实系已故土百户李遵禄嫡亲胞弟，现年一十九岁，身中面白无须，例应承袭兄职，夷众悦服。中间不虚，结状是实。

具结状

糯白瓦土百户属下头目长命吒、耳他六月、呷牛牛，今别于与结状。为报明事。遵奉结得应袭土百户李遵文，实系已故土百户李遵禄嫡亲胞弟，现年一十九岁，身中面白无须，例应承袭兄职，夷众悦服。中间不虚，结状是实。

具结状

糯白瓦土百户属下夷众桥受保，工呷比果、即别贾呷，今于与结状。为报明事。遵奉结得应袭土百户李遵文实系已故土百户李遵禄亲胞弟，现年一十九岁，身中面白无须，例应承袭兄职，夷众悦服。中间不虚，结状是实。

具结状

邻封架州土百户那咱，今于与结状。为报明事。遵奉结得邻封糯白瓦应袭土百户李遵文，实系已故土百户李遵禄嫡亲胞弟，现年一十九岁，身中面白无须，例应承袭兄职，夷众悦服。中间不虚，结状是实。

具结状

四川宁远府冕宁县，今于与印结，为详请题袭事。遵奉结得卑县糯白瓦应袭土百户李遵文，实系已故土百户李遵禄嫡亲胞弟，现年一十九岁，身中面白无须，例应承袭兄职，夷众悦服，中间不虚，印结是实。

具结状

四川宁远府冕宁县，为再行插翼飞催事。乾隆五十五年十一月十七日上本府正堂全衔符宪札，案查云云，雷速火速。计插十二翼。等因。奉此。

卑职遵查卑县所属糯白瓦土百户李遵禄实系得染寒症调治不愈，于本年五月二十五日身故，并无子嗣，所有嫡亲胞弟李遵文，例应承袭兄职，夷众邻封俱各悦服。理合取具承袭宗图土舍邻封各册结，加具印结粘连钤印，备文详请宪台俯赐查核，转详题袭。为此备由，另文册具申，伏乞照详施行。须至申册者。

计申赍宗图册九本，支图册九本，印模册九本，印供甘各结九套，病故结九套，号纸一张。

右申

本府正堂符①

由上可知，土司请袭所需的担保文书不仅有来自土司的下属、辖区土民、亲近之人的文书，还需要邻封土司、流官的印结文书，这类文书在下文有详细介绍，在此不多加叙述。

明清中央政府规定土司承袭过程中，必须取得土司辖区的土目、族人、邻近土司、应袭土司的收生妇等为应袭土司担保，撰写保结状书，达到防止假冒和混袭土司之职的目的，有效制止争袭事件的发生。总的来讲，“甘结”文书就是里老、应袭土司族人、辖区内的土民等“向官府出具的保证书”②。

二、印结

土司承袭所必须持有的另一类保结文书是“印结”文书，主要指政府机构或官员出具的盖有印章的具结文书，以此来证明应袭土司的合理性和合法性。此外，明清时期的土司承袭制度要求，邻封土司也要为应袭土司撰写结状文书，亦被称为“印结”文书。

明代中央政府为推进土司地区的管辖，不断完善、修正土司承袭制度。为了防止土司争袭，土司承袭时，吏部、兵部都要委官“体勘”，地方官吏具结作保。如明永乐时，“云南浪穹县箭杆场巡检司土巡检字良故，亲男字达，备马赴京进贡袭职。为无布政司官吏保结及无宗图随缴，拟将本人发回”。③

明代中央政府虽制定地方官吏保结为土官承袭制度的程序之一，但具体落

---

① 四川省编辑组．四川彝族历史调查资料、档案资料选编［Z］．成都：四川省社会科学院出版社，1987：255—256.

② 朱金甫，张书才．清代典章制度辞典［Z］．北京：中国人民大学出版社，2011：152.

③ ［明］佚名．土官底簿：上卷［Z］//钦定四库全书：第599卷．台北：商务印书馆，1983－1987：331－420.

实仍是比较漫长的改进过程。明人沈德符说：

> 武官袭替，例有赀为凭，其纪载生时邻佑，及收生妇人甚详，盖防异姓假冒，及乞养之涸也。近世作伪者多凭空捏造，苟得金钱，兵部武选司吏胥概为准行，虽讦奸弊可恨，然仗此为提防，稍杜争竞。至于土官则全凭宗支一图为据，今惟云南布政司贮有各土司宗系，以故袭替最便。而贵州、广西诸土官，竟自以所藏谱牒上请，以致彼此纷争，累年不决，称后构难。而不肖监司，又借以收渔人之利，此最大弊事。①

由此可见，在明代，地方官吏具结作保并不十分成熟。由此可以看出，明代的土司承袭制度尚不严谨，到明中后期，疏于管理，执行不严，土司承袭弊端日显，争袭之事时有发生，并逐渐影响地区乃至国家的社会稳定。

清代对此规定做了进一步完善，对土司应袭者的身份及次序、土官应袭子弟的册报、赴京袭职以及土司子弟教育等规定进行更为详细和严格的规定，如清中央政府免除土司应袭人赴京袭职这一规定，对土司承袭时限、土司承袭者身份及次序、袭替程序等有了明确规定：

> 康熙十一年题准，土官子弟，年至十五，方准承袭。未满十五岁者，督抚报部，将土官印信事务，令本族土舍护理。俟承袭之人，年满十五，督抚题请承袭。每承袭世职之人，给予钤印号纸一张，将功次宗派及职守事宜填注于后，后遇子孙袭替，本省掌印都司验明起文，或由布政使司起文，并号纸送部查核无异，即与题请袭替，将袭替年月、顶辈填注于后，填满换给。如遇有水火、盗贼损失者，于所在官司告给执照，赴部查明补给；如有犯罪革职、故绝等事，都司、布政使司开具所由，将号纸缴部注销；如宗派冒混，查出参究。又题准，土官袭职，停其亲身赴京，取具地方官保结，并宗图呈报该督抚，保送到部，准其承袭。十九年题准，土官病故，其子病废不能承袭者，准与孙袭。又题准，土官年老有疾，请以子代者亦准。②

由上可知，进入清代后，土司承袭须“取具地方官保结”，用于佐证“宗支

① ［明］沈德符．万历野获编［Z］．北京：中华书局，1997：934.
② ［清］昆冈，等．钦定大清会典事例：第589卷［Z］．北京：中国书店，2018.

图册”和“亲供图册”的真实性。只有出具地方官保结状书，方可准袭。若是无官吏保结，土官则不能顺利请袭。直至清代，土司承袭制度日臻完善，地方官吏保结也逐渐成为该制度不可或缺的程序之一。

笔者在云南省图书馆抄有一份清代赵日宣撰写的《剑川州土官百户赵元将历代履历宗图结报》，其全文如下：

鹤庆军民府剑川州为行查事。

奉本府信牌，奉分守金沧道宪牌，数奉平西大将军平西王批，拟鹤庆府剑川州土官千户赵震具册启报承袭土官指挥事。繇奉赵震册报土官世袭千百户，查土官原无世袭千百户之例，仰署金沧道王。

查自崇祯年以前，剑川州土官有无此例，察确户报缴，数备行道牌，仰该府奉此，合就行催为此牌，仰该州官吏，仰唤土千户赵震，土巡捕赵天麟、百户杨日光、赵元将等拾壹名，列官查自崇祯以前曾否袭替千户之职，今应与承袭否，中间有无虚冒情弊，逐一备系查缺，取具宗图、户长印官结状贰套，连人起送，拟实详报本府，以凭查验，转报本道查验酌夺。启覆此敬，奉王上报事理，未敢轻虚饰词具覆，况今清朝严明，难以欺冒，如有徇庇，该州官吏，有干罪戾。为此，本州遵将世袭土官百夫长，兼试百户赵元将，历代履历宗图奉呈报，为此具册，须至册者。

计开：

百户赵元将，年三十岁，系鹤庆军民府剑川州甸壹图拾甲籍，系鹤庆军民府剑川州昭信校尉世袭土官百夫长兼试百户赵坚十代玄孙，于天启六年五月十日，顶替故父赵登职，状供有始祖赵坚十代玄孙，于天启六年五月初十日，顶替姑父赵登职，供状由始祖赵坚于洪武十八年内，管本州土官千户赵保下验甲，洪武二十年内，随赵保将叛贼知州杨奴并男杨功、杨坚等，就于本州西山脚下射死，杀获贼首那灰、阿寺等，斩获首级解官，郑指挥禀奉，跟随大理卫郑指挥，征进定边县，斩获首级三名，首级解官，本年三月二十日，获总兵官西平侯明文，仰令始祖赵坚暂管典刑，百夫长杨报职事。洪武十三年十月内，随千户段安征进永宁府。洪武二十五年内，随大理卫指挥李荣攻打佛光寨，大破贼巢。洪武二十七年内，管领土军趱运粮储，直到北胜等州，接济大军。本年九月内，又蒙云南布政司左参议范，委令始祖赵坚管领人夫一千八百名，趱运粮储，到于浪渠州交纳。洪武二十八年四月内，同本府土官同知高仲赴京进贡。本年九月二十一日，总兵官平西侯于奉天门奏，奉圣旨，送兵部与他，世授百夫长职事。本月二十日，领到云字一百八十号勘合文凭一道，回还到任管事。洪武二十九年正月内，管领土军，前去澜沧卫修筑城垣。本年十二月内，随千户赵迪前去顺宁府并云龙州。洪武三十年十月内，跟随本府土官同知高仲议同官军，攻打贾哈喇寨回还。永乐三年九月，自备马匹。

二世祖赵宗袭替，赴京进贡。本年（即永乐三年——抄者注）十二月八日，钦赏缎匹衣靴、钞贯。永乐四年正月十四日，兵部官引奏，奉圣旨与号纸世授，敕命。本月十六日，于奉天门领到宿字一百八十号敕命一道，授昭信校尉，鹤庆军民府剑川州世袭土官百夫长，兼试百户职事回还。永乐六年十月内，部运本州秋粮，前赴顺宁粮仓交纳。永乐八年十月内，为劫抢官银事，擒获强贼阿官日等三十余名，解府。永乐九年八月内，奉本府贴文委令开设桥后盐井，佥设灶户，煎办盐课。永乐十二年十一月，部运本州秋粮，前赴澜沧卫交纳。永乐十九年三月内，赵坚年老，不能任事，二世祖赵宗系赵坚嫡长亲男，具告保勘明白，自备马匹，赴京进贡。永乐二十年三月十一日，兵部官引奏，奉钦准替职，赏钞。本年四月初三日，与同宁安卫指挥李征等四十七员，领到兵部云字一十四号文凭一道，照会云南都司，比对相同，销缴回还。本年八月内到任管事。本年十月内，始祖赵坚在任病故。洪熙元年内，为丧礼事，二世祖（高祖）赵宗自备马匹，赴京进贡。钦蒙赏赐缎匹衣靴钞贯。宣德十年九月内，在任病故。

三世祖赵安，系高祖赵宗嫡长亲男告袭。间正统六年九月内，蒙钦差总兵部兼大理寺卿王，榜文调用，祖赵安领兵征进麓川，前到金齿，拨与指挥牛真。本年十月二月到上江，初五日先守登岩，奋勇冲入贼阵，杀贼口众，赶至贼寨，口门守把。初八日攻破刀招罕寨，已将功次报官，又蒙拨付指挥□□，趱运粮储二十余次，一万二千余石。正统七年正月初三日，随军回至金齿，蒙赏赐银两、布匹。本年二月初□日，蒙尚书王准令袭职。本月二十一日冠带就彼，望阙谢恩。本年三月二十日到任管事。正统八年九月内，奉明文管领民兵前去麓川，守把干崖，杀败贼众，攻开立寨，捉获思季发见功立并妻解官，获功造册缴报。正统十二年内，为边务事，拨与民兵二百名，征剿麓川，到潞江，拨与指挥张祥，运送那陇堡军储五百余石，跟副总兵田督司到孟养，攻开中左等寨，杀败贼众，获功报官。天顺七年八月内，奉明文调取，赵安管领民兵前去铁索菁等处征剿贼众回还。景泰七年八月初六日，赵安在任病故。

四世祖赵暹，系赵安嫡长亲男，应该承袭。弘治七年十一月内，又蒙本州差令赵暹管领民兵前去大罗卫筑城回还。弘治十一年七月内，备将应袭情由具告巡抚云南监察御史谢处批，仰本府查行贴，仰本州行拘里老、乡邻、亲族、收生人等到官查审无碍，取具供结回报本院。蒙批赵暹既查审无碍，仰本府照例起送等，因已蒙复查对明白回报间。弘治十五年正月初二日，蒙三堂三司钧牌起调大军，四世祖赵暹跟同本州土官千户赵延寿等领兵前到会城听调。本月二十六日，遣去嵩明到赶杀流贼劫乡村贼寇，奋勇向前，对敌杀，获贼人首级并牛马，解官。二月初一日前，平夷卫等营，蒙□跟随刘都指挥并土官指挥凤英等军，续接攻破矣。凤诺、东花椒、九克等寨，杀敌贼众，不次攻破阿纳粟、角岗、糯谷、烈石等寨，杀获贼人首级贼属，解官。二月二十一日，统至阿西陇寨，官兵分围二十三日，攻开本寨，斩获贼人首级，解官。二十四日至楼下南窝五寨，与同官军擒获叛贼福佑、米鲁等身尸，解官。四月初六日，统至马友龙寨，初九日会官军，擒获监生花龙清、张喜等，解官。五月初一日，攻搜里泥等寨，斩获贼首级一颗，解官。本月初九日，克复回还。蒙钦差云南按察司整理，澜沧姚安副使焦，按临赏赐宝钞三百贯，绢一匹，官布一匹，领回到家。正德七年四月内，又蒙本州遵奉明文，同千户赵延寿，前到四川交界澜沧卫，浪渠州等处把守，获流贼，回还。本年七月二十九日，在家病故。五世祖赵文德，系赵暹嫡长亲男，当具告本州替职差遣。正德十年十一月十六日，本州奉明文为强贼劫抢官银文，跟随本州千户舍人赵文杰等前去螳螂古底母喜菁等处追捕回还。正德十五年内，跟赵文杰征进弥勒州十八寨，与同官军斩获叛贼阿勿，并擒获发果寨贼人男妇二十名，解官，讫后杀败贼众，宁息回还。嘉靖二十年，本府州贴文，奉云南按察司札付及奉守巡金沧兵备等道案验准，总引关奉钦差巡抚云南等处地方都察院右副都御史王案验申，申明旧例，设处土官轻觐，又为地方应议事通行查勘，但有事故未袭者作急取应袭之人，照例行令保勘，得土官百户已故，赵安故男赵暹正妻陈氏嫡长亲男赵文德身无过疾，并不系乞养异姓之于户内，亦无争袭之人，应该承袭祖职，保勘明白，具结起送间。嘉靖六年十二月内，蒙三堂三司钧牌为十分紧急军情事，仰本周调取土军五百名，征剿叛贼安铨等。高祖赵文德率领土军五十二名，前到会城听用。嘉靖七年正月二十五日，回土官千户赵文杰前往富民县与贼对敌。二十九日，被叛贼安铨、凤朝文攻村临城来，至杨宣坡有赵文德等与贼对敌，至二月初七日，奉钦差镇守云南总兵官征南将军黔国公沐出谕榜文为均惠以服人心事，依奉同千户赵文杰等汉任土官军前往武定府攻破武溪山石洞，又到寻甸府并沾益州，本年三月到起丘等寨，奋勇杀获首级一颗，擒获贼妇一口，解赴统军官胡，督栽兵备审验明白，行至五龙雪山，三江口，首追叛贼，安铨、安折等擒获回还。四月十八日，又蒙赏赐银牌一面，红绢一匹，绒花一对，于南教场筵晏。本月二十四日，蒙赏赐冠带。五月初一日钦奉事，奉府州贴文，该奉云南等处承宣布政使司札付，奉钦差镇守云南总兵官征南将军黔国公沐案验前事，将仰土官土舍应该袭替者取具保结起送等，因蒙批行，拟该图里老、邻佑、亲族、收生人等，将高祖赵文德替袭保勘，明白具结，连人申送去后，已蒙云南布政司于嘉靖八年正月十八日给与冠带札付，准高祖赵文德承袭。祖土官百夫长兼试百户职事，听后奏请施行。嘉靖十年六月二十日，奉府州贴文，为云南等处承宣布政使司札付，兵房二科准勘合札付，奉兵部深序一千七十号勘合，照依前事备奉查，李清、赵文德、杨本达三名各依父祖授职袭替，来历查明，具结起送等因，有高祖赵文德于嘉靖九年内在任病故。

六世祖赵永清，系文德嫡长亲男，因该承袭父职，本年五月内，蒙掌州事丽江军民府同知吴仲善查得祖赵永清系文德亲男，应该承袭，拘集该图里老、邻佑、亲族、收生人等取具结状承袭管事。至嘉靖十七年三月十七日在家病故。

蒙本州署印经历张常查得七世祖赵元祯系赵永清嫡长亲男，于本年八月内替职管事。嘉靖二十九年四月内，蒙上司调兵征进沅江府叛贼那鑑，行至渔福寨，与贼对敌，擒获头目多宜等二人解赴监军兵备道郭处审验明白回家。至嘉靖三十一年三月内得患瘴疾病故。

蒙本州掌印知州鄢桂校，查得八世祖赵康，系赵元祯嫡子亲男，拘集里老、邻佑、亲族、收生人等逐一查勘明白，应该承袭祖职。嘉靖三十九年内，蒙钦差赞理军务都察院右副都御史调取本州土军五百名，康率领本部下土军七十名，征剿东川府叛贼阿堂、阿科，杀败贼众，赏银牌一面，银花一对，红绢一匹，得胜回还。嘉靖四十四年七月内，蒙钦差赞理军务都察院右副都御使陈调取土军五百名，康率领本部下土军七十五名，征剿武定府叛贼凤继祖，蒙三堂三司给赏银牌三面，银花三对，红绢三匹，得胜回还。万历三年正月内，蒙钦差赞理军务都察院右副都御使邹，调取本州土军五百名，康率领本部下土军七十名，征进临安府地方北者竜寨，昼夜攻剿成疾，染病瘴痨，告替回还，在任病故。

祖（九世祖）赵天爵，系康嫡长亲男，应该承袭父职。于万历十一年内奉文调取土兵征讨叛逆岳凤，天爵统领本部土兵同将军刘綎官兵，生擒岳凤父子解京。蒙赏银牌红花回还，在任病故。

祖（十世祖）赵武裔，系天爵嫡长亲男，应该承袭父职。

父赵登，系武裔嫡长亲男，应该承袭父职。于天启元年奉文调取土兵征讨刀俗叛逆夷人，登亲率土兵杀败贼众，得胜回还，于天启二年承授冠带，病故。

元将，系登嫡长亲男，因崇祯十六年七月，兰州夷人生变，元将倡率部军，擒贼有功，蒙署州事永宁府承陶详报抚院吴，并守巡兵三道奖励冠带；又于隆武元年十二月奉恩诏加衔土官千户。隆武二年内，沙逆造意，奉文调军，元将仗仪统兵迎接，沐国公又拨兵随土官千户统兵官赵民望，守把定西岭。又于戊子年九月内，景东儸夷罗遇魁叛服不常，奉文调取哨兵一百名，委元将通督，杀至贼巢，得胜回还。见今保障地方看守城池，但今元将年老风疾，艰于举止，应该替职与嫡长亲男赵敬昌承袭。今因奉本府转奉分守金沧道敬奉平西大将军平西王行查事理。为此，合将元将历代履历亲图至本身一一造册，呈报须至册者。

一世祖赵坚，任本州土官百夫长，兼试百户。

二世祖赵宗袭任，病故。

三世祖赵安袭任，病故。

四世祖赵暹袭任，病故。

五世祖赵文德袭任，病故。

六世祖赵永清袭任，病故。

七世祖赵元祯袭任，病故。

八世祖赵康袭任，病故。

九世祖赵天爵袭任，病故。

十世祖赵武裔袭任，病故。

父赵登袭任，病故。

本身赵元将袭任，管事。

男赵敬昌应该承袭。

鹤庆军民府剑川州一图十甲里长生员赵日宣、赵壁璋、赵珍、赵之翰，今于与保结依奉当堂保到本族宗官百户赵元将，果系始祖昭信校尉剑川州世袭土官百夫长兼试百户赵坚十代玄孙，百户赵登嫡长亲男，已经承袭父职，自幼习读诗书，操演弓马，尽心守职，并不系招养异姓之子，户内亦无争袭之人，保结是实。

顺治十六年四月某日保结

生员赵日宣、赵壁璋、赵珍、赵之翰

这份洋洋洒洒、长达4500余字的“宗支图本”，在交代因何而撰写这份“宗支图本”之后，简单介绍了赵元将的基本情况，紧接着对一世祖赵坚至十一世其父的生卒情况、所任职衔、历史功勋、基本评价等做了详细阐述，最后是四位保结者对赵元将的世系的真实性、文字武功、人格操守以及族内是否有争袭之人等均做了保结。

土司族人制作的“印结”文书，也是该土司应袭人的重要凭证。如耿马宣抚司罕荣升的阖族土舍对耿马宣抚司应袭土司罕华基所具印结如下：

云南顺宁府属世袭耿马宣抚司罕荣升、阖族土舍等为遵奉循例，详请报袭投具印结事。今于与印结实结得，现今循例报袭，耿马宣抚司应袭土职罕华基，实系卑土职正妻放氏于同治二年十一月初八日酉时亲生长男，现年十六岁，合例报袭，耿马宣抚司土职族无争竞之人，夷众悦服，并无过继、乞养、冒名顶替、血脉不正、浮诈违碍等弊，俟后例应承袭，管理地方，理合预先出具印结呈报。俟后恐卑土职，遇有事故，以杜争端，所结是实。

光绪四年六月　　　耿马宣抚司罕荣升具①

明清以来，中央政府对土司地区实行改土归流政策，废除土司制度，对边疆地区逐渐由间接的管辖转向直接管理，但时至民国时期，有部分地区仍属土司管辖，为有效管辖尚未改流的土司地区，土司的承袭仍沿袭明清制度。如下文关于官吏保结相关情况：

当原任土司死亡之时，须立即呈报本境土司出缺，请求备案。兹录民国二十五年，陇川土司多忠瑶病故时向政府报丧之呈文如下：

“呈为呈请转呈云南第一殖边督办暨云南省政府主席鉴核备案事：窃应袭生父世袭陇川宣抚使司多忠瑶，于中华民国二十四年十二月二十九日子时在职病故，生于前清光绪十二年，享年五十岁，于光绪三十四年承袭，共在职二十八年，嫡妻南甸司女龚氏，于民国前一年生长子永安，继生次子永清，庶出永华、永明、永贵、永光、永龄等，共有嗣子七人，除俟求

① 耿马宣抚司应袭土职罕华基［Z］．现存于云南省耿马傣族佤族自治县档案馆，档案编号：148-2-7.

邻封缮具印结，再行具呈邀恩府赐委任外，现合备文呈请钧长备案，并转呈云南第一殖边督办暨云南省政府主席，俯准备案，实为恳便。谨呈陇川设治局。”

然后再由应袭人之直系亲族（母或祖母），全司族目，紧邻各土司，各具保结，证明：确系应袭之人；族中无争执；人民一致拥戴。呈送上司，请为查明准袭。各种保结文字，均有一定格式，兹录陇川致邻封各司，请具保结函，并邻封各司，出具保结式各一例。

最后，再由土司署正式造具呈报袭职清册，呈请准袭职。兹录最近南甸土司袭绶告老，请准其于袭职清册全文于后。①

由上可知，民国时期，土司承袭时，需要向云南省政府主席呈报土司承袭事宜，报备立案，应袭者必须取得直系亲属、族目、邻封土司各具保结，呈送上司，以待上司查明准袭。

陇川土司署致邻封各土司请具保结函，以及邻封各土司所具保结状书如下：

“陇川致邻封各土司请具保结函：

迳启者：敝司惨遭大故，境内无主，应袭多永安，现年二十六岁，实系故土司多公绍琼嫡妻龚氏亲生长子，例应袭世职，相应函请贵司照例加具邻封保结，由敝司呈送层宪备案，并请颁发委状祗领任事，以重世守，烦请查照，念属邻封，惠盖印信，实叨厚赐！此致

干崖、南甸、户撒、腊撒司

附切结四扣　　簿仪缎马各一匹”②

邻封土司所具切结的样式为：

“具切结某某司今于……与结事实：结得陇川宣抚司土职应袭多永安，确系已故土司多忠瑶嫡妻龚氏亲生长子，现年二十六岁，曾由腾冲自治训练所卒业，品学兼优，夷民悦服，并无旁枝、庶出、异姓抱养等弊。所具妥保切结是实。”③

① 江应梁．滇西僰夷的土司政治［J］．益世报，1938（09）－（10）．
② 江应樑．傣族史［Z］．成都：四川民族出版社，1983：450.
③ 江应樑．傣族史［Z］．成都：四川民族出版社，1983：450－451.

邻封各土司的印结状书亦用来证明土司应袭人确系应袭土司职位之人，族中之人对该员其袭职一事并无争执异议，以示该员是人民一致拥戴的。

第四节 督抚具题请袭

清代在明代基础上完善了土司承袭制度。为更有效管控土司，以及防止土司争袭，清政府规定督抚对应袭土司所呈的相关文书进行审核，再由督抚题交部议。“凡起送袭替，顺治初定，土司承袭，由督抚具题，将该土司顶辈宗图亲供，司府州邻印信甘结及就敕印号纸。送部，兵部查明的确，方准承袭。如土司效力勤劳，并投诚后，能杀贼拒逆，评定地方者，许督抚奏明，优加升赏。”① 清初规定土司承袭须“督抚具题请袭”，并且应袭人需亲身赴部请袭，再由部核实明确后，才可承袭土司一职。

顺治初年定，土官无子者许弟袭，无子弟，许其妻或婿、为夷民所信服者一人袭。其应承袭之人，由督抚具题，将该土官顶辈宗图亲供、司府州邻印甘各结，及原领敕印，亲身赴部，由部核明，方准承袭。

康熙十一年题准，土官子弟，年至十五，方准承袭。未满十五岁者，督抚报部，将土官印信事务，令本族土舍护理。俟承袭之人，年满十五，督抚题请承袭。每承袭世职之人，给予钤印号纸一张，将功次宗派及职守事宜填注于后，后遇子孙袭替，本省掌印都司验明起文，或由布政使司起文，并号纸送部查核无异，即与题请袭替，将袭替年月顶辈填注于后，填满换给。如遇有水火盗贼损失者，于所在官司告给执照，赴部查明补给；如有犯罪革职故绝等事，都司布政使司开具所由，将号纸缴部注销；如宗派冒混，查出参究。又题准，土官袭职，停其亲身赴京，取具地方官保结，并宗图呈报该督抚，保送到部，准其承袭。十九年题准，土官病故，其子病废不能承袭者，准与孙袭。又题准，土官年老有疾，请以子代者亦准。

雍正三年覆准，土官病故，该督抚于题报时，即核明应袭之人，取其宗图邻封甘结，并原领号纸，定限六月内具题承袭。其未经题具之先，即令承袭之人照署印官例。署印任事，地方官不得将印信封固，致滋事端，有勒索留难者，将该管上司照违限例议处。再土官之许其承袭者，原因其

① 钦定大清会典事例（嘉庆朝）[Z]. 文海出版社，1991.

祖父向化归诚，着有劳绩，故世其官以昭激劝，今土官嫡长子孙，虽得承袭本职，此外支庶，更无他途可以进身，嗣后各处土官庶支子弟，有驯谨能办事者，许本土官详报督抚，具题请旨，酌量给予职衔，令其分管地方事务。其所授职衔，视土官各降二等，如文职本土官系知府，则所分者给通判衔；系通判，则所分者给县丞衔。武职本土官系指挥使，则所分者给指挥佥事衔；系指挥佥事，则所分者给正千户衔，照例颁给敕印号纸。其分管地方，视本土官多不过三之一，少五之一，此后再有子孙可分者，亦许其详报督抚，具题请旨。照例分管，再降一等，给予职衔印信号纸。

乾隆七年议准，土官承袭，旧例由本省都司验明起文。今各省掌印都司，业经裁汰，嗣后土官承袭，由布政使司取具地方并邻封土官印甘各结，及土官亲供户族宗图原领号纸，详报督抚，于半年内具题请袭，由部核对无异，题明准袭后，将袭替职衔缮入号纸给发。如有事故稽迟，不能请袭者，于半年限内咨部存案，日久亦准承袭。承袭之人，有宗派不清、顶冒陵夺各弊，查出革职。具结之邻封土官，照例议处。二十八年覆准，西藏管辖之千户、百户、百长等缺出，向系转咨西宁大臣报部办理，但此三十九部落，各分游牧居住，远近不同，头目之缺，甚属紧要，其千户、百户、百长各项缺出，自应就近令驻藏大臣查明咨部，兵部汇题，给予执照。毋庸转咨西宁大臣办理。三十三年覆准，土官病故乏嗣，均照定例挨次承袭，非笃疾残废，及身有过犯，与苗民不肯悦服，例不准承袭之人，概不得越次请袭。其承继之子，仍论其本身支派，如非挨次承袭者，止许分授财产，不准承袭，仍取具图结咨部存案。其袭职时，文武土官造送宗图册内，将本支各派全行开列，逐一添注，以备稽查，三十八年覆准，苏尔莽族百户喇嘛噶尔旺瓦病故转生，其前世既无伯叔兄弟侄婿可以承袭，该族番众素崇黄教，噶尔旺瓦已转七世，实属番众崇信之人，将百户之职，仍以转生喇嘛噶尔旺瓦承袭。①

清政府在明代基础上完善了土司承袭制度，逐步明确了土司应袭者次序、年岁，请袭时限，袭替程序等规定。顺治年初，清政府就规定土司袭替须由布政使审核土司呈送的宗图、册结，布政使加结后，呈送督抚，须由督抚审核、具题、送部，从行政上有效监管土司。

土司有序、依法承袭关乎明清中央政府对土司地区的控制程度，以及土司

① ［清］昆冈，等．钦定大清会典事例：第589卷［Z］．北京：中华书局影印本：1991.

地区的社会稳定，也关乎边疆地区的稳定与安全。督抚作为封疆大吏，维护边疆稳定是其重要职责。所以督抚十分重视土司承袭一事，同时督抚在土司承袭过程中起着重要作用。

例1：

“广东总督臣孔毓珣谨题：为土司承袭事。

该臣看得，广西南宁府属忠州土知州黄绍宗，因患瘫痪，难以料理事务，具文恳请休致，并请以庶长子黄鉴照例替袭。兹据布政使黄叔琬详称：经委员验得，该土知州黄绍宗果系患病，嫡妻黄氏无嗣，官男黄鉴系绍宗妾李氏庶生长子，应袭父职，与例相符。目民悦服。并无搀越情弊。等由。取具亲供宗图印甘各结，详缴前来。相应题请准令黄绍宗休致，官男黄鉴袭职。

臣谨会题请旨。

雍正六年正月二十八日奉旨：该部议奏。”①

例2：

“太子太保兵部尚书兼都察院右都御史总督江南江西等处地方军务兼理粮饷操江督理云南贵州广西三省总督印务世袭三等阿思哈尼哈番臣高其倬谨题：为土司承袭事。

该臣看得，广西太平府江州土知州黄锡璋，于雍正十年六月二十六日病故。据报批行查明应袭之人，取具亲供宗图册结详题去后。兹据布政使事按察使张钺详称：查江州病故土知州黄锡璋并无子嗣，通州族目民人遵照土司无嫡立庶论长之例，公举黄锡珪，系庶出长子，例应继袭弟职，名正言顺，目民悦服，并无搀越情弊。取有亲供宗图印甘各结，该司加结，详送前来。臣复查无异，相应题请，将黄锡珪准其承袭江州土知州之职。

除将宗图册结及已故土官黄锡璋原领号纸送外，臣谨会题请旨。

雍正十年十二月十五日题请旨。雍正十五年十二月十五日题。十一年二月初十日奉旨：该部议奏。”②

---

① 清代土司档案［Z］. 现存于中国第一历史档案馆，图像编号：040—398.

② 清代土司档案［Z］. 现存于中国第一历史档案馆，图像编号：071—122.

由上两则材料可知，土司承袭过程中，土司应袭者取具亲供宗图印甘各结，详缴前来，布政使审核土司应袭人呈交的宗图、册结文书，加结后，向辖区督抚上报土司承袭事及其相关文书（册结）的上报。经核查无异后，再由督抚具题请旨袭替事宜。

督抚具题请袭是将土司承袭事件由地方报送中央的最后一道关卡，也是最重要的一个环节。督抚需要对土司承袭一事承担重要责任。因此，督抚必须对布政使呈送的土司请袭事由和各结进行严格把关，如若遇到土司请袭之事有违土司承袭制度，或是应袭者品行不端，或请袭事由不明之故，督抚可暂缓土司请袭事宜，并下令彻查此事。如下文：

> 巡抚贵州兼理湖北川东等处地方提督军务兼都察院右佥都御史加一级臣何世璂谨题：为承袭土职事。该臣看得，思南府印江县属土县丞张承纲，系部给号纸承袭之员。于雍正二年七月初三日病故，经前抚臣毛文铨咨部批查，应袭年岁是否合例，取具宗图册结，详报核题去后。前据布政司，以限满未据查详，将承查迟延之印江县孙绍武、督催不力之思南府类－均各职名详揭，经臣咨参在案。兹据布政使申大成详称：据该府县确查，应袭张弘勋年已二十岁，实系承纲嫡长亲男，例应承袭，并无过继冒宗等弊，造具亲供、图册及邻司户族里民悦服印甘各结，该司道府县加具印结，粘连同原领号纸，详报前来。臣覆查无异，相应照例题请承袭，换给号纸任事。除将册结、号纸分送部科外，臣谨具题，伏乞皇上睿鉴，敕部议覆施行。谨题请旨。雍正四年八月初六日题。九月十四日奉旨：该部议奏。①

由上可知，前抚臣毛文铨批查思南府印江县土官应袭者张弘勋年岁一事，但“限满未据查详”，布政使将承查孙绍武等人。继任督抚何世谨立案批查，布政使申大成承查此事，并详报督抚，再由督抚“覆查无异”后，“谨题请旨”。可见督抚不仅需要审核布政使呈送的宗图、册结等，如不清楚土司应袭者相关情况和应袭事宜，或者不符承袭制度者，督抚还有权暂缓具题请袭，批令彻查。

除此之外，如土司袭替一事中，应袭者确有年岁不符、袭替次序不合等缘由，督抚有权暂缓具题土司请袭。

---

① 清代档案：内阁吏科史书［Z］．雍正四年八月初六日贵州巡抚何世琅题．现存于中国第一历史档案馆，图像编号：030—375、376.

云南总督臣鄂尔泰谨题，为报明病故事。

该臣看得，云南府属罗次县土巡检李廷杰染患风疾，于雍正六年三月十三日身故。先据布政使详称：李廷杰有应袭长男李清臣年方六岁，未合承袭之例，舍目李光明等情愿公举廷杰之胞弟李鸿杰抚幼管理土巡检事务，俟李清臣年满十五岁照例承袭。取其宗图册结，同原领号纸详报。经臣咨准部覆，土司年幼未合袭例，委员协理，俱由督抚题明立案。李廷杰病故，伊子李清臣年仅六岁，未便承袭，令伊胞弟李鸿杰暂行管理之处，不便据咨立案，仍令具题到日再议。等因。行据布政使张允随查照原案，叙详前来。相应题请，准以李廷杰胞弟李鸿杰抚幼管理炼象关土巡检事务。俟李清臣年满十五岁另请承袭。

谨题请旨。

雍正六年十月十二日题。十一月二十七日奉旨：该部议奏。①

上一则材料反映了，云南府罗次县土官应袭者李清臣因年岁未满承袭要求，即由督抚题明立案，布政使张允随承查详报，督抚题请李廷杰胞弟李鸿杰抚幼管理土司事务，待应袭者李清臣年满十五再行具题请袭。

清政府非常重视土司承袭制度，地方督抚将土司承袭事由和亲供宗图册结等呈交部议，具题请袭，若部议发现有土司承袭有不清楚或不符法令时，同样具有暂缓土司请袭事宜，批查土司承袭事由的权力。如云南镇南州南关土巡检请袭文书如下：

经筵讲官署理吏部尚书事兵部尚书加一级臣孙桂等谨题：为报明事。该臣等议得，云贵总督高其倬疏称：云南镇南州镇南关土巡检杨可乔于康熙六十一年六月初五日身故，例应接袭。因伊长子杨仕美父子不睦，飘远游，寻觅无踪，亦无妻室子嗣。今杨仕杰实系已故杨可乔庶妻张氏亲生之子，现年四十二岁，例应承袭父职，取具亲供、宗图册结，并原领号纸送部等因具题。臣部以杨仕杰，该督虽称杨可乔庶妻张氏所生，因何杨可乔于康熙二十四年袭职之时，宗图内止开嫡出杨仕美一子名姓报部，并不开庶生杨仕杰之名。况嫡子杨仕美既因父子不睦，逃往他乡，今伊父死，曾否归里，行查该督去后，今准云贵总督高其倬咨称：杨可乔于康熙二十四

① 清代土司档案［Z］. 鄂尔泰雍正六年十月十二日题. 现存于中国第一历史档案馆，图像编号：045—390.

年袭职时，杨仕杰年方二岁，不曾将杨仕杰名字造入册内，实系可乔遗漏。其正妻余氏亲生长子杨仕美，委因不肖，父子不睦，飘荡远逃，至今寻觅无踪，其外逃时年十九岁，于康熙二十五年三月内潜逃，尚未娶妻，亦无子嗣等因，咨覆前来。查该督既称杨仕美逃往时年方十九岁，尚未娶妻，亦无子嗣，至今寻觅无踪。今杨仕杰实系已故杨可乔庶妻张氏亲生之子，现年四十二岁，例应承袭父职等语。应如该督所请，将杨仕杰准袭云南镇南州镇南关土巡检，给与号纸可也。恭候命下臣部，遵奉施行。谨题请旨。雍正三年九月二十一日题。本月二十三日奉旨：依议。①

可知，云南南州南关土司承袭一事上，前土司杨可乔身故后，应袭者杨仕美因与父不睦而离家出走，无迹可寻，而杨仕杰为杨可乔庶子，但“宗图内止开嫡出杨仕美一子名姓报部，并不开庶生杨仕杰之名”，而不能应袭。经督抚高其倬又上书咨称“今杨仕杰实系已故杨可乔庶妻张氏亲生之子，现年四十二岁，例应承袭父职等语”，部议才“遵奉施行”。

清政府不仅在土司承袭程序上加强了管控，清康熙时，在具体承袭时间上也做了要求。如：

吏部等衙门议覆。川陕总督岳钟琪条奏、各省土司承袭。例取宗图册结。邻封甘结。由该管地方文武官。以次申呈督抚具题。乃地方官往往藉此居奇。将其印信封固。勒索陋规。不为请袭。其有数年不能用印管事者。遂致部族番目、专权生事。互相争夺。酿成仇杀。最为隐害。请定立严限。以除地方官留难勒掯之弊。应如所请。凡土官病故。该督抚于题报之时。即查明应袭之人。取具宗图册结。邻封甘结。并原领号纸。定限六个月内、具题承袭。其未经具题之先。即令应袭之人。照署事官例用印管事。地方官不得将印信封固。致滋事端。再查土司之许其承袭者。原因其祖父向化归诚。著有劳绩之故。今伊嫡长子孙。虽得承袭本职。此外支庶。更无他途可以进身。亦属可悯。嗣后各处土司文武官员嫡长子孙、仍令其照例承袭本职。其支庶子弟中、有驯谨能办事者。俱许本土官详报督抚。具题请旨。酌量给与职衔。令其分管地方事务。其所授职衔。视本土官各降二等。一体颁给敕印号纸。其所分管地方。视本土官、多则三分之一。少则五分

① 清代档案：内阁吏科史书［Z］. 雍正三年九月二十一日兵部尚书孙桂等题. 现存于中国第一历史档案馆，图像编号：022—549、550、551.

之一。庶几本末各有条理。使势足相维。而情更相安矣。从之。①

由上可知，清政府为了从行政监管上加大对土司承袭的控制，规定了具题承袭期限，这在程序上比明代更加严格。《钦定大清会典事例》载："凡土官病故，该督抚于题报时，即查明应袭之人，限六个月内具题承袭。如违限，将该管上司照例议处。"② 乾隆七年（1742）议准，"土官承袭旧例，由本省都司验明起文，今各省掌印都司业经裁汰，嗣后土官承袭，由布政使司取具地方并邻封土官印甘各结及土官亲供户族宗图、原领号纸、详报督抚，于半年内具题请袭。由部核对无异，题明准袭后，将袭替职衔缮入号纸给发；如有事故稽迟不能请袭者，于半年限内咨部存案，日久亦准承袭，其不于限内咨部有案者，日久不准承袭。"③ 可见，无论是土司病故还是其他情况，土司具题承袭的时间就是半年。这在一定程度上保证了土司承袭一直在清代中央政府的有效控制之下。

第五节　授予土司职位

授予土司职位，是各地土司十分期待的大事。但授予土司职位这一程序也存在一定的变化，这体现了明清中央政府治理土司和土司地区的策略的不断变化。

一、土司赴京袭职

明初就已形成了土司赴京袭职的惯例。《土官底簿》记载："洪武二十六年岑坚故，钦准承袭，患病，长男岑祥备方物、马匹赴京朝觐，告替。"④《太祖实录》亦载有："思明府署府事故知府黄忽都子黄广平以服阙。"⑤ 可见，明代土司若要应袭合法，必须亲自赴京袭职，以获取皇帝的信任，降旨袭职。按照《明会典》的记载：明代土官承袭，除了"要验封司委官体勘，别无争袭之人，

---

① 清世宗实录：第 36 卷［Z］. 雍正三年九月乙巳.

② ［清］昆冈，等. 钦定大清会典事例：第 145 卷［Z］. 北京：中国书店，2018.

③ ［清］昆冈，等. 大清会典则例：第 110 卷，文渊阁四库本.

④ ［明］佚名. 土官底簿［M］//钦定四库全书：第 599 卷［Z］. 台北：商务印书馆，民国七十二年至七十六年版：331－420.

⑤ 易行，孙嘉镇. 钞本明实录·明太祖实录：第 214 卷［Z］. 北京：线装书局，2005：259.

明白取具宗支图本，并官吏人等结状，呈部具奏，照例承袭”“土官病故，该管衙门，委堂上官，体勘应袭之人，取具结状宗图，连人保送赴部，奏请定夺。弘治二年奏准，十年外，文书到部者，不准承袭”等规定之外，还要求土官土司“赴京袭职”“照例保送赴京袭替，给凭管事”。① 这是明代中央政府对土官土司赴京袭职的规定。明初规定，土司应袭者接到须携带朝贡物品，亲赴京城，正式获旨准袭，方可承袭土司一职。因赴京路程遥远，用时过长，费用极高，同时各地土司赴京也带来了诸多问题。正统年间，中央政府将赴京袭职改为纳米袭职，就地勘合，后又恢复进京袭职惯例，并且留下纳米袭职的规定。正德初，“令极边有警地方”，故明政府暂时免除了土司赴京袭职的规定。嘉靖九年恢复土司赴京袭职的规定，并规定了请袭后半年赴部的时限要求。隆庆四年将强制性的“赴京袭职”修改为土司应袭者自愿赴京袭职。万历九年，“停止云贵土舍输纳事例”，中央政府停止输纳的规定。为有效管制土司，明政府规定土司每三年赴京述职。

土司应袭者携带朝贡之物入京，入住自己辖区所在省府会馆。应袭者安顿好后，需将文书投送至吏部，六七日后待吏部具了本，题明现成，遂出一面提牌来，悬挂于衙门头门上。应袭者见牌名后，便将注有自己职名的朝贡之物送往司理监，由司理监转呈御前。待皇帝确定召见的日子，应袭者先到吏部，口述家世履历，然后随着吏部的官员前往午门觐见皇帝。文左武右，鱼贯而入，进午门，经九龙桥，过五凤楼，到达金銮殿。皇帝召见应袭者后，次日便下旨准袭。随即，吏部换号首，与新任土司回到原地。

> 弘治十五年，税粮子粒有差，巡抚贵州都御史刘洪奏，旧例贵州土官宣尉使以下，不拘职之大小皆至京承袭，自天顺以来，始有就彼冠带袭职，及照品级，并允纳粟之例，缘兹荒服之外，惟宣慰使及府佐官职任颇崇，袭替不废。其各长官司俱居深山，所统夷民多不过四五里，各正副长官及随司、办事土官、巡检、百户贫窘者多无力纳粟，及拘近例土官病故十年之外，不准承袭，诸自今土舍袭职如系宣慰使同知及府同知、通判推官照起送赴京例，如安抚及州同判官照纳粟免赴京例，其正副长官及随司办事长官巡检百户照通免纳粟赴京例，本布政司具奏冠带，其年远无力纳粟，未袭土舍别无罪犯，俱许承袭。兵部覆奏请，通行贵州、云南、广西、四川、湖广各长官司、正副长官、随司办事长官并土官巡检、土舍应袭者，

---

① ［明］申时行．明会典：第6卷［Z］．北京：中华书局，1989：31.

俱免纳粟止令。本布政司照例具奏就彼冠带，其无力纳粟久未承袭者亦照例准袭。①

由上则材料可知，明代政府规定的土司应袭者进京袭职是根据具体情况不断做出调整的。弘治之前，不论土司官职大小，皆须进京袭职。因土司进京袭职，沿途花费较大，且大部分职位较低者家境贫窘，无力纳粟。弘治后，明政府规定“土舍袭职，如系宣慰使同知及府同知、通判推官照起送赴京例，如安抚及州同判官照纳粟免赴京例，其正副长官及随司办事长官巡检百户照通免纳粟赴京例，其年远无力纳粟，未袭土舍别无罪犯，俱许承袭”②。清中央政府沿袭并完善了明代的土司承袭制度。清初期，土司应袭仍需进京袭职。直至“康熙十一年，土官袭职，停其亲身赴京，取具地方官保结，并宗图，呈报该督抚，保送到日，准其承袭，凡承袭病废”，应袭人“亲身赴部”一规定才被废除。

二、中央王朝赐予土司信物与敕书

中央王朝赐予应袭土司的信物，是中央王朝授予土司职位的凭据，如果中央王朝赐予土司的信物遗失，土司还要受到惩罚。中央王朝赐予应袭土司的信物，元明清三代不尽一致。元代中央王朝赐给各地土司的信物有印章、虎符、驿传玺书、金（银）字圆符等，明代中央政府赐给各地土司的信物主要有印章、冠带、符牌等，清代中央政府赐给各地土司的信物主要有印信、号纸等。关于中央王朝赐予土司信物的相关问题，将在第六章专门探讨，这里不再赘述。

所谓敕书，是指皇帝任官封爵和告诫臣僚的文书。元明清时期各地土官土司承袭时，皇帝都要给应袭土官土司发放敕书，它相当于现代的任命书。在敕书中一般要写明应袭土官土司的官职、姓名，所列职权等内容。在《同治酉阳直隶州总志》中保存了十分丰富的诰命文书，其中不乏与酉阳土司承袭有关的文书，如《皇帝敕》内容为：

皇帝敕：四川酉阳宣慰司宣慰冉奇镳，国家统一天下，设官分职，不遗遐远，所以昭示怀柔，安全百姓也。尔世本土官，僻处荒服，统领部落，

① 易行，孙嘉镇．钞本明实录・明孝宗实录：第196卷［Z］．北京：线装书局，2005：435.

② 易行，孙嘉镇．钞本明实录・明孝宗实录：第196卷［Z］．北京：线装书局，2005：435.

历有年所。今能诚心向化，率众归附，深可嘉焉。仍命尔为酉阳等处提督、汉土官兵军民宣慰使司，加授总兵，官前军都督府左都督，子孙世袭，住札酉阳，管辖绞楼、寨楼、马蹄溪三千户所，平茶、邑梅、石耶三长官司，及流官经历教授。尔承职之后，务须约束部属，抚绥军民，保守境土，恪修贡职，勤奉征调，控驭八蛮，堵截贼寇，尔仍听督抚及上川东道节制，不得生事边疆，致滋纷扰，以负朕怀远安民之至意。钦哉！故敕。

康熙三年（1670）九月二十七日①

这则敕书阐述了国家设置土司的目的、赐予酉阳宣慰司的缘由、具体职衔、驻地、管辖范围、具体要求以及隶属关系等，充分体现了清代中央政府对酉阳土司的管控。

总之，元明清中央王朝就是通过中央王朝委官体勘查核、取具宗支图本，地方官吏保结、督抚具题请袭以及授予土司职位等承袭程序的顶层设计而实现对土司地区的治理，从而达到维护地方稳定的目的。

① ［清］王鳞飞．酉阳直隶州总志：卷之首［Z］．重庆：巴蜀书社点校本，2009：1.

第四章

监督有力：土司承袭的文书

无论是国家权力、社会权力还是地方政权权力，均是指影响力和支配力。随着元代土司制度在西南、中南和西北地区的实施，国家权力与土司权力一直在不断地进行博弈，元明清中央政府为了实现自身利益最大化和建立统治秩序，必须具有强制性和组织性的支配力；土司政权为了自身利益最大化以及维护地方社会稳定，也期盼获得更多、更大的影响力和支配力。因此，元明清中央政府与土司政权之间的权力争夺，就不时出现相对稳定且有步骤的嬗变，甚至会出现此消彼长的现象。但最终的结果是，国家权力越来越大，土司权力越来越小，直至取缔土司承袭制度。在土司承袭制度实施的过程中，中央王朝和地方土司无论怎样博弈和争夺权力，二者之间总有妥协的办法，也就是运用具有共性的承袭制度各种文书维护土司承袭制度的实施。

第一节　应袭土司制作的相关文书

中央王朝要求各地土官土司制作承袭文书始于明代。明代中央政府在管理西南、中南及西北各地土官土司承袭过程中，为了防止土官土司承袭过程中的作弊假冒，制定了一些有效的管理办法，特别是要求各地土官土司制作各类承袭文书，以此作为中央政府是否同意该应袭土官土司承袭职衔的有效凭证。清代基本上沿袭明代的做法，只是在承袭文书的类别上有所调整。

各地应袭土司制作的文书主要是宗支图册，这是各地应袭土司为了顺利承袭土司之职而制作的文书。土司承袭中的所谓“册”，包括“宗支图册”“亲供图册”，它是确定承袭人是否符合承袭条例的原始记录。在历史文献中经常出现“宗支图本”之名，其实它也叫“宗支图册”“亲供图册”，是土司承袭的主要依据。明人沈德符说：“（土官承袭）全凭宗支一图为据，今推云南布政司贮有各牒司宗支，以故袭替最便，而贵州、广西诸土官，竟自以所藏谱本上请，以致彼此纠纷，累年不决，称兵构难而不害，监司又借以取渔人之利，此最大弊事。”① 方国瑜先生说：“又明制，土官袭职，应袭者当系‘亲供’册，载其先世事迹、职位，所领境界、人户及贡赋之数……。”②各地土司制作或撰写的宗支图本，除各地土司自己保存外，各行省布政司存有一份备案。明代中央政府防止各地土司在承袭过程中发生争袭事件，每当土司承袭时，吏部和兵部都要委派各行省地方官到土司辖区来“体勘”，行省巡抚、督抚以及府州县流官均要为该土司具结作保。因此，“洪武二十六年定，湖广、四川、云南、广西土官承袭，务要验封司委官体勘，别无争袭之人，明白取具宗支图本，并官吏人等结状，呈部具奏，照例承袭。”③ 按照明代中央政府的承袭条例规定，土司承袭过程中，必须要具备当地官员的“体勘”和作保以及应袭土司的“宗支图本”。如果不具备这两个必备条件，则不准土司承袭。明政府还规定预造土司承袭人名册的造册时间和土司承袭年限，“弘治二年，令土官应袭子孙，年五岁以上者，勘定立案。年十五以上，许令袭。如年未及，暂令协同流官管事。”④ 预造土司承人名册的主要目的是防止土司争袭，避免土司家族纷争以致引起内乱或战争。

顺治初，清政府规定：“土司承袭，由督抚具题，将该土司宗图亲供，司府、州邻印信、甘结及旧敕印、号纸送部，亲身赴京，兵部查验明确，方准承袭。”⑤《钦定大清会典事例》也有类似规定：“其应承袭之人，由督抚具题，将该土官顶辈宗图亲供、司府州邻印甘各结，及原领敕印，亲身赴部，由部核明，方准承袭。”⑥ 也就是说，凡土司承袭，承袭人须将顶辈宗图、亲供等文书详报督抚，由督抚具题请袭。清代土司承袭之时，应袭者必须开具祖宗三代清册、亲供等，再由朝廷查验无异时，方给应袭土司发放号纸。土司应袭者于领得号纸后，才正式成为土司。清代的“宗支图册”“亲供图册”等，属于一种备查的档案文书，主要记载承袭人是否符合承袭条例、承袭资格的原始记录，主要包括职名、宗支图（自始祖至本身各世祖父及其事迹、职衔等）、亲供（即应袭土司的出身及身材面貌等）、户口（所管辖的户口）、居址（居处地方）、疆界四至（即东南西北四至里数）。土司衙署造具呈报袭职宗图册，连同印结并呈政

---

① ［明］沈德符．万历野获编：第4卷［Z］．北京：中华书局，1997：934.
② 方国瑜．云南史料目录概说［Z］．北京：中华书局，1984：458.
③ ［明］申时行．明会典：第6卷［Z］．北京：中华书局．1989：31.
④ ［明］申时行．明会典：第121卷［Z］．北京：中华书局，1989：626.
⑤ 清朝通典：第39卷［M］．北京：商务印书馆，民国二十六年（1937）影印本．
⑥ ［清］昆冈，等．钦定大清会典事例：第589卷［Z］．北京：中国书店，2018.

府，请求准许袭职。下面所录是云南省梁河县档案馆保存的南甸宣抚司刀定国年老病故，于光绪三十四年（1908）十月应袭刀樾椿呈请准许承袭土司职位的宗支图（即《南甸宣抚司呈报袭职清册》）全文。

云南永昌府腾越厅南甸宣抚司应袭刀樾椿，遵得承袭，顶辈宗图、出身、年貌、履历、亲供、疆界、户口、四至，造具亲册，呈请查核。

计开

一、职名

云南永昌府腾越厅南甸宣抚司应袭刀樾椿

一、宗枝图（略）

亲供

具亲供人刀樾椿，系属云南永昌府腾越厅南甸宣抚司已故土司刀定国正妻罕氏亲生长男，现年十八岁，系本土生长人氏，祖籍南京应天府上元县人氏，汉姓龚，随师征南，札驻南甸，赐姓刀，已经二十七代，供：

一世祖刀贡猛，充百夫长，随师征南，居住南甸蛮林，同金齿司指挥征剿倒捧干，斩首有功，蒙兵部引奏，奉旨钦依，除授腾冲千夫长，并试千户职，到任管理地方，病故。

二世祖刀贡蛮，承袭前职，自备方物，赴京进贡，蒙吏部题准，照湾甸州事例，奉发勘合，改升南甸州土知州职，在任病故。

三世祖刀乐硬，承袭父职，麓川思任发叛，大军来到，前往小路投奔总兵官沐，随征大军征进麓川，攻打高黎山等寨，获捷，复攻打鬼哭、南牙山等处有功，蒙靖远伯兼兵部尚书王具奏，奉旨将南甸州改称南甸宣抚司职，颁给印信，到任病故。

四世祖刀乐盖，承袭前职，任故。

五世祖刀乐宾，任故。

六世祖刀乐过，任故。

七世祖刀乐楪，告袭，蒙兵部颁给勘合，授宣抚司职，到任后，被本司同知刘汉谋死。

八世祖刀乐成，告袭间故。

九世祖刀乐正，于嘉靖七年内，遵照敕书内开载一款，云南、广西、四川等处土司，承袭具免赴京袭职，年老病故。

十世祖刀乐泰，告袭间故。

十一世祖刀乐临，承袭前职，奉旨征剿岳凤有功，复征缅贼，拴获象只，攻打蛮哈山营，蒙镇南大将军黔国公沐题叙，奉旨颁南甸宣慰司正三品服色，金牌花缎，到任，复奉攻杀缅贼，并攻右甸埃堵及攻打水鸣山等处，大胜回师，告袭。

十二世祖刀大才，任故。

十三世祖刀乐掌，任故，乏嗣，刀乐临复理印务，年老病故，轮该胞弟（承袭）。

十四世祖刀乐庆，告袭间故。

十五世祖刀乐启，任故。

十六世祖刀乐保，因染病辞职，与兄刀呈祥管理印务。

十七世祖刀呈祥，承袭弟职，恭逢本朝定鼎，刀呈祥率众投诚，将明朝印信号纸投缴，至康熙元年正月内，奉部颁给南甸宣抚使司方印一颗，号纸一张，遵领任事，吴逆僭号，换给印札，年老告替。

十八世祖刀启元承袭，大兵剿灭吴逆，即将伪印号纸具文解缴。钦命征南大将军都统领年前，蒙给令札管理地方。复奉部颁给南甸宣抚使司印信一颗，号纸一件，遵领，任故。

十九世祖刀恩锡，承袭间故。

二十世祖刀铭鼎，承袭父职，奉礼部颁给南甸宣抚使司印信一颗，并将原领印信一颗，具文解缴，任故。

二十一世祖刀三锡，承袭任故。

二十二世祖刀维翰，承袭任故，乏嗣，传弟。

二十三世祖刀维周，顶袭兄职，在任病故。

二十四世祖刀鸿绪，于道光十一年十月二十五日，承领号纸任事，管理地方，至道光二十三年，因弟刀承绪滋事案内，奉请革职，迁徙，病故。

二十五世祖刀守忠，系已革迁徙病故土司刀鸿绪之共祖堂弟刀继绪长男，例可立继承袭，六土司及南甸舍族人等公议，禀保过继与刀鸿绪为子，于咸丰元年报明应袭在案。咸丰六年，腾越回匪叛逆，屡次捐粮助饷，剿贼有功，蒙兼署云贵总督部堂岑叙功保奏，奉上谕，应袭刀守忠剿贼有功，赏加三品花翎服色，钦遵在案。

于光绪元年病故。

二十六世祖刀定国，系已故应袭刀守忠长男，于光绪六年承袭父职，七年正月内接奉号纸，管理地方。于光绪十一年，随同官军，剿平夷缅各匪出力，保加副将衔。十三年，复随官军扑灭盏达夷匪出力，保赏二品封典。十八年，随同官军剿灭腊撒妖僧出力，保赏花翎。均奉行知在案。三十一年，因属民许杨二姓互斗，案内未能约束，奏请革职。

二十七世刀樾椿，系已故土司刀定国正妻罕氏亲生长男，现年十八岁，例应承袭父职，管理地方。中间并无乞养异姓、庶出、冒诈、违碍等弊，亲供是实。

一、户口

土民六十户

一、居住地方

应袭刀樾椿，祖代住居南甸，管理旧制地方，疆界四至：东至蒲窝一百五十里，南至小陇川杉木笼山顶一百五十里，西至干崖河边八十里，北至半个山顶八十里。

一、年纳差发钱粮银十一两，递年解交腾越厅库。

一、司属古制，宣抚司首领报登于后：

南甸宣抚司土职一员刀定国，因老病故，应袭刀樾椿。

同知一员。

小陇川千夫长一员，把事一员。

罗卜丝崖百夫长一员，把事一员。

盏西千夫长一员，把事一员。

止那百夫长一员，把事一员。

布领蛮哈百夫长一员。

猛半百夫长一员。

一、冈得户冈上下地方，逼邻猛养蛮莫地方，古设头目汪闇管理，前被野夷蛮莫侵占，于光绪十六年中英分界，划归英属。南甸宣抚司所设宣抚、同知、知事、把事、千夫长、百夫长，协同管理地方。有官无俸，招佃辟荒，自耕自食，世代相沿，保固边疆，理合证明。

右具　　册

光绪三十四年十月　　日①

土职应袭者的宗支图，除应袭土司本人的出身、年貌、履历、资格等必须亲供清楚之外，还要将辖区内的户口、居址、疆界等交代清楚，造具清册。清代宗支图本仍然是各地土官土司承袭土司之职的主要依据。宗支图本在清代要求制作七份，除土司政权机构保存外，行省布政司及中央王朝有关部门也需保

① ［清］刀樾椿．南甸宣抚司呈报袭职清册［Z］．现存于云南省梁河县档案馆．

存一份。按照清政府的规定，如果不具有宗支图本，则不准承袭土司职务。由上面《南甸宣抚司呈报袭职清册》可见，土官土司承袭职位的手续极为烦琐，更因当时边疆与内地交通阻隔，公文往返费时，兼之历代陋规，每遇土司袭职，土司都必须向上级官衙行贿送礼，如果有一道衙门应酬不到，就要遭到上级官员的刁难，多方阻挠，稽延申报，所以常有老土司出缺，应袭土司请求袭职至死得不到任命状的事例，如亲供中所谓“告袭间故”，便属于这种情况。①

“宗支图册”“亲供图册”是土司申报袭替的文书，是土司承袭的第一个程序。“宗支图册”“亲供图册”的内容主要有两个方面：一是前任土司的情况，如死亡（疾病、意外身故等）、老病等，可以反映袭替的不同缘由，如父死子袭，老病请休等。二是应袭土司的情况，如身份、年龄，及袭、待袭，乃至协理、护理等。凡是与土司承袭有关的亲供文件，都必须具结、加结。应袭土司制作“宗支图册”“亲供图册”文书，其主要作用有两个方面：一是防止土司承袭过程中出现弊端；二是为了笼络各地土司。

清代应袭土司自己也要制作结状文书，如南甸宣抚司应袭土司刀樾椿自己制作的结状文书如下：

具亲供人刀樾椿，系云南永昌府腾越厅已故土官刀定国正妻罕氏亲生长男，现年十八岁，身中面白，无须，本土夷人，祖籍南京应天府上元县人，汉姓龚，随师征南，札驻南甸，赐姓刀，由祖建功，世授土职，至三世祖刀乐硬，承袭父职，麓川思任发叛，大军来到，前往小路投奔总兵官沐，随同大军征进麓川，攻打高黎山等寨，获捷，复攻打鬼哭、南牙山等处有功，蒙靖远伯兼兵部尚书王，叙功具奏，奉旨将南甸州改升南甸宣抚司土职，管理南甸地方，递相承袭至今，发给号纸任事。前土职刀定国，老病故，遗缺毕，应袭系已故土职刀定国正妻罕氏亲生长男，于光绪十七年四月初七日巳时生，现年十八岁，例应承袭父职，中间并无乞养异姓、庶出、冒诈、违碍等弊，亲供是实。

光绪三十四年十月　日具亲供人土职刀樾椿②

在土司承袭过程中，为了防止土司家族争袭事件的频繁发生，清代中央政府规定，应袭土司在提交“宗支图册”“亲供图册”等文书时，还要调取应袭

① 江应樑．傣族史［Z］．成都：四川民族出版社，1983：456－457．

② ［清］刀樾椿．南甸宣抚司呈报袭职清册［Z］．现存于云南省梁河县档案馆．

土司的宗族图册并具结。宗族图册是记录土司家族世系的原始资料，应袭土司是否符合条例，能否承袭，必须以此为依据。而宗族图册也需要证实其真伪及变化，因此加以甘结、印结是必不可少的。由于土司家族提供的“宗支图册”时有变化，如先有庶子而嫡子后出、应袭嫡子亡故等，使土司的正常承袭出现变数，轻则稽延时日，重则发生变乱。顺治十六年，贵州巡抚赵廷臣鉴于土司因承袭而激发争袭、假冒等事件，提出预定袭嗣的建议。他认为，要安定地方，“莫如预制土官。夫土舍私相传接，支系不明，争夺由起，遂致酿成变乱。”经部议，这一建议后来成为土司承袭的定制。调取土司家族的图册并加具结是土司承袭非常重要的步骤之一。①

第二节　第三方证人的结状文书

就明清时期土司承袭而言，如果将土司作为申请的一方，官府作为批准的一方，那么在土司承袭过程中还有第三方的存在。这个第三方即土司的邻族、当地民众、邻近土司等。他们需要对土司及承袭人提供的资料进行认定和担保。由第三方出具的保证承担责任或承认了结的证明文书称为结状文书。换言之，结状文书是应袭土司之下土目、里老、土司族人、收生妇、土民等制作的担保文书。尽管具结文字的表述不尽一致，但我们大体上可以归结为土司、官方之外的第三方人士。在土司承袭过程中，邻封土司的结状文书是土司承袭过程中所需的证明文书。

洪武二十六年（1393），明代中央政府规定：“湖广、四川、云南、广西土官承袭，务要验封司委官体勘，别无争袭之人，明白取具宗支图本，并官吏人等结状，呈部具奏，照例承袭。”② 天顺二年（1458）又奏准，“土官病故。该管衙门，委堂上官，体勘应袭之人，取具结状宗图，连人保送赴部，奏请定夺。”③ 可见，明代各地土官承袭时，需履行两套手续，一套是土官承袭人的族人和邻近土官的作保结状，该类文书的作用在于证明应袭之人的真实性。清代仍然规定土司承袭过程中必须有结状文书，这是承袭人的邻近土司为应袭土司

① 陈季君．试论清代土司承袭中的册结及其作用［J］．青海民族研究，2016，27（04）：7－12.

② ［明］申时行．明会典：第6卷［Z］．北京：中华书局，1989：31.

③ ［明］申时行．明会典：第6卷［Z］．北京：中华书局，1989：31.

撰写的证明文书，具有担保的作用，其主要目的在于防止假冒和混袭土司之职。作为土司承袭第三方的担保人，其出具的文书主要有以下几类：

一、应袭土司辖区的结状文书

这一类主要包括应袭土司之下的土官（包括土目、舍把）、土司辖区的里老、应袭土司族人、辖区内的土民、应袭土司的收生妇等制作的保结状书，其担保文书的格式、内容基本相同。按照明清中央政府的规定，应袭土司之下的土官要对上面的土司作保结书，如：

> 具结状南甸宣抚司土职目把管绍唐、克三级、谢上福、刘湛然等，今于台前与结状，实结得南甸宣抚司土职应袭刀樾椿，系已故土官刀定国正妻罕氏亲生长男，于光绪十七年四月初七日巳时生，现年十八岁，例应承袭父职，管理地方，族无争竞之人，夷众悦服，并无乞养异姓、庶出、冒诈、违碍等弊，结状是实。
>
> 光绪三十四年十月　日具①

2017 年 10 月，笔者在云南耿马县档案局获得很多土司承袭的第一手文献，其中有“土官承袭格式”。土司承袭除需要制作宗图册七本，其内容包括应袭土司的出身、年貌、履历、亲供疆界、户口、职名、宗支图、亲供等内容外，还需要目把或里老、收生妇、地方夷民、府县官员、族舍、医生等出具的结状文书。

例 1：

> 目把、里老各结式七张。
>
> 具结状某土职目把、里老某等，今于台前与结状，实结得某土职应袭某，系已故土官某正妻某氏亲生长子，于某年某月某日某时生，现年若干岁，例应承袭父职，管理地方，族无争袭之人，夷众悦服，并无乞养、异姓、庶出、诈冒、违碍等弊，结状是实。
>
> 年号，年，月，日，具结状目把、里老等某某。②

---

① ［清］刀樾椿．南甸宣抚司呈报袭职清册［Z］．现存于云南省梁河县档案馆．

② 土官承袭格式［Z］．现存于云南省耿马傣族佤族自治县档案馆．

例2：

族舍结式七张。

具结状某土职族舍某某等，今于台前与结状，实结得某土职应袭某，系已故土官某正妻某氏亲生长子，于某年某月某日某时生，现年若干岁，例应承袭父职，管理地方，族无争袭之人，夷众悦服，并无乞养、异姓、庶出、诈冒、违碍等弊，结状是实。

年号，年，月，日，具结状某某。①

例3：

云南顺宁府属耿马宣抚司阖族土舍等为循例投具保结事，今于与保结，实结得现今循例报袭，耿马宣抚司土职罕华基，实系现任土司罕荣升正妻放氏于同治拾贰年拾壹月初捌日酉时亲生长男，现年拾陆岁，俟后例应顶袭父职，族无争竞之人，夷众悦服，并无过继、乞养、冒名顶替、血脉不正、浮诈违碍等弊，倘有虚捏、掩饰、私情、异端，土舍等甘罪无辞，理合预先投具保结，俟后现任宣抚司恐有事故，以杜争端，所结是实。

光绪拾肆年六月某日

具保结土舍：罕恩康、罕恩泰、罕荣耀、罕荣彩、罕荣连、罕荣昌、罕荣鼎、罕荣秉、罕荣文、罕荣定、罕荣成、罕荣高、罕荣先②

这是云南省耿马县罕氏土司周边土舍为应袭宣抚司罕华基撰写的保证书。该保证书对耿马宣抚司土职罕华基的承袭资格、出生时间、年龄、是否符合国家有关政策规定等均做了担保。

例4：

收生妇结式七张。

具结收生妇结式。某土职夷妇某氏，今于台前与结状，实结得某土职应袭某，系已故土官某正妻某氏亲生长子，于某年某月某日某时生，临盆系某氏亲手接生、洗浴，并无过继、乞养、异姓、庶出、诈冒、违碍等弊，

---

① 土官承袭格式［Z］. 现存于云南省耿马傣族佤族自治县档案馆.

② 土官承袭格式［Z］. 现存于云南省耿马傣族佤族自治县档案馆.

结状是实。

年号，年，月，日，具结状收生妇某氏。①

例5：

地方夷众结式七张。

具结状某土职地方夷众某某等，今于与结状，实结得土职某应袭某，系已故土官某正妻某氏亲生长子，于某年某月某日某时生，现年若干岁，例应承袭父职，管理地方，族无争袭之人，夷众悦服，中间并无乞养、异姓、庶出、诈冒、违碍等弊，结状是实。

年号，年，月，日，具结状地方夷众某某。②

二、邻封土司的结状文书

邻封土司为相邻的应袭土司出具担保文书，在一定程度上能对土司承袭过程中的争袭、冒袭等事件的发生起到一定的监管作用。自元明两代实施土司制度以来，中央王朝一直在防止和杜绝土司争袭、冒袭等事件的发生，但由于利益的诱惑，始终屡禁不止。如清代土司与土司之间除了联姻关系之外，往往还存在着利益冲突。正因为如此，清廷在土司承袭制度中强制规定邻封土司为应袭土司出具担保文书，其实质就是利用土司之间的矛盾和利益冲突而互相牵制，以提高土司宗支图册的可信度，防止土司家族在土司承袭过程中的弄虚作假。同时，清王朝法律规定，邻封土司如果为应袭土司提供的结状文书有假，就要受到中央王朝的惩处："承袭之人，有宗派不清、顶冒、陵夺各弊，查出革职，具结之邻封土司照例议处。"③ 云南省耿马县档案馆保存有邻封土司结状文书的相关格式，具体如下：

例：

邻封土职结式七张。

---

① 土官承袭格式［Z］. 现存于云南省耿马傣族佤族自治县档案馆.

② 土官承袭格式［Z］. 现存于云南省耿马傣族佤族自治县档案馆.

③ ［清］昆冈，等. 钦定大清会典事例：第589卷［Z］. 台北：新文丰出版公司，1976：12832.

具邻封印结云南某土职某，今于台前与印结，实结得土职应袭某，系已故土官某正妻某氏亲生长子，于某年某月某日某时生，现年若干岁，例应承袭父职，管理地方，族无争袭之人，夷众悦服，并无抚同、隐匿、违碍等弊，所具邻封印结是实。

光绪，年，月，日土职某。①

邻封土司撰写结状文书，主要是证明应袭之人的真实性，如干崖宣抚司土职刀安仁为南甸宣抚司土职应袭刀樾椿撰写的结状文书如下：

具邻封印结云南永昌府腾越厅干崖宣抚司土职刀安仁，今于台前与结状，实结得南甸宣抚司土职应袭刀樾椿，系已故土官刀定国正妻罕氏亲生长男，于光绪十七年四月初七日巳时生，现年十八岁，例应承袭父职，管理地方，族无争竞之人，夷众悦服，中间并无抚同、隐匿、违碍等弊，所具邻封印结是实。

光绪三十四年十月　日具②

据历史文献载，刀安仁 1872 年出生于云南省永昌府腾越厅干崖土司家族，19 岁任职干崖第 24 任宣抚使。刀安仁是干崖第 23 任土司刀盈廷的长子，后因加入同盟会而成为革命先驱，即便就是这样一位革命先驱，在土司制度下，也不得不为南甸宣抚司土职应袭刀樾椿承袭土司一职履行相关程序，撰写结状文书。

三、地方流官的印结与加结

土司承袭过程中又有“甘结”和“印结”之分。所谓“甘结”，就是盖有印章“向官府出具的保证书”③，主要是指官员或政府机构为应袭土司出具的证明书。“甘结”和“印结”则是对“宗支图册”和“亲供图册”所记载相关事实的担保和证明性文书。云南省耿马县档案馆档案载：“府州厅加具印结各七张，该管道照加印结各七张，均挨次粘连成套递相加转，核明由该管道移送办

① 土官承袭格式［Z］. 现存于云南省耿马傣族佤族自治县档案馆.

② ［清］刀樾椿. 南甸宣抚司呈报袭职清册［Z］. 现存于云南省梁河县档案馆.

③ 朱金甫，张书才. 清代典章制度辞典［Z］. 北京：中国人民大学出版社，2011：152.

理。”① 从土司承袭档案每有“道府印结”“该司加具印结”“该司道府加具印结”一类公文用语的相关情况看，这些“印结”与“加结”，反映了地方流官在土司承袭过程中的职责。他们在收到土司的申报文件后，道府州厅等官府机构必须对这些文件进行审核，确认正确与否。在应袭土司承袭过程中，这是一项必须履行的程序。如云南省兰坪县县长杨润兰为兔峨土舍罗星承袭父职出具的证明书如下：

兰坪县县长杨今于与印结事，实结得兔峨土舍应袭罗星，系已故土舍罗梧秀之妻和氏亲生长子，于宣统元年七月十六日巳时生，现年二十二岁，例应承袭父职，管理地方，族无争袭之人，夷众悦服，并无徇私情弊，理合具印结是实。

兰坪县县长杨润兰

民国十九年三月二十二日②

这则证明书的撰写时间虽然是民国时期，但内容、格式与清代的结状文书没有太大区别。对于兔峨土舍的承袭，县长做了证明，说明罗星承袭父职具有承袭资格。针对这则证明书，我们必须明确几点：第一，道府州厅县等官府机构的“印结”与“加结”是土司承袭的一个必要的程序，没有这个程序，应袭土司是无法承袭土司之职的。第二，道府州厅县等官府机构是土司所在行省直接管理各地土司各项日常事务的行政机构，属于流官系统。也就是说，在清代雍正朝之后，各地土司均属于府州厅县等官府机构管辖。由于雍正朝后，各地土司的职权越来越小，道府州厅县的权力越来越大，道府州厅县等官府机构就成为直接管控土司地区事务的上级行政机构。在各地土司承袭等日常事务中，审核土司提供的资料就是道府州厅县等官府机构必须履行的职责。第三，道府州厅县等官府机构在土司承袭结状文书的用语方面有所不同，府州厅县称“印结”，道称“加结”，这个“加”字表明，它是在府州厅县“印结”基础上的再次审定与确认。凡结状文书有“加结”者，也就表明这一级官府机构要承担相应的责任。

---

① 土官承袭格式［Z］. 现存于云南省耿马傣族佤族自治县档案馆.

② 兰坪白族普米族自治县人民政府. 兰坪史料集［Z］. 昆明：云南大学出版社，1984：23.

第三节 行省官员的印结文书

元明清时期的土司制度，是一种具有法治性质而根本上是人治的制度。因此，能否对土司及土司地区实施真正意义上的治理，取决于中央王朝及流官、土司自身的行政能力。从中央王朝的角度看，试图通过土司制作“宗支图册”、第三方出具结簿文书、行省提报中央、中央王朝再下达告簿文书，以达到在土司承袭制度上的完善。因此，就自然有行省官员印结文书的出现。①

一、布政使司审核加结文书

从明清时期职官机构的设置看，布政使、布政司位居道府之上，是行省一级主管民政事务的长官，其地位和职权仅次于行省的总督、巡抚。在土司承袭过程中，布政使的职能至关重要，是行省中的最后把关者。在明清时期诸多布政使司对土司承袭过程中审核的加结文书，经常出现所谓“该司”及“司”等词语，这里的“司”是自指布政司、布政使。如雍正九年（1731），云贵总督鄂尔泰报：云南景东府土知县陶大鉴病故，嫡亲长男陶淳应袭父职，云南布政使葛森在得到陶氏家“无乞养异姓庶出诈冒违碍等弊，族无争职之人，彝众悦服”等亲供、宗图册结并陶大鉴病故各结后，经过审核，“加具印结”，详报云贵总督。② 雍正十三年（1735），广西太平府罗县土知县病故，广西布政使张钺接到道府提供的土司亲供、宗图印甘各结后，“加结详送”督臣尹继善。③ 涉及土司的行省布政使在道府州厅县等官府机构转呈的请袭文件中加具印结并上报督抚，在这一过程中，布政使司的主要职责是查核各类土司请袭和道府州厅县等官府机构审定过的文件，布政使司经过查核后才能转呈督抚裁定。如雍正八年（1730）总督鄂尔泰为广西思恩府应袭土巡检潘弘武承袭事例中称：

① 陈季君．试论清代土司承袭中的册结及其作用［J］．青海民族研究，2016，27（04）：7－12.

② 中国第一历史档案馆．清代档案．内阁吏科室书［Z］．雍正九年（1731）九月三十日“云贵广西总督鄂尔泰题”，图像编号066－548.

③ 中国第一历史档案馆．清代档案：内阁吏科室书［Z］．雍正九年（1731）九月三十日“云贵广西总督鄂尔泰题”，图像编号066－548.

广西思恩府土巡检潘宗藩患病请休，据布政使张元怀委员验得，潘宗藩果系患病情实，至宗藩元室邓氏止生嫡长男潘弘文，未袭病故。官男弘武系侧室庶生长子，应袭父职，与例相符，取具宗图册结等因。具题前来。查土官休致，例应准子替袭。今该督安定司土巡检潘宗藩患病请休，嫡男潘弘文未袭病故，官男潘弘武系庶生长子，年已二十七岁，应袭父职，与例相符等语。应如该督所请，将潘宗藩准其休致，令伊子潘弘武承袭广西思恩府安定司土巡检，给与号纸可也。①

从“布政使张元怀委员验得，潘宗藩果系患病情实，至宗藩元室邓氏止生嫡长男潘弘文，未袭病故。官男弘武系侧室庶生长子，应袭父职，与例相符，取具宗图册结等因”的行文可以看出，潘宗藩患病请休，加之“嫡长男潘弘文，未袭病故”，所以，思恩府土巡检一职进入袭替流程。布政使张元怀在处理并向总督鄂尔泰禀报此事时经过了几个环节：第一，对思恩府土巡检潘宗藩是否患病的事实进行了查验；第二，对潘宗藩元室邓氏所生嫡长男潘弘文未袭病故也进行了核实；第三，对应袭土巡检潘弘武属于侧室庶生长子的情况进行了调查；第四，对潘弘武可以承袭父职，与例相符，并“取具宗图册结”后予以确认，提报总督鄂尔泰。这里完整地体现了思恩府土巡检承袭的全过程，尤其突出了布政使在思恩府土巡检承袭过程中承上启下的重要作用。

像这类例子不胜枚举，仅举两例：

例1：

少保兵部尚书兼都察院右都御史总督云南贵州广西三省等处地方军务兼理粮饷世袭三等阿思哈尼哈番加十二级纪录二次臣鄂尔泰谨题：为土司承袭事。

该臣看得，广西镇安府向武土知州黄道远，于雍正九年正月二十四日病故。据布政司详报，此行查明应袭之人，取其应供之人，取其亲供宗图册结详题去后，兹据布政使元展成详称：查官男黄宸系已故向武土知州黄道远嫡生长子，例应承袭父职，众心悦服，并无搀越抱养情弊。取有亲供宗图印甘各结，该司加结，详送前来。臣覆查无异，相应题请，将黄宸准其承袭向武土知州之职。除将宗图册结及已故土官黄道远原领号纸送部外，

① 张廷玉. 为土司承袭事［Z］. 中国第一历史档案馆清代土司档案，图像编号：057—475、476.

臣谨会题请旨。

雍正九年九月三十日题①

例2：

兵部尚书兼都察院右副都御史总督云南贵州广西三省等处地方军务兼理粮饷加二级纪录二十四次臣尹继善谨题：为土司承袭事。

该臣看得，广西太平府罗阳土知县黄世瑾于雍正十二年正月十九日病故，经臣据报批行布政使查明应袭之人，取具亲供宗图册结详题去后。兹据该司详缴亲供宗图册结到臣，因查该土官系患何病身故，详内并未申明，且官男申缴图结之文，不将应袭来历叙出，业经驳回，查明添入，另换妥详在案。兹据广西布政使张钺详据官男黄思宪详称，卑官男父黄世瑾病故，正妻无子，按照土司袭例，父殁子承，有嫡立嫡，无嫡立庶，立庶论长之例，卑官男系已故土官黄世瑾庶室杨氏所生庶长子，例应承袭父职，目民悦服，并无搀越情弊，造具亲供宗图，印甘各结，该司加结详送前来。臣覆查无异，相应题请，将黄思宪准其承袭罗阳土知县之职。

除将宗图册结已及故土官黄世瑾原领号纸送部外，臣谨会题请旨。

雍正十三年正月二十二日题②

二、督抚审核具题文书

应袭土司在承袭过程中的相关文书由行省布政使上报到巡抚或总督之后，按惯例应由巡抚或总督向皇帝提出某应袭土司是否可以承袭土司一职。也就是所谓“各土司承袭例由地方官出结，布政使详送督抚”③，从现有的历史档案材料看，道、府、州、厅、县等官府机构转呈到布政使以及布政使上报给巡抚或总督的题请土司承袭的文书十分罕见，大多保存下来的是行省巡抚或总督给中央王朝关于某应袭土司情况的奏折。巡抚或总督的题请文书未见有具结和加结

① 鄂尔泰. 为土司承袭事［Z］. 中国第一历史档案馆清代土司档案，图像编号：066—549.

② 尹继善. 为土司承袭事［Z］. 中国第一历史档案馆清代土司档案，图像编号：079—001、002.

③ 孔毓珣. 为题明移解棍役赴滇并案质究事［Z］. 中国第一历史档案馆清代土司档案，图像编号：040—137、138.

的记载，但这并不能说督抚对土司承袭无须担责；相反，巡抚或总督对土司承袭是要负全责的，作为封疆大吏的巡抚或总督所辖地区土司承袭土司一职能否依法进行，关系边疆地区的社会稳定，不同于一般日常政务，这种责任担当更是对中央王朝或者是当朝皇帝是否忠诚的一种考验。

巡抚或总督的题请“为土司承袭事”“为承袭土职事”“为恳请替袭事”“为禀报事”文书，一般情况下，巡抚或总督在叙述土司请袭事由后大多有“臣覆查无异”字样，表面上看是一种格式化的“套话”，但它却体现了巡抚或总督对土司承袭的责任担当。如云南贵州广西三省总督鄂尔泰为广西太平府应袭龙英土知州赵作梁的题请如下：

少保兵部尚书兼都察院右都御史总督云南贵州广西三省等处地方军务兼理粮饷世袭三等阿思哈尼哈番加十二级纪录二次臣鄂尔泰谨题：为土司承袭事。

该臣看得，广西太平府龙英土知州赵作晋于雍正七年十二月初七日病故。先据布政使详报，经臣批行查明应袭之人，取具亲供宗图册结详题去后，兹据布政使元展成详称，查赵作梁系已故土知州赵作晋同父亲弟，作晋病故无嗣，作梁应承袭兄职，众心悦服，并无搀越情弊，取有亲供宗图印甘各结，该司加结，详送前来。臣覆查无异，相应题请，将赵作梁准其承袭龙英土知州之职。

将宗图册结及已故土官赵作晋原领号纸送部外，臣谨会题请旨。

雍正八年十一月初八日题①

如果巡抚或总督在审核布政使的相关文书时，发现文书有差错，巡抚或总督在题请承袭土司之职时要特别强调其错误以及“驳换稽延”的情况，这将导致土司承袭多费周折。请看下面这则档案记载：

总督云南贵州等处地方军务兼理粮饷兵部右侍郎兼都察院右副都御史臣高其倬谨题：为报明事。

该臣看得，云南大理府云南县土县丞杨国泰，乃题准承袭颁给号纸任事之土员。兹据云南布政使毛文铨详称：该土官得染湿气流痰之症，医治

① 鄂尔泰．为土司承袭事［Z］．中国第一历史档案馆清代土司档案，图像编号：063—505.

不愈，于康熙五十九年二月二十七日病故，并无别情。国泰病故无嗣，有正妻于氏遗腹，于康熙五十九年七月初七日所生一子，起名杨继先，报明云南县。正在查取各结转报应袭。继先先于六十年六月十五日夭亡。土县丞世职应该国泰胞弟杨国臣接袭。国臣现年一十六岁，素为彝众悦服，族内并无争职之人，例应承袭兄职。取造亲供宗图册结，并杨国泰病故各结，同原领号纸，及杨继先夭亡各结，一并申报。该司核明无异，加具印结，详报前来。臣覆查无异，相应照例具题，准其承袭。

除图结号纸送部外，再照土司不谙文移，图结每多舛错，以致驳换稽延。查此案宗图册结内有字画潦草不清之处，系是些微小错，合并声明。臣谨会同云南抚臣杨名时合疏具题。

伏乞皇上睿鉴，敕部议覆施行。谨题请旨。

雍正二年二月二十三日题①

从上述引文可见，虽然云贵总督高其倬会同云南抚臣杨名时“合疏具题”同意云南大理府云南县土县丞杨国泰之弟杨国臣接袭土县丞一职，但在题请文书中指出“土司不谙文移，图结每多舛错”，并核查“宗图册结内有字画潦草不清之处”的“些微小错”，由于这些原因，导致“驳换稽延”。可见，查核和驳回各级上报的土司承袭文书，是巡抚或总督在土司承袭过程中必须履行的程序和应该担当的职责。

第四节　中央政府的各类文书

当元明清时期中央政权介入土司政治时，土司承袭制度就上升为国家制度，并随中央政权的发展而逐步规范与完善。因此，元明清中央政府处理土司政权体系更迭的过程中，中央王朝和地方政府制作的相关文书，不仅有助于维护土司政权的稳定以及中央政府对土司政权的有效管控，而且也逐渐完善了土司制度，增强了国家治理土司地区的能力。从元明清三朝看，中央王朝和地方政府制作的土司承袭文书主要有以下几种。

---

① 高其倬. 为报明事［Z］. 中国第一历史档案馆清代土司档案，图像编号：009—540、541.

一、告袭文簿

告袭文簿是四川、云南、贵州、广西、湖广等行省巡抚、巡按等地方流官政府登记各地土司承袭相关事宜以备查考的底簿，这是有关行省巡抚、巡按等地方流官政府为应袭土司制作的文书。明代中央政府对告袭文簿有明确规定，《明会典》载："凡土司告袭，所司作速勘明，具呈抚按，核实批允，布政司即为代奏。该部题选，填凭转给，就彼冠带袭职……抚按仍设告袭文簿，将土舍告袭、藩司代奏日期，登记明白，年终报部备考。"①《钦定大清会典事例》载："土官承袭……应袭职者，由督抚查实，先令视事，令司府州邻封土司具结，及本族宗图，原领号纸咨部具题请袭。"② 因此，各地督抚查实应袭土司的情况后，向朝廷奏明相关情况，仍然属于告袭文簿一类的文书。如雍正年间经筵讲官吏部尚书兼管翰林院掌院学士事加五级傅敏等谨题《为土司承袭事》全文如下：

> 该臣等议得，广东总督孔毓珣疏奏：广西思恩府属那马巡检官男黄弘纬，先因年幼未符袭典，经前任督杨琳于康熙六十年正月内题明立案，暂令官男嫡叔黄君升协理司事。俟黄弘纬年长十五岁，另题袭职。嗣因黄君升鱼肉土民，提审潜逃，另举官男叔祖黄廷珪协理，又经臣具题准部议覆奉旨钦遵在案。今黄廷珪于雍正五年五月初十日病故，请将那马司土巡检事务令官男嫡三叔黄君聘协理，俟官男黄弘纬年岁符例，另取宗图册结，题请承袭。等因。具题前来。查那马司土巡检黄启尚先经督臣杨琳题明，于康熙五十八年十二月内病故，官男黄弘纬年方七岁，未符承袭，请委嫡叔黄君升协理司事，俟黄弘纬年长一十五岁，另请袭职。续因黄君升鱼肉土民，提审潜逃，又经前署督臣阿克敦题请，改委黄廷珪协理司事。各等因。俱经奉旨，钦遵在案。今该督疏称，协理司事之黄廷珪又经病故，请将那马司土巡检事务委令嫡叔黄君聘。等语。查官男黄弘纬年逾十五，已符承袭之例，应袭父职，不便又改委黄君聘协理。应将该督所请改委黄君聘协理司事之处毋庸议，仍令该督速取官男黄弘纬年岁宗图印甘各结，恳题承袭。

---

① ［明］申时行．明会典：第121卷［Z］．北京：中华书局，1989：626.
② ［清］昆冈，等．钦定大清会典事例：第145卷［Z］．北京：中国书店，2018.

恭候命下臣部，遵奉施行。谨题请旨。

雍正六年三月二十一日。本月二十三日奉旨："依议。"①

由此可见，这种"告袭文簿"主要是登记各地土司告袭和藩司代奏的日期，其目的在于"年终报部备考"。

（二）敕书

敕，就是敕命、敕谕。敕书是皇帝任官封爵和告诫臣僚的文书。元明清时期土司承袭时，皇帝给应袭土司发放的任命书属于敕书。敕书中一般要写明被任土司的官职、姓名，所列职权等内容。元代中央政府在任命土官时，必须授予"宣敕"。所谓"宣敕"，就是各地土官的任命书。《元史》卷10载，至元十五年（1278）十二月，都掌蛮夷内附，以其长阿永为西南番安抚使、得兰纽为都掌蛮夷安抚使，"授宣敕"②；《元史》卷41载，至正六年（1346）七月，散毛洞蛮覃全在叛，招降之，以为散毛誓压等处军民宣抚使，"给宣敕"③。"宣敕"是元代中央王朝给各地土官的"任职证书"，是土官作为中央王朝朝廷命官的证件。

明代中央政府要给土司颁发诰敕文书。一般来看，一品至五品的土司，授予诰命；六品至九品的土司，授予敕命。土司武职的宣慰使、宣抚使、安抚使、招讨使，文职的土知府、土同知、土知州等均颁发诰命，其余入流土官发给敕命。在《同治酉阳直隶州总志》《冉氏族谱》中保存了十分丰富的诰命文书，其中不乏与酉阳土司承袭有关的文书，如《元祖诰命》内容为：

奉天承运，皇帝制曰：朕惟帝王以天下为家，一视同仁，远间遐迩，此敌体怀柔之道也。尔四川东路酉阳宣抚司宣抚冉元，自尔祖父以来，敬事朝廷，恪修贡职，尔今继袭，善承厥志，立功边徼，以扬王休，兹特封尔昭毅将军，赐之诰命，以为尔荣，尚笃棐忱，忠勤王事，庶无忝乃职，永享太平之福。钦哉！

嘉靖二十七年八月初一制诰之宝④

① ［清］傅敏，等．为土司承袭事［Z］．中国第一历史档案馆清代土司档案，图像编号：041—086、87、88.

② ［明］宋濂．元史：第17卷［M］．北京：中华书局，1976：365.

③ ［明］宋濂．元史：第41卷［M］．北京：中华书局，1976：875.

④ 重庆酉阳冉氏族谱续修委员会．冉氏族谱·总谱［Z］．内部刊印本，2007：68.

明代中央政府的诰敕文书有“总诰”“总敕”和“分诰”“分敕”之分。据历史文献载：“诰织用五色纻丝，其前织文曰‘奉天诰命’，敕织用纯白绫，其前织文曰‘奉天诰命’，俱用升降龙盘绕，带俱用五色”。①

此外，还有号纸，因为它属于清王朝给各地土司的信物性质的文书，故在第六章叙述。

总之，在土司制度的历史发展过程中，明清中央政府为防止土司承袭过程中有可能产生的各种弊端，逐渐完善了土司承袭的相关手续。无论是各地土司和邻近土官制作的文书，还是地方流官政府以及中央政府制作的文书，这些承袭文书的作用不仅是土司承袭的有效凭证，而且也是避免土司家族争袭、维护地方稳定的有力举措。

① 黄才庚．文书史纲要［Z］．档案史教研室内刊资料，1982：58.

第五章

管控有序：土司承袭的次序

明清中央政府在元朝“宜从本俗”的土司袭替基础上逐渐完善，形成一整套程序严密的土司承袭制度。《元史》记载：“云南土官病故，子侄兄弟袭之，无则妻承夫职。远方蛮夷，顽犷难制，必任土人，可以集事。今或阙员，宜从本俗，权职以行。”① 明初沿袭元朝的土司制度，规定“凡土官袭替，洪武二十七年，令土官无子，许弟袭。三十年，令土官无子、弟，而其妻或婿为夷民信服者，许令一人袭。”② 明代政府承袭元代“因俗而治”的土司承袭制度原则，且逐渐加强对土司承袭制度的管理，相关规定日渐严格。《明史》载有：“凡土司之官九级，子雄三品至从七品，皆无岁禄。其子弟、族属、妻女、若婿及甥之袭替，胥从其俗。”③ 明代“从俗”管理土司地区，制定土司承袭制度，土司袭替内容主要包含父死子继、兄终弟及、母女袭职、妻婿承袭、叔侄相立等，子、孙、兄弟、叔侄、族人、妻妾、女、媳、母均可承袭土司一职，并明确了先嫡后庶、先亲后疏的承袭次序。总体而言，明代土司承袭是以血缘为纽带，规定了亲属承袭的次序，但并不如清代严格。清代的土司承袭制度在明代的基础上得到延续和强化，进一步明确土司职位的承袭对象与秩序，清代要求土司承袭必须“依次进行，不得越序”，承袭次序必须按宗支嫡庶次序。“凡承袭之土官，嫡庶不得越序。无子，许弟承袭。族无可承袭者，或妻或婿，为夷众信服者，亦许承袭。子或年幼，由督抚题明注册。选本族土舍护理，俟其年至十五岁时请袭。又定，土官年老有疾请以子代者听。又定，土官亲生之子未满十五岁者，该督抚题明注册，将土司事务委族人护理，俟其子长成具题承袭。”④《大清会典》亦有记载，“凡土官皆袭以世，或土官故，或年老有疾请代，准以嫡子嫡孙承袭；无嫡子嫡孙，则以庶子庶孙承袭；无子孙，则以弟或其族人承

① ［明］宋濂．元史：第26卷［M］．北京：中华书局，1976：589.

② ［明］申时行．明会典：第121卷［Z］．北京：中华书局，1989：626.

③ ［清］张廷玉．明史：第72卷［M］．北京：中华书局，1984：1752.

④ ［清］昆冈，等．钦定大清会典事例：第145卷［Z］．台北：新文丰出版公司，1975：6997.

袭；其土官之妻及婿，有为土民所服者，亦准承袭。”① 乾隆三十三年时则明确规定“土官袭替定例，必分嫡次长庶，不得以亲爱过继为词”，坚持“嫡庶不得越序”的原则。明确、严格、具体的土司承袭次序使得清代的土司争袭纠纷明显少于明代，有效防止了土司争袭事件的发生，从而维护了土司地区的社会稳定和中央王朝对土司地区的控制。

第一节 父死子继

明清时期中央政府在土司地区已经逐渐确定了父系家长制，父死子继是土司承袭中最普遍的形式，规定了嫡子继袭。如成化时播州宣尉使杨辉，虽溺爱庶子，欲令承袭；但依“杨氏家法，立嗣以嫡”而作罢。② 在播州杨氏土司26代29世的承袭中，父死子继的有19代，占有三分之一，说明在播州杨氏土司家族中，这是主流。

一、明代

明代继承和发展了元代的土官承袭制度。明代中央政府在土司地区逐步确定父死子继的承袭制度与嫡庶承袭次序。如《土官底簿》明确载有明代土司承袭次序规定：

“阿迷州知州普宁和，罗罗人。相继承袭阿迷州万户府土官，洪武十六年赴京朝觐，授阿迷州知州。故，男普救告袭，二十年准袭。二十六年故，嫡长男普誓，西平侯札付接缺管事，二十九年正月奉太祖皇帝圣旨，‘既是西平侯著他署事，与他实授。钦此。’故，男普宁年二岁，未堪承袭，乡老告保普誓正妻沙保暂署州事，候普宁长成袭职。永乐二年十月奉圣旨，‘是。如今著沙保做知州，等他男长成时著他袭。钦此。’回还在途，病故，把事、耆老等告保普哲次女沙虚暂袭，八年四月奉令旨，‘先准沙虚做知州，等普宁长大袭职，敬此。’沙虚故，普宁先故，普显宗系沙虚嫡长孙男，亦系普宁男，宣德五年六月奉圣旨，‘准他。钦此。’故，男普柱正德

① ［清］昆冈，等. 钦定大清会典事例：第12卷［Z］. 台北：新文丰出版公司，1976：139.

② ［清］张廷玉. 明史：第312卷［M］. 北京：中华书局，1984：8042.

八年袭。故，并无嫡、庶弟，侄儿男，正妻沙费成化元年奏袭，查勘十八年弟普明奏袭，查系争袭，不明行勘，未报。文选司缺册内，成化十二年十二月除流官杜参。"①

由上阿迷州土官的世代承袭可知，洪武年间，阿迷州土知州普宁和故，其子普救应袭，而普救故，则其子普晢承袭，普晢故则子普宁袭职。因普宁年幼，则由普晢正妻沙保暂理司署事务，无子、无嫡庶兄弟、无侄男，则才由妻子承袭土司一职。由此表明，明中央政府虽沿袭了元代土司承袭制度的"因俗而治"原则，实质上加强了对土司承袭制度的干预，逐渐形成父死子继、嫡庶承袭的次序规定。

再看《蒙化左土官记事（抄本）》所载蒙化左土官历代承袭事宜：

……有十世祖左近嵩在任，于万历九年先娶正妻李氏，并不生子。至万历四十年六月内，继娶庶妻陈氏，于天启二年十月二十二日丑时生十一世祖左星海，系祖左近嵩庶长亲男，当即关报本府申报两院司道，并造入册讫。至天启四年五月二十九日，十世祖左近嵩在任病故，所有印信节因顺宁、大侯叛逆，领兵征剿，未暇请复。有祖存日，将十一世祖左星海交付嫡母李氏抚养，是时十一世祖左星海年方二岁，告明保守地方，俟年长大承袭父职……至崇祯九年内，十一世祖左星海年长，应该承袭具状。于崇祯十年内，告赴本府申请两院总镇司道批示，复行查勘，星海委系十世祖左近嵩存日任内与庶妻陈氏所生庶长亲男，不系乞异之子，族无争竞之人，应该承袭父职，查勘无碍，具结起送吏部，遵例承袭父职。

……十一世祖左星海任内，同正妻李氏于崇祯十四年十一月二十五日，所生嫡长亲男左世瑞，当即关报本府业经转报入册讫……康熙二十一年二月十一日奉旨依议钦此，钦遵移咨督、抚牌行布政司备行到府缘由，遵奉，当即造报本职土官知府世袭履历，宗支图册照例造报讫。康熙二十一年八月内，祖左世瑞奉调赴省，谒见督抚两院布按二司，俱蒙颁发委牌，给赏袍帽，仍令管理地方，约束彝民……康熙二十三年四月内，奉云南布政使司信牌，奉绥远将军总督云贵部院蔡令牌行司转发，奉吏部颁给祖左世瑞世袭土官知府号纸一张，于本年五月初六日祗领任事，望阙谢恩……后祖

① ［明］佚名．土官底簿［M］．北京：中国书店，2018：70－72.

左世瑞年老患病，不能理事，将土知府职替与十三世祖左嘉谟承袭。①

由蒙化左氏土官历代承袭事宜一则材料可知，明代土司应袭者承袭父辈的职官时，须符合嫡亲长子、嫡亲次子、庶长亲男、庶亲次子的嫡庶次序，才能具题请袭。比较明确地规定承袭次序可以有效防止土司争袭事件的发生，避免土司因争袭、借袭而导致的社会不稳、民不聊生的问题。如《黎州土官袭替疏题为地方事》所记载："本所土官原设安抚司副使，先年瞿氏继夫马详管印，晚年听奸鼓惑谋欲以瞿易马，致土舍马应龙称兵争袭围城倡乱。奉旨勘断追去安抚司印信，将瞿氏逐出荣经县，削应龙以土千户职衔管理下七支地方，寻请改授土千户印信一颗，未给。应龙身故其子马新寿亦故，安氏继夫承立。比议若将印给安氏恐蹈瞿氏往辙，向见贮雅库俟马氏子侄承袭，方行给掌安氏，管理多年功过相准。"该奏疏又载："应龙与子马新寿相继身故，未经袭任将印信解雅贮库，立应龙妻安氏，以妻继夫权更名马之良管理地方。"但安氏参与奢崇明叛乱，得马应乾多方驾驭阴谋乃阻。为避免如上叛乱的再次发生，且"缘义勿之子阿的更名马深继袭报文在卷，但马深于四十六年内得染瘫痪眼目残废难以动履，我弟马应乾实系马深一派亲支，忠顺向上颇知王法，义勿之子既不能承袭，情愿将官职付与胞弟马应乾借袭承管地方。深子桂哥年方八岁，付应乾抚养成人教习读书，候应乾终身交与桂哥承袭"。即"地方官员与马氏族长马义勿、舍人巴路陸撒脚歪、阿交耆宿贾出、马国然、阿迫陸保长哥脚撒、通把朱慎兰、友枝、白聘简、土民张友成郭应举等，佥议俱同。义勿又称，应乾是我胞弟，马深是我生子，深虽派当继袭奈何瘫痪待死，深子年方八岁难以任事。今日四境归心通族推戴，惟一应乾耳。后应乾年老深子成人自当替袭，无烦再议。"② 从这份奏疏可知，明代土司地区已建立起父死子继的土司承袭制度，以其为主要的承袭秩序，但仍有土司借袭会导致借袭者与应袭者之间的权力争夺，从而"生事逆谋"。黎州土司承袭遵照"逖稽土官袭替一禀于宗图嫡长世傅所从来矣，嫡长子孙有故则及嫡次子孙，嫡次子孙有故始及庶房子孙"，同时"以马氏图按之马应龙故绝已，定马义勿之子马深有成案矣。深中道残痼而亲子桂哥幼未成丁，呷什即义勿之亲弟马深之亲叔，非疏远旁支也"，因马义勿之子因疾不能承袭，"情愿将官职付与胞弟马应乾借袭承管地方"，"马应乾借袭一事，马

① 巍山彝族回族自治县志编纂委员会．巍山彝族回族自治县志［Z］//西南古籍研究．昆明：云南人民出版社，1993：957－969.

② ［明］朱燮元．黎州土官袭替疏［Z］//少师朱襄毅公督蜀疏草．钦定四库全书影印本．

深既已病发，应候伊子桂哥出幼承袭此自正理”，待到土司应袭者承袭年龄后，将交与应袭者承袭。

二、清代

为进一步避免土司争袭导致的社会不稳定问题，清代的土司承袭制度进一步明确土司职位的承袭对象与程序，要求土司承袭的宗支嫡庶次序。

清代确定了严格的土司承袭程序，明确规定了土司请袭、地方官员取具宗支册图、各具保结、督抚具题请袭等一整套严密的程序，完善土司承袭制度，要求各级土司及官员，对土司应袭者的承袭次序进行严格的审核。如：

> 巡抚贵州兼理湖北川东等处地方提督军务都察院右佥都御史加四级记录二次驻扎贵阳府正张广泗谨题：为报明事。
>
> 该臣看得，黎平府属亮属长官司土官龙沛系部颁号纸承袭之员，于雍正六年九月二十三日病故，经前署抚臣沈廷正咨部批行去后，兹据布政使鄂尔达详，黎平府确查该应袭龙绍俭年系二十岁，实系已故土司龙沛嫡亲长男，例应承袭。取具亲供宗图册结，并邻司彝民户族邻佑印甘各结，该司道府加具印结，粘连同原领号纸，详报前来。臣覆查无异相应照例题请承袭，换给号纸任事。除将宗图册结号纸分送部科外，臣谨具题。伏乞皇上睿鉴，敕部议覆施行。谨题请旨。雍正七年三月十二日题。四月二十五日奉旨：该部议奏。”①

经由布政使、督抚确查土司应袭者是否符合承袭次序，如有不符嫡庶承袭事宜，则需说明缘由，若是没有合法合理的缘由，土司请袭则被驳回，从而有效避免土司争袭纠纷。清代中央政府明确规定“凡承袭之土官，嫡庶不得越序。无子，许弟承袭。族无可承袭者，或妻或婿，为夷众信服者，亦许承袭”②，非常重视嫡庶、长幼、亲疏的承袭次序。

例 1：

> 广东总督臣孔毓珣谨题：为土司承袭事。

---

① 清代土司档案［Z］. 现存于中国第一历史档案馆，图像编号：049—014、015.

② ［清］昆冈，等. 钦定大清会典事例：第 145 卷［Z］. 台北：新文丰出版公司，1975：6997.

该臣看得，广西南宁府属忠州土知州黄绍宗，因患瘫痪，难以料理事务，具文恳请休致，并请以庶长子黄鉴照例替袭。兹据布政使黄叔琬详称：经委员验得，该土知州黄绍宗果系患病，嫡妻黄氏无嗣，官男黄鉴系绍宗妾李氏庶生长子，应袭父职，与例相符。目民悦服。并无搀越情弊。等由。取具亲供宗图印甘各结，详缴前来。相应题请准令黄绍宗休致，官男黄鉴袭职。臣谨会题请旨。雍正六年正月二十八日奉旨：该部议奏。①

例2：

经筵讲官吏部尚书兼管翰林院掌院学士事加五级傅敏等谨题：为土司承袭事。

该臣等议得，广东总督孔毓珣疏奏：广西宁府忠州土知州黄绍宗，于雍正五年六月初二日，因患瘫痪病症，难以料理事务，具文恳请休致，例应庶长子黄鉴袭父职，取具亲供宗图邻族印甘各结。等因。具题前来。查土官休致，休致例应准子替袭，今该督既称黄绍宗老病乞休，绍宗嫡妻无嗣，庶长子黄鉴年已三十岁，应袭父职，与例相符等语。应如该督所请，准黄绍宗休致，令伊子黄鉴承袭广西宁府忠州土知州，给与号纸。恭候命下。谨题请旨。雍正六年三月十四日题。本月十六日奉旨：依议。②

例3：

兵部尚书兼都察院右都御史总督云南贵州广西三省等处地方军务兼理粮饷世袭三等阿思哈尼哈番加十二级纪录二次鄂尔泰谨题：为土司承袭事。

该臣看得，广西思恩府土巡检潘宗藩患病请休，并请以庶长子潘弘武照例替袭。先据详报，经臣批饬，委员验看，取具宗图册结去后，兹据布政使张元怀详称，委员验看得该土巡检潘宗藩委系患病情实，至宗藩元室邓氏止生嫡长男潘弘文，未袭病故无嗣。官男弘武系侧室庶生长子，应袭父职，与例相符，目民悦服，并无搀越情弊。取其亲供宗图印甘各结，详覆前来。臣查土官患病告休，向有准子替管事之例。相应题请，准令潘宗藩休致，官男潘弘武袭职。除将宗图供结送部查核外，臣谨会题请旨。雍

① 清代土司档案［Z］．现存于中国第一历史档案馆，图像编号：040—398.
② 清代土司档案［Z］．现存于中国第一历史档案馆，图像编号：040—589.

正七年十二月十三日题。雍正八年二月十一日奉旨：该部议奏。①

例4：

经筵讲官少保兼太子太保保和殿大学士兼管吏部户部尚书事加二级臣张廷玉等谨题：为土司承袭事。

该臣等议得，云南总督鄂尔泰疏称：广西思恩府土巡检潘宗藩患病请休，据布政使张元怀委员验得，潘宗藩果系患病情实，至宗藩元室邓氏止生嫡长男潘弘文，未袭病故。官男弘武系侧室庶生长子，应袭父职，与例相符，取具宗图册结等因。具题前来。查土官休致，例应准子替袭。今该督安定司土巡检潘宗藩患病请休，嫡男潘弘文未袭病故，官男潘弘武系庶生长子，年已二十七岁，应袭父职，与例相符。等语。应如该督所请，将潘宗藩准其休致令伊子潘弘武承袭广西思恩府安定司土巡检，给与号纸可也。恭候命下臣部遵奉施行。臣等未敢擅便，谨题请旨。雍正八年二月二十八日题。三月初一日奉旨：依议。②

孔毓珣具题请旨广西宁府忠州土知州黄绍宗子黄鉴应袭土官一职事，必须查明“嫡妻黄氏无嗣”，黄鉴为黄绍宗庶长子，且及承袭年龄，与例相符，才可应袭父职。而鄂尔泰具题请旨“广西思恩府土巡检潘宗藩患病请休，并请以庶长子潘弘武照例替袭”一事，查明了潘宗藩嫡亲子潘弘文未袭病故，且无嗣，则侧室庶生长子潘弘武，与例相符，可袭父职。以上两则材料可表明，清代中央政府对土司的承袭次序的重视与把控之严格，土司承袭必须遵循嫡长子、嫡次子、庶长子、庶次子的先嫡庶、后长幼次序，只有明确土司无嫡亲子的情况之下，才允许庶亲子应袭土司一职。

清代中央政府在土司地区强化了嫡庶承袭的观念，《钦定大清会典事例》之《土官》的“土官承袭”条就有明确记载：

顺治初年，定土知府、同知、通判、知州、州同、州判、吏目、知县、县丞、主簿、典史、经历、知事、巡检、驿丞等文职承袭由部给牒书其职衔世系，及承袭年月于上名曰号纸，其应袭职者，由督抚查实，先令视事，

① 清代土司档案［Z］. 现存于中国第一历史档案馆，图像编号：057—196.

② 清代土司档案［Z］. 现存于中国第一历史档案馆，图像编号：057—475、476.

> 令司府州邻封土司具结，及本族宗图，原领号纸咨部具题请袭。又定，凡承袭之土官，嫡庶不得越序，无子许弟承袭，族无可承袭者，或妻或婿为夷众信服者，亦许承袭。子或年幼由督抚题明注册，选本族土舍护理，俟其年至十五岁时请袭。又定土官年老有疾请以子代者听。又定土官亲生之子，未满十五岁者，该督抚题明注册将土司事务委族人护理，俟其子长成具题承袭。如土官受贿隐匿凶犯逃入者，革职提问，不准亲子承袭，择本支伯叔兄弟之子继之。若有大罪被戮，即立夷众素所推服者，以继其职。康熙二十一年，议准土官受贿隐匿凶犯逃入者，革职提问，不准亲子承袭，择本支伯叔兄弟之子继其职……又覆准，土司隐匿凶犯逃入，不行拿解俟获犯之日訊明，如系土司受贿，将土司革职提问，不准亲子承袭，择本支伯叔兄弟子侄，取具宗图并夷众信服印甘各结题请承袭。如系隐匿不报革职，审无受贿情弊，仍照定例承袭……二十九年议准，学政全书开载土司应袭子弟，令该学立课教训，俾知礼义，俟父兄卸事之日，回籍袭职等，语嗣后边省土司地方，由生员袭职者，如事务繁多，自揣不能应试，即具呈告，退其愿应试者，节令今如期应试，不能托故避考，远者，该学政即照定例褫革。三十三年，奏准，土官袭替定例，必分嫡次长庶，不得以亲爱过继为词，如实系土官身故乏嗣，除笃疾残废，及身有过犯，与苗民不肯悦服之人，例不准请袭外，其承继之子，仍谕其本身支派。如非挨次承袭者，不准承袭职。①

上则材料反映了清代中央政府对嫡庶承袭次序的重视，严格要求土司继承遵守嫡庶承袭次序，且要求更为严格。顺治初年即规定“嫡庶不得越序”，只有在“无子许弟承袭，族无可承袭者，或妻或婿为夷众信服者”，方可承袭。土司应袭者年幼，可允许“由督抚题明注册，选本族土舍护理，俟其年至十五岁时请袭”，明确了“土官袭替定例，必分嫡次长庶，不得以亲爱过继为词，如实系土官身故乏嗣，除笃疾残废，及身有过犯，与苗民不肯悦服之人，例不准请袭外，其承继之子，仍谕其本身支派。如非挨次承袭者，不准承袭职”②；如若“土官年老有疾”，则可以“请以子代者听”。土司承袭的次序更为详细具体。

---

① ［清］昆冈，等．钦定大清会典事例：第 145 卷［Z］．台北：新文丰出版公司，1975：6997 – 7001.

② ［清］昆冈，等．钦定大清会典事例：第 145 卷［Z］．台北：新文丰出版公司，1975：6999.

除此之外，清代中央政府规定“如土官受贿隐匿凶犯逃入者，革职提问，不准亲子承袭，择本支伯叔兄弟之子继之。若有大罪被戮，即立夷众素所推服者，以继其职”，以此来加强对土司的管理。

父死子继的土司承袭对象不局限于土司的嫡庶亲生子，如若土司因去世、年老、患疾等故离职，没有亲生子嗣应袭者，而有继子、养子、徒弟者，亦可请袭。如四川郭拉土百户喇嘛罗布藏桑丹身故，其长徒于乾隆三十九年四月承袭土百户喇嘛；四川松冈长官司土妇索朗各色尔满因病告替，其养子于嘉庆二十三年六月承袭长官司一职；而四川墟郎土百户沈元贵身故，其继子于道光十八年七月承袭土百户一职；等等。

第二节　兄终弟及

元明清时期，兄终弟及袭替是父死子继袭替之外最重要的土司承袭方式。《明会典》载有：“洪武二十七年，令土官无子，许弟袭。”① 如《土官底簿》记载杨瑄堂弟杨裕承袭土官一事：

> 正统十四年杨瑄杀贼有功，升从五品。成化二年调领民兵征进茅坪等处，阵亡，未有儿男，保送亲叔永宁嫡长男杨裕袭替。间杨瑄妾赵氏生子杨复生，仍保杨裕借袭。三年十二月题准行令杨裕就彼冠带借袭堂兄杨瑄土官通判，候杨复生长成，照旧承袭。弘治三年杨裕退还通判职事，已故，通判杨瑄庶长男杨复生应袭。弘治三年五月奉圣旨：是，钦此。故，亲男杨蕃该袭，查得本舍自祖以来不曾开有世袭字样。嘉靖元年十一月奉圣旨：是准他袭，钦此。故，嘉靖十五年五月亲弟杨薰应袭，查得本舍自祖以来不曾开有世袭字样。本月初四日奉圣旨：准他袭。钦此。②

由此可知，若土司无嗣或是子年幼，其兄弟可承袭或借袭土司一职。

一、承袭

元明清时期，兄终弟及的承袭方式十分灵活，主要有两种，一种是直接承

① ［明］申时行．明会典：第121卷［Z］．北京：中华书局，1989：626.

② ［明］佚名．土官底簿［M］．北京：中国书店，2018：309－310.

袭，这种情况主要发生在前任土司无嗣可应袭土官之下。前任土司身亡后，按照土司承袭顺序，无嗣则其弟按照嫡庶长幼次序，应袭前职。

例1：

……成化三年九月内，五世伯祖左琳得患病故，未曾娶妻，别无所生。五世祖左瑛系左琳亲弟，应该承袭前职，四世祖母张氏，具呈本府申奉云南都部按三司，左布政使胡等官，委经历任良亲诣本府拘集通把里老亲……（以下缺页）化府土官知府讫。仰本府行令左瑛就彼冠带，承袭兄左琳土官知府职事，取具到任日期缴报施行备情移关钦遵，于成化五年三月初四日，赴府冠带，望阙谢恩到任，将本府印信收掌管事……五世祖左瑛先因节委抚勘彝情，并领兵征进致染脚气，转加膝劳致成痼疾，不能任事等情，移关本府通呈云南都布按三司转行守巡右参政方、副使林、都指挥马铉札牒，坐委蒙化府卫指挥葛藩，通判王大治亲诣本府拘齐通把里老亲邻人等到官从公审勘明白，各具重甘结状备缴去后。弘治三年正月初七日，前疾转加中风在家病故。①

例2：

经筵讲官少保兼太子太保保和殿大学士兼管吏部户部尚书事加二级臣张廷玉等谨题：为报明事。

该臣等议得，云南总督鄂尔泰疏称：云南大理府云龙州箭杆场土巡检字生文，于雍正七年正月初六日身故。据云南布政使张允随详称：土巡检字生文尚未娶妻生子，有字生民实系生文胞弟，现年二十一岁，例应承袭兄职。等因。臣部以定例所载，土官承袭，督抚查明宗图，取司道邻里印结，咨部具题，方准承袭。该督并字生民宗图、印甘各结，咨部不便遽行议袭，随移咨该督查明去后，今准该督取具了生民宗图印甘各级等因前来。查云南大理府云龙州箭杆场已故土巡检字生文，该督既称尚未娶妻生子，有字生民实系生文胞弟，现年二十二岁，例应承袭兄职，并取有宗图及苗众悦服印甘各结等语，应如所请，将字生民准其承袭云南大理府云龙州箭杆场土巡检，给与号纸可也。臣等未敢擅便，谨题请旨。雍正八年十二月

① 巍山彝族回族自治县志编纂委员会．巍山彝族回族自治县志［Z］//薛琳整理．西南古籍研究．昆明：云南人民出版社，1993：957－969.

初八日题。本月初十日奉旨："依议。"①

例3：

巡抚四川等处地方提督军务都察院右佥都御史降一级留任臣宪德谨题：为报状事。

该臣看得，茂州属阿日灌顶净慈妙智国师土司朋族温吉，于雍正本年十二月十四日病故。兹据布政使高维新详称：查明阿日土司朋谈温吉委系患病症身故，并无别情，亦无子嗣。至应袭哈尔吉，实系已故土司朋族温吉胞弟，现年一十六岁，番彝悦服，应请袭替兄职。等情。取其朋族温吉病故各结，及应袭哈尔吉造承袭图供，并番把邻封印甘各结，相应加具部结，一并详赍前来。理合题请，将哈尔吉准其承袭伊兄阿日灌顶净兹妙智国师之职，以专责成。除图结送部外，臣谨具题。伏祈皇上敕部议覆施行。臣未敢擅便，谨题请旨。雍正八年七月二十七日题。八月二十六日奉旨，"该部议奏。"②

由上三则材料可知，明清沿袭元代的兄终弟及的承袭顺序，左瑛系左琳亲弟，字生民实系生文胞弟，哈尔吉实系已故土司朋族温吉胞弟，且已故土司都无子嗣，照例应袭兄职，承袭土司一职。

二、借袭

兄弟借袭土司是兄终弟及承袭方式的另一种类型。这种情况主要是指前土司身故时，留有应袭土司的子嗣，但因应袭者年幼，不符承袭年龄，因此特委任已故土司的亲兄弟先行承袭土司一职，管理衙署事务，抚养亲侄。待已故土司亲子长大成人后，按例承袭土司。

例1：

云南总督臣鄂尔泰谨题，为报明病故事。

该臣看得，云南府属罗次县土巡检李廷杰染患风疾，于雍正六年三月十三日身故。先据布政使详称：李廷杰有应袭长男李清臣年方六岁，未合

① 清代土司档案［Z］. 现存于中国第一历史档案馆，图像编号：063—262、263.

② 清代土司档案［Z］. 现存于中国第一历史档案馆，图像编号：061—060.

承袭之例，舍目李光明等情愿公举廷杰之胞弟李鸿杰抚幼管理土巡检事务，俟李清臣年满十五岁照例承袭。取其宗图册结，同原领号纸详报。经臣咨准部覆，土司年幼未合袭例，委员协理，俱由督抚题明立案。李廷杰病故，伊子李清臣年仅六岁，未便承袭，令伊胞弟李鸿杰暂行管理之处，不便据咨立案，仍令具题到日再议。等因。行据布政使张允随查照原案，叙详前来。相应题请，准以李廷杰胞弟李鸿杰抚幼管理炼象关土巡检事务。俟李清臣年满十五岁另请承袭。谨题请旨。雍正六年十月十二日题。十一月二十七日奉旨："该部议奏。"①

例2：

经筵讲官太子太保保和殿大学士兼管吏部户部尚书事加二级臣张廷玉等谨题：为报明病故事。

该臣等议得，先经云南总督鄂尔泰咨称：云南南安府属罗次县炼象关土巡检李廷杰于雍正六年三月十三日身故，应袭长男李清臣年方六岁，未合承袭之例，公举李廷杰胞弟李鸿杰管理地方事务。俟李清臣年满十五岁，照例承袭。取具宗图册结前来。应照例将应袭之李清臣立案。其土司事务，暂令其叔李鸿杰协理，用印管事。俟李清臣年长十五岁，该督具题承袭可也。谨题清旨。雍正六年十二月初十题。十二日奉旨："依议。"②

由上两则材料就可看出借袭的相关情况：李廷杰因病身故，而应袭长男李清臣年方六岁，未合承袭之例，则公举廷杰之胞弟李鸿杰抚幼，管理土巡检事务，俟李清臣年满十五岁照例承袭。这种借袭比较容易引起土司争袭纠纷。如车里土司刀绳武与叔父刀太康之间的争袭事件，刀太康为刀绳武亲叔叔，抚养刀绳武成年，合例承袭土司一职。但"奸人造为叔欲谋侄冀做土司之语，刀绳武遂信以为实，偕其妻子移住思城，刀太康阻留不及，极为忿懑，此刀绳武始而听信浮言不敢住居九龙江土署"③，此后，刀太康与侄刀绳武不合。刀绳武在道光二年（1822）"造为刀太康，将掌王所送礼物转送缅王，并有以掌附缅之事

① 清代土司档案［Z］．现存于中国第一历史档案馆，图像编号：045—390.

② 清代土司档案［Z］．现存于中国第一历史档案馆，图像编号：045—522、523.

③ 滇事杂档：照抄前道胡办理车里宣慰卷之"示谕刀太康及刀绳武是非曲直始末缘由告示"条［Z］．现藏于国家图书馆．

之信，激怒南掌，南掌遂勾戛于腊来杀刀太康，曾经具奏有案”① 一事，“邀约南掌同害刀太康”②。从而引起了车里土司内部的争袭纠纷。

除了比较普遍的兄终弟及承袭方式外，也有弟终兄及的土司承袭方式，如广西罗阳土知县黄世琪、广西思恩府属兴隆土巡检韦琥、广西江州土知州黄锡章、云南广通县回蹬关从九品土官杨廷桂、云南湾甸土知州景庆长、甘肃庄浪厅土千户管志等均因故离任，而由其兄承袭土司一职。此外，还有比较特殊的承袭对象，如四川霍尔东科长官司长官达汉格隆身故后，由其师弟承袭长官司一职。

第三节　妻承夫职

元明清时期的土司承袭制度虽以父死子继、兄终弟及等承袭方式为主，亦有已故土司的妻子承袭或是借袭，其形式灵活多变。如《蛮司合志》卷 12 载：“宣德四年，上隆州土官知州岑琼卒，无子，有侄岑松尚幼。土人诉于朝，言琼母陈氏有才识，可理州事，愿得陈氏袭职以抚其民，诏从之。”③ 元明清中央政府从其俗，因俗制定土司承袭制度。

一、妻承夫职

元代以来，妻妾亦可合法合理地承袭土司一职，管理衙署事务。《土官底簿》卷下载：“洪武末，乌蒙军民府土知府阿普故，子纳孔年幼，三十三年六月令伊妻设北替任管事。宣德间土知府禄昭故，无子，正妻杨普亦故，止有次妾撒姑应袭。”④ 可见，妻承夫职亦是土司承袭的重要方式之一。如：

> 土官入为京朝近吏者，隆庆辛未进士宋儒为礼部主事；中国人出为土官者，近年思城知州赵天锡，皆奇事也。宋为麻哈州世袭土同知，冒北直隶定州籍登第，且选为庶常；赵本江南女优，游粤西见嬖于土酋，因得袭职，尤奇之奇也。宋以木天华选，仕不得志，谪布政司经历，坐大计归，

① 滇事杂档：照抄前道胡办理车里宣慰卷之“照抄禀覆中丞稿”条［Z］. 现藏于国家图书馆.

② ［清］李熙龄.［道光］普洱府志：第 13 卷［Z］. 板藏学署板，第 36 页.

③ ［清］毛奇龄. 蛮司合志［M］. 清乾隆（1736－1795）刻本.

④ ［明］佚名. 土官底簿［M］. 北京：中国书店，2018：283.

其父珠已老，乃以世官授儒之子袭替。儒擅用军兴法，调土兵杀人构乱，至己卯年用叛臣法诛死。赵善笔札，曾与旧知书，婉媚纤弱，全是黛奁本色。乃闻其得官之故，则酖所天及正室，而赵氏无他子，遂以夷法，妇袭夫官。其人至今在，然则此妇虽夏而变于夷，似贤于宋多矣。①

从这则材料可知，思城知州赵天锡，因与土酋成婚，而赵氏无他子，遂以夷法，妇袭夫官，因得袭职，成为土司，管辖衙署事务。

二、母代子职

母代子职实质上是前任土司妻子暂代土司一职。即前任土司的子嗣暂未符合袭典，而其妻则暂管衙署事务，行使土司职权，俟土司亲子及承袭年岁，则取具宗亲供图印甘各结，题旨请袭。

例1：《四川总督岑春煊奏请准以八昌爵承袭建昌道盐源县属右所土千户之职片》

再查土官之应袭职者例应取具各宗图及原领号纸送部具疏请袭。凡承袭必以嫡长子孙，嫡庶不得越序。兹据署布政使陈璚详称，四川建昌道盐源县属右所土千户八仁祥前此病故，因其子八昌爵年未及岁，咨准以其妻八蓝氏暂时护理，在案现查该故土司之嫡长子八昌爵现在年已十六岁，少壮老成，邻封土司均各悦服，堪以承袭父职。照例造具宗图册结同原领号纸由该管县道查明，曾转加结，由司详请具奏等情。前来臣复核无异，合无，仰恳天恩，俯准以八昌爵承袭右所土千户之职。敕部换颁号纸俾资管束土众，除将宗图册结及原领号纸一并咨部核办外，理合附片具陈，伏乞圣鉴训示。谨奏。②

光绪二十九年正月二十二日（1903年2月19日）

例2：《鄂尔泰谨题为广西太平府佶伦州土知州承袭事》

兵部尚书兼都察院右都御史总督云南贵州广西三省等处地方军务兼理

① ［明］沈德符．万历野获编［Z］．北京：中华书局，1997.
② 中国第一历史档案馆，等．清代皇帝御批彝事珍档［Z］．成都：四川民族出版社，2000：15633－1564.

粮饷世袭三等阿思哈尼哈番加十二级纪录二次鄂尔泰谨题：为土司承袭事。

该臣看得，广西太平府佶伦州土知州冯朝宪于雍正七年二月二十四日病故。先据布政司详报批令查明应袭之人去后。兹据布政使张元怀详称：冯朝宪正妻黄氏并无所出，有子冯时昌，系妾许氏所生，序应承袭父职。但时昌年止两岁，未符袭典。保举官男嫡母黄氏协理州务，取具亲供宗图，印甘各结，该司加具印结，详送前来。臣复核无异，相应照例题明立案。俟冯时昌年长一十五岁，另题袭职。除将宗图册结及已故土官冯朝宪原领号纸送部外，臣谨会题请旨。雍正七年十二月初十日题。雍正八年二月初十日奉旨："该部议奏。"①

例3：《张廷玉谨题为广西佶伦州土知州土司冯时昌承袭事》

经筵讲官少保兼太子太保保和殿大学士兼管吏部户部尚书事加二级臣张廷玉等谨题：为土司承袭事。

该臣等议得，云南总督鄂尔泰疏称："广西佶伦州土知州冯朝宪于雍正七年二月二十四日病故，查冯朝宪正妻黄氏无出，有子冯时昌系妾许氏所生，序应承袭父职。但时昌年止两岁，未符袭典，保举官男嫡母黄氏协理州务，取具宗图册结"等因。具题前来。查佶伦州已故土知州冯朝宪，该督既称正妻黄氏无出，有子冯时昌系妾许氏所生，序应承袭父职，但年止两岁，未符袭典，保举官男嫡母黄氏协理州务。等因。应照例将应袭之冯时昌立案，其州务暂令官男嫡母黄氏协理用印事务。俟冯时昌年十五岁，该督具题承袭可也。恭候命下臣部遵奉施行。臣等未敢擅便，谨题请旨。雍正八年二月二十八日题。三月初一日奉旨："依议。"②

例4：《鄂尔泰谨题为广西上映土知州承袭事》

少保兵部尚书兼都察院右都御史总督云南贵州广西三省等处地方军务兼理粮饷世袭三等阿思哈尼哈番加十二级纪录二次臣鄂尔泰谨题：为土司承袭事。

该臣看得，广西上映土知州许文运于雍正七年十一月十八日病故。先

① 清代土司档案［Z］. 现存于中国第一历史档案馆，图像编号：057—165.
② 清代土司档案［Z］. 现存于中国第一历史档案馆，图像编号：057—477.

据布政使详报批令查明应袭之人去后，兹据布政使元展成详称：查有许锡俟，系已故土州许文运正妻赵氏所生嫡子，序应承袭父职。但锡俟年仅六岁，未符袭典，保举官男嫡母赵氏协理州务，取具亲供宗图印甘各结，该司加具印结，详送前来。臣复核无异，相应照例题明立案，俟许锡俟年长一十五岁，另题袭职。除将宗图册结及已故土官许文运原领号纸送部外，臣谨会题请旨。雍正八年七月二十日题。九月初二日奉旨："该部议奏。"①

由上四则材料可知，四川建昌道盐源县属右所土千户八仁祥之嫡长子八昌爵、广西太平府佶伦州土知州冯朝宪之庶长子冯时昌、广西上映土知州许文运之嫡子许锡俟等作为土司应袭者，其年龄均未符典籍，经保举后由已故土司嫡妻暂代土司一职，管理衙署事务。

在当时家长制为主的社会环境中，妻承夫职虽合地方习惯法，但仍会因此而产生承袭纠纷。如《四川巡抚硕色等奏报松坪土司承袭不妥引起仇杀，拨兵防缉折》中就指出了："前因大田土司马浚病故乏嗣，其妻岭氏袭替，未几亦即物。故松坪现任土司马泽以同宗应袭，出而控争。"前土司马浚病故后，其妻岭氏袭替，但松坪土司马泽借以同宗可袭的缘由争袭，后"经清溪县丁忧知县杨重光等议请，将马泽之子马腾龙承袭大田土务"。但有"松坪土司所辖木虚夷人磨则率领数十人将紫打地夷民马上卿男妇六名口绑去"。经"臣等复密加察访，闻夷人曰纱乃已故大田土司马浚之堂弟，马浚无嗣，曰纱应袭松坪土司。马泽父子并吞袭署，致众夷不服，左袒曰纱。而马泽眈眈虎视，以为不除曰纱无以绝众夷之望。固伊子之袭屡行捏诬以重曰纱之罪，是以曰纱依藉八迫夷人不敢出，而控理各夷构衅多由"。

第四节　其他袭职

元明清时期中央政府按照嫡庶、长幼、亲疏次序的原则，以及遵循土司地区的风俗，灵活制定土司承袭制度。除以上父死子继、兄终弟及、妻承夫职等土司承袭方式外，元明清时期的土司承袭还有亲女继承、叔侄相袭、孙承祖职、同族相袭、女媳承袭、兄职妹袭、官员保举等方式，从而有效避免土司争袭纠纷的发生，达到维护地区稳定的目的，实现对土司地区的有效管控。

① 清代土司档案［Z］．现存于中国第一历史档案馆，图像编号：061—111、112.

（一）亲女承袭

土司身故无后，若有亲女，亦可承袭土司一职。如《土官底簿》卷下载有，路南州土知州秦福“故，无子，止生三女，据布政司咨称，秦福次女元真无过，性纯，识字，夷民信服，该袭。天顺六年十月，奉圣旨，是，钦此”；① 康熙五十七年（1718）七月“辛未，兵部议覆、四川巡抚年羹尧疏言，河西宣慰司故土官蛇蜡喳吧之土妇工喀病故，并无应袭之人，请将蛇蜡喳吧嫡女桑结，承袭应如所请，从之”②；再如《川陕总督庆复等奏陈酌定土司管辖地界以专责成等项曲曲乌善后事宜折》中载有：

请承袭大田土司之职，以广继绝之隆恩也。各土司旧例，土官身亡无后，原准亲女承袭。大田一司止因松坪土司马泽捏造家谱，行贿夺继，致将土女暗地送往婆家，以遂其争袭之计。其枩蛮夷只重骨血，众心不甘，即邻境各土司亦不允服。前任督抚诸臣因念土司无知行贿，其受贿枉断之员已经身故，且乐于改土之虚名，遂尔将就了结。其实办理边情断不宜如此隐默坐视，臣等本欲穷究，姑念土司马泽现已身故，免其深求。前经将启衅，缘由据实陈明。今马溶有女承袭，前案已伸。凉山一带群夷欢欣慕义，无不感戴皇恩，仰恳圣慈。敕部准将土女神姊承袭父职，授为大田土司之处，恭候训示。臣纪山照例具疏题，请办理，至马溶遗产田土已被马泽父子变卖、花销者似难悉为追求，致钉仇恨。其现在占管田土均应拨还，以资袭职土司地方用度。③

由上则材料可知，大田土司马溶身故无后，其亲女应袭父职。但因松坪土司马泽捏造家谱，行贿夺继，而致“众心不甘，即邻境各土司亦不允服”，后经详查办理，大田土司马溶之女继承父职，而“凉山一带群夷欢欣慕义，无不感戴皇恩，仰恳圣慈”。在《土官底簿》之“大和县神摩洞巡检司巡检”中载有：

赵俊，本县籍，承袭前元大理府录事，洪武十五年归附，总兵官着令招谕金齿土军，授神摩洞巡检，十七年实授。故，无儿男，正妻杨观信带

① ［明］佚名. 土官底簿［M］. 北京：中国书店，2018：205.

② 大清圣祖仁皇帝实录：第280卷［Z］. 台北：华文书局，1978：3736.

③ 中国第一历史档案馆，等. 清代皇帝御批彝事珍档［Z］. 成都：四川民族出版社，2000：468－470.

同女观寿并自幼招到养老，女婿杨药师名等赴京进贡告袭，又该布政司咨呈，赵庆告系赵俊亲侄，赴部争袭，议发原籍，永乐五年三月奉圣旨："是。只准这妇人袭了。钦此。"故，观寿系亲女告袭。永乐十三年八月奉圣旨："吏部不为常例，著他女儿替了。钦此。"正统元年九月，女儿土官巡检赵观寿并侄监生赵里各节次奏告争袭，本月发回云南会勘，未报。文选司缺册内，查得成化十二年四月，除流官张时益。①

由上材料可知，神摩洞土巡检赵俊身故无后，其女婿、亲侄赴部争袭，对此，部议准其亲女袭替，但不成为常例。

（二）叔侄相袭

叔侄相袭的承袭情况亦时常出现，有叔袭侄职和侄袭叔职两种。叔袭侄职则是指因侄子承袭其父职，但去世后并未留下子嗣，则可择其叔叔来承袭土司一职。如《杨氏命脉回溯》记载，播州杨氏土司就有两次叔袭侄职的情况：其一，杨元鼎承袭父亲杨忠彦的播州军民安抚使一职，杨元鼎身故无后，则其叔父杨铿于洪武四年承袭侄职；其二，杨炯承袭祖职，成为播州宣慰使，其身故且无嗣，则由其叔父杨纲承袭侄职。② 再如《土官底簿》卷上载：永乐午，云南罗雄州知州适广故，亲男者永年幼，则"伊叔沙陀借袭"③。

除上所说的叔袭侄职外，另一种即侄袭叔职，因前任土司亡故，未留子嗣，则可按照嫡庶、长幼、亲疏的次序择其侄子来承袭土司一职。

例1：

总督云南贵州等处地臣鄂尔泰谨题：为禀明身故事。

该臣看得，云南孟定土知府罕珍于康熙五十四年五月二十日病故。查无应袭之人，今据布政使常德春详称：罕珍无嗣，有罕监猛系珍之嫡侄，例应承袭伯职，彝众悦服，族无争职之人，亦无乞养异姓诈冒等弊。造具图结，转报到司。因图册与原案不符，失钤缝印，又无医生邻佑甘结，随经驳换。孟定土府地远人顽，恃有烟瘴，人所罕至，是以迟延数载。兹据罕监猛将册结钤盖印信投府，申道移司，加具印结。详情核题。等情前来。臣查无异，相应题请，将罕监猛准其承袭孟定土知府之职。除将宗图各结

① ［明］佚名．土官底簿［M］．北京：中国书店，2018：25－26.
② 杨年建．杨氏命脉回溯［Z］．上海：上海古籍出版社，2010：431－432.
③ ［明］佚名．土官底簿［M］．北京：中国书店，2018：84.

同罕珍原领号纸送部查核外，臣谨会题请旨。雍正五年四月十一日题。五月二十五日奉旨："该部议奏。"①

例2：

太子太傅内阁兼吏部行走加三级臣朱轼等谨题：为禀明身故事。

该臣等议得，云南总督鄂尔泰疏称：云南孟定土知府罕珍于康熙五十四年十二月二十三日病故无嗣。有罕监猛系罕宋之嫡孙、罕珍之嫡侄，例应承袭伯职，取具亲供宗图册结。等因。具题前来。查该督既称罕珍无嗣，嫡侄罕监猛年三十八岁，应袭伯职，与例相符。等语。应如该督所请，将罕监猛准其承袭孟定土知府，给与号纸可也。恭候命下臣部遵奉施行。谨题请旨。雍正五年六月十九日题。本月二十一日奉旨："依议。"②

由上材料可知，云南孟定土知府罕珍病故且无嗣，罕监猛系嫡侄，按例应承袭伯职，且彝众悦服，年岁也符例典，亦无族人与之争袭，则取具亲供宗图册结，题请准袭。应袭者除上述所提及的亲叔叔与亲侄子外，也包括外甥、族侄、夫侄等对象。

（三）祖孙相袭

祖孙相袭亦有孙袭爷职，这类相对来说比较常见；也有较少的祖母袭孙职的情况出现。据《杨氏命脉回溯》记载，杨炯深受祖父杨升的喜爱，并袭祖父土司职。据载，正统三年（1438年）杨升有疾，朝命其孙杨炯代职；同年十一月，杨炯遣安抚宋忠诚入朝贡马。杨升去世后，孙杨炯袭职。③ 以下材料亦证明了孙袭祖职承袭的情况。

例1：《四川总督奎俊奏请准以姜武绶承袭四川建昌道冕宁县属酥州土千户之职片》

四川建昌道冕宁县属酥州土千户姜文富病故，所遗员缺应以嫡长子姜发贵承袭。姜发贵旋亦病故，遗有长子姜武绶，现年十八岁，系姜文富嫡长孙，堪以承袭祖职。夷众邻封均各悦服，照例造具承袭宗图册结，同原

① 清代土司档案［Z］. 现存于中国第一历史档案馆，图像编号：035—517、518.

② 清代土司档案［Z］. 现存于中国第一历史档案馆，图像编号：036—171、172.

③ 杨年建. 杨氏命脉回溯［Z］. 上海：上海古籍出版社，2010：427.

领号纸由该管县府道查明，曾次加结详请具奏等情。前来奴才核与定例相符，合无仰恳天恩俯准以姜武绶承袭四川建昌道冕宁县属酥州土千户之职。敕部换颁号纸俾资管束而专责成，除将宗图册结及原领号纸咨部核办外，理合附片具陈，伏乞圣鉴。谨奏。”①

例2：

兵部尚书兼都察院右都御史总督云南贵州广西三省等处地方军务兼理粮饷世袭三等阿思哈尼哈番加十二级纪录二次鄂尔泰谨题：为报明事。

该臣看得，浪穹县土典史王晋年老久病，医治不愈，于雍正六年十月十二日身故。今据云南布政使张允随详称，查应袭王芝成现年二十七岁，系该土官王晋长子懋勋所生长男，因王懋勋于康熙四十三年四月十四日病故，例应王芝成承袭祖职，并无乞养违碍诈冒等弊，取其承袭宗图册结并王晋病故各结，同原领号纸一并详报前来。臣复查无异，相应题请将王芝成准其承袭浪穹县土典史之职。除宗图册结号纸送部外，臣谨会题请旨。雍正七年七月初六日题。闰七月初十日奉旨：“该部议奏。”②

例3：

兵部尚书兼都察院右副都御史总督云南贵州等处地方军务兼理粮饷世袭拜他喇布勒哈番加八级记录二次臣鄂尔泰谨题，为报明事。

臣看得，云龙州箭杆场土巡检字世昊，因染泄泻之疾，医治不愈，于雍正五年正月三十日身故。今据云南布政使常德寿详称，查应袭字生文系该土官字世昊长子字昉义所生长男，字世昊之长孙。前字昉义病故时，曾将字生文取具各结，详报立案，合详情请具题，并声明宗图册结无舛错，俟驳换主日，臣覆查无异，相应题请，将字生文准其承袭云龙州箭杆场土巡检之职。除号纸送部，其宗图册结俟详至日，另行送部外，臣谨会题请旨。雍正五年八月初七日题，九月十八日奉旨：“该部议奏。”③

① 中国第一历史档案馆，等．清代皇帝御批彝事珍档［Z］．成都：四川民族出版社，2000：1561－1562.

② 清代土司档案［Z］．现存于中国第一历史档案馆，图像编号：051—599、600.

③ 清代土司档案［Z］．现存于中国第一历史档案馆，图像编号：038—60、61.

由上三则材料可知，四川建昌道冕宁县属酥州土千户应袭姜武绶系已故土千户姜文富嫡长孙，浪穹县土典史应袭王芝成系王晋长孙，云龙州箭杆场土巡检应袭字生文系字世昊长孙，其父亲均是已故土司的嫡长子，是第一承袭人，又因故先于前土司身亡。因而依照嫡庶长幼次序，择其亲男承袭祖职。由此可见，土司承袭制度虽形式多变，内容多样，但也是严格按照嫡庶、长幼、亲疏等次序承袭。

此外，查阅文献，还可发现一些特殊的案例，如祖母袭孙职。如：

> 左麟哥系祖嘉谟庶长亲男，例应承袭世职，因年方七岁，不合袭例。据族舍里老公举嫡祖母高氏抚幼，协理地方事务。嗣于雍正二年，左麟哥年满十七岁，蒙院司道府查取宗图册结，咨部具题，蒙吏部颁给号纸，随于雍正三年九月初七日，祗领承袭世职。于本年十月二十五日到任管理地方事务。①

由上则材料可知，土司应袭者未符典例，则族人公举其祖母抚幼，可暂管地方事务。其外，亦有叔祖暂代土司一职，或是侄孙承袭叔祖职等情况。

（四）同族袭职

同族袭职也可称为族属袭替，即指土司身故，按例无应袭者，或因故被革职，后世子孙不允许承袭，则公举族人承袭土司一职。如《土官底簿》卷上载：云南师井巡检司巡检“杨天然，故，绝，轮该另枝杨永珞长男杨志温应袭”②；四川大田正土百户马群英身故，无应袭者，择其族人承袭；等等。同族承袭是中央王朝为解决土司一职空缺，土司地区无人管辖，所导致社会不稳的问题，通过族舍里老公举贤能之才，继续管理地方。

（五）媳婿承袭

儿媳、女婿承袭土司亦是元明清中央政府及地方官员根据土司地区的实际情况而采用的土司承袭方式之一。《土官底簿》卷上载有，沾益州土官妾适璧袭职故，“保勘适仲系适璧童养媳妇，应袭姑职”③。可见元明清时期土司若有子则遵循嫡庶、长幼次序继承，无子则土司亲女亦可承袭。根据土司地区的实际

---

① 巍山彝族回族自治县志编纂委员会．巍山彝族回族自治县志［Z］//薛琳整理．西南古籍研究．昆明：云南人民出版社，1993：957－969.

② ［明］佚名．土官底簿［M］．北京：中国书店，2018：44.

③ ［明］佚名．土官底簿［M］．北京：中国书店，2018：44.

情况，若是土司女婿为族人信服，有贤才之能，亦可承袭土司职位，如道光三年（1823）十一月癸酉，已故贵州沙营长官司土妇沙安氏婿安荣诰、袭职。①

（六）妹袭兄职

女性除了可以以妻妾、母亲、女儿、祖母等身份承袭土司职位外，作为前任土司的妹妹，能得族人悦服，同样可以承袭兄长职官。如四川龙茂道理番厅属党坝长官司任贞赤米勒耳日病故，且无子嗣应袭职官，则择已故土司之胞妹择韧纳，现年十八，年龄符合典例，且明事理，得邻封各土司悦服，可堪承袭兄职。

综上，土司承袭制度不断完善，形成了比较严格的嫡庶、长幼、亲疏的承袭次序，但也可看出其在遵循严格的承袭次序基础上，元明清中央政府和地方官员亦会根据土司地区的实际情况和风俗习惯灵活选择承袭对象，除土司的子孙、兄弟是应袭者外，其侄甥、妻妾、母亲、亲女、媳婿、族人、徒弟等均可视情况成为应袭者。明清中央政府制定土司承袭次序并严格执行，能有效避免土司家族的内部争袭与仇杀，从而保证土司地区的社会稳定。中央政府根据实际情况选择承袭对象则能避免来自邻近土司的觊觎而造成的混乱，从而保证土司地区之间的社会相对稳定，有利于中央政府对边疆土司地区的有效统辖和有序管控，这是国家治理土司和土司地区的重要举措。

---

① 清实录·宣宗成皇帝实录：第61卷［Z］. 北京：中华书局，2008：35475.

第六章

驾驭有效：土司承袭的信物

我们研究某个具体土司时，不能把土司的先世称为土官或土司，只有当这个地方首领归附中央王朝之后，朝廷赐予该地方首领诰敕、印章、虎符、驿玺书、金银符、号纸等信物作为朝廷命官的凭证，将其纳入中央政府的职官体系，才能称之为土官或土司。按照这样一个惯例，中央王朝赐予世袭土官土司的信物，也是体现其合法性的十分重要的表征。在中央王朝赐予信物方面，元代赐给各地土司的有印章、虎符、驿传玺书、金（银）字圆符等信物，“俾得以王官旌节，统摄其部落”①。明代中央政府赐给各地土司的信物主要有印章、冠带、符牌等，清代中央政府赐给各地土司的信物有印信、号纸等。按照规定，各地土官只有拥有上述这些信物之后才能称土官，才能行使土官职权。元明清三代赐予各地土官土司的信物虽然不尽一致，但都通过授予应袭土司印信、号纸、冠带、符牌等信物，达到了对各地土司承袭的有效驾驭。

第一节　印信

据有关历史文献记载，我国的印信产生于商周时期，当时是商人将其加盖于货物的封泥上，用以封缄货物以资证明。秦代至南北朝时期，人们开始在公文上盖印，以证明职权，但仍然用在封泥上以封缄公文。隋唐时期，由于纸张的大量使用，印信的功用由抑之于泥变为钤之于纸，也就是在纸质公文中开始大量正式钤盖印信。到了清代，印信制度逐渐完备，中央王朝对土官赐予号纸以及土府、土厅、土州、土县加以印信均做了明确的规定。

元代中央王朝任命土官时，除给予各地土官“宣敕”外，还要赐予印章，用以号令辖地各族民众以及处理公务加盖印信。对此，《元史》作如下记载：泰定三年（1326）九月戊辰，“湖广行省太平路总管郭扶、云南行省威楚路秃剌寨

① ［清］邵远平．元史类编：第 42 卷［M］．席氏扫叶山房，清乾隆六十年（1795），刻本．

长哀培、景东寨长阿只弄男阿吾、大阿哀寨主弟你刀、木罗寨长哀卜利、茫施路土官阿利、镇康路土官泥囊弟陀金客、木粘路土官丘罗、大车里昭哀侄哀用、孟隆甸土官吾仲，并奉方物来献。以昭哀地置木朵路一、木来州一、甸三，以吾仲地置孟隆路一、甸一，以哀培地置甸一，并降金符、铜印，仍赐币帛、鞍勒有差。”①

明代中央政府授予各地土司的印章，不管是银印还是铜印，都是土司权力的象征。按照《明会典》卷79“印信制度”规定：宣慰司，从三品，铜印，方二寸七分，厚六分；宣抚司，从四品，铜印，方二寸五分，厚五分；招讨司和安抚司，从五品，铜印，方二寸四分，厚四分五厘；土知州，从五品，铜印，方二寸三分，厚四分；长官司，正六品，铜印，方二寸二分，厚三分五厘；宣慰司经历，从七品，铜印，方二寸一分，厚三分；宣抚司经历，正从八品，铜印，方二寸，厚二分五厘；且要求直纽，九叠篆文。② 可见，中央王朝赐予的印信是根据土司的不同职级由礼部颁发，其规制不尽一致。按照明王朝的规定，正三品以上官员为银印，从三品以下则为铜印。而土司武职最高一级指挥使为正三品，宣慰使为从三品；文职土官土司最高一级的土知府为正四品。因此，除极少数的土指挥使赐予银印外，其他所有土司均是赐予铜印。只是铜印有大小、厚薄之分，并按照职衔、品级不同而分别赐予。

清代对各地土司的印信也有明确的规定，如：宣慰司，铜印，方二寸七分，厚九分；宣抚司，铜印，方二寸五分，厚六分；安抚司、招讨司，铜印，方二寸四分，厚五分；长官司，铜印，方二寸二分，厚四分五厘；宣慰司经历，铜印，方二寸一分，厚四分四厘；巡检司，铜印，方一寸九分，厚四分。③ 以上各印亦为铜质直纽。此外，中央王朝颁给各土司的印信均有编号。如乾隆年间清王朝颁发给“邛部宣抚司印”，正方形铜印，边宽7.8厘米，连柄纽高11厘米。印面阔边细字，汉文篆书，边款楷字为“乾隆十七年四月口日，乾字一万一千六百五十一号，礼部造”。④ 在《云南少数民族官印集》一书中刊有大量土司印信，如“木邦军民宣慰使司印”，印背刻楷书铭文，右边是“木邦军民宣慰使司印”，左边是“礼部造　永乐二年六月口日”，左侧是“磨字六十号”；又如“潞江安抚司印”，印背刻有楷书铭文，右边是“潞江安抚司印　礼部造”，左

① ［明］宋濂．元史：第30卷［M］．北京：中华书局，1976：673.

② ［明］申时行．明会典：第79卷［Z］．北京：中华书局，1989：457－458.

③ ［清］伊桑阿，等纂，关志国，等校点，大清会典（康熙朝）：第54卷［Z］．江苏：凤凰出版社，2016：614.

④ 尔布什哈．凉山彝族的五颗土司印信［J］．四川文物，1989（02）.

边是满文，右侧是汉文“乾隆十九年十二月口日”，左侧是“乾字一万一千八百九号”。[①] 根据《钦定大清会典事例》记载，有清一代并非所有土司均颁发印信。有的土司只颁给印信，无号纸，如：“清溪县属木坪宣慰司，旧名董卜韩胡土司，其长达结租马儿结，于康熙元年归诚授职，颁给印信，每岁认纳贡马四匹，每匹折征银八两，又旧管鱼通地方草粮五十石，每石折征银一两。”[②] 有的土司印信号纸都颁给，如：“德尔格忒宣慰司，旧名叠尔格土司，其长丹巴七立，于雍正七年归诚，授宣抚司职，于雍正十一年加授宣慰司，改称今名，另给印信号纸，每岁认纳贡马十二匹，每匹折银八两，青稞一千五百斗，每斗折银一钱，狐皮十二张，每张折银五钱，明正司催征。”[③] 一般而言，大部分土司在授土司职衔时均给印信、号纸，但也有部分土司只发号纸而无信印，如：“瓦述写达土千户余家太，于雍正七年归诚授职，颁给号纸，无印信，每岁认纳狐皮三十张，每张折征银五钱。上纳夺土千户濯给，于雍正七年归诚授职，颁给号纸，无印信，每岁认纳贡马一匹，折征银八两。”[④] 对于某些地位低微的土司，如土舍、寨首等，中央王朝则不颁给印信和号纸。

印信是土官土司权威的象征，元明清中央政府在大多数情况下要赐予各地土司印信，以确保各地土司能够在处理相关事务时方便、快捷。

第二节　符牌

符牌最早是兵权及君权的象征。据汉代许慎《说文解字》，“符”即“信也”，可见符牌就是信牌的意思，其功能为信物凭证。秦汉以后，符牌逐渐衍生出节、虎符、竹使符等门类。虎符与竹使符则一主发兵、一主征兵。后来，符牌渐渐与官员的身份有了交集。唐朝时，朝廷为了“明贵贱，应召命”，根据官员不同的品级发放金、银、铜制的鱼符，其中五品以上的官员还佩有专门的鱼袋。明清时期，符牌演变成牙牌与腰牌。明朝牙牌上除了朝臣的姓名和官职，

---

① 云南省少数民族古籍整理出版规划办公室．云南少数民族官印集［Z］．昆明：云南民族出版社，1989：30－31.

② ［清］昆冈，等．钦定大清会典事例：第586卷［Z］．台北：新文丰出版公司，1976：12804.

③ ［清］昆冈，等．钦定大清会典事例：第586卷［Z］．台北：新文丰出版公司，1976：12809.

④ ［清］昆冈，等．钦定大清会典事例：第586卷［Z］．台北：新文丰出版公司，1976：12811.

有时还会刻上使用范围与禁令。清朝腰牌就更为完备，还加上编号、年龄、相貌特征、发牌年代等，在形制上和后世的身份证已经大同小异。符牌作为传递政令的一种身份凭证，在中国古代历史上曾被广泛使用。我们平时所说的诸如调兵虎符、通关腰牌、牙牌等，都属于符牌。元明清时期，持有符牌的人更是具有“特权”。

元代中央政府赐予各地土官的金符，有一部分为虎符。虎符与虎符之间尚具有材质和外观上的区别：“考之国初，典兵之官，视兵数多寡，为爵秩崇卑，长万夫者为万户，千夫者为千户，百夫者为百户。世祖时，颇修官制，内立五卫，以总宿卫诸军，卫设亲军都指挥使；外则万户之下置总管，千户之下置总把，百户之下置弹压，立枢密院以总之。遇方面有警，则置行枢密院，事已则废，而移都镇抚司属行省。万户、千户、百户分上中下。万户佩金虎符，符趺为伏虎形，首为明珠，而有三珠、二珠、一珠之别。千户金符，百户银符。”① 各地土官配备虎符，《元史》记载颇多。如《元史》卷 10 载，至元十五年（1278），都掌蛮夷及其属百一十八人内附，以其长阿永为西南番蛮安抚使，得兰纽为都掌蛮安抚使，“赐虎符”②；《元史》卷 23 载，至大三年（1310），平伐蛮酋不老丁遣其侄与甥十人来降，升平伐等处蛮夷军民安抚司同知陈思诚为安抚使，“佩金虎符”③。从上述材料看，上自路总管下至安抚使，均可佩虎符。另从至元元年（1335）诏书所反映出来的“诸官非节制军马者，不得佩金虎符”④ 的信息看，虎符应为节制军马的凭信。这是因为边陲土官有保境靖边的责任，故给予“节制军马”的权力。⑤ 中央政府赐予各地土官的金符，仅限于元代，明清两代已无这种信物。

颁发信符的作用在于防止诈伪，具有保障性；金字红牌的敕书，是君主对臣属的指示与规定，确定其应享权力及应尽义务。说到底，这也是朝廷有意加强对土司实行统治的一种措施。一般来讲，各地土司争相拥有调兵权力。明朝中央政府对云南边夷土司颁发金牌信符的做法，一方面为朝廷与土司之间确立一项征信之物，以利彼此之间的交往；另一方面为朝廷谕示土司于国家享有之

---

① ［明］宋濂．元史：第 98 卷［M］．北京：中华书局，1976：2507－2508.

② ［明］宋濂．元史：第 10 卷［M］．北京：中华书局，1976：207.

③ ［明］宋濂．元史：第 23 卷［M］．北京：中华书局，1976：529.

④ ［明］宋濂．元史：第 38 卷［M］．北京：中华书局，1976：826.

⑤ 龚荫．中国土司制度史［M］．成都：四川人民出版社，2012：118.

权利及其对国家应尽的义务。① 制作信符及金字红牌是明代中央政府的一大创举，是明代中央政府加强控制边疆土司的重要举措。据《明会典》《礼部志稿》和《明太宗实录》卷35有关内容看，明代云南计有敕符勘合的土官衙署有车里、木邦、缅甸、麓川平缅、八百大甸、老挝等6个宣慰司，干崖、大侯、里马、茶马4个长官司，潞江安抚司以及孟艮、孟定、湾甸、镇康等府州。② 现将《明太宗实录》卷35中颁发信物及金牌的情形抄录于后③：

永乐二年冬十月己巳庚午……制信符及金字红牌，颁给云南木邦、八百大甸、麓川平缅、缅甸、车里、老挝六宣慰使司；干崖、大侯、里马、茶山四长官司；潞江安抚司及孟艮、孟定、湾甸、镇康等府州土官。其制铜铸信符五面，内阴文者一面，上有“文、行、忠、信”四字与四面合，及编某字一号至一百号批文勘合底簿，其字号如车里以“车”字为号，缅甸以“缅”字为号。阴文信符勘合，俱付上土官底簿，付云南布政司。其阳文信符四面及批文百道，藏之内府。凡朝廷遣使，则齐阳文信符及批文各一，至布政司比同底簿，方遣人送使者以往，土官比同阴文信符及勘合，即如命奉行。信符之发，一次以“文”字号，二次“行”字号，周而复始。又置红牌镂金字敕书谕之，其文曰：“敕某处土官，尔能守皇考太祖高皇帝号令，未尝有违。自朕即位以来，恭修职贡，礼意良勤，朕以远人慕义，尤在抚绥，虑恐大小官员军民，假朝廷差使为名，扰害需索，致尔不宁，特命礼部铸造信符付尔，凡有调发不当办诸事，须凭信符乃行，如越次及比字号不同，或有信符而无批文，有批文而无信符者，既是诈伪，许擒之赴京，治以死罪。又编勘合一百道付尔，勘合底簿一扇付布政司。尔之境土，凡有军民疾苦，及奉信符办过事务进贡方物之类，俱于勘合内填写，遣人赍至布政司比号写底簿，布政司都司遣官同赍所填勘合奏闻。若边境声息及土人词讼，从都司布政司按察司官会同计议行之。其事已行及尔承行缘由，并填写勘合奏闻。如总兵官镇遇有前事，总兵亦会三司计议，仍用都司或并布政司印信文书，写总兵官处分之语，方许奉行，亦填写勘合具奏。若朝廷命总兵官挂将军印征讨，调遣尔处军马，不待三司行移，

① 黄开华．明代土司制度设施与西南开发［M］//明史论丛：明代土司制度．“台湾”学生书局，1968：54.

② ［明］申时行．明会典：第108卷［Z］．北京：中华书局，1989：585－586.

③ 明太宗实录：第35卷［Z］．台北：“中央研究院”历史语言研究所，1982：第？页．

但凭总兵官印信文移，即时发遣，亦填写勘合，遣人奏闻。填写勘合或字画错误，明白圈注，以本司印信盖钤。凡所收底簿及勘合用之将尽，具奏再颁。或总兵官都司布政司等官，新除官到任及遇时节，不许赍礼物相庆。今以此敕刊置金字红牌，悬尔治所，永永遵守，仍以纸写一道付尔，或有贪婪无藉凌害尔者，不待填写勘合，正具本遣人赍此敕，不经总兵官及三司径赴京陈奏，将犯者治以重罪。用此关防，正为抚安尔众，尔当安分循理，谨遵号令，和睦邻境，益坚事上之心，则尔子子孙孙世保境土及尔境内之民，永享太平，其恪遵朕训，毋怠毋忽。”

《礼部志稿》卷91“给土官阴阳符”载：

成化十六年，云南大侯州土官知州奉吉利法等，乞仍降阳文信符。礼部言：大侯州在云南极边一万二千余里，原降与阳文信符二面，三年进贡，以符缴换。成化六年，本州岛遣人进贡，缴符。本部因其旷贡一十五年，又不具每年差发银两足否，以故止给与阴文符一面。经今十年，方来进贡，乃奏称因阳文存留不降，致欠差贡。夷人谲诈，恐自后因此得以借口，宜从旧制，给与阳文信符，赍回责以催办银两，依期奉从之。①

《明史》卷314载，正统时，大侯州土知州刀奉汉，“奏欲与木邦宣慰罕门法共起土兵十万，协同征剿麓川，乞赐金牌、信符，以安民心。特赐之。”② 这说明了明代边疆土司拥有符牌的重要作用。在土司内部，常用兵符和印信调动军队。如贵州水西彝族土司就是用兵符和印信来调动土兵。据《水西简史》载，君长披虎皮（“毕濯阻几”），持“鲁余赫大”（即兵符类，用于调动军队。箍以虎皮饰以黄金的权杖，彝文文献称之为“鲁余赫大”），乃调兵信符。

到了清代，中央政府不再赐予各地土司金符、信符及金字红牌等信物，对于职衔比较小的少数土司，如四川大黑水寨、小黑水寨土百户，中央政府不再颁发印信、号纸信物，而颁给“委牌”。

① ［明］林尧俞．礼部志稿：第90卷［Z］．景印文渊阁四库全书598册．
② ［清］张廷玉．明史［M］．北京：中华书局，1974：8109.

第三节　号纸

号纸是清王朝发明的赐予应袭土司的信物，且一直贯穿清代始终，这里可举一例证明：云南永北县属蒗蕖州土知州应袭阿鸿钧宗支图中有“因顺治十六年兵变，遗失号纸，递延未经请补号纸”“后请颁复土知州号纸印信”的句子，在“亲供”中有“颁发号纸一道任事”“至顺治十六年内，兵燹遗失号纸”“并请给号纸印信具详”“颁发蒗蕖州土知州阿为柱号纸一道，并发道字一千四百九十三号纸铜质印信一颗，只领任事”“于是年九月内，接奉号纸一道”“于光绪二十四年奉发号纸一道，准阿继祖承袭蒗蕖土知州职，只领任事”① 等句子，其中证明了从顺治到光绪年间均有清王朝赐予的号纸。

土司的职衔与职级代表了土司的不同等级，而能反映土司职衔和职级的是清代中央政府颁发的印信与号纸。对于印信，前面已做了探讨，这里主要讨论“号纸”。所谓“号纸”，就是中央政府人颁给某一应袭土司的任命文书，当然也是土司承袭文书中的重要凭证。前面我们做过讨论，土司承袭程序繁多，按照清代中央王朝的规定，凡土司承袭，由承袭之人将原土司申报的宗派支系图、本人亲自写的申报资料、地方官批准的文件、邻近土司开具的证明，以及原领号纸，详报督抚，由督抚具题请袭。然后应袭土司还要亲身赴京至吏部或兵部（康熙十一年取消亲身赴京的规定），由该部核明批准后才可以承袭，换给新号纸。顺治初年，“定土知府、同知、通判、知州、州同、州判、吏目、知县、县丞、主簿、典史、经历、知事、巡检、驿丞等文职承袭，由部给牒，书其职衔、世系及承袭年月于上，名曰号纸。②

号纸更换有明确规定：“每承袭世职之人，给予钤印号纸一张，将功次、宗派及职守事宜填注于后。后遇子孙袭替，本省掌印都司验明起文，或由布政司起文，并号纸送部查核无异，即与题请袭替，将袭替年月、顶辈填注于后，填满换给……如有犯罪革职、故绝等事，都司、布政使司开具所由，将号纸缴部注销。”③ 这说明清王朝对应袭土司号纸的颁发、填写规格与内容、换给、补

---

① 佘贻泽．中国土司制度［M］．南京：正中书局，1944：208－213.

② ［清］昆冈，等．钦定大清会典事例：第145卷［Z］．北京：中国书店，2018.

③ ［清］昆冈，等．钦定大清会典事例：第589卷［Z］．台北：新文丰出版公司，1976：12831.

给、注销等规定十分清楚、明确，也便于操作。同时，还规定“如遇有水火、盗贼损失者，于所在官司告给执照，赴部查明补给。”① 如乾隆二年三月（1737年4月）下瞻对土目班滚准承袭父策冷衮布职衔，换给号纸，将伊父原领号纸缴销。云多土目丹批、仪盖土目朗金、麻林土目工布、上临卞石土目工布拉登、下临卞石土目纳期、冈里土目布擢桑、隆石土目喇无绒、上苏阿土目达结、下苏阿土目柏玛朗结、郭布土目工布交等，俱准给与土百户职衔号纸。② 可见，在土司袭替过程中，呈报号纸是必不可少的重要一环。下面列举两个号纸的例子：

川边倬窝（一名竹窝）安抚司之号纸内容，可见号纸的样式。

兵部为给发号纸事：武选司案呈，内阁抄出，四川总督奎□片奏：建昌道属倬倭安抚司索诺木多布丹已故，遗缺以嫡子俄尔珠，年二十二岁，勘以承袭，夷众悦服，造具宗图册结，原领号纸被毁，无从咨缴送部。具奉硃批：该部议奏，钦此。查四川建昌道属倬倭安抚司索诺木多布丹已故，遗缺请以该安抚司嫡子俄尔珠承袭，与例相符，应如该督所奏，俄尔珠准其承袭倬倭安抚司之职等因。于光绪二十八年五月初五日，具奉旨：依议，钦此。相应给与该上司号纸，令其承领任事可也：须至号纸者。

右号纸给四川建昌道蜀倬倭安抚司俄尔珠，准此。

光绪二十八年五月十一日

号纸)()(行③

在贵州省锦屏县敦寨镇龙氏土司家族后裔保存的一部十分完整的龙绍讷撰写的《龙氏迪光录》中有一份号纸，内容如下：

兵部为循例等事，武选清吏司案呈兵科，抄出本部汇题前事，内开贵州巡抚某疏称黎平府属亮寨长官司龙某病故/因病休致，查该应袭龙某现年若干岁，实系已故/休致土官嫡生长男，为人诚实，通晓夷情，苗众悦服，取具宗图册结送部承袭等因具题，奉旨该部议奏，钦此。查定例土官缺出，以嫡长子承袭等语，贵州黎平府属亮寨长官司龙某病故/休致遗缺，今据该

---

① ［清］昆冈，等．钦定大清会典事例：第589卷［Z］．台北：新文丰出版公司，1976：12831.

② ② 清高宗实录：第39卷［Z］．乾隆二年三月戊午条．

③ 佘贻泽．中国土司制度［M］．南京：正中书局，1944：213－214.

抚疏称，查该应袭龙某现年若干岁，实系已故/祗休致土官龙某嫡生长男，为人诚实，通晓夷情，苗众悦服，取具宗图册结送部承袭等因，查与定例相符等因，应如该抚所请，龙某准其承袭贵州黎平府属亮寨长官司，颁给号纸，令其祗领等因，于某年号某年某月某日题，本月某日奉旨依议，钦此。相应给与号纸，令其承领可也，须至号纸者　朱勾　六龙字皆朱点

朱长判印

右号纸给贵州黎平府属亮寨长官司龙某准此

某年号某年某月某日给

号纸　花押　朱判①

可见，清政府对于土司号纸的颁发、填写规格、书写内容、换给、补给、注销、遗失以及争夺等，不仅有专门规定，而且颁发给土司的号纸也是承袭土司之职、享受荣禄的根据。

根据清代历史文献记载，并非所有土司均颁发号纸。一般来说，大部分土司在授职时均给号纸，另有一些土司只发号纸而无信印，这主要是一些地位低微的土司，如土舍、寨首等类型。《钦定大清会典事例》卷586～589中，多有"颁给印信号纸""有印信号纸""颁给号纸""承领号纸""颁给号纸，无印信""由本省发给钤记，无号纸""领灌顶净慈妙智国师印信，无号纸"等文字，② 这说明在土司承袭问题上，清代中央政府是采取"因地制宜"的措施予以分别对待。

凡改土归流时，各地土司均需交出印信号纸，成文于宣统二年（1910）五月的《朱宪文、喇世俊会禀孔撒土妇至曲屋拒交印信》和《朱宪文、喇世俊会禀孔撒土妇已交出印信号纸》或许能够说明问题。

《朱宪文、喇世俊会禀孔撒土妇至曲屋拒交印信》全文如下：

知县世俊与管带宪文筹商，仍带营团披星越山，初五日申刻行抵曲屋。该土妇等约四五百人已驻扎曲屋喇嘛寺之下坝，管带等因喇嘛寺据其上游，即驻于此，截其前路。一面由管带朱谕上、中、下三杂渠头人，各选壮丁

① ［清］龙绍讷编著，龙泽江点校．苗族土司家谱·龙氏家乘迪光录［Z］．贵阳：贵州大学出版社，2018：391.

② ［清］昆冈，等．钦定大清会典事例：第586－589卷［Z］．台北：新文丰出版公司，1976：12800－12837.

防堵隘口；谕令驻防菊母之左哨哨弁带同丁勇前来，以资分扎。布置已定，随即令该处头人到孔撒土妇帐棚，就宪札各情一一从容开导，该土妇约管带、知县在干草坝谈话。管带等冀其事出万全，于初六日辰刻亲到草场赴约。比至，该土妇遣其头人碌绒、江错等四人前来，随婉言反复譬喻，饬其交出印信、号纸，即属无罪。谕慰半日之久，一味横抗，言辞绝决。

管带等所带营勇仅有七十余人，闻驻防绒坝岔之巡防第六营、麻书汛千总封国恩由作庆陆续将到，只得谕令土妇稍留，从容商酌。①

《朱宪文、喇世俊会禀孔撒土妇已交出印信号纸》全文如下：

管带宪文、知县世俊于宣统二年五月初六日将拦阻孔撒土妇，开导不从各情形飞报宪台在案。

禀后复传集该土妇之头人碌绒、江错等切实开导，晓以利害，渐有转机，允将印信、号纸交出。正在磋商间，管带玉贤带领防营二哨、千总封国恩带同汛兵以及管带宪文驻扎菊母之左哨，驻扎石渠之前，右两哨陆续行抵曲屋。该土妇见兵力益厚，无心系恋土职，惟进藏烧香，矢口不移。

管带等公同商酌：各营及蛮团分扎隘口，防其奔窜；挑选精壮，扼其咽喉；分队伏于山后，截其逃往俄洛之路。处处布置周密，示以环攻之势。仍严束团勇，不得擅放枪炮。该土妇等翻然改图，于初七日辰刻遣碌绒、江错等将乾字一万六千一百四十四号霍耳甘孜孔撒安抚司铜印一颗，乾字一万一千六百三十号霍耳甘孜麻书安抚司铜印一颗、孔撒安抚土司兼麻书安抚土司号纸一张，呈请前来，面恳给予路票，俾得进藏。管带等暂从权应允，印信、号纸收讫后，晓以不奉宪批，前途仍难通行。并将该土妇母子阻其行走，候示遵行。并谕随从人众，大半出于迫胁，令其解散，否则用以兵力。……

再：印信、号纸暂由知县世俊妥存，俟事竣会商呈缴宪辕，以昭慎重。②

号纸是土司承袭得官的根本，因此，在土司承袭过程中，号纸是必不可少的重要一环。如果土司丢失号纸，则要受到处罚，乃至不能承袭。由于号纸为

① 四川省民族研究所．清末川滇边务档案史料［Z］．北京：中华书局，1989：657.
② 四川省民族研究所．清末川滇边务档案史料［Z］．北京：中华书局，1989：657.

土司享有威权之根本，所以各地土司经常因为争夺号纸而发生战争。

第四节 其他信物

元明清时期，土司一经授职，中央政府就会赐予各应袭土司多种信物，作为朝廷命官的凭证。按照规定，各地土官只有拥有中央王朝赐予的各种信物之后才能称土官，才能行使土官职权。除了上述已经介绍的印信、符牌、号纸之外，还有几种在不同朝代使用的信物。

一、驿传玺书与金（银）字圆符

驿传玺书与金（银）字圆符是相互配合使用的，《元史》卷101《站赤》载："元制站赤者，驿传之译名也。盖以通达边情，布宣号令，古人所谓置邮而传命，未有重于此者焉。凡站，陆则以马以牛，或以驴，或以车，而水则以舟。其给驿传玺书，谓之铺马圣旨。遇军务之急，则又以金字圆符为信，银字者次之；内则掌之天府，外则国人之为长官者主之。"①《元史》对授予土官驿传玺书与金（银）字圆符的记载十分丰富。《元史》卷6载，至元四年（1267），鱼通嵩州等处达鲁花赤李福招谕西番诸族酋长以其民入附，以阿奴版的哥等为喝吾等处总管，"并授玺书及金银符"②；《元史》卷20载，大德六年（1302），亦乞不薛土官三人弃家来归，"赐金银符"③；《元史》卷35载，至顺二年（1331），云南威楚路之蒲蛮猛吾来朝贡，愿入银为岁赋，诏为置散府一及土官三十三所，"皆赐金银符"④。驿传玺书是各地土司的"通行证件"，金（银）字圆符是边疆地区"紧急军务证明"和通关物证。这些证件与证明，能确保中央王朝对民族地区交往联系畅通无阻与紧急事务能得到及时处置。

二、诰敕

诰敕是明代中央政府除授土司之职时的任命书。是诰命还是敕命，必须依据土司的品级而定。据《明会典》卷6"诰敕等级"条载："洪武二十六年定，

① ［明］宋濂．元史：第101卷［M］．北京：中华书局，1976：2853.
② ［明］宋濂．元史：第6卷［M］．北京：中华书局，1976：116.
③ ［明］宋濂．元史：第20卷［M］．北京：中华书局，1976：441.
④ ［明］宋濂．元史：第35卷［M］．北京：中华书局，1976：785.

一品至五品皆授以诰命，六品至九品皆授以敕命。"① 按此规定，武职土司在招讨使以上、文职土司在土知州以上者，其任命书称为诰命。武职土司级别在长官司长官、文职土司在土知县以下官员的任命书称为敕命。如《顺治李氏世袭宗谱》中有敕命一则，内容如下：

敕陕西西宁卫指挥同知李天俞

自尔土司归诚向化，故历代授官管束本地土官人等。兹尔家惨被贼祸，尔即倾心本朝，特乃依先例命尔世袭，照旧管束土官、土军并各该家口。蒙开国之殊恩，须加意抚绥，勿令得所，联属众志，禁捕寇盗，遇有边警，听调杀贼。一应军机重务，悉听甘肃镇巡官节制，有功一体升赏。尔宜益惮忠勤，用图报称，毋得私占科挠及纵容别官侵渔克害，以致众情不符。责有所归，尔其免之。故敕。

顺治五年闰四月二十七日②

三、冠带

按照明代中央政府的规定，无论是文职土司还是武职土司，他们与当时朝廷命官一样，按品级高低授予规格不一的冠带。《明史》卷314载，洪武十七年（1384）八月，思伦发遣使献方物，并上元所授宣慰司印，"诏改平缅宣慰使为平缅军民宣慰使司，并赐伦发朝服、冠带"。③ 中央政府就是用朝服、冠带来表示不同级别土司的身份和地位。

四、札付

明、清朝廷与地方官署长官称堂官，其委派属员办事的文书称堂札。官府上行下的文书或上级委派下级办事的指示文书。但针对应袭土司，有时札付又具备信物的性质。《龙氏迪光录》中有一则十分完整的札付，内容如下：

为恭请（两为字一龙字硃点器字硃圈）天恩，敕部给札以鼓行间用命事：康熙十六年十二月初四日准

---

① ［明］申时行．明会典：第6卷［Z］．北京：中华书局，1989：31.
② 王继光．安多藏区土司家谱辑录研究［M］．北京：民族出版社，2000：36－37.
③ ［清］张廷玉．明史：第314卷［M］．北京：中华书局，1974：8111.

兵部咨开议政王等会覆广西巡抚傅题前事等因，康熙十六年十月十八日题，十一月初九日奉旨议政王贝勒大臣会同速议具奏，钦此。该臣等会议得将军傅宏烈既授为抚蛮灭寇将军，俟后凡投诚官员，听将军傅宏烈酌量用伊将军印信给发札付可也等因。康熙十六年十一月初九日题，本日奉旨依议速行，钦此。密咨到本将军钦遵在案。今查得正长官龙文炳矢志归正，殊可嘉尚，合行给札。为此札付本官，仍管亮寨蛮夷司正长官任事，俟有成绩，题叙优擢。本官受兹札用，务宜殚心竭力，懋建奇勋，毋负器使。须至札付者。

右札付贵州军民府属亮寨蛮夷司正长官龙文炳准此

康熙十八年八月初六日给

抚蛮灭寇将军印　硃判

札付　遵照①

由此可见，明清时期土司承袭制度是在元代土司承袭制度的基础上逐渐发展与完善，充分体现了中央政府在土司承袭过程中的主导作用。更为重要的是，明清时期土司承袭制度不仅注重了土官承袭的次序以及土司承袭的信物，而且加强了土司承袭法规的建设。明清中央政府不断完善土司承袭制度，其目的在于加强对土司的控制，体现明清中央政府对土司政权及土司地区的绝对威望，进而确保土司地区社会稳定。

① ［清］龙绍讷编著，龙泽江点校．苗族土司家谱·龙氏家乘迪光录［Z］．贵阳：贵州大学出版社，2018：337.

第七章

应对有术：土司承袭的变通、弊端及处置

翻检文献资料可见，唐末以降直至两宋，在今武陵山区、大娄山区以及广西地区，已陆续出现了土官及土官群体。如播州杨氏为土官始于唐乾符三年（875），永顺彭氏为土官始于五代时期的晋天福五年（940），酉阳冉氏为土官始于南宋建炎三年（1129），石砫马氏为土官始于南宋建炎年间（1127—1130）。这些土官群体随着历史的发展而不断扩大，并且在元代土司制度形成过程中，顺利地成为土官，治理地方。其实，除了武陵山区，其他地方的一些土司家族也承袭了数百年之久，如果按照古代25年一代人的计算方法，18代人就是400年，因此，按照龚荫先生《中国土司制度》所列出的世系，我国土司家族承袭400年及以上的家族多达184家，详表7－1。

表7－1　中国土司家族承袭18代以上者一览表

行省	土司名称	姓氏	现今地点	承袭代数
湖广	散毛宣抚司宣抚使	覃氏	湖北来凤土家族自治县城关	21
	唐崖宣慰司宣慰使	覃氏	湖北咸丰县西北	20
	石梁下峒安抚司安抚使	唐氏	湖北五峰县西南	18
	永顺军民宣慰司宣慰使	彭氏	湖南永顺县东南	20
	南渭州土知州	彭氏	永顺县西外白砂堡地	19
	保靖军民宣慰司宣慰使	彭氏	湖南保靖县城迁陵镇	19
	桑植宣慰司宣慰使	向氏	湖南桑植县西美坪峒	18
	麻寮所隘丁土千户	唐氏	湖南慈利县通津铺乡	20
	添平土总管（后改土千户）	覃氏	湖南石门县所街乡留驾坪	28
	忠靖隘土百户	陈氏	湖南石门县西北	20
四川	瓦寺宣慰司宣慰使	索氏	四川汶川县城南	25
	黎州安抚司安抚使	马氏	四川汉源县北大田	27
	天全六番招讨司招讨使	高氏	四川天全县东南始阳	21

续表

行省	土司名称	姓氏	现今地点	承袭代数
四川	绰斯甲布宣抚司宣抚使	诺尔布斯丹臻	四川金川县西北观音桥绰斯甲土司官寨	41
	明正宣慰司宣慰使	甲氏	四川马尔康县城	19
	德尔格忒宣慰司宣慰使	丹巴七立	四川德格县县城	22
	普济州长官司长官	吉氏	四川米易县西北普济	18
	平夷长官司长官	王氏	四川屏山县新安乡	28
	九姓长官司长官	任氏	四川叙永县西北古宋西	27
	酉阳宣慰司宣慰使	冉氏	重庆酉阳县城	28
	邑梅长官司长官	杨氏	重庆秀山县梅江镇	23
	平茶长官司长官	杨氏	重庆秀山县美沙	20
	石柱宣慰司宣慰使	马氏	重庆石柱县城	26
云南	凤羽乡巡检司土巡检	尹氏	云南洱源县南	18
	箭杆场巡检司土巡检	字氏	云南云龙县东新荣镇	18
	溪处甸长官司土副长官	赵氏	云南红河县东溪处	24
	镇南州土判官	陈氏	云南南华县县城	18
	广南府土同知	侬氏	云南广南县城	23
	富州土知州	沈氏	云南富宁县东皈朝	18
	沾益州土知州	安氏	云南沾益县城	19
	丽江军民土知府	木氏	云南丽江纳西族自治县城	27
	车里军民宣慰司宣慰使	刀氏	云南景洪县城	23
	南甸宣慰司宣慰使	刀氏	云南梁河县城关	25
	干崖宣抚司宣抚副使	刀氏	云南盈江县城关	23
	盏达副宣抚司副宣抚使	思氏	云南盈江县西北盏达莲花山	20
	陇川宣抚司宣抚使	多氏	云南陇川县西南弄巴	24
	湾甸州土知州	刀氏	云南昌宁县西南湾甸镇	26
	潞江安抚司安抚使	线氏	云南保山市西南怒江坝	23
	芒市安抚司安抚使	放氏	云南潞西县驻地芒市	21
	户撒长官司长官	赖氏	云南陇川县北户撒	21

续表

行省	土司名称	姓氏	现今地点	承袭代数
云南	腊撒长官司长官	盖氏	云南陇川县北腊撒	20
	东川军民府土知府	禄氏	云南会泽县城	19
	芒部军民府土知府	陇氏	云南镇雄县西南有芒部故城	18
	景东府土知府	陶氏	云南景东县城	23
	南涧土县丞	阿氏	云南南涧彝族自治县城	20
	永宁府土知府	阿氏	云南宁蒗彝族自治县西北永宁镇	26
	北胜州土知州	高氏	云南永胜县城	18
	蒗蕖州土知州	阿氏	云南宁蒗彝族自治县城	25
	顺州土同知	子氏	云南永胜县西南顺州镇	23
	北胜州土副同知	章氏	云南永胜县城	23
	勒品甸土巡捕	李氏	云南武定县北	18
贵州	贵州宣慰司宣慰使	安氏	贵州贵阳市	22
	白纳长官司长官	周氏	贵州惠水县东北	20
	乖西长官司长官	杨氏	贵州开阳县西北	20
	乖西副长官司副长官	刘氏	贵州开阳县东北	22
	养龙长官司长官	蔡氏	贵州息烽县养龙车站	21
	大谷龙长官司长官	宋氏	贵州龙里县猫营乡大谷龙村	20
	小谷龙长官司长官	宋氏	贵州龙里县洗马区猫营乡谷龙村	18
	平伐长官司长官	庭氏	贵州贵定县云雾区平伐镇	24
	大平伐长官司长官	宋氏	贵州贵定县云雾区铁厂乡	22
	小平伐长官司长官	宋氏	贵州贵定县抱馆乡	19
	顶营长官司长官	罗氏	贵州关岭县关索区顶营乡	20
	募役长官司长官	礼氏	贵州镇宁县募役区募役乡	23
	沙营长官司长官	沙氏	贵州关岭县永宁区沙营乡	18
	黄坪营土营长	黄氏	贵州兴义县	22
	草塘安抚司安抚使	宋氏	贵州瓮安县金星乡新以村	18

续表

行省	土司名称	姓氏	现今地点	承袭代数
贵州	瓮水安抚司安抚使	犹氏	贵州瓮安县西北珠藏乡翁水司村	21
	高坪长官司长官	李氏	贵州福泉县道坪区高坪乡	19
	余庆长官司长官	毛氏	贵州余庆县敖溪区敖溪镇	22
	夭坝安抚司安抚使	夭氏	贵州丹寨县北岩英乡夭坝司村	22
	麻哈州土同知	宋氏	贵州麻江县西下司镇	21
	独山州服色土同知	蒙氏	贵州独山县	26
	丰宁上长官司长官	杨氏	贵州独山县上司	23
	丰宁下长官司长官	杨氏	贵州独山县上司南	22
	养鹅长官司长官	王氏	贵州麻江县北	21
	潭溪长官司长官	石氏	贵州黎平县德凤区潭溪乡	20
	八舟长官司长官	吴氏	贵州黎平县北八舟	23
	古州长官司长官	杨氏	贵州黎平县西北罗里乡罗里村	22
	洪州长官司长官	李氏	贵州黎平县洪州镇岩寨村聂家湾	21
	洪州副长官司副长官	林氏	贵州黎平县地青乡黑洞村	19
	新化长官司长官	欧阳氏	贵州锦屏南新化乡新化司村	18
	欧阳副长官司副长官	吴氏	贵州锦屏南新化乡欧阳村	20
	亮寨长官司长官	龙氏	贵州锦屏县南亮司乡	23
	湖耳副长官司副长官	杨氏	贵州锦屏县东南	20
	中林长官司长官	杨氏	贵州锦屏县西南	20
	龙里长官司长官	杨氏	贵州黎平县北	18
	省溪长官司长官	杨氏	贵州江口县北	24
	提溪副长官司副长官	张氏	贵州江口县西	22
	乌罗长官司长官	杨氏	贵州松桃县西南乌罗镇	20
	乌罗副长官司副长官	冉氏	贵州松桃县西南乌罗镇	20
	平头著可长官司长官	杨氏	贵州松桃县南平头乡	24

续表

行省	土司名称	姓氏	现今地点	承袭代数
贵州	思南府随府办事长官	田氏	贵州思南县城关	18
	水德江长官司长官	张氏	贵州德江县	20
	水德江副长官司副长官	杨氏	贵州德江县	18
	蛮夷长官司长官	安氏	贵州思南县城西	19
	沿河祐溪长官司长官	张氏	贵州沿河县祐溪	21
	沿河祐溪副长官司副长官	冉氏	贵州沿河县祐溪	22
	印江长官司长官	张氏	贵州印江县 22	
广西	东兰州土知州	韦氏	广西东兰县	22
	南丹州土知州	莫氏	广西南丹县城	24
	那地州土知州	罗氏	广西南丹县西南吾隘乡那地村	25
	忻城县土知县	莫氏	广西忻城县县城	20
	忠州土知州	黄氏	广西扶绥县西南东门镇旧城村	23
	归德州土知州	黄氏	广西平果县坡造乡绿德村归德屯	21
	定罗巡检司土巡检	徐氏	广西马山县西南永州乡定罗村	19
	都阳巡检司土巡检	黄氏	广西瑶族自治县西都阳乡都阳圩	18
	田州府土知州	岑氏	广西田东县	25
	上林县土知县	黄氏	广西田东县思林东、右江南岸	21
	都康州土知州	冯氏	广西天等县西北都康东	23
	向武州土知州	黄氏	广西天等县西北向都东	30
	思明府土知州	黄氏	广西宁明县东明江	25
	下石西州土知州	闭氏	广西宁明县西夏石	18
	思陵州土知州	韦氏	广西宁明县东南思陵	20
	凭祥州土知州	李氏	广西凭祥市	18

续表

行省	土司名称	姓氏	现今地点	承袭代数
广西	江州土知州	黄氏	广西崇左县南江州乡江州街	22
	结伦州土知州	冯氏	广西天等县东北进结镇进结街	20
	结安州土知州	张氏	广西天等县东北进结镇结安村	28
	都结州土知州	农氏	广西隆安县西都结乡都结街	24
	镇远州土知州	赵氏	广西天等县东北进结镇进远街	18
	龙英州土知州	赵氏	广西天等县西南龙茗镇龙英街	29
	茗盈州土知州	李氏	广西大新县全茗镇茗盈屯	28
	全茗州土知州	许氏	广西大新县西北茗镇全茗街	18
	思城州土知州	赵氏	广西大新县西南恩城乡恩城街	19
	安平州土知州	李氏	广西大新县雷平镇安平村安平街	24
	太平州土知州	李氏	广西大新县西南雷平镇太平街	31
	万承州土知州	许氏	广西大新县东北龙门乡龙门街	21
	龙州土知州	赵氏	广西龙州县城	25
	上下冻州土知州	赵氏	广西龙州县西北下冻乡下冻圩	22
	罗阳县土知县	黄氏	广西扶绥县中东镇三哨村旧城屯	23

续表

行省	土司名称	姓氏	现今地点	承袭代数
甘肃	临洮卫土指挥同知	赵氏	甘肃会川县桧柏新城	40
	河州卫土指挥同知	何氏	甘肃保安族东乡族撒拉族自治县	22
	河州土千户	韩氏	甘肃临县县城西街子	19
	岷州卫土指挥使	马氏	甘肃宕昌县城南	20
	岷州卫土指挥使	后氏	甘肃岷县攒都沟	24
	洮州卫土指挥佥事	杨氏	甘肃卓尼县城	20
	庄浪卫土指挥使	鲁氏	甘肃永登县城	22
	西宁卫土指挥使	祁氏	青海湟中县南寄彦高墙堡	19
	西宁卫土指挥使	陈氏	青海互助县陈家台	21
	西宁卫土指挥同知	李氏	青海民和县上川口	19
	西宁卫土指挥同知	李氏	青海平定县东塔城西北府	18
	西宁卫土指挥同知	赵氏	青海乐都县北赵家湾	18
	西宁卫土指挥同知	阿氏	青海乐都县东白崖子	19
	西宁卫土指挥同知	祈氏	青海民和县川口胜番沟	21
	西宁卫土指挥佥事	汪氏	青海湟中县海子沟	22
	西宁卫土指挥佥事	纳氏	青海西宁市南郊纳家庄	18
	西宁卫土指挥佥事	吉氏	青海湟海中县的迭沟吉家庄	20
	循化撒拉族土千户	韩氏	青海循化县城	18
	扎武族（部落）土百户	扎武族	青海玉树县结石乡新寨	19
合计	148 家。湖广 10 家，四川 13 家，云南 28 家，贵州 47 家，广西 31 家，甘肃 19 家；其中 18～29 代有 144 家，30～39 代 2 家，40 代以上 2 家。			

（注：根据龚荫《中国土司制度》，云南民族出版社，1992 年版，第 222－1414 页内容整理）

元明时期土司承袭制度作为土司地区实施民族政策的国家制度，有一个从草创到逐渐规范的过程。正是由于土司承袭制度的逐渐规范，才确保了各地土司得以持续六七百年之久。如前所述，土司承袭制度是元明清中央政府治理土司地区、解决土司政权更迭的主要内容之一。元明清中央政府在土司承袭制度上下足功夫，历朝历代中央政府针对土司承袭制度的变通、弊端均能较好处置，做到应对有术。

第一节 土司承袭制度的变通

元明清时期土司承袭制度随着时间的推移，经历了一个从草创到完善的过程，其在实施和执行过程中不断被修正，有的时候在执行过程中又有灵活变通处理的情况。所谓“变通”，就是明清中央王朝依据土司承袭过程中的不同情况，做出非原则性的酌情、变通处理，不拘泥于成规。

一、应袭土司预制的变通

土司承袭关乎土司地区的社会稳定与对土司地区的管控，因此中央王朝十分重视土司承袭制度，以及土司承袭者的选定。为避免土司争袭带来的纠纷、仇杀、叛乱，明政府推出“土官册报应袭法”，清政府在此基础上制定“预制土官”等方法，不断完善和补充选定土司承袭者的方式与法规。

（一）明代的土官册报应袭法

为明确承袭支系，避免争袭、冒袭，明政府制定了“土官册报应袭法”，即提前造好土司承袭人名册。“今土舍私相传接，支系不明，争夺由起，宜如军职贴黄例，岁终令土官各上其世系、履历及有无子状于布政司，三岁当入觐，则预上其籍于部，其起送袭替及争袭奏扰者，按籍立辨，可以消争夺之衅。”① 《明世宗实录》卷112之《嘉靖九年四月甲申条》的“兵部会吏部议上土官袭职条例”有比较详细的规定：“请通行各镇巡官转行各土官衙门，将见在子孙尽数开报。务见某人年若干岁。系某氏所生，应该承袭。某人年若干岁，系某氏所生，系以次土舍。未生子者，候有子造报。愿报递侄若女者，听以后应袭之人告袭，再行司府核勘无碍，方与奏请，除杂职妇女照旧就彼袭替外，其余连人保送赴部袭替”。② 这有利于弥补宗支图本和结状文书的不足，以及防止争袭人与贪官相勾结。明政府不断完善“土官册报应袭法”，如《明会典》对“土官册报应袭”有明确的记载：“正统元年奏准，土官在任，先具应袭子侄姓名，开报合干上司。候亡故，照名起送承袭。六年奏准，预取应袭儿男姓名，造册

① 明实录·世宗实录：第20卷［Z］. 北京：线装书局，2005：520.

② 明世宗实录：第112卷［Z］. 北京：线装书局，2005：405.

四本，都、布、按三司各存一本，一本年终类送吏部备查。以后每三年一次造缴。嘉靖九年题准，土官衙门造册，将见在子孙尽数开报。某人年若干岁，系某氏生，应该承袭。某人年若干岁，某氏生，系以次土舍。未生子者，俟有子造报。愿报弟侄若女者，听。布政司依期缴送吏、兵二部查照。"① 正统二年（1437 年）在此基础上规定，"土官应袭者，预为勘定，造册在官，依次承袭。"② 此外，明政府对造册时间和土司承袭年限有了明确规定，"弘治二年，令土官子孙年五岁以上者，勘定立案，年十五岁，许令袭。如年未及，暂令协同流官管事。"③ "土官册报应袭法"在土司地区推行，如云南"土官承袭，或子孙，或兄弟、或妻继夫，或妾继嫡，皆无豫定次序，致临袭争夺，仇杀连年，乞敕该部移文所司，豫为定序造册，土官有故，如序袭职"④，为避免争袭导致的仇杀，而进行"土官承袭预定次序"⑤。而广西土司承袭规定"按籍请官于朝"⑥；贵州土司应袭者则须"预定土籍。夫土籍不明，则争夺所由起也。今土舍传接，应如军职贴黄例各于岁终，上其世系、履历及有无嗣子于布政使司，司又上其籍于部，而起送袭替可按籍定矣"⑦。虽各土司地区对"预制土官"制度推行的方法不一，但确实有利于加强对土司的管制。

（二）清代的预制土官

清代沿袭了明代的"土官册报应袭法"。清政府为确保对各土司支系的了解，从根本上杜绝土司承袭过程中的争袭、假冒事件的发生，在明代的基础上确定了"预制土官"制度。这使得土司在选定承袭人时有法可依，在很大程度上杜绝了以往土司私相传承，兄弟、亲族之间相互争袭、仇杀等类似事件，对土司政权起到了稳定作用。⑧ "预制土官"是为避免土司家族因承袭而引起仇杀，而提前选定土司承袭人，即制定土司承袭人"预为造册"制度，这是土司承袭机制上的创新。贵州巡抚赵廷臣认为土司因承袭而激发争袭、假冒等事件频发，盖因"夫土舍私相传接，支系不明，争夺由起，遂致酿成变乱"⑨。顺治十六年（1659），他提出"首明教化以端本始其大者莫如作养世禄。今后土官应

① ［明］申时行．明会典：第 6 卷［Z］．北京：中华书局，1989：31.
② ［明］申时行．明会典：第 121 卷［Z］．北京：中华书局，1989：626.
③ ［明］申时行．明会典：第 121 卷［Z］．北京：中华书局，1989：626.
④ ［清］张廷玉．明史：第 313 卷［M］．北京：中华书局，1974：8085.
⑤ ［清］张廷玉．明史：第 313 卷［M］．北京：中华书局，1974：8084.
⑥ ［清］张廷玉．明史：第 87 卷［M］．北京：中华书局，1974：5259.
⑦ ［清］毛奇龄．蛮司合志：第 3 卷［M］．清乾隆（1736－1795）刻本．
⑧ 李均．清代西南地区土司承袭问题研究［D］．昆明：云南师范大学，2015：22.
⑨ 清世祖实录：第 126 卷［Z］．北京：中华书局，2008：2470－2471.

袭，年十三以上者，令入学习礼。由儒学起送承袭。其族属子弟愿入学者听补廪科贡与汉民一体仕进，使明知礼义之为利。则儒教日兴而悍俗渐变矣”①，并根据实际情况提出了预制土官的建议，他认为要安定地方“莫如预制土官”②，“今后每遇岁终，土官各上其世系、履历，及有无嗣子，开报布政司，三年当入觐，则预上其籍于部，其起送袭替时，有争论奏扰者，按籍立办。斯方策既明，而衅端预杜矣”。③ 此后，“预制土官”遂成定制。清代“预制土官”制度实际上是明代“土官册报应袭法”的发展和完善。

（三）应袭土司预制的成因与作用

土司是中央王朝管理边疆地区的代理人，土司承袭人的选择，是中央王朝有效管理土司地区的关键。中央王朝通过土司来控制边疆地区，以授予土司名号和承袭的方式，来行使管理各地方土司的权力，这也是中央王朝保持与各土司的联系的重要方式。朝廷以土司为代理人，赋予土司诸多特权，土司成为边疆地区的实际权力控制者。这种来自朝廷赋予的权力，让土司具有诸多特权，掌握了当地人民的生杀大权。这些特权是土司子弟争袭的直接动力。加之“由于土司乏嗣，其族中皆可承袭，争执乃起，因无次序规定，故遇土司乏嗣，同室操戈”④。这导致了土司上层对土司职位的争夺，导致纠纷、仇杀，乃至叛乱，从而引起土司地区的动荡，给地方经济和社会安定造成了极大的破坏。

为避免土司争袭带来的消极影响，明清政府对选定土司承袭者的方法进行明确与完善。明政府明确“土官册报应袭法”，预造土司承袭者名册，土司有故，则按籍如序袭职。清政府则在此基础上制定“预制土官”制度，按照承袭次序，提前选定土司承袭者，造好名册。这一制度的施行，使土司在选定承袭人时有法可依，在一定程度上杜绝了以往土司私相传承，兄弟、亲族之间相互争袭、仇杀等类似事件，起到了稳定当地土司政权的作用。

二、土司承袭人员次序的变通

土司承袭人的选定从明代的“依次承袭”到清代的“嫡庶不得越序”，可见其承袭次序的不断完善和严格，这也从根本上有了杜绝土司争袭、冒袭等事件的可能性。

---

① 清世祖实录：第126卷［Z］. 北京：中华书局，2008：2470.
② 清世祖实录：第126卷［Z］. 北京：中华书局，2008：2470.
③ 清世祖实录：第126卷［Z］. 北京：中华书局，2008：2471.
④ 方国瑜. 中国西南历史地理考释［M］. 北京：中华书局，1992.

（一）明代土司承袭人员次序

明政府在元代政府的基础上进一步严格了土司承袭人的选择范围，规定“其子弟、族属、妻女、若婿及甥之袭替，胥从其俗”①。如《明会典》记载：“洪武二十七年令土官无子，许弟承袭，三十年令土官无子弟而妻或婿为夷民信服者，许令一人袭。”② 明代政府进一步明确了土司承袭人的范围，其承袭次序仍从其俗，依次承袭，“正统二年奏准，土官应袭者，预为勘定，造册在官，依次承袭”③。从土司承袭的实际情况来看，明政府在制定土司承袭制度时多根据先嫡后庶、先亲后疏依次承袭的习俗。因此，土司承袭有父死子继、兄终弟及、叔侄相立、妻承夫职、同族袭替、媳婿袭替等形式。但由于有明一代，并未强制土司承袭次序，因此在土司承袭过程中，作弊假冒、争袭仇杀之事层出不穷。

（二）清代土司承袭人员次序

清政府为了杜绝土司争袭所带来的纠纷、仇杀，乃至叛乱之事，明确规定土司袭替必须按宗支嫡庶次序进行。从《钦定大清会典则例》之“土官承袭”条可见，顺治初年即规定：“承袭之土官，嫡庶不得越序。无子，许弟袭；族无可袭者，或妻或婿；为夷众信服，亦许袭。”④ 康熙十九年（1680）又规定“土官病故，其子病废不能承袭者，准与孙袭”⑤。乾隆三十三年还对“嫡庶不得越序”进一步规定，“土官袭替定例，必分嫡汝长庶，不得以亲爱过继为词”⑥，明确要求“土司亡故，或年老有疾请代”，须先以“嫡子嫡孙承袭；无嫡子嫡孙，则以庶子庶孙承袭；无子孙，则以弟或其族人承袭；其土官之妻及婿有为土民所服者，亦准承袭”，⑦ 这些规定从根本上杜绝了土司违犯承袭次序的可能性。为了保证土司嫡庶次序承袭的实施，清政府制定了对破坏宗支嫡庶次序袭替者的处罚条例。如《钦定大清会典事例》明确规定：“如宗派冒混，查出参究，承袭之人，有宗派不清、顶冒、陵夺各弊，查出革职。具结之邻封土官，照例议处。”⑧ 乾隆三十三年根据土司承袭的实际情况，做出相应调整：“如实

---

① ［清］张廷玉．明史：第72卷［M］．北京：中华书局，1974：1752.。

② ［明］申时行．明会典：第121卷［Z］．北京：中华书局，1989：626.

③ ［明］申时行．明会典：第121卷［Z］．北京：中华书局，1989：626.

④ ［清］乾隆．钦定大清会典则例：第30卷［Z］．乾隆十二年（1747）抄本．

⑤ ［清］乾隆．钦定大清会典则例：第100卷［Z］．乾隆十二年（1747）抄本．

⑥ ［清］昆冈，等．钦定大清会典事例：第145卷［Z］．台北：新丰出版公司，1976：6999.

⑦ ［清］昆冈，等．钦定大清会典［Z］．清光绪商务印书馆石印本．

⑧ ［清］昆冈，等．钦定大清会典事例：第589卷［Z］．台北：新丰出版公司，1976：12831.

系土官身故乏嗣，除笃疾残废及身有过犯，与苗民不肯悦服之人，例不准请袭外，其承继之子，仍论其本身支派。如非挨次承袭者，不准承袭。”① 总之而言，清代对土司承袭次序的规定远比明代政府严格，这也使得清代土司争袭事件较明代大大减少。据笔者不完全统计，明代时期冒袭、争袭、夺袭的记载有33次，而清代土司争袭事件的记载仅有3次。

（三）土司承袭人员次序变通的成因与作用

土司争袭会引发家族之间的纠纷、土司上层之间的仇杀，乃至边疆地区的叛乱，可见土司承袭人的选定既影响着土司地区的社会稳定，同时也关乎中央王朝对边疆地区的管制，因此明清政府不断在已有的土司承袭制度基础上进行优化和完善，以期减少争袭事件的发生。

土司承袭制度是土司制度运行的核心内容，中央王朝非常重视土司的承袭问题，重视土司承袭人的选定。为确保承袭的有序性和规范性，朝廷根据实际情况制定了一系列的规定。纵观明清政府的土司承袭制度，明政府沿袭元代的土司承袭制度，胥从其俗。从土司承袭对象来看，明代“土司承袭，其子弟，族属、妻女、若婿及甥之袭替”，但对土司承袭人及承袭次序要求比较模糊。清政府则在明代土司承袭制度的基础上，加以完善和补充，要求土司承袭严格按照承袭次序，嫡庶、长幼分明，不得逾越，从而减少了争袭事件的发生。清政府在选定土司承袭者时虽有考虑土司地区的实际情况与风俗习惯，但是在强调承袭有序的基础上展开的，即先嫡后庶，先族内后族外。清代的土司承袭制度更加严密和完善，并将其置于中央部议的管辖之下，“凡宣慰、宣抚、安抚、长官等司之承袭，隶兵部；土府、土州之承袭隶吏部。”② 这样一来，土司承袭更加规范，并严格受中央政府的管制。

三、土司承袭策略的变通

明清政府从完善承袭程序、提升土司承袭人儒家文化的教育，以及灵活处理土司承袭制度三个方面，来改进土司承袭制度，灵活制定承袭策略，解决土司承袭前后朝廷与土司所遇到的问题。

（一）承袭程序的嬗变

明清政府根据实际情况不断完善土司承袭程序，逐渐形成一套比较完整的

① ［清］昆冈，等．钦定大清会典事例：第145卷［Z］．台北：新丰出版公司，1976：6999.

② ［清］赵尔巽，等．清史稿：第512卷［Z］．天津：天津古籍出版社，2012：4976.

土司承袭制度。明初，中央政府为展现朝廷权威，规定土司“袭替必奉朝命，虽在万里外，皆赴阙受职”①，且“就彼冠带”，因此明代土司承袭时，“凡土官无子弟，其婿与妻皆得，袭替人文出十年者亦听，然皆万里赴阙，或献马及方物，请命最谨”②。从《明会典》的记载可见，明政府对应袭土司多规定“连人保送赴部”“起送赴京袭职”“照例保送赴京袭替”③。从各类典籍记载可见，明初严格实行“万里赴京请袭”的规定。而永乐年间，“年幼”之土司被允许免赴京授职，成为例外。

例1：

镇远州知州赵昂杰，本州世袭土官籍，洪武三年授知州。故，男赵胜昌二十六年署事，备马赴京告袭。永乐三年八月奉圣旨：“赵胜昌著他袭了知州便回去。钦此。”七年被赵志能父子杀死，男赵得茂应袭。年方一十岁，保部为无亲身前来，八年九月奉令旨：“著他袭了，等出幼时来朝。钦此。”故，宣德八年四月男赵得兴替职。征伤有疾，保男赵富穀替职。正统十一年九月奉圣旨：“既应该替职，准他。钦此。”④

例2：

全茗州知州许武兴，本州世袭土官籍，洪武二年开设衙门管事。故，弟许武明承袭。故，无子，许添庆系许武明亲叔，奏准承袭。故，长男许武坚年一十岁，咨部。永乐元年二月奉圣旨：“既是年幼，免他来，准他袭了职。钦此。”孙男许均玉景泰四年六月准就彼冠带。故，男许胜安成化十三年七月准就彼冠带袭职。⑤

例3：

平府养和州知州赵志兴，本州世袭土官籍。归附，授本州知州。故，无嗣，本州头目欧二等告保弟赵方承袭兄职，护印。故，男赵武宁年幼，

---

① ［清］张廷玉．明史：第300卷［M］．北京：中华书局，1974：7982.

② ［明］章潢．古今图书编：第48卷［Z］．明万历四十一年（1613）刻本．

③ ［明］申时行．明会典：第6卷［Z］．北京：中华书局，1989：31.

④ ［明］佚名．土官底簿：下卷［Z］．北京：中国书店，2018：243－244.

⑤ ［明］佚名．土官底簿：下卷［Z］．北京：中国书店，2018：247－248.

布政司将本州印信暂令土官弟赵志真掌管，赵武宁出幼袭职。永乐元年二月奉圣旨："既是年幼，免他来，准他袭了职。钦此。"故，族目人等告保依庶兄赵武高袭职。五年九月奉圣旨："免他来，著袭了职。钦此。"查得天顺四年八月内太平府知府林贵等奏保赵茂授职。本部参系不准人数，本州已除流官管事年久，仍难准理。①

以上三则材料都表明了永乐年间，朝廷免年幼土司赴京，就地袭职的事实。明中央政府在实际推行此规定的过程中，面临诸多问题，如赴京土司所带来的治安问题、土司赴京所面临巨额花费等。因此明中央政府根据实际情况进行调整，明历个朝代都出台了允许土官"就彼冠带""就地袭替"的规定，如"天顺八年令土官告袭，勘明会奏，就彼冠带；嘉靖二年，令土官衙门设在荒远，兼因争竞仇杀等项不能赴京者，抚按等官勘实代奏，就彼袭替；六年奏准地方有事调遣镇守抚按等官查明具奏，就彼袭替；十五年，备勘明白，免赴京；十八年，令安南都统使子孙袭替照土官例，听镇巡官勘实具奏，就彼承袭；二十八年题准，应袭土舍，曾经调遣，效有功劳，暂免赴京，就彼冠带署职；万历九年题准，停止云贵土舍输纳事例，凡土司告袭，所司作速勘明，具呈抚按，覆实批允，布政司即为代奏，该部题选，填凭转给，就彼冠带袭职"②；或是"令极边有警地方，暂免赴京；令该管衙门，作速查勘明白，……填凭转给土舍，就彼冠带袭职"③ 等规定。而至"天顺末年，许土官缴呈堪奏，则威柄渐弛"④，正如《土官底簿》所载乌蒙军民府知府"男禄昭告要就府冠带承袭。宣德六年二月奉圣旨，准他就那里冠带"⑤；阿得"故，后保堂弟普得就府冠带，正统三年正月，奉圣旨既有三司委官保结，且准他袭"⑥；兵部尚书王骥题，"令奢贵冠带管事，正统七年五月奉圣旨准他，后不为例"⑦；安灏故，"弟安洪，景泰三年二月奏准行令就彼冠带袭职"⑧。"赴阙授职"逐渐成为虚设，但彻底取消该规定是在清康熙年间。清初，土司承袭仍要"亲身赴京"请袭，直至康熙十一年，"土官袭职，停其亲身赴京，取具地方官保结并宗图，呈报该督

① ［明］佚名．土官底簿：下卷［Z］．北京：中国书店，2018：273－274.
② ［明］申时行．明会典：第121卷［Z］．北京：中华书局，1989：626.
③ ［明］申时行．明会典：第6卷［Z］．北京：中华书局，1989：31.
④ ［清］张廷玉．明史：第310卷［M］．北京：中华书局，1974：7982.
⑤ ［明］佚名．土官底簿：下卷［Z］．北京：中国书店，2018：283.
⑥ ［明］佚名．土官底簿：下卷［Z］．北京：中国书店，2018：292.
⑦ ［明］佚名．土官底簿：下卷［Z］．北京：中国书店，2018：290.
⑧ ［明］佚名．土官底簿：下卷［Z］．北京：中国书店，2018：297－298.

抚保送，到日准其承袭。”[①] 从“赴阙受职”到“停其亲身赴京”，是土司承袭程序上的改革。

（二）应袭土司文化提高的要求

元明清政府有意识在土司地区建学，以科举等方式推进儒家文化的传播。元初，赛典赤瞻思丁“创建孔子庙明伦堂，购经史，授学田”[②]。明洪武二年（1369）朱元璋“诏天下府州县皆立学”。明政府认为土司争袭事件频发，是因土司不知三纲五常。因此洪武二十八年户部知印张永清奏议“云南、四川诸处边夷之地，民皆罗罗，朝廷与以世袭土官，于三纲五常之道，懵焉莫知，宜设学校以教其子弟”，朱元璋命“云南、四川边夷土官，皆设儒学，选其子孙弟侄之俊秀者以教之，使之知君臣父子之义，而无悖礼争斗之事”[③]，试图以“诏诸土司皆立儒学”[④]，来解决土司争袭的问题。于是规定“令土官衙门各遣应袭子，于附近府分儒学读书，使知忠孝礼义，庶夷俗可变，而争袭之弊可息”[⑤]，明确要求：“土官应袭子弟，悉令入学，渐染风化，以革顽冥。如不入学者，不准承袭”。[⑥] 弘治五年（1492）进一步要求“土官袭职后习礼三月，回任管事”[⑦]。土司袭职后，必须学习明朝礼仪制度，其目的是“使知君臣父子之道，礼乐教化之事，……可以变其土俗同于中国……”明政府要求土司子弟接受儒学教育，虽然未使土司争袭问题得到解决，但一定程度上提升了土司的文化水平。时至清代，中央政府对土司应袭者的文化水平有了明确的规定。

从《奏为酌拟造就土官办法并请变通承袭旧例以资治理而重地方恭折仰祈圣鉴事》可看出，清政府对土司应袭者的文化水平要求。

窃广西庆远、思恩、南宁、太平、镇安、上思、百色、归顺等府厅州，所辖土州县、州同、巡检，凡43缺，综其疆域，几占全省四分之一。幅员既广，形势尤胜，如庆远府属之忻城土县、永顺土司、永定土司，思恩府属之古零、白山、兴隆、安定等土司，皆居全省之中央，为四陲之绾毂。归顺直隶州属之下雷土司，太平府属之上龙、太平、上下冻、凭祥、思陵、

① ［清］乾隆．钦定大清会典则例：第110卷［Z］．乾隆十三年（1748）抄本．
② ［明］宋濂．元史：第83卷［M］．北京：中华书局，1976：2065.
③ 太祖洪武实录：第239卷［Z］．北京：线装书局，2005：344.
④ ［清］张廷玉．明史：第3卷［M］．北京：中华书局，1974：52.
⑤ 明宪宗实录：第212卷［Z］．北京：线装书局，2005：326.
⑥ ［清］张廷玉．明史：第310卷［M］．北京：中华书局，1974：7997.
⑦ ［明］申时行．明会典：第121卷［Z］．北京：中华书局，1989：626.

下石、思州、迁隆等土州土司，皆与越南接壤，沿边千余里，隘卡百余处，实为南服之屏藩。凡此要区，皆关全桂。各土属地方，又复气候温和，土性沃衍，植物则茶桐、桑棉、八角以及五谷果实之类，无不皆宜。矿物则煤、铁、五金，俯取即是。综观各土属，其地势既为政治上最要之区，其物产亦实业上可为之地，诚能得人而理，不难臻富庶而固边陲。乃各属土官贤能者，固亦有人。然大多数皆赋性昏庸，罔知礼法；其无能者，则冥冥昧昧，如睡如梦，四境之事，懵然不知；其不肖者，则任性妄为，鱼肉土民，暴戾贪婪，靡所不至，而土民亦复榛榛狉狉，不识不知，慑于土官之威严，而莫敢或诉坐。是之故，民生日以况瘁，地方日以凋残，腐败情形不复堪问。虽经将不职土官随时撤任，改委官员署理，或委汉员弹压，而土属情形仍不能稍有起色，盖署理之官员，其不学无术，固无以异乎？前之土官弹压之汉员，则人地生疏，官非久任，亦难有所整顿。其仁柔者，且受土族之挟制，而无如之何？夫土属之重要也！如彼而土官之难其人也！又如此不有挽救而振兴之。来日方长，后患何堪设想？昔缅甸强盛之时，云南土司私通款曲，以致英缅一役，枝节横生，前事不忘，可为殷鉴。议者或谓，宜将土属一律改为流官，不特沿袭，日久变革为难。彼土官之先，亦皆有功于民，乃得世守土宇，今举千余年承袭之土职，取而尽夺之，所以待土属者，亦殊不仁，且治土属之道，得贤汉官，尤不如得贤土官。盖土官之于属地，其情形较汉官为亲，土民之待土官，其服从视汉官为笃。有所兴革，推行必易，而收效必多。臣愚以为，今日整顿土属，必先造就土官；而造就土官，必先被以教育。拟饬各该管府厅州督同承审州县就土官兄弟子侄中择其年龄、资质略合高等小学程度者，按年选送四人或六人来省就学，近支无人，再择旁支，所需学费，即责成土官筹解，并饬提学司，特立一学堂，专教土族，小学毕业升入中学，中学毕业授以法政一科课程，分别厘定，择其最要者教之，不急者略之。其要旨在使有普通之知识、有政治之思想、有道德之观念，各级毕业年限较定章稍短，每日教授钟点较定章稍多，以期从速得人，将来各属土官即以毕业最优等者，分别承袭，其支派之嫡庶，服属之亲疏，皆请无论应否。明定任期，以及递年毕业，各土生应如何分派职事，届时再妥拟章程，奏咨办理。总期任贤，使能俾土属有大治之时，土民有复苏之日。所有现在各属土官，其未病故而未请承袭者，如忠州土州、南丹土州、万承土州、茗盈土州、全茗土州、结安土州、镇远土州、江州土州、下石西土州、上下冻土州、下雷土州、那地土州、罗白土县、永定长官土司、永顺副土司、迁隆峒土官、古零土巡检、定罗土巡检、安定土巡检、下旺土巡检，凡二十缺，均停止请袭，其已承袭而因案撤任者，如归德土州知州黄庭玉、向武土州知州黄承业、都康土州知州冯成翼、安平土州知州李德普、凭祥土州知州李树培、思州土州知州黄笃培、东兰凤山土州州同韦杰勋、上林土县知县黄永桢、忻城土县知县莫绳武、罗阳土县知县黄均政、上龙土司巡检赵德教、白山土司巡检王政立、兴隆土司巡检韦国器，凡十三员，均不准回任，一律暂由汉员弹压，统俟将来各土生毕业后择贤请袭，以免庸劣尸位，再误地方。事关变通旧例，合无仰恳天恩饬部先行立案，一切办理情形，容随时妥筹奏报，除分咨外，所有整顿土官变通袭职各缘由，谨会同两广督臣张人骏恭折具陈，伏乞皇太后皇上圣鉴训示，谨奏。光绪三十三年十一月十一日奉朱批：该部知道。钦此！①

由上可知，清政府要求土官子弟来省就学，“使有普通之知识、有政治之思想、有道德之观念，各级毕业年限较定章稍短，每日教授钟点较定章稍多，以期从速得人，将来各属土官即以毕业最优等者，分别承袭”，应袭土司的文化水平要求被提高。

（三）土司承袭过程中的技巧

明清政府在处理土司承袭时，是根据法规和土司地区实际情况结合进行的，采取因地制宜的策略，灵活处理具体的土司承袭问题。例如在土司“世袭”与否的问题上，明清政府的处理就极具灵活性。中央政府亦以土司“世袭”来抚绥边疆，如广西田州知府“岑伯颜，即岑间，由世袭土官，洪武元年赍前朝印信率众归附复职，洪武二十年授田州府知府，长男岑永通授上隆州知州。洪武二十六年岑坚故，钦准承袭，患病，长男岑祥备方物、马匹赴京朝觐，告替。永乐三年十二月奉圣旨，准他替职。钦此。”② 再如广西冯祥县“李升二十四年钦做世袭巡检”③。此外，盖因“明自中叶而后，抚绥失宜，威柄日弛，诸土司叛服不常，仅能羁縻勿绝”④，而“所载云南百五十一家、广西百六十七家、四川二十四家、贵州一十五家、湖广五家、广东一家，共三百六十三家。其官虽世及，而请袭之时，必以并无世袭之文上请；所奉进止，亦必以姑准任事，仍

① 广西巡抚张鸣岐奏酌拟造就土官办法并请变通承袭旧例折［N］．申报，光绪三十三年（1907）第 12547 号．

② ［明］佚名．土官底簿：下卷［Z］．北京：中国书店，2018：208.

③ ［明］佚名．土官底簿：下卷［Z］．北京：中国书店，2018：228.

④ ［明］佚名．土官底簿：提要［Z］．北京：中国书店，2018：2.

不世袭为词"[1]。如云南府安宁州知州董节是土人，还著他做知州，一同管事，不做世袭，董杰故，子董福海赴京告袭，十一年四月奉圣旨，著他做，不世袭，止终本身。[2] 再如云南宁州知州禄永成化二年十二月奉圣旨"禄永准做知州，还不世袭"，以及宁州知州禄安之庶次男"禄俸还著他做知州，不世袭"[3]。又如云南昆阳州易门县县丞，"查得祖来不曾开有世袭字样，奉圣旨是，王臣著做县丞，不世袭"。[4] 而对于土司承袭后叛服不常，为彰显朝廷的"驾驭之权"[5]，中央政府以"犯了法度时拿来问，别著人做"[6]，或者称"别无应袭之人，要改流官"[7]，通过拿问、革职、不准世袭、改流官等方式来应对土司的叛乱。

（四）土司承袭过程中的借袭与代袭

土司承袭中常会出现"借袭"和"代袭"的情况。这两种情况主要发生在土司承袭人年幼，不符合袭职年龄，暂不能任职，由族人公举其亲属，如其母亲、叔伯、祖母等亲近之人暂袭土司一职，代为管理衙署事务，称之为"借袭"，亦可称之为"借职"。

> 广东总督臣孔毓珣谨题：为土司承袭事。
>
> 该臣看得，广西思恩府那马司土巡检官男黄弘纬，先因年幼未符袭典。兹据布政使黄叔琬详称：据官男黄弘纬申据官族黄君锡等、目民罗冠泰等公举官男嫡三叔黄君聘堪以委充协理，取有印甘各结，及道府印结，该司加具印结，详缴前来，相应具疏题明，将那马土巡检事务委令官男嫡三叔黄君聘协理，俟该官男黄弘纬年岁符例，另具宗图册结，题请袭职。臣谨会题请旨。雍正六年正月二十日题。二十八日奉旨："该部议奏。"[8]

如上则材料所示，广西思恩府那马司土巡检应袭者黄弘纬因年幼不符袭典，官族黄君锡等、目民罗冠泰等公举其嫡三叔黄君聘协理衙署事务，暂袭土巡检一职。此例在明清时期的土司承袭中，是非常常见的，如黎州土司承袭人马深

---

① ［明］佚名．土官底簿：提要［Z］．北京：中国书店，2018：1－2.
② ［明］佚名．土官底簿：上卷［Z］．北京：中国书店，2018：8－9.
③ ［明］佚名．土官底簿：上卷［Z］．北京：中国书店，2018：70.
④ ［明］佚名．土官底簿：下卷［Z］．北京：中国书店，2018：70.
⑤ ［明］佚名．土官底簿：提要［Z］．北京：中国书店，2018：2.
⑥ ［明］佚名．土官底簿：上卷［Z］．北京：中国书店，2018：100.
⑦ ［明］佚名．土官底簿：下卷［Z］．北京：中国书店，2018：205.
⑧ 清代土司档案［Z］．现藏于中国第一历史档案馆，图像编号．040—399.

有残痼，不能承袭，而其亲子桂哥幼未成丁，则族人“情愿将官职付与胞弟马应乾借袭承管地方”①；而云南南安府属罗次县炼象关土巡检应袭人李清臣年仅六岁，则族人公举廷杰之胞弟李鸿杰抚幼，暂代土巡检一职。而土司承袭中常见的母代子职更是借袭的体现。

而代职则是指原土司因年老体弱，或是生疾，或因他故，暂时不能管理衙署事务，而提前委任承袭人或亲属代理土司一职。如洪武“二十四年，木德死，子初当袭。初守巨津州石门关，与西番接境。既袭职，英请以初弟亏为千夫长，代守石门，从之。”② 因木初袭替其父丽江土司一职，则西平侯沐英则请旨以其弟亏代职千夫长，驻守石门。

例1：

总督云南贵州等处地方军务兼理粮饷兵部右侍郎兼都察院右副都御史臣高其倬谨题：为恳请替袭事。

该臣看得，云南永平县土县丞马世乔，乃康熙二十五年内奉部颁给号纸任事之土员。前据原任云南布政使金世扬详称：马世乔年老有疾，不能理事，告替与亲男马燕承袭，并无违碍等弊。取具宗图册结，及告替各结，同原领号纸，详情休致替袭等情。因册结屡次舛错，驳换去后，兹据云南布政使李卫详称：马世乔实系年衰有疾，难于供职，亲男马燕例应替袭，换其妥协。宗图册结，及该土官告替各结，同原领号纸加结，详报前来。臣覆查无异，相应照例具题。伏乞皇上睿鉴，敕部议覆施行。为此谨题请旨。雍正二年闰四月十九日题。六月初四日奉旨：“该部议奏。”③

例2：

总督广东广西等处地方军务兼理粮饷兵部右侍郎兼都察院右副都御史加三级臣孔毓珣谨题：为土司承袭事。

该臣看得，广西太平府茗盈土知州李演鼎，因染痰火之症，不能料理州务，具文呈请休致，并请以嫡子李天荫照例替袭。先据布政司详报，经臣批回查验，取具宗图册结详缴去后，兹按布政司事按察使白洵详称：经

① ［明］朱燮元．黎州土官袭替疏［Z］//少师朱襄毅公督蜀疏草．钦定四库全书影印本．
② ［清］张廷玉．明史：第314卷［M］．北京：中华书局，1974：8098.
③ 清代土司档案［Z］．现藏于中国第一历史档案馆，图像编号：012—173、174.

行委员验得，该土知州李演鼎果系患病情实。至官男李天荫系李演鼎正妻岑氏所生嫡子，应袭父职，与例相符，目民悦服，并无搀越情弊等由，取其亲供宗图各结前来。臣查土官年老患病告休，向有准子替袭之例，相应题请，准令李演鼎休致，官男李天荫照例袭职。除宗图供结送部查核外，臣谨会题请旨。雍正三年五月二十八日题。七月十五日奉旨："该部议奏。"①

例3：

经筵讲官署理吏部尚书兵部尚书臣孙桂等谨题：为土司承袭事。

该臣等议得，两广总督孔毓珣疏称，广西太平府茗盈土知州李演鼎染患痰火之症，举动维艰，不能料理州务，呈请休致，所有嫡子李天荫年三十三岁，例应替袭，取具宗图册结，司道府县与邻封土官甘结。等因前来。查该督既称李演鼎患病休致，嫡子李天荫应袭父职，与例相符，应如该督所请，将李天荫准其承袭，给与号纸可也。恭候命下遵奉施行。谨题请旨。雍正三年八月十九日题。八月二十二日奉旨："依议。"②

从上面两则材料可见，土司均因年老或患疾而不能料理土司辖区事务，呈请休致，告替让其亲子承袭。

第二节　土司承袭制度的弊端

在土司承袭制度不断地推行中，不少弊端日益显现，如赴京袭职与纳粟袭职对土官造成巨大的经济压力，从而出现土官不请袭的现象；土官承袭人的不确定性导致土官争袭，乃至发生土官叛乱；勘合官员日益严重的贪污受贿行为，导致土官不能正常袭职，而出现争袭、叛乱等事件。

一、赴京袭职与纳粟袭职的弊端

明代政府规定不论大小土司，一旦袭替，虽在万里之外，也必须赴阙受职。

① 清代土司档案［Z］. 现藏于中国第一历史档案馆，图像编号：021—365、366.
② 清代土司档［Z］. 现藏于中国第一历史档案馆，图像编号：022—201.

如广西忠州“余残土民郭保等告保黄中谨袭职，二十三年九月赴京，准袭知州”①；思明州“黄志铭父黄均寿，系本府知府黄忽都弟，款附，洪武二年三月赴京授思明州知州”②；等等。该制度在具体的实行过程中，弊端日益显现。如明初，“诸蛮必生疑惧，或遁入山寨，负险不服，若复调兵，损伤必多”。③ 此制的施行引起边疆土司的疑惧，可能引起叛乱。正如商辂《议土官袭职疏》所言：“土官衙门设在极边，袭替往回动经万里，中间贫富不一，资费匮乏，及至京师，负累多方，经年延慢，兼以狡猾之夫，肆为罔利，辄萌诱取，以致远人蒙其陷害，衙门被其玷污”。④ 土官赴京袭职产生的问题不仅是袭职时间拖得太长，而且涉及官员腐败、社会人员欺骗等问题。由于规定大小土司皆赴阙授职，赴京路程遥远，耗时过长，费用极高，同时各地大小土司赴京，也给京城的治安维护造成诸多问题，而且也可能出现贪污受贿问题。

明政府规定土司“万里赴阙，或献马方物”、纳粟袭职，“旧例贵州土官自宣慰使以下不拘职之大小皆至京承袭。自天顺以来始有就彼冠带袭职及照品级纳粟并免纳粟之例。如“给四川静州长官司土舍车匀冠带印信”时，“仍照例纳谷五千石，免其赴京报可”。⑤ 但是“规取日陋”⑥。巡抚云南监察御史刘洪上报：“缘兹荒服之外，惟宣慰使及府佐官职任颇崇袭替废，其各长官司俱居深山，所统夷民多不过四五里，备正、副长官及随办事土官，巡检百户贫穷者多无力纳粟。”⑦ “土官职有大小，家有贫富，如知府等职亦有借贷完纳者，冠带之后，即便科取派还；其驿丞、巡检等职，人不肯借，以此经年不得袭任”。⑧ 纳粟袭职无疑加重了土司家族，尤其是偏远地区、家境较贫困土司的袭替负担，尤其是对于级别小的偏远地区的土官来说，这无疑是无法负担，因而有不请袭的情况出现。

二、土官争袭

正如云南总兵官黔国公沐琮所言，“所属土官不能分别嫡庶，以致身死之

---

① ［明］佚名．土官底簿：下卷［Z］．北京：中国书店，2018：229－230.

② ［明］佚名．土官底簿：下卷［Z］．北京：中国书店，2018：231.

③ 明太祖实录：第143卷［Z］．北京：线装书局，2005：16.

④ 商辂．议土官袭职疏［Z］//［明］张瀚．皇明疏议辑略：第24卷．四库全书存目丛书第72册，第90－91页．

⑤ 明世宗实录：第62卷［Z］．北京：线装书局，2005：86.

⑥ ［清］张廷玉．明史：第310卷［M］．北京：中华书局，1974：7982.

⑦ 明孝宗实录：第196卷［Z］．北京：线装书局，2005：435.

⑧ 明孝宗实录：第41卷［Z］．北京：线装书局，2005：292.

后，或同族异姓与其应袭之子互相争立，三司保勘之官又各依违不决，恐生他虞。”① 元明清时期土司争袭事件时有发生。据《遵义县志》记载：“明代第二十四世土司杨辉宠爱庶子杨友，企图废嫡长子杨爱，立友为宣慰使，安抚使宋韬等不保结，不得已立杨爱。杨友与长官张渊阴谋刺杀爱不成，捏造言词，罗织谋反罪诬告杨爱，朝廷派侍郎何乔新至播州勘处；张渊论斩，杨友谋篡位，论死罪，撤去宣抚使职，发保宁城羁管。”② 后来，播州杨氏因争袭爆发战乱。明成化十九年（1483）播州宣慰使杨辉死，其次子杨友欲夺其兄杨爱官职，大战于火烧舟场侧之官城（今遵义县新舟镇），死者万余，杨友败亡。③ 而后，杨烈与杨煦的争袭导致了播州与水西两地土司长达十年的兴兵仇杀。

为避免土司争袭事件的发生，元明清政府对土司承袭制度不断进行修缮和补充，但“土司常有多妻，嫡庶之争，为其乱源，又兼妇女可得承袭，为祸更大”④，土司家族作为盘踞一方的大家族，嫡庶纷纭，支派众多，关系错综复杂，土司应袭对象众多。同时，土司具有独立性和世袭权力，土司可不遵朝廷法令，而与地方贪官勾结，更换承袭人，使得土司应袭人的选定具有不确定性。最为重要的是，元明清时期土司作为统治区域内可世袭的最高行政长官，“土司所到之处，土民皆下跪迎接，土司出，其仪卫颇盛，土民见之，皆夹道伏。即有遣责诛杀，惴惴听命，莫敢违者”⑤，土司具有辖区内的财政、行政、法律、军事等特权。这些权力成为土司家族争袭的直接动力。

三、土官叛乱

土司承袭问题会引发叛乱事件的发生。如《蛮司合志》载：

嘉靖年间，“芒部土官陇慰死，其子陇寿与陇政、支禄争立，朝命以嫡故立寿。而陇政、支禄倚乌撒土舍安宁等数为乱，且称兵向寿。寿亦借水西兵相抵梢，而政竟杀寿，收寿印。川抚王軏与御史刘轍上其事，轍言宜顺从夷情以立支禄，而軏言陇政、支禄同以犯公杀朝廷命吏，罪不赦。诏遣参将何卿督剿之，斩支禄并贼党二百余级，俘二十余人，降者数百，而政奔乌撒。卿令土舍安宁及土妇奢勿擒政以献。安宁初许诺，既而出献阿

---

① 明宪宗实录：第 180 卷［Z］. 北京：线装书局，2005：204.
② 贵州省遵义县志编纂委员会. 遵义县志［Z］. 贵阳：贵州人民出版社，1992：1209.
③ 贵州省遵义县志编纂委员会. 遵义县志［Z］. 贵阳：贵州人民出版社，1992：766.
④ 佘贻泽. 明代之土司制度［J］. 禹贡，1936（11）.
⑤ ［清］周来贺. 桑植县志［Z］. 同治十一年（1872）刊本.

核阿达尸，云政无有，久之，传政死。兵部议奏：‘芒部陇氏，衅起萧墙，骚动两省，王师大举，始克荡平。今其本属亲支已尽，无人承袭，请改芒部军民府为镇雄府，设流官知府统之。分属夷良、母响、落角利之地为怀德、归化、威信、安静四长官司使陇氏疏属阿济、白寿、祖保、阿万四人统之。其朝贡马匹，如程番府例以重庆通判程洗升试知府、松潘参将何卿兼提督，守其地。’许之。”①

芒部被改土归流，导致原芒部头目沙保“谋复立土官陇氏，遂挟众叛，攻镇雄府城”②。这致使云南土官袭职被拖延，也导致了云南土司地区的动荡不安。再如寻甸安铨、武定凤朝文相继叛乱，史称“安凤之乱”。杨一清认为安凤之乱是土官袭职弊端爆发的后果，勘合人员贪污纵容，地方官吏徇私舞弊，导致土官不能及时袭职，出现争袭事件；土舍威信不足，难以管理事务，从而导致了震惊云南全省的“安凤之乱”。

四、勘合官员腐败

无论是赴京袭职或是纳粟袭职的弊端，还是土官争袭，乃至引起的土官叛乱，究其缘由，勘合官员的贪污腐败是其重要原因之一。“云南土官袭职者，该部行委三司体勘，其委官多有徇私图利，取勘不公，以致累相争袭，累年纷扰”③。如“近世作伪者多凭空捏造，苟得金钱，兵部武选司吏胥概为准行”④，异姓或庶子凭空捏造宗支图谱，勘合官员因贪污受贿与其勾结；土官赴京袭职，贪官污吏以此牟利等等。正如云南监察御史刘洪言曾上言：“土官舍人应袭者，俱由三司堂上官会同保勘明白，方得承袭，但边方瘴疠险远，三司多不亲诣，往往转委属官行勘，或以贪赂，或以避嫌，彼此展转有十余年。”⑤ 随着“就地袭职”“就彼冠带”规定的推行，勘合土司袭替的官员权力日益增大，而有“介使末将威福自恣，虽托羁縻之名，竟开骄悍之渐”⑥ 之象。

勘合官员的贪污腐败导致土司承袭不能顺利推进，从而导致争袭、叛乱等

① ［清］毛奇龄．蛮司合志：第5卷［M］．清乾隆（1736－1795）刻本．
② ［清］毛奇龄．蛮司合志：第5卷［M］．清乾隆（1736－1795）刻本．
③ 明宪宗实录：第3卷［Z］．北京：线装书局，2005：26.
④ ［明］沈德符．万历野获编［Z］．北京：中华书局，1959：934.
⑤ 明孝宗实录：第41卷［Z］．北京：线装书局，2005：292.
⑥ 郑晓．皇明土官志论［Z］//［明］林得谋．古今议论参：第5卷．四库禁毁书丛刊集部，第508页．

问题。这引起了朝廷的注意，并对勘合官员的行为进行约束，但是对其腐败行为的处置过轻，难以遏制勘合官员的贪污行为。如宣德四年，“召奉使外夷中官云仙、徐亮还，初云仙受命分往外夷抚谕，两人素怀忿嫉，各教诱土官相仇杀，阻遏使臣至。是。上闻之，悉召还”①；弘治三年（1490）九月“土官刁怕开卒，嫡长孙刁怕落、幼庶子刁怕愈与争印，俱赴愬于详，详家人受贿，为之蒙蔽，以致杀扰地方”②，而明政府对沐详的处置，仅是“回云南闲住先是千崖宣府司”。③ 由此可见，中央政府对贪污官员并未做出实质性的处罚，从而导致土官承袭过程中贪污腐败现象愈加严重，最终出现“云南百姓淳朴，本不为盗，比因各处土官袭职，反复查驳，事以贿成，及方面有司，诛求旁午，民始去而为盗”④ 之况。

第三节　中央政府的处置办法

针对土司承袭制度推行中出现的弊端，明清中央政府不断根据实际情况调整政策和改进方法，以避免土司争袭、土司叛乱、官员贪污受贿等弊端，达到有效管理土司地区的目的。

一、就地勘合袭职

对于土司赴京袭职所带来的弊端，中央政府做出了相应的政策调整，将规定各大小土司均赴阙袭职调整为就地勘合袭职，“今征调军职土官，如有老疾亡故，子侄应袭替，及该比试官贫乏，不能赴京者，乞照监督甘肃军务，敕谕内事理，许臣召官保勘明白，就准袭，比领军征哨。”⑤ 刘洪亦提出建议：“诸自今土舍袭职，如系宣慰使同知及府同知、通判、推官照起送赴京例；如安抚及州同知、判官照纳粟免赴京例，其正、副长官及随司办事长官、巡检百户照通免纳粟赴京例。”⑥ 其后各朝相继出台“合照岑鎏事例，免其赴京”等。如云南土官袭替即有赴京袭职和就地保勘袭职。《明会典》规定如下：

① 明宣宗实录：第52卷［Z］. 北京：线装书局，2005：336.
② 明孝宗实录：第54卷［Z］. 北京：线装书局，2005：344.
③ 明孝宗实录：第54卷［Z］. 北京：线装书局，2005：344.
④ 明武宗实录：第178卷［Z］. 北京：线装书局，2005：300.
⑤ 明英宗实录：第75卷［Z］. 北京：线装书局，2005：391.
⑥ 明孝宗实录：第196卷［Z］. 北京：线装书局，2005：435.

凡土官就彼袭替。天顺八年，令土官告袭，勘明会奏，就彼冠带。嘉靖二年，令土官衙门，设在荒远，兼因争竞仇杀等项，不能赴京者，抚按等官勘实代奏，就彼袭替。仍依先年户部原拟等级、令其纳谷备赈。六年奏准，地方有事调遣镇守抚按等官查明具奏，就彼袭替。十五年议准，纳谷冠带土舍，曾经兵部题奉钦依者，不必再勘。其止曾纳获实收未奉钦命，本布政司径札冠带者，备勘明白，免赴京。类具供结，兵部查照，上请降给凭札，方许实授管事。其有不服起送、与擅自冠带管事者，听抚按从重参究革职。另取应袭之人赴部袭职。十八年，令安南都统使子孙袭替，照土官例，听镇巡官勘实具奏，就彼承袭。二十八年题准，应袭土舍，曾经调遣、效有功劳，暂免赴京，就彼冠带署职，管束夷民。待后功劳显著，方许实授。其余不曾调遣及无功可录者，照例起送赴京袭替。"①

由此可见，明政府为避免土官赴京袭职所带来的麻烦和社会成本的增加，不断调整土官承袭程序，力求符合正常程序，诸如应袭土舍曾经调遣、效有功劳等，可就地勘合袭职；而不曾调遣及无功可录者，则须赴京袭职。

而针对纳粟授职给土官带来的经济负担，明政府根据实际情况而"停止输纳事例"，刘洪建议"其年远无力纳粟未袭土，别无罪犯，俱许承袭"；"巡抚、巡按官会同三司掌印官，访察各官贫富，斟酌处置，量为减免"，弘治十八年（1505）明确规定"罢土官纳粟袭职例，令照旧保勘，起送赴京袭职"②。嘉靖年间又出台"其品官衙门设在腹里地方宁靖者，照旧赴部袭替，俱免纳谷"③的规定。直至安凤之乱后，明政府重新制定土官袭替条例，此时纳粟授职的规定才彻底停止。

二、土司承袭次序的确定

明清政府意识到土司"从其俗"的袭替所带来的弊端，为避免土司争袭带来的纠纷、战乱，规定土司必须依照嫡庶、亲疏次序依次袭替，尤其有清一代，明确规定"嫡庶不得越序"而袭。明清政府规定土司袭替必须"取具宗支图册各结"，以示应袭土司的身份。《万历野获编补遗》记载，土官袭职"全部凭宗

---

① ［明］申时行．明会典：第121卷［Z］．北京：中华书局，1989：626.

② ［明］申时行．明会典：第6卷［Z］．北京：中华书局，1989：31.

③ 明世宗实录：第31卷［Z］．北京：线装书局，2005：581.

支图为据。今唯云南布政司贮有各土司宗系，以故袭替最便"①。由验封司根据宗支图本验证请袭人是否符合袭替次序。由此可见，编制宗支图本的重要性。明正统开始规定"具应袭子侄姓名，开报合于上司，候亡故，照名起送袭"②，但因"或以子孙，或以兄弟，或以妻继夫，或以妾绍嫡，皆无预定次序，多致临袭争夺"③，按照土司地区的风俗，承袭人没有预定次序，土司争袭仍时有发生。明政府根据土官册报应袭法来提前选定土司承袭人。正统二年进一步规定土官袭替时参照此规范确定应袭人员。若有"作伪者多凭空捏造，苟得金钱，兵部武选司吏胥概为准行"④，则规定应袭名册要一式四份，防止造假，"都、布、按三司各存一本，一本年终类送吏部备查"，且规定每三年编制一次。⑤ 后沐琮根据云南土司承袭的实际情况提出，勘合部门应详细验证"在职土官宗派嫡庶始末，详其谱图，岁造册籍，遇有土官事故，藉此定之"⑥。弘治二年（1489）则通过赐姓土官，规定土司承袭年龄，宗支图本成为土官袭替的重要凭证的作用正式确定下来。"取具宗支图册"也成为土司袭替的重要程序之一，清政府亦沿袭该程序。为加强对土司的管理与约束，中央政府规定对土司进行考核，嘉靖年间就规定"应袭土舍，曾经调遣效有功劳暂免赴京，就彼冠带署职，管束夷民，待后功劳显著，方许实授，其余不曾调遣及无功可录者，照例起送赴京袭替。各官授职之后，若能建立奇功，平定大盗，应贺重加赏赉，或诰敕褒奖"⑦，通过善罚措施管理应袭土司。

三、土司袭职政策的调整与改土归流的实施

明中期以后，木邦、陇川、岳凤等各地土司叛乱渐起，明政府为阻止边境土司的叛乱附缅，中央政府调整了土官袭职的政策。万历五年（1577）陈文燧建议放宽云南土官承袭的条件，减半征谷，"但遇夷司告袭，即行参守亲勘，仍与宽假，以便替补，应纳例银或减半征谷，其报生应袭幼，给冠带长授职级，正枝无嗣，旁枝有能约束地方者，照例与之不必重勘"。⑧ "万历九年题准停止

---

① ［明］沈德符．万历野获编［Z］．北京：中华书局，1959：934.
② ［明］申时行．明会典：第6卷［Z］．北京：中华书局，1989：31.
③ 明英宗实录：第27卷［Z］．北京：线装书局，2005：151.
④ ［明］沈德符．万历野获编［Z］．北京：中华书局，1959：934.
⑤ ［明］申时行．明会典：第6卷［Z］．北京：中华书局，1989：31.
⑥ 明宪宗实录：第180卷［Z］．北京：线装书局，2005：204.
⑦ ［明］申时行．明会典：第121卷［Z］．北京：中华书局，1989：626.
⑧ 明神宗实录：第64卷［Z］．北京：线装书局，2005：374.

云贵土舍输纳事例。凡土司告袭，所司作速勘明，具呈抚按，覆实批允，布政司即为代奏，该部题选，填凭转给、就彼冠带袭职。有愿赴京亲袭者听，其效忠进献驯象土物，并疏奏闻。抚按仍设告袭文簿，将土舍告袭，藩司代奏日期登记明白，年终报部备考”。[①] 以此期望减少土司叛乱。

自明开始，中央政府对无嗣承袭、违法乱纪、叛乱的土司进行改流。洪武年间规定“凡土官选用者，有犯依流官律定罪；世袭者，所司不许擅问，先以干给之人惟其实，定议奏闻，杖以下则纪录在职，徒流则徒之北平，著为令”[②]，如洪武二十年，“越州土酋阿资与罗雄州营长发束等叛……帝命英会征南将军傅友德进讨……阿资穷蹙请降。初，阿资之遁也……复分兵追捕，至是遂降”[③]，英等请设卫屯守，至“二十三年置越州卫”[④]；鹤庆土知府高伦因“屡呈凶恶，屠戮士庶”被改流。而有清一代，则是改土归流推行的鼎盛时期。《钦定大清会典事例》载：

顺治六年，云南元江军民府（后裁军民二字）改流，裁土知府一人，设流官。九年置四川水草坪土巡检、牟托土巡检、竹木坎土巡检各一人。十四年，升广西泗城州为军民府（后裁军民二字），改设土知府一人。十六年，云南广南府改流，裁土知府一人，设流官。十七年，四川遵义军民府（后裁军民二字）改流，裁土知府一人，设流官。康熙四年，云南景东、蒙化，二府俱改流，各裁土知府一人，设流官。五年，改四川乌撒军民府为威宁府，裁土知府一人，设流官，归贵州管辖，其原设土同知以下等官，并隶贵州省。六年，四川裁保宁府通江县蒙灞土副巡检一人，重庆府丰都县沙子关土副巡检一人。二十七年，广西裁陀陵土知县一人，归永康州管理。三十四年，广西裁永福县桐古市土副巡检一人。三十五年，改云南阿迷州土州为流，裁土知州一人。又改云南曲靖府属亦佐县为平彝县，设土县丞一人。三十七年，四川东川军民府（后裁军民二字，改隶云南省），改流，裁土知府、土经历，各一人，设流官。雍正元年，湖广土司相继改流，裁上溪州、南渭州、施溶州、芙蓉州、大理州土知州，各一人。裁美坪土同知、龙潭土同知，各一人。裁总理厅土经历一人，又定云南丽江军民府

① ［明］申时行．明会典：第121卷［Z］．北京：中华书局，1989：626.
② 明太祖实录：第167卷［Z］．北京：线装书局，2005：101.
③ ［清］张廷玉．明史：第313卷［Z］．北京：中华书局，1974：8083－8084.
④ ［清］张廷玉．明史：第313卷［Z］．北京：中华书局，1974：8084.

（后裁军民二字），改流，设流官，裁原设土知府，改设土通判一人。三年改广西龙州为流，裁土知州一人，析龙州地为上龙、下龙二司，设土巡检，各一人。又覆准，土官支庶子弟中有驯谨能办事者，许本土官详报督抚具题请旨，酌量给予职衔，令其分管地方事务，其所授职衔，视本土官降二等，如本土官系知府，则所分者给予通判衔，系通判，则所分者给予县丞衔，照土官承袭之例颁给敕印号纸，其所分管地方，视本土官多不过三分之一，少则五分之一，此后再有子孙可分者，亦再许其祥报督抚具题请旨，照例分管地方，再降一等，给予职衔、印信、号纸。四年，改云南镇沅府为流，裁土知府一人，改威远、霑益二州为流，裁土知州各一人，俱设流官。五年，四川镇雄、乌蒙，二府改流（后俱改隶云南省镇雄后改为州），裁土知府各一人。广西泗城府改流，裁土知府一人。又云南裁永昌军民府（后裁军民二字），属永平县土县丞一人。又贵州裁黄平州朗城司土吏目一人，设流官。又湖广裁桑植宣慰司经历一人，又议准贵州安顺府镇宁州属康佐司土官，承袭无人，以其地归镇宁州管辖。又云南裁姚安府土司知一人，设流官。六年，谕湖广土司甚多，各司其地，供职输将，与流官无异，其不守度者，该督抚题参议处，改土为流，以安地方，若能循分奉法。抚绥其民，即与洲县之循良相同，朕深嘉悦，何必改土为流，使失其世业，前据湖南巡抚王国栋奏称下峝长官司向鼎晟，恳请改土归流，甚为诚切，朕未准行令。今又奏称，土民有控告该土司之案，正在查审。朕思从前该土司改土为流之请，大抵由于土民之怂恿，及土司所请，未曾准行，而土民复又列款控告，冀朕严治土司之罪，而尽改为流，其所控必非实情，著该督抚留心详察，凡属土民，必不敢控告土司，皆有汉奸唆使播弄，冀生事端，以便从中逞奸滋弊耳。若各处土司等，因他处已改为流，不得已而仿效呈请者，朕皆不准，若被汉奸唆使控告，俾土司获罪而改为流者，朕更不忍，该督抚等当以朕内外一体之怀，通行晓谕，俾土司等守土奉法，共受国恩，不必改土为流，始为向化，至于土司实在不法，恶迹确著者，该督抚据实参劾治罪。又改湖广施南土司，地归恩施县管辖。七年，广西镇安府设流官，改通判为知府，裁土知府一人，归顺州改土为流，裁土知州一人，设流官，隶镇安府。东兰州改土为流，裁土知州一人，设流官，隶庆远府。又改四川天全土司为流，设流官。又改贵州中曹土司所辖高坡等处四寨，归贵阳府管辖。又改湖广永顺保靖等土司为流，设流官。又广西裁下龙司土巡检一人；又改广西思恩府属之向武、都康、上映、下雷，四土州均隶镇安府。又改贵州洪番土司，地归定番州管辖。十年，改广西南

> 宁府属湖润寨土巡检，隶镇安府。十一年，改广西太平府属思城州为流，裁土知州一人。十三年，改湖广容美土司地，置鹤峰州，设流官，改容美土司所属五峰司地，置长乐县，裁容美宣抚司土经历、天池口巡边土经历，各一人。又改湖北恩施县所属之施南土司地，置宣恩、利川二县，改散毛土司地，置来凤县，改施州卫土巡司地，置咸丰县。乾隆元年，改湖南上峝、下峝、茅冈、大剌、等处土司为流，以上下二峝归桑植县管辖，以大剌地方归龙山县管辖，以茅冈地方归永顺县管辖。七年，析广西田州土州阳万等一百九十八村为阳万州，分设阳万州土州判一人。十一年，云南猛缅土巡司归流，改其地为缅宁，设流官。十二年，议准广西湖润寨土司，承袭无人，裁土巡检一人，以其地隶归顺州管辖。二十六年改四川石砫宣慰使为土通判。二十九年，改云南永昌府属之猛猛土巡检，隶顺宁府。三十一年，议准，广西镇安府小镇安（今更名为镇边县）土司，承袭无人，改设流官，裁土巡检一人。光绪二年，改广西土田州所属燕峝地方置恩隆县，裁土知州一人。又改广西奉议州为流，设奉议知州，裁土州判一人。五年改广西阳万州为流，裁土州判，设恩阳理苗州判，驻扎禄丰墟，管理阳万二里及下田里之四都地方。①

清代加大了改土归流的力度。由上则材料可知，土司因无嗣、不守法度、违法乱纪、叛乱等缘由被改流，同时，清代土司也有自请改流。土司改流使土司地区纳入明清中央政府的行政管理之中，废除土司的财政、军事、法律、教育等特权，土司不在具有独立性和世袭权，从某种程度上来说，降低了土司叛乱的可能性。

四、贪官腐败的处置条例

针对勘合人员贪官受贿行为，不肯为土司子弟承袭保堪，导致土司不能袭替，进而引发土司叛乱的情况，尤其是“安凤之乱”之后，明政府开始重新制定土司承袭程序。嘉靖九年（1530），“戊寅兵部言土官袭替自顺天以来，事例不一，有起送赴京袭替者；有将应袭之人预勘造册及报名土司，待其亲故起送者；有令就彼冠带者；有地方灾荒，令其自纳谷备赈者；有免其纳谷，仍起送赴部者；有因极边地方不宁，免其来京，或许就彼冠带，仍旧纳谷者；有以报

① ［清］昆冈，等．钦定大清会典事例：第 32 卷［Z］．台北：新文丰出版公司，1976：5476－5479.

效有功，许就彼袭替者；或出一人之兼白，或系一时之权宜。以故条例纷纭，持循靡定而贪险者，得缘以为奸，非国体也。”① 袭职程序的不统一导致贪污官吏钻法令制度的空子，兵部认为“宜因续修会典之时，著为画一之法”②。兵部、吏部共同制定了《土官袭职条例》，以此来规范土司袭职程序。

同时重视对勘合人员的离职审核与管理，制定相应政策。嘉靖十年（1531）规定，“各边军职及勘事人员，索取土夷财物，致生他变者，依激变良民律例”③，要求“自今承袭事宜，皆令镇守抚按会行三司，如例催勘，有蹈前弊者罪之。”④ 嘉靖二十九年（1550）加强了对勘合官员离职的审核，“二十九年题准，土舍袭替，查无违碍，即与照例起送。年终，抚按镇守官，将告袭土舍姓名，并行查年月日期缘由，经该官员职名，奏报。虽有升迁，必待事完，呈请抚按衙门详允，方许离任。如再故违，留难阻滞，展转驳勘，致启边衅者。抚按指实参奏处治。”⑤ 嘉靖四十五年（1566）进一步划分为两类：“勘报过一年者，行巡按官查究；二年以上者，听吏部径自查参”。⑥ 从上述规定来看，中央王朝对勘合人员的贪污腐败行为并没有做出实质性的处罚措施，这种贪婪受贿行为导致诸木邦、潞江线贵、陇川岳凤、蛮莫思哲等土司附缅。对此，陈善《土官袭职议》载：

> 土官袭职，所得不赀。闻旧时元江、丽江等府告袭，各衙门人役诓其使用，有至千两以上；其余府州，有至六七百两者。虽各项人役多寡瓜分，而吏房承行，其所得可知矣。至于两院批允之后，咨批付目把亲赍，其本册则另付承差顺赍。二本盘缠，亦有多至五六百两者矣。夫在省费用如此其多，则目把科骗土官，当有数倍。致使朝廷旷荡之泽不遍于遐方，本司严肃之风终隔于异壤，而土官相沿，遂以布政司衙门如此其浊滥也。深为可恨。
>
> 隆庆四年，丽江府土舍告袭，闻其携金甚多，消息甚大。郧布政风知，严行告示，不准留住省城，然奸人之诈骗者已入手矣。今年，兰州土舍告

① 明世宗实录：第110卷［Z］. 北京：线装书局，2005：388.

② 明世宗实录：第110卷［Z］. 北京：线装书局，2005：388.

③ ［明］申时行. 明会典：第121卷［Z］. 北京：中华书局，1989：626.

④ ［明］方孔炤. 全边略记：第7卷［Z］//续修四库全书. 上海：上海古籍出版社，2002：441－442.

⑤ ［明］申时行. 明会典：第121卷［Z］. 北京：中华书局，1989：626.

⑥ ［明］申时行. 明会典：第6卷［Z］. 北京：中华书局，1989：3.

袭，本司知有前弊，将歇家张云鹏拘拿到司，颁发告示一道贴伊门首，不许棍徒诓骗夷财，其本册即给付目把亲赍讫。夫本司防检虽严，而衙门人役贪心不改，土夷只知旧套，而目把惟欲骗财。即如威远州系偏小土夷，而诓骗使用尚有五六百两者。若非扫除弊源，衙门受累不小。

除已往姑免深究、近犯尽法究详外，为照土官承袭，本司惟凭各守巡兵备该道勘处明白，结报前来，即行按察司、都司比册收购例银，通呈两院详允，照例具奏，仍给文，通把亲赍赴部，别无留难。各土司若使知本司法度严明，原不必用费财物，但地方隔远，上下之情难通，奸弊丛生，诈骗之计难绝。若不伸明严禁，第恐后来告袭之人复被积年棍徒仍前诓骗，深为不便。乃照土司杂职等官，名分固存，贫难者众，若欲使之赍本赴京，恐其不便，又非顺夷情酌时宜之至意也，亦应议处。合候详允，本司备行所属土官衙门晓谕，今后如遇各土官告袭，候守巡兵备该追驳查明白，结报到司。次日，一面移行二司比册，一面马上行文后开府分查收纳，谷银取具库收，同赍本通把姓名各回报。至次日，具稿。又次日，呈详两院批允。限三日内，具本册咨批，发驿马传递。系金沧道属者，发大理、永昌二府；洱海道属者，发楚雄府；临元道属者，发临安府；安普道属者，发该管府分行。令各通把亲赍赴部。第四日，将发过缘由呈报两院查考，如守巡兵备道结报到司，而移行此册呈详两院及具本册咨批日期过违一日者，承行吏问罪呈详；两日者，招解。其本册咨批到府，即日给发，仍将发过日期申报稽考。如该府过违一日，承行吏招解；两日者，坐赃革役。其有积年通把诓骗土官财物指称赴省打点，及有衙门内外人役通同骗财者，许诸色知情人等，将各犯及财物把连赴司，当堂验明，人犯照例问遣，财物尽行给赏。若土司府首领、县佐、驿巡、杂职等官有愿赍文赴部者，听之；如有亲赍不便者，准解赍本盘缠银一十二两赴司，候有顺差人役赴京，交付赍投，仍呈两院知会。如此，庶夷情可顺而弊端可厘，衙门亦可以肃清矣。①

由上则材料可见，陈善针对勘合人员的贪污行为提出将袭职程序通告各土官衙门，严格规定了勘合期限，建议对骗财的勘合人员和主动行贿的土司做出相应处罚。万历十一年（1583）兵部要求“土官承袭即于申呈内明开查勘年月，

---

① ［明］刘文征撰，古永继校点．滇志：第25卷［Z］．昆明：云南教育出版社，1991：862－863.

如迟岁月，即系勒索，从重参究，余俱依拟报可”。[1] 万历十三年（1585）重申，土官承袭不得超过三年，若有违犯，勘合官员将“据法参治”。[2]

土司承袭作为土司制度的核心内容，也是中央王朝管控土司、管理土司地区的重要手段，其意义之重大不言而喻。为规避土司承袭过程中出现的争袭、叛乱、贪污等弊端，元明清中央王朝灵活制定政策，因时制宜，变通土司承袭制度，创新承袭人选定方法，不断完善和改进土司承袭制度，从而促进土司制度的有序性和规范性。

---

① 明神宗实录：第141卷［Z］. 北京：线装书局，2005：101.
② ［明］申时行. 明会典：第6卷［Z］. 北京：中华书局，1989：31.

第八章

制约有法：土司承袭的相关法规

承袭制度是土司制度体系中的核心内容，《大明会典》《大明律》《大清会典》《大清会典事例》《大清律例》等明清法典通过责权利不对等的法规从多方面对土司权力进行了直接而隐蔽的管控与制约，这事实上是一种土司承袭立法。有学者认为："土司承袭立法就是中央王朝通过法典法规形式，或因地方官员上疏而予以批复、诏令等形式，对土司承袭事宜做出规定。"① 明清中央王朝为了维护土司地区社会秩序的稳定，加强对土司权力的整体性控制，朝廷对土司承袭实行了体系化的法律控制，为后来改土归流和国家统一奠定了社会基础。本文拟从土司承袭资格、承袭程序、承袭处罚等方面探讨土司承袭的立法，进而归纳总结明清中央政府在土司承袭方面的有效制约。

第一节　土司承袭资格立法

明清时期土司承袭是当时各地土司与明清中央王朝博弈的结果。从实质意义上看，各地土司履行明清中央王朝交办治理土司地区的各项任务，中央王朝则给予土司名正言顺的政治待遇；换言之，中央政府与各地土司之间具有各自履行责权利的义务。对于明清中央政府来讲，承诺各地土司享有承袭权是中央政府与土司围绕各自利益博弈的结果。自元以降的历代中央王朝，即便在中央王朝不具备对土司实施军事威慑或者打击能力的时期，土司承袭依然受到中央王朝的限制、管控。从现有历史文献看，土司承袭资格是由明清中央政府确定，而非土司自我主张和选择。② 土司承袭资格包括承袭人的范围及顺序，承袭人应当满足的年龄、文化、纳粟等条件，以及承袭权被限制或取消的情形。应袭土司的资格是由中央王朝最终确定，并非各地土司的自我主张和自行决定。只因

---

① 蔡燕．论明清时期的土司承袭立法及其特点［J］．贵州民族研究，2019，40（07）：150－156.

② 葛天博．清代土司承袭的国家法律控制［J］．三峡论坛，2018（02）：29－33.

为如此，明清中央政府对应袭土司范围和次序均有明确的规定。应袭土司必须经由中央政府任命之后方可获得土司应有权力。① 从这个意义上讲，明清中央政府规定承袭资格的年龄而不是直接任命土司承袭人的目的在于让具有承袭土司资格的人转化为政治人质，这样立法的目的在于，中央政府通过法律的形式控制土司承袭过程中有可能出现的争袭、仇杀与叛乱。

一、应袭土司范围与顺序

土司承袭制度的源头在于元代对少数民族地区规定的“土夷参治”的制度。有元一代，中央政府提出：“远方蛮夷顽犷难制，必任土人可以集事。今或阙员，宜从本俗，职权以行”②，确立了土官可以承袭以及承袭人范围“宜从本俗”的承袭原则。延祐六年（1319），元朝中书省臣称“云南土官病故，子、侄、兄、弟袭之，无则妻承夫职”。这种“宜从本俗”的做法就是要求少数民族地区首领臣服于元代中央政府，只要少数民族地区首领能够确保地方平安有序，中央政府对少数民族地区内部事务就不作过多干预，包括少数民族地区由谁承袭，中央政府也不作干涉。由于土司制度在元代属于初创时期，包括土司承袭制度在内的诸多具体制度尚未成为制度体系。明清两代在元代土司制度的基础上，对各地应袭土司的范围与顺序均有明确的规定。

（一）明代应袭土司的范围与顺序

明朝在确定应袭土司的范围与顺序问题上主要推行的是“立嫡以长”的儒家宗法制，应袭土司必须与土司家族有一定的血缘关系。《明会典》卷121“土官袭替”载：洪武二十七年（1394）令“土官无子，许弟袭”；洪武三十年（1397）令“土官无子弟，而其妻或婿，为夷民信服者，许令一人袭”③。由此可见，这里只是规定土官在没有儿子的情况下，才能依据少数民族的承袭法确定的兄弟、妻子、女婿为应袭土司。这里并没有确定严格的承袭次序，也没有严格依据先嫡子、再庶子，再是兄弟、妻子、女婿等承袭顺序。《明会典》卷6“土官承袭”条载：洪武二十六年（1393）要求各地应袭土司要承袭土司，必须取具宗支图本，按当时当地少数民族习惯法承袭土司：“湖广、四川、云南、广西土官承袭，务要验封司委官体勘，别无争袭之人，明白取具宗支图本，并官

---

① 葛天博．清代土司承袭的国家法律控制［J］．三峡论坛，2018（02）：29－33.

② ［明］宋濂．元史：第26卷［M］．北京：中华书局，1976：589.

③ ［明］申时行．明会典：第121卷［Z］．北京：中华书局，1989：626.

吏人等结状，呈部具奏，照例承袭。”① 这里强调“照例”，也就是按照当地少数民族传统的习惯法。正是因为明初中央政府对应袭土司的范围和次序没有明确的规定，所以明初土官承袭实践无序进行，导致争袭不断，仇杀连年。为避免土司争袭而仇杀的事件不断发生，正统二年（1437），明英宗奏准云南曲靖军民府知府晏毅的提议：“土官承袭或以子孙，或以兄弟，或以妻继夫，或以妾绍嫡，皆无预定序次，多致临袭争夺，以故仇杀连年，边方弗宁。乞敕该部移文所司，预为定序造册，土官有故，如序袭职。……”②该建议在确保土司承袭顺序的同时，建议最具重要价值的是“预定序次”，避免土司争袭而造成“仇杀连年，边方弗宁”的现象发生。成化十四年（1478），云南总兵官黔国公沐琮就类似问题上书，朝廷同意今后各地土司承袭须由布政司核查土官的宗派嫡庶始末，详细绘制宗谱，每年造册登记，一旦土官故去，即按原登记情况确定承袭人，并要求南方其他四省即以此为定例，凡“贵州、广西、湖广、四川皆遵行之”③。明代中央政府在采纳上述建议后，于弘治二年（1489）做出了“土官应袭子孙，年五岁以上者，勘定立案”④ 的规定。

从明代土司承袭的实践可见，中央政府一直强调以嫡长亲男承袭为主，《土官底簿》记载各地土官承袭，大多标明系嫡长男、长男、亲弟、亲叔等等，若系庶长子承袭需说明为何系庶子承袭，是嫡妻无出还是嫡子先故。如“广西田州府知府”：

岑伯颜，即岑间，由世袭土官，洪武元年赍前朝印信率众归附复职，洪武二十年授田州府知府，长男岑永通授上隆州知州。洪武二十六年岑坚故，钦准承袭，患病，长男岑祥备方物、马匹赴京朝觐，告替。永乐三年十二月奉圣旨：“准他替职。钦此。”为事，在监，病故，……行令岑徽管事，被岑永宁毒死。奏：“提庶次弟岑绍，年一十一岁，不曾前来，今暂署府事，候十五以上起送除授。”洪熙元年闰七月奉圣旨：“是。钦此。”宣德三年六月，该广西巡按御史奏题，奉圣旨：“他们既体勘明白，著岑绍做田州府知府。钦此。”总兵武毅保男岑镛。景泰二年三月奉圣旨：“既武毅每计议停当，准他替。钦此。”后岑绍病故，岑镛嫡长兄岑鉴不忿，兴兵赶逐

① ［明］申时行．明会典：第6卷［Z］．北京：中华书局，1989：31.
② 方国瑜．云南史料丛刊［Z］．昆明：云南大学出版社，1998：49.
③ 明宪宗实录：第180卷［Z］．北京：中华书局，2016：3239－3240.
④ ［明］申时行．明会典：第121卷［Z］．北京：中华书局，1989：626.

> 岑镛于广西城内，占据衙门。该会勘得岑镛系妾子，比先伊父溺爱，妄保搀越替职。岑鉴系嫡长男，应合改正，袭授知府。景泰四年六月，准就彼袭职。岑镛仍令冠带，跟调总兵听调，不管府事。岑鉴故，无嗣，岑镛承袭。后故，男岑溥成化十一年十一月题准就彼冠，带到任管事。弘治九年，庶长男岑猇谋杀父岑溥，砍伤庶弟岑狮后，岑猇惧罪自刎身死。奏保岑溥嫡男岑猛，弘治十一年五月奉圣旨："是。准他袭。钦此。"弘治十八年，该两广都御史潘蕃等该得岑猛构成大祸，失陷府治，要将岑猛降为同知，本府改设流官知府。奏行兵部会议："将岑猛降为世袭正千戶，发福建沿海平海卫左所，带俸，改设流官知府谢湖管理府事。正德三年九月，都察院等衙门会同府部等官会议，奏，奉圣旨："是。岑猛本当重治，但先世多有功迹，着做本府同知，掌印管事，待后杀贼有功，奏来定夺。钦此。"嘉靖二年，岑猛叛逆诛剿，改田宁府，设流官。后卢蘓、王受二头目不靖，仍降为田州，男邦相为判官。①

《明史》对于各地土司承袭有"凡土司之官……其子弟、族属、妻女、若婿及甥之袭替，胥从其俗"② 的规定，这就说明明代各地土司的承袭是在推行宗法制的基础上允许承认各民族固有的承袭土司一职的习惯法，承袭人的范围变得更趋宽泛，超过了《明会典》明确规定的在儿子承袭基础上的"弟、妻、婿"，特别是"族属"包括的范围就更为宽广，诸如侄子、同宗均在可以承袭土司之职范围之内，这无疑给明代土司承袭带来十分复杂的情况。终明一代，应袭土司范围主要有父死子继、兄终弟及、叔侄相袭、同族袭职、孙袭爷职、母女袭职、妻婿承袭、妾媳承替等几种形式，其中父死子继、兄终弟及仍然是最主要的承袭顺序，置于其他形式也不乏其例。

（二）清代应袭土司的范围与顺序

有清一代对各地土司的管控更为严格，特别是在土司承袭制度上更为有序，对土司承袭范围和顺序具有更为明确、细致的规定。第一，清政府以法律形式规定了承袭范围。首先是嫡长子承袭土司，这是天经地义的事情，在现存的清代档案中保存了诸如此类的很多奏折，均有"实系已故……嫡生长子"的说法，如：

① ［明］佚名．土官底簿［M］．北京：中国书店，2018：208－212.

② ［清］张廷玉．明史［M］．北京：中华书局，1974：1752.

巡抚四川等处地方提督军务都右副都御史加四级降一级留任臣蔡珽谨题，为报明事。

该臣看得，乌蒙土府禄鼎干，系奉旨准袭颁有印信号纸之土员，先于康熙五十九年十月二十日病故。经臣咨部，并行布政司查取承袭去后。兹据布政司查明泰详称：查明应袭禄万钟实系已故土知府禄鼎干嫡生长子，年已一十五岁，彝众悦服，例应承袭。取具图供各结，并原领号纸，详赍前来。理合题请将禄万钟承袭伊父土知府之职，颁换号纸，以专责成。除图结号纸送部外，臣谨合词具题。伏乞敕部议覆施行。谨题请旨。雍正二年三月初七日题。四月初十日奉旨："该部议奏。"①

这里强调了"应袭禄万钟实系已故土知府禄鼎干嫡生长子"，从法律上讲，禄万钟承袭乌蒙土知府是合法的，具有承袭资格。

除嫡长子可以承袭土司一职之外，土司的庶长子在已故土司没有嫡长子或嫡子的情况下，按照大清法律，也可以承袭土司一职。如：

经筵讲官少保兼太子太保保和殿大学士兼管吏部户部尚书事加二级臣张廷玉等谨题：为土司承袭事。

该臣等议得，云贵广西总督尹继善疏称：广西太平府罗县土知县黄世瑾于雍正十二年正月十九日病故，正妻杨氏无子，按照土司袭例，父殁子承，有嫡立嫡，无嫡立庶，立庶论长之例，查有官男黄恩宪系已故土官黄世瑾庶室杨氏所生庶长子，例应承袭父职，目民悦服，并无搀越情弊，取具亲供宗图、原领号纸印甘各结，府道司加具印结，题请承袭等因。具题前来。应如该督所请，将黄恩宪准其承袭广西太平府罗阳土知县。恭候命下之日，臣部照例换给号纸，令其任事可也。臣等未敢擅便，谨题请旨。雍正十三年四月十三日题。本月十五日奉旨："依议。"②

该折强调"正妻杨氏无子，按照土司袭例，父殁子承，有嫡立嫡，无嫡立庶，立庶论长之例"，而应袭土知县黄恩宪又是已故土官黄世瑾庶室杨氏所生的

---

① ［清］蔡珽．为报明事［Z］．中国第一历史档案馆清代土司档案，图像编号：009—546、547.

② ［清］张廷玉．为土司承袭事［Z］．中国第一历史档案馆清代土司档案，图像编号：080—097、098.

庶长子，所以，“例应承袭父职”，具有合法性。《钦定大清会典事例》卷145载：“凡承袭之土官，……无子许弟承袭，族无可承袭者，或妻或婿，为夷众信服者，亦许承袭。”① 同书卷589又有这样的规定：“雍正三年覆准……再土官之许其承袭者，原因其祖父向化归诚，着有劳绩，故世其官以昭激劝，今土官嫡长子孙，虽得承袭本职，此外支庶，更无他途可以进身，嗣后各处土官庶支子弟，有驯谨能办事者，许本土官详报督抚，具题请旨，酌量给予职衔，令其分管地方事务。”② 由此可见，土司的兄弟、妻子、女婿、土官庶支子弟以及族属为夷众信服者，均可以承袭土司。下面是一则有土司的兄弟承袭的案例：

总督云南贵州等处地方军务兼理粮饷兵部右侍郎兼都察院右副都御史臣高其倬谨题：为报明事。

该臣看得，云南大理府云南县土县丞杨国泰，乃题准承袭颁给号纸任事之土员。兹据云南布政使毛文铨详称：该土官得染湿气流痰之症，医治不愈，于康熙五十九年二月二十七日病故，并无别情。国泰病故无嗣，有正妻于氏遗腹，于康熙五十九年七月初七日所生一子，起名杨继先，报明云南县。正在查取各结转报应袭。继先先于六十年六月十五日夭亡。土县丞世职应该国泰胞弟杨国臣接袭。国臣现年一十六岁，素为彝众悦服，族内并无争职之人，例应承袭兄职。取造亲供宗图册结，并杨国泰病故各结，同原领号纸，及杨继先夭亡各结，一并申报。该司核明无异，加具印结，详报前来。臣覆查无异，相应照例具题，准其承袭。除图结号纸送部外，再照土司不谙文移，图结每多舛错，以致驳换稽延。查此案宗图册结内有字画潦草不清之处，系是些微小错，合并声明。臣谨会同云南抚臣杨名时合疏具题。伏乞皇上睿鉴，敕部议覆施行。谨题请旨。雍正二年二月二十三日题。四月初十日奉旨：“该部议奏。”③

第二，清政府以法律形式规定了承袭顺序。这样规定的理由在于：“子孙袭荫之例，所以明嫡庶之分，别长幼之序，辨亲疏之伦，而礼法不容紊者也。”④ 总的来讲：“凡承袭之土官，嫡庶不得越序”，这是最基本的法规。至于承袭顺

---

① ［清］昆冈，等．钦定大清会典事例：第145卷［Z］．北京：中国书店，2018.

② ［清］昆冈，等．钦定大清会典事例：第589卷［Z］．北京：中国书店，2018.

③ ［清］高其倬．为报明事［Z］．中国第一历史档案馆清代土司档案，图像编号：009—540、541.

④ 沈之奇．大清律辑注［Z］．北京：法律出版社，2000：124.

序，《钦定大清会典事例》卷589“土司袭职”条载：“顺治初年定，土官无子者许弟袭，无子弟，许其妻或婿、为夷民所信服者一人袭。”① 从这些规定看，承袭土司先后顺序依次是嫡子、庶子、土司的兄弟、妻子、女婿、土官庶支子弟以及族属为夷众信服者。清代的这些法律规定，从践行的过程看，它无形中扩大了土司承袭人的范围，从直系亲属到族属，从本姓到外姓（如妻子和女婿），这不仅间接地剥夺了土司家族试图世代承袭的权力，而且通过扩大承袭范围，实现了土司权力从本姓向外姓的转移，确保了清王朝国家权力在土司地区的不断扩大和渗透。②

明清两代的这些法律法规，不仅规定了各地土司承袭的范围，而且规定了承袭先后顺序。通过法律法规的形式定，实现土司家族权力袭替的职官管理机制，确保了土司地区社会治理人才的优先选拔重用，维护了明清中央王朝国家权力在土司地区的不断扩张与下沉。

二、土司承袭年龄

明清中央政府对土司承袭年龄的法律规定，只是应袭土司具备承袭土司的资格，并不意味着应袭之人今后一定要或必须要承袭土司之职。明清中央政府均规定“年十五”才具有承袭土司的年龄资格。有学者认为：“承袭资格对于土司而言，既是一种法定权利，也是一种政治期望。土司为了能够持续获得来自朝廷的政治授权，一方面要严格履行朝廷赋予的各项治理任务，获得政治权威的肯定；另一方面，要妥善处理土司家族内部之间的位卑关系，避免族内发生争权斗争，影响本族土司承袭的延续。从法律制度的表面上看，中央王朝规定土司承袭年龄是为了规范承袭资格，给予土司后代一个名正言顺的政治授权。”③ 从明清两代土司承袭年龄的法定化，它体现了明清中央王朝与各地土司之间关于土司地区统治权（或基层治理权）由谁掌握的博弈结果。相对于各地土司而言，完成谨守疆土、缴纳赋税、服从征调而获得中央政府的奖励内容之一就是中央政府允许自己的子孙后代或族属等能够承袭土司地区统治权（或基层治理权）；相对于中央政府来讲，承诺各地土司可以由其子孙后代或族属承袭土司地区统治权（或基层治理权）是对各地土司履行职责、忠于王朝的考验和政治交换。

---

① ［清］昆冈，等．钦定大清会典事例：第589卷［Z］．北京：中国书店，2018.
② 葛天博．清代土司承袭的国家法律控制［J］．三峡论坛，2018（02）：29－33.
③ 葛天博．清代土司承袭的国家法律控制［J］．三峡论坛，2018（02）：29－33.

明清两代均对应袭土司的最低年龄做了限制。《明会典》载："弘治二年(1489)，令土官应袭子孙，年五岁以上者，勘定立案。年十五以上，许令袭。如年未及，暂令协同流官管事。"① 明代中央政府这样做的目的在于保证应袭土司能有效履行土司之职，避免因土司年纪过小而被他人操控。《钦定大清会典事例》卷145载：顺治初年又定："土官亲生之子，未满十五岁者，该督抚题明注册，将土司事务，委族人护理，俟其子长成，具题承袭。"② 同书卷589又载："康熙十一年题准，土官子弟，年至十五，方准承袭。未满十五岁者，督抚报部，将土官印信事务，令本族土舍护理。俟承袭之人，年满十五，督抚题请承袭。"③ 明清中央政府对各地土司承袭年龄的条文规定，不仅规定了具体年龄，而且规定了未达到年龄的应袭土司在承袭土司之前应履行的法定义务。可见，在明清中央政府看来，即使按袭替次序的应袭土司，也必须满15岁才能承袭任职；未满15岁时，该地督抚要题明注册，把土司事务委托其族人或其母处理，直到应袭土司年满15岁时再承袭。15岁作为责任能力的起算年龄，这与当时人口寿命平均低于50岁有着一定的关系。只因为如此，在清代的诸多奏折中都提到十五岁这个年龄问题，在未达到这个年龄，土司家族应该如何协助处理当地的各种政务。下面这则奏折可以作为一个例证。

经筵讲官吏部尚书兼理兵部尚书事加三级臣孙桂等谨题：为土司承袭事。

该臣等议得，两广总督孔毓珣疏称：广西思恩府属那马司土巡检官男黄弘纬因康熙五十九年甫七岁，未符袭典，经前任督臣杨琳于康熙六十年正月内题明立案，暂令官男嫡叔黄君升协理事务，俟官男年长一十五岁，另题袭职，准部咨覆，遵照在案。嗣据广西布政使黄叔琬详报："黄君升协理司事以来鱼肉土民，恣意横取，致土目常云霄等赴控，差提到案，签署经历司梁廷相看守，于雍正三年五月十三日潜逃。行据那马土司官族目民黄君聘等，照例另行公举官男叔祖黄廷珪等情，除将黄君升务获质审究拟，并署思恩府经理事务司狱梁廷相有无贿纵查明，附招列参外，应将土巡检事改令官男叔祖黄廷珪协理。俟官男黄弘纬年长一十五岁另题袭职。取具印甘各级，报明立案等因，具题前来。查该督既称思恩府属那马司土巡检

① ［明］申时行．明会典：第121卷［Z］．北京：中华书局，1989：626.
② ［清］昆冈，等．钦定大清会典事例：第145卷［Z］．北京：中国书店，2018.
③ ［清］昆冈，等．钦定大清会典事例：第589卷［Z］．北京：中国书店，2018.

官男黄弘纬年初，已经题明立案，将官男嫡叔黄君升协理事务。今黄君升鱼肉土民。恣意横取，私自潜逃，公举官男叔祖黄廷珪协理”等语。应将思恩府属那马府土巡检事务暂令黄廷珪协理，俟官男黄弘纬年长一十五岁该督具题，到日承袭。其黄君升鱼肉土民，临审私自潜逃，并府司狱梁廷相有无贿纵情弊之处，该督审明另行具题。恭候命下臣部，遵奉施行。谨题请旨。雍正四年三月二十二日题。本月二十四日奉旨：“依议。”①

这则奏疏三次提到“俟官男年长一十五岁，另题袭职”“俟官男黄弘纬年长一十五岁该督具题，到日承袭”，说明十五岁对于土司承袭是十分重要的年龄段。明清中央政府年满十五岁作为应袭土司承袭年龄的规定，这既是对明清中央政府当时人口寿命短暂的积极回应，也是确保土司地区土司或土司家族遭遇天灾人祸之后朝廷命官难以及时到位处置的预案。明清中央政府较早确定土司承袭人，不仅可以帮助土司承袭人及早进入土司地区社会生活中去，为后期承袭土司奠定法律基础，从而减少家族内部的争袭，而且有助于实现新老土司权力交接时期的平稳过渡，维护土司地区的社会稳定。②

三、土司子弟接受教育

一个国家或民族文明程度高低的主要标志取决于这个国家或民族的社会历史和文化教育的发展程度。明清中央政府为了强化对土司的管控和土司地区的治理，其中一个重要的举措就是强迫土司子弟接受教育，其中包括应袭土司教授习礼教育和儒学教育，这是明清中央政府确定土司应袭人是否具有承袭资格的法律规定。

（一）明代对土司子弟接受教育的规定

一是强令土司子弟进入国子监读书。③ 明政府规定，土司土官及其子弟和全国汉族子弟一样，既通过特恩、岁贡、选贡三种途径学习儒家文化，也可进入国子监进行深造。洪武十八年（1385）、永乐元年（1403）和永乐十八年（1420），明政府先后令土官衙门所属学校，“生员有成材者，不拘常例，从便选

① 孙桂，等．为土司承袭事［Z］．中国第一历史档案馆清代土司档案，图像编号：027—050、051.

② 葛天博．清代土司承袭的国家法律控制［J］．三峡论坛，2018（02）：29－33.

③ 彭寿清，李良品．论明代土司地区的儒学教育［J］．西南民族大学学报，2015（03）：5－10.

贡”，“选贡送监”①，这些通过选贡入学的土司子弟，除享有当时最好的学习条件外，还可直接受到京城先进文化的熏陶。《国榷》卷 7 载：“洪武十五年六月戊寅朔辛卯，云南北胜州酋长高策甫七岁，率所部降。后十年，入朝，送太学，及长，还为土官，令所历土官视效之。莅事之日，即禁通把事毋置田宅，以渔于民。边境赖之以宁。”② 云南北胜州高策在 17 岁时入朝学习，为云南儒学树立了一榜样，使朝廷对于发展土司地区儒学更具信心，使蛮夷本身也更加向服。因此，明初土司送子弟入国子监就读者趋之若鹜。如《明史》载：洪武二十一年，播州宣慰使司并所属宣抚司官，各遣其子来朝，请入太学，帝敕国子监官善训导之。③《明史》又载：洪武二十三年，建昌土官安配遣子僧保等四十二人入监读书。④ 由此可见，明政府对土司子弟进入国子监读书十分重视。

二是强制土司应袭子弟入学读书。明朝初年在土司地区兴办儒学后，其教育对象多注重一般土官子弟教育。中央政府为了使土司能逐渐符合统治者的官吏规范，让各地土司能更好地为王朝统治效力，所以，中央政府对土司应袭子弟做出了不入学不准承袭的强制性规定。这种规定有的源于朝廷命官的奏议。据《明实录》载：洪武二十八年六月癸亥朔壬申，户部知印张永清言：“云南、四川诸处边夷之地，民皆啰啰。朝廷予以世袭土官，于三纲五常之道，懵焉莫知。宜设学校教其子弟。”上然之。谕礼部曰：“边夷土官，皆世袭其职，鲜知礼仪，治之则激，纵之则玩，不预教之，何由能化？其云南、四川边夷土官皆设儒学，选其子孙弟姪之俊秀者以教之，使之知君臣父子之义，而无悖礼争斗之事，亦安边之道也”。⑤ 其后，对土司子弟入学读书要求更加明确与强硬。弘治十二年，巡抚贵州都御史钱钺奏：“贵州土官渐被圣化百三十余年，污俗已变，但应袭子孙，未知向学，请令宣慰安抚等官应袭子孙年十六以上者，俱送宣慰司学，充增广生员，使之读书习礼；有愿习举业者，比军职子孙补廪充贡出身，至袭职之时，免委官保勘，止取亲管并学官结状，其不由儒学读书习礼者，不听保袭。庶可以变夷俗之陋，杜争夺之源。”⑥ 明政府采纳这个建议的目的在于“使知君臣父子之道。礼乐教化之事，……可以变其土俗同于中国。”⑦

---

① ［明］申时行．明会典：第 78 卷［Z］．北京：中华书局，1989：446.
② ［明］谭迁．国榷：第 7 卷［Z］．北京：中华书局，1988：621.
③ ［清］张廷玉．明史［M］．北京：中华书局，1974：8040.
④ ［清］张廷玉．明史［M］．北京：中华书局，1974：8017.
⑤ 明太祖实录：第 239 卷［Z］．台北：华文书局，1989.
⑥ 明孝宗实录：第 150 卷［Z］．台北：华文书局，1989.
⑦ 明太祖实录：第 150 卷［Z］．台北：华文书局，1989.

特别是明王朝要求土司袭职后，必须学习明朝礼仪制度。《明会典》载，弘治五年（1492），令“土官袭职后，习礼三月，回任管事”。① 弘治十六年（1503）六月又规定：“以后土官应袭子弟，悉令入学，渐染风化，以格冥顽。如不入学者，不准承袭。”② 后定为应袭子弟袭职之前先入学，才有资格承袭。这些法规具有很大的强制性，迫使土司应袭子弟必须学习并使用汉文化。

（二）清代对应袭土司接受教育的规定

清代进一步加强了对应袭土司文化和法律的教育。顺治十五年（1658），先为土司子弟专设学校，鼓励土司子弟特别是应袭土司入学接受教育：“土司子弟，有向化愿学者，令立学一所”③，由地方官任命教读训导。顺治十六年（1659），清政府更是把土司承袭人是否入学习礼作为能否承袭土司之职的必要前提，他提出：“首明教化以端本始，其大者莫如作养世禄。今后土官应袭，年十三以上者，令入学习礼，由儒学起送承袭。其于属子弟愿入学者，听补廪、科、贡，与汉民一体仕进。使明知礼义之为利，则儒教日兴而悍俗渐变矣。”④为此，清政府在土司地区还专为土司子弟设置了入学名额，使土司子弟与当时在儒学就读的生员一同学习清政府所规定的必读书。顺治十八年（1661），清政府针对云南提出了明确的要求：“云南省土司应袭子弟，令各该学立课教训，俾知礼仪，俟父兄谢事之日，回籍袭职。”⑤ 自顺治年间之后，清政府一直坚持强令应袭土司进行儒教及学习礼仪。如乾隆二十九年议准：“《学政全书》开载土司应袭子弟，令该学立课教训，俾知礼义，俟父兄卸事之日，回籍袭职”⑥。这种做法不仅可以弥补严格按照宗支嫡庶的承袭办法的不足，而且也是清代通过教育土司子弟“造就土官”以期“整顿土属”，改革土司承袭制度。

总的来讲，明清中央政府加强土司子弟特别是应袭土司接受儒学教育和学习礼仪，并且将其作为确定土司应袭人是否具有承袭资格的作法具有一定的前瞻性，有可取之处。

---

① ［明］申时行．明会典：第121卷［Z］．北京：中华书局，1989：626.

② 明孝宗实录：第200卷［Z］．台北：华文书局，1989.

③ ［清］素尔讷等纂，霍有明，郭海文校注．钦定学政全书校注：第69卷［Z］．武汉：武汉大学出版社，2000：267.

④ 清世祖实录：第126卷［Z］．北京：中华书局，2008：2470.

⑤ ［清］素尔讷等纂，霍有明，郭海文校注．钦定学政全书校注：第69卷［Z］．武汉：武汉大学出版社，2000：267.

⑥ ［清］昆冈，等．钦定大清会典事例：第145卷［Z］．北京：中国书店，2018.

第二节 土司承袭程序立法

土司承袭不仅涉及土司家族在地方上的执政和基层社会治理，而且关系到国家政治权力的配置，事关明清中央政府与各地土司之间在各方面的权属与权限。各地土司承袭土司一职，不仅需要按照中央政府的要求上报宗支图本、结状文书、预造名册等各种承袭文书，而且需要朝廷赐予各地承袭土司印信、诰敕文书、冠带、号纸等信物。否则，土司承袭一旦失去朝廷赐予的各种信物，土司也就失去了在当地统治土民的合法性。明清两代管理土司承袭的部门不尽一致。明初是由吏部验封司管理，到洪武末年改为武职由兵部管理，文职由吏部验封司管理。在存在土司的行省，由三司中的布政使司主管各省土司承袭，有抚按官的与三司一起兼管，由其负责勘明、代奏兵部或吏部。到了清代，武职土司承袭的相关事务由兵部武选司负责，文职土司承袭的相关事务由吏部验封司负责，其地方负责土司承袭事务的，在行省与明代基本相同，在府州厅县则有当地府州厅县主管负责人管理。这些官员在土司承袭问题上，基本上能按照明清中央政府有关土司承袭程序履行其职责。通过第三章的研究表明，明清时期土司承袭的程序已经十分清楚，我们在全面是以章节的形式分为委官体勘查核、取具宗支图本、地方官吏保结、督抚具题请袭、授予土司职位等予以叙述，为了便于理解，将土司袭职程序归纳为：一是当土司病故或其他原因，应袭土司提出承袭诉求、将亲供册、宗支图、邻里土司、辖区土民撰写的结状文书送到县州府等有关部门；二是由县州府道层层加具印结后送达行省；三是布政使核实各种文书，再连同原领印信、号纸详报督抚；四是督抚再次核实各种结状文书及相关手续无异后具题请袭，并将宗支图本、结状文书、印信号纸分送兵部或吏部；五是经皇帝下旨令“该部奏议”后具题，皇帝准依议，而后由中央王朝颁给敕书、印信、号纸等信物，土司承袭才算完成所有程序。在我们现在能看到的历史文献中无法见到一套完整的土司袭替程序的历史文献，常见的只能是宗支图本、结状文书、督抚题本或奏折、敕书或号纸，往往是有头无尾、有尾无头，但我们把诸多历史文献予以接拼，也能梳理出明清两代土司承袭的所有程序。明清两代注重土司承袭的程序性，这无疑是国家制度建设史上的创举。对此，有学者认为：“土司承袭的程序性既是国家权威下放地方的严肃性象征，也是土司获得朝廷授权的官方性体现。"① 明清中央王朝对土司承袭程序均做出了非常严格的规定，载于《明会典》《大清会典》等法典之中，使土司承袭的程序实现了法律化。

一、土司承袭程序要件

明清时期各地土司承袭土司一职，应袭土司和中央政府均要准备诸多要件，以体现各地土司承袭人的合法性。但因为朝代不同，时间各异，应袭土司和中央政府的程序要件也不尽一致。

（一）各地土司制作宗支图本

宗支图本，简称"宗图"，也叫"亲供"。从《明会典》对确定土司承袭人的程序要件可见，主要是明代中央政府必须对应袭土司的身分进行认定。一是要求应袭土司自行上报宗支图谱。《明会典》卷6多次提及"取具宗支图本""取具结状宗图""取具亲供宗图印结"② 等土司必备的"宗图册"；《钦定大清会典事例》有"取造宗图册结""取其宗图""取具土官亲供户族宗图"③ 等土司家族的能够体现血缘关系的"宗支图本"。《大清律例》规定："凡土官袭职，由司、府、州邻具印、甘各结，并土司亲供宗图及原领号纸，详送督抚具题袭替。……如有事故迟误年久方告袭者，宗图、号纸有据，亦准袭替。"④ 又规定："凡土官病故，该督抚于题报之时，即查明应袭之人，取具宗图册结邻封甘结并原领号纸，限六个月内具题承袭。"⑤ 明清两代拥有世袭爵位、职务的人员向朝廷申请承袭时必备的宗支图本，除土官土司政权机构保存外，各行省布政司存有一份备案。其中详细开列世袭图表，授职缘由、传袭情况以及历代受封、立功等生平事迹、本族人口、管辖疆域等内容，十分完备、翔实，它是研究土司家族历史的最好文献，也是土司承袭必备的十分重要的文书要件。到了清代中后期，中央政府要求各地土司在承袭土司一职时，必须要上报一份承袭清册，包括宗图、亲供、户口、疆域等内容，呈请上司核准无异时，始准承袭。在佘贻泽撰写的《中国土司制度》一书中为我们保存了一份民国时期云南永北县属蒗蕖州土知州家族完整的"清册"（虽然是民国时期的清册，但格式、内容与清

① 葛天博．清代土司承袭的国家法律控制［J］．三峡论坛，2018（02）：29－33.
② ［明］申时行．明会典：第6卷［Z］．北京：中华书局，1989：31.
③ ［清］昆冈，等．钦定大清会典事例：第589卷［Z］．北京：中国书店，2018.
④ 张荣铮，等．大清律例（点校本），天津：天津古籍出版社，1993：163.
⑤ 张荣铮，等．大清律例（点校本），天津：天津古籍出版社，1993：164.

代中后期的清册完全相同），全文如下：

云南永北县属蒗蕖州土知州应袭阿鸿钧，为造报事

谨将土州顶辈宗图、年籍、出身、履历、亲供、居址、疆界、理合造具清册，呈请查核，为此谨册。

计开：

职名：云南永北县世袭蒗蕖州土知州应袭阿鸿钧

宗支图：一世祖阿的，任元时蒗蕖州土知州职，故。二世祖阿吉，袭土知州职，故。三世祖阿各，袭土知州职，故。四世祖阿奴，袭土知州职，故。五世祖阿佐，袭土知州职，故。六世祖阿洪，袭土知州职，故。七世祖阿鎏，袭土知州职，故。八世祖阿岐凤，袭土知州职，故。九世祖阿朝用，袭土知州职，故。十世祖阿逵，袭土知州职，故。十一世祖阿镇，袭土知州职，故。十二世祖阿永臣，袭土知州职，故，无嗣；阿永忠，未袭先故。十三世祖阿尚义，袭土知州职，因顺治十六年兵变，遗失号纸，递延未经请补号纸，任事，故。十四世祖阿嗣祖，蒙镇宪给与土千总职委任事，故，无嗣；阿嗣贤，蒙镇宪详明，给与土舍便委任事，故。十五世祖阿腾龙，蒙镇宪详明，给与便委任事，故。祖母阿喇氏，蒙详奉批准抚孤，故。十六世祖阿逢泰，蒙藩宪详明，给与便委任事，故。十七世祖阿其吉，蒙藩宪详请，给与便委任事，告休，故。十八世祖阿尔福，蒙藩宪详请，给与便委任事，故。十九世祖阿为柱，蒙详给土舍，便委任事，后请颁复土知州号纸印信，在任病故。二十世祖阿国宝，袭土知州职，故。二十一世祖阿振□，未袭，先故。祖母阿章氏，蒙详委抚孤任事，故。二十二世祖父阿继祖，袭土知州职，于民国十年七月二十四日，在任病故。二十三世本身阿鸿钧，蒙呈奉奏批准委任先行代理，今请承袭父职。

亲供。具亲供人应袭阿鸿钧，系云南永北县属已故世袭蒗蕖州土知州阿继祖正妻阿氏所生嫡亲长子，于前清光绪三十一年四月十三日寅时生，现年十八岁。身中材，面红白色，无须。蒗蕖州土著人氏。由一世祖阿的，自蒙古任前元时蒗蕖州世袭土官知州职，于明洪武十四年大军至云南，首先投诚，随营征讨有功，蒙总兵官沐国公劄付阿的，准令世袭土知州职，蒙敕赐诰命一道，实授前职，掌管州事，病故。蒙奏准二世祖阿吉仍袭前职，颁发号纸一道任事，病故。三世祖阿各承袭父职，故后，四世祖阿白应袭。故后，无嗣，有亲四世祖阿奴继袭兄职，病故。嫡子五世祖阿佐承袭父职，病故。长子六世祖阿洪承袭。故后，长子七世祖阿鎏详请承袭，

病故。长子八世祖阿岐凤详请承袭父职，故后，长子九世祖阿朝用详请承袭。嘉靖四十五年，蒙沐国公檄调土练二百名，随澜沧卫指挥李征剿武定府逆贼罗继祖、卞大才等，出力有功，蒙赏银牌，班师讫。至万历元年，奉巡抚郑调取土练五百名，征剿铁箐等处，随营攻打崖寨，杀贼记功，蒙奏明颁给红花牛酒等项，跪领讫。万历十年，奉巡抚杨檄调土练三百名，前赴永昌府老姚关，跟随参将邓子龙防剿逆曾谿罕等，后平耿陇，优禄有功，蒙赏赐宴席银两，跪领讫，在任病故。有长子十世祖阿逵详请承袭父职。故后，十一世祖阿镇承袭父职。万历三十六年，奉两院宪衙门檄调土练三百名，征剿武定府逆，行至高桥，被贼劫营，当即擒杀贼党，报蒙赏给红花银牌，跪领讫。在任病故。有长子十二世祖阿永臣尚幼，澜沧卫详蒙批准阿镇正妻喇氏抚孤，管理州事，后年已及岁，承袭父职，病故。嗣详请批准以阿镇次子阿永忠继袭兄职。正详请替袭间，阿永忠又复病故。有十三世祖阿尚义，系永忠嫡亲长子，应请承袭父职。因年岁未满，蒙澜沧卫详发给便委，令阿尚义之祖母章氏抚孤任事。至顺治十六年内，兵燹遗失号纸。因世乱迁延，未经请补。至康熙十六年，病故。地方无人管理，有阿尚义长子阿嗣祖，于三十一年，蒙永北镇给与土千总之职，发给便委任事。后病故，无嗣，蒙永北府详请以亲弟阿嗣贤继袭兄职。查向系文职，蒙转详布政司查明给与十四世祖阿嗣贤土舍委牌任事。后阿嗣贤在任病故，有长子十五世祖阿腾龙，仍蒙给土舍委牌任事。雍正六年，奉永北镇柳檄土练三百名，协同官兵前赴腊汝窝，会同川兵剿捕。追至左所地方，擒获贼首丁马专等，交官报功，蒙皇恩赏恤每阵亡土目一名，银十六两；阵亡土练一名，银一两二钱；跪领讫。阿腾龙因追贼劳伤，病故。有长子十六世祖阿逢泰例应承袭，因年未及岁，蒙永北府详明，以生母喇氏抚孤任事，奉布政司批准，行遵在案。雍正十年三月内，奉永北镇柳扎调士练三百名，会同官兵前往料度地方，擒拿凶犯乍实等。遵即派总目□旧□带领土练，协力捕获凶犯。蒙赏总目□旧□银七十三两三钱，零缎袍褂一套；土练三百名，每名赏给银牌一面，领讫。至乾隆十三年，阿逢泰年已及岁，蒙详奉督部堂给与土舍委牌任事。乾隆三十三年，承办缅甸案内军需牛马等项，毫无违误，因病告休，请以长子十七世祖阿其吉承袭父职，详蒙督部堂给与委牌任事。嘉庆元年，威远倮匪滋事，奉抚部院檄调土练三百名助剿，遵即选派土练，令土目的安切切带领，随同官兵剿捕，续奉调练，又选调土练二十名，令土目阿□妈带领，随同征剿。事竣后，即蒙赏给绸绢银两银牌牛酒，领讫。嘉庆二年六月内，南笼仲□不法，奉督部堂请旨在各土司辖下，招募土练协剿，檄行各土司办理。阿其吉遵募土练二十名，土目阿□妈带领前往，协同官兵助剿。蒙犒赏银牌牛酒，领讫。又承办维西军务，毫无违误，因老告休，请以长子十八世祖阿弥福承袭，蒙督部堂给与土舍委牌任事。后因患瘋痰病故，有长子十九世祖阿为柱承袭父职，蒙督部堂给与土舍委牌任事。道光元年，旧坪地方夷匪滋事，各大宪奏调云川两省捕剿，行饬阿为柱调练防堵各隘口，并奉輓运军粮，津贴夫马，均无违误。至道光十九年，因开采东昇敞各寨伙头率领夷众，扣请转详爰旧颁复土知州职，并请给号纸印信具详，蒙各大宪具题，颁发蒗蕖州土知州阿为柱号纸一道，并发道字一千四百九十三号纸铜质印信一颗，只领任事。遵奉宪示就近弹压厂民滋事，严辑匪犯解究，并修筑由永北至蒗蕖州道路石碾三百余里，修建通衢河桥等件，均无违误。道光二十六年二月内，奉迤西道王扎开，为云缅军务，仰蒗蕖土司派运军粮三百石。遵即派目带练輓运，解赴大理军需总局无误。道光二十七年，奉提督张西道王扎饬协缉永昌逆匪海霸王等，探护在四川监源县，亲带目练往川擒获，派练送至永北，解赴大理。事竣，奉部文蒗蕖土知州阿为柱缉获首逆，着记军功，记录在案，道光二十九年，奉永北县熊扎饬派修永北城池，遵即□目赴城筑修工竣，计费一千余金。蒙转详见题，奉文蒗蕖土知州阿为柱赏加运同衔，钦此，钦遵在案。咸丰元年八月内，因川匪曾洪发，张大脚板等，斜匪数千，蔓及蕖山，抢掠烧杀云川居民，奉云、川各大宪统带官兵亲临督办，遵即饬目阿锡龄、周尚文等，带练五百名，随同官兵助剿，督办夫马盐粮，均无违误。咸丰四年，奉永北县熊详保功牌，只领在案。咸丰七年，积劳病故，报明，蒙永北县黄查明有嫡亲长子二十世祖阿国宝应袭父职。因大理失守，地方多故，先行发给委牌，饬令照旧管理州事，并成办军务事件。咸丰八年，逆回杨得旺、谢其林等蠢动，纠众盘踞金宜、北角等处，即自备盐粮，饬令总目阿锡龄等，督带目把土练，围攻解散。咸丰十年，发逆偷渡过江，围攻永北。奉永北县胡扎饬征调练丁，筹备军粮。遵即调练五百名，令土目周尚文管带，赴永城听用，并督办军粮三百石，陆继运交总局无误。次年，永城失守，奉永北县吴扎饬调练办进取恢复。遵即选练，饬目阿锡龄等管带，随同进取，未克，撤回。同治元年，又奉调恢复，即选练筹粮，带练进攻。蒙布政司岑查明阿国宝捐资助剿，屡著劳绩，详奉抚部院徐赏换应袭阿国宝四品顶翎，土目阿锡龄五品顶翎，以示鼓励，只领在案。同治六年，奉督部堂劳檄饬昭通镇杨进攻永北，扎调土练军粮协剿。遵即征调土练，筹备军粮，饬目阿锡龄管带，随同官兵进剿，不克。

土目阿锡龄临敌阵亡。同治八年，奉各大宪檄行进攻永北县城，遵即调练筹粮，令舍目阿国柱、阿瑞弼、周尚文等，带赴永北，听候遣用。同治九年，克复永城。同治十一年，奉督办迤西运务杨檄调土练助剿大理。遵即调练三百名，令舍目阿锡珍管带，过江听用，随同官兵征剿大理、漾濞、云州、顺宁、腾越等处城池，凯旋撤归。后蒙永北县刘，以阿国宝调练克复各处城池，出力有功，详请各大宪保奏。同治十三年八月内，奉上谕应袭阿国宝攻复大理等处，在事出力，加运同衔，赏赐蓝翎，钦此，钦遵在案。光绪二年，奉永北县胡，饬查蒗蕖土知州阿为柱病故日久，未经袭替，有违定例，遵即造册详请承袭。于是年九月内，接奉号纸一道，准阿国宝承袭蒗蕖土知州职，只领任事。后有二十一世祖阿振基，尚未承袭，于光绪五年病故。生得长子二十二世父阿继祖，随即详报应袭。光绪十五年，阿国宝在任病故，因阿继祖年未及岁，蒙永北县姜查明，饬以阿国宝正妻章氏抚孤护理，发给便委任事。后年已及岁，抚孤衰迈，详请承袭祖职。于光绪二十四年奉发号纸一道，准阿继祖承袭蒗蕖土知州职，只领任事。于辛亥年九月内，恭逢反正，遵即县旗庆贺宣布德意宗旨。遵军部督府蔡电示，认真固守辖境，约束夷众，整顿团防，以御土匪而保公安。即将办理情形，呈请永北县，转报投诚在案。惟蒗蕖一地，并无土匪滋事之虞。民国元年十二月内，造具宗图履历具结呈报，于民国二年九月二十四日，奉永北县李令发，案奉滇西观察使杨转奉云南民政长罗发给委令开：永北县属蒗蕖土知州应以现袭该职阿继祖照旧充任等因，并颁发永北县世袭土知州木质印信一颗。遵即亲身到县只领，启用任事。先于是年七月内，永北县长李亲临蒗蕖辣子构，办理夷务，随从出力于和解佘撇坡弟兄抢掳各案，并办理两省积年案件。蒙呈奉云南民政长令行，准记大功一次，并奉滇西观察使令行，查阿继祖等办理要案，不辞劳怨，准予存记，以示鼓励等因，遵奉行知在案。又调练堵拿川边夷匪一案，蒙呈奉云南军都督府行政公署令开：查蒗蕖土知州阿继祖，此次调拨土团，会同军队前往辣子沟一带堵拿川匪，先后缉获黑夷奴娃各三名，汉奸二名，解川归案讯办。并清赔赃款多件，暨筹各练丁口粮盐菜马及赏资，共银肆百余辆。具见办事热心，勤劳显著，应奖给梅花奖章一枚，记大功二次，并由政报编辑处登载政报表彰，传昭激励，暨取具该土州等简明履历，呈报查考，并奉滇西观察使令行，传谕加奖，以示鼓励各等因，转行发给，遵奉只领，造具简历呈报在案。民国六年八月内，奉云南督军兼省长唐行营第三号训令：特派委员木楷、木标、蒋泽、王家康等到蒗蕖宣抚，并附给照片一张，一等梅花章一枚，巡即叩领呈报。九月内，麓匪窜扰永宁，奉永北县长李令饬调练筹粮协助，呈报有案。十一月内，川军窜入蒗蕖，协同蒗蕖张县佐永仁办理一切防务，蒙永北县长李呈奉督军省长会令：奖给二等银色梅花奖章一枚，只领在案。民国七年十月内，奉永北县长李训令内开：该土司对于滇、川边防事务，深明大义，办理得力，消患无形，曾迭经本知事呈报。兹奉滇西卫戍区总司令官孙函谕：奖给蒗蕖土司阿继祖遥寄方州四字匾额一道，玉照一张，饬即转发只领，并传谕慰勉等因。遵即只领呈请转报在案。于民国十年七月二十四日，生父阿继祖在任病故。当即呈报，蒙永北县长陈呈委嫡长子阿鸿钧先行代理，奉腾越道道尹转奉省长批准，令行遵照在案。今应照例呈请承袭父职。理合造具顶辈宗图、年籍、出身、履历、亲供、居址、疆界清册，呈报须至册者。

居址：世居普树凹，祖代承袭蒗蕖州土知州职，管理旧治地方。

疆界：东至格纳思一百里，与四川盐源县中所喇土司属交界；西至打底河一百八十里，与丽江县木土司属交界；南至站河一百二十里，与章土司改流属交界；北至下西坡一百二十里，与永宁阿土司属交界。①

（二）各地土司制作预定土官册

“预制土官”是明清两代选定土司承袭人的一种机制。《明会典》卷6“土官册报应袭”条载：“正统元年（1436）奏准，土官在任，先具应袭子侄姓名，开报合干上司。候亡故，照名起送承袭。六年（1441）奏准，预取应袭儿男姓名，造册四本，都、布、按三司各存一本，一本年终类送吏部备查。以后每三年一次造缴。”② 这一做法还只是要求官府对承袭人预先勘定造册，还不完全是“预制土官”的实施。“预制土官”源于明代嘉靖元年贵州巡抚都御史杨沐的建议：“今土舍私相传接，支系不明，争夺由起，宜如军职贴黄例，岁终令土官各上其世系、履历及有无子状于布政司，三岁当入觐，则预上其籍于部，其起送袭替及争袭奏扰者，按籍立辨，可以消争夺之衅。”③ 因此，嘉靖九年（1530）不仅由明王朝颁布了《土官袭职条例》，而且《明会典》卷6“土官册报应袭”还有法律规定：“嘉靖九年题准，土官衙门造册，将见在子孙尽数开报。某人年若干岁，系某氏生，应该承袭。某人年若干岁，某氏生，系以次土舍。未生子

① 佘贻泽．中国土司制度［M］．南京：正中书局，1944：208－213.

② ［明］申时行．明会典：第6卷［Z］．北京：中华书局，1989：31.

③ 明世宗实录：第20卷［Z］．台北：“中央研究院”历史语言研究所，1961.

者，候有子造报。愿报弟侄若女者，听。布政司依期缴送吏、兵二部查照。"①因此，有学者认为："'预制土官'是明代在总结历代对少数民族统治经验的基础上实施的统治策略，其含义是由中央王朝确立土官继承的秩序规则，并对土官职位继承人进行文化教育来培养地方治理接班人。"② 在一定程度上讲，清代"预制土官"的办法实际上是明代"土官册报应袭法"的发展和完善。清政府为确保对各土司支系情况的了解，从根本上杜绝土司承袭过程中的争袭、假冒事件的发生，制定了预制土官的办法。顺治十六年（1659），贵州巡抚赵廷臣根据贵州土司承袭过程中的实际情况提出了预制土官的建议。他认为，要安定地方，"莫如预制土官。夫土舍私相传接，支系不明，争夺由起，遂致酿成变乱"。为此，他建议："今后每遇岁终，土官各上其世系履历及有无嗣子，开报布政司，三年当入觐，则预上其籍于部。其起送袭替时，有争论奏扰者，按籍立办。斯方策既明，而衅端预杜矣。"③ 赵廷臣的这一建议后来成为清代土司承袭的定制。清王朝规定各地土官定期朝觐并且报上其世系名册作为应袭土司的依据，使土司在选定承袭人时有法可依，在很大程度上杜绝了土司私相传承，兄弟、亲族之间相互争袭、仇杀等类似事件，对土司政权起到了稳定作用。

（三）中央王朝颁发诰敕、印信、号纸

元明中央王朝给各地土司颁发的诰敕、印信等信物以及清王朝给各地土司颁发分印信、号纸等信物均为土司承袭必不可少的要件。

1. 诰敕

所谓诰敕，就是元明清中央王朝封官授爵和和告诫臣僚的敕书。元明时期土司承袭土司之职时，中央王朝要给应袭土司发放任命书。《元史》卷四十一载，至正六年（1346），散毛洞蛮覃全在叛，招降之，以为散毛誓压等处军民宣抚使，"给宣敕"④。这里的所谓"宣敕"，也就是元代中央王朝给散毛土官的"任职证书"，是土官作为元王朝地方官员的有效凭证。

明王朝在土司授职时，同样要给土司颁发诰敕文书。在《同治酉阳直隶州总志》《冉氏族谱》中保存了十分丰富的诰敕文书，其中不乏与酉阳土司承袭有关的文书，如《跃龙祖诰命》内容为：

---

① ［明］申时行．明会典：第6卷［Z］．北京：中华书局，1989：31.

② 郝彧．论明清两代"预制土官"策略及水西土司的政治抉择［J］．毕节学院学报，2013，31（09）：30－34.

③ 清世祖实录：第126卷［Z］．北京：中华书局，2008：2470.

④ ［明］宋濂．元史：第41卷［Z］．北京：中华书局，1976：875.

奉天承运，皇帝制曰：称燕翼者，必曰孙谋；言绳武者，动推祖德。盖源远而流始绵长，根深而枝方峻茂。支分派衍，而总之不离乎本原者也。尔原任宣慰使，功授总兵官都督佥事冉跃龙，乃镇守四川酉阳等处提督汉土官兵宣慰使司、加授总兵官、前军都督府左都督冉奇镳之祖，历朝心膂，昭代簪缨。富龙韬豹略之奇，不局于斤斤矩矱。懋骏发麟图之烈，高据于耿耿旃常。厥有令子，既克绍家声；爰得贤孙，复颛司锁钥。诞膺光宠，宜极褒荣。兹以覃恩赠尔为，特进光禄大夫，如孙之官。庆深黄壤，将坛高太乙之旗；恩出丹宸，王命握重申之缚。

永历三年六月□日制诰之宝①

明王朝的诰敕文书有“总诰”“总敕”和分诰”“分敕”之分。据历史文献载：“诰织用五色纻丝，其前织文曰‘奉天诰命’；敕织用纯白绫、其前织文曰‘奉天诰命’，俱用升降龙盘绕，带俱用五色。”②到了清代，清王朝在土司授职时就不再颁发诰敕文书，而是代之以号纸，它是清王朝颁发给各地土司的另一种信物文书。

2. 印信

元明清中央王朝对土官赐予印信都有明确规定，并形成了惯例。前面第六章我们已经对元明两代有关印信的问题作过较为深入的探讨，此处不再赘述。有清一代，印信制度趋于完备，并对何种类型的土司颁发印信都有明确的规定，嘉庆《大清会典·吏部》卷9载：“凡土官之职，皆给以号纸；土府、厅、州、县，则加以印。”也就是说，所有分管地方的土司就发给官印。印信作为元明清时期土官土司权威的象征，中央王朝赐予各地土司印信，主要目的在于确保他们能够在处理相关事务时方便、快捷。

3. 号纸

所谓“号纸”，就是中央政府给应袭土司的任命文书，当然也是土司承袭文书中的重要凭证。《钦定大清会典事例》载：“顺治初年，定土知府、同知、通判、知州、州同、州判、吏目、知县、县丞、主簿、典史、经历、知事、巡检、驿丞等文职承袭，由部给牒，书其职衔、世系及承袭年月于上，名曰号纸。”③号纸更换有明确规定：“每承袭世职之人，给予钤印号纸一张，将功次、宗派及

---

① 重庆酉阳冉氏族谱续修委员会．冉氏族谱·总谱［Z］．内部刊印本，2007：68.

② 黄才庚．文书史纲要［Z］．档案史教研室内刊资料，1982：60.

③［清］昆冈，等．钦定大清会典事例：第145卷［Z］．北京：中国书店，2018.

职守事宜填注于后。后遇子孙袭替，本省掌印都司验明起文，或由布政司起文，并号纸送部查核无异，即与题请袭替，将袭替年月、顶辈填注于后，填满换给……如有犯罪革职、故绝等事，都司、布政使司开具所由，将号纸缴部注销。"① 以上法律规定说明清王朝对应袭土司号纸的颁发、填写规格与内容、换给、补给、注销等规定十分清楚、明确，也便于操作。号纸是土司承袭得官的根本和凭据，因此，在土司承袭过程中，号纸是必不可少的十分重要的一个环节。

在元明清土司制度实施历程中，中央王朝为防止土司承袭的各个环节有可能出现的弊端，逐渐完善了各种承袭手续。无论是土官土司制作的文书，还是中央王朝颁发的信物，这些都是土司承袭过程中十分重要的凭证和要件，对于避免土司家族争袭、维护地方稳定发挥着十分重要的作用。

二、土司承袭办理时限

从明清时期土司袭职的办理时限看，从应袭土司申报承袭到行省督抚向中央王朝具题请袭，其中程序复杂，需要办理一整套手续，所花费的时间少则一至两年，多则长达几年、十几年，严重影响各地土司的承袭和地方社会的稳定。前后任土司权力只有顺利交替，才能保证土司地区的社会安定。而前后任土司权力交替过程中所花时间越长，变数就越多。同时，在土司承袭程序下，中央王朝派往地方的各级流官始终处于关键位置，因此，这些流官往往会勒索和要挟土司，若土司拖延流官勒索的费用，则时间会无限期延缓。因此，土司承袭办理时限的长短，与地方流官有着十分密切的关系。从明清两代的法律法规看，土司承袭办理的时限规定也不尽一致。

（一）明代土司承袭办理时限

《明会典》载："弘治二年奏准，十年外文书到部者，不准承袭。五年，令十年内，曾在本处上司具告者，亦准袭。"②《明会典》卷6载："嘉靖九年题准……一年以上，勘官住俸，立限完结。若有紧急军情，已奉调遣及嗣子幼弱，未可远出者，镇巡官斟酌奏请，暂令冠带，管束夷人。……四十五年题准，各处土官病故后，勘报过一年者，行巡按官查究。二年以上者，听吏部径自查参。"万历十三年题准，"土官病故，应袭土舍，具告该管衙门，即为申报。抚

---

① ［清］昆冈，等．钦定大清会典事例：第589卷［Z］．台北：新文丰出版公司，1976：12831.

② ［明］申时行．明会典：第6卷［Z］．北京：中华书局，1989：31.

按勘明，照例代奏承袭，不得过三年之外。若吏胥勒索及承勘官纵容延捺，不行申报者，抚按官即据法参治。其土舍自不告袭，故违至十年之外者，即有保结，通不准袭。"① 当然，如果是因为其他事或查勘迟延而超过年限者，不在上述规定范围之内。按照明王朝的规定，要求土官病故后应袭土司须即时申报承袭，一般不得超过三年；由于有的应袭土司本身过错，超过十年都没有将宗支图本以及其他相关文书交到督抚，或者督抚也未能及时到兵部或吏部，即使有保结文书，明王朝也不准承袭。针对这种纷繁复杂的程序，弘治年间先后有云南流官提出建议，如巡抚云南都御史王启条奏《处置土官事宜》，其中有"若应袭土舍，有罪未结，或争袭未明者，各官速为勘处，著延至一年之上不为勘结，或本部转行复勘，一年之上不行回报者，听抚、按及本部查参治罪；或土舍恃顽，延至十年之上方告袭者，不准承袭，或因为事及查勘迟延至限外者，不在此例；若土官举宗朋恶，相应改设流官者，抚、按酌处，具奏定夺"② 等内容。杨一清在《条处云南土夷疏》指出："数十年来土官病故、子孙应承袭者、皆贪官虐诈土官之故官司不肯保结、上司往覆驳勘、有二三十年不得袭职者"。③ 又有时任云南监察御史的刘洪在其奏疏中明确提出"请便保袭以省烦琐"，其文中说："谓近例，土官舍人应袭者，俱由三司堂上官会同保勘明白，方得承袭，但边方瘴疠险远，三司多不亲诣，往往转委属官行勘，或以贪赂，或以避嫌，彼此展转有十余年，承袭者乞预取土官舍人，应袭替者姓名，三年一造册收贮，仍照黔国公沭琮所奏，依军职袭替例，各该衙门保送，布政司查勘，荫叙文册相同，别无他弊，转呈抚按官核实，行令具奏定夺。若有争袭不明者，许抚按推委三司堂上官一员，亲诣保勘，结报布政司，即为具奏。若徇私阻滞，听巡按纠奏。"④ 从这里可见，土司承袭一拖三年到十年，甚至二三十年，因为吏胥勒索、承勘官纵容延捺不予申报等原因造成，这可能是屡见不鲜的事情。

（二）清代缩短土司程序办理时限

从清代土司承袭程序办理时限看，明显较明代大为缩短了时限，要求应袭土司及地方府州县及行省等各级流官提高办事效率，也就是从明代的三年缩短为六个月。无论是从历史文献还是土司承袭实践看，当前任土司出现病故或其他原因而必须产生候任或应袭土司时，清王朝规定必须在六个月内提出并办理，

---

① ［明］申时行．明会典：第6卷［Z］．北京：中华书局，1989：31.

② 明世宗实录：第31卷［Z］．台北：华文书局，1989.

③ 杨一清．条处云南土夷疏［Z］//陈子龙．明经世文编：第119卷．北京：中华书局，1962：1140.

④ 明孝宗实录：第41卷［Z］．台北：华文书局，1989.

由应袭土司上报宗支图谱、结状文书等材料，行省督抚上报朝廷。《钦定大清会典事例》载：雍正三年覆准，“凡土司病故，该督抚于题报时，即查明应袭之人，限六个月内具题承袭。”① 又载：“乾隆七年议准，土官承袭，旧例由本省都司验明起文。今各省掌印都司，业经裁汰，嗣后土官承袭，由布政使司取具地方并邻封土官印甘各结，及土官亲供户族宗图原领号纸，详报督抚，于半年内具题请袭，由部核对无异，题明准袭后，将袭替职衔缮入号纸给发。如有事故稽迟，不能请袭者，于半年限内咨部存案，日久亦准承袭。”② 清王朝规定的土司承袭六个月的时限远低于明代土司承袭的三年、特殊情况不逾十年的规定，清王朝缩短土司承袭的时限，不仅有利于清王朝进一步控制各地土司，而且土司职位及时得到补充，有利于维护土司地区的社会稳定。

三、土司承袭受职嬗变

明清时期应袭土司受职的情况也在不断发生变化，这显示出明清王朝在土司承袭问题上有因地制宜、与时俱进的思想因素，这对于节约社会治理成本、减少社会资源浪费具有一定的进步作用。

（一）明代土司承袭授职

明朝初年，承袭土司之人必须到京师朝觐受封，得袭土司一职，按照规定：“袭替必奉朝命，虽在万里外，皆赴阙受职”③；与此形成照应的是《明会典》，其中有“（弘治）十八年，罢土官纳粟袭职例，令照旧保勘，起送赴京袭职”④ 的规定，这说明“赴阙受职”是明朝初年土司承袭受职的硬性规定。土司承袭必须经过“朝命”，也就是由明王朝发给承袭者诰敕文书，一方面是显示朝廷“威柄”，另一方面是为了彰显土司的官职、权力源于明王朝，土司必须接受中央政府管理。从历史文献看，“赴阙受职”在明朝洪武、永乐年间应该是严格执行此制。永乐年间，土司承袭虽有例外，但也仅限于“年幼”的应袭土司才能免其“赴京袭职”。从《明会典》的规定看，“赴京袭职”仅执行到明朝天顺七年（1463），之后并未能严格执行。其后，出现两种情况，一是“有情愿亲自赴京者”可以“赴京袭职”，一种是“就彼冠带袭职”⑤，这不仅是土司承袭进京

① ［清］昆冈，等．钦定大清会典事例：第145卷［Z］．北京：中国书店，2018.
② ［清］昆冈，等．钦定大清会典事例：第589卷［Z］．北京：中国书店，2018.
③ ［清］张廷玉．明史：第310卷［M］．北京：中华书局，1976：7982.
④ ［明］申时行．明会典：第6卷［Z］．北京：中华书局，1989：31.
⑤ ［明］申时行．明会典：第121卷［Z］．北京：中华书局，1989：626.

与否的“双轨制”，而且历朝不断变化。如嘉靖二十八年、三十三年、隆庆四年、万历九年均曾发令允准土官就地袭替①。概言之，有明一代，除明初外，并未真正实行土司承袭“赴阙受职”制。具体来讲，天顺八年（1464），“令土官告袭，勘明会奏，就彼冠带”。② 其实，早在天顺八年（1464）之前就已经出现了不少“就彼冠带”的事实。如《土官底簿》“乌蒙军民府知府”条载：

> 永乐二年八月奉圣旨：“着撒可袭了知府职事，还要布政司保来。钦此。”故，男禄昭告要就府冠带承袭。宣德六年二月奉圣旨：“准他就那里冠带，还催那保结来。钦此。”故，无子，正妻杨普亦故，止有次妾撒姑应袭，要照撒可等事例，就府冠带袭职。正统元年四月奉圣旨：“照例准他，还催取布政司保结来。钦此。”故，要保已故长男厄勒正妻亦得母实固就彼冠带。③

由此可见，《明史·土司序》关于“天顺末，许土官缴呈勘奏，则威柄渐弛”④ 的说法实属不确切。弘治十六年（1503），时任巡抚贵州都御史刘洪在其奏折中指出：“旧例，贵州土官宣尉使以下，不拘职之大小，皆至京承袭。自天顺以来，始有就彼冠带袭职，及照品级并八允纳粟之例。”⑤ 实际上，永乐以降，直至宣德、正统、景泰年间，“赴阙受职”的法规已形同虚设；而天顺八年（1464）的有关规定，只是对“就彼冠带”既成事实的文字认可，以掩饰“威柄渐弛”而已。明代从“赴阙受职”到“就彼袭替”（即原地就职），表面上看是承袭土司的地方变化，其实质是明王朝对土司的管控能力的削弱。从《明会典》卷121之“凡土官就彼袭替”⑥ 条可见，虽然明王朝对“就彼袭替”限定了就职条件，诸如土官衙门在荒远之地、因争袭仇杀不能赴京（嘉靖二年）、地方有事受调遣（嘉靖六年）、云贵应袭土舍照品纳米（嘉靖三十三年）、云贵土舍停止输纳（万历九年），这些条件的设置，无疑使“赴阙受职”的规定成为一纸空文，已无实在意义。

---

① ［明］申时行．明会典：第6卷［Z］．北京：中华书局，1989：31，626.
② ［明］申时行．明会典：第121卷［Z］．北京：中华书局，1989：626.
③ ［明］佚名．土官底簿［M］．北京：中国书店，2018：278－279.
④ ［清］张廷玉．明史：第310卷［M］．北京：中华书局，1976：7982.
⑤ 明孝宗实录：第196卷［Z］．台北：华文书局，1989.
⑥ ［明］申时行．明会典：第121卷［Z］．北京：中华书局，1989：626.

（二）清代土司承袭的“亲身赴部”规定

无论是明代的“赴阙受职”还是清代的“亲身赴部”承袭土司一职，都是一件劳民伤财、增加社会成本的事情。明代万历四十五年（1617）巡按云南按察御史吴应琦就指出其“赴阙受职”的弊端以及对这个事情的建议：“天下最穷苦者，无如世职，而滇中为甚。道路往返，数倍他省，百舍重研，始得一至司马门，若一经驳回，其不为沟中瘠者鲜矣。以后起袭人员，除旁枝借袭及自愿赴京者，仍旧给文起送外，其余勘查无碍，免其赴部，俱行都司造册，附搭两院承差投递，府部查明贴黄，奏准替袭，其造福于遐荒者非浅鲜也。如曰祖制必不可废，或先据册查定应否准袭，随即札取赴部验黄，比试然后授官，斯手令甲不悖。”① 我们认为，作为明清王朝，他们乐此不疲要求土司承袭时必须“赴阙受职”或“亲身赴部”，其目的有两个：一是体现皇威，二是增加中央王朝与土司之间的交流。

清初，中央王朝要求应袭土司必须“亲身赴部”。这个规定是在继承了明代规定的基础上在顺治初年确定的。《大清会典》载：“顺治初年定……其应承袭之人，由督抚具题，将该土官顶辈宗图亲供、司府州邻印甘各结，及原领敕印，亲身赴部，由部核明，方准承袭。”② “亲身赴部”承袭土司的制度很快在康熙年间就被取消。康熙十一年题准，“土官袭职，停其亲身赴京，取具地方官保结，并宗图呈报该督抚，保送到部，准其承袭。”③ “亲身赴部”承袭土司的规定是明代“赴阙受职制”的沿用或翻版，有明一代都没有能够一以贯之地执行，因此，清代实施不久就取消了这一规定。

明清中央王朝通过对土司承袭的立法与规范，加强了对各地土司的治理与管控。一是从土司承袭程序要件到土司承袭办理时限，再到土司承袭受职嬗变，它体现的是土司承袭程序的立法，这些相关承袭程序内容，在强化土司承袭资格的同时，更加注重土司承袭的程序合法。二是承袭范围与顺序的立法、应袭土司的预制、宗支图本的预造、承袭信物的颁发等各方面的立法，使各地土司能遵守法度、效忠朝廷，有效防止和减少土司家族内部的争袭纠纷。三是明清中央王朝要求应袭土司必须接受教育、学习礼仪的规定，促使土司对儒家价值观及中原文化的逐步认同，加强了各民族的凝聚力，使西南少数民族在中央王朝大一统的格局下逐渐融入中华民族大家庭中。在一定程度上讲，这种承袭程

---

① 明神宗实录：第558卷［Z］．台北：华文书局，1989.

② ［清］昆冈，等．钦定大清会典事例：第589卷［Z］．北京：中国书店，2018.

③ ［清］昆冈，等．钦定大清会典事例：第589卷［Z］．北京：中国书店，2018.

序立法，彰显了明清土司制度从原有的“因俗而治”逐渐与时俱进而演变成为“因法而治”“文化治边”，这是中央政府与各地土司在土司制度实施过程中不断博弈的结果。

第三节 土司承袭处罚立法

元明清中央王朝在土司承袭制度的建立健全过程中有一个逐渐完善、更加细化的过程。尤其是土司承袭处罚的立法，使土司承袭制度更加法制化。笔者曾经从《蛮司合志》《土官底簿》《明史·土司志》《明实录》《清史稿·土司志》等重要文献中梳理出各地土司“袭”职的诸多概念，如世袭、袭职、应袭、承袭、准袭、袭替、告袭、请袭、听袭、保袭、借袭、代袭、冒袭、夺袭、争袭，其中冒袭、夺袭和争袭是属于违法之“袭”。正是因为出现土司违背承袭制度规定，冒袭、夺袭、争袭现象时有发生，影响到明清中央王朝土司制度在蛮夷地区政治策略的实施。为此，明清中央政府不得不针对不同的违法情形规定不同种类和不同程度的惩罚。

一、土司降级与分袭

元代创立土司承袭制度以降，明清两朝承袭制度更加细化、更加严谨，但在土司承袭资格与承袭程序方面，仍然有不少土司家族不遵守法律，出现违背土司承袭制度规定，不按照土司承袭范围、土司承袭顺序而冒名顶替，争袭不断，导致土司家族内部纷争乃至发生战争，严重影响明清王朝土司制度在土司地区政治策略的实施。为此，明清中央王朝针对不同的违法情形规定了不同种类和不同程度的惩罚。其中，降级、分袭就是重要举措之一。

（一）土司降级

明清中央王朝为削弱冥顽土司的实力和照顾功臣的子弟创建了土司降级制度，其主要目的在于削减土司的势力。《明会典》在“凡土夷降级”中载：“嘉靖二十九年题准，土官、土舍纵容本管夷民头目为盗、聚至百人、杀虏男妇一十名以上者，问罪、降一级。加前数一倍者，奏请革职，另推土夷信服亲枝土舍袭替。”① 这是一种将降级、革职与不再世袭相结合的法规。到了清代，对土

① ［明］申时行．明会典：第119卷［Z］．北京：中华书局，1989：618.

司降级的法律法规更加严格。《钦定大清会典事例》载："康熙三十五年覆准，土官公罪，应降三级以内调用者，降一级留任；应降五级以内调用者，降二级留任；应革职者，降四级留任。"① 又载："雍正三年覆准，各处土司嫡长子孙承袭，其支庶子弟中，有驯谨能办事者，俱许本土官申请督抚题给职衔，令其分管地方事务，其所授职衔，视本土官降二等。如土官系知府，则所分者给通判衔；土官系通判，则所分者给县丞衔。"② 该卷又载："乾隆五十年覆准，各省土官，向无地方村寨管辖者，将原袭文职改授土官，如土通判改授正六品土官，土推官改授正七品土官，土县丞改授正八品土官，土主簿改授正九品土官，土巡检改授从九品土官。"③ 《钦定大清会典事例》卷589"土司袭职"条对武职土司又有大略相同的规定："雍正三年覆准，再土官之许其承袭者，原因其祖父向化归诚，着有劳绩，故世其官以昭激劝，今土官嫡长子孙，虽得承袭本职，此外支庶，更无他途可以进身，嗣后各处土官庶支子弟，有驯谨能办事者，许本土官详报督抚，具题请旨，酌量给予职衔，令其分管地方事务。其所授职衔，视土官各降二等，如文职本土官系知府，则所分者给通判衔；系通判，则所分者给县丞衔。武职本土官系指挥使，则所分者给指挥佥事衔；系指挥佥事，则所分者给正千户衔，照例颁给敕印号纸。"④ 在同卷的"议处"又规定："康熙八年覆准，野苗掳掠百姓，该管土官隐讳不报者，降二级留任。十年题准，土官互相残杀，能自悔过和息者免议。十一年题准，土官嚇诈部民，姿意侵害者革职。十四年议准，土官不食俸，有罚俸降俸之案，皆免其处分。其因公诖误应降一级、二级、三级调用者，止降一级留任；降四级、五级调用者，止降二级留任；应革职者降四级留任。"⑤ 从清代的这些法律法规可见，清王朝对土司承袭的规定越来越严格，要求越来越苛刻，其目的在于以各种名义革职土司，改土归流，最终实现王朝一统的目标。

（二）土司分袭

土司分袭制度是清政府为了实施对土司及土司地区有效治理而创建的一种制度。土司分袭制度不仅能减少各地土司争袭的纠纷，而且能在无形之中削弱土司的实力，为改土归流创造有利条件。

清代的土司分袭制度源于明代朝廷命官"众建土官"的治边思想。土司分

① ［清］昆冈，等．钦定大清会典事例：第145卷［Z］．北京：中国书店，2018.
② ［清］昆冈，等．钦定大清会典事例：第145卷［Z］．北京：中国书店，2018.
③ ［清］昆冈，等．钦定大清会典事例：第145卷［Z］．北京：中国书店，2018.
④ ［清］昆冈，等．钦定大清会典事例：第589卷［Z］．北京：中国书店，2018.
⑤ ［清］昆冈，等．钦定大清会典事例：第589卷［Z］．北京：中国书店，2018.

袭制度的核心思想是“众建寡力”，它是由明成化初年（1465—1470）礼部右侍郎丘浚提出的“众建官而分其权”① 的建议不断发展演变而来。之后的嘉靖三年（1524），巡按贵州御史陈克宅在《议处苗情以弭边患五事》中又提出了“众建土官”的建议。嘉靖七年（1528），王守仁在广西平定了思恩、田州叛乱之后，他在《议处思恩田州事宜》中也提出了“分设土官巡检以散各夷之党”的建议并予以实施。明朝末年，时任贵州巡抚的朱燮元针对水西宣慰使安位死后无嫡子继承土司之职，族属争袭不断，而提出“分裂疆域，众建诸蛮”的建议，以期达到“大小相维，轻重相制，无事易以安，有事易以制”② 的目的。明代朝廷命官提出的这些建议虽然在一定范围内实施，但没有成为一种制度，只是为清王朝的土司分袭制度的创建提供治理土司及土司地区的思想。

清代土司分袭制度实施于雍正年间，《钦定大清会典事例》载：“雍正三年覆准，各处土司嫡长子孙承袭，其支庶子弟中，有驯谨能办事者，俱许本土官申请督抚题给职衔，令其分管地方事务，其所授职衔，视本土官降二等。如土官系知府，则所分者给通判衔；土官系通判，则所分者给县丞衔。其分管疆土，视本土官或三分之一，或五分之一。再有子孙可分者，分土如前例，授职再降一等。”③ 这里十分具体地将土知府分袭为土通判职衔，土通判分袭为土县丞职衔，将土官土司分袭后的名称、职衔等呈现出来，则更具操作性。同书卷589也有基本相同的内容：“雍正三年覆准，……再土官之许其承袭者，原因其祖父向化归诚，着有劳绩，故世其官以昭激劝，今土官嫡长子孙，虽得承袭本职，此外支庶，更无他途可以进身，嗣后各处土官庶支子弟，有驯谨能办事者，许本土官详报督抚，具题请旨，酌量给予职衔，令其分管地方事务。其所授职衔，视土官各降二等，如文职本土官系知府，则所分者给通判衔；系通判，则所分者给县丞衔。武职本土官系指挥使，则所分者给指挥佥事衔；系指挥佥事，则所分者给正千户衔，照例颁给敕印号纸。其分管地方，视本土官多不过三之一，少五之一，此后再有子孙可分者，亦许其详报督抚，具题请旨。照例分管，再降一等，给予职衔印信号纸。”④ 可见，这个土司分袭制度十分具体、周密、详尽，文职土司、武职土司的名称、职衔、等级等内容一应俱全。除了这种分其地、降其级的分袭制度之外，清王朝还实施了一种虚其衔的举措。在如《清史

① ［明］丘浚．广西众建土官议［Z］//［清］汪森．粤西文载．南宁：广西人民出版社（校点本），1990：198.

② ［明］张廷玉．明史：第249卷［M］．北京：中华书局，1974：6447.

③ ［清］昆冈，等．钦定大清会典事例：第145卷［Z］．北京：中国书店，2018.

④ ［清］昆冈，等．钦定大清会典事例：第589卷［Z］．北京：中国书店，2018.

稿》卷117“云南土知府”条载：“其不管理苗裔村寨者，土通判二人，丽江府、鹤庆州，各一人”；同卷“贵州土同知”条也载：“其不管理土峒者，正六品、正七品土官各一人，正八品土官三人，正九品、从九品土官各二人”。① 这种不再让土司管理土峒和村寨，没有任何行政权力，这比降级、分地来得更彻底，与改土归流已经没有多大的区别了。

从现有史料看，被清王朝分袭之土司不乏其例，如道光年间对云南耿马土司的分袭、对青海循化、贵德各族“野番”的分袭；道光年间对云南纳楼土司的一分为二和光绪年间又将纳楼土司二司析为四土舍，都是土司分袭制度实施的成功案例。从清代中央王朝的这些法规看，清王朝不仅增强了国家治理能力，而且维持土司地区的社会稳定。土司分袭制度的实施，是清王朝限制土司权力的重要措施，为顺利推进改土归流铺平道路。

二、土司袭替禁例

为了强化对土司的控制，明清政府对土司承袭规定了许多“禁例”，若有违犯中央王朝的规定就不准承袭土司职位。与元代“土官有罪，罚而不废”土职一职和允许土司承袭，明清中央政府对土官土司的承袭的管理严格得多，特别是规定对于危及朝廷统治的行为，诸如仇杀、兴兵、变乱以及嫁娶违例越省，且与他类结亲及与外夷往来者，子孙永不许承袭。

（一）明代土司袭替禁例

明政府对土官土司承袭的禁例规定严格，不但有变乱行为者不准承袭，而且连婚姻和与外夷交结往来违反王朝规定者，也剥夺其子孙承袭权，从中可见限制之多，要求之严。如弘治十三年（1500）奏准：“土官袭替，其通事把事人等及各处逃流军囚客人，拨置不该承袭之人，争夺仇杀者，俱问发极边烟瘴地面充军。”② 嘉靖十四年（1535）议准：“云南、四川两省土官，各照旧分管地方，如有不遵断案，互相仇杀及借兵助恶，残害军民，并经断未久辄复奏扰变乱者，土官子孙不许承袭……三十三年题准，土官土舍嫁娶，止许本境本类。不许越省，并与外夷交结往来，遗害地方，每季兵备道取具重甘结状。如再故违，听抚按官从实具奏。兵部查究，量情轻重，或削夺官阶、或革职闲住，子孙永不许承袭。”③ 但对因危及家庭秩序犯恶逆被杀的，仍规定另以族人授职：

① ［民国］赵尔巽．清史稿：第117卷［Z］．北京：中华书局，1977：3414－3416.
② ［明］申时行．明会典：第121卷［Z］．北京：中华书局，1989：626.
③ ［明］申时行．明会典：第121卷［Z］．北京：中华书局，1989：626.

“凡土官犯恶逆被戮，嘉靖十年题准，即推伦序相应，素为夷众所服者，授以原职，管束夷民。”① 这些禁例从反面限定了土司承袭的资格。

（二）清代土司袭替禁例

清朝统治者为了维护中央王朝的权威和土司地区的社会稳定，在土司承袭制度中同样规定了许多“禁例”。清廷根据土司犯罪程度，规定不准亲子承袭或需另择族众拥戴之人；对犯特定罪被革职的土官，由其本支伯叔兄弟、兄弟之子或其他夷众素服之人来继承。乾隆三十三年（1768）奏准：“土官袭替定例，必分嫡次长庶，不得以亲爱过继为词，如实系土官身故乏嗣，除笃疾残废，及身有过犯，与苗民不肯悦服之人，例不准请袭外，其承继之子，仍论其本身支派。如非挨次承袭者，不准袭职。”② 一是可以择本支伯叔兄弟、兄弟之子别袭。这里有四种情况，第一，清王朝规定：“如土官受贿、隐匿凶犯逃入者，革职提问，不准亲子承袭，择本支伯叔兄弟、兄弟之子继之。”③ 第二，雍正四年议准，如果“土官不遵法度，故纵苗猓为盗，劫杀掳掠男女财物，扰害土民者，该督抚查出，即题参革职，别择应承袭之人，准其承袭。”第三，如果土司辖区“至有养盗殃民、怙恶不悛者，该督抚据实题参，严拿治罪。或应改土为流，及别立土官，均请旨施行。”第四，对于土官境内土民犯案株连土司者，清王朝规定：“或犯命盗抢夺诱拐争讼之案，该土官准州县移会，徇隐不为解送者，督抚题参革职，择其贤子弟承袭。果正犯逃逸，限年半缉获；无获者咨参，再限一年缉拿。限满无获，降一级留任；能获本案及别案凶犯者，皆准开复。若降级留任至五案者，别袭。若受贿隐匿不解送者，革职提问，不准亲子承袭。”④ 上述四类情况不准亲子承袭，但可在本支叔伯子弟、兄弟之子中挑选为夷众所信服者承袭。二是选取土司亲族以外的其他人继承。清王朝规定：“若有大罪被戮，即立夷众素所推服者，以继其职。”⑤ 如“叛逆”大罪。因为按《大清律例》，叛逆罪为“十恶”之首，犯谋反谋叛之罪需照律连坐，株连父母兄弟妻子，籍没家产，受株连亲族亦不可能承袭。有学者认为：“相比明代，禁止亲子承袭的罪名增加，多为职务犯罪如贪污、渎职、受赃纵贼等，取消了违例嫁娶、

① ［明］申时行．明会典：第6卷［Z］．北京：中华书局，1989：31.
② ［清］昆冈，等．钦定大清会典事例：第145卷［Z］．北京：中国书店，2018.
③ ［清］昆冈，等．钦定大清会典事例：第145卷［Z］．北京：中国书店，2018.
④ ［清］昆冈，等．钦定大清会典事例：第589卷［Z］．北京：中国书店，2018.
⑤ ［清］昆冈，等．钦定大清会典事例：第145卷［Z］．北京：中国书店，2018.

恶逆之规定，表明对土司的管理向流官靠拢，注重职务行为的合法性。”① 清代对土司承袭制度的管理是极其严格或者说是极其严苛的，当然也收到了极为显著的效果，明代那种由争袭而引起的战乱得到了控制。

三、土司家族内部争袭

元明清时期各地土司虽然是由中央政府任命的地方官员，但是土司家族决定了各地土司往往是家族利益的代言人，他们肩负着与中央王朝围绕各自利益博弈与斡旋的家族传承责任。因此，应袭土司一定是能够维护整个土司家族利益的优秀人才，而不仅仅是能够维护中央权威、精心治理地方的官员。各地土司维护中央权威和精心治理地方的根本目的在于利用中央王朝赋予的特殊身份，为土司自身和土司家族获取最大利益贴上合法化的标签。鉴于此，元明清中央王朝决心通过法律的形式控制土司承袭权，推进国家权力地方化、实现王朝“大一统”的目标；各地土司则力求通过中央王朝赋予的合法化身份，实现地方统治的合法化、自身和家族利益的最大化。如此一来，各地土司在承袭问题上既执行王朝法律规定，但也有在法律法规的边缘打“擦边球”，违法现象时有发生。作为强势的中央王朝，必然对土司承袭中的违法现象不能视而不见，必然要做出严厉处理，对土司超限违法最严厉的处理就是革职和改土归流。

（一）土司争袭类型

从前面的分析可见，明清中央王朝对土司承袭都有严格的规定，诸如土司承袭范围、承袭顺序、承袭手续、承袭禁例等，无一不是限制因土司承袭过程中出现争袭等事件。有学者研究表明，土司争袭主要有四种类型。② 第一，兄弟争袭。如容美发生在弘治和万历年间的两次争袭，均为此种类型，一次是弘治年间，土司田秀爱他的幼子，准备谋逐他的大儿子白俚俾而让他的幼子承袭。白俚俾十分痛恨这件事，于是杀死了他的父亲及弟弟。第二次是发生在万历年间，容美司主田九龙因嫡长子宗愈去世，准备以嫡长孙田楚产袭土司职，引起庶长子宗元不满，于是逼走田楚产，自理司政。第二，姻亲争袭。明清时期土司内部通过婚姻关系达到最终吞并姻亲的事例。石梁、五峰、水烬源三司世代与容美联姻，为达到吞并之目的，清康熙十三年，容美司主田舜年乘清军与吴三桂交战无暇他顾之机以“联合反对容美”“ 图谋不轨”和“殒厥宗祀”为借

---

① 蔡燕．论明清时期的土司承袭立法及其特点［J］．贵州民族研究，2019（07）：150－156.

② 莫代山．明清时期土家族土司争袭研究［J］．贵州社会科学，2009（06）：127－132.

口举兵掳杀石梁司主唐公廉、水浕司主唐继勋和五峰司主张彤弨，后以弟田庆年为唐氏女婿袭石梁安抚使职、以子田曜如为张氏女婿袭五峰安抚使之职、以孙田图南为唐氏甥承袭水烬源安抚使职，并将三司的司署迁于容美中府，遥领其地。第三，族人争袭。族人争袭主要因为土司乏嗣、应袭土司年幼、部属持强等因素引起。按明清中央王朝的规定，应袭土司年幼由“本族土舍护理”或“其母能抚孤治事”，以待应袭者达到承袭年龄后承袭。由于未对护印条件做出明确规定，产生了护印者之间的“争护”情况。如康熙末年，保靖宣慰使彭泽虹病废，应袭彭御彬尚幼，其母彭氏护印，与总舍彭泽蛟等有隙。雍正元年，泽虹病故，彭泽蛟等遂与彭氏以谋官夺印互诉。第四，父子争袭。如康熙年间容美前任土司田舜年以已袭土司田昺如被清王朝摘去宣慰使印，并准备将他拘禁，田昺如则在其党羽的策划下，逃往临近的桑植土司，并与田舜年互诉。

（二）土司争袭原因

从元明清时期各地土司争袭的实际情况看，是因为“土司常有多妻，嫡庶之争，为其乱源，又兼妇女可得承袭，为祸更大”。① 究其实质，土司争袭的根本原因有四个：②

一是土司制度自身的缺陷。元明清时期的土司制度赋予土司很多的特权是造成各地土司争袭的直接动力。③ 土司时期，各地土司是土司辖区内的“土皇帝”，是一切生产资料的拥有者和土民的最高行政长官，他（或她）拥有财政、行政、法律等方面的特权。“土司所到之处，土民皆下跪迎接，土司出，其仪卫颇盛，土民见之，皆夹道伏。即有遣责诛杀，惴惴听命，莫敢违者”④，这些特权的存在是促成各地土司争袭的动力。

二是承袭制度存在弊端。土司承袭制度本身存在承袭者众多和无序两大弊端。虽然中央政府规定了土司承袭有父死子继、兄终弟及、母女袭职、妻婿承袭、叔侄相袭、同族袭职、孙袭爷职等次序，但由于特权的诱惑导致很多人在土司承袭上“不讲规矩”。

三是中央王朝不愿作为。由于朝廷不能主持正理，不依法，不按照承袭次序造成土司争袭。《遵义县志》有记载：“明代第二十四世土司杨辉宠爱庶子杨友，企图废嫡长子杨爱，立友为宣慰使，安抚使宋韬等不保结，不得已立杨爱。

① 佘贻泽．明代之土司制度［J］．禹贡，1936（11）．
② 莫代山．明清时期土家族土司争袭研究［J］．贵州社会科学，2009（06）：127－132.
③ 莫代山．明清时期土家族土司争袭研究［J］．贵州社会科学，2009（06）：127－132.
④ ［清］周来贺．桑植县志［Z］．同治十一年（1872）刊本．

杨友与长官张渊阴谋刺杀爱不成，捏造言词，罗织谋反罪诬告杨爱，朝廷派侍郎何乔新至播州勘处；张渊论斩，杨友谋篡位，论死罪，撤去宣抚使职，发保宁城羁管。”① 在播州杨氏土司争袭的过程中，还爆发了杨爱、杨友官城大战。《遵义县志》载：明成化十九年（1483 年），播州宣慰使杨辉死，其次子杨友欲夺其兄杨爱官职，大战于火烧舟场侧之官城（今遵义县新舟镇），死者万余，杨友败亡。② 在播州杨氏土司的历史上，悲剧再一次重演，据《遵义县志》载，二十七世杨相宠庶子杨煦，企图以煦袭职，嫡长子杨烈与其母张氏兴兵驱逐杨相，相死于水西。杨烈向水西土司安万铨索要父尸，安要挟杨烈归还水烟、天旺地。烈得尸悔约，杀水西长官王黻，与李保构怨，两方土司兴兵仇杀达十年。总的来讲，这两次争袭事件均给当地各族人民带来了深重灾难。③ 在播州杨氏土司的发展历史上，内部争袭影响较大而且深远，甚至造成了杨氏土司的分裂，因此，为了让广大读者了解其破坏性，现将杨爱、杨友争袭的相关情况的历史文献记载抄录于后。

第一则：［清］张廷玉《明史》卷 312《四川土司二》“播州宣慰司志”载：

（成化）二十二年，爱兄宣抚杨友讦奏爱，帝命刑部侍郎何乔新往勘。二十三年，乔新奏：“辉在日，溺其庶子友，欲令承袭，长官张渊阿顺之。安抚宋韬谓杨氏家法，立嗣以嫡，爱宜立。辉不得已立爱，又欲割地以授友，谋于渊，因以夭坝干乃本州怀远故地，为生苗所据，请兵取之。容山长官韩瑄以土民安辑日久，不宜征。渊与辉计执瑄，杖杀之。前巡抚张瓒受辉赂，以其地设安宁宣抚司，冒以友任宣抚。辉立券，以所有金玉、服用、庄田召诸子均分之。辉没，渊乃与友潜谋刺爱，渊弟深亦与谋，不果，友遂奏爱居处器用僭拟朝廷，又通唐府，密书往来，私习兵法、天文，谋不轨，事皆诬。”帝命斩渊、深。以爱信谗薄兄，友因公擅杀，且谋嫡，盗官钱，皆有罪。爱赎复任，友迁保宁羁管，仍敕乔新从宜处治。④

第二则：［清］毛奇龄《蛮司合志》卷 4《四川（一）》“播州”载：

① 贵州省遵义县志编纂委员会．遵义县志［Z］．贵阳：贵州人民出版社，1992：1209.
② 贵州省遵义县志编纂委员会．遵义县志［Z］．贵阳：贵州人民出版社，1992：766.
③ 贵州省遵义县志编纂委员会．遵义县志［Z］．贵阳：贵州人民出版社，1992：766.
④ ［明］张廷玉．明史：第 312 卷［M］．北京：中华书局，1974：8042.

宣德中杨钦，正统中杨炯、杨纲，皆世修职事。独纲子辉僳黠心，多豪举伯。天顺初，私阉土民黄保等为火者。尝嬖妾田氏以其所生子美居长，屡欲夺嫡。安抚宋韬、长官毛钊，执不可，曰："杨氏家法，立嗣以嫡不以长，独奈何紊之？"

辉不得已乃立嫡，因名庶曰友，名嫡曰爱，言相友爱也。然而嬖庶之心终不忘。倖客张渊说辉曰："主官欲贵孟主而唧唧与仲主为仇毋论势有所未便，即使夺仲以与孟，不过剽吾左以益吾右耳且重贻口实以滋后议。何不别为孟主地？双贵而朋立，是使孟创业而仲传世也。"辉曰："为之奈何?"渊曰："夭霸诸苗，主官部境也。山箐险远，憨而易虐诬之曰"贼，因请兵讨之，然后归功孟主，而请立安抚以治其地，谁曰不然？"辉大喜。乃立召容山长官韩硷、重安长官张通，告以生苗反状，使止变。硷争之，谓"苗实不反"。辉怒，杖硷化。通惶恐叩头曰："反、反。"请从辉署名上变。上命都御史张瓒同辉进剿，杀诸苗千人。辉乃赂瓒疏友功且曰："友谋勇冠军，手刃七馘。"时友甫十三岁，乃请设安抚于安宁，授友安抚使，而以张渊为长官，然友实未尝之官也。既而烂土诸苗贵果等，忿夭霸以无辜受戮娌，时时攻安宁。瓒又疏请于凯里寨筑城卫之，费粮数十万。成化十九年，辉死。爱修怨于渊，渊屡谋杀爱，不克哺。二十二年，丹章诸苗寇安宁，四川参政谢士元、副使翟廷惠、都指挥杨纲，以兵往，过播州，诣爱家，置酒高会。翼曰，视学适州民赛社士元等坐学宫临视。爱复携酒至，训导杨礼艴然曰："视学而观社，提兵而乐酒略等威而款下属，窃为明公耻之。"士元等大惭而起。时渊伺爱隙，谓"爱实通苗，越境为乱，故款官军逗留，修私怨。为文报贵州守臣，而致书举人路义，使之通赂。值安抚宋韬获其书，以示爱，爱乃易其书，遣使投义。义信之，遂诣贵抚陈杨爱反状，贵抚不听，且曰："播非我辖也。"义为书复友，而爱执之，爱遂据义书报川抚，将声罪发难，友大惧。渊嗾友上变埔，言爱结苗夷反叛，造火器、旗纛、金瓜钺斧调总旗等亲军。阉割土民，立金龙门于宅前。而开尚瓮等铁冶令伪阉官炼熟铁为军刀。置织造院，收民人赵其一百余户充织匠造龙凤蟒袍。立商税局于白田坝。起调军兵三千余众，假水西送丧演习武艺。设教坊司，以伪阉官掌其事。卤良家庞兆期女胜真、福真等一百余名充女乐，教习杂剧。每遇节旦陇，爱衣龙衣自称国主天王，而称其妻地主。且置后宫，夺赵高僧幼女玉真为宫妃。用巫师魇魅庶母贯氏禁父妾马真滔、蒋真等宫中，奸使有身滔。尝强淫宫婢宋真，不从，裸之，缚于杌牵群狗，导之淫，凌辱狼藉而后杀之。科派各里人民，分上、中、下三户。得金银若干万两，养老庄田子粒若干万石，珊瑚树若干株珍珠蔗若干缝玉圭若干笏马若干匹，牛若干头。尝梦骑龙登天门上帝谓之曰："此南方帝子也淄。既醒，龙成五色。因作诗，有"霹雳一声震天下，南方须起赤鳞龙"之局。廷议大骇，立命刑部侍郎何乔新、锦衣卫指挥刘纲侣，会川抚及巡按鞫之，俱不实。渊坐妖言律嵋，路义削籍，友论死盯，赎免，发保宁城中羁管哺。未几，友党纂友归饽，与爱仇杀不已，且纠众攻播州，焚爱居第及公私廨宇略尽。廷臣方请讨，会大征鄢蓝，兵不暇及。未几，友卒。廷议谓"逋友虽死，子弘尚存，当仍调兵食以彰国法。而川抚勘奏，谓"弘父友构乱法固难宥，但友构乱时，弘尚幼稚，似当开自新之路，与以更始。况友所焚杀，已经照土例折偿及还所侵夺于官，宜授弘冠带土舍。而其既爱死，子斌豪甚。旧制，土官有功，只赐予衣带，及旌赏部下人员无升职加衔者。斌以平普安蛮有功，于正德初，加四川按察使衔，赐蟒衣、玉带。弘忌之，仍起仇杀。及弘卒，重安土舍冯纶等，又以怨弘，诱诸苗攻安宁。贵抚邓文盛反命斌讨平之，而请复安宁安抚，令弘子弟得袭旧职，廷议不许。嘉靖六年，弘弟张复以为请，时张盗边劫得白泥司印信复与斌子相重相仇杀，较前更烈。守臣乞改凯里属贵州，以张为土知州，以解释之事久不决。初，廷议谓"杨张习父兄之恶，幸免于辜，辄敢肆然执印以要君且其所争田庄，及椎理杀人等罪尚未得决，正宜收置于理。令其悔过还印，偿所夺寨苗诸地，而骤议复职，未使。其后用兵部尚书胡世宁议，谓张党已成，若不因而抚之恐流祸无已。乃复张凯里安抚，属治贵州，而相则袭播宣慰如故，然其仇杀仍自若也。谚云："骨肉胬膻，参商播凯。"①

第三则：［明］张萱《西园闻见录·播州事》载：

杨辉，播州宣慰使也。始祖铿元时，为安抚使洪武初，纳款授宣慰使三传而辉袭之，怙富负险代恣豪举，辉二子长友、次爱。友庶而长，辉以妾故，特嬖之，屡欲夺嫡。而安抚宋韬，长官毛剑等不从，曰："杨氏家法立嗣，以嫡不以长，主公奈何紊之？以启乱阶。"辉不得已，乃嗣爱而嬖友之。心中不解，幸客张渊日怂恿之，因说辉曰："主公欲贵，孟主何不别为孟主，地双贵而朋立，是使孟主创业而传世也。辉曰："为之奈何？"渊曰："天壩诸苗，主公部境也。山箐险远，憨而易凌，诬之曰："贼而请兵讨之，

① ［清］毛奇龄．蛮司合志：第4卷［M］．清乾隆（1736—1795）刻本．

归功孟主，因请立官分治，则事为有名矣！”辉大喜，乃疏言：“苗乱请兵讨之，部议‘可’。乃命都御史张瓒将兵讨之，诸苗被戮者千余人，辉通赂于瓒，瓒乃陈友功且曰：“友谋勇冠军，手刃七馘，诚投安抚司于安宁，以友为安抚使，则诸苗不复返矣！”时友年才十三耳！部议信之，乃立使授官，一如所谋。既而烂土诸苗赉果等，忿天壩以无辜受戮也，时攻安宁。瓒又疏请筑城卫之费粮数十万，十九年，辉死，爱修怨于渊，渊屡谋杀爱，不克，四川御史鞫之渊，以妖言坐死，友爱皆论死，赎免之，友削官窜保宁无何？友党篡友以归，与爱仇杀不已，而友子张爱孙，相尤酷毒。嘉靖七年，兵部尚书胡世宁议谓：“张党与已成，若不因而抚之，恐遂流祸，请立安抚司于凯里，属治贵州，以张为安抚使，而相宣慰，属治四川。如故然其仇固自若也。谚云：“骨肉虀醢，参商播凯。”田汝成曰：“播凯之乱，其初不过杨辉夺嫡之私耳！一妄夷酋上书，诬人以逞，兵部不覆实而遽许与师，非徇情何以有此？张瓒欺君曲法，造祸百年，蔓延边徼，其后展转调停，不过分疆别省耳！贷祸首而不究，何以服诸夷哉？”①

争袭事件的发生，不仅给杨氏土司家族内部带来巨大冲击，而且随着争袭事件影响的扩大，还给当地土民带来深重的苦难。

第四，朝廷命官渎职徇私。土司袭职过程中虽然有相关部门的保结文书，但在实际操作中，或者由于流官的渎职疏慢，或者出于流官的随意索贿，往往长期不为土司保结，导致一些土司长期不得袭职，以致“土官子孙承袭，有积至二三十年不得职者”②，这就更加助长了土司争袭的可能。

（三）土司争袭而改流

在元明清土司承袭过程中上，争袭影响较大而且深远，有时甚至造成了土司内部的分裂。争袭事件的发生，不仅给各地土司家族内部带来巨大冲击，而且随着争袭事件影响的扩大，还给当地土民带来深重的苦难。而争袭事件的频繁发生，也导致中央政府对土司的控制加强，甚至因争袭而被中央政府改土归流。这种因争袭而被改土归流的现象极为常见。如明代万历年间，贵州水德江长官司张镕无子，族人争袭不定，明王朝改水德江长官司为安化县。清代雍正

① ［明］张萱．西园闻见录［Z］．哈佛燕京学社，民国二十九年（1940）刻本，第687－689页．

② 杨一清．条处云南土夷疏［Z］//陈子龙．明经世文编：第119卷．北京：中华书局，1962：1140.

年间，四川酉阳宣慰使冉元龄，父子济恶，暴虐贪淫，在此情况下冉元龄的两个儿子冉广烜、广杰赴省争袭，清政府顺势将酉阳冉氏土司予以改土归流。清代光绪年间四川德格土司也是因内部争袭而被清王朝改流。

总之，土司制度是元明清三代基于当时全国少数民族状况、社会物质条件为治理边疆少数民族地区而作的政治选择，是实现中华民族疆土拓张和国家强大的阶段性策略。在这一过程中，促进土司承袭制度法律化，不仅有利于保证元明清中央王朝能够完全控制少数民族地方官员的选拔与使用，而且能够达到限制直至剥夺土司权力的治理目的，稳定国家权力的地方治理秩序。土司承袭制度法律化的最终结果是改土归流的顺利推进与实施，国家法律在土司时期不仅用来解决社会纠纷，而且被用来作为控制土司权力的手段之一，元明清中央王朝实现统一的政治智慧可见其深邃的一面。①

① 葛天博．清代土司承袭的国家法律控制［J］．三峡论坛，2018（02）：29－33.

第九章

余　论

元明清时期土司承袭制度是土司制度体系中的核心内容，它关系到土司地区的社会稳定和国家的长治久安，因此，历代中央王朝对土司承袭制度不断丰富、规范和完善，使之更具有针对性和可操作性，有利于元明清中央王朝对土司家族权力的管控和对土司地区的治理。元明清中央王朝宗法制度推广到土司地区，以先嫡后庶、先亲后疏的承袭顺序来规范土司承袭世职，并通过土司承袭制度树立中央权威、加强对土司的有效治理，确保土司家族的权力平稳过渡，从而维持土司地区的社会稳定。

第一节　元明清时期土司承袭制度的作用

元明清时期土司承袭制度是元明清时期的产物，是国家对土司地区进行治理的重要制度。元明清时期土司承袭制度经历了从元代草创时期的不完备到清代十分规范并严格执行的过程，土司承袭制度的逐渐完备对保证各地土司家族权力的平稳过渡与土司地区的社会稳定发挥了积极、有效的作用。元明清中央王朝通过实行土司承袭制度赋予各地土司统辖土司地方的合法性，对土司及土司地区进行有效控制。各地土司通过承认中央王朝的合法性，通过土司承袭制度的有效实施来推动土司制度的运作，协同中央王朝对土司地区进行国家治理；同时，在土司制度实施过程中使各地土司与中央王朝的关系更加紧密，土司的国家认同意识不断增加，对中华民族共同体建设以及社会发展起到了积极的推动作用。

一、不断完善土司制度体系

众所周知，土司制度是一个内容十分丰富的制度体系，包括诸如土司职官制度、承袭制度、朝贡制度、赋税制度、升降制度、赏罚制度、征调制度、教育制度、礼仪制度、分袭制度、安插制度等分项制度。在这个复杂的制度体系中，土司承袭制度始终居于土司制度的核心。《明会典》和《钦定大清会典事例》中涉及土官土司的内容比例就说明了这一问题。《明会典》中的“土官承袭”“土官犯恶逆被戮”“各处土官请给诰敕”“吏役参拨”“杂职官、入流仓官”“降调”“土官袭替”“土官就彼袭替”“土官袭替禁例”“诰敕”“量赏”等内容与土官土司相关，但“土官承袭”“土夷袭替”却是其中最主要、分量最重的内容。《钦定大清会典事例》中有“各省土官世职”“土司等官卓异”“土官”“土官承袭”“土官请封”“土官大计”“土司贡献”“土司授职”“土司袭职”“土司议叙”“土司议处”“土司议恤”等内容，而与土司土官承袭密切相关的“土官承袭”“土司授职”“土司袭职”等内容占据了绝大部分的篇幅。在土司地区实施的赋役制度、学校教育科举、奖惩制度，其内容与内地非土司地区基本相同，且基本按照内地制度和官员要求予以管理；然而，土司承袭制度与内地不同，它是世袭制度，能否在土司地区有效实施，将影响到整个土司制度的实施。

诸如应袭土司人选、土司袭替程序、土司分袭制度的实施以及土司承袭制度的执行等均影响土司权力的过渡和土司地区的稳定。因此，明清时期土司承袭制度内容的充实、完善、具体、规范，是对土司制度体系的充实、完善、具体、规范，它对土司制度的其他方面的推行有积极保障作用。

二、逐渐加强了对土司的控制能力

从历史文献记载可见，元明清时期各地土司不仅是土司地区的首领，土司家族也必然是占领一方、威望显赫的土皇帝，尤其是广土巨族的土司家族更是如此。元明清中央王朝选择地方强权作为地方统治者的目的在于通过土司家族的世袭制度实现中央王朝权威的地方化。但从另一方面看，元明清中央王朝所精心设计的土司承袭制度，则通过“预制土官”、规定土司承袭范围与顺序、预造宗支图本、颁发承袭信物、限制土司承袭办理时限、要求应袭土司必须接受教育、规定各地土司学习礼仪等举措，在彰显元明清中央王朝皇权与庄严的同时，实现国家权力的地方化；同时，元明清中央王朝通过土司承袭制度的有效实施推动了土司制度的运作，实行积极干预政策，使土司地区始终处于中央王朝的有效控制之下，对整个土司地区的稳定起了重要作用。土司承袭制度对元明清中央政府强化土司地区的国家认同感起着重要作用。因此，元明清中央王朝对土司及土司地区的有效控制，土司承袭制度起着关键作用。

三、基本保证了土司地区的社会稳定

翻检《蛮司合志》《土官底簿》《明史》《明实录》《清史稿》等历史文献

发现，在各地土司承袭过程中，因冒袭、夺袭以致争袭在明清时期时有发生，这不仅严重影响到中央王朝土司制度在蛮夷地区政治策略的实施，而且破坏了土司地区的社会稳定。为了避免土司承袭过程中冒袭、夺袭、争袭的发生，明清中央王朝通过制定法律法规对土司承袭采取了一系列举措。

一是中央王朝通过土司承袭制度赋予各地土司"世有其地、世管其民、世统其兵、世袭其职、世治其所"的合法权。当然，各地土司取得统治地方合法权的前提是按照中央王朝对土司承袭的各项法律法规办理承袭手续，获得中央王朝的各种信物，获得土司辖区的治权，借助中央王朝的各种信物提高在土司辖区内的威信。各地土司为了获得中央王朝的肯定与支持，土司及其后代力争尽最大可能效忠中央王朝，从而使土司家族势力在土司辖区内各种势力的角逐中始终处于有利地位，维护自已辖区内的长治久安。

二是中央王朝对冒袭、夺袭、争袭的土职，或未按法律法规办理承袭手续，中央政府予以剥夺、革职、改土归流或者不予承认。如光绪年间四川德格逆犯昂翁降白仁青与与土司之子多吉生格争袭土职，且有"废父逐兄，霸嫂夺位""围困难官，勒索印信"① 之举，《示谕德格头目百姓协拿昂翁降白仁青》晓谕中如下内容：

> 尔等须知多吉生格为老土司之子，例应承袭，且经奉旨准予承袭，是尔等之真土司也。该逆昂翁降白仁青既非老土司之子，即非尔等主人，且并不能以土舍称之。今乃妄欲争袭，显已违背大皇上圣旨，是为不忠；废父自立，是为不孝；逐兄霸嫂，是为不仁；杀害无辜，是为不义。纵使是土司之子，而此不忠、不孝、不仁、不义之人，亦绝不令其袭职，况为异姓之种也。且该逆自二十三年争袭，以迄于今，十余年来，尔德格人民、牲畜咸不得安静和平，皆由该逆昂翁降白仁青一人所致，如是该逆乃众百姓、头目之仇敌也。然则非将昂翁降自仁青除灭，地方不得清净，此本大臣发兵除恶之本意也。②

明清中央王朝对这种胆妄凶横、屡次不悛者，其基本态度是不能容忍，必须将其"诛戮"与剿灭，其结果同样是维护土司地区的社会稳定。

三是明清中央王朝采取"以文化土"策略，促进土司地区平稳、顺利地改

① 示谕德格头目百姓协拿昂翁降白仁青［Z］//奏议公牍全集：第9卷.

② 示谕德格头目百姓协拿昂翁降白仁青［Z］//奏议公牍全集：第9卷.

土归流。土司承袭制度是中央王朝对恭顺土司的一种保护，这种归顺既来自土司承袭制度的法律法规，也得益于王朝国家实施的“以文化土”策略。如明清中央王朝将应袭土司接受教育、文化熏陶、学习礼仪等运用到土司承袭制度范围之中。随着文化教育、科举考试、社交礼仪在土司地区的推广，土司及土司地区对国家认同逐渐加强，这有助于土司地区的社会稳定。

第二节 元明清时期土司承袭制度与国家治理的结论

元明清时期土司承袭制度是土司制度以及土司问题的核心。元明清三代统治者具有“一统天下”的大视野，这不仅为建设与完善国家制度、加强国家治理起到重大作用，而且保持国家领土主权的完整、推进中华民族共同体建设做出巨大努力。元明清中央政府对民族地区、边疆土司地区进行国家治理过程的制度设计、治理能力、治理体系、达成目标等举措与为国家权力在土司地区的延伸与深入奠定了坚实的基础。

一、国家主导

元明清中央政府在西南、中南及西北少数民族地区实施土司承袭制度，体现了以皇帝中心的历代统治者在处理土司地区少数民族问题的意志、利益，它主导着中央政府与各地土司的关系，决定着土司地区社会经济文化的发展趋势。元明清时期土司承袭，都是以家族“血缘”为纽带解决政治传承问题，中央政府在治理土司传承上主要以“世袭”制为其主要原则。中央政府在处理土司承袭过程中，为了防止土司冒袭、争袭事件的发生，元明清中央政府制定了一系列办法，如《元史》卷 26 载：延祐六年（1319）夏四月壬辰，中书省臣言：“云南土官病故，子侄兄弟袭之，无则妻承夫职。远方蛮夷，顽犷难制，必任土人，可以集事。今或阙员，宜从本俗，权职以行。”制曰：“可。”① 各地土司也只能遵照执行。据《元史》卷 8 载：至元十二年（1275）十二月己亥，签书四川行枢密院事昝顺言：“绍庆府、施州、南平及诸蛮吕告、马蒙、阿永等，有向化之心。又播州安抚杨邦宪、思州安抚田景贤，未知逆顺，乞降诏使之自新，并许世绍封爵。”从之。② 土官既是世袭，元明清中央政府就规定承袭次序。明

① ［明］宋濂. 元史［M］. 北京：中华书局，1976：589.
② ［明］宋濂：元史［M］. 北京：中华书局，1976：171.

代对于土司承袭规定十分详尽。《明会典》卷6“土官承袭”条规定：“洪武二十六年定，湖广、四川、云南、广西土官承袭，务要验封司委官体勘，别无争袭之人，明白取具宗支图本，并官吏人等结状，呈部具奏，照例承袭。移付选部附选，司勋贴黄，考功附写行止，类行到任。见到者，关给札付，颁给诰敕。”① 各地土司在土官承袭办法规定之下严格执行。一是开具宗支图本。如明代中央政府在管理土司承袭的过程中产生的“宗支图本”，成为土司承袭的主要依据。如没有宗支图本，则不准承袭。有的土司实际上只是在需要承袭的时候，由申请承袭者拿出一份谱系，用来申请承袭。相关的官员，往往借此坐收渔翁之利，导致各种争袭不断。但不管土司拿出来的宗支图本是否真实，谱系是否存在问题，这项规定在客观上就是导致土司在申请承袭时需要交出一份宗支图本以表示合法承袭人的身份。二是册报土司应袭法。为了弥补宗支图本和结状文书的不足和防止贪官从中渔利，明清中央政府制定了“土官册报应袭法”和“预制土官”的管理办法，即预先制定土司承袭人名册，把土司继承人造册登记，便于日后继承时启用。制定这种办法的主要目的是预定承袭人。这种办法的目的在于防止土司家族因争袭而导致纷争与仇杀。如《明会典》卷6载：“正统元年奏准，土官在任，先具应袭子侄姓名，开报合干上司。候亡故，照名起送承袭。六年奏准，预取应袭儿男姓名，造册四本，都、布、按三司各存一本，一本年终类送吏部备查。以后，每三年一次造缴。嘉靖九年题准，土官衙门造册，将见在子孙尽数开报。某人年若干岁，系某氏生，应该承袭；某人年若干岁，某氏生，系以次土舍；未生子者，候有子造报，愿报弟侄若女者，听。布政司依期缴吏、兵二部查照。”② 明朝廷对土司承袭的规定，加强了对各地土司的控制。清政府为了从根本上杜绝土司承袭过程中的争袭、假冒事件的发生，制定了预制土官的办法。顺治十六年（1659），贵州巡抚赵廷臣根据贵州土司承袭过程中的实际情况提出了预制土官的建议③。清代“预制土官”的办法实际上是明代“土官册报应袭法”的发展和完善。三是办理“结状文书”。明清中央政府要求各地应袭土司族人、邻近土司以及地方官吏制作结状文书，要担保承袭人确系土司嫡亲、“别无争袭之人”。四是中央政府出具承袭凭证。各地土司承袭时，吏部和兵部要给应袭土司出具证明文件作为凭证，如清代的号纸。无论是各地应袭土司预造的宗支图本、应袭名册以及族人、地方官吏和邻近土

① ［明］申时行．明会典［Z］．北京：中华书局，1989：31.
② ［明］申时行．明会典［Z］．北京：中华书局，1989：31.
③ 清世祖实录：第126卷［Z］．北京：中华书局，2008：2470－2471.

司撰写的结状文书，还是中央政府规定的承袭顺序以及颁发给应袭土司的诰敕、印信、号纸等信物，其实都是国家对土司承袭的主导和驾驭。

二、上下互动

元明清时期是西南、中南及西北少数民族各民族在封建社会后期交流交往最为频繁的时期，是各少数民族与国家主流文化互动最为密切的时期。王朝国家通过“自上而下”，或“族群互动”，或“自下而上”的路径，由此形成上下互动，多方联动。从王朝国家层面看，中央政府往往以政权经略、土司制度、创办学校、建立卫所、人口迁移、土兵征调、土司朝贡、劝民农桑等直接或间接的形式，通过频繁的接触和碰撞，强迫或引导土司地区各族民众与国家之间在政权认同、文化接受、价值趋同等方面相互借取，尤其是通过土司承袭制度中的诰敕、印信、号纸、勘合等信物密切土司地区乡村社会族群与国家之间的关系，推动土司地区的经济发展、社会进步。从土司地区族群层面看，除了通过创办土司学校、学习儒家文化、参加科举考试、修订家族族谱、制订乡规民约等形式体现各地土司对国家正统文化的认同之外，他们主要通过应袭土司预造宗支图本、册报土司名册、赴阙授职以及族人、地方官吏和邻近土司撰写结状文书等形式加强与中央政府之间的联系。如湖北利川土司覃氏家族编纂的《覃氏族谱》“家规”序言中有“家之有规，犹国之有制。制不定，无以一朝廷之趋。规不立，无以为子弟之率”的语句，反映了各地土司将国家主流文化深深地融于自己日常生活之中和置于当地族群心目之中。其中“修身”条内容为：“身者，一家之主，万事之根，后世子孙之所取法也。如之，何不修致诚正。为修身而设齐治均平，自修身而推至天子，以至于庶人，一是皆以修身为本。曲礼曰：手容恭，足容重，目容端，口容止，声容静，头容直，气容肃，立容德，色容庄。此亦皆修身之明训也，尔后人当三复之。”①由此可见，这套《覃氏族谱》中的这些“规训”堪称土司家族谱牒的典范，该族谱的序言及正文条款尽显教化族群之用意。不仅可以看出它明显受清廷“圣谕”的指导而撰写，而且也是乡村社会族群在对国家正统文化作调适后的产物。

三、双方博弈

明清中央政府与各地土司在土司制度实施的六百年的历史长河中，双方为

① 《中华覃氏志》利川卷编纂委员会．中华覃氏志（利川卷）［Z］．中华覃氏志利川卷编纂领导小组，2005：72－73.

寻求利益最大化，难免有博弈。这里的博弈，是指中央政府与土司之间在一定的游戏规则约束下，依靠所掌握的信息，选择各自的策略或行动，以实现各自利益最大化和风险成本最小化的过程。根据元明清时期土司承袭的情况，其实博弈是一直存在的。如中央王朝赐予承袭土司信物的变化（元代赐给各地土司印章、虎符、驿传玺书、金（银）字圆符等信物，明代中央政府赐给各地土司有印章、冠带、符牌等，清代中央政府赐给各地土司有印信、号纸等信物），这其实也是元明清与各地土官土司博弈的结果。就元明清时期中央政府与各地土司之间的博弈看，其博弈形式有两种类型。一是合作博弈。合作博弈是指中央政府与各地土司之间都能实现利益最大化，或者至少有一方的利益最大化，而另一方的利益不受损害，因而，无论是土司一方还是国家的利益有所增加。元明清时期，西南民族地区被中央王朝授职的土司，绝大多数在相当长的一个时期与中央王朝保持了互动、合作、和谐的关系，确保了土司地区乡村社会也保持了相对安定的局面和环境，促进了这一地区各民族社会经济的快速发展。如明代播州杨氏土司在前中期与中央王朝在政治上保持一致，在承袭土司问题上循规蹈矩，维护国家统一和地方安宁，从而得到朝廷倚重。这对于播州杨氏土司在其辖区内巩固集权统治，维护家族利益方面起到了很好的作用。明朝洪武二十六年（1393）规定："湖广、四川、云南、广西土官承袭，务要验封司委官体勘，别无争袭之人，明白取具宗支图本，并官吏人等结状，呈部具奏。照例承袭。移付选部附选，司勋贴黄。考功附写行止。类行到任。见到者，关给札付、颁给诰敕。"① 土司袭职时须赴阙受职，表明土司官职"乃朝廷所授"，土司必须惟命是从。播州杨氏土司自杨铿开始，皆按照朝廷有关规定，惟命是从，循规蹈矩，认真执行。明王朝对播州杨氏土司也不薄，杨铿死后赠与"怀远将军"。其子杨升袭职后，莅政勤敏，边境绥宁。后有杨炯、杨纲、杨辉、杨爱、杨斌、杨相、杨烈、杨应龙皆相继按照规定承袭。播州杨氏承袭土司与明王朝国家之间的表现为一种合作博弈，虽然从总体上是一种合作、互动关系，双方都期盼着谋求利益的最大化，但播州杨氏土司与明王朝之间并非是一种对等关系，国家一直处于强势地位，播州杨氏土司自始至终都处于弱势地位。二是非合作博弈。它是指中央政府与各地土司之间在土司承袭问题上不可能达成具有约束力的协议的博弈，这是一种具有互不相容的博弈。明清时期中央政府对于各地广土巨族的土司，在土司承袭问题上如果中央政府与土司之间难以达成具有约束力的协议，就会形成非合作博弈，在这种情况下中央政府的治理策略，

① ［明］申时行．明会典：第6卷［Z］．北京：中华书局，1989：31.

或为众建土司（即分袭），或为改土归流。清代土司分袭就有这样的规定："雍正三年覆准，各处土司嫡长子孙承袭，其支庶子弟中，有驯谨能办事者，俱许本土官申请督抚题给职衔，令其分管地方事务，其所授职衔，视本土官降二等。如土官系知府，则所分者给通判衔；土官系通判，则所分者给县丞衔。"① 如清代乾隆年间云南耿马安抚司与勐角董太爷之间因争袭发生的纷争，最终清政府采取了"分而治之"的政策。清代光绪年间将云南临安府纳楼普氏土司从一分为二再到二分为四，平息了纳楼土司家族内部争袭而造成的旷日持久的争夺造。这些土司争袭的典型案例说明，随着我国历史的向前发展和明清时期社会的不断进步，明清中央王朝与各地土司之间非合作博弈时有发生，中央王朝在集权不断强化的情况下，为了维护"大一统"的王朝国家，土司最终处于弱势一方，只能是分袭或被改土归流的结果。可见，如果各地土司与王朝国家之间这个命运共同体、利益共同体能够用法律、法规、制度来保证各自的利益，那么，各地土司与王朝国家之间就会形成合作博弈；如果各地土司与王朝国家这个命运共同体、利益共同体不能用法律、法规、制度来保证双方各自的利益，那么，各地土司与王朝国家就会形成非合作博弈，其结果就是分袭或被改土归流，这是历史发展的必然。

① ［清］昆冈，等．钦定大清会典事例：第145卷［Z］．北京：中国书店，2018.

参考文献

一、古代文献

[明] 申时行. 明会典 [Z]. 北京：中华书局，1989.

[清] 昆冈，等. 钦定大清会典事例 [Z]. 北京：中国书店，2018.

[清] 傅维鳞. 明书 [M]. 清畿辅丛书本.

[清] 张廷玉. 明史 [M]. 北京：中华书局，1974.

[明] 毛奇龄. 蛮司合志 [M]. 清乾隆（1736—1795）刻本.

[明] 朱燮元. 少师朱襄毅公督蜀疏草 [Z]. 钦定四库全书影印本.

[清] 周来贺. 桑植县志 [Z]. 同治十一年（1872）刊本.

[清] 乾隆. 钦定大清会典则例 [Z]. 乾隆十三年（1748）抄本.

[明] 宋濂. 元史 [M]. 北京：中华书局，1976.

[清] 汪森. 粤西丛载校注 [Z]. 南宁：广西民族出版社，2007.

明实录 [Z]. 台北："中央研究院"历史语言研究所，1961.

[清] 乾隆. 皇朝文献通考 [Z]. 乾隆五十二年（1787）刻本.

[清] 杨迦怿. 道光茂州志 [Z]. 道光十一年（1831）刻本.

[清] 张廷玉. 明史 [M]. 上海：上海古籍出版社，1991.

贵州民族研究所. 明实录·贵州资料辑录 [Z]. 贵阳：贵州人民出版社，1983.

[明] 沈德符. 万历野获编 [Z]. 北京：中华书局，1997.

[清] 汪森辑. 粤西文载 [Z]. 南宁：广西人民出版社（点校本），1990.

[明] 刘尧诲. 苍梧总督军门志 [Z]. 全国图书馆文献缩微复制中心，1991.

[清] 王鸿绪. 明史稿 [Z]. 台北：文海出版社印行，1984.

清实录 [Z]. 台北：华文书局，1989.

[清] 羊复礼. 镇安府志 [Z]. 台北：成文出版社，清康熙十八年（1679）

刊本.

[明] 无名氏. 土官底簿 [M]. 涵芬楼影印本, 1935.

[清] 王萦绪. 乾隆石砫厅志·承袭志 [Z]. 乾隆四十四年 (1779) 刻本.

[明] 刘文征撰, 古永继校点. 滇志 [Z]. 昆明: 云南教育出版社, 1991.

[清] 龙文彬. 明会要 [Z]. 北京: 中华书局, 1956.

[明] 俞汝楫. 礼部志稿 [Z]. 文渊阁四库全书本.

清朝通典 [Z]. 北京: 商务印书馆, 民国二十六年 (1937) 影印本.

[明] 张溥. 汉魏六朝百三家集·贾长沙集 [Z]. 光绪信述堂重刻本.

[清] 毛奇龄. 蛮司合志 [M]. 成都: 四川民族出版社, 1998.

[民国] 赵尔巽. 清史稿 [Z]. 北京: 中华书局, 1977.

[清] 那彦成. 平番奏议 [Z]. 咸丰三年 (1853) 兰垣阿公祠藏版.

[明] 陈子龙, 等. 明经世文编 [Z]. 北京: 中华书局, 1962.

[明] 田汝成. 炎徼纪闻 [Z]. 北京: 中华书局, 1985.

[清] 刀樾椿. 南甸宣抚司呈报袭职清册 [Z]. 光绪三十四年 (1908), 现存于云南省梁河县档案馆.

钦定大清会典事例 (嘉庆朝) [Z]. 台北: 文海出版社, 1991.

易行, 孙嘉镇. 钞本明实录·明太祖实录 [Z]. 北京: 线装书局.

[清] 王鳞飞. 酉阳直隶州总志 [Z]. 重庆: 巴蜀书社点校本, 2009.

[明] 佚名. 土官底簿 [M]. 北京: 中国书店, 2018.

[清] 昆冈, 等. 钦定大清会典事例 [Z]. 台北: 新文丰出版公司, 1975.

[清] 胡启荣, 黄中位. 滇事杂档 [Z]. 道光十三年至道光二十七年 (1833－1847) 抄本.

[清] 李熙龄. 普洱府志 [Z]. 板藏学署板.

中国第一历史档案馆. 清代皇帝御批彝事珍档 [Z]. 成都: 四川民族出版社, 2000.

杨年建. 杨氏命脉回溯 [Z]. 上海: 上海古籍出版社, 2010.

[清] 伊桑阿等纂, 关志国等校点. 大清会典 (康熙朝) [Z]. 南京: 凤凰出版社, 2016.

[明] 林尧俞. 礼部志稿 [Z]. 景印文渊阁四库全书.

[清] 龙绍讷编著, 龙泽江点校. 苗族土司家谱·龙氏家乘迪光录 [Z]. 贵阳: 贵州大学出版社, 2018.

[清] 赵尔巽等. 清史稿 [Z]. 天津: 天津古籍出版社, 2012.

[明] 章潢. 古今图书编 [Z]. 明万历四十一年 (1613) 刻本.

[明] 张瀚．皇明疏议辑略 [Z]．四库全书存目丛书．

中国边疆少数民族古文献 [Z]．成都：四川民族出版社，2003.

明实录 [Z]．北京：线装书局，2005.

[明] 方孔炤．全边略记 [Z]．续修四库全书，上海：上海古籍出版社，2002.

[明] 谭迁．国榷 [Z]．北京：中华书局，1988.

[清] 素尔讷等纂，霍有明，郭海文校注．钦定学政全书校注 [Z]．武汉：武汉大学出版社，2009.

张荣铮，等．大清律例（点校本）[Z]．天津：天津古籍出版社，1993.

[明] 张萱．西园闻见录 [Z]．哈佛燕京学社，民国二十九年（1940）刻本．

二、专著

佘贻泽．中国土司制度 [M]．南京：中正书局，1944.

龚荫．中国土司制度史 [M]．成都：四川人民出版社，2012.

温春来．从异域到旧疆——宋至清贵州西北部地区的制度、开发与认同 [M]．北京：三联书店，2008.

方国瑜．中国西南历史地理考释 [M]．北京：中华书局，1992.

贵州省遵义县志编纂委员会．遵义县志 [Z]．贵阳：贵州人民出版社，1992.

钱古训撰，江应樑校注．百夷传 [Z]．昆明：云南人民出版社，1980.

曾维益．龙安土司 [M]．成都：四川民族研究所，2000.

云南省志编纂委员会办公室．《明实录》有关云南历史资料摘抄 [Z]．昆明：云南人民出版社，1959.

德宏州史志办公室．德宏历史资料 [Z]．芒市：德宏民族出版社，2012.

方国瑜．云南史料丛刊 [Z]．昆明：云南大学出版社，1998.

重庆酉阳冉氏族谱续修委员会．冉氏族谱·总谱 [Z]．内部刊印本，2007.

方国瑜．云南史料目录概说 [Z]．北京：中华书局，1984.

何耀华．武定凤氏本末笺证 [Z]．昆明：云南民族出版社，1986.

黄才庚．文书史纲要 [Z]．档案史教研室内刊资料，1982.

贾霄锋．藏区土司制度研究 [M]．西宁：青海人民出版社，2010.

朱金甫，张书才．清代典章制度辞典 [Z]．北京：中国人民大学出版社，2011.

慕寿祺．甘宁青史略［M］．吴坚．西北史地文献［Z］．北京：学苑出版社，1991.

杨甫旺．彝族纳楼土司世家［M］．昆明：云南人民出版社，1999.

四川省编辑组．四川彝族历史调查资料、档案资料选编［Z］．成都：四川省社会科学院出版社，2009.

江应樑．傣族史［M］．成都：四川民族出版社，1983.

兰坪白族普米族自治县人民政府．兰坪史料集［Z］．昆明：云南大学出版社，1984.

巍山彝族回族自治县志编纂委员会．巍山彝族回族自治县志［Z］．昆明：云南人民出版社，1993.

古籍整理出版规划办公室．云南少数民族官印集［Z］．昆明：云南民族出版社，1989.

四川省民族研究所．清末川滇边务档案史料［Z］．北京：中华书局，1989.

王继光．安多藏区土司家谱辑录研究［M］．北京：民族出版社，2000.

沈之奇．大清律辑注［Z］．北京：法律出版社，2000.

三、论文

李钧．清代西南地区土司承袭问题研究［D］．昆明：云南师范大学，2015.

李良品．中国土司制度与土司文化研究应注意的八个问题［J］．民族学刊，2015（04）.

陈季君．试论清代土司承袭中的册结及其作用［J］．青海民族研究，2016（04）.

尤佳．试析土司分袭制度创立的历史背景［J］．遵义师范学院学报，2016（01）.

罗勇．明代云南土官袭职制度研究［J］．学术探索，2013（03）.

黄明光．明代南方诸省女土官执政现象研究［J］．广西民族师范学院学报，2013（01）.

王君义．试析明代土司承袭制度——以播州杨氏土司为例［J］．遵义师范学院学报，2015（05）.

杨陆．丽江木氏土司承袭的“任”与“代”问题［J］．丽江师范高等专科学校，2016（01）.

张磊．明代云南土司袭职困境研究——兼论明末西南边疆控制的削弱［J］．文山学院学报，2014（01）．

曹文彪．概念、命题及理论——简论学术成果的三要素［J］．当代社科视野，2010（11）．

颜丙震．明代土官借袭现象释析［J］．贵州民族研究，2016（12）．

佘贻泽．明代之土司制度［J］．禹贡，1936（11）．

莫代山．明清时期土家族土司争袭研究［J］．贵州社会科学，2009（06）．

李良品．历史时期重庆民族地区的土司制度［J］．重庆邮电大学学报，2011（03）．

李治亭．清帝“大一统”论［J］．云南师范大学学报，2015（05）．

李良品，谈建成．“因俗而治”：明清时期土司地区的国家治理政策［J］．西南民族大学学报，2017（09）．

刘家铨．王朝·边地·土司：边疆管控与明代桂西南政区演变研究［D］．南宁：广西民族大学，2016.

尤佳．试析土司分袭制度创立的历史背景［J］．遵义师范学院学报，2016（01）．

李国明．土司制度下的地方与中央：以佤族聚居区为例［J］．承德民族师专学报，2011（04）．

江应梁．滇西僰夷的土司政治［J］．益世报．1938（09）－（10）．

尔布什哈．凉山彝族的五颗土司印信［J］．四川文物，1989（02）．

蔡燕．论明清时期的土司承袭立法及其特点［J］．贵州民族研究，2019（07）．

葛天博．清代土司承袭的国家法律控制［J］．三峡论坛，2018（02）．

彭寿清，李良品．论明代土司地区的儒学教育［J］．西南民族大学学报，2015（03）．

郝彧．论明清两代“预制土官”策略及水西土司的政治抉择［J］．毕节学院学报，2013（09）．

后 记

《元明清时期土司承袭制度研究》是2015年教育部人文社会科学规划项目的最终成果，意在填补土司承袭制度研究学界至今尚无专著的空白。经过近五年的不懈努力，《元明清时期土司承袭制度研究》终将付梓。出版在即，有几句话不得不说。

五年的时间弹指一挥间，从上百种历史文献中挑拣史料，其中的辛苦只有学者自知。《元明清时期土司承袭制度研究》的撰写，是一件十分庆幸而又惴惴不安的事情。说庆幸，是因为本书成为中国土司承袭制度的首部专著，并且是教育部人文社会科学规划项目；说不安，是因为在土司承袭制度研究的近100年的学术历程中，无数的前辈时贤发表了无数的学术论文，诸如贾霄锋的《建构与再造：明代土司承袭制度研究》、陈季君的《试论清代土司承袭中的册结及其作用》、葛天博的《清代土司承袭的国家法律控制》、陈季君的《清代土司承袭流转时限考——以清代55件档案为中心的考察》、成臻铭和刘中的《论"民国"档案中的土司承袭》、张凯和成臻铭的《土司承袭之中"国家"与地方社会的权力博弈——以明代永顺"三州"为例》、蔡燕的《论明清时期的土司承袭立法及其特点》等学术论文，李钧的《清代西南地区土司承袭问题研究》、彭姣的《清代土司承袭制度研究》等学位论文，他们的学术功力比本人强，研究比本人深，本人何德何能敢于以本书名写作并出版？由于本人时间、精力、水平等限制，本书也只是粗线条勾勒，不能说是真正意义上的学术研究。

值得本人十分高兴的是，在撰写、出版《元明清时期土司承袭制度研究》的过程中，得到多方支持与广泛关照，促使本人奋进，并使我铭记于心。本书的出版，得益于瞿州莲、彭福荣、莫代山、谭清宣、李思睿、张万东、廖佳玲等一大批专家学者的积极参与，形成了"少小咸来，群贤毕至"的良好局面，这促使本人产生刻苦学习、不懈努力的原动力。本书的一些章节内容，先期在《中央民族大学学报》《青海民族研究》等刊物发表，本人十分感谢上述学术刊物的主编与各位编辑，他们对相关论文的刊发，无形之中坚定了本人及主要合作者撰写和出版本书的信心。

《元明清时期土司承袭制度研究》一书在研究、撰写过程中，借用了众多先辈时贤、博士和硕士研究生的研究成果，在书中基本上注明了出处，但个别地方可能未及注明，疏漏之处，恳请专家学者及年轻晚辈的谅解。无论是作注还是未作注，我们在此一并致以真诚的感谢！因为没有各位专家学者及年轻晚辈的研究成果，本书就不会问世。应该说，本书的付梓是站在无数巨人的肩膀上的结果。

本专著在研究和撰写过程中，得到长江师范学院党委书记黄大勇教授、校长蔡家林、主管副校长张明富教授等有关领导的高度重视，给予了精神鼓励和学术指导，让本人有充裕的时间潜心研究。长江师范学院重庆民族研究院彭福荣教授、莫代山教授、曾超教授，他们不仅多次就本书的框架、体例和主要内容等展开讨论，并提出了诸多建设性的建议和意见，而且对出版该书给予极大支持和真心理解，在此，本人表示真诚的感谢！

在撰写本书的过程中，我校考上中央民族大学的博士研究生袁娅琴、西南大学硕士研究生的吴晓玲、吉首大学翟文等同学为本书的撰写做了大量工作，在此，本人谨致感谢！

《元明清时期土司承袭制度研究》因涉及领域较为宽泛，在撰写过程中本人虽然力求做好各项工作，但由于学术修养和研究能力的不足，缺点和疏漏在所难免，因此，本人真诚希望土司制度研究学界的朋友以及广大读者批评指正，恳请专家学者不吝赐教。

李良品

2020年9月10日于长江师范学院鉴湖之滨

光明社科文库
GUANGMING DAILY PRESS:
A SOCIAL SCIENCE SERIES
·教育与语言书系·

神秘密码

——汉语语言游戏研究及汉语语言游戏词典

王程辉 | 著

光明日报出版社

图书在版编目（CIP）数据

神秘密码：汉语语言游戏研究及汉语语言游戏词典 / 王程辉著. -- 北京：光明日报出版社，2022. 11

ISBN 978 - 7 - 5194 - 6955 - 9

Ⅰ. ①神… Ⅱ. ①王… Ⅲ. ①汉语—智力游戏—研究 Ⅳ. ①H1

中国版本图书馆 CIP 数据核字（2022）第 229817 号

神秘密码：汉语语言游戏研究及汉语语言游戏词典

SHENMI MIMA：HANYU YUYAN YOUXI YANJIU JI HANYU YUYAN YOUXI CIDIAN

著　　者：王程辉

责任编辑：王　娟　　　　责任校对：李海慧

封面设计：中联华文　　　责任印制：曹　净

出版发行：光明日报出版社

地　　址：北京市西城区永安路 106 号，100050

电　　话：010-63169890（咨询），010-63131930（邮购）

传　　真：010 - 63131930

网　　址：http：//book. gmw. cn

E - mail：gmrbcbs@ gmw. cn

法律顾问：北京市兰台律师事务所龚柳方律师

印　　刷：三河市华东印刷有限公司

装　　订：三河市华东印刷有限公司

本书如有破损、缺页、装订错误，请与本社联系调换，电话：010 - 63131930

开　　本：170mm×240mm

字　　数：276 千字　　　　印　　张：18

版　　次：2023 年 5 月第 1 版　　　印　　次：2023 年 5 月第 1 次印刷

书　　号：ISBN 978 - 7 - 5194 - 6955 - 9

定　　价：98. 00 元

引 言

在最不经意处，人们可以听到语言游戏。一天，笔者在书店购书，付款后和店主闲谈起来。她说自己的一个亲戚曾在厦门大学上学，专业为化学，如今在离家不远的一个公立小学教科学。笔者说:“那还是有关系的。”店主说:“是考进去的。”后来，笔者反应了过来，随后澄清了自己的意思。笔者说的“有关系”指的是所教与所学有关系，而不是凭借关系入职这所学校。店主也觉得这个“误解”耐人寻味。

生活中，语言游戏似乎无处不在。它给人们带来了无限乐趣。语言游戏可以被定义为利用汉字进行游戏的活动。语言游戏有其载体，包括年号、避讳、文字狱、标语与公告、对联、谜语、歇后语、梦境、谶语、童谣、测字、相声、小品与段子、口误、脑筋急转弯、俏皮话等。从游戏展开的平台看，它涉及音、形、义各个层面，包括音调、标点符号、偏旁部首、字、词、成语、句子，各个词类（名词、动词、形容词、助词、副词、数词、量词、发语词、拟声词、连词、指示代词）。词类之间还可以互相转换，灵活多变。语言游戏影响各个领域如医学、军事、教育、政治、商业等，几乎无所弗及。

语言游戏有其生成机制。如果使用二元对立，那么这些二元对立包括能指与所指、缩略与完整、本原与戏仿、中文与外语、普通话与方言、文言语与口语、繁体字与简体字（出于说明问题或阐释要点的必要，书中部分汉字保留了繁体形式）、字面义与引申义、传统与时尚、旧词与新义、直白与委婉、相同与差异、正义与邪恶、健康与缺陷、整齐与乱序、形式与内容、形式与声音、正解与曲解、正确与错误、阳刚与阴柔、喜与忌、天真与世故等。

综合看来，语言游戏呈现出与众不同的特征。它寻求吉利、意涉排泄（或猥亵）、疏解情绪、风险性、随机性、无意性、时代性。语言游戏有其巨大作用，其中正面的功能包括助忆、以生动活泼的方式增长知识、维护尊严，负面的功能包括欺骗。

在中国历史长河中，涌现了大量的语言游戏，本书将按时间顺序对其进行历时性研究，介绍语言游戏的名人名作，呈现帝王将相、文学家以及普通人的风采，让读者看到他（她）们与普通历史教科书上不同的形象。中国历史也是一部语言游戏史，汉字是适于进行语言游戏的符号体系，中国人是富有幽默感的民族。本书将展示汉语最活泼灵动的一面，记录汉语最激动人心的时刻，发掘汉语的瑰宝，让更多人看到汉语的独特魅力，让中国和其他国家的人都更了解汉语。

目　录

CONTENTS

第一章　载体

汉语语言游戏是个庞大的存在，载体种类繁多。载体所述古代事例和语言游戏，虽然动人而且有趣，让人觉得身临其境，但基本属于传说、虚构、杜撰、巧合、神话。它们已经失去了自身依存的科技进步水平、社会发展环境、特定历史语境和时效。读者应该运用辩证唯物主义酌情鉴别。举出事例的目的是研究古人社会习俗和思维习惯，也可以作为现代人熟悉、温习汉字偏旁部首（尤其是繁体字）的辅助工具和休闲消遣、取笑逗乐的轻松读物。作为汉语语言游戏的案例，故事旨在引起世人学习汉字的兴趣，激发热爱汉字、尊崇汉语的热情，进而增强文化自信和民族自信。

第一节　年号

自汉武帝到清末宣统皇帝，中国一直都用皇帝年号纪年。年号会选用吉祥字，明人黄佐《翰林记》中收录有一则《年号谱》，列举了历代年号的常用吉祥字。不过，汉字是一种神奇的文字，有可以拆字为谑的特点：汉字多数是合体字，可以拆开成为若干其他的文字，从而改变了它原来的意思。具体而言，除了字面美好意义之外，还可以通过拆字加以别解，人们就经常以此为谑。例如，宋太宗继位，改元“太平兴国”。有人说，“太平”拆开来，就是“一大人六十”，后来宋太宗果然在六十岁时去世。宋仁宗第一个年号是“天圣”，有人运用拆字法，将“天圣”理解为“二人圣”；天圣末年，改元“明道”，又有人拆字解释。将“明”理解为“日月并”。这两个年号正好表示当时皇太后垂帘听政，与皇帝为“二人圣”“日月并”。北宋熙宁十年，宋神宗决定改元，近臣拟“美成”以进，皇帝不满意：“羊大带戈不可。”简单地说，就是羊养大了会被宰杀。大臣拟定“丰亨”，从字面看，是吉祥字，但神宗皇帝对这个年号不满意，因为“丰亨”的“亨”有一个“了”字，是“为子不成”之象。最后去“亨”加“元”，才确定新年号为“元丰”。北宋最后一个年号是“靖康”。有人说：将“靖康”二字拆开来，就是“立十二月康”。果然，宋钦宗建元“靖康”一年后（大约十二个月），被掠北国，康王赵构继位，正好应了“立十二月康”之验。

这种将皇帝年号当作预测语解释的例子非常多。东晋元帝（司马睿）建元“永昌”，南齐废帝（萧昭业）建元“隆昌”，明朝光宗年号“泰昌”，年号都有一个“昌”字，“昌”是吉祥字。但运用拆字法，昌为“二日之象”，不吉。而前面这几个以“昌”字为年号的皇帝，全都在位不足一年便换了新君。

西梁末帝（萧琮）年号“广運”，归顺了隋朝；后晋少帝（石重贵）年号“开運”，投降于契丹；宋代的吴曦、李顺造反，曾用年号“转運”与“应運”，都兵败被诛。后人解释说，“運”字作年号，不吉，因为拆开来为“軍走，故其君皆为軍所走”。

高洋建立北齐。建国之初，召集大臣们议年号，有人提议名叫天保，寓意上天保佑北齐万年。高洋马上开始拆字，“一大人只十”，在位只有十年。后来，高洋上泰山，向道人询问自己可以坐镇江山的年数。道人说：“三十。”高洋意识到自己只有十年的时间：“三十是指十年十月十日，三个十加起来是三十。”后来，高洋果然在天保十年十月十日病逝。高洋在世时，太子高殷即将入学，高洋请国子监博士邢子才起个字号。邢子才思索再三说：“正道。”谁知高洋一听大叫：“‘正’字是‘一止’，太子恐怕很难继承大统。”邢子才慌忙恳求重起字号。高洋长叹：“这是天意，改了也枉然。”接着，高洋对他的同母弟高演说：“现在杀了你，师出无名，反而落个千古骂名。只求日后手下留情，要篡位就篡位，不要乱杀无辜。”高演一听跪在地上磕头不止，连说：“不敢不敢。”高洋死后，高演位至太师，自食其言，矫诏杀了他的侄子（即年仅十七岁的高殷），果然如高洋所料。北齐第五任皇帝高纬，年号“隆化”。人们说，“隆化”二字连着竖写，便是“降死”，果然北齐投降了北周，未久高纬便被周武帝宇文邕赐死。

唐僖宗改年号为廣明元年，相字者说：“人从崔下出，姓黄氏；左足踏日，右足踏月，从此天下被困挠。”当年，黄巢攻入长安，天下大乱。

其实，年号之说，不过是后人根据发生过的史实做出的解释而已，并不是真正的预言。

第二节 避讳

讳是中国古代的一种语言现象，指的是遇到君主或尊长者时，不但不能直呼其名，而且在书写的时候也不能使用这些字。如遇应讳的字，不能读本音，要“改读”或“换说”。如写到讳字的时候，要按规定采取“空字”“缺笔”或“改字”的办法。因为名讳的习惯，历史大为改观。

邱姓先人本姓丘，但是孔夫子名丘，为避讳便加了一个耳朵。“丘”字在古文献中有时候就写作“正”。阴历一月古时本来又叫“政月”，这是因为古代的皇帝都要在一年的第一个月里接受文武百官的朝拜，并决定一年的政事。到了秦朝，由于秦始皇一月出生，取名“赢政”，就把“政月”改为“正月”。从此，“正月”的“正”不再读四声，而读作一声。

司马迁父亲叫司马谈。司马迁首先回避父亲的名字。因此，《史记》中找不到一个“谈”字。为了回避父亲的名字，司马迁还不惜改变别人的名字，如“赵谈”被改成了“赵通”。此外，为了避秦庄襄王子楚之名讳，“楚”被改成了“荆”；汉武帝名彻，就将“蒯彻”改为“蒯通”；汉文帝名恒，就改“恒山”为“常山”，把“姮（音 héng）娥”改为“嫦娥”。

同样道理，《汉书》为避汉高祖刘邦名讳，把“邦”都改成了“国”。范晔为了避开父亲的名字“泰”字，一百二十卷的《后汉书》中找不到一个“泰”字。他把“郭泰”改为“郭太”，“郑泰”改为“郑太”。在刘秀一朝，“秀才”被改成“茂才”，刘秀去世后将皇位传给儿子刘庄，汉明帝刘庄特意将“庄子”改为“严子”。

名讳之风到了唐代更盛。因为唐高祖名渊，所以改针灸穴位“太渊”为“太泉”。唐太宗名世民，“世”字被改为“代”字，而当时中央六部之一的“民部”被改为“户部”。柳宗元《捕蛇者说》将“民风”改写为“人风”。唐高宗名治，刘禹锡的《鉴药》就改“治身”为“理身”，“光天治日”被改为“光天化日”。诗人李贺之父名晋，“晋”与“进”同音，故李贺一生不能举进士。

金朝的统治者是女真族。在不少古籍的记载中，将“女真”称为“女直”。这是因为当初女真族还不是特别强大的时候，不得不依附辽国，而此时辽国的统治者是辽兴宗耶律宗真，为了避名讳，女真便改名为“女直”。

宋代苏轼祖父的名字是“序”，而苏东坡却要替别人写序，若是用了“序”字便是对祖先的亵渎。于是，只好把所有的“序”改成了“引”或“叙”。《水浒传》中武大郎卖的是蒸馒头。因为当时宋仁宗名字叫赵祯，“祯”和“蒸”谐音，所以将蒸馒头改称烧饼。宋朝官方曾经修订了一部《礼部韵略》，载有大宋皇帝的名字、庙号之类要回避的字，其中高宗赵构的“构”字同音回避的字最多。

“只许州官放火，不许百姓点灯”，这句话是形容统治者可以为所欲为、胡作非为，而人民的正当言行却受到种种限制；亦泛指自己任意而为，反而严格要求别人。这句成语有郡守田登的真实故事作为历史基础。笔者听说了上面典故的现代版本。某省某县有一个教育局主考官员，妻子名字叫“点”。因为“考”与表示发生性关系的“尻”发音相同，官员认为“考点”十分不雅，对自己不利。其实其他人根本没有这方面的联想。当安排各个学校的中考和高考考场时，该官员不愿意按照惯例将考场叫作考点，而是坚持将考场改称考区。手下人无奈，只好听从他的安排，将“考点”一律写作“考区”。孰料上级官员视察工作，看到“考区”二字，十分不解，生气地质问：“为什么你的‘考点’叫作‘考区’？你的‘点’很大吗？”听者无不心中暗笑。自大的官员反而自讨其辱。

明朝的皇帝都姓朱，当初朱元璋在位的时候，就认为“朱”和“猪”同音，于是就想给猪另外取个名字。明武宗朱厚照觉得自己姓朱，于是下令全国不准吃猪肉，但后来不得不收回成命。

不仅皇帝的名字等需要避讳，有点名气的人也不愿意别人与自己同名。明代文人李梦阳任江西提学副使时，发现有个读书人与他同名，便拟出上半联表达不满：“蔺相如，司马相如，名相如，实不相如。”意思是两个“相如”都不相同，一个普通士子岂能与名士同名同姓？读书人思索片刻，巧妙地对出下联："魏无忌，长孙无忌，彼无忌，此亦无忌。"这一副对联巧用古代人名，风趣幽默，颇有韵味。

清兵入关，顺治皇帝福临曾说，不能因为自己一个人名字中的"福"而使天下人无福，表示人们不必讳"福"，但这项仁政没有推行下去。

许多人喜欢听关于自己名字的赞扬和祝福的话。听到诅咒和谴责的话，大都心生不快。潜藏在避讳这种现象下面的一个原则是文字有"灵"论。字就是人，人就是字，人和字合二为一。如果将代表自己的文字说出来，可能等同于自己的魂魄被人摄走，将会对自己极端不利。这种观点时至今日还被一些人认可。

因为避讳，历史上闹出过许多笑话。五代时有个叫冯道的人，历朝为相。有一次，他命一个门客讲《道德经》，门客想到书中第一句就是"道可道，非常道"，于是就把第一句念作"不敢说，可不敢说，非常不敢说"。有个叫贾良臣的人，要求家人对自己的名字必须严格避讳。他的儿子很乖巧，一天读到《孟子》里"今之所谓良臣，古之所谓民贼也"，就大声朗诵道："今之所谓爹爹，古之所谓民贼也。"

迂腐地坚持避讳固然闹了不少笑话，不过，巧妙地避讳也能显示出一个人的机智。有这样一则笑话：有一个名叫阿九的老头子外出赶集去了，恰好有一个自称阿九叔的人登门讨债，"阿九伯欠我九百九十九两银子，叫他九月九日送到我家里。我名叫阿九叔，住在九里湾"。公公回来后，儿媳妇说道，"刚才有人来找您老人家，不知他是四五叔，还是三六伯。他说公公欠他一千少一两银子。叫您重阳节那天，送到他家里。他住在八里湾过去，十里湾过来"。公公听明白了，夸自己的儿媳妇聪明。

中国历史上有名字非常难念的皇帝，有学生抱怨这些字太难记。从避讳的角度讲，这些名字值得嘉许。这些皇帝知道，自己取罕见的名字，可以避免百姓犯忌讳。与其让天下百姓为了避讳纷纷改名，不如皇帝一个人改名。因此，这些名字可能是爱民的标志。嘉庆皇帝即位的时候，自己将永琰改成"颙琰"。道光帝也将自己的名字由"绵宁"改成"旻宁"，避免了避讳的麻烦。

避讳也有意外的好处。避讳学对于鉴别古籍诞生的历史时期有重要的意义，对于考证文物真伪也有极大作用。考查文物上面的铭文，如果是前一个朝代避后一个朝代的名讳，那么几乎可以肯定它是赝品。

第三节 文字狱

忌讳发展到极端就是文字狱。随着皇权和宗法制度的日益加强，避讳也日益严格。稍有触犯，轻则遭谴，重则罹祸。十六国时的前秦国主苻生是个“独眼龙”，因此讳“不足”“不具”“少”“无”“缺”“伤”“残”“毁”“偏”“只”等字眼。手下人无意犯了讳，就要受到种种酷刑。有一次，苻生叫太医令程延配药时，问及所需人参的情况，程延回答：“虽小小不具，自可堪用。”“不具”犯了大讳，苻生勃然大怒，先将程延的双眼挖出，再将他杀死。

朱元璋十分忌讳“光”“秃”等字眼，就连“僧”也不喜欢，甚至连读音差不多的“生”也同样厌恶。他曾参加过红巾军，因此不喜欢别人说“贼”“寇”，连读音相近的“则”也厌恶。“金盘苏合来殊域，自惭无德颂陶唐”，“殊”字被视为“歹朱”，意思是谴责明太祖无德；“作则垂宪”，“则”与“贼”同，被视为骂太祖起兵当过贼；“睿性生智”，“生”与“僧”同，被视为骂太祖当过和尚；“遥瞻帝扉”，被视为“帝非”；“体乾法坤，藻饰太平”，“法坤”与“发髡”同，“藻饰”与“早失”同；“天下有道”，“道”与“盗”同。所有这些作品的作者都惨遭厄运。

雍正也有同样的情况。当看到不避名讳的文字时，如将“陛下”错写成“狴下”；“清风不识字，何事乱翻书”“明月有情还顾我，清风无意不留人”；《忆鸣诗集》（“鸣”与“明”谐音）；“邦畿千里，维民所止”（“维止”两字被认为是“雍正”两字去了头），雍正严办了上述文字的作者。

文字狱是封建社会的阴暗面。封建统治者利用文字游戏镇压普通人，维持自己的统治。“青山遮不住，毕竟东流去。”随着社会进步，文字狱已经被扫进了历史的垃圾堆。

第四节 标语与公告

标语和公告意欲告诉公众特定信息。为了让人记住，需要在文字上玩些花样，例如标语“有乱治乱，有恶除恶，有黑扫黑，固本强基”，明显使用了近义词“治、除、扫”。公告有时也有文字游戏。某个地方贴出公告，通过时尚广告语招募女警察：“永远不操心穿什么，健身还能赚钱。”女警察需要穿警服，需要参加身体锻炼，同时还有工资。将平淡无奇的事情用独特的方式表达出来，是语言游戏的独特魅力之一。

标语和公告以简短为特征，这是优点，也是缺点。所谓的缺点，就是可能产生误解。“奉献他人，提升自己”是一个例子。它前半句原本的意思是为别人做奉献，别人是受益者。但八个字并列在一起，如果细细思考，很容易将其理解为并列动宾语法结构“将其他人奉献，从而提升自己”，他人转而成为受害者。标语和公告的受众人数不可数计，产生的反应和对其本身的解读也不尽相同。在制作标语和公告时，如果不想有意产生模糊意义，应尽量做到使文本不产生歧义。

第五节　对联

对联是中国核心文化的一部分，音、形、义精雅考究，包含了人们喜闻乐见的文字，不乏文字游戏。2016年第16期《读者》中评论员工辞职的主要原因是：“钱少事多离家远，位低权轻责任重。”2019年第22期《读者》刊登了一家宠物店门口的对联：“狗虽贪肉多忠义，猫不能言最可人。”高雅的对联可以被用于非同寻常的地方。民国新会的李淡愚为公共厕所题联：“有小便宜，得大解脱。”上联是俗语，下联是佛语，“小便”“大解”嵌于其中，惹人赞叹。

关于写对联的能力，现代人如果没有深厚的文学功底，可能会捉襟见肘。实际上，这方面的能力可以逐步增强。可以参阅研习相关的书籍，将名联佳句烂熟于心，自然会有长进。

第六节　谜语

中华谜语源远流长。能够出谜语，善于猜谜语，是汉语功底的体现。它不仅可以活跃气氛，培养良好的人际关系，而且有助于训练逆向思维，塑造幽默的性格。好的谜语增一字太多，减一字太少，让人叹为观止。例如谜语“自小在一起，目前少联系”。它的谜底是“省”。这是设计最为巧妙的谜语之一。谜语中的词语一般已经焕发了新含义。同时，还应注意到同义词代替（如谜面上用“家”，可能暗示谜底的组成有“户”；用“阳”，可能暗示有“日”；用“站”，可能暗示有“立”等）、偏旁部首的运用（如谜面上用“手”，可能暗示谜底的组成有“扌”；用“脚”，可能暗示有“足”旁；用“人”，可能暗示有“亻”等）、“天干”“地支”的顺序（如谜面上用“第一”，可能暗示谜底的组成有“甲”或“子”等）、十二生肖与“地支”的交替使用（如谜面上用“丑”，可能暗示谜底组成有“牛”；用“猴”，可能暗示有“申”等）。

谜语写成诗就是谜语诗。于谦的《石灰吟》是一首比较著名的谜语诗，四句诗是谜面，题目是谜底。还有另外一首谜语诗：“佳人佯醉索人扶，露出胸前白雪肤。走入帐中寻不见，任他风水满江湖。”谜底是四位诗人：贾岛、李白、罗隐、潘阆。装醉，所以摔倒不是真倒，而是假倒，谐音贾岛。佳人衣领散开，露出了衣襟里面雪白的肌肤（李白）。佳人走到了罗帐之后，身影再也看不见了，缩写为罗隐。关于潘阆，“潘”字在汉语的解释中有“满”的意思，“阆”字谐音“浪”，也就是风水满江湖的意思。

《笔触》也留下了一首宝贵的谜语诗。“明隆庆时，辛未会试，江阴袁舜臣作谜诗于灯上云：‘六经蕴藉胸中久，一剑十年磨在手。杏花头上一枝横，恐泄天机莫露口。一点累累大如斗，掩却半牀何所有。完名直待挂冠归，本来面目君知否？’苏州刘瑊一见而识之，乃‘辛未狀元’四字。”

《全唐诗》中有《谜语诗》。谜语诗不一而足，琳琅满目。作为考验人的智力的语言游戏，谜语诗是前人留下的弥足珍贵的财富，应努力理解，将其精神发扬光大。

第七节　歇后语

歇后语中有许多语言游戏，例如“打破砂锅问到底”，这是人们常挂在嘴边的一句口头禅。砂锅是泥土烧制成的锅，多用作熬制中药或冬季煲汤的器具。这种锅极易破碎，而且一碎就会碎得很彻底，裂纹会一直延伸到砂锅的最下面。“打破砂锅问到底”实际应为“打破砂锅纹到底”，即裂纹直到底部，后来变成“问到底”，比喻问问题时喜欢追根究底。其他比较著名的歇后语还包括：“外甥打灯笼——照旧（舅）”“孔夫子搬家——净是输（书）。”歇后语语带双关，以一指二，言简意赅，诙谐讽刺，是人们喜闻乐见的语言游戏。

第八节 梦境

汉代以前已有解梦预测吉凶的记录。黄帝曾梦见“大风吹天下之尘垢皆去，又梦人执千钧之弩驱羊万群”。梦醒后，黄帝进行了自我分析，认为“风为号令，执政者也；‘垢’去‘土’，‘后’也。天下岂有姓‘风’名‘后’者哉？夫钧弩，异力者也；驱羊万群，能牧民为善者也。天下岂有姓‘力’名‘牧’者哉？”依自己所解，他便开始寻求梦中所述人才，最终得到风后、力牧两位名臣。

刘邦当亭长的时候，梦见自己追逐一只羊，追上后将其角和尾去除。术士说：“‘羊’无‘角尾’，‘王’也。”于是，刘邦有称王的志向。《后汉书·蔡茂传》载：“（茂）梦坐大殿，极上有三穗禾。茂跳取之，得其中穗，辄复失之。以问主簿郭贺，郭贺离席庆曰：‘大殿者，官府之形象也。极而有禾，人臣之上，禄也。取中穗，是中台之位也。于字‘失禾’为‘秩’，虽曰失之，乃所以得禄秩也。’”

曹操在位时，一日睡梦中梦见“三马共食一槽”。当时朝中势高权重的大臣首属司马家族，而“槽”与“曹”同音，于是曹操认为此梦预示着司马氏将篡夺曹氏权柄。曹操还曾借助梦境替人改名。《魏书》写道：程昱少时常梦上泰山，两手捧日。昱觉得不寻常，将此梦告诉了荀彧。兖州反叛时，由于程昱的功绩，三个城池得以保全。于是荀彧将程昱的梦告诉了曹操。曹操的“曹”姓下面为“日”。太祖曰：“卿当为吾腹心。”昱本名“立”。曹操于是加“日”于其上，更名为“昱”。

《蜀志·魏延传》记载，建兴十年，诸葛亮出兵伐魏，大军北出谷口，魏延为前锋，扎营在距离中军十里外的地方。魏延夜里梦见“头上生角”，于是请赵直解梦。赵直解释说："麒麟有角而不用，此不战而贼欲破之象。"魏延喜。退出将军大帐后，针对同一个梦境，赵直对旁边的人进行了第二次解读："'角'字，'刀'下'用'也。头上用刀，其凶甚矣。"这个预言不久便应验了：魏延被马岱追杀。

赵直还曾为何祗解梦。何祗梦见井中生桑树。赵直说："'桒（桑）'字'四十八'，你只能活到这个岁数。"何祗笑着说："这样也死而无憾。"后来应验。

《蜀志·蒋琬传》记载，蒋琬做了一个梦，梦中一牛在门前，血流至地。他醒来有些后怕，请来赵直解梦。赵直说："牛头及角"是篆文"公"字的形象，是必将大贵的吉兆，预示将来蒋琬官职会升至"公"。不久，刘备称汉中王，蒋琬被任命为大司马，位居三公之列。

《晋书·王浚传》记载，西晋军事家王浚夜里梦见有三把刀悬挂在自己卧房的屋梁之上，一会儿又增加了一把。王浚惊醒，以为不祥。其部下李毅得知了王浚此梦境，于是便向他拜贺说："三刀并列，其形近于隶书'州'字。又益（添加）一刀，难道大人要掌管益州吗？"果然，事后不久王浚就当上了益州刺史。李毅以字形和语音解梦，后世便以"梦刀"作为升官之兆，或直接表示升迁。

后赵主石季龙曾白天睡觉，梦见群羊载鱼从东北方向来。醒后，他拜访佛图澄。佛图澄说："不祥啊。难道鲜卑有吞并中原之心？因为'羊'与'鱼'合为'鲜'字。"后来石季龙果然被前燕开国皇帝鲜卑族人慕容儁杀死。

沈庆之生于宋文帝元嘉年间。一天夜里，他梦见自己带领仪仗队进到厕所里。厕所虽然清洁，却使他十分厌恶。有人为他解梦说："一定会得到富贵，但是需要等到将来。仪仗队是富贵的象征，厕所代表后帝（第）的意思。所以说，在当今皇帝在位时得不到富贵。"后来先帝死了，太子继位，沈庆之果然得到了富贵。

北魏孝明帝孝昌年间，广阳王元渊统领十万兵力征讨敌军。夜里，他梦见自己穿着衮衣倚立在一棵槐树旁。醒来后，元渊前往解梦大师杨元稹处讨教。杨元稹说道："公将位至三公。"元渊满心欢喜。元渊刚走，杨元稹又对身边人说："死后得三公耳。衮衣为三公所穿，所以他会位至三公。但靠于槐树旁，'槐'字，'木'旁'鬼'。"后来，元渊生前果真与三公无缘，而在被尔朱荣杀死之后才被追封为司徒，属三公位。

同样是孝明帝时期，有一个名叫许超的人。一日，他梦见自己因为盗了一只羊而被捕入狱。杨元稹说此梦大吉，许超至少有了做县令的官运了："'盗羊'与'到阳'同音；狱者，围城之象也。入狱就是进城。此梦预示你将到城阳做官。"果然，事后没过多久，许超就被封为城阳侯。

北齐李元忠为有志之人。在即将要踏上宦途前的一个晚上，他梦见自己手执火炬进入父亲的墓穴。第二天天刚亮，他找到自己的老师，老师解析说："执火炬进入父亲的墓穴，说明'光照先人'。"果然，李元忠后来的仕途之路走得十分顺畅，做了高官。

史书还记载，隋文帝梦见洪水泛滥，淹没了整个都城，便认为此梦为不祥之兆，于是他决定大动干戈，迁移首都，破解不祥。但没过几年，隋朝还是走向灭亡。唐高祖李渊称帝后有占梦家认为唐高祖单名一个"渊"字，而洪水就是"渊"的意思，所以隋文帝之梦应以此为解。

李渊在起兵反隋之初，曾梦见自己掉到床下，然后被密密麻麻的蛆吃掉身体。他的一个部下解释说："梦到落在床下，意思是'陛下'，此乃好事。'蛆'者'趋'也，被蛆蚕食表示众人要依附于你。说明有九五之尊。"李渊听后觉得十分有理。

在小说《薛仁贵征东》中有唐太宗梦得武将薛仁贵的故事。传说唐太宗登基后，曾梦见一个凶神恶煞的人手持大刀，要取他的性命。就在性命攸关紧急之时，忽然出现一位白袍小将，救了太宗。唐太宗上前询问小将的姓名。小将念了四句诗："家住逍遥一点红，四下飘飘无踪影。三岁孩童千金价，保主跨海去征东。"说完顿时不见了踪影。次日，大臣这样解释：梦中被人追赶，想必是某地发生叛乱。关于小将的四句诗，第一句"家住逍遥一点红"，是说其居所为山西。跳入龙口，应当是山西的龙门县。后面的两句则为其姓名，"四下飘飘无踪影"是下雪，"雪"音同"薛"，那名小将当是姓薛之人；"三岁孩童千金价"说的是"人贵"，所以其名应为"仁贵"，最后一句则表明此人可能是日后朝廷的重要将才。日后，朝廷果然从山西的龙门县招了一个名为薛仁贵的人为征东主帅。而薛仁贵此后为平定高丽国盖苏文反唐做出了贡献。

在唐朝，其他的文字游戏不胜枚举。魏仍与李龟年同去应选，等待量才授官。晚上，他们各自做了一个梦。魏仍梦见侍郎李彭年被人唤去说话，自己在考场门里侧耳聆听。李龟年梦见有人报告说，侍郎建议给一个畿丞之职。第二天，他们共同来解昨晚的梦。二人认为，门中侧耳是“闻”字，应该是闻喜，“畿”与“蕲”有关。果然，魏仍被封为闻喜尉，李龟年被封为蕲州蕲县县丞。

宋朝时，岳飞奉诏返回京城受命之时，曾在路途中做了一个梦，梦中有两条狗争相交谈。于是，岳飞请来占梦师圆梦。占梦师听后，说此梦乃凶兆：“二狗争言，应了‘狱’字。”后来岳飞确实受到了牢狱之灾。

梦中的好事可能就是现实中坏事的征兆，而梦中的坏事又可能是现实中好事的征兆，此所谓“反梦”。吉人有凶梦，虽凶亦吉。小人梦中大吉，也可解析为大凶。其潜在之理，不是常人可以自行解说。

第九节　谶语

所谓谶语，通俗地说指随口说出而事后不幸应验的话。崔曙曾赋诗“夜来双月满，曙后一星孤”，当时以为警句。后来，崔曙去世，只留下一个名叫星星的女儿。人们才发觉这是谶语。

关于谶语，比较著名的例子还有在中唐诗坛享有盛名的女诗人李治。她五六岁时已能出口成诗，尝作《咏蔷薇》诗云：“经时未架却，心绪乱纵横。”“架”与“嫁”谐音，其父因此预言她“必为失行妇”。李治的人生道路确实不平坦。她曾经与其他诗人聚会。刘长卿有阴重之疾，李治嘲笑其“山气日夕佳”，隐喻“疝气日夕加重”。长卿对答：“众鸟欣有托。”隐喻“所幸重鸟有布条支撑衬托”。当时治疗疝气，常用这种方法。举座大笑。文人即使戏谑调笑，打情骂俏，也照样引经据典。这两句借鉴陶渊明《饮酒诗二十首》（之五）和《读山海经诗十三首》（之一）中的成句，双方都用得十分含蓄巧妙，确实称得上雅谑，也显示出两人不凡的才情，所以会赢得举座大笑。李治还有一首《八至》诗把夫妻关系一语道破：“至近至远东西，至深至浅清溪。至高至明日月，至亲至疏夫妻。”因为找不到感情寄托，李治后来出家，终身未嫁。

谶语是无意中说出的语言游戏，后果严重，令人心悸。因此，在日常生活中，不管对自己，还是对他人，都要三思而后言，能祝福则祝福，这样可以让人额外增添欢喜。此外，话说多，不如少，病从口入，祸从口出，切莫胡乱发言，一语成谶。

第十节 童谣

古代中国，似乎从来不缺少里程碑意义的童谣。有较早记录的童谣发生在西周。据说，周宣王在镐京听到街上传唱一首童谣：“檿弧箕服，实亡周国。”表面意思是卖桑木弓、背着箭袋子的人会灭掉周朝。后来的事情众所周知，发生了“烽火戏诸侯”然后亡国的事情，童谣果真应验。原来，“檿弧箕服，实亡周国”实际指的是卖桑木弓、背着箭袋子的老夫妇收养的女婴褒姒最后让西周灭亡。

以此为发端，童谣文化开始了漫长的历程。试看第二条著名童谣：“亡秦者胡也。”秦始皇以为“胡”指的是匈奴，于是就派大将蒙恬“北筑长城而守藩篱，却匈奴七百余里”。他没想到的是，这个“胡”更大程度上指的是他的儿子胡亥。

古代童谣三：史称在汉成帝去世之前流行一首童谣：“燕燕，尾涎涎。张公子，时相见。“木门仓琅根，燕飞来，啄皇孙。皇孙死，燕啄矢。”“燕”借指赵飞燕。“尾涎涎”，是说尾巴羽毛光润。皇帝常与富平侯张放微服出宫，后在河阳公主家遇上赵飞燕，所以说“张公子，时相见”。“木门仓琅根”代指宫门。“燕飞来”暗喻赵飞燕进宫。童谣的结尾表示赵飞燕谋害皇子。“燕啄皇孙”成了宫妃残害皇族的典故。

古代童谣四：汉献帝刚刚即位，长安有童谣“千里草，何青青。十日卜，不得生”。当时董卓进京，废立皇帝，把持朝政，权势正盛，“千里草”是“董”，“十日卜”组合成“卓”。董卓不解童谣意义，问他的谋士李肃。李肃不敢照实回答，就敷衍他说：“此乃大汉将亡，太师为帝之兆。”董卓听了这话很高兴。很快，董卓被吕布杀死，正应了童谣的预言："不要看他现在权势熏天，终究不得生存。"

古代童谣五："鹭鸶冰上走，何处寻鱼嗛！京城老米贵，哪里得饭广！""鱼嗛"即名臣"于谦"的谐音。"饭广"即武将"范广"的谐音。英宗复辟后，于谦和范广被石亨害死。人们利用孩童之口，借助谐音，表达了对忠臣的悼念，抒发了心中的哀伤。

除了上述童谣，本书后文还有其他童谣。关于童谣的前瞻性，有以下几点。第一，一些别有用心之人出于某种目的，将信息编成童谣，教授孩子。利用小孩子的天真烂漫、口无遮拦表达出来，既达到自己的目的，又可以把自己置身事外。纵观历史，许多农民起义、动乱、朝代更迭，起初必有童谣流传，例如东汉末年黄巾军起义（"苍天已死，黄天当立"）、李渊起兵反隋（"河南杨柳谢，河北李花荣"）、武氏代唐（"有女武代王"）、安史之乱（"人逢山下鬼，环上系罗衣"）、朱温代唐（"易梁"）、北宋兴起（"点检为天子"）、南宋灭亡（"朝中无宰相，湖上有平章。满头青，都是假。这回来，不作耍"）、元明宗时童谣（"牡丹红，禾苗空。牡丹紫，禾苗死"）、元朝末年红巾军起义（"莫道石人一只眼，挑动黄河天下反"）、明朝兴起（"塔儿红，朱衣人作主人公"）、闯王称帝（"十八子，主神器"）、清朝没落（"黄花满地发"），都用了这个方法。第二，关于某一件事或者某个人物，当时可能流传出许多种预言，但其中只有一个命中答案。所以，这一个版本就广泛流传，随即成了预言性童谣。

总之，预言性童谣并不存在。作为新时代的文明人，不可能相信无稽之谈，只能将其当作有趣的故事一笑置之。但是，从研究历史的角度讲，童谣不失为窥视古代中国历史走势的一面明镜。

第十一节　测字

汉字是方块字，由偏旁部首等组成，可以拆开。因为这个缘故，又衍生了一门学问：测字。"测"有"推测"之意，为占法之一种。任举一字，触机附会，以判吉凶。著名的例子俯拾即是，现在举一个例子：

乾隆甲戌，纪晓岚殿试后，尚未传胪，在董文恪公家，偶遇一浙士，能测字。纪晓岚书一“墨”字，浙士曰：“龙头竟不属君矣！‘里’字折之为‘二甲’，下为四点，其二甲第四乎？然必入翰林。四点‘庶’字脚，‘土’‘吉’字头，是庶吉士矣！”后来果然应验。

测字有些时候属于巧合，不值一驳，有些时候也难以解释，无法下断言。不管怎样，它使汉字蒙上了神秘色彩，能激发人的兴趣，使人们更乐于学习汉字，了解博大精深的中华文化。

第十二节 相声、小品与段子

有人提出这样一个问题：中国“历史上有唐诗、宋词、元曲值得国人自豪，那我们当代有什么？”这个问题很棘手，但相声、小品、段子可能是备选项。这些娱乐节目中涌现了许多名人和金句。在相声《粉丝》中，姜昆和戴志诚谈到了语言的今夕变化：

三十年前，人能吃粉丝。现在，粉丝能把人吃了。三十年前说“性感”，是贬义词，现在则是褒义词。三十年前叫“深入”，现在叫作“零距离”。三十年前叫“瘦弱”，现在叫作“骨感”。三十年前叫“减肥”，现在叫作“瘦身”。三十年前叫“半老徐娘”，现在叫作“资深美人”。

作为雅俗共赏的艺术形式，相声陪伴许多人度过了愉快时光，功不可没。相声大师马三立、侯宝林、马季等成为家喻户晓的明星。比相声风头更劲的艺术形式是小品。赵丽蓉有名句：“卖布的有布托，卖袜子的有袜托，卖鞋有鞋托，我，就是那饭托。”黄宏出道早，留下的名言更多：“过去叫老妈，现在叫妈咪；过去叫老爹，现在叫爹地；过去叫损招，现在叫创意。”“你真是德国汽车‘笨死’（奔驰）。移动电话，你得移动着接啊！”“春眠不觉晓，睡前不洗澡。夜来风雨声，天天闻臭脚。”汉语中，“没有什么可说的”意义等同于“太好了”。在与朱时茂的表演中，陈佩斯的困难在于他无法说出“没有什么可说的。”姜昆关于“白痴”的解释让人印象深刻：“我到朋友家吃饭，我就是白吃。朋友到我家吃饭，他就是白吃。”

段子是调剂生活不可缺少的内容。下面的段子名字是《眼拙》：

在办公室接待应聘者。拿着登记表，瞅了好久，小心地问："木棍？你叫木棍？"求职者面无表情地回答："我叫林昆！"

相声、小品、段子如同调味品，使人们的生活更有滋味。应该注意的是，创作的路子应该更宽一点，视野更广阔一点，格调更高雅一点。

第十三节　口误

人非圣贤，孰能无过？有时候，人一着急，就会发生口误。故事《来什么人》是一个典型例子：

家里办喜事，客人来了，送上红包。我接过红包，紧紧握住客人的手："哎呀，红包拿了就行了嘛，还来什么人哪！"

第二个故事是《邀约》，同样是一个有趣的口误：

想约一个女生出来玩，于是打电话之前努力酝酿，想说"阿姨，您好！○○○在家吗？我想叫她出来玩。"没想到电话打通后，是男主人接的电话。当时脑子一乱，脱口而出道："叔叔，您好！阿姨在家吗？我想叫她出来玩。"

弗洛伊德研究认为，口误表达了人最深层的无意识的愿望。有些事实确实能够佐证这一点。对于口误，如果不放过，而是细致研究，会出现很有意义的结果。

第十四节　脑筋急转弯

一些学生对于学习没有兴趣，对于脑筋急转弯则兴趣盎然，非常擅长。这显示了脑筋急转弯自身特有的魅力。下面是两个例子：

例一：儿子："金克木，木克土，土克水，水克火，火克金，什么克风？"爸爸："……"儿子："麦克风！"

例二：问："怎样能让麻雀安静下来？"答："压一下。因为有成语'鸦（压）鹊雀无声'。"

不要小看了脑筋急转弯，认为它是雕虫小技。实际上，它训练了人的逆向思维，活跃了人的性情，激发人们大胆创新，独辟蹊径。如果运用得好，可以改善人际关系，激发成就感。

第十五节 俏皮话

通俗地讲，俏皮话是表达巧妙让人难以忘记的话语。现代社会，恐怕人人都能够说几句俏皮话。例如：“经常贴着玻璃的两种生物——壁虎和班主任。”“要讲究，不要将就。”“人生最好的三种状态——不期而遇，不言而喻，不治而愈。”许多杂志，包括《读者》《青年文摘》《爱你》《特别关注》《格言》等，会刊登一些俏皮话，很受欢迎。俏皮话重在新鲜的视角、深刻的洞察、巧妙的表达。平时话语中适当加入俏皮话，文章中适当引用俏皮话，可以增添个人魅力，有助于改善人际关系。

语言游戏还有许多表现形式，纷繁复杂，绚丽多彩。本书附录中有各个类型语言游戏的更多例句。在各个平台上，语言游戏上演了一出有声有色、波澜壮阔的语言游戏大合唱。

第二章　游戏展开的平台

种下梧桐树，才能引来金凤凰。语言游戏要想展开，需要一定的平台。

第一，标点层面。标点符号可以成为游戏的素材。汉语标点符号好像不重要，但关键时刻极端重要。故事《两可字据》中，雇主和雇员立下了字据："无米面，也可；无鸡鸭，也可；无鱼肉，也可；无银钱，也可！"字据的内容也可以读作"无米，面也可；无鸡，鸭也可；无鱼，肉也可；无银，钱也可！"故事说明，合同中的文字一定要意义清晰，包括标点符号之内的要素一定要精确到位，否则各方就会做出不同的解释，甚至产生争执。

忽视标点符号有时会带来微小的不便。例如，某人某日内急，遂进入一家豪华酒店卫生间小便。一看，发现上面写了几个大字："不要用坏了！"他心中轻笑，自信素质较高，不会损坏卫生设施。事毕，便池自动感应，开始喷水，水量很大，湿了他一身。此人恍然大悟：提示语忘了添加一个叹号。应该是："不要用！坏了！"

某患者也曾遭遇标点符号的尴尬。一次就医后，医生写了医嘱："不适时就医。"患者问医生："生病的原因是没有适时就医吗？"医生纠正说："应该这样念：不适时，就医！"患者醍醐灌顶的同时，也衷心希望这类误解越少越好。

第二，在音调层面，汉语有四个音调（阴平、阳平、上声、去声），因此意义大为丰富。音调可以成为游戏的基础。试看小故事《美食家》：

老师问："汉语中有哪些四字短语的读音分别是一、二、三、四声？"小明起身回答："干炸土豆、孜然烤肉、椒盐烤肉、茭白炒肉。"老师说道："没想到，你还这么细心……"

故事《数学真奇妙》也有音调游戏：

甲："最近我深入地研究了微积分、线性代数和高等数学。"乙："有什么新发现吗？"甲："微积分都是第一声，线性代数都是第四声，高等数学四声都有。数学真是好奇妙啊！"

第三，偏旁部首层面。古人把左右结构的合体字的左方称为偏，右方称为旁。如今，合体字各单位的部件统称为偏旁部首。作为汉字的有机组成部分，它们有成为游戏的潜质。《字触》中有一个令人拍案叫绝的例子："寒则重重叠叠，热则四散分流。兄弟四人下縣，三人入州。在村里只在村里，在市头只在市头。"谜底为"字中一点（丶）"。

其他的偏旁部首游戏似乎也不逊色。下面的故事牵涉到同一偏旁部首：

爸爸问："'波涛汹涌'四个字的偏旁都一样。悠悠，你能举个相似的例子吗？"悠悠答："馅饼馄饨？"爸爸问："能再举一个吗？"悠悠说："玩玻璃球。"爸爸说："不好。"悠悠又说："那……'没法洗澡'？"爸爸问："能不能说一个更多字的？"悠悠说："哈哈哈哈哈哈哈哈……"

也有偏旁部首不同，但内在逻辑统一的例子。例如，朋友是个美食家。一次老师在黑板上写下"烟锁池塘柳"，求下联，要求是偏旁必须含有"金木水火土"。朋友马上站起来答道："深圳铁板烧。"看来，生活中处处留心皆学问。

偏旁部首游戏还可以形成游戏的连环：

力对办说："牛啥呀，有钱就拎俩包出来晃荡呀？"令对今说："别忙着追别人啦，鞋都掉了！"胃对胄说："快做手术吧，胃都穿孔了。"兵对丘说："踩地雷了吧，两条腿咋都没了？"

文学中有一个术语是"陌生化"。它将熟悉的司空见惯的物体陌生化，使审美者重新获得美感和享受。语言以拟人的形式，调侃汉字，将汉字陌生化，值得借鉴。如果将这种方法适当引入习字课堂，相信能收到理想效果。

第四，成语层面。中国许多成语包含文字游戏。"三豕渡河"便是一个例子。《吕氏春秋》记载：

子夏经过卫国，到晋国去。有个读史书的人说："晋军三豕过黄河。"子夏说："不对，是'己亥过黄河'。'己'字与'三'字字形相近，'豕'字和'亥'字相似。"到了晋国探问此事，果然是晋国军队在己亥那天渡过黄河。

另一个例子是“郢书燕说”。楚国首都郢都有个人夜晚给燕国宰相写信。因为灯火不够亮，于是对拿蜡烛的人说：“举烛（把蜡烛举高）。”他一边说，一边不由自主地把“举烛”写到信上。燕国宰相阅读书信后高兴地说：“‘举烛’的意思是崇尚光明。崇尚光明的意思是举荐贤能，并任用他们。”燕国宰相告诉国王，国王非常高兴，国家得到很好的治理。虽然国家得到了治理，但这并不是书信原来的意思。

其他类似的成语还有“喜上眉梢”等。喜上眉梢既表示人逢喜事精神爽，又可以用喜鹊落在梅花枝头的吉祥图案表达。作为中华文化沉淀下来的精华，这些含有语言游戏的成语弥足珍贵。

第五，句子层面。句子层面信息量大，很容易形成语言游戏。从小学生造句的作业中，可以轻松找到例句：

造句题目一：马上。小学生答案：我骑在马上。造句题目二：难过。小学生答案：我家门前有条水沟，很难过。造句题目三：吃香。小学生答案：我很喜欢吃香蕉。

句子层面之上还有段落层面的语言游戏。有时候，整篇文章都可以形成语言游戏。思维和语言相互作用，决定了人的性格。幽默的汉语，铸就了国人乐观向上的气质和禀赋。

第三章 词类

汉语词汇几乎各个词类都可以形成语言游戏。

第一，名词。名词中有专有名词，包括人名、地名、刊物名和官职名。

首先是人名。有网友说："每天下班后，我都会在街上看到三位韩国明星——车太多、车太堵和车太慢。"这句话用虚拟的韩国明星名字来调侃路上交通堵塞，十分传神。关于人名，不能不说到"字如其人"。一般认为，字指的是一个人写的字。但是，"字如其人"实际上指的是古代一个人名字中的字。字与本名意义有联系，下面分别做介绍。

1. 字和名意义相同，是并列关系。如：颜回，字子渊。渊，回水也，意思相同。宰予，字子我。予，我也，意思相同。如果不知道这个常识，会闹笑话。《笑林广记》载有这样一则故事：

里人有刘德臣者，虽好学，但不通义理，惟务妄辩。常对人言："班固好文章，因何不入《文选》？"人曰："《两都赋》《燕然山铭》，皆固文也，何为无之？"德臣曰："此是班孟坚文章，非班固也。"人默然笑之。不知孟坚乃固也。

2. 意义相近，即字和名意思相近，可以互为辅助。如：李渔，字笠翁。渔翁常戴蓑笠。陈琳，字孔璋。琳、璋都是玉石制品。此外，还有一例：

米芾挑女婿有"洁癖"。上门求婚的人里面，有一个南京人叫段拂，字去尘。米芾一看就高兴了：已经拂过了，还要再去一下尘，绝对干净，这真是称心如意，就把女儿嫁给了这个人。

3. 意义相反，即字和名意思正相反，如：曾点，字皙。点为黑污，皙为白色。朱熹，字元晦。熹是天亮，晦是黑夜，正好相反。

4. 意义相顺，即字与名往往出自一句话中，意思相顺，而且字为名的意思作补充解释或修饰。如：赵云，字子龙。《周易》说："云从龙，风从虎。"于谦，字廷益。《尚书》说："谦受益。"谦是前提条件，益是谦的结果。

英国作家王尔德曾写过喜剧《认真的重要性》。剧中，两个女孩都发誓嫁给名叫厄内斯特的人。这说明了名字的极端重要性。在中国古代，因名取巧的事例也很多。唐睿宗景云三年，录取的状元常无名不是因为才华出众，而是因为有个好名字。唐代的皇帝姓李，与道教所尊奉的始祖老子同姓。《道德经》有名句："道可道，非常道。名可名，非常名。无名，天地之始；有名，万物之母。"无名这个名字很特别，因而一下子被主考官看中，成了状元。

洪武十八年廷试前一天，朱元璋梦到殿前有一巨钉，钉住白丝，在日光下飘扬。廷试后，首卷是花纶。不久，皇帝看到了丁顯的卷子，姓名与梦中相符。而且"顯"字是"日"下双"丝"，于是升丁顯为状元。

明永乐二十二年殿试，原拟第一名是孙曰恭。当大臣把写好的名单呈朱棣过目时，皇帝一看直摇头。古人直行书写，"曰"与"恭"连起来看像"暴"字。因为朱棣是采取暴力手段从侄儿朱允炆手里篡夺的帝位，所以对"暴"字特别敏感。而第三名邢宽的名字隐含着"刑政宽和"的意思。最后大臣按皇上的意思，将邢宽点为状元。

明英宗天顺四年的状元本是祁顺。不幸的是，祁顺与英宗的名字祁镇相近，唱名多所不便，于是状元就换成了王一夔。清顺治十二年殿试，阅卷大臣拟定的状元是太仓人王揆。唱名的时候，顺治却因王揆名字的读音想起了《王魁负桂英》这部流传极广的戏剧。由于这个联想，无辜的王揆从状元被抑为榜眼。乾隆五十四年的殿试，乾隆帝审看前十名试卷，看到胡长龄的名字。乾隆帝这时已经79岁，正盼望长龄，因此借胡长龄名字的吉祥，钦定他为状元。同治七年科考，江苏人王国钧被初定为一甲，后因其名字与"亡国君"的谐音，慈禧太后听到这个名字后甚是不悦，王国钧遂被抑为三甲。刘春霖是中国历史上最后一个状元，但他状元及第实属偶然。殿试后，主考官把排好名次的试卷上呈给慈禧太后钦定。慈禧看到第一名是朱汝珍。"珍"字让慈禧想起支持光绪皇帝改良的珍妃。而朱汝珍是广东人，更使慈禧恼火。紧接着，慈禧又看到了"刘春霖"的名字，喜上眉梢。原来，这一年大旱，慈禧联想到"春霖"即春风化雨。而刘春霖籍贯直隶肃宁，这个地名符合她的心愿，于是点刘春霖为状元。

有让人交好运的名字，也有让人疑惑不解甚至捧腹大笑的名字。一般认为，下面的名字让人尴尬，应该避免："刘产（流产）、范剑（犯贱）、范统（饭桶）、夏建仁（下贱人）、朱逸群（猪一群）、秦寿生（禽兽生）、庞光（膀胱）。"不过，吉人自有天相，有些名字听起来难听，也可能是好名字。因此，不要轻易嘲笑他人，以免最终自己被他人笑话。

其次是地名。旧社会老百姓文化水平普遍不高，大多靠口头流传地名，有些地名不能登大雅之堂。时代进步了，如果地名不好听，也要想办法改进。用谐音改动旧地名是个办法。用"以香盖臭"的原则，是极为成功的举措，例如北京的地名更改："母猪"胡同被改为"墨竹"胡同，"裤裆"胡同被改为"库藏"胡同，"狗尾巴"胡同被改为"高义伯"胡同，"焖葫芦罐"被改为"蒙福禄馆"，"屎克郎"胡同被改为"时刻亮"胡同，"大脚""小脚"胡同被改为"达教""晓教"胡同，"张秃子"胡同被改为"长图治"胡同，"吊打"胡同被改为"孝达"胡同。

再次是刊物名。关于刊名特色，《读者》2014年第2期写道："昨天编辑部聊天，发现文学杂志体现了农业文明的特色。如：芒种、萌芽、清明、雨花、芳草、芙蓉、啄木鸟、十月、收获，听起来都像农业部下属单位；花城、钟山、鸭绿江、莲池、滇池、黄土地、百花洲、江南、长城、绿洲等，则像旅游局下属部门。"

最后是官职名。《铁齿铜牙纪晓岚》中，纪晓岚与和珅同时在朝为官，纪晓岚任侍郎，和珅为尚书。一次，两人一起喝酒，和珅指着一条狗问："是狼？是狗？"意思是"侍郎是狗"。纪晓岚不动声色地回答："上竖是狗，垂尾是狼。"巧妙回答使他完美地反击了和珅的进攻。还有《狼不如狮》的例子。石中立担任宋朝某部的员外郎。一天，他和朋友到御花园看狮子。一个朋友感慨地说："这只狮子，皇宫还每天喂它几斤肉吃。我们这些做官的，怕远远不及它哩！"石中立说："当然，我们都是'园外狼'（员外郎），怎能比得上园内狮呢？"古代官职名比较复杂。运用谐音，是记住纷繁复杂的官职名的好方法。

第二，动词。《读者》2016年第7期刊登了幽默一则故事《哪里剪的》：

一个老头搭讪一个老太太："你这个发型真好看，在哪里剪的？"老太太瞬间扯下她的头发说："你的才是捡的，我这是买的！"

整个故事依赖动词"剪"和"捡"的同音关系。

第三，形容词。形容词也能形成双关语。如《读者》（校园版）2017年第6期的文章《金箍棒在哪里》：

悟空问八戒："我的金箍棒在哪里？"八戒想了想说："呃，你的金箍，棒就棒在很配你的发型。"

"棒"本来是名词，在这个故事中被误解为形容词使用。

第四，助词。有一个谜语，谜面是："李去了木，是什么？打一字。"一般认为答案是"子"。实际上，这不是出题人的本意。正确答案是"一"。谜面的另一个意思是"李"去了"了"又去"木"之后，是什么？谜底是"一"。"了"本来作为助词，表示动作或变化的完结，例如"这个小组受到了表扬"。谜语中，它指的是组成"李"字的"了"。

第五，副词。有这样一道地理填空题："中国的煤都是（），中国的铁都是（）。"正确答案分别是辽宁抚顺和鞍山。有考生回答："中国的煤都是（黑的），中国的铁都是（硬的）。"显然，考生将名词"都"看成了副词"都"。还有一个有趣的故事《老大》，也能说明副词的活用：

上学的时候，有一次，要临时借一间教室开班会。当时，有间教室里坐了很多人在考研自习。我跟大家解释了一下，但没人理我，我就灰溜溜地走了出去。同行的朋友问我情况如何，我说："里面的人老大不乐意，都没人听我说话。"他说："你先别急，要不我进去跟里面的老大好好说说，看行不行。"然后，他自言自语地说："现在考研怎么还分帮派呢？"

故事中，"老大"既可以作为名词"首领"，也可以作为副词"非常"。

第六，数词。数词的语言游戏也非常丰富多彩。北宋理学家邵雍曾写下计数启蒙诗："一去二三里，烟村四五家。亭台六七座，八九十枝花。"诗歌浅显易懂，意境深远，是诗中精品。有一个播音稿原文是"两歹徒打伤我110干警后逃窜"。播音员将其读成"两歹徒打伤我一百一十名干警后逃窜"。这种故事属于黑色幽默。

值得注意的是，数字游戏也被犯罪分子恶意利用。中央电视台《一线》

栏目曾经播出一期节目。节目中，男性骗子伪装成漂亮女主播和男网友交往。前几天，不提钱的事情，专门培养感情。时机成熟后开始索要生日礼物。骗子设计的骗局很巧妙。“她”说，“她”的闺蜜过生日时，通过微信收到了许多礼金。“她”也希望得到收取礼金的截图，以便向闺蜜炫耀。“她”说自己绝对不会收取男网友给的礼金。按照常理，这些钱一天后如果没有人领取，就会退回到付款人账户，所以男网友不会有任何经济损失。“她”索要了吉祥数字520元，并层层加码到1314元（一生一世）和3344元（生生世世）。男网友以为第二天自己会重新得到这些钱，于是放心发钱。孰料夜深人静之时，这些钱被收取，悉数进了骗子囊中。此后在警察的努力下，骗子被绳之以法。

凡事都有两重性。1314不只可以被理解为“一生一世”，它还可以被解释为“一伤一死”。故事中，男网友和骗子两败俱伤。针对骗子设计的恶意语言游戏，善良的人们应该提高警惕。这是语言游戏教给人们最基本的智慧。

第七，量词。量词也可以促成语言游戏。例如：

问：汉语中量词有什么重要性？

答：“有一腿”和“有一条腿”一样吗？

故事《省略》也是适例：

语文课上老师问道：“量词有时不能随便省略。哪位同学能举个例子？”小强马上抢答：“比如‘他给我一支枪’。如果省略掉量词‘支’，那我的命运就不一样了。”

第八，拟声词。拟声词也可以形成语言游戏。消防车奔走的声音可以模拟为“火火火”，救护车的声音可以模拟为病人的“哎哟哎哟”。母鸡下蛋后，咯咯哒的声音可以说是在吹嘘“各个大”。

第九，连词。连词的语言游戏在学生习作中体现得较为明显。某教师出了一道连词填空题：“他（ ）牺牲生命，（ ）背叛朋友。”有人填“宁可，也不”（这是参考答案），有人填写“害怕，所以”，也有人填写“与其，不如”，更有人填写“白白，忘了”，还有人填写“大舅，二舅”。

第十，代词。代词包括人称代词，可以形成语言游戏。《振振有词》中，“你”一语双关：

法官：“为什么拾到这样贵重的戒指不交给警察，或者交给失物招领处呢？”被告：“我倒是有这个念头，法官先生。可是当我看到戒指上刻的那句话时，便把这个念头打消了。”法官：“是句什么话？”被告：“永远属于你。”

《戒掉》中，人称代词是“它”：

“我读过许多有关喝酒、抽烟有害的书，最终决定戒掉它。”“你到底戒掉了什么？酒，还是烟？”“不，是读书。”

语言游戏不专属于现代词类，古代发语词“夫”也有语言游戏的特征。如《笑林广记》中的故事《退束脩》：

一师学浅，善读别字。主人恶之，与师约，每读一别字，除脩一分。至岁终，退除将尽，止余银三分，封送之。师怒曰：“是何言兴，是何言兴！”主人曰：“如今再扣二分，存银一分矣。”东家母在旁曰：“一年辛苦，半除也罢。”先生近前作谢曰：“夫人不言，言必有中。”主人曰：“恰好连这一分，干净拿进去。”

语言游戏纷繁复杂，像河流一样，有浅滩，有深潭，有湍流，让人欢喜也让人忧愁。语言游戏本身没有褒贬，只是不同的使用者将语言游戏用于不同目的。如果读者能了解语言游戏，就可以驯服这匹“烈马”，利用好语言游戏，发挥好它的潜能，趋利避害，为自己的言谈和作品增光添彩。

第四章　领域

语言游戏不仅进入了各个词类，还渗透进了各个社会领域，从不同社会分支中得到滋养。

就政治而言，语言游戏是说话人达到目的的利器。丁宝桢斩安德海可谓一个经典案例。直隶人安德海入宫后，人称“小安子”。同治初，安德海因受慈禧太后宠幸，渐干国政。同治八年秋，奉慈禧太后命往南方采办宫中用物。到了山东德州，安德海呵斥官吏，索求无厌。其在舟中，招摇震炫，两岸观者如堵。山东巡抚丁宝桢以“宦竖私出，非制。且大臣未闻有命，必诈无疑”将其拘捕上奏，随即诛于济南。据说，安德海曾求皇帝御书，皇帝写了“女”字给他。“女”是“安”字无头，不是好的预兆。安德海不知道报应到来得如此迅速。

军事方面也有语言游戏。唐先宗命丞相晋国公裴度率兵去攻打吴元济。裴度到了淮西，就命令深挖护城池工事。挖掘时，得到一块石头，上面雕刻有铭文：“井底一竿竹，竹色深绿绿。鸡未肥，酒未熟，障车儿郎且须缩。”一名兵卒祝贺裴度道：“石铭是个吉兆。‘井底一竿竹，竹色深绿绿’表示吴元济由一个无名小卒，到后来拥有十万兵卒，成为一方统帅。‘鸡未肥’表示没有肉。如果把‘肥’字去掉肉，就是‘己’字。‘酒未熟’表示没有水。如果把‘酒’字去掉‘水’，就是‘酉’字。‘障车儿郎’表示兵革之士，‘且须缩’是说应该退守在自己的驻地，己酉日才可攻克淮西。”裴度听后大喜。同年十月，李愬率兵攻入淮西，生擒吴元济，尽除谋反者。裴度于是把攻克日与铭文核对，果然是己酉日。

笔者读中学时，在语文课上学过《李愬雪夜入蔡州》，也曾读过页脚的注解，做过课后的习题，但从来没有发现上面事件的记录。可能教材编写者认为这不重要，或者认为这是封建糟粕。当时，学校没有图书馆，也没有课外读物补充课本内容，上面的故事无从获得。实际上，这样的资料十分有趣，笔者迟了十几年才看到与课文有关的重要事件，虽然有点晚，但还是大慰平生。许多学生厌学，与教材枯燥有一定关系。教材编写者应考虑到中学生兴趣广泛的特点，在教材中增加趣味性的比例，吸引住学生，用教材占领学生头脑这块阵地。

数学中有语言游戏。下面的故事《阴影面积》涉及数学：

老师："一个人走路时不小心被蛇咬了，从此心中留下了阴影，请问他现在最怕的事是什么？"小明："求阴影部分面积！"

这个滑稽故事说明数学中求阴影部分面积之难。启发学生求阴影部分面积固然不易，但学生只要掌握了方法，就可以轻松得出答案，既在考场得分，又增加了自信，消除了心中阴影。如果数学教师能掌握授课艺术，辅之以幽默故事，就可以活跃课堂气氛，引起学生学习兴趣，调动学生学习积极性。例如可以用"山巅一寺一壶酒"来记忆 π 数值3.14159。

地理中有语言游戏。将枯燥的地点用故事串联起来，是记忆的好方法。实际上，在世界记忆大赛中获奖的冠军也使用这种方法。这个技巧在马季、唐杰中合作呈现的一个相声节目中被完美运用。马季说自己在报纸上发表了一篇文章。文章用世界各个国家和地方的名称，介绍了一段出国经历。

看望了住在冰岛的夏威姨。冰岛冷，穿了一件喜马拉雅衫。裤子是毛里球丝的巴裤。为了保护两只尼泊耳，头上戴着乌克兰式的巴氏帽。下了飞机，找了一艘阿根艇。下了船，骑巴拿马。下了马，到了北海道，走了一段奥斯陆，绕了很多新加坡，到了广岛。广岛左边永定河，右边尼罗河，前边洞庭湖，后边是珠江。水里边有种奇怪的东西叫爪哇，发出"古巴，古巴"的叫声。听了让人害怕，就拼命往前跑。突然发现前边儿有一村庄，名叫柬埔寨。前边还有一个城堡，名叫卢森堡。两边一间一间的房子全是名古屋。地上铺的是比利石，上面还盖了一层巴基斯毯。一根根柱子是克里木，墙上抹的是安徽，房顶上五颜六色是日内瓦，波士墩上还有一个凡蒂缸。凡蒂缸装着花，花名是荷兰。姨妈是一个资本家，经营洪都拉丝。前去敲姨妈的也门，几个表妹先出来迎接。几个表妹分别叫英格兰、波兰、米兰、北爱尔兰。几个表哥也出来了，他们的名字分别是墨西哥、芝加哥、多巴哥、墨罗哥。主人用当地的方式表示热烈欢迎。妹妹敲起了开锣，哥哥吹起了好望角，姨妈打起了曼鼓，宾主一起唱起了圣地亚歌。忽然停电了，眼前一片慕尼黑。妹妹赶紧拿来希腊和苏门达蜡。点着以后，看见一片仰光。屋里面摆着许多水果。第一盘是刚果。拿起来一咬，咯着西班牙。第二盘是巴黎，味道非常黎巴嫩。又给客人端了一盘当地的特产尼加拉瓜。瓜太甜了，顺着嘴角往外流秘鲁。到餐厅吃饭。主人准备了几道菜：一个香酥洛衫鸡，一个清蒸斯得哥尔蘑，一盘乌拉龟，一盘虾仁炒约旦。后来又吃饺子。十多个佛得饺，吃得肚子蒙鼓蒙鼓，伸着脖子打了几个布拉格。晚上，因为吃多了，睡不着觉。外边儿刮起了珠穆朗玛风。姨妈怕外甥冷，叫保姆拿被来。保姆是达雷丝撒拉姆。保姆给客人铺上了萨拉热窝，进去后感觉进了里约热内炉，不一会儿就出了一身阿富汗。因为肚子疼，还是睡不着。赶紧上厕所。跑到厕所，一拉澳门，里边儿有人。阿拉伯在里边儿。他说了一句结束相声的妙语："我出去，你再进来，咱俩伦敦吧（轮着蹲）。"

这个故事独辟蹊径，新颖有趣。看来，听相声，也可以学到地理知识。除了编故事学习地理知识外，也可以用替换的方法学习知识，如将某些无趣乏味的物品替换为形象鲜明、惹人喜爱的东西如香蕉、菠萝、小熊、宠物狗等，都可以收到奇效。另外，还可以介绍学生看《中国国家地理》等期刊，鼓励学生到各地旅游，都是学习的好方法。

读史可以明智，历史是最有趣的科目之一。但许多人并不这样认为。有一个故事说的是父亲埋怨儿子历史分数太低："我上学的时候历史成绩是优秀，你现在历史成绩徘徊在及格线。"儿子满腹委屈："你学历史时，历史比现在短好多。我要记忆的东西比你多。"实际上，学生学不好历史，可能与学习不得法、教法不能引人入胜、教材枯燥无味、相关的课外活动缺乏等因素有关。语言游戏对历史学的价值有目共睹。没有语言游戏的历史课不堪想象。《读者》（校园版）2011年第1期刊登了一则记忆方法："秦朝统一六国的顺序可以记为'喊赵薇去演戏（韩赵魏楚燕齐）'！"

商业方面的双关语成泛滥之势，一个著名的例子是"家是放心的地方"。"放心"双关，既指楼房质量让人放心，也指家是人心灵休憩的港湾。这是深圳一个楼盘征集的广告语中的第一名。据说，撰写这条广告的作者因此得到了一套住房。此外，企业和公司为了推销自己的商品，绞尽脑汁想出了许多广告语。下面是一些常见的例子：

帽子公司：衣帽取人。饺子铺：无所不包。当铺：当之无愧。胆舒胶囊：大石化小，小石化了。赛马或摩托车：骑乐无穷。胃药：一步到胃、无胃不至。杀蚊剂：默默无蚊。洗衣机：闲妻良母。服装：衣名惊人、衣衣不舍。痔疮药：有痔不在年高。空调：智者见质。止咳药：咳不容缓。化妆品：趁早下斑，请勿痘留。牙膏：牙口无炎。酒类：天尝地酒、有口皆杯。酒店：食全食美。快餐店：烧胜一筹。三维动画系统：触幕惊新。石灰厂：白手起家。长途电话：千里音缘一线牵。电熨斗：百衣百顺。打印机：不打不相识。眼病治疗仪：一明惊人。热水器：随心所浴。饮品：饮以为荣。音响公司：一呼四应、声东击西、不同凡享。箭牌口香糖：一箭如故、一箭钟情。月季花油：肴肴领鲜。帽子：清凉一夏。月饼：盒情盒理。烧鸡店：鸡不可失。皮鞋：别具一革。减肥药：轻松享瘦。

广告语利用谐音，篡改了许多成语原来的意义，这让人喜忧参半，其影响是好是坏不是一下可以断言。好的一面是它们生动传神，一针见血，让人过目不忘。不好的一面是它们在语言的“上游”污染了文化的“水源”。例如，对于正处于可塑性较强时期的小学生来说，这些广告语在各种媒体上狂轰滥炸，学生可能先入为主，只记住了广告语，而不知道字典上的正确的成语或习语，会对以后的学习产生严重的干扰。日后，教师或家长需要付出九牛二虎之力进行纠正。

医学与语言游戏有亲缘关系，特别是药名。中药药名是语言游戏的重点，有这样一副对联：“栀（稚）子牵牛犁熟地，灵芝背母入常山。”

娱乐也涉及语言游戏。几十年前出品的中国电影《死去活来》充满了滑稽的模糊语言。音乐方面也有双关语。《读者》2017年第9期刊登了幽默故事《破坏》：

工作了一天，很累，想好好休息一下，可楼下的孩子一直在唱《鲁冰花》，吵得睡不着。于是每当他唱到“天上的星星”的时候，我就及时地大吼一句：“参北斗啊！”这孩子最后直接找不着调了。

另一个语言游戏故事也与音乐有关。《读者》（校园版）2015年第12期有一个故事《那是什么？》：

初三的时候，班主任教语文，直接把办公地点换到教室最后一排靠门的角落，便于监督同学。有一次，上化学课，老师问："钠是什么？"大家默不作答。老师又大声问："钠是什么？"就在这时，班主任的手机在角落响了起来："那是一条神奇的天路。"沉默了两秒后，全班大笑。

"那是一条神奇的天路"是流行歌曲中的一句，更多歌词为："那是一条神奇的天路，把人间的温暖送到边疆，从此山不再高，路不再漫长，各族儿女欢聚一堂。"天路指的是青藏铁路。据说词作者来到青藏铁路采风的时候，听到当地居民称铁路为天路，便以此为灵感进行了歌曲创作。

化学课堂上也可以使用谐音，取得事半功倍的效果。例如，元素周期表中的钾、钠、钙、镁、铝、锌、铁、锡、铅、氢、铜、汞、银、铂、金。如果太难背诵，教师可以介绍一个发音近似的口诀："加拿大美女一点也不轻，通共一百斤"，让记忆更加轻松。

语言游戏无处不在。最不可能出现语言游戏的领域也有语言游戏。央视天气预报节目主持人曾播报："云中藏不住云雨事，雪里埋不住雪花银。官易头热，民易心寒。怕云乱翻，怕官太贪。"

之所有会有各个领域的语言游戏，是因为人类社会明确分工，各个行业之间差距越来越大，而行业内部研究范围越来越细小，越来越深入。同一行业的人见面，互相能够沟通理解。不同行业的人见面，"三句话不离本行"，让门外汉听来难以理解，这也是语言游戏产生的温床。

第五章　生成机制

语言游戏有其固有生成机制。如果用二元对立来表达，可以分为二十多类。这样的分类可能不尽科学，也可能挂一漏万，但便于展开议论。下面分别阐述。

第一节　能指和所指

语言学中，有能指和所指。能指指一个词语，而所指则代表该词语表现的事物和概念。为指代清楚准确起见，能指和所指一般呈现一对一关系。这种安排一般来说是可行的。因为能指和所指的清晰指代，政治、军事、教育、商业等各个领域的活动有条不紊地进行。但是，有时候这种一一对应也会遇到障碍。最根本的原因是，人类社会中事物和概念无限，而音素、音节、单词有限。有时，人们被迫用相同和相似的发音来指代事物或概念，因此产生了不同事物用同一发音表达这一现象，例如“gong ren”的读音可以代表下列概念：工人、供人、供认、公认、宫人。这样一对多的关系虽然有四声可以帮助辨别字意，但有时候难免会造成混乱。即使一对二的关系有时也会产生误解。笔者听说过下面的事情。一次，一个同事被评为优秀班主任，他需要向学校提供相关证明。学工办的教师让他准备“zhi cheng”材料。他以为是“职称”材料，有点意外。后来，才知道对方的意思是“支撑”材料。2019年9月9日中央电视台《一线》栏目《一个打火机》中，一对夫妇被杀。据现场居民回忆，这对夫妇生前说是收购毛皮。警方一时也弄不清楚是收购“毛皮”，还是“猫皮”。后来，事情水落石出，是前者而不是后者。试看另一个故事《按号》：

一位大爷去银行取钱。他直接走到窗口。这时，保安过来说："大爷，按号。"大爷心想："取个钱还要暗号。"于是低声对保安说："天王盖地虎。"保安无奈地帮老爷子按出一张排队票。只听大爷自语："居然被我蒙对了！"

有时候，汉语牵涉到的问题更为复杂：同一个读音代表的概念很难区分（例如"期中"和"期终"），或者恰好相反（"致癌"和"治癌"；"全部通过"和"全不通过"），有点让人无所适从。在这种场合，只能依靠语境，让对方说得更具体详细一点。如果能指即是所指，也会产生滑稽情景：

一学生问先生曰："'屎'字如何写？"师一时忘却，不能回答，沉吟片刻曰："咦，方才在口头，如何再说不出。"

这个故事有其现代版本：

初中文艺晚会进入抢答题环节，女主持说："大家注意了，不要抢得太快。等我说完'开始'再举手。"然后开始念题目："现在开……"这时候，一个选手抢答了。主持人说："这位同学太着急了一点。'始'（屎）还在我嘴里，你怎么就抢了？！"

故事中，能指和所指合二为 ，产生了幽默因素。

第二节　缩略与完整

可以说，许多误解和笑话都来自"不"适当的缩略。李金斗和陈涌泉的一个著名相声中，负责为众人安排客房的服务员认为念全称太费劲（例如：中华人民共和国法制工业部丝绸进出口总公司浙江省分公司驻杭州市对外贸易部副经理兼公关部主任石在常先生），于是开始了高度概括的省略：北重（北京重型机械厂）、鞍钢（鞍山钢铁公司）和珠影（珠江电影制片厂）。这些省略还说得过去，后来就不像话了：怀孕（淮来运输公司）、怀胎（淮来轮胎厂）、铁锅（铁岭锅炉厂）、龙屉（龙口床屉厂）、包子（包头子母扣厂）、上厕所（上海测绘研究所）、开刀（开封刀具厂）、开膛（开滦搪瓷厂）、自杀（自贡杀虫剂厂）、上吊（上海吊车厂）和三叔（三联书店）。看一下故事《水太少》：

舅舅来做客，妈妈让我给舅舅倒茶。我端着杯子往舅舅手里递，不小心把水洒在了舅舅的裤子上。给舅舅道歉后，妈妈说水太少，让我再倒点儿。然后，我把剩下的半杯水也倒在了舅舅的裤子上。

故事中，妈妈让儿子向杯子里续水，被误解为向裤子上倒水。可以说，如果两个人达成的共识越多，共同理解的前提条件越多，就越不会产生误解。还有一个例子：

考试后，老师发试卷，给一个女生多发了一张。她马上高呼："老师，我有了，我有了。"旁边的男生说道："是我的，是我的。"全班侧目。

事实证明，不重视缩略，对其不敏感，会产生严重误解和不快。有两类人可以作为例子：

1. 电影院的保洁大姐才是处于鄙视链顶端的存在。无论是谁，什么身份，有多少钱，当电影结束时，她都会站在电影院门口，对观众说："来！垃圾！"

2. 看僵尸电影，感觉僵尸好恐怖。但想了想，还是没有食堂大妈恐怖。食堂大妈总是说："你要吃哪个同学？你看，后面这么多同学等着，你到底要吃哪个？"

对语言没有任何思考，脱口而出的人，即使说了双关语，自己也浑然不知。如果多一点思考，就能少出一点笑话。

第三节　本原与戏仿

戏仿古今中外普遍存在，不经意间就会碰到。戏仿的好处在于比较省力，很容易辨认，滑稽效果较好。有戏仿孔夫子名句的例子《点赞》：

回家过年，发现父母都与时俱进了。母亲往年过年训斥我，总是说我不帮她干活。今年是这么说的："我和你姨妈的朋友圈每次发什么，你表妹都会去点赞，你从来不点赞……"我瞬间很惭愧。这是新时代的标准："不孝有三，不赞为大。"

类似的例子还有："向前一小步，文明一大步。""走别人的路，让别人无路可走。""是镜子总会反光！""风萧萧兮易水寒，欠了钱兮你要还！""世上本没有收费站。走的人多了，也便有了收费站。"

有些戏仿规模更大，超出了句子的层面，上升到戏仿整个段落。生物版《同桌的你》是一个例子：

明天你是否会想起，细胞的点点滴滴。明天你是否还惦记，曾经爱分子的你。那时候生化还很难，遗传课过得太慢。你总说你讨厌发育，而我却反感生理。谁当了老师留在这里，谁干了药品代理。谁把他的白大褂穿起，一辈子在实验室里。

除了歌曲的戏仿，还有诗歌的戏仿。唐代文学家韩愈创作过一首诗："荆山已去华山来，日出潼关四扇开。刺史莫辞迎候远，相公新破蔡州回。"后来，此诗被戏仿，用于描述一个败军之将丢了城池后失魂落魄回家。最后一句改为"相公新送蔡州回"，极尽讽刺之能事。戏仿将严肃变滑稽，是一种重要的幽默和讽刺手段。

第四节　中文与外语

中国实行改革开放政策后，国人开始学习更多外语。于是，因为汉语和外语的接触，也产生了许多语言游戏。一个中国代表团到了日本，发现工厂有标语"油断一秒，怪我一生"。一个代表感叹地说："好敬业啊！如果输油中断一秒，你就责怪我一辈子。"这是汉语和日语接触时产生的误解。实际上，这八个字的日文正确意思是："一点疏忽，就会造成终生的伤害。"

更多情况下，汉语和英语擦出了火花。故事《点歌》中，唐僧师徒四人来到一家客栈投宿。孙悟空看见老板娘拿着一面琵琶，开玩笑道："老板娘，给我们唱一曲助助兴？"唐僧怒不可遏，低声喝道："猴头，看你活腻了呀！"孙悟空转头对老板娘说道："听见没有？师父点歌了，《加利福尼亚旅馆》（Hotel California）。"唐僧骂孙悟空的话恰好和歌曲《加利福尼亚旅馆》发音相似，因此才会产生幽默。某银行的英文缩写为ICBC。有人将其误读为汉语拼音首字母"爱存不存"（你想存款就存款，不存款也无所谓）。

中文和英语的巧合实在太多。幽默故事《安慰》认为："女人难受时如何用一句话安慰？美国人一般这么说：'你需要哭出来，宝贝儿'（You need cry, dear）。中国人可以这么说：‘有你的快递！’发音基本相同，效果完全一样。”故事《会外语》中，一个老外游莱芜，遇一老太太逗猫，便上前问：“你在做什么？”老太太答：“鼓捣猫哩！（good morning）”老外很意外，连老人家都会外语！于是，赠老人巧克力。老太太以为是地瓜干，说：“俺莱芜有！（I love you）”老外很震惊！

学习能力有高下，有些学习者在学习英语过程中会遇到困难，只好寻找下策，采用注音的方法。下面为几个具体实例：怀孕（pregnant：扑来个男的）；救护车（ambulance：俺不能死）；肥胖的（ponderous：胖得要死）；害虫（pest：拍死它）；雄心（ambition：俺必胜）；羡慕（admire：我的妈呀）；危险的（dangerous：单脚拉屎）。当然，一些人眼中的下策也许是另外一些人眼中的上策。

中国人学习外语会碰到困难，外国人学习汉语也不轻松。故事《亚拉索》中，法国姑娘艾伦向美国小伙弗兰克炫耀：“你知道‘亚拉索’是什么吗？不知道吧？！我告诉你，‘亚拉索’，那就是青藏高原！”

意义上会造成困难，字形上也会形成障碍。下面的故事可以证明这一点：

某人看到两个法国人，一个可能是教汉语的老师，另一个应该是他的学生。老师高兴地指着中国日历对学生说：“雷锋。看，这两个字念‘雷锋’。这是雷锋纪念日。他在中国非常有名，因为他生前帮助过很多人。”说完两人高兴地走了。旁观者凑过去一看，发现日历上写的是“霜降”！

“霜降”被误认为“雷锋”。如果看到“佘芳”和“余芳”之类词形相近的汉语名字，估计困难更大。每个国家讲不同的语言，有利也有弊。游戏的纽带可以使不同语言有效交流。认识到这一点，采用适当方法，就可以互通有无，共同发展，实现多赢，将利益放大，将弊端减小，实现个人、社会和国家的目标。

第五节 普通话与方言

中国有许多方言。解读方言的难度不亚于解读外语。当方言遭遇普通话相遇时，也会有语言游戏。例如，新生正在军训，地方口音浓重的指导员在布置任务："一班杀鸡，二班偷蛋，我去给你们做稀饭。"同学们不解。指导员用手势比画了好半天，大家才明白他的意思："一班射击，二班投弹，我去给你们做示范。"

还有一个故事说明了普通话和东北话相遇后产生的乐趣：一南方人坐车到东北。下火车后，他问路边一大妈："车站附近有旅馆吗？"大妈答道："车站附近宾馆贼多。"此人闻听大惊，随即买车票返程。实际上，东北人口中的"贼"是"很"的意思。普通话要当普通话来理解，方言要当方言来理解。双方应加强交流，消除误解，避免自说自话。

第六节 文言语与口语

中国有几千年的文明，文言文承载了这些文明。文言文博大精深，与外语、方言难度不相伯仲。不懂文言文，会缺乏常识，有时能遭遇意想不到的困难。有一个故事，名叫《子守店》：

有呆子者，父出门，令其守店。忽有买货者至，问："尊翁有么？"答曰："无。"又问："尊堂有么？"亦曰："无。"父归知之，责其子曰："尊翁我也，尊堂汝母也，何得言无！"子懊怒曰："谁知你夫妇两人，都是要卖的！"

到什么山上唱什么歌。不合适地使用文言文，卖弄自己的学问，只能增加笑料，就像下面故事中的弟弟一样：

有兄弟经商，学得一二官话。将到家，兄往隔河出恭，命弟先往见其父。父问曰："汝兄何在？"弟曰："撒屎。"父惊曰："在何处杀死的？"答曰："河南。"父方悲恸而兄已至。父遂骂其次子："何得妄言如是？"曰："我自打官话耳。"父曰："这样官话，只好吓你亲爷罢了。"

该用文言文时用文言文，该用白话文用白话文，两者应有机结合，才能有好的效果。强行扭在一起，就成了"乔太守乱点鸳鸯谱"，不伦不类。例如，如果用"哦""呢"代替"之乎者也"的古文语气词，句子的风格突然就不一样了，请看："醉翁之意不在酒，在乎山水之间呢！""鱼，我所欲哦，熊掌，亦我所欲哦。二者不可得兼，舍鱼而取熊掌者呢！""今天下三分，益州疲敝，此诚危急存亡之秋了呢！"

使用文言文和白话文时应讲究时间、场合、对象，这样才能成为一个有文化、有内涵的公民。

第七节 繁体字与简体字

中国大陆使用简体字，而其他地区使用繁体字。简体字带来了不小的方便。不过，繁体字也有它的好处。首先，测字或拆字时，它的意义会更加丰富。繁体字“愛”有“心”，能够传达爱的真谛。繁体字“飛”给人一种龙飞九天的感觉。时至今日，使用繁体字的书仍然被许多人阅读，给人特别的感觉。学语文或历史的人解读繁体字是一项基本功。繁体字对于学习日语也有一定帮助。另外，有些谜语或幽默故事只有知道繁体字，才能得出谜底。有一个例子。有个盐商写了个“四”字去问占卜大师李淳风，说自己前些时候在东海买了十万斤盐，正在长途贩运回长安，不知吉凶。李淳风说：“这回生意定要亏本。‘四’即‘罒’，‘買’‘賣’无‘貝’（‘貝’表示金钱），没有赚钱的道理。”商人追问：“退货可以吗？”李回答：“欲罷不能。”后来，盐商的货物遭遇大雨，损失惨重。如果没有繁体字的知识，这个故事不好理解。如果有机会，学习一下繁体字有益无害。这种能力有助于更好地吸收中华文明的精华。

第八节 字面意与引申义

汉语有字面意和引申义。一方用字面意，另一方用引申义，容易产生语言游戏。“怎么取消白色塑料垃圾？将塑料染成红色。”这是一个简单的例子。故事《摘花》也能说明问题：

学校里新建了一座花园，经常有同学随手摘花。于是，星期一开全体学生大会时，校长讲话：“学校里的花不能摘！如果你摘一朵，他摘一朵，那一共摘多少朵啊！”“两朵！”一个声音从人群中传来。

产生这种幽默，有时需要无视常识。故事《女人手如姜》中，有个傻瓜在街上遇见一个看相的人。看相的人正谈论如何评价人的手相：“男人手如绵，身边有闲钱；妇人手如姜，财帛满仓箱。”傻瓜一听，马上拍手大笑说：“我的妻子手如姜啊！这太好了。昨天我被她打了一下嘴巴，这不，现在还火辣辣的呢！”这个人混淆了字的内涵和外延，无愧于“傻瓜”的称号。大多数情况下，需要判断一个人是没有理解正确意思，还是希望幽默一下以活跃气氛。

第九节 传统与时尚

时代在变化，人们的观念也在变化，语言游戏也悄然出现了变化。传统的正字法似乎正在松懈。目前，社会上经常出现用错误同音字代替正确书写的情况。例如“同学们”被写成“童鞋们”；“警察叔叔”被写为“警察蜀黍”；“冲呀”被写为“冲鸭”。下面一个故事中，也使用了新词：

新来的妹纸做事老出错，于是就被经理“猪啊、猪啊”地骂。一次，她忍无可忍反驳道：“经理，你以后能不能不要骂我是猪啊？这样很伤人心啊！”经理点了点头说道：“好的，佩奇！”

引文中，“妹子”被故意写为“妹纸”。这种类型的误用正成蔓延之势。它有几个优点：时髦，张扬个性，和时代同步。如果输入错误，也不用改正，节省时间。表达灵活，有趣好玩。如果信息接收者能理解，这种写法能起到传达信息的作用。语言有规定性语法和描述性语法两种。规定性语法要求使用字典上的用法，描述性语法描述人们正在使用的语言。上面的语言值得描述性语法学家仔细研究。

第十节 旧词与新义

汉语有陈腐与新颖之别。某些陈腐八股文在各种事故报道中泛滥成灾。2013年第16期《读者》刊登了中国最通用的八股文：“高度重视；妥善处理；迅速查清；严肃追究；进一步做好；目前情绪稳定。”

社会在变化，人们的心理也在变。许多人喜欢独辟蹊径，不喜欢千篇一律。语言是社会的反映。原来的语言也在潜变，出现了旧词新义的表达现象，如“白骨精”“讨厌”“无话不谈”。“白骨精”不是贬义词，而是“白领、骨干、精英”的意思。“讨厌”可以表示“讨人喜欢，百看不厌”。“无话不谈”可以表示“没有什么话题，就不再交谈”。下面的独白也属于此类：“本人爱喝酒，平时不抽烟。只有喝酒之后烟瘾上来，才抽两根。所以当有人问我是否抽烟喝酒的时候，我都回答：‘不喝酒，不抽烟’。”旧词新义这种现象还可以在《解释》这一故事中看到。爸爸问：你解释一下“人往高处走，水往低处流”的含义。儿子答道：比如说咱家漏水了，楼下的邻居就会找上来。

旧词新义是不可避免的现象。平时，人们应该经常阅读各种信息，掌握新含义，使自己不至于落伍。

第十一节　直白与委婉

说话时，一个措辞风格直白，另一个措辞风格委婉，也会形成语言游戏。看囊中羞涩想省钱的最佳借口：“我不穷，我是价格敏感型消费者。”《不挑食》写道：“成熟的大人不会挑食。他们会说‘这个我不能吃，吃了会过敏。’”故事《卖窗帘》中，相亲的时候，女方问对方：“你是做什么的？”男方说：“我是做室内光线控制设备的。”女方以为高新科技，就问：“能说得通俗点吗？”男方答：“卖窗帘。”

风格直白和委婉各有优缺点。直白有其唐突的地方。许多人想满足自己的发表欲，率尔操觚，写出的文字庸俗腐朽，不堪卒读，丝毫不考虑其他人的阅读感受，让人直皱眉头。这些作者应该学习委婉的写作风格。但委婉也有其欺骗性。一不小心，就可能落入对方言语游戏的陷阱。人们应注意辨别，选择使用。如有必要，应将直白和委婉有效结合，以便趋利避害。

第十二节　相同与差异

同音异形词的使用，能把两个看似不相干的人或事物联系起来，含而不露。听者一旦领悟就会乐得捧腹大笑，可谓妙趣横生。说来令人难以相信，有时，同形同音的汉语也会有不同的意思。不过，仔细一想，这也是汉语的妙处。《读者》2013年第16期列举了两例，说明了汉语的博大精深：

1. 冬天，有多少穿多少；夏天，有多少穿多少。

2. 剩女产生的原因有两个：一种是谁都看不上，另一种是谁都看不上。

其他的例子还有“某慢速列车站站站”，表示“每站必停”。故事《别别了》也是典型故事：“校长说：‘校服上除了校徽别别别的。让你们别别别的，别别别的，你非得别别的！’”

汉字像人，虽然面目相似或相同，但各有特性，应悉心学习，掌握其特性。愿意亲近汉语，必然会有所收获。

第十三节　正义与邪恶

在正义和邪恶的较量中，正义必胜。在这个过程中也会有汉语游戏。罪犯有时风声鹤唳，误听误判，惹人发笑。1960年3月18日，有人模仿周恩来总理的笔迹，诈骗了银行20万元。后来北京全城警民瓮中捉鳖，查明罪犯是外贸部的工作人员王倬，随即将其抓捕审判。事后，王倬的一位同事回忆，王倬被抓前，她也发现了他的一些不正常之处。有一次，王倬写数字，多写了一个零，千变成了万。同事安慰他说：“‘万’怕啥，你也不是没算过，1万、2万……10万、20万的。”王倬脸色大变，斥责同事胡说八道，乱说他骗了10万20万。原来，他把“算”听成了近似的“骗”。看来，当时王倬已经如同惊弓之鸟，心理到了崩溃的边缘。

正确辨别黑话时，汉语游戏能起到作用。2000年9月1日，湖南常德发生枪击案，无辜百姓伤亡惨重。后来，重庆警方得到线索，一湖南籍男子（常德案主犯张某）与市区内一名全姓女子关系亲密。9月19日晚8时许，该湖南男子让全某将他的一包东西送到“上次下雨的地方”。专案组判断，这个“下雨的地方”极有可能在重庆渝中区的南纪门或者观音岸一带。大队人马立即分赴两地设伏，在千钧一发之时捉拿了张某。“雨”与“渝”同音。犯罪分子玩弄文字游戏，企图掩护自己，最终归于徒劳，被绳之以法。

司法人员对语言游戏也领会得出神入化。罪犯进监狱要剃光他的头发，这样既便于监狱方管理，也便于服刑犯人保持头部卫生。另外，此举也有从头开始的含义。

第十四节 健康与缺陷

如果身体和智力异于常人，也会有游戏出现。这些缺陷包括听力缺陷、视力缺陷、言语缺陷、肢体缺陷、智力缺陷等。

第一类是听力缺陷。一医者耳聋，至一家看病。病人问医生："莲心吃得否？"医者将"莲"听成了"脸"，于是说："面发病，吃不得。"病女曰："是莲肉。"医者曰："就是盐肉，也要少吃些。"病女曰："先生耳朵是聋的。"医者曰："若是里股是红的，只怕要生横痃，倒要脱开来，待我看看好用药。"

第二类是视力缺陷。有一个《兄弟认匾》的故事。兄弟三人皆近视，同拜一客。堂上悬"遗清堂"一匾。老大说："主人原来患病。不然，何以取'遗精室'？"老二仔细看良久，说："非也。想主人好道，故名'道情堂'耳。"二人争论不已，以三弟目力更好，使辨之。三弟乃张目眈视半晌，说："汝两人皆妄，上面安得有匾！"

第三类是言语缺陷。口吃的监考老师发现一名学生在作弊，便气急败坏地指着那名学生吼道："你……你……你……你……你竟敢作弊，站起来！"语毕，有五名学生站了起来！教师只发现了一名学生作弊，其他四名学生不知道教师口吃，以为自己的作弊行为已经被发现。

第四类是肢体缺陷。故事《直背》中，一盲人、一矮子、一驼子，吃酒争座，各说："说得大话的便坐头一位。"盲人说："我目中无人，该我坐。"矮子曰："我不比常（长）人，该我坐。"驼子曰："不要争，算来你们都是直背（侄辈），自然该让我坐。"

第五类是智力缺陷。《笑林广记》记录了一个故事："魏博节度使韩简，性粗质。每对文士，不晓其说，心常耻之。乃召一士人讲《论语》，至《为政篇》。翌日，语从事曰：'近方知古人淳朴，年至三十方能行立。'闻者大笑。"

对于上述五类情况出现的言语游戏不可一笑了之。从人文主义出发，应考虑其他人的感受，平等待人，多为人着想，营造良好社会氛围，让人们的精神境界有所提升。

第十五节　整齐与乱序

有时候，将汉语句子的组成部分调换位置，会出现崭新而有趣的意义。“一切为了学生，为了一切学生，为了学生的一切”和“上海自来水来自海上”是两个常见例子。换位得到的不仅是意义，还有不同的视角。经常提到的“国家兴亡，匹夫有责”可以改为不常为人所知的“匹夫兴亡，国家有责”，生动地说明了个人和国家双向的休戚与共的关系。

有时候，换位是因为口误。“在这个红叶枫了的金秋”是“在这个枫叶红了的金秋”的口误。在路上碰见一位老大爷在拎东西，准备帮他分担一下。本想说：“老大爷，东西我帮您提。”一开口变成了：“老东西，大爷我帮你提。”这也属于口误。

口误问题尚可原谅，如果是知识水平有问题，就会有严重后果。有一个例子可以说明问题。以前，宫廷门外或帝王陵寝之前，常立有许多威武的石人，名曰翁仲。乾隆皇帝有一次到十三陵游览，见陵道石人，想考考随行人员，便问：“这叫什么？”有一翰林脱口而出：“这叫仲翁。”乾隆立即借题发挥写了一首诗：“翁仲缘何作仲翁？十年窗下欠夫工。从今不许房书走，去到江南作判通。”这位本为“上书房行走”的翰林，因此便被赶出宫廷。诗中，乾隆故意把“工夫”说成“夫工”，把“书房”说成“房书”，把“通判”说成“判通”，用了换位的手法。

语言换位提醒人们换位思考的智慧。站在对方的立场上考虑问题，可能会从山重水复疑无路的窘境，走向柳暗花明又一村的新天地。

第十六节　形式与内容

形式与内容的关系是汉语中的重要话题。一般认为，内容比形式重要。如果鱼与熊掌不可兼得，就舍弃形式，而取内容。这种观点没有错。有这样一个例子。李廷彦做了诗：“舍弟江南殁，家兄塞北亡。”并将其献给自己的上级。上级看后同情地说："想不到家中遭此凶祸！"廷彦马上补充说："实无此事，只图对属亲切耳！"后来同僚嘲笑说，与其说自己兄弟死亡，还不如说"娇妻宿僧舍，爱妾眠道房"。为了形式，牺牲内容，因文害义，实不足取。

不过，唯美主义者认为形式有时和内容一样重要。换言之，形式即是内容。《读者》2019年第20期劝人珍惜心中的"十二"："朋友""恋人""爱人""家人"。这几个词都是十二画，都是很重要的人。可见，形式和内容有时可以并重。形式即是内容这个思想在《读者》（校园版）2014年第16期刊登的幽默故事《玄机》中体现得淋漓尽致：

今天查字典才发现，"命"没有一个同音字，ming这个读音下面只有一个条目。古人造字有深意："命只有一条！"

汉语真是博大精深，"条"既表示名词"条目"，也表示量词"条"。因为字典中"命"只有一个条目，所以人只有一条命。形式和内容就这样巧妙地联系在一起。综上所述，对于形式和内容，不要走进僵化的误区，不要忽视形式，也不要无视内容，应该辩证地看待。

第十七节　形式与声音

汉语是优美的语言，这包含了形式和读音两方面的内容。作战时，有些部队将领命令："给我上。"另外一些将领对士兵说"跟我上。"形式和读音大体相同，但效果显著不同。音美是汉语的一个特色。中国的对联和诗歌是形式美和声音美的完美结合。2014年第20期《读者》（校园版）刊登了幽默故事《哪个顺口》：

"张龙赵虎王朝马汉！""在！""王朝马汉张龙赵虎！""在！""张龙马汉王朝赵虎！""在！""赵虎……""包大人你到底有什么事？""没事，就是看看喊哪个顺口一些。"

包公讲究音韵铿锵，给普通人树立了榜样。声音不可谓不重要。生活中有些演员即使念菜谱也能调动人的情绪，时而让人发笑，时而让人落泪。如有可能，从事服务行业的人士应该改善一下自己的声音，让自己的声音更动听，从而改善服务效果。

第十八节 正解与曲解

生活中，许多幽默来自对正确含义的曲解。例如，光绪年间有一次会试试题为“君子坦荡荡”。有伶人解之曰：“‘君子’者，京官老爷之称；‘坦’为‘十一旦’，两‘荡荡’之中各藏一‘旦’字，合之为十三旦。”清末民初，北京演艺界梆子腔鼎盛，名伶辈出。其中最引人注目的当推“十三旦”侯俊山。时人对他的评价很高，有人说：“状元三年一个，十三旦盖世无双。”“当”“荡”同音。京官老爷捧十三旦不惜罄其资，典当衣服，一切荡然无存。这样的解释视角独特，别出心裁，道出本质，令人赞叹。

文学经典千百年来被人诵读，最容易被故意曲解。唐朝人姚岘擅长文学，而且为人诙谐滑稽，遇着机会就表现出来。姚岘去拜见姚南仲，被请到正中的会客厅，门外忽然投递上来名片，上面写着“李过庭”。姚南仲问：“过庭这个名字很是生疏，不知道他是谁家的子弟？”身边的人都说不知道。姚南仲又问姚岘。姚岘起初俯首皱眉，装作在苦苦思索。不一会儿，实在忍耐不住了，他拱手说：“恐怕是李趋儿。”《论语·季氏》上说：“尝独立，鲤趋而过庭。”鲤是孔子的儿子伯鱼。姚南仲思考了好久才领悟到其中的意义，不由得大笑起来。

有趣的曲解有深厚的文化底蕴，让人觉得其乐无穷。故事《两夫》中，一个丈夫欲娶妾，妻曰：“一夫配一妇耳。娶妾见于何典？”夫曰：“孟子云：‘齐人有一妻一妾。’又曰：‘妾妇之道。’妾自古有之矣。”妻曰：“若这等说，我亦当再招一夫。”夫曰：“何故？”妻曰：“岂不闻《大学》上云：‘河南程氏两夫’。《孟子》中亦有‘大丈夫’‘小丈夫’。”

如果说有些曲解让人解颐，那么有些曲解则让人生气。有个叫不调子的人，常常以滑稽的方式戏弄人。有一次，他与一个秀才同坐在一条船上游江。靠岸时，见同船的游客中有人牵了一头瘦劣而又长了根偏尾巴的驴，不调子便力劝秀才买下来。没办法，秀才只好以高价买下。不久，离船上路，忽然下起雪来。不调子又道：“这驴买对了。请你买上三五杯酒。”秀士又勉强买来酒与他喝。不调子道：“你难道没听过杜荀鹤诗中是怎样说的吗？‘就船买得驴（鱼）偏尾（美），踏雪沽来酒倍香’。请你买驴买酒，这是杜诗中讲过的，并非没有根据。”秀才到此时才醒悟到被人耍了。

从这些故事中，可以看出曲解之广泛。现代人对文学经典的熟悉程度可能不如古代人，对曲解的领悟能力也会降低，这是令人遗憾的事情。作为现代人，我们应该视学习文学经典为己任，让文学精华薪火相传。

第十九节 正确与错误

人们做事时往往力求准确。不过，凡事都有例外。汉语有故意写错的著名例子。山东孔府两边有对联：“与国咸休安富尊荣公府第，同天并老文章道德圣人家。”对联由清朝纪昀题写，其中“富”字少一点，意为“富贵无顶”，“章”字一竖出头，意为“文章通天”。

在杭州西湖苏堤南段西侧立有一通康熙皇帝御笔题写的“花港观魚”石碑，“魚”字下面的四点写成了三点。导游的解释是：“三点为水，四点为火。鱼遇水而生，遇火必死。康熙笃信佛教，不忍看见鱼在火中烧烤，便将‘魚’字底部的四点有意错写成了三点，意在让鱼永远欢快地生活在水里，以示皇恩浩荡之意。”

故意写错是汉字中的一个有趣现象，如果认真分析，可能会成为学问的增长点，应该重视。

第二十节 阳刚与阴柔

语言游戏有时有男性语言和女性语言之分，例如下面的故事。一个师父指着私塾里的几块石头垒起的桥出了上联：“蹬倒磊桥三块石。”徒弟对不出，闷闷不乐回到家，其母笑着教他：“剪开出字两重山。”徒弟次日向师傅说出下联后，师父断言下联一定是女人的作品，理由是：如果是男子，就不会用“剪”，而会用“劈”。可见，如果男性语言和女性语言混用，也会产生幽默感。

第二十一节 喜与忌

民间对于文字游戏很敏感。因为同音的关系，许多中国人喜欢“蝙蝠”（福）。“筷子”（快生子）。“鹰、熊”（英雄）。“喜鹊”等。此外，人们喜欢将“福”字倒着贴，表示“福气到了”。“罄”与“庆”发音相同，也得到人们的青睐。这样的例子不胜枚举。

同样因为同音的关系，也产生了许多忌讳。打鱼的忌讳“翻”和“沉”。因此，渔家吃鱼不会将鱼翻过来吃。川剧《秋江》中，老艄公问前来搭船的女尼姓名，对方故意说姓“陈”。艄公忙令住口，因为舟行江中，最怕的就是“沉”。做生意的忌讳“赔”。因此，商家可能忌讳“裴”姓。民间一般不在门前种桑树，因为“桑”与“丧”同音。

第二十二节 天真与世故

儿童的世界与大人的世界完全不同。儿童视角独特，往往触及大人忽视的方面，在让人发笑的同时，也引发思考。看下面的故事《打针》：

一位年轻的妈妈抱着女儿进了医院。女儿天真地说：“妈妈，我们来做什么？”妈妈：“打针啊。”女儿：“为什么打针？针做错什么事了？针不疼吗？”五分钟后，女儿开始哭喊：“这不是我打针，这是针打我……”

在开怀大笑之余，通过对童稚语言的解读，或许成年人能重新拾起不知不觉失去的纯真。

第六章 特征

语言游戏的生成机制一定程度上决定了语言游戏的几大特征。

第一个特征为讨吉利，这最为人们熟悉。如果不小心打碎了某样东西，可以用“岁岁（碎碎）平安”来安慰。

第二个特征是语言游戏意涉某些禁忌敏感话题。例如《譬字令》：

客饮酒，要譬字《四书》一句为令。说不出者，罚一巨觥。首令曰：“譬如为山。”次曰“譬如行远必自迩”，以及“譬之宫墙”等句。落后一人无可说得，乃曰：“能近取譬。”众哗然曰：“不如式该罚。如何‘譬’字说在下面？”其人曰：“屁原该在下，诸兄都从上来，不说自倒出了，反来罚我？”

该故事利用了“屁”“譬”发音相近的特点。此处，需要给人温馨提示：因为很容易联想到“大便”或“小便”，因此便利店的招牌或名字中不要带“大”或“小”字。发言中，最好不要说“要大变”。

第三个特征是反权威和风险性。换言之，游戏绝非游戏或儿戏。有时候，小事一桩也会产生负面影响。有些语言游戏以一部分人为靶子，可能招致不快。有一个嘲笑名字叫“爽”的人的笑话。这类笑话显然不是随时随地都能够向任何人讲述。与其开一个得罪人或让人不愉快的玩笑，还不如不开玩笑。

有时候，语言游戏会危及生命。历史上，南唐主李昇举行雪天大会，齐丘、徐融在座。他们要求出一令，借雪取古人名，仍词理通贯。李昇举杯说：“雪下纷纷，便是白起。”齐丘说：“着屐过街，必须雍齿。”徐融想挫败李昇，于是说：“明朝日出，争奈萧何！”李昇大怒，当夜逮捕了徐融，投到江中。

生活和工作中，只有将语言游戏的积极作用发挥到极致，将其消极影响降到最低程度，降低人际关系的内耗和摩擦，才能使社会更快更好地前进。

第四个特征是学术性。玩弄语言游戏，理解文字游戏有时需要一定的文字功底，甚至高深的学问。没有知识储备的话，可能作为一个旁观者的资格都不够。例如下面的例子：

沈石田，文衡山、陈白阳、王雅宜游饮虎丘千人石上。时中秋月色大佳，石田行令曰："取上一字，下拆两字，字义相协。"倡云："山上有明光，不知是日光月光。"文云："堂上挂珠帘，不知是王家朱家。"陈云："有客到舘驿，不知是官人舍人。"王云："半夜生孩儿，不知是子时亥时。"各赏大觥。

这样的文字游戏具有排他性，并不是人人都能够参与进去。

第五个特征是随机性和无意性。试看故事《谁有纸》：

食堂的电视里正放着清宫剧。某君吃完饭，想擦嘴，发现没带餐巾纸，便问周围的人："谁有纸？"大家还没回答，只听电视里传来一声尖细的声音："皇上有旨……"

还有一个故事也能说明问题。十几位教师在餐厅聚餐。餐厅规定，可以尽情地吃，但是不准将食物带离。吃饭过程中，女服务员抱怨："以前曾经有食客不自觉，将食物打包偷偷带走。"听到这话，一个姓戴的老师调侃一个姓李的老师说："我们这位老师就总爱带东西。"李姓老师马上回应："因此大家叫我带（戴）老师。"闻听这个妙答，所有老师都鼓掌大笑。英语中有谚语："住在玻璃房子里的人不要扔石头。"这个谚语可能适用于这个场合。事实证明，随机性和无意性也附带了不确定性、机智和急智。这时产生的幽默感染力最强，效果最明显。

第六个特征是时代性。时代性指的是有些语言游戏属于某个特定时代。那个时代的人听到后，马上知道这是开玩笑，并且产生反应。而另一个时代的人如果要理解这个笑话，需要费口舌加以详细解释。例如下面这个故事：

贞观年间，一次，长孙玄同主持一个有许多朝官参加的会议。所有与会的人，谁也抵挡不了他的谈锋。高密公主说："我们段家男孩中，也有人才。"说完，派人去邀请段恪来参加这个会议，让段恪对付长孙玄同。段恪虽然也有些善辩的才能，但是他身材矮小。段恪应召而来。他刚一进门，长孙玄同就说："天已经黑了。"高密公主等人都大吃一惊，说："现在是正午，为什么说天黑了呢？"长孙玄同指着段恪说："如果不是天黑了，怎么能短人行呢？"满屋人都哄堂大笑。段恪顿时闹个大红脸，无话对答。

天黑了，断人行，谐音“短人行”。唐代时，“短”“断”的发音可能相同，大家一听便知。今天，“短”音调为三声，“断”为四声。要想理解这个笑话，不加以解释，很难传达出信息。吕叔湘在《语言的演变》一文中说：“朱熹曾经注解过《论语》。但是，如果孔子和弟子正在对话，朱熹闯进去。他肯定是听不懂他们的对话的。”这说明，不是听者不聪明，而是长期以来语言在语音、语法和结构上发生了改变。

语言游戏还有其他特征。熟悉语言游戏的这些特征，可以帮助学习者更好地辨认游戏，从中提取欢乐，并与他人分享。

第七章　功能

因为上述特征，所以产生了语言游戏的几个功能：助忆、疏解情绪、维护尊严等。

语言游戏的第一大功能是助忆，其作用显而易见。语言游戏以生动活泼的方式增长知识，值得利用。例如，元末农民起义期间，朱元璋的劲敌之一是张士诚。张士诚将事情委派给弟弟士信。士信荒淫，每事都与黄敬夫、蔡彦夫、叶德新三人商量。三人都是谄佞奸邪之徒。当时有民谣十七字，内容是："丞相做事业，专用黄蔡叶，一夜西风起，干瘪。"张士诚失败后，三人被朱元璋处死。这样的内容，学生听一遍就很难忘记，授课效果也相对较好。兴趣是最好的教师。如果可能，应该利用人们求新求异的特点，使用语言游戏进行教学。

语言游戏的第二大功能是可以曲折发泄心中的积怨，达到纾解心结的作用。这对身心健康大有裨益。例如历史上的一桩逸事。云间陈祭酒碰到不平之事，或别人有过失，都当面指责。他在翰林时，因喝酒后得罪了权贵，降级到州同。同僚聚会，有人唱提行酒令，要求各用二字分韵相协，再以一句诗行结尾。陈学士循马上说："轟字三車，余斗字成斜。車車車，远上寒山石径斜。"高学士榖则说："品字三个口，水西字成酒。口口口，劝君更尽一杯酒。"又有一个人说："犇字三个牛，田寿字成畴。牛牛牛，将有事乎田畴。"陈祭酒说："矗字三个直，黑出字成黜。直直直，焉往而不三黜。"满席人大笑。

语言游戏的第三大功能是维护自尊。语言游戏是防守的需要，也可以被用于反击。用语言游戏反击有两个类型：亲密朋友之间的反击和一般关系的人之间的反击。前者会使双方关系更加紧密，后者弄不好会反目成仇，终生绝交。

先看第一个类型：密友间的调侃。一个著名的例子与欧阳修有关。欧阳修是薛简肃女婿。欧阳修娶了薛简肃的长女。后来，欧阳修丧偶，又续娶薛三女儿为妻。友人戏之曰："旧女婿为新女婿，大姨夫作小姨夫。"此中的"姨夫"至少有两个意思。一是指妻子的姐夫或妹夫。因为姨子分大姨子、小姨子两种，所以有大姨夫与小姨夫之分。二是指姨母的丈夫。欧阳修有个朋友叫刘原父，暮年再娶，欧阳修便以汉朝刘晨、阮肇入五台山采药得配仙女的传说，作诗揶揄道："仙家千载一何长，浮世空惊日月忙。洞里新花莫相笑，刘郎今日老刘郎。"刘原父听之不快，便寻机报复。在一个高朋满座的场合，他讲了一个故事："一天，一个小学生阅读《庄子·应帝王》一节。中有'虚与委蛇'一语，就随口说这是'虚与委蛇（shé）'。在旁边的教师纠正说：此处不读'蛇（shé）'，应读'蛇（yí）'。四个字应读作'虚与委蛇（yí）'。后来有一天，学生迟到，教师问他迟到的原因。学生说：'上学路上，看到集市上有耍蛇（yí）的。他先耍大蛇（yí），然后又耍小蛇（yí）。忍不住看了一会儿，结果迟到。'"听了这个故事，大家心知肚明，哄堂大笑。因为故事构思精巧，连被嘲笑的欧阳修也不禁笑了出来。这是亲密朋友之间的言语交锋。这种交锋既是学问的练兵场，又给后人留下一段佳话。

朋友之间的嬉戏还有一例。相传有两个好朋友，一个叫张更生，一个叫李千里。一次他们喝酒的时候行酒令。李千里先说道："古有刘更生，今有张更生，手中一本《金刚经》，不知是胎生？是化生？是卵生？"张更生回应道："古有赵千里，今有李千里，手中一本《刑法志》，不知是两千里？是三千里？是五千里？"两人分别由"更生""千里"联系到佛经的更生、刑法的充军，概括古今，相映成趣。

再看第二个类型。如果双方不熟悉，又不适当地开玩笑，可能导致不愉快的事情发生。例如，一个秀才兴致勃勃地去游山玩水。路遇一村姑，见其貌美，不觉心旌摇动，颇有调戏之意，遂作一上联："竹茂林深，叫樵夫如何下手？"村姑一听，知其心怀不轨，便对下联云："水清石见，叹渔夫自作多情！"秀才不知好歹，又出一上联："桃杏李梨，看琼芳如何结果？"村姑岂肯退让？对曰："稻麦薯椒，问杂种什么先生？"秀才听了之后马上掉头就走了。因此，语言游戏是反击进攻的锐利武器。

关于上面故事，也有刘三姐对山歌的版本：“姓陶不见桃结果，姓李不见李花开。姓罗不见锣鼓响，三个蠢材哪里来？”利用诗歌，刘三姐就“陶、李、罗”三姓与“桃、李、锣”三物同音相谐，巧妙地就姓联物，对三个秀才进行了辛辣的嘲讽。

文人之间的攻击和反诘更为常见。史书上记载，吕扩、谢晖曾以名相嘲。谢晖说：“无才终入广。”当时充军发配到广东是非常糟糕的事情。吕扩回答：“不日便充军。”二人因而成隙。

还有一个例子：清代有个习惯：世人对供职翰林院的学士均要称“老”。道光年间，浙江一乌姓巡抚与某翰林相逢，巡抚戏弄翰林曰：“鼠无大小皆称老。”翰林反唇相讥：“龟有雌雄总姓乌。”如果一个人用对联的上联发动攻击或挑战，而另一个人不用对联作为反击的武器，那可能是奇耻大辱，已经先输了一局。此时，用对联回答就是捍卫自己的体面和尊严。

有时，语言游戏上升到国家和民族层面，可以用来维护同胞的尊严。此时，它的重要性就更加不可小觑了。例如，唐皋以翰林身份出使朝鲜，主人出上联说：“琴瑟琵琶，八大王一般头面。”唐皋马上回答：“魑魅魍魉，四小鬼各自肝肠。”主人大为吃惊，又暗自佩服。

除此之外，语言游戏还有增加个人魅力、活跃现场气氛、促进社会前进等功能。

第八章　历时性研究

中国历史源远流长，在漫长的历史演进中，诞生了无数有趣的语言游戏。现在依据时间顺序，按照春秋战国、西汉、东汉、三国、西晋、东晋、南北朝、隋、唐朝、五代、北宋、南宋、元朝、明朝、清朝、民国、中华人民共和国的历史进程，分别讨论。

第一节　春秋战国

孔子创立的儒家学说对中国影响至深。而他同时也成了语言游戏首当其冲的“受害者”。关于孔子的语言游戏也比较多。颜回、子路、伯鱼三人私议说：“夫子惟‘胡’，故开口不脱‘乎’字。”颜回说：“他对我说：‘回也，其庶乎。’”子路说：“他对我说：‘由也，诲汝知之乎？”伯鱼说：“我家尊对我也说：‘汝为周南、召南矣乎。’”孔子在屏风后听到，出来责备伯鱼说：“颜回是个短命，子路是个不得其死的，说我胡也罢了。你是我的儿子，如何也来说老子？”

刚才重点讲“乎”，现在重点讲“胡”。有评论说：“《论语》一书，皆讲胡子。开章就说：‘不亦悦乎’‘不亦乐乎’‘不亦君子乎’，这三个都是好胡。‘为人谋而不忠乎’‘与朋友交而不信乎’‘传不习乎’，这三个是不好胡。‘君子者乎’‘色壮者乎’，这两个胡一好一不好。”

曲解孔子的故事何止以上两例！《笑林广记》记录了孔子在陈国绝粮然后借粮的故事：

孔子命颜回往回回国借之，以其名与国号相同，冀有情熟。比往通讫，大怒曰：“汝孔子要攘夷狄，怪俺回回，平日又骂俺回之为人也贼乎！”粮断不与。颜回怏怏而归。子贡请往，自称平昔极奉承，常曰："赐也何敢望回回。"群回大喜，以白粮一担，先令携去，许以陆续运付。子贡归，述之夫子，孔子攒眉曰："粮便骗了一担，只是文理不通。"

看一下《论语》原文。子曰："回之为人也：择乎中庸，得一善，则拳拳服膺，而弗失之矣。"翻译成白话是："颜回就是这样一个人，他选择了中庸之道，得到了它的好处，就牢牢地把它放在心上，再也不让它失去。""择""贼"发音相似，原文的褒义成了笑话中的贬义。另一处原文是：子谓子贡曰："女与回也孰愈？"对曰："赐也何敢望回？回也闻一以知十，赐也闻一以知二。"子曰："弗如也。吾与女弗如也。"笑话将两句话强扭在一起，撕裂原文意义，去适应新语境，让人觉得既荒唐，又饶有趣味。

无巧不成书。下面讲一个低水平教师同样篡改孔子原意的故事：

庸师惯读破句，又念白字。一日训徒，教《大学序》，念云："大学之，书古之，大学所以教人之。"主人知觉，怒而逐之。复被一荫官延请入幕。官不识律令，每事询之馆师。一日，巡捕拿一盗钟者至，官问："何以治之？"师曰："夫子之盗钟，恕而已矣。"（原文为："夫子之道，忠恕而已矣。"）官遂释放。又一日，获一盗席者至，官又问，师曰："朝闻盗席，死可矣。"（原文为："朝闻道，夕死可矣。"）官即将盗席者立毙杖下。适冥王私行，察访得实，即命鬼判拿来，痛骂曰："不通的畜生！你骗人馆谷，误人子弟，其罪不小，谪往轮回去变猪狗。"师再三哀告曰："做猪狗固不敢辞，但猪要判生南方，狗乞做一母狗。"王问何故，答曰："南方猪，强与北方。"（原文为："子路问强。子曰：'南方之强与，北方之强与，抑而强与？'"意思是：子路问："怎样才能称得上强。"孔子回答说："你问得是南方的强呢，还是北方的强？或者是你自己认为的强？"笑话利用了"之""猪"发音相似的巧合。）又问："母狗为何？"答曰："《曲礼》云：'临财母狗得，临难母狗免。'"（原文为："临财毋苟得，临难毋苟免。"）

还有一个葫芦僧利用孔子学说判断葫芦案的例子。一个人偷盗。法官听说他父亲也曾偷盗，于是赞扬了他："三年无改于父之道，可谓孝也。"当场将其释放。

笑话不仅发生在古代，现代人也未能免俗。《论语》中有以下文字：宰予昼寝，子曰：“朽木不可雕也，粪土之墙不可圬也！于予与何诛？”大意是：“宰予白天在床上睡觉，孔子说：腐烂的木头不可以雕刻，用脏土垒砌的墙面不堪涂抹！对于宰予这样的人，还有什么好责备的呢？”语文课堂上，一个教师让学生说一下“宰予昼寝”的意思。学生于是望文生义说：“杀了我也要在白天睡觉。”

还有“逝者如斯夫”的笑话。期中考试出了古汉语翻译题：“逝者如斯夫，不舍昼夜。”老师改完考卷，很严肃地对全班同学说：“我们班有同学将其翻译为：‘死去的那个人好像我的丈夫，白天晚上看起来都像。’”

木秀于林，风必摧之。总体看来，孔子虽然为万世师表，儒家学说已经成为国人行事的准则，但凡事都有两面性。孔子和他的言论也同时成为人们取乐时的素材。如果熟读孔子的《论语》及其他相关作品，会发现孔子擅长冷幽默。孔子对语言游戏很敏感。著名的事例有：“孔子过于盗泉，渴矣而不饮，恶其名也。”“‘政’者，‘正’也。”如果孔子有知，听到关于他的玩笑，相信会乐观豁达地看待和接受。

春秋战国的语言游戏不局限于孔子。左丘明《左传》记载了下面的事情。郑庄公和自己的母亲武姜产生了隔阂。他将母亲安置在城颍，并且发誓说：“不到黄泉（不到死后埋在地下），不再见面！”之后，庄公又后悔了。管理疆界的官吏颍考叔听到这件事，说道：“您有什么担心的！只要挖一条地道，挖出了泉水，在地道中相见，谁还说您违背了誓言呢？！”庄公依了他的话，走进地道去见母亲。从此，他们恢复了正常的母子关系。颍考叔是位真正的孝子，他不仅孝顺自己的母亲，而且通过文字游戏，把这种孝心推广到郑庄公身上。

“止戈为武”这一成语同样来自《左传》，其深刻思想是“能止战，才是真正的武功”，也表示不用武力而使对方屈服。上述语言游戏跨越时空，其智慧至今还熠熠生辉。

第二节　西汉、东汉与三国

汉高祖刘邦创业时九死一生。征战途中，他经过柏人。此前，贯高把人藏置在厕所侧壁中，想找机会袭击刘邦。刘邦本想在柏人过夜，内心若有所感，就问说："这个地名的名称是什么？" 答曰："柏人。" 刘邦说："'柏人'就是'被人所迫'的意思。" 于是不敢在此过夜，抓紧时间离开了。他因此而躲过了一劫。

《史记·项羽本纪》中有语言游戏。鸿门宴上，范增数以手触玦暗示项羽，让他对刘邦采取措施。"玦" 指环形有缺口的玉器，通 "决" 和 "绝"，常用作表示决断、决绝的象征物。项羽不能当机立断，错失了得到天下的机会。

据说刘邦路上杀死一条小白蛇，显露了自己是真命天子。王莽立新代汉。有人认为，西汉始于蛇，终于蟒（莽），不无道理。王莽称帝后，十分嫉恶刘氏，因为钱字有 "金刀"，而 "刘"（劉）字正是由 "卯、金、刀" 组成，王莽便改称钱为 "货泉"。"泉" 字由 "白、水" 两字组成，故称 "白水真人"。但这样做有点弄巧成拙，因为后来的光武帝刘秀是南阳郡春陵白水乡人，故刘秀又被称为白水真人。

关于汉武帝，有一个杜撰的故事。北方匈奴给汉廷送来四个大字："天心取米"。宫中一个名叫何瑭的官员在四个字上各加一笔后，变成了 "未必敢来"。

东汉末期和三国时期，不能不提到曹操和杨修 "一合酥"（一人一口酥）的事情。曹操当时虽笑，心中却充满厌恶。曹操曾经途经曹娥碑下，石碑的背面题写着 "黄绢、幼妇、外孙、齑臼" 八个字。杨修马上明白："黄绢，有颜色的丝织品，是'绝'；幼妇，少女的意思，是'妙'；外孙，是女儿的孩子，是'好'；齑臼，受辛之器，让舌头感到辛辣，是'辞'。综合起来是'绝妙好辞'的意思。" 曹操赞叹道："我走了三十里路才明白碑文的意思。" 后来，杨修干涉王位继承，让曹操更加生气。"鸡肋" 是个导火索，终于让曹操下定了杀人的决心。杨修的例子有力地说明：语言游戏具有一定的严肃性和风险性。没有把握，不要进行语言游戏。

后世有一个和杨修同名的人，也非常机智，他的故事利用了 "杨" 和 "孔" 的双关：晋杨修，梁国杨氏子，九岁，甚聪慧。孔君平诣其父，父不在，乃呼儿出，为设果。果有杨梅，孔指以示儿曰："此是君家果。" 儿应声答曰：

“未闻孔雀是（孔）夫子家禽。”

《三国演义》中有曹操“非典，吾命休矣”之叹。曹操遇险，幸亏典韦牺牲自己相救，曹操才脱险。“如果不是典韦，我的性命就没了。”这是曹操的肺腑之言。到了2003年流行非典（非典型性肺炎）时，这句话被人们重新发现，并赋予新的含义。现代生活中有曹操专车。无疑，这项服务利用了“说曹操，曹操到”这句俗语。

曹操去世后，魏文帝曹丕即位。这对江东产生了影响。当时，孙权问群臣：“曹丕以壮年即位，恐怕我赶不上他，你们认为该怎么办？”其他大臣还没有回答时，尚书阚泽说：“不到十年，曹丕就会消失，大王不用担忧。”权说：“何以知之？”阚泽说：“以字来说，‘不十’为‘丕’，这是他的气数。”文帝果然七年后驾崩。

还有一个关于阚泽的故事。蜀国使臣张奉在孙权面前嘲笑阚泽的姓氏：“您的姓真好笑：‘敢’在‘门’里，是不是只有在家里才敢？”意思大概是：“您是不是只有在家里才敢称王称霸？”阚泽无言以对。阚泽的同僚薛综愤而起身，名义上为张奉敬酒，实则为阚泽仗义执言：“蜀者何也？有‘犬’为‘獨’，无‘犬’为‘蜀’，横目句身，虫入其腹。”张奉反问：“你们吴又该怎么说呢？”薛综回答说：“无‘口’为‘天’，有‘口’为‘吴’，君临万邦，天子之都。”这个回答惹得听众畅快大笑，张奉无言以对。从上述言语交锋中可以得出结论和启发：1. 阚泽拆字的工夫和急智巧思还没有达到炉火纯青的地步；2. 结交一个擅长语言游戏的朋友，很重要。

桃园三结义的张飞、关羽、刘备三人各有语言游戏。因为《三国演义》中有张飞“老迈年高”之类的话，所以有围绕张飞设计的脑筋急转弯：“张飞退休之后做什么？卖年糕。”有关于他的歇后语：“张飞妈妈姓吴——无事（吴氏）生非（飞）。”关于关羽，有个谜语。“谜面：刘备哭，刘邦笑（打一字）。”谜底：翠。“翠”可以分解为“羽卒”，“羽”可以代表“关羽”和“项羽”。

有人说，刘备的江山是哭出来的。此言不假，上面的谜语可资为证。不过，刘备也有开玩笑的时候。刘备与刘璋在涪城会晤，刘璋有个侍从张裕，长了一脸的胡子，刘备嘲笑张裕说：“我曾经在涿县居住，发现那里姓毛的人特别多，涿县县令称为‘诸毛绕涿居乎’。”这是在侮辱张裕。张裕反唇相讥道:“曾经有个人当上了上党郡潞县县令，后来又做了涿县县令。辞官还乡的时候，有人写信给他说，如果称潞令，则漏了涿令；如果称涿令，则漏了潞令。于是称他为‘潞涿君’”。这是在嘲笑刘备脸上没有胡须。刘备听了大笑。

诸葛亮是名人，关于他的语言游戏也比较多。有关于诸葛亮的谜语“凿壁偷光”(谜底为“孔明”)。有关于诸葛亮的两副对联:“塔楼亮灯，层层孔明；荷塘抠藕，节节太白”和“身居宝塔，眼望孔明，怨江围实难旅步；鸟在笼中，心思槽巢，恨关羽不得张飞”。第二副对联位于四川内江明嘉靖年间建造的三元塔，在民间广为流传。对联包含三国六个人名：孔明、姜维(江围)、吕布(旅步)、曹操(槽巢)、关羽、张飞。其字面意思可解为：鸟儿被围在宝塔之内，眼望塔孔中的亮光，只怨江堤围困，难以出去旅行；被囚笼中，心中思念旧巢，只恨双翅被关，不能够展翅飞翔。借用谐音双关的手法名为写鸟，实则状人，构思奇巧，读来回味悠长。

有关于诸葛亮的拆字故事。相传诸葛亮于军中闲暇时，写过一本奇书，叫《马前课》，专门预测天下大事。书中的“无力回天，鞠躬尽瘁。阴居阳拂，八千女鬼”，预言了蜀国未来的命运。第一句里的“无力回天，鞠躬尽瘁”是讲他自己，后面的“八千女鬼”，是个字谜，合起来是个“魏”字。可能诸葛亮早就知道蜀汉到最后要被魏国灭掉。鲁迅在《中国小说史略》中评论罗贯中“状诸葛亮多智而近妖”，看来不是虚言。

有关于诸葛亮的古代童谣:“落凤坡，隆汉兴时蜀道通。一凤并一龙，相将到蜀中。才到半路里，凤死落坡东。风送雨，雨随风，隆汉兴时蜀道通，蜀道通时只有龙。”《三国演义》中，这首童谣预言了凤雏(庞统)和卧龙(诸葛亮)的命运：凤雏死于落凤坡，只有卧龙到了蜀中。

有关于诸葛亮的脑筋急转弯:“周瑜的妈妈姓什么？诸葛亮的妈妈姓什么？周瑜的妈妈姓既，诸葛亮的妈妈姓何，因为‘既生瑜，何生亮。’”汉语有“欲得周郎顾，时时误拂弦”的诗句，说的是周瑜对音乐有高度的鉴赏力。可以推测，周瑜语言水平也很高。

诸葛亮本人也说过双关语。《三国演义》第一百零一回《出陇上诸葛妆神奔剑阁张郃中计》中，诸葛亮本想擒司马懿，却射杀了张郃。诸葛亮说了一句双关语:“想擒一马，却误中一獐(张)。”

有个关于诸葛亮哥哥诸葛瑾（诸葛子瑜）的故事。诸葛瑾面长似驴。一次，孙权会客，使人牵驴进入，然后在驴脸上写了几个字“诸葛子瑜”。众人大笑。诸葛瑾的儿子诸葛恪当时年纪很小，也在场。他拿起笔在下面续了两个字“之驴”，在众人的欢笑声中将驴牵回家。

《三国志》还记载一件事。有一天，东吴的宫殿上聚集着一群鸟。孙权问臣子说：“这是什么鸟？”诸葛恪回答说：“这是白头翁。”当时，在座的人中，张昭资格最老。他怀疑诸葛恪在开玩笑，于是说：“诸葛恪在欺骗陛下，我没听说有白头翁这种鸟名。如果有白头翁，就有白头母，陛下不妨要他去找白头母。”诸葛恪说：“有一种鸟叫鹦母（鹦母即鹦鹉），却不见得有鹦父，陛下也不妨要张辅去找鹦父。”张昭听了，哑口无言，孙权和大臣哈哈大笑。诸葛一家可谓都是英杰。

第三节　西晋、东晋与十六国

因为“司马昭之心，路人皆知”这个固定说法，所以司马昭在中国的知名度很高。他的死曾被准确预测。《三国志 · 蜀志 · 谯周传》中记载：有人来看谯周，谈了一会儿后，谯周就在木简上写了“典午忽兮，月酉没兮”。同年八月，司马昭去世，众人方知谯周的话是谶言。“典”可作“掌管”“主持”解，亦即“司”字的意思。“午”则是“马”，故“典午忽”就是司马要死。并还指出了死亡的日期：月酉是八月。

晋武帝司马炎登基时，预测得到“一”字。这关系到皇帝能统治多少代，因此司马炎很不高兴，群臣也大惊失色。只有侍中裴楷说：“天得一以清，地得一以宁，侯王得一以为天下贞。”晋武帝转怒为喜，群臣也舒了一口气。后来，司马炎传位于晋惠帝，确实一代而终。此外，永熙年间，温县有个疯子还预测：“两火被地，哀哉秋兰。”两火为“炎”，是晋武帝的名字；秋兰，是皇后的字。不久，贾后乱政，皇后即被软禁至死。

西晋名将多如牛毛，其中赫赫有名的是为西晋灭蜀立下大功的将领邓艾。他口吃，因此常自称“艾艾”。晋文帝司马昭曾戏弄他说：“卿云艾艾，定是几艾？”邓艾回答：“凤兮凤兮，故是一凤。”

和邓艾一起平定蜀国的将领是钟会。相传钟会、钟毓兄弟机敏、顿悟超过一般人，每次与人戏谑，从未被难倒过。一次，钟毓对钟会说："听说有个女子善于调笑戏谑，咱们去会会她。"于是两兄弟穿着华美的衣服，和弟子乘坐一辆车去会这个女子。他们走到西门，遇见女子。女子指着他们，笑着说："车中央怎么那么高？"两兄弟起初一点也没有察觉出什么来。坐在车后面的弟子说："方才已经被人家戏谑！"钟氏兄弟听后怔住了。弟子解释："女子说'中央高，两头低'。'低'谐音'羝'，指'公羊'，意思是'两头公羊'。"钟毓兄弟二人，都长着浓密的胡须，因此被女子戏称为"两头公羊"。

王夷甫（王衍）非常超凡脱俗，口中从未说过钱字。他常常憎恨妻子的贪婪。一次，妻子让婢女把钱缠在床上，使他不能顺利通过。夷甫早晨起来，看到床上的钱妨碍通行，就呼唤婢女道："把阿堵物拿开！"从此，钱多了一个称呼："阿堵物"。

西晋名士还有王安丰。其妻常用"卿"称呼王安丰。遭到反对后，妻子说："亲你爱你，所以称你为卿。我不称你为卿，谁该称你为卿？"（亲卿爱卿，是以卿卿；我不卿卿，谁当卿卿？）

东晋时期，桓温手下的一个主簿善于辨别酒的好坏，他把好酒叫作"青州从事"，因为青州有个齐郡，"齐"与"脐"同音，好酒力一直达到脐部。把次酒叫作"平原督邮"，因为平原郡有个鬲县，"鬲"与"膈"同音，次酒的酒力只能到达胸腹之间。

还有关于桓温的一个故事：

刁彝与桓温坐，嘲韩博曰："君是韩卢后。"博曰："卿是韩卢后。"温笑曰："刁以君姓韩，故相问耳，他自刁，那得是韩卢后。"博曰："明公未之思耳，短尾者则为刁也。"一坐推叹焉。

韩卢为战国时韩国良犬。因为都以"韩"字开始，刁彝说韩博是韩卢的后代。面对攻击，韩博反唇相讥。成语"狗尾续貂"中指出了"貂"与"狗"的关系，而"貂""刁"同音，所以刁彝反而自讨没趣。

桓温之弟桓冲起兵叛乱称帝时，首都建康的一个城门朱雀门下忽然出现两个全身漆黑的小孩，一起唱《芒龙歌》："芒龙者，绳缚腹。車无轴，倚孤木。"歌声十分哀楚。路边玩耍的小孩几十人跟着一起唱，吸引了许多人。日落后，两个小孩进入建康城。到了将军府前，变成了一对漆鼓槌。掌管旗鼓的官员说："这鼓槌长年放在这里，常常失而复得，没想到变成了人。"第二年春天，桓冲兵败，尸体被草绳绑住，沉到长江里。"車"无轴，即"亘"字，加"木"字为"桓"字。童谣应验了。

有关于陶渊明诗句的笑话。有一人偶然朗读了诗句"临清流而赋诗"。旁边有一人急忙问道："何处临清刘副使？为什么不早些对我说？我可以去巴结奉承他。"读古文者答道："此乃《归去来兮辞》。"听者于是改变了态度说："我以为他现在还在任上。若是这个归去来辞的官员，我就不用理会了。"

西晋和东晋清谈之风盛行，成为语言游戏滋生的温床。文人纷纷玩弄文字游戏，使文字游戏呈现繁荣景象。《世说新语》剖取了这个时代的横断面，记录了人们言行的瞬间。它如同言语方面的《清明上河图》，给后人提供了观察时代的窗口，是不可多得的语言游戏素材库。

十六国时期，也有文字游戏。前秦苻坚的祖先姓蒲。因为预言书上说"草付将王"，于是改姓苻。前燕皇帝慕容熙刚登基时，有童谣唱道："一束藁，两头燃。秃头小，来灭燕。"后来，前燕被慕容云灭亡。慕容云本姓高，字秃头。"藁"字是草字头，下面是"木"。两头燃尽，剩一个"高"字。

第四节　南北朝

南北朝是南朝和北朝的统称。南朝有宋、齐、梁、陈四朝。宋文帝好忌讳。因为"騧"（黑嘴的黄马）与"祸"十分类似，于是改"騧"字为马边瓜。

范柏年因事谒见宋明帝。宋明帝和他闲聊，谈到广州有一个贪泉，便向范柏年问道："你的家乡梁州有一条叫贪泉的河流吗？"范柏年回答："梁州只有文川、武乡、廉泉、让水这些名称好听的河流，没有贪泉这样名称的河流。"他说的是实话。宋明帝听后觉得有趣，便接着问道："那你住在什么地方？"范柏年诙谐地回答说："我住在廉泉和让水之间。"宋明帝大笑，并连声说好。机智敏捷的范柏年巧用"廉泉"和"让水"赞颂自己家乡风土人情醇美，隐喻自己为人清廉且礼让。

宋明帝和属下关系也不是一直很和谐。由于王景文势力较大，张永久经沙场，宋明帝认为二人很难依赖，于是制造谣言说：“一士不可亲，弓长射杀人。”“一士”为“王”，“弓长”为“张”。

齐时，魏派遣李道固到来，皇上设宴招待。萧琛举酒劝李道固喝酒，对方拒绝说：“公庭无私礼，不容受劝。”萧琛慢慢说：“《诗》云：‘雨我公田，遂及我私。’”意思是《诗经》上说：“天上下雨，先下到公田里，然后再往私田里下。”大家叹服，李道固于是喝下了萧琛敬的酒。

萧琛的聪明不是偶然，在各个场合都能得到淋漓尽致的表现。例如，有一次，梁武帝设御筵，萧琛喝醉伏在桌上，武帝将红枣投到他身上。萧琛取来栗子扔到皇帝脸上。当时御史在座，皇帝觉得丢了面子，说：“此中有人，不得如此。你有什么说法吗？”萧琛回答：“陛下投臣以赤心，臣敢不报以战栗。”这个回答滴水不漏，让人开心。

梁武帝高寿，统治时间长，也留下了不少文字游戏。他从王羲之书法作品中选取一千个不重复汉字给周兴嗣，命令他整理一下，写出一篇文章。这是不折不扣的文字游戏。周兴嗣写出名垂后世的《千字文》，却也因为思考过度，一夜之间白了头发。历史上有关于《千字文》的语言游戏。初唐封抱一任栎阳尉，有人经过他的任所。该人身材短，有眼病，鼻塞。见到这些，封抱一用《千字文》语嘲笑他：“面作天地玄，鼻有雁门紫。既无左达承，何劳罔谈彼。”《千字文》原文为“天地玄黄，雁门紫塞，左达承明，罔谈彼短”。封抱一的意思是该人面色发黄，鼻塞，眼睛不明，身材短小。还有薛涛的故事。有黎州刺史作《千字文》令，条件是必须带鱼禽鸟兽。刺史说：“有虞陶唐。”薛涛说：“佐时阿衡。”大家说薛涛话中没有鱼鸟，该罚。薛涛回答说：“‘衡’字内有小‘鱼’字。刺史说‘有虞陶唐’，却没有一条鱼。”众人大笑。以上两个故事足以说明《千字文》的影响之大。

东郡人商鉴给儿子取名为外臣。外臣被任命为廷尉，商鉴入宫去谢恩。梁武帝问他：“你给儿子取名为外臣，为什么还要让他做官？”商鉴回答：“外臣出生于齐末，所以想让他隐居不做官。如今躬逢盛世，便让他出来做官了。”梁武帝很高兴。

李膺有才辨。梁武帝对他说：“今之李膺，何如昔时李膺？”李膺回答：“臣以为胜。昔时李膺仕桓灵之朝，今之李膺奉唐虞之主。”大家都很叹服。

梁武帝有时也当法官。有一沙门起诉田产之事，皇帝批书："貞。"执行命令的人不解其意，到处问也没人知道。刘显说："'貞'字拆开为'与上人'。所以田地归出家人所有。"因为刘显说中了梁武帝的心思，所以梁武帝妒忌他的才能，革除了他国子监博士的职务。

如果世界上有冤家，那么梁武帝和侯景就是冤家。侯景活活饿死了梁武帝。侯景曾经说："'侯'字，人边'亻'作主，下作'人'，此明是'人主'也。"梁武帝临死之前对人说："侯景必得为帝，但不久耳。破'侯景'字，成'小人百日天子'，为帝当得百日。"侯景辛未年十一月十九日篡位，壬申年三月十九日败，共一百二十日。侯景三月一日便往姑孰，共计在宫殿满百日，梁武帝的话果然应验。

梁朝末年，流行"不见馬上郎"的童谣。后来王僧辩被处死，有识之士说："馬上郎，'王'字也。"

北朝包含北魏、东魏、西魏、北齐和北周五朝。后魏高祖的孩子起名为恂、愉、悦、怿。崔光给孩子起名为励、勖、勉。高祖对崔光说："我儿名旁皆有心，卿儿名旁皆有力。"崔光回答说："所谓君子劳心，小人劳力。"高祖很高兴。

魏孝文帝曾经宴请群臣。微醉后，他借机举杯向群臣说："三三横，两两纵，谁能解之赐金钟。"御史中丞李彪说："沽酒老妪瓮注罐，屠儿割肉与称同。"尚书左丞甄琛说："吴人浮水自云工，妓儿掷绳在虚空。"鼓城王勰说："臣以为这是'習'字。"孝文帝将金钟赐予首先猜出"習"字的李彪。

北齐出了一个文坛名人徐之才。他聪辨强识，语言游戏故事值得一书。齐武明太后神志不清时，有"惟得一量紫靴"的传言。徐之才说："'紫'字为'此'下'系'；'靴''革'旁'化'，怎么会是长久之物呢？"到四月一日，太后果然驾崩。

卢元明曾戏弄徐之才："卿姓是未入人，名是字之误。"徐之才回答："卿姓在亡为虐，在丘为虚，生男成虜，配马成驴。"他还不满足，又嘲讽元明二字："去头则是兀明，出颈则是无明，减半则是无目，变声则是无盲。"元明哑然无以应对。徐之才后封西阳王，尚书王元景曾经戏弄徐之才曰："人名'之才'，有何义理？以仆所解，当是'乏才'。"徐之才嘲元景姓氏"王"说："有水则汪，近犬便狂，加颈足而为马（馬），施角尾而为羊。”

王元景有时遇事的反应却特别机智敏捷。他家中有个丫鬟叫典琴，一天早晨起来，王元景让典琴准备早餐，说：“今天早晨解除斋戒了。”典琴说：“老爷没有戒斋，为什么常常说解除斋戒呢？”王元景语调缓慢地对典琴说：“我没有斋戒，不得说解除斋戒。你起名叫典琴，哪里有琴可以典卖呀！”

北齐中书侍郎裴袭患有耳聋症。裴袭新建造一座山塘，为此宴请宾客。宴席上，裴袭对邢子才说：“这座山刚刚建成，请您给起个名字。”邢子才说：“东海中有座蓬莱山，传说有仙人在那里居住。我看这座山就叫蓬莱吧。”邢子才用“蓬莱”谐音“裴聋”戏弄裴袭。裴袭听了起初并没有什么感觉。醒悟后，他微笑着对邢子才说：“你尽管大点声音说话，耳聋又有什么妨碍呢！”

第五节　隋朝

隋朝虽然短暂，但在中国历史上占据重要地位。隋朝也有趣闻轶事流传至今。在隋文帝还没有成为皇帝之前，有一次夜宿江边，做梦梦到自己缺了左手，醒后心情非常不好。上岸后来到一草庵，庵中有一老和尚，道行极高。文帝请老和尚解梦。和尚立即起身贺道：“少了左手就是‘独拳（权）’，先生一定能成为天子。”文帝登帝位后，下令重新整修庵堂，赐名“吉祥寺”。隋文帝初立国号“随”，后来想到会有国祚随时遁走之虞，就去掉“辶”，改为“隋”。

语言游戏不局限于帝王。以下两则普通人的故事，显示了当时人的风采。《隋书》记载：何妥少年机警，八岁游国子学。顾良开玩笑说：“你姓何，是‘荷叶’之‘荷’，还是‘河水’之‘河’？”何妥回答：“你姓顾，是‘眷顾’之‘顾’，还是‘新故’之‘故’？”大家都很惊异。

麦铁杖担任隋朝当南太守时，群臣集会。考功郎窦威嘲笑他说：“麦是何姓？”麦铁杖生性机敏，应声答道：“麦豆不殊，何忽相怪？”意思是“麦豆普普通通，不用大惊小怪”。“豆”“窦”同音，这个回答顿时让对方脸红，无言以对。

隋朝比较著名的喜剧人物是侯白。他在州试时考中了秀才，来到京城长安，以才思敏捷、性格诙谐滑稽知名。他为人温和没有架子，喜欢说些笑话，人们很喜欢他，有他在的地方就像集市一样热闹。侯白与越国公杨素很亲近。有一次，杨素与牛弘下朝，侯白对杨素说："太阳下山了。"杨素大笑道："你以为我像牛羊那样要归圈了吗？"此处，侯白使用了《诗经》"鸡栖于埘，日之夕矣，羊牛下来"的典故。原文表示鸡在窝里栖息，太阳西落，羊牛走下山坡归栏。杨素和牛弘的姓氏与"羊""牛"谐音。读过《隋唐演义》的人都知道杨素。他是杨坚的亲戚，权势熏天。过生日时，送礼的人需要排长队才能将礼物呈上。秦琼从山东远赴长安送礼，还需要拉关系走后门，才能完成送礼的任务。可谓侯门一入深似海。不过，喜欢语言游戏，可以说是一人之下、万人之上的杨素的真性情。

另外一次，侯白和杨素并排骑马边走边聊天，看到路旁边有一株已经枯死了的槐树。杨素问侯白："侯秀才理论过人，能让这株槐树活吗？"侯白说："拿来槐树籽悬挂在这株树的枝上，立即就活了。"杨素问："为什么？"侯白说："《论语》上说：'子（籽）在，回（槐）何敢死？'"杨素听了捧腹大笑。

侯白曾两次使用"胡"的谐音。一次，侯白跟杨素一块儿走，在路上遇到一个胡人，背着一捆青草走路。杨素说："在长安的道上，还能见到青草湖。"（"湖""胡"谐音）还有一次，侯白声称自己能找到九尾狐。他领着狐疑的听众，找到一个正在用艾灸自己臀部的胡人，说这就是九尾狐（"灸尾胡"）。

有一个人姓出，名字叫六斤，想要参见杨素。这个人带着空白的名片来到省衙门口，遇见了侯白，请侯白在空白的名片上给他写上名字。名片送到省衙后，杨素召见这个人，问："你叫六斤半吗？"这个人回答说："我叫出六斤。"杨素问："为什么名片上写着六斤半？"这个人回答说："刚才我请侯秀才题写的，可能是他写错了吧。"杨素立即将侯白叫到跟前，问他缘由，侯白回答说："刚才在省衙门口，跟这个人仓促相遇，没有地方找秤。既然听他说是六斤出点头，我反复考虑，觉得只应该是六斤半。"杨素听了，哈哈大笑。

杨素经常突然发难，提出难题，想让侯白理屈语穷。杨素是关中人，侯白是山东人。关中的普通百姓讲话说"水"为"霸"，山东人说"擎将去"为

“揲刀去”。“揲”表示“取”或“拿”。一次，杨素戏谑侯白说：“山东多仁义之士。借一件东西，却得到两件。有人向他借一张弓，他说：‘揲刀去。’难道不是借一张弓外搭上一把刀吗？”侯白听了后立即说：“关中人也很聪明。问一个问题，却知道另一个问题的答案。有人问：‘近来下雨很多，渭河里的水涨没涨啊？’被问的人回答说：‘霸涨。’难道这不是问一知二吗？”杨素很佩服侯白的随机应变。

非常遗憾的是，侯白早逝。不过值得庆幸的是，据说侯白创作了《启颜录》流传后世，为中华文化做出了贡献。现在介绍《启颜录》一则双关语故事。隋朝时，河间人刘焯和他的堂侄子刘炫，都是精研儒学的大儒，二人同时触犯了刑律，被关押在牢狱中。主管牢狱的县吏不知道二人是大儒，给他们都戴上了刑枷。刘焯说：“整天在枷中坐着（‘枷’谐音‘家’），然而却看不到家。”刘炫说：“我也是整天负枷坐着（‘负’谐音‘妇’），然而看不到妇啊。”窥一斑而知全豹，从这一则故事中可以看出《启颜录》具有较大价值。

第六节 唐朝

唐代文人灿若星河，历史的长河中不乏语言游戏光彩的照耀。隋炀帝和神尧（唐代对唐高祖李渊的尊称）不和，说神尧是老太婆脸。神尧心中愤恨不乐。回到家里，仍然不高兴。他告诉窦皇后说：“我的身世本来就可悲，现在皇帝又贬低我为老太婆脸。看来我的儿孙免不了要挨饿受冻了！”窦皇后高兴地说：“这句话应该全家庆贺呀！你被封为唐王，老太太则是堂主，堂主就是唐主呀！”神尧立刻解除了疑虑，高兴起来，与家人私下里庆贺。

无独有偶，《南部烟花记》中有一个例子。相传有一天，隋炀帝、萧皇后和侍女杳娘在一起，玩弄文字游戏。炀帝说：“我取‘杳’字为‘十八日’。”杳娘答复说：“解‘羅’字为‘四维’。”帝回头对萧皇后说：“你能拆‘朕’字吗？不能的话，就罚酒一杯。”萧皇后慢慢回答说：“移左画居右，岂非‘淵’字乎？”这句话成为唐朝兴起之预兆。萧皇后各方面都无可挑剔，不过生不逢时。杨广死后，萧皇后被迫侍寝多位君王，使她的名字与六味地黄丸（六位帝皇玩）联系起来，让人同情叹息。

唐太宗问一行朝代世数，禅师制作一个葉子格进献上去，“葉子”即为“二十世李”。预言从高祖到哀帝，一共二十位皇帝。预言后来应验。

唐太宗还有一桩语言游戏的轶事，值得分享。有个人名叫辛郁，刚刚到十八岁的年龄，曾用名为太公。他在皇上的行宫附近遇到了唐太宗。唐太宗问：“你叫什么名字？”辛郁回答说：“我叫辛太公。”唐太宗说：“跟旧太公（姜太公）比，如何？”辛郁回答说：“旧太公年八十得遇周文王。我今年才十八岁，就遇见了皇上，比旧太公强多了。”唐太宗听了非常高兴，让人将辛郁安置在中书省。

初唐时有两个名臣，一个是徐世勣，另一个是长孙无忌。后者容貌略微丑陋。有一天，他们见到年方七岁的神童贾嘉隐。两位名臣站在槐树下考问神童。徐世绩问：“我如今站在一棵树前。你认得出这是什么树吗？”贾嘉隐说：“松树。”徐世绩说：“槐树和松树都分不明白。”贾嘉隐答道：“没错呀！大人。您是三公，‘公’和‘木’在一起，是松树。”徐世绩很开心。长孙无忌接着问：“我站在一棵树前，这是一棵什么树？”贾嘉隐答道：“槐树。”长孙无忌疑惑：“怎么又成了槐树？”贾嘉隐回答：“您长得像鬼一样。一个‘木’，一个‘鬼’，是槐树！”

长孙无忌的兄弟是长孙玄同，前文已有事例介绍。长孙玄同能言善辩，喜欢嘲讽别人。有他在场的聚会，常常充满着欢笑。长孙无逸刚出任云麾将军的时候，府中设宴。其手下仓曹是吴地人，说话时家乡口音很重，把“粉粥”念成“粪粥”。当时厨房的佳肴都已经烹制，下人正在上菜。仓曹就问：“为啥不先上粪粥？”在座的人都捂嘴偷笑。长孙玄同一脸严肃地引用《左传》里的一句话辩护说：“仓曹是‘公侯之子孙，必复其始（屎）’，有什么可笑的？！”他的话有双重意义。第一，仓曹是公侯的子孙，一定要追溯到自己的祖先（公侯）了；第二，仓曹是大便的子孙，一定要追溯到自己的源头（大便）了。“恭候”也表示“大便”，谐音“公侯”。“始”谐音“屎”。众人再也憋不住了，顿时哄堂大笑。

长孙玄同担任荆王的近臣时，被临时指派掌管祭祀社坛。一次，他在社坛里做祭祀前的洁身静心准备时，来了一条狗，往坛墙上撒尿。长孙玄同俯身拾起一块垫床的砖头，向狗打去。旁边有人看见他打狗，认为他轻率，于洁身静心不利，便问："你为什么私自用支床的砖打狗？" 长孙玄同说："你听说过吗？只要有利于国家，专之也可以啊！" "苟利国家，专之亦可" 的正确含义是："只要有利于国家，就努力去做。" "利" 又表示 "在……撒尿"。因为谐音 "狗利国家，砖之亦可"，这句话又表示 "狗在圣坛上撒尿，用砖砸它也可以"。

贞观年间发生的事情很多，下面又是一例。吏部侍郎杨思玄仗恃他是皇家外戚，对待等待分配官职的官员很不尊重，而且排挤轻慢这些人。等待分配的官员夏侯彪举告，御史中丞郎余庆上书要求免去杨思玄的吏部侍郎职务。中书令许敬宗得知这件事，说："我早就知道杨思玄要失败的。" 有人问他原因，许敬宗回答说："一彪一狼，共同对付一只羊。羊不失败才怪呢。" 许敬宗为人性情轻狂傲慢，不记得参见过他的人的名字。有人说许敬宗耳聋，可能是听不到。许敬宗说："你的名字本来就难记。如果遇到的是河流沉榭（何、刘、沈、谢的谐音），我在河里摸索着，也许可以知道是谁。"

唐高宗时，有个叫法轨的僧人，身形矮小。法轨在寺内讲授佛经，李荣前去参与讨论。去了几次后，法轨写了一首有关李荣的诗，在讲坛上当着李荣的面背诵："姓李应须李，言荣又不荣……" 僧人利用名字，讽刺李荣不讲理，言辞不华美。还没等法轨僧人诵出下两句，李荣在下面应声接上说："身长三尺半，头毛犹未生。" 他讽刺法轨身体只有三尺半那么高，头上的毛还没有长出来。在座的人欢呼雀跃，都佩服李荣的敏捷与机辩。

唐高宗皇后武则天喜欢造字。她想把自己的光辉展现在天空，所以就有了 "日月" 在 "空" 的 "曌" 字。武则天善于辨别文字游戏，并因此挫败了一起反叛阴谋。裴炎做中书令的时候，徐敬业想反唐，就让骆宾王出计策，争取让裴炎一起谋反。骆宾王编了歌谣，教小孩传诵："一片火，两片火，绯衣小儿当殿坐。" 裴炎听到童谣暗示自己会有面南背北的荣耀，于是决定谋反，作为内应。他与徐敬业的密书中只有 "青鹅" 两字。有人告发后，大臣们都不解其意，武则天说："'青' 是 '十二月'，'鹅' 就是 '我参与'。" 于是杀了裴炎，徐敬业很快也失败了。

智者千虑，必有一失，武则天也有大意的时候。"国" 的繁体字为 "國"。有人建议，"口" 内的 "或" 或乱大局，可以用 "武" 镇一下。武则天认为此言有理，于是改为“口”里加“武”。没有多长时间，有人对她说，将“武”禁锢起来，更不吉利。武则天愕然，抓紧将字改作圀。后来新皇帝唐中宗李显即位，武则天失去了权力，果然被幽禁于上阳宫。

太平公主是唐高宗和武则天的女儿。某日，武后赏赐公主的宝物被盗。武后得知此事，异常震怒，限期破案。负责的捕头路过一名卜者摊前，随手写了个“窮”测字。卜者说：“‘窮’字上乃‘穴’，下为‘躬’字，人在穴中弓身者，盗墓者也。敢盗公主之宝者，身手虽不凡，可如此重量的宝物，肯定无法及时带出县境。宝物藏于墓中最为隐秘。今晨有出殡者，速查这丧家葬于何处。”捕头立刻召集部下，一路追问，终于找到了所葬之处。只见新坟上，有一男一女哭泣。山风吹过，女子白色孝服之内，竟然是红艳的华丽服饰。二贼被擒，招出宝物在墓中棺内。掘出后，发现失物一件不缺。

狄仁杰是武则天的心腹之臣。他曾戏谑侍郎卢献说：“你的姓氏‘卢’配上一匹马，就成了‘驴’了。”卢献回敬道：“将您的姓从中间分开，就成了两只犬。”狄仁杰说：“‘狄’字一边是‘犬’旁，一边是‘火’。”卢献说：“‘犬’旁边有‘火’，是一条煮熟了的狗。”

狄仁杰对于恢复李唐王朝有一定功劳。史载武则天曾多次欲立武三思为太子，可每一次征求大臣意见，都是反对声一片。武则天非常郁闷。有一天，她单独召见狄仁杰，问道：“这些日子经常梦见下双陆棋，但无论如何赢不了。为什么？”精明的狄仁杰忙解释说：“双陆难赢，是因为皇上手中无子。这可能是上天以双陆警示陛下啊！”后来，武则天讲述了另一个梦境：“鹦鹉羽毛甚伟，而翅俱折。”狄仁杰听后为其解梦说：“‘鹉’谐音‘武’，即陛下的姓氏。两翅折，是指陛下二子庐陵、相王。起此二子，此为两翅已全。”最后，武则天起用庐陵王为元帅，抵御契丹军队，得到朝野的拥护。后来又在狄仁杰的劝说下，立庐陵王为太子，从而为李唐王朝统治的恢复奠定了基础。

唐玄宗也遭遇过文字游戏。他做梦梦到两条龙衔着四个字（姚崇、宋璟）从空中飞下，将四个字挂到两棵树上，然后腾空而去。醒来后，他咨询谋士。谋士认为：“两个‘木’在一起，取谐音（木和目）为‘相’。”于是唐玄宗拜姚崇、宋璟为相。

唐玄宗还梦见自己从殿上跌下来，有个孝子又把他扶上去。醒来后，他问高力士这是怎么回事。高力士说:“孝子穿素衣，这是‘韦见素’。”玄宗深感有理。几天之后，韦见素青云直上，从一个吏部侍郎成为宰相。

唐玄宗天宝初年，文名颇著的贺知章上书朝廷，欲告老致仕归故乡吴中。玄宗对他非常敬重。贺知章临行与唐玄宗辞别，不由得老泪纵横。知章说:“臣有一犬子，尚未定名，若陛下赐名，实老臣归乡之荣也。”玄宗说:“信乃道之核心。孚者，信也。卿之子宜名为‘孚’。”知章拜谢受命。时间长了，知章不觉大悟，自忖道:“皇上太取笑我啦。‘孚’字乃是‘爪’字下面加上‘子’字。他为我儿取名‘孚’，岂不是称我儿‘爪子’吗?”

刘晏留下了“朋字未正”的成语。刘晏为秘书正字，负责掌管校对典籍，刊正文章。他是神童，年方十岁，而聪悟过人。玄宗召于楼中帘下，贵妃置于膝上，为他施粉黛。玄宗问刘晏:“卿为正字，正得几字?”晏回答说:“天下字皆正，惟‘朋’字未正得。”“朋字未正”中,“朋”用指“朋党”“朋比”。人结为朋党，必行奸私，故不得正。后世用这个成语比喻神童，同时也讥讽朋党小人。

朋党小人之争最典型的例子是牛僧孺与李德裕之间的倾轧。历史上也有关于李德裕的语言游戏。开成年间，京师大旱。李德裕拜相，当日大雨。京师惊喜地传诵:“相公是得雨。”

传说唐玄宗出宫微服私访测字。测字先生说，将来有劫难，会带他到一个带鬼字的地方，在那里不得不埋掉宝玉。这就是马嵬坡事件。唐玄宗在现代仍有花絮。有一则故事在中学生之间流传:语文考试中，考文言文翻译，有一句是:“帝欲官白，妃辄沮止。”意思是说:“唐玄宗想让李白做官，杨贵妃阻止了。”班里一个同学把“官”看成了“宫”，于是将其翻译为:“皇上想阉割了李白，妃子哭着阻止了皇上。”李白让高力士脱靴，高力士衔恨在心。于是暗中串通杨贵妃，阻挡李白的仕途。

李泌曾赋诗“青青东门柳，岁宴复憔悴”讥刺杨国忠。在古代，柳指柳树，杨还是指柳树。杨国忠非常恼怒，向唐玄宗告状。唐玄宗不以为然地说:“赋柳是讥刺你，那么赋李就是讥刺我，好不好?”

姚岩杰是前文提到的姚崇的后代，童年时就特别聪明，二十岁以后，他博览典籍，以饮酒赋诗、放荡不羁而闻名。对一些显贵人物，他也肆意凌辱。

卢肇掌管歙州时，迫不得已把岩杰迎到郡中，待以厚礼。然而岩杰却一天天地放肆傲慢起来，并轻视卢肇。卢肇曾经在岩杰面前吟道："明月照巴天。"岩杰大笑说："明月照一天，怎么能说八天（巴天）呢？"有一次，他们在江亭饮宴，相约用眼前一事为酒令，句尾必须有一乐器名。卢肇行令说："远望渔舟，不阔尺八。"岩杰便喝了一杯酒，倚着栏杆装作呕吐的样子。一会儿回到席上，还令说："凭栏一吐，已觉空喉。"（两个人的诗中，尺八和箜篌分别是乐器名。"空喉"谐音"箜篌"。）姚岩杰的傲慢竟达到如此地步。

唐德宗贞元三年，十六岁的白居易从江南来到京都长安，带着自己的诗稿去拜会名士顾况。顾况看到诗稿上"白居易"的名字，便开玩笑说："长安米正贵，居住不容易啊！更何况白白居住。"等到翻看诗稿，读到《赋得古原草送别》"离离原上草，一岁一枯荣。野火烧不尽，春风吹又生"的句子时，马上连声叫好，并说："好诗！文采如此，住下去又有什么难的！"后来，顾况经常向别人谈起白居易的诗才，盛加夸赞，白居易的诗名就传开了。

唐宪宗时，柳宗元从永州司马任上回到京师后，曾到一个算命先生那儿问过梦："我姓柳，昨夜梦见柳树倒地，莫非有什么不祥吗？"算命先生说："柳树倒地就成为柳木。'木'者，'牧'也。莫非要任柳州刺史吗？"元和十年，柳宗元担任柳州刺史。

唐敬宗时，丞相李程很喜爱开玩笑，在夏口时，有一个客人来辞别，李程说："再住两三天吧。"客人说："已经走了，船已经到了汉口。"李程说："我只相信能停留下来，那汉口是不足相信的。"客人捂嘴笑着离去。汉口本是地名。此处，"汉口"也表示"那汉子的嘴"。

唐宣宗当太子时，把罗浮先生召入内宫，问："我要几年才能做天子？"罗浮先生用笔写"四十年"。写"十"的时候末笔抖了抖。宣宗笑着说："我怎么能等四十年呢？"等到前王晏驾的时候，时间过了十四年。

语言游戏不局限在国内。历史上，唐朝使臣曾出使高丽。一次宴饮中，高丽有一人行酒令说："张良与项羽争一伞，良曰凉伞，羽曰雨伞。"唐使即席应对："许由与晁错争一葫芦，由曰油葫芦，错曰醋葫芦。"看来，高丽对中国文化较为熟悉。语言游戏既是智力的比拼，又是文化交流的纽带。

第七节　五代、北宋与南宋

五代指的是梁、唐、晋、汉、周。梁开平二年，将军李思安攻打潞州，扎营于壶口火，砍树为栅栏。破开一棵大树，树中朱色隶文写有六字：“天十四载石进。”李思安上书告诉皇上，群臣都恭贺，认为十四年必定有外族进贡珍宝。大臣徐鸿对其亲近之人说：“自古没有以一个字作为年号的。上天降符赐令，怎么有缺失呢？移动‘四’字两竖，放在‘天’字左右，即为‘丙’字。移‘四’字外围，以‘十’字贯通，即为‘申’字。我认为丙申三年，会有石氏在此地称王。”如徐鸿所说，至丙申岁，山西石敬瑭起兵并州，后为晋高祖。

北宋是人才辈出的时代。其中的语言游戏也异彩纷呈。郭忠恕和聂崇义是五代末北宋初的画家，爱好戏谑。一次，郭忠恕嘲笑聂崇义说：“近贵全为聩，攀龙即是聋。虽然三个耳，奈何不成聪。”这分明是笑话聂崇义的“聂”字。聂崇义也不含糊，当场反唇相讥：“勿笑有三耳，全胜蓄二心。”听到他嘲笑郭忠恕的名字中有两个“心”，周围人无不大乐。由此可见，生活中，要想维护自尊，必须有文化，还要有急智。

庆历四年，贝州的军队将领在贝州起兵反叛，皇上下诏派兵讨伐，久战无功。参知政事文彦博请战。他说：“‘贝’字加‘文’为‘败’，我必定会擒住他。”宋仁宗答应派遣他去。不到一个月，捷报传来，皇上封文彦博为平章事，改贝州为恩州。叛贼被赦免，放还到河北。

慈圣太后梦见神人语“太平宰相项安节”。告诉宋神宗后，皇帝秘密命令在百官中寻找一个叫项安节的人，却毫无结果。慈圣太后说，所谓“项安节”是指脖子上有肿瘤。纵观当朝，符合这项特征且具才干的唯有吴充，于是神宗任吴充为相。

北宋人陈亚（繁体字为亞）天性滑稽幽默。他嘲笑自己的名字：“若教有口便啞，且要有心为惡。中间全没肚肠，外面强生棱角。”文字游戏增加了他和同事、朋友的感情。他在任润州太守时，属吏中有一个名叫上官弼的人，深得他的信任。上官弼任职届满，临走时，陈亚问他：“您可有教诲我的高见？”上官弼诚恳地说：“您的才干和品行都无可指责，只是太爱调谑，似乎过分了一些。”陈亚点头笑道：“君乃上官弼（鼻），怎奈下官口何？”上官弼闻之，大笑而去。

有一年天旱，陈亚和蔡襄在路上看到一个和尚求雨，赤膊自晒，比较可笑。陈亚随口念道：“不雨若令过半夏，应定晒作葫芦巴。”半夏、葫芦巴是药名。蔡襄见他讽刺过分，便道：“陈亞有心终归惡。”陈亚应声道：“蔡君除口便成衰。”“便成衰”为中医学“泄泻”的别名。两人的友情不但没有受损，反而更加巩固。

蔡襄还有一则故事流传。他的母亲过万安桥，遇狂风巨浪，险遭不测。后来蔡襄身居高位，有了条件，准备遵照母亲的命令，修复塌坏的万安桥。由于桥跨江海，海潮时涨时退，时机很难把握，蔡襄便写了一篇祭文，交给一个下级，命令送达海神。下级在海边睡了一觉之后醒来，发现祭文已经换成了一个崭新的“醋”字。蔡襄看后，似有所悟：“是期我八月二十一日酉时也。”于是决定在这个时刻动工，建造时没有海潮的干扰，最终建成了万安桥。

北宋的刘攽（刘贡父）、欧阳修、王安石、苏东坡等也是玩转语言游戏的大家。刘攽是前文提到的刘敞（刘原父）的弟弟。他与几名从官一同拜访内翰沈括（沈存中）。侍者回报说：“内翰刚刚入浴，请诸位稍等片刻。”贡父马上哭着对同行的人说：“存中已经死了，何必再等呢？”大伙儿听了很吃惊，便问其中缘由，贡父回答说：“孟子不是说过：‘死矣盆成括。’”盆成括是战国时人。盆成，复姓；括，名。语出《孟子·尽心下》：“盆成括仕于齐，孟子曰：‘死矣盆成括！’”意思是“盆成括会死的”。刘贡父将“盆”解释成“浴盆”，将“成括”解释成“沈括”，用以调侃，借孟子的话和大家开了个玩笑。

刘攽与王安石是故交，王安石曾经开玩笑说：“刘攽不值分文。”刘攽反唇相讥，针对王安石的名字发动反击：“失女便成宕，无宀真是妬，下交乱真如，上交误当宁。”暗讽王安石跟上下左右之间的关系。

刘攽与学士孙觉、孙洙交好。一次，孙洙向刘攽求书法。刘攽写好后，让小吏送去。小吏“张冠李戴”，送给了孙觉。刘攽发觉后，对小吏说：“你不知道以胡须区分二位孙学士吗？”小吏回答：“都有胡子，不好分辨。”刘攽说：“既然都有胡子，何不以高矮胖瘦区分呢？孙觉高而胖，可称大胡孙（猢狲）学士，孙洙矮而瘦，可称小胡孙（猢狲）学士。”还有一个故事，在一个酷暑天，秘阁校理王安国骑马去上班，下马后大汗淋漓，刘攽见状，逗笑说："君真所谓汗淋（翰林）学士也。"于是，大胡孙、小胡孙、汗淋学士在同僚间流传开来。

欧阳修是北宋一代大儒，对于文字锤炼非常重视。有一个他和同僚的故事，针对一件事应如何记载到史书中而展开讨论。一次，他们目睹一匹飞驰的马踩死了一只狗。欧阳修说："请你们尝试描述一下这件事。"一人说："有犬卧于通衢，逸马蹄而杀之。"另一人说："有马逸于街衢，卧犬遭之而毙。"欧阳修笑说："像你们这样修史，一万卷也写不完。"那二人说："那怎么写呢？"欧阳修道："逸马杀犬于道。"大家笑了起来。这个故事的主要思想是强调语言文字应精简，避免冗杂赘述。

欧阳修和韩缜（韩玉汝）有交集。韩缜说，自己刚刚举行了冠礼，希望欧阳修题字纪念。韩缜家族名声不好。有个叫傅勍的小军官曾摸到韩缜的后宅，与韩缜的一个侍妾发生了关系。韩缜知道后，命人将他活活打死。时人称"宁逢乳虎，莫逢玉汝"。乳虎是喂崽的母老虎，最凶，人们宁可遇到母老虎，也不愿看见韩玉汝。估计欧阳修看不惯韩缜的种种作为，所以不大乐意，但有碍于面子，于是提笔写了个"玉女"。韩缜一看，有点生气。欧阳修笑笑说："笔没墨了，少写个三点水。"于是，大笔一挥，"玉女"变成了"玉汝"。

还有一个关于欧阳修的虚构故事。一次，两名书生慕名去拜访欧阳修。途中，他们凑巧与欧阳修坐在同一条船上，但是他们都有眼不识泰山。两位书生吟道："岸上一只鹅，扑通跳下河。"欧阳修帮忙吟了一句："白毛浮绿水，红掌拨清波。"两位书生吟道："远望一堆灰，近望灰一堆。"欧阳修吟道："一阵狂风起，满天作雪飞。"两个书生吟道："路旁一枯树，两股大丫杈。"欧阳修续了两句："春至苔为叶，冬来雪是花。"（或曰：未结黄金果，先开白玉花。）二人又吟道："二人同登舟，去访欧阳修。"欧阳修立刻吟道："修已知道你，你还不知修（羞）。"笔者以前也曾嘲笑两个书生。不过，现在笔者对他们两人的态度已经转变。平心而论，两名书生有朝拜大师的心情和班门弄斧的勇气，值得嘉许。

苏东坡是北宋文坛的执牛耳者。他文采飞扬，甚至让欧阳修感叹："有了苏东坡，将来世人恐怕不知道欧阳修是谁。"苏东坡有"坐，请坐，请上坐；

茶，沏茶，沏香茶”的趣话。他和僧人佛印是好朋友，一次，佛印正在吃饭，苏轼恰好赶到。屋内的佛印连忙用罄把盛着鱼的盘子盖住。随后进到屋内的苏轼心里有数，于是说：“向阳花木春常在。”佛印笑道：“积善人家庆有余。”苏轼立即大笑一声道：“既然是‘罄有鱼’，那就把罄里的鱼端出来吧！”佛印这才意识到上了当，只好掀开罄，和苏轼一块吃起鱼来。

还有一次，两人一同在河上泛舟游玩，佛印突然将一把题有苏轼诗句的扇子扔到了水上，说：“水流东坡诗（尸）。”苏轼立即反应过来。看见河岸上有一条狗正在啃骨头，他马上反唇相讥道：“狗啃河上（和尚）骨。”为自己扳回一局。此外，苏东坡以“鸟宿池边树，僧推月下门”为武器攻击佛印。他辩称：既然“鸟”“僧”能够对称，说明“僧”不是好东西。

有时候，苏轼也会拿别人的五官开玩笑。苏东坡和刘贡父是好朋友。刘贡父晚年患麻风病，须眉脱落，鼻梁断坏。一天，两人和其他人在一起。苏轼看到刘贡父的模样，就编了一个故事。孔子的几位弟子在外面逃学玩耍，突然见到孔子，他们慌忙跑到附近的一座塔里躲起来。后来那塔就有了一个名字：“避孔子塔。”“避孔子塔”是“鼻孔子塌”的谐音。众人闻言立即大笑起来。等下一环节做古人诗联游戏时，苏轼又模仿吟诵说“大风起兮云飞扬，安得猛士兮守鼻梁！”

还有一次，刘贡父宴请苏东坡等几个诗苑文坛的好朋友。正当大家兴致勃勃对酒当歌之际，苏东坡的门人突然前来传话，说府上有事，请他回去。刘贡父半是挽留半开玩笑地出了一个上联“幸早里，且从容”，让苏东坡对下联，对得上，就回去；对不上，就留下。上联中，“幸早里”谐“杏枣李”，“从容”谐“苁蓉”。苏东坡的下联是“奈这事，需当归。”“奈这事”谐音“柰（苹果之属）、蔗、柿”，当归为中药名。东坡的才思敏捷实在令人赞叹。

苏东坡与友人姜至之饮酒。姜至之乘兴调侃东坡是一味中药“子苏子”（紫苏子）。苏东坡灵机一动，反唇相讥，说对方也是一味中药，不是“半夏”，就是“厚朴”。姜至之茫然不知其故。东坡先生说：“不是‘半夏’‘厚朴’，为什么用姜制之（姜至之）？！”

苏东坡制作了关于砚盖的谜语：“研犹有石，岘更无山。姜女既去，孟子不还。”“研”中有“石”，“岘”中没有“山”，“姜”中的“女”已经去了，“孟”

中的“子”还没有回来，合起来成为“砚盖”二字。

苏东坡因为文章成名，也因为文章得祸。经历牢狱之灾的苏轼复官回家后，曾经跟黄鲁直说：“我在牢里时，每天吃的是三白饭，照样很香甜，世间美味不过如此！”黄鲁直问什么叫三白饭，苏轼答：“一撮盐，一碟生萝卜，一碗米饭，这就是三白。”后来有一天他受黄鲁直邀请，去他家吃皛饭，苏轼很高兴地赴约，可在饭桌上看到的只有盐、萝卜和米饭。苏轼知道自己受了戏弄。过了几天，黄鲁直接到苏轼的邀请，邀他去吃毳饭。黄鲁直知道其中有诈，但最终还是去了。苏轼陪着黄鲁直聊天，早饭的时间过去了，午饭的时间也过去了，晚饭的点儿也过了，黄鲁直饿得前胸贴后背，实在忍不住了，就催问毳饭的下落。苏轼慢吞吞回答：“盐也毛（‘没有’的意思），萝卜也毛，饭也毛，不就是‘毳’饭吗？！”黄鲁直这才恍然大悟。

苏轼是个文学评论家。他似乎总能注意到其他人忽略的细节。黄鲁直写了首《渔父》词，对其中的“新妇矶边眉黛愁，女儿浦口眼波秋”很是满意，于是就拿给苏轼看。苏轼读了后，打趣道：“词是好词。只是这渔父才出新妇矶，又入女儿浦，那他怎么还有心思打鱼呢？”

对于有些人，苏轼毫不客气。据载，有人为苏东坡朗诵了自己写的诗，问他可以打几分。苏东坡说：“十分。”听者大喜。苏东坡慢慢地接着说：“三分诗，七分读。”一个突降，让对方猛醒。还有一次，在杭州，有一个贪财又好色的寺庙住持向苏轼求字，苏轼就送给他一副对联：“日落香残，去掉凡心一点。火尽炉寒，来把意马牢拴。”住持很得意地拿着对联走了，其实他哪里知道，上联为“秃”，下联为“驴”。

乌台诗案后，苏东坡被贬儋州。被贬的还有黄鲁直和苏辙（苏子由）。有道是：“贤人厄运有缘由，被贬何方莫客愁。见解高超谁敢比？前生注定有恩仇。”有人预言，苏子瞻（即苏轼）因“瞻”与“儋”字相近，所以谪贬儋州。“儋”字为立人旁，恐怕无法北归。苏子由谪贬雷州，因“雷”字上有“雨”，下有“田”，“田”字与“由”字类似，所以苏子由承受天泽，应该安然无恙。黄鲁直谪贬宜州。因“直”与“宜”字相近，而“宜”有“直”盖棺定论的意味，所以凶多吉少。后来，这些预言应验了：苏轼北归途中，在昆陵去世；苏子由回到故乡，在颍川度晚年；黄鲁直在宜州去世。

在《苏东坡传》中，林语堂说："苏东坡很少恨别人，但他至少不喜欢董必。"苏东坡谪居儋州期间，地方大员董必将苏东坡赶出官舍。苏东坡被迫住进了一个简陋的房间。后来，苏东坡写了一篇寓言，用"鳖相公"指涉董必。

苏轼和王安石有交集。王安石喜欢字源学，晚年著有《字说》，其中有不少穿凿附会的内容。每每探讨字源，苏轼便跟他咬文嚼字，常常弄得王安石下不了台。一次，苏轼说："用竹子鞭马，用'笃笃'声还勉强说得过去。但是用竹子打犬表达'笑'字，有什么可笑呢？"王安石反问苏轼："'鸠'字从'九'，依据是什么？"苏轼回答："《诗经》中有'鸤鸠在桑，其子七兮'。七个孩子，加上父母，正好九个。"王安石好长时间之后才知道苏轼在开玩笑。还有一次，苏东坡问王安石说："'犇麤'两字，牛身体比鹿大，鹿的奔跑速度快于牛。现在三个在一起合为一个字，然而意义正好相反，为什么？"王安石无言以对。林语堂的《苏东坡传》中说"苏东坡的学问远高于王安石"，实在是不易之论。

王安石和苏东坡一样，喜欢文字游戏，有著名的"春风又绿江南岸"的典故。他喜欢灯谜，还曾经亲自制作了四个灯谜。1."目字加两点，莫当貝字猜（打一字）。"答案：賀。2."貝字欠两点，莫当目字猜（打一字）。"谜底：資。3."四个口，尽皆方。十字在中央，不作田字道，不作器字商（打一字）。"谜底：圖。4."兄弟四人，一人立，三人坐。两人小，一人大。家中更有一两口，任是凶年也好过（打一字）。"谜底：儉。这四个谜语成为灯谜中的典范。

王安石曾和王吉甫对谜。前者出谜语："画时圆，写时方。冬时短，夏时长。"后者以谜语解答："东海有条鱼，无头又无尾。除去脊梁骨，便是这个谜。"两个谜的谜底都是"日"。当然，如果谜面是"斩草除根"谜底也可以是"日"字。

王安石变法不久，有人在大相国寺墙壁发现了一首诗："终岁荒芜湖浦焦，贫女戴笠落拓条。阿侬去家京洛遥，警心寇盗来攻剽。"开始，人们以为这首诗是丈夫外出，妻子在家感怀而作。知情人对此进行了新的解读。第一句，"终岁"即十二月，为"青"字。"荒芜"即"田"上长"草"，为"苗"字。"湖浦焦"，可以用"去水"表达，为"法"字。三字合成为"青苗法"。第二句，"贫女戴笠"即"安"，"落拓条"即"拓"字落下（省去）"枝条"，为"石"，合二为一则为“安石”。第三句，“阿侬”为吴方言，意为“吾”，在此通“误”。“京洛”是国都，于是借指为“国”，二者合则为“误国”。第四句，“寇盗”皆民之贼也，换种说法即“贼民”。四句合起来是九个字“青苗法安石误国贼民”。原来，这是保守派攻击王安石变法的谜语诗。《三言两拍》中，有一篇故事专门谈论王安石变法的不得人心。从当时的心理氛围分析，估计上述对联属实。

常言说：“北宋无将，南宋无相。”北宋是一个文化繁荣的时代。有了这个时代氛围，诞生了众多语言游戏也显得合情合理。

北宋之亡，一部分原因被认为咎在宋徽宗。关于宋徽宗继承皇位，也有一个故事。宋哲宗在位既久，而皇嗣未立，于是派密使往泰州天庆观，问徐神翁。徐神翁只写了“吉人”二字。回来后，密使将文字奏呈哲宗，上下左右都不知什么意思。宫中有惯例，皇帝面见大臣，会有看班舍人值班。看到有不恭敬的人，舍人必然连声说：“端笏立。”哲宗驾崩后，端王继承大统，成为徽宗。后来，人们领悟到“端笏立”与“端王立”有关，“吉人”二字可以合成“佶”，正是徽宗的名字。

关于“吉”，还有一个典故。宋徽宗准备提拔推官吴倜。他问蔡京在杭州居住期间是否认识吴倜。蔡京素来与吴倜有隙，于是说吴倜傲横无上。皇帝问怎么回事，蔡京说，吴倜知道皇帝的名字是“佶”，但他的名字“倜”还是用圈把“吉”围了起来。宋徽宗听了后，也觉得不乐意。后来，吴倜被罢黜。

提到徽宗，不能不提到术士谢石。宋徽宗宣和年间，谢石由成都到京师，以测字谋生，十分灵验。他的名声传到徽宗那里，徽宗写了一“朝”字，叫皇宫的人拿着去问谢石。谢石看到字，说：“‘朝’字拆分为‘十月十日’，这是天子书写。”宋徽宗的瘦金体金钩铁划，谢石岂能不知？写字的纸张是宫廷御用，与民间用纸有所不同。另外，来人嘴上没毛，说话声音纤细，一看就知是太监。综合几方因素，谢石可以断定几个字是徽宗书写。不过，其他人惊呆了。皇宫之人急忙上奏。第二天，徽宗召谢石到后宫，令东宫（太子）书一“太”字问石。谢石说：“此天子也。”徽宗询问原因，谢石回答：“‘太’字点微横。他日移置诸上，岂非天子邪？因此，此必太子也。”徽宗又叫左右和宫嫔写字来问，论说都精确有理，谢石得到许多赏赐，并被封为奉信郎。

自此，许多人来求相，谢石家中门庭若市。

相传蔡京认识谢石时，后者当时只是一个小人物，不过已因测字开始名动公卿。蔡京书一“公”字，让谢石测未来。谢石说：“公师已位极人臣，福寿如此，不必更问吉凶了。但为了表示我的微术有验，敢问公师少年时曾改名耶？”蔡京笑颔之。古代隶书写“厶”为“口”，“八”为“夕”而不全，散开。蔡京写的“公”字将“名”字改动，谢石据此断定蔡京曾改“名字”。蔡京改名的事，连他的儿子都不知道，因此蔡京很看重谢石，一再推荐提拔，许多人都知道谢石和蔡京的亲密关系。

北宋末年流行歌谣“打了桶（童贯），泼了菜（蔡京），便是人间好世界”。关于蔡京，除了上面的故事，还有其他文字游戏。蔡京有八个儿子，其中六个儿子是学士。长子蔡攸曾任宋朝宰相，靖康元年被赐死。次子蔡鯈（音tiáo）早卒。三子蔡翛（音xiāo）靖康元年被赐死。四子蔡绦（音tāo）被流放白州。五子蔡鞗（音tiáo）靖康元年被掳至金国。七子蔡修靖康元年与父在潭州崇教寺暴病而亡。如上所述，蔡京三个儿子的名字“攸翛鯈”与“尤萧条”谐音，多个儿子不得善终，因此有“蔡京之后尤萧条”之说。

宋徽宗有一个年号“崇寧”。当时铸造崇宁钱，钱面上的“崇寧”二字为蔡京书写。蔡京写“崇”字，自“山”字一笔而下，“寧”字去“心”。于是坊间传言，这个写法是蔡京“有意破宋，无心宁国”，不祥。

进入南宋，谢石继续为帝王将相提供服务。一日，宋高宗微服私访谢石，以杖在土上写了个“一”字，谢石略微思考了一下，说“土”上加一画，是“王”字，肯定不是一般老百姓。正在疑惑之际，高宗帝又写了个“問”字，笔体两侧俱斜而飘飞，让谢石测字。谢石大惊失色说：“左看是‘君’字，右看是‘君’字，必是主上。”遂下拜。高宗说：“毋多言。”谢石俯伏谢恩。

谢石曾给秦桧测字，秦桧随手写了一个“幽”字问终身。谢石道：“‘幽’字虽有泰山之安，但中间两个‘丝’字缠住，可以说‘双龙锁骨，尸体无存’。目下虽好，恐后来年老齿坏，遇硬则衰，须要早寻退步方好！”

南宋樊将军的妻子丢失了珍珠冠，写了一个“失”，叫丈夫送到谢石那里求测。谢石说：“有姓朱的姻亲吗？”樊将军说：“我的妻子姓朱。”谢石问：“排行中有第二十八的吗？”樊将军说：“那是她的哥哥。”谢石：“应该是他取的。

即使不是他取走的，也与他有关。东西还在，可以找得到。”后来果然应验。

岳飞奉旨入京，途遇谢石，写一“红”字求断吉凶。谢石说：“交丝缠身，有麻绞剥皮之兆。陪死者二人，因‘工’字上下两横像二人，中间一竖帅。”后岳飞元帅果遭剥皮惨刑而死，儿子岳云、女婿张宪也一同遇害。

和岳飞一样，谢石后来开始走下坡路，只因一些事情导致他的失宠。高宗写了“春”字，让谢石解释。谢石说：“‘秦’头太重，压‘日’无光。”皇帝默然无声。秦桧听说后，非常愤恨，于是将谢石发配。历史上关于谢石被发配的另一个版本如下。一年元宵，高宗为了粉饰太平，下令百姓献灯。在彩灯中，有一盏蟹灯，八只蟹脚的尖爪上各粘着一个字，连起来是：“春来秋往，压日无光。”高宗不知八个字的含义。谢石在旁提示说：“蟹乃横行之物，百姓以此献灯，必有深意。”高宗沉吟半晌，便令太监把蟹灯送给秦桧。秦桧收灯后，勃然大怒。因没法找到献灯的人，借故给谢石安上了罪名，贬到远方。

宋金关系是南宋历史上的重要内容。当时，有个名叫施宜生的福建人，在金国做官。有一年，他以金国翰林学士的身份来宋庆贺节日。南宋尚书张焘在宾馆招待施宜生。当时，南宋不相信金兵会南下攻打，所以是战是和，举棋不定。施宜生见随从人员不在身旁，便说：“今日北风甚劲！”然后又拿起桌上的笔说：“笔来！”施宜生的意思是金的力量很强，“必来”侵犯。后来，这件事被金主知道了，就以泄露机密罪杀了施宜生。

南宋高宗建炎年间，有个叫周生善的术士擅于通过看字预卜吉凶祸福。皇帝车驾到杭州，当时正处于金军的侵扰之后，人们还心有余悸。一个高官招呼周生善前来拆字，随便写了一个“杭”字让他看。周生善说：“恐怕有战争发生。”因为“杭”字右上边的点放到左边“木”字上，就成了金的将领“兀术”。不到十天，果然传来了金兀术向南侵略的消息。

大敌当前，大臣纷纷自谋出路。宰相赵鼎和秦桧都想退隐，于是不约而同写了一个“退”字求测（“艮”的古体字下部像“人”字。）。周生善说：“赵鼎会离去，秦桧会留下。‘日’是君王的象征。赵鼎写‘退’字，‘人’去‘日’远；秦桧写‘退’字，‘人’紧挨着‘日’，字的左边与与下面相连。‘人’字左笔斜穿它。行迹已经固定下来，想退，退得了吗？”

南宋还流传着“韩信主考”的故事。南宋壬戌年的科举考试，秦桧的儿子秦熹，侄子秦昌时、秦昌龄同榜考中。当时人们愤恨交加，追问主持考试的考官是谁。一个读书人说：“是韩信。”人们当然难以相信。那个读书人笑着说：“如果不是韩信，为什么竟然取下了三秦呢？”这中间有一个历史典故：秦朝被推翻后，项羽把刘邦封为汉王，赶到偏僻的巴、蜀和汉中地区，又把富庶的关中地区分封给三个投降的秦将（雍王章邯、塞王司马欣、翟王董翳），以阻止刘邦再进关中。入汉中后，刘邦日思夜想再入关中。他拜韩信为大将，拟定了东进的计划。韩信明修栈道，暗度陈仓。占领陈仓后，汉军又攻占了雍地、咸阳，章邯兵败自杀。没多久，司马欣、董翳先后投降。就这样，不出三个月时间，韩信便平定了三秦，为建立汉王朝立下了汗马功劳。由此看来，“韩信主考”这种说法是对秦桧以权谋私行为极大的讽刺。比起后世“青山有幸埋忠骨，白铁无辜铸佞臣”的对联也不逊色。

赵昀在位四十一年（1224–1264）。去世后，大臣为他的谥号颇费心思。更改了几个字后，认为圣性崇尚理学，天下道理最大，于是定名为“理宗”。对于这个结果，众人没有意见。巧合的是，“理”字可以拆解为“四十一（年）王”。

贾似道是南宋末年丞相。他对南宋皇帝和忽必烈很恭敬，对其他人都比较残酷刻薄。

首先，他敢于对术士下狠手。他不学无术，还想当皇帝。一个术士懂得析字。贾似道以竹棍在地上书一“奇”字，术士说：“相公之志不妥当。说‘立’又不‘可’以，说‘可’以又不‘立’。”贾似道沉默，将其驱遣。后来，恐怕术士泄露秘密，于是派人将术士杀害于途中。不过，他此后再也没有当皇帝的野心。

其次，贾似道对同僚非常狠毒。他看不惯吴潜兄弟，于是教宫中小内侍在天子面前唱歌：“大蜈公，小蜈公，尽是人间业毒虫。夤缘攀附百虫丛，若使飞天便食龙。”天子问歌谣凶吉时，似道奏道：“谣言皆荧惑星化为小儿，教人间童子歌之。此乃天意，不可不察。‘蜈’与‘吴’同，以臣愚见推之，‘大蜈公，小蜈公’，乃指吴潜兄弟，专权乱国。若使养成其志，必为朝廷之害。陛下飞龙在天，故天意以食龙示警。为今之计，不若罢其相位，另择贤者居之，可以免咎。”天子深信不疑，于是吴潜兄弟都被削去官职。吴潜后来只得服毒而死。

最后，贾似道和姓郑的人势如水火。有一术士，名富春子。贾似道把他招过来，想看一下他的水平高低。富春子秘密写了一张纸封住，对贾似道说：“至晚方开。”第二日，贾似道招待客人，晚上在船头送客，看到明月当头，不由地吟诵起曹孟德的诗歌“月明星稀，乌鹊南飞”。这时，手下廖莹中在旁说道：“此际可拆书观之矣。”一看，纸上没有写其他事情，只写着“月明星稀，乌鹊南飞”八个字。贾似道大惊，知道术士料事如神，于是询问终身祸福。富春子道：“师相富贵，古今莫及，但与姓郑人不相宜，当远避之。”这说到了贾似道的心坎里。原来贾似道小时候，曾梦到自己乘龙上天，却被一勇士打落，堕于坑堑之中。那勇士背心上绣着“荥阳”二字。“荥阳”是姓郑的郡名，与富春子所言相合，贾似道不可能不信。从此，贾似道开始排挤打压姓郑之人，最终宦籍中竟无一姓郑者。

贾似道恶贯满盈，一个得道高僧曾提醒贾似道：“得好休时便好休，开花结子在绵州。”周围人都不知道诗的意义。直到后来，贾似道被郑虎臣锤死于木绵庵，众人才知道诗歌的含义。

从某种程度上讲，南宋在文天祥“惶恐滩头说惶恐，零丁洋里叹零丁”的语言游戏中拉下了帷幕。

第八节 元朝和明朝

元朝为蒙古游牧民族执政，虽然没有外族侵略，也没有外戚、阉党等麻烦，但因为统治阶级文化程度不高，留下的文字游戏不多。如果有，张养浩《山坡羊》中的“兴，百姓苦；亡，百姓苦”算是一例。这句话比较模糊。它可以表示“兴盛了，所以百姓受苦；衰亡了，所以百姓受苦”，也表示“兴盛，因为百姓受苦；衰亡，因为百姓受苦”。因此，它的意义比较丰富。

元朝有关于桑哥的语言游戏。桑哥拜相后，请术士到家，写了桑的异体字“桒”，让术士预测自己还能再做多少年宰相。术士说：“‘桒’字上面是三个‘十’，下面是‘木’，分解为‘十八’。您还可以当宰相四十八个月。”桑哥觉得四十八个月时间太短，于是改名为相哥。他把术士请到家，写了一个“相”字，重新让术士预测官运。术士看了“相”字，说：“‘目’字横看是‘罒’，加上‘木’，横看竖看是‘四十八’。”“横竖”又表示“反正，总之”，意思是不管怎么换字，反正再当四十八个月。桑哥辛卯正月败亡，正好是测字四年之后。

推翻元朝的是朱元璋。元末湖湘中流行童谣：“不怕水中鱼，只怕岸上猪。猪过水，见糠止。”这首童谣指涉朱元璋建都建康（今南京）。传说朱元璋打天下时，一次败走，躲身农妇王吉妇家中，两人竟成相好。朱元璋走时，提笔在墙上写下一段话：“二之十，古之一，左七右七，横山倒出，得了一，是谓之士之一。”朱元璋不久坐上了帝辇。农妇得子，遂将墙上诗句抄录下来，抱子进京，面呈皇上。朱元璋一见字条，马上下诏封小孩为王，并赐给农妇一套豪华住宅。原来，朱元璋在墙上题的是一首谜语，谜底是“王吉妇得子为王”。王吉妇聪慧，朱元璋亦不食前言，双方成就了一段野史佳话。

朱元璋尝得一梦，有三人共戴一血帽，不知其何意，问于刘基（刘伯温）。刘伯温说：“三人戴血帽，‘衆’字象也，是为得众之兆。”过了几天，海宁城果然向朱元璋投降。刘伯温随朱元璋攻打姑苏城（苏州）时，朱元璋出一上联要刘伯温对：“天下口，天上口，志在吞吴。”（姑苏古属吴国）。刘伯温稍一思索，对出下联：“人中王，人边王，意图全任。”意思是朱元璋不仅要把江南（吴）拿下来，还要将整个中国收入掌中。

建国后，朱元璋吏治残酷。凌迟是他采用的一种刑罚。最初，凌迟剐六刀。朱元璋嫌太少，最后，以3357刀为凌迟的规范，寄意“散散吾气”。还有一个显示朱元璋残酷的例子。洪武年间的一个元宵节之夜，朱元璋与刘伯温微服私访京城的灯会。在一家大商号门前，朱元璋注意到一则有趣的图画谜面。图上画着一妇人，长着一双天然大足，怀抱一个大西瓜。朱元璋明白了：“怀”中抱“西”瓜，为“淮西”大脚妇人。马皇后是淮西人氏，且为天足。朱元璋大怒，决定传旨捕拿制谜者。马皇后听说后，大度地劝解道：“佳节吉日，与民同乐，又有何妨？何况妾本是天足，说又何错？不必小题大做，贻笑大方！”此事方才作罢。朱元璋与刘伯温猜灯谜的传说不少。灯会上，他们看到一个灯笼上画了一个人，头发蓬乱，戴了很多帽子。刘伯温解析道：

“这是官（冠）多法（发）乱。”

明太祖曾经问刘伯温明朝能持续多少年。刘伯温回答：“遇顺（順）即止。”朱元璋拆字之后，说：“三百八十年足矣。”明得天下于元顺帝，而李自成国号也是大顺。

燕王朱棣未起兵时，有童谣曰：“烟，烟，北风吹上天。团团旋，窠里乱。北风来，吹便散。”以“烟”谐音“燕”，代表燕王，“北风”，谐音“北边封地”，指明地域、方向。“吹上天”指登上帝位。以“团团旋，窠里乱”形容燕王与惠帝三年间的苦斗、自相残杀，也十分贴切。“北风来，吹便散”表现了燕王势力之强，惠帝力量之弱。《明史》还有道人歌：“莫逐燕，逐燕日高飞，高飞上帝畿。”这与童谣内容相近。

朱棣在燕京时，曾经微服出访，让术士测“帛”字，术士马上跪拜。朱棣问原因，术士说“帛”是“皇”字头“帝”字脚，不是常人。又有一人写“帛”字，术士说：“这是白巾，有丧事要办。”同一字，不同人，测字内容完全不同。

学士解缙参加会试时，庐陵有个叫沈举的举人会试后居首。到了廷试之前，沈举忽梦头上生角，同时参加考试的人说：“头角峥嵘，成败在此一举。”旁边一人说：“不是，羊角即‘解’（觧）字。怕是将有姓解的人会在廷试中居首。”待到廷试之后，果然是解缙居首。

朱棣曾经和解缙说对联的事情。朱棣说：“‘色难’这一句很难对。”解缙应声说：“容易。”朱棣没有反应过来，对解缙说：“既然说容易，怎么不说下联？”解缙曰：“刚才已经说过答案了。”朱棣才明白过来，发出大笑。后来，因为太子设立等原因，朱棣认为解缙做事超越了臣子的本分，于是处置了解缙。

明朝仁宗、宣宗三杨（杨士奇、杨荣、杨溥）当国时，有一个聪慧灵敏的演员，名叫齐雅秀。一天，她被叫来暖场。众人对她说：“你能使三阁老（上面提到的三位重臣）发笑吗？”她回答说：“我一进去，他们就会笑了。”进去见了三阁老，他们问为什么来得这么迟。齐雅秀回答：“因为之前在家看书，所以迟了点。”追问看的是什么书，她回答说：“《列女传》。”三阁老听后，捧腹大笑，就戏耍她说：“我原以为是齐雅秀，想不到是个脐下臭。”齐雅秀也不甘示弱回敬道："我以为各位老爹是武职，原来是文（闻）官。""齐雅秀"与"脐下臭"、"文"与"闻"同音，双方反唇相讥，应对自如，合情入理。欧阳修在滁州参加宴会，好像也找了齐雅秀作陪。面对"文（闻）官"的反驳，欧阳修大怒，说："此妓山野。"意思是"说话好放肆"。妓女应声道："环滁皆山也（野）。"满座为之哄笑。

刚才的故事提到的杨溥自幼聪慧，妙语惊人。有一年，他的父亲因一桩公案受株连，被抓入县狱，杨溥跑到县衙，向县官求情。县官想试试他的才识，便出一上联："四口同圃，内口皆归外口管。"县官暗示"一切由我做主"。杨溥当即对曰："五人共伞，小人全仗大人遮。"他把"伞"字拆成五个"人"字，其中一个大"人"字遮着四个小"人"字，既应对工整，又奉承了县官。县官听了十分高兴，答应了杨溥的请求。

明英宗正统年间有个清官叫耿九畴。他非常节俭，没有别的爱好，公事完成后便焚香读书，廉洁的名声很响，连妇孺都知道他的名字。他曾经坐在水边，看到一个小孩在水边玩耍。他问："这里的水清吗？"小孩应声说："还没有你清。"

钱鹤滩是明孝宗弘治三年状元。他不再当官后，回到家乡。听说一个张姓妓女有姿色，马上去求见。谁知妓女已经嫁给了一个盐商。盐商允许妻子和他相见。女子衣裳缟素，皎若秋月，拿出白绫帕请状元题诗。状元即兴而作的诗歌是："淡罗衫子淡罗裙，淡扫蛾眉淡点唇。可惜一身都是淡，如何嫁了卖盐人？"这首诗包含了"咸""淡"的对比，很巧妙，但一定程度上折射出诗人性格的缺陷和名誉的污点。

明武宗正德年间，刘瑾用事，贿赂公行。云馈一干，即一千之谓；云一方，即一万之谓。嘉靖年间，全国旱涝成灾，野有饿殍，民不聊生。当时人称"嘉靖，嘉靖，家家干净"。诗人金珊在除夕之夜做了两首《荒年诗》，嘲讽时弊，发泄愤怒："年去年来来去忙，不饮千觞也百觞。今年若还要酒吃，除去酒边西字旁。""年去年来来去忙，不杀鹅时也杀羊。今年若要杀鹅吃，除却鹅边鸟字旁。"第一首诗中，"酒"字除去"西"，是个"水"字。第二首诗中，"鹅"字去"鸟"，是个"我"字。诗人忙了一整年，到了年底，却只剩下了"水"和"我"。

嘉靖时，倭寇和官兵交战，官兵常被打得灰头土脸，落荒而逃。军队中的文士为鼓舞官兵杀敌士气，编写了一首诗："曲川地可耕，长刀砍低树，元来腹有文，軍口三十去。"勉励官兵"剿寇"。

嘉靖皇帝梦黄衣者数人南行，速度很快。第二天，他把自己的梦境告诉了近臣杨一清。杨一清说："黄者，蝗也。南方其有蝗乎。"秋天，果然发生了蝗灾。

同样是嘉靖年间，荆王楚于睡梦中梦到有人对他说："补我的衣衫，我当保佑你的子孙。"荆王说："你是谁？"那人说："但张目而视，侧耳而听之！"荆王醒后不知何意，没有把此事搁在心上。一天偶尔翻起手边的画册，见到观音像时，顿时有所领悟："'张目而视'，非'观'乎？'侧耳而听'，非'音'乎？"因荆王府旁有一观音阁，所以他立即前往察看，发现栋宇和塑像被风雨毁坏，无形可辨。荆王见状，立即授令修复。此后在位期间，风调雨顺，平承数代。

笔画长短也可以论阴阳。相传嘉靖权臣严嵩找人测字，写一"从"字。测字的人说："相公多人扶助。"于是严嵩的左右皆大喜。这个术士出来后，人问其测字的情形，术士告诉了详情，但却补充一句："只可惜相助他的尽属阴人。"因为"从"字凡撇皆短之故。

明神宗末年，朝廷拟议韩、刘二公为相，但很久没有消息。有一个叫叶福唐的官僚在惠安闲居，就叫郑仰田来预卜事情结果，并写了一个"笋"字给郑仰田看。郑仰田回答说："'笋'字上有两个'个'字，下有一个'尹'字。'尹'者，宰相也。大概是两个宰相吧。但'君'不开'口'，有什么办法？要想拜官，必须要'君'不成为'君'。"后来，明神宗在弥留之际，任命令才下达。

明熹宗天启初，朝廷拟选宰相，有个人写了"全"字问郑仰田宰相当是哪些人。郑仰田说："'全'字从'人'从'王'，'王'字四画，一共当选出四人。"再问四个人的姓名，郑仰田说："'全'字省去三画为'土'，四人当中当有姓中间带'土'的人。'全'字省去四画为'丁'，四人中间当有姓丁的人。'全'字省两横，合起来为'木'，当有名字属木的人。把所有省去的部分全部加起来，四人当中会有名字为'全'的人。"某人说："'木'莫非是指林尚书？”郑仰田说：“独木不成林，‘木’是指名，不是指姓。”后来周如磐（“周”字中带“土”）、丁绍轼、黄立极（“极”字属木）、冯铨（“铨”中有“全”）四人当选宰相。

郑仰田也曾经给魏忠贤测过字。魏忠贤先写了“有”字，郑仰田说：“一人之下，万人之上。”魏忠贤问原因，回答是：“‘有’字上半部是‘天’字的一半，下为日月，乃君臣之象。今月食日，幸肩半天，否则无天矣。”魏忠贤又写了一个“飢”字。回答说：“此不凡之人，然不良之人也。”因为“飢”字右边是个“几”字，“几”字不像“凡”字。“飢”字左边的“食”字上面是个“人”字，下面是个“艮”，像“良”字，但又不是“良”。魏忠贤又写了一个“囚”字，郑仰田说：“这是当国一人。如无斯人，国将空矣。”事后，郑仰田私下对别人说：“囚”字目下虽好，只是结局不佳。一人悬在中间，将来必要吊死，四面俱无着落，家业自然荡尽。郑仰田知道凶多吉少，抓紧时间逃走。

张献忠攻入成都后，杀人如麻。常派小孩晚上走街串巷，听人闲谈，用白灰标识其门，白天再去抓杀。一小孩闻人俚语说“张家长，李家短”，告诉张献忠。“张”是左右结构，“长”字较长；“李”是上下结构，“木”字较短。张献忠笑道：“这是我家胜过李自成的征兆啊！”

明朝末年，国势危殆。被称为“重征”的“崇祯”朱由检寝食不安，他来到一个测字摊前，先写个“友”字，术者说“反”贼出头。再测“有”字，术者说“大”字掉了一半，“明”字去了半边，大明岌岌可危。崇祯说“酉”字，术者说，此字“尊”字去头去尾，皇帝至尊快完了。又测“由”字，术者说道：“‘田’字出头，农民造反，要太平难啊！”又写了一个“幽”字，术者说道：“此乃山中有两根丝绳，正好上吊用。”预示着崇祯和王承恩一同吊死在景山树下的悲惨结局。故事经过渲染后，更增加“尤”为“龙”失足、“又”为“圣”下失“土”的情节。

另有关于洪承畴的语言游戏。黄道周写有对联“史笔流芳，虽未成名终可法；洪恩浩荡，不能报国反成仇”。“终”谐音“忠”，“成仇”谐音“承畴”。上下联的第一个字和最后三个字连起来就是“史终可法，洪反成仇”。也就是说“史可法忠，洪承畴反”。同时也表明史可法终究是可以学习的榜样，不像洪承畴那样不能报国反成仇。大学士领兵部尚书衔史可法在扬州领导军民抗清，以身殉国。洪承畴在早期降清官员中职位最高，名气最大。在松山被俘投降后，崇祯皇帝以为他死了，还曾下令为他建昭忠祠。

覆巢之下无完卵，一般将帅的命运可想而知。明亡，某周总兵无意降清，以“周”字测军事成败。测士说：“‘周’字外围乃‘国’破之象。”周总兵再以手指“周”中之吉，测士说：“更拮据不堪了。”后来周总兵于城破自杀殉国。

明朝名士，自有风流传世。现在介绍唐伯虎、徐渭和冯梦龙。许多人不知道其他人物，但大多都知道唐伯虎。唐伯虎生活在成化至嘉靖时期。唐伯虎点秋香的故事，妇孺皆知。两人一见钟情，唐伯虎吟了藏头诗《我爱秋香》（我爱兰江水悠悠，爱晚亭上枫叶稠。秋月溶溶照佛寺，香烟袅袅绕经楼），传为美谈。有一天，唐伯虎出门去田埂上赏景，见到一个农夫挑着泥沿着窄窄的田埂迎面走来。农夫吟出上联“一担重泥拦子路”，意思极为明白：“我担了一担泥拦住了您的去路。”同时，“重泥”谐音“仲尼”，子路是孔子的学生。唐伯虎看见一群纤夫说说笑笑回家，遂对出下联“两岸夫子笑颜回”。下联仍用谐音双关，“夫子”可指纤夫，也可指孔子，颜回亦是孔子弟子。一副对联中，既有同音同形谐音的“子路”“颜回”“夫子”，也有同音（或近音）异形谐音的“重泥”，含义双关，颇有乐趣。

此外，相传唐伯虎画了一只黑狗的，让人来猜。有一年轻人说：“我猜中了。”唐伯虎请他说出谜底。他却笑而不答，取下画来便走。唐伯虎望着这年轻人的背影哈哈一笑：“猜中了！他猜中了！”原来黑狗即黑犬，黑犬为“默”，因此年轻人的沉默就是答案。

关于唐伯虎的传说特别多。相传唐伯虎曾受邀请到祝枝山的花园中赏花作诗。祝枝山对好友说：“今天请你们从色彩缤纷的牡丹花中选出花中之魁。”唐伯虎笑着说：“百无一是。”众文友后来明白过来：“百无一是，就是‘百’字去掉一横，是‘白’字，白牡丹是花中之王。”不禁赞不绝口。

唐伯虎还是一位善于测字的高手。未出仕时，唐伯虎曾梦见自己牵牛在田中草丛间放牧。一觉醒来，自思“田牛”功名无望，后于甲午年金榜题名，方悟“田牛”乃神谕“甲午”之意。唐伯虎不仅为自己测字，还为其他人测字。一富商随手写了一个“奪”字，测妻子会生男还是生女。唐伯虎沉思片刻，对富商说：“这个‘奪’字，上面是一个‘人’，中间是个‘隹’字，下方乃

'寸'字，这不明摆着是一个下方长着一寸长东西的佳人吗？当然是儿子了。"后来果然应验。

"先写了一撇，后写了一画（打一字）。"这是一则脍炙人口、流传很广的字谜，谜底为"孕"，出自著名书画家徐渭（徐文长）。谜面共十个字，除去"先写""后写"作动词铺陈外，其他六字无一闲置，特别是两个"了"字，分置于"孕"字上下部，藏得天衣无缝，嵌得极其自然。徐渭制谜的逻辑思维很严密。如果猜谜人不经意于此，那么只剩下"一撇""一画"，就破谜无门。徐渭还曾制作另一个字谜："二画大，二画小。"谜底是"秦"字。也是设计精巧，独出机杼。

徐渭有一方姓名印，上面刻着"秦田水月"四个字。乍一看不知所云，其实用的是一种拆字法。"秦"字拆开来是"三、人、禾"，"徐"字是由双人偏旁"彳"和"余"拼成的，拆开来也可分为"三人、禾"。"余"下面的部分和"禾"字形相似。"田""水""月"三个字合起来是个"渭"字。

民间传说，一日，冯梦龙与吴江才子叶仲韶同行街头，见一算命测字先生摊前围满了人，冯梦龙即用"卜"字谜描绘此情此景："上无半片之瓦，下无立锥之地。腰间挂着一个葫芦，倒有些阴阳之气。"叶仲韶在旁拊掌大笑。冯梦龙的《三言两拍》为中国文学做出了贡献，《笑府》《智囊全集》更是语言游戏的集大成之作。《智囊全集》中有许多语言游戏，例如故事《独眠孤馆》。广州押衙崔庆成抵达皇家的驿站，夜里看见一个美人，原来是鬼。这个女鬼向他扔过来一张纸，纸上面写着这样的话："川中狗，百姓眼，马扑儿，御厨饭。"崔庆成不知道这些话是什么意思，于是便向丁谓讲述了这件事。丁谓解释说："'川中狗'是'蜀犬'，合为'獨'；'百姓眼'就是'民目'，合为'眠'；'妈扑儿'是'掴子'，与'瓜子'发音相似，合为'孤'；'御厨饭'就是'官食'，合为'館'。是'獨眠孤館'四字。"

第九节　清朝

清的名字有来由：明为火，清为水。水能灭火，故取名为清。传说1645年，清兵南下。南明弘光帝朱由崧仓皇出逃。数日后，清军统帅多铎攻占南京，四下搜寻朱由崧未果。一日傍晚，多铎步入夫子庙，路遇测字人。多铎指着账册中的“叁拾”和“陆拾”，要测字先生预测弘光帝的下落及其逃亡的方向。测字人回答“太平”（今安徽当涂）。多铎立即派出追兵，果然在太平与芜湖交界处将朱由崧捕获。测字先生把“叁拾”解为“大三十”，合起来是个“奔”字，由此推断此人已经逃走。“陆拾”解为“大六十”，可以组合为“太平”两字。

顺治年间，福州饥荒，昼锦坊有卖米者，雷电击毙其中三人。有“兴口月癶康口月癶昼”大书尸体上，无人能够解读。有人将这九个字题于万寿塔壁。晚上，有蜘蛛垂丝于字之中，直贯而下。再看其效果，是“米中用水，康中用木查”。询问米行平时的所作所为，果然如此，真是天诛不爽。

传说金圣叹青年时游西湖，到于谦墓旁祈梦，梦见一株枯树，上立一鸟。醒后悟出乃一“枭”字。自思唯入官场方可能应“枭首”之谶，故决心不登仕途，仅止于秀才即可。后因哭庙案于清顺治十八年问斩。在刑场上，他为其子所作对联“莲子心中苦，梨儿腹内酸”中分别以“莲”“梨”双关“怜”“离”，表面指水果，实叙父子离别之情，彰显了文人的巧妙构思和黑色幽默。

清朝康熙名臣李光地没有显达时，祈梦于神，问终身富贵，得到十个字：“富贵无心想，科名总不成。”李光地心中不安。后来，他中了康熙庚戌进士，仍然没有觉察。及官至相国，方知“戌”字是“成”而非“成”；“想”字无“心”，正好是“相”。还有一桩逸事。李光地未中进士前，曾游历福清。一日他来到石竹山，因登山劳累住在寺中。夜晚，他梦见一队骑兵追杀。仓皇逃命，不料碰到一根木头，刺破他的眼睛。梦醒后，眼睛疼痛难忍。他以前听人说石竹山的梦很灵验，由此想：“刚才一梦不是说明自己前程无望吗？”十分失望。后来，李光地却仕途顺利。想起以前梦中之事，才顿悟：“木”撞“目”，不就是“相”字吗？

有名垂千古的名臣，也有遗臭万年的小人。尚之信为清朝三藩之一尚可喜之子。朝廷下诏撤去三藩，吴三桂起兵，尚之信送伪印于吴三桂，自称暂管辅德将军。后来又归顺清朝，自称暂管平南亲王。有法术的人看尚之信前后两衔，都以“暂”字冠首，可以解释为“以斩为头”（斩头），不是好的征兆。

后来，康熙命尚之信自杀。

吴三桂将要叛乱时，曾向苏州官府借军饷。当时慕天颜掌管苏州，对此事犹豫不决，就请一著名术士朱某测字。恰值茶几上有一张旧请柬，慕天颜就随手把它翻转过来，指着请柬的正面说："就测一'正'字。"朱某说："不能借给他军饷。'正'像'王'字，但'王'心已乱。并且刚才请柬的正面扣在茶几上，正面反了，是要反叛的征兆啊！"慕天颜于是拒绝了吴三桂借军饷的要求。后来吴三桂反叛，果然应验了朱某的话。

郑板桥为康熙时的秀才和雍正十年的举人。一次，郑板桥在某林姓盐商的寿宴上行酒令："林字拆开成两木，东边木升官，西边木发财。"席散后，有人告诉盐商："'木'加'官'为'棺'，'木'加'才'为'材'。"盐商气昏。另外一次，妓院的老鸨恳求郑板桥题写院名。郑板桥被缠不过，随手提笔写了三个大字："因受堂。"后来友人请教"因受堂"三字的含义。郑板桥说："'因受'者，'恩爱'皆无'心'也！"

文字游戏自古以来常常是人们用来谋划的重要工具，有时会杀人于无形，甚至导致江山易主。据说雍正曾授意大侠甘凤池将康熙预定的遗诏盗出。遗诏本来说"传位十四子"。文士吕留良看过诏书，立刻提笔改为"传位于四子"，雍正排行第四，因此登上王位。雍正如愿以偿之后，甘凤池写一个"望"字找了空和尚测字。了空道："'望'字头似'功'字，只是多了三点，那是小人进谗，'功'不成'功'。再说，'望'字还有功高盖主之象。雍正不会感激你们，而且还会加害。你们遁形江湖避祸为上。"甘凤池和吕留良听从了空的话，躲过了一祸。

雍正年间，皇帝派年羹尧出兵征讨青海、蒙古叛乱。年羹尧出兵前，以"蕩"字让一门客预测吉凶。门客说："将军此去，定必马到功成，以汤涤血，自然去尽群丑。"年羹尧听后，十分高兴。后来年羹尧果然战胜，留守西康。过了两年，雍正忌惮年羹尧功高盖主，于是把他召回京师，满门抄斩。这时，当初那个测字的门客才对人揭秘说："年大将军将'蕩'字写成'水易皿'，而'皿'字为'血'象，由水变成血，十分不祥。故知他此行的结局必不得善终，所以我急急告辞，远离避祸。"

相传，乾隆皇帝下江南时，看见一个农夫扛着锄头从田间走过，便问身边的大臣:“‘夫’字，该怎么写呢？”大臣答:“‘夫’字，两横，左一竖撇，右一捺，即成。”乾隆听了，摇着头说:“不对！农夫是刨土之人，故先写‘土’字，下而再加一个‘人’字；轿夫是扛竿之人，故应先写‘人’字，再在他的头上加两根竹竿；孔夫子上通天文，下晓地理，‘天’字出头便是；夫妻是二人，故应先写‘二’字，再写‘人’字；匹夫是指大丈夫，应先写‘大’字，再加‘一’字。字意不同，用法不同，写法也应有区别！”大臣们听了，口称万岁，赞叹不已。

乾隆辛巳年进士孙士毅，早年还是一个准备应考科名的在校学生时，曾随手拈得一个“損”字求测考试（“損”字右上角的“口”在古体字中写作“厶”）。测字师说:“字的左边为秀才之‘才’，右边为生员之‘員’。你现已入学，何必再问？”孙士毅问:“一生功名如何？”测字师说:“若就此字问一生，可知你是个出将入相的人。‘損’字减去上面的‘厶’和下面的‘八’，便是一个‘相’字，官必至相。加‘八’于‘厶’上，则为‘公’字，爵必封公。而‘八’字在下，他日封公恐不能到头啊。‘厶’为‘弁’字之首，‘八’为‘兵’字之足，他日你必投笔从戎，率领兵弁，生活在军营之中。”纵观孙士毅一生的发迹史，测字师所言，竟然无差。

关于纪晓岚前文已有论述，现在补充其他细节。纪晓岚是乾隆时期的才子，自幼聪明伶俐，被称为神童。一天，老师把他叫到面前说:“出一道题考考你：四个‘不’字颠倒颠，四个‘八’字紧相连，一个‘十’字站中间，四个‘人’字不相见。”纪晓岚摸一摸头说:“上看像‘不’，下看像‘不’，不是不上，就是不下。”老师一听，连连称赞。两人谜语的谜底都是“米”。

纪晓岚深谙“伴君如伴虎”的古训，因此交往中常借曲解语意消灾。有一次，他和同僚正在修撰《四库全书》。因天气炎热，大家都脱去了衣裳。此时，乾隆帝驾临，大伙儿都仓皇披上衣服。纪晓岚来不及穿衣，趴在座位底下不敢动。乾隆帝在屋里不吭声。过了很久，纪晓岚抬头窥视，问众人说：“老头子走了没？”乾隆帝命令内监给纪晓岚披上衣服，厉声说:“纪昀无礼，说话如此轻薄！‘老头子’三个字怎么解释？给我个说法，不然将要定你的罪！”纪晓岚叩头讨饶说:“万寿无疆之为‘老’，顶天立地之为‘头’，父天母地之为‘子’。”乾隆帝听后才高兴了起来，纪晓岚因此得到宽恕。从此，

“老头子”的称呼便流传开来，臣可称君，妻可称夫，幼可称长。

一次，某官员母亲大寿，纪晓岚赋诗一首：“这个婆娘不是人，九天神女下凡尘。生个儿子去做贼，偷得蟠桃奉母亲。”让人的情绪跌宕起伏。纪晓岚的家乡有座佛寺，纪晓岚想嘲弄寺中方丈禅心和尚一番，便写下一首诗：“精神炯炯，老貌堂堂。乌巾白髯，龟鹤呈祥。”禅心和尚一看，满心欢喜，便把画挂在墙上，供人欣赏。后来，有位饱学之士来此游览，指着那首题诗道：每一句的第一个字连起来读，不是“精老乌龟”四字吗？禅心和尚如梦方醒。据说纪晓岚给和珅题了“竹苞”二字。和珅认为这是“竹苞松茂”之意，于是高兴地把它悬在正厅。乾隆皇帝见了，对和珅说：“把二字拆开来，不就变成‘个个草包’了吗？！”

二月河的《乾隆大帝》中曾写到纪晓岚遭贬后测字的情节：测字先生姓董名超，纪晓岚提笔在纸上用端楷写出“董超”二字，预测命运。董超取过那张纸仔细审量，许久，一笑说道：“纪大人放心，性命绝无妨碍。这个‘超’字，是‘召走’合体。‘董’字是‘千里草’，您要远戍了。‘召’字无‘言’字旁，必是口传诏谕，现在正‘走’，还没有传到府上。谪戍应在千里之外草茂之地无疑。”纪昀又提笔写了一个“名”字递上去，董超说道：“此字下为一‘口’，上为‘外’字偏旁。大人远戍之所，当是口外。‘夕’为‘西’，必是西域。”纪晓岚问是否能够返回，董超答道：“以‘名’字形状，与‘君’字仿佛，和‘召’字也形似，将来一定会赐还。”纪晓岚问回来的具体时间，董超回答：“‘口’字是‘四’字缺笔。大约不足四年就能蒙恩归来。”后来纪昀的遭遇正如董超所言。

乾隆庚戌年间万寿恩科考试。在结果未揭晓之前，有个叫翟公树的安徽人写了一个“道”字，问同乡胡先声：“这次我们安徽人能有几个人中进士？”胡先声大声说：“必能中十人，而且有人能中会元，我自己也在进士之中。‘道’字已有‘进’字的框架子，中间的‘首’字，不是‘会元’是什么？‘首’字上面的两点为倒‘八’字，中间是‘一’字，下面的‘自’字，就是我自己。全部加起来，正好等于十吗？”第二天中榜名单发布，竟然与胡先声所说的一点不差：共有一百零二名中了进士，其中安徽十名。会元朱文翰，歙县人。胡先声中三十九名。

乾隆时，湖北松滋县发生一案。有个小孩死于野地，丢了耳环和衣服。县令把此地附近二十多人抓去审问多日，查不出来。后来上司派李静庵做代理县令，接过案卷。李静庵先带领几个精干差役微服出行，来到一家卜筮草店，问近日来卜卦的人是多还是少。卜者说："少。前些日子本地有个名叫鲜旺儿的童子来测字，抽出'鸥鸮'的'鸮'字。我开玩笑地对他说：'你有枭首之象。'他显得很紧张。"李静庵率差役寻到鲜旺儿的藏匿处，说要到某村去，路不熟，雇他带路。李静庵又说："你把你的东西带上，免得丢了。"鲜旺儿就从草丛中拿起一个小袋与他们同行。到了一个客栈，李静庵让差役翻看鲜旺儿的袋子，发现有当票。李静庵马上让鲜旺儿把所当的东西赎回来。赎回来的东西竟是耳环和衣服。李静庵让死者家属来认。家属一见物品便号啕大哭。有了赃物，鲜旺儿伏法。二十多名无辜群众被释放。

据说嘉庆帝找到赵文楷，随口说了一个"田"字求测。赵文楷说，这个字上下左右都是"王"。嘉庆非常高兴，后来钦点赵文楷为状元。

清光绪二十五年，才子刘延贵邀请杭州好友共同登泰山游玩。二人谈到杭州西湖的无边風月亭时，刘延贵大受启发。他对好友说："此处有无边風月之景。就在这里题'无边風月'四字好了。"好友提醒他说："乾隆下江南时题过此句，再题会触犯忌讳。"刘延贵挥笔在大石上题了"虫二"二字。他说："'風月无边'二字去掉边不就是'虫二'吗？"" 好友一听他的解释，赞叹不已。

慈禧喜欢谜面为"踏雪寻梅"（打一植物）的谜语。它的谜底是"款冬花"。"款"的其中一个意义是"缓慢"，例如"款步"。踏雪时，步速不会很快。梅花为冬天之花。当时清宫中举行灯谜，有一个灯谜谜面是"三多"，要求打两个节日名，答案是"七夕、除夕"。"三多"为六个"夕"，"七夕""除"去一个"夕"正好是六个"夕"。

清代官场腐败，"三年清知县，十万雪花银"表示即便当了三年廉洁的官，也能从中捞到许多钱财。这与执掌大权的李鸿章不无关系。据说这位"擎天博玉柱，架海紫金梁"主持朝政时，他的一个远房亲戚赴京参加科举考试，在考卷上想写"我是李大人的亲戚"，因为不会写"戚"字，他把"戚"写成了"妻"。主考官阅卷看到此处，批道："我不敢娶（取）！"

《我的前半生》一书的作者溥仪三岁登基成为宣统皇帝。当时，他大哭大喊，其父摄政王说："别哭，别哭，快完了，快完了！"这引得文武百官心中嘀咕，认为是不祥之兆："怎么能说'快完了'呢？"不过，这句失言成为准确的预言。三年后的1911年，辛亥革命埋葬了沿袭已久的封建帝王专政。如果说失言还不是充足的理由，那么还有民间流传的一首析字谣可以证明："未坐江山就盖头，万年江山一旦丢。丝丝扭扭三年整，充到外国终不回。"四句合起来是"宣统"二字。

第十节　民国

李鸿章的弟子袁世凯忌讳"元宵"二字。因"元宵"听起来像是要消灭袁世凯，于是下令将元宵改称"汤圆"。这并没能挽救袁世凯，但"汤圆"这个名称却因此流传下来。根据单田芳播讲的评书，袁世凯以上三代家族有个怪现象：女子很长寿，但男丁虽然官运亨通，却都活不过60岁。基于此，袁世凯将元宵改名有可信度。

有一副名联："起病六君子，送命二陈汤。"六君子汤是一剂中药汤剂，用人参等六种草药煎熬而成，具有益气健脾，燥湿化痰的功效。"二陈汤"也是一剂中药汤头名，由法半夏、陈皮、茯苓、甘草组成。选取半夏和陈皮时，应以陈旧者为佳，故名二陈汤。对联指涉民国历史。袁世凯坐上中华民国大总统宝座后，一心想当皇帝，加紧进行复辟帝制活动，他授意杨度等六人组成筹安会。在六人的鼓吹下，加上心腹干将陈树藩、陈宧、汤芗铭等的出谋划策，袁世凯终于登上了金銮殿。但称帝不得人心，袁世凯陷入绝境。陈树藩等三人见大事不妙，倒戈反袁。袁世凯不久就一命呜呼，没有逃过家族的怪圈。对联上联说袁世凯起病的"六君子"是指杨度等人组成的筹安会鼓吹君主立宪。下联指通电反袁的陈宧、陈树藩和汤芗铭，三位的姓氏正好组成了"二陈汤"。

这里还要提及四川给袁世凯写的一副挽联："袁世凯千古，中国人民万岁！"人们看了以后，都挺奇怪："上联五个字，下联六个字？！"写挽联的人笑了："袁世凯本来就'对不起'中国人民嘛！"本文讲述了许多为了科举考试而测字的事情。需要指出的是，袁世凯当政期间，力排众议，终结了中国的科举制度。他的子孙如今在各个领域做出了突出贡献。袁世凯的功过是非只能任后人继续评说。

《石室诗士食狮史》是语言学家赵元任先生写的一篇奇文。抗战时期，汪精卫当上了伪政府主席后，抽出“哥”字签。得到“可父可师”“可敬可佩”的恭维，更有“可杀可剐”的解释，可见老百姓对汪精卫恨之入骨。

张作霖雄踞东北时，曾经出席日本人的酒会，一位来自日本的名流力请大帅赏字。张作霖抓过笔就写了个“虎”字，然后题款：“张作霖手黑。”随从连忙提醒：“下面少了个‘土’。”张作霖很有理：“这叫‘寸土不让！’”他的解释让在场的中国人恍然大悟，会心而笑。

1938年，陈毅率新四军在浙江开华县华埠镇休整，当地抗日组织召开欢迎大会。主持人大声说：“我们首先请陈毅将军讲话！”陈毅回答：“我叫陈毅，耳东‘陈’，毅力的‘毅’。刚才主持人称我为‘将军’，我是受全国老百姓的委托，去‘将’日本鬼子的‘军’。这一‘将’，直到把他们‘将’死为止……”

日本投降之后，国民党接收了日占区。任中原的《戴笠传》将其准确地定性为“劫收”。随后，解放战争开始。蒋介石将持不同政见者囚禁在贵州息烽集中营，与它“熄灭革命烽火”的字面意义关系密切。文字游戏是否起了作用，后面的结果众所周知。

第十一节　中华人民共和国

中华人民共和国建立后，也有文字游戏。毛泽东说过：“太平洋上不太平。”他还写有诗歌：“我失骄杨君失柳，杨柳轻飏直上重霄九。”“杨柳”表面上指的是杨花、柳絮，实际上指的是杨开慧、柳直荀两位烈士。作者使用谐音这一修辞手法，赞扬了两位烈士。

周恩来《在文艺工作座谈会和故事片创作会议上的讲话》一文中也有妙语：“（某些人）不能在导弹部门工作，他只能在导弹部门捣蛋。”

作家张贤亮有“和谐”说：“所谓‘和谐’，‘和’是‘禾’字旁一个‘口’字，意味着人人都有饭吃。‘谐’是‘言’字旁一个‘皆’字，代表人人都可以说话。这两点是和谐最基本的条件。”某地根据上面的话语设计了考试题，以张贤亮的语言游戏为背景，考查学生对“和谐”的理解。此举将教材知识与时事内容有机结合，引导学生平时既要学习基础知识，又要培养幽默感。一叶落而知天下秋，新课程标准已经将语言游戏列为学生应该掌握的内容。如果坚持这个导向，新一代中国人呼之欲出。

看到语言游戏，品评着有趣的故事，不禁感慨万分。许多语言游戏的创作者已经逝去，但他们的音容笑貌宛在眼前。有人认为历史中的人物离我们很远，但是语言游戏拉近了现代人和他们的距离，让人觉得这些包括帝王将相在内的历史人物和芸芸众生一样，有七情六欲，有喜怒哀乐，因此而增加了认同感。亲其师，信其道。这种感同身受对于学习者各个领域学问的长进具有巨大推动作用。

历史的长河给后人留下了宝贵的精神财富。中国商代甲骨文在安阳出土，是了不起的事件，说明了文字对于一个国家、一个朝代的至关重要性。如今，中国正处于改革开放的关键时期，更需要文字发挥重要作用。语言游戏让传统的文字面目焕然一新，能够助力文化强国的伟大事业，有助于“中国梦”的实现。

第九章　语言游戏名人名作

中华文化博大精深。语言游戏是其中的明珠。本章选择众多与语言游戏有关的名人及中国文学名著，评论其语言游戏，以飨读者。本章测字方面的知名人物包括李淳风、谢石、朱安国、张德元、马守愚、郑仰田、胡宏、周亮工、柳玉之、汪龙、吴崧若、杨向春、大不同（有些人前文已经提到。他们已有的测字事例不再赘述，只补充新的例子）。本章提及的中国文学名著，除了四大名著，还有《金瓶梅》和《警世通言》等。现在分别论述。

第一节　知名人物

李淳风是唐朝知名的相士。某日，一位中年人来找李淳风测妻子的孕事。他提笔写了个龙字，请李淳风占测。龙字写得歪歪扭扭。李淳风一看，眉头紧缩，开口说："'龙'字，写得歪斜不正，像'龙'又不像'龙'字。以此看来，尊夫人恐怕有难产的隐忧。承蒙祖上积德，虽然难产，但可以安然度过。只不过这个'龙'字下面平白无故多了一点，使'龙'字看起来又像'聋'字。胎儿耳朵天生失聪。"

再看宋朝的谢石。有一个名叫文觉的读书人认为"乃"很简单，无法推测，于是抱着玩笑的心态，使用这个字求测。谢石说："'及'字不成，君终身不及第。"钱元素等待新的任命时，见谢石，写下"請"字求测。谢石说："君其为监察御史乎？'請'字'言''青'未全也。"后来果然如此。有一道士写一"問"字求占。谢石道："門虽大，只一口。"道士十分惊奇。原来，道士所居道观，虽然有几个童仆，但全观道士只有他一人。道士又书一"器"字求占，谢石道："人口空多，皆在户外。"意思是诸童仆不在道籍。道士十分佩服。

有一次，有人持“一也”二字求卜，谢石说：“二字不是你写的，是你的夫人写的。”问卜的人大异，问其缘故。谢石说：“‘也’字是语助词，故知为贤内助所书。”谢石又问：“你今年是不是三十一岁？”求卜者大惊，又问道理。谢石说：“‘也’字上为‘三十’，下为‘一’字，故知你今年三十一岁。”求卜者又问运程。谢石说：“‘也’字加‘水’为‘池”字，加‘马’为‘驰’字，今池运则无水，陆驰则无马，这说明欲求升迁而不可得。‘也’字加‘人’为‘他’字，今只有‘也’字而不见人。‘也’字加‘土’字为‘地’字，今又不见‘土’，说明家里今年有人死亡，家产也荡尽。”求卜者更大异，说先生所言甚是，但今天“一也”此二字，乃夫人怀孕十月而未生产，写此二字求卜。谢石说：“若问此事，则必在十三个月生育。”后来果如谢石所占。

谢石在街上用牌子写一千个字。不识字者，任其所指，祸福皆应。尚书邵溥的第三子不好惹。遇到谢石拆字，即大加责难。一天，这个人对谢石说：“我亦能拆字。你姓谢，所谓‘身’在‘寸言’之中，石则终身右选（右选为宋代吏部四选之一。吏部侍郎分左右选，掌右选者负责武官的铨叙选授），不能出头。”闻者大笑。

一日，谢石正在庭中休息，郡中之巨绅来访，巨绅写了一个“卜”字向谢石求问婚姻。谢石断说：“此为大贵之相。女家并非本地人氏，而且就门第而言，高于男方。但是，门第虽有高低之别，却很容易成功。”巨绅非常高兴地说：“先生真是神仙。请问如何看出？”谢石回答说：“‘卜’字有金枝玉叶之象，一竖为金枝，一点为玉叶，故为大贵。‘卜’字为‘外’字之边，所以知道必为外乡之人。又‘卜’字形可‘上’可‘下’，所以婚事很容易成功。”

谢石后来得罪权贵被贬。在去往贬所的路上，谢石在一座山上遇到一个老人。老人也善于测字，谢石写了一个“石”字。老人说：“凶哉！‘石’遇‘皮’必‘破’，遇‘卒’必‘碎’矣。”押送谢石的兵卒在旁边，正好姓皮。谢石由衷叹服，请老人作字。老人说：“即以我为字可也。”谢石说：“夫‘人’而立‘山’傍，子殆‘仙’哉。”谢石下拜，行弟子礼，然后询问：“吾术似无减先生，乃先生居然仙矣，而吾兹不免尘网，何也？”老人回答：“子以字为字，吾以身为字也。”

南宋初年有朱安国，极善测字。南宋著名学者洪迈的哥哥洪适为参知政事时，上疏请求退休，没有得到皇帝的批准。洪适给洪迈写来一封信说起这件事。恰好朱安国去拜访洪迈，洪迈想让朱安国预测一下这件事的结局。他指着信中的一个“去”字，请求预测。朱安国捧着信，看到这个字是草字体，很像出了头的“天”字，于是问：“这位官员是贵人，他要预测什么事呢？”洪迈说：“他想去官引退。”朱安国道：“正钻头出天之上，将位列百官之首，不要再说退休之类的话了。”

朱安国到了鄱阳，正赶上科举考试开场的时候，很多人找他测字。一个人写了“飛”字。朱安国在字的旁边写上：“二九而升。‘飛’这个字里面有‘二’字，有‘九’字，有‘升’字。”秋天考试的时候，此人位居第十九名。朋友祝贺说：“十九是第二个九，肯定能够考取。”没过多久，参加省级的考试，结果名落孙山。再次参加科举考试，又考了一个第十九名，马上又通过了省级的考试。这个时候才知道“二九而升”的意思是经过两次考第十九名方能成功。

张德元为元末明初时的测字大师。参知政事刘某心有所欲，请张德元占卜，但又不言明其事，想考验张德元。张德元说：“书一字方可占。”正好有小学生在旁习字，正写《千字文》至“德建名立”一句。刘指“德”字。张德元说：“你想问行人之事。”刘说：“对。何时当至？”张德元答：“自今十四日必来。”刘说：“恐怕不肯来。”张德元说：“一心要行。”后来预测的事情发生了，刘某问原因。张德元答：“‘德’字双立人，乃行人也，故知占行人。旁有‘十四’字头，故云十四日。其下又有一‘心’字形，所以说一心要来。”

一个朋友得病，以“豐”字测字。德元说：“死矣，明日讣至。”问原因。德元说：“‘豐’字，山墓所也。两‘丰’，树也。‘豆’，祭器也，墓既成矣，尚欲生乎？”

洪武初，参知政事刘公、王公到了浙江做官，改“拱北楼”为“來遠楼”。张德元也参加了新名揭幕仪式。看到新名，他预言，三日内刘公有哀丧之事。王公问原因。张德元解释说：“‘來’者‘丧’字形，‘遠’者‘哀’字形也。旁边上下连续二点，是泪点。”后来将“來遠楼”改为“镇海楼”。

马守愚是明代测字专家，专研谢石的测字，在当时颇负盛名。一日，一位拄着拐杖的老先生来找马守愚测字，想知道多年在外做生意的儿子何时回来。老先生到屋内后，把拐杖放在一旁的米箱上，告诉马守愚此行的目的。马守愚告诉老先生，儿子已经回来。因为老人进屋时，把拐杖放在米箱上。“米”字加上一横，就是回来的“来”字，所以断定儿子已经回来了。

一刘姓官员辞官回乡差不多十年。有一天，他把马守愚请到家中，写了一个“休”字，让马守愚观看，当时这个字正处在阳光的照射下。马守愚拿着这个字，翻过来，倒过去，看了半天，说：“奇怪！这个‘休’字转个方向就成了‘兵’字。如果兵部缺乏官员，不是您又是谁呢？”刘姓官员笑着说：“我早就不做当官的梦了。”没过多久，日本入侵朝鲜，刘姓官员因为治理边疆的才干受到推举，官拜少司马。

有人写“吉帖”二字问婚姻。马守愚说：“没问题。‘帖’字，‘巾’旁横‘吉’下，喜相也。然喜后有忧。‘吉’下‘口’置‘巾’上，宛然一‘吊’字。”

一个世家子弟取出一块汗巾，请郑仰田测功名前程。郑仰田说：“‘汗’字从‘三’，从倒‘士’，你家三代进士。但‘巾’字少‘中’字一画，说明头脑中了邪，肚里没有东西。”意思是此人不会中举。

郑仰田是明中后期福建惠安人，善于拆字，关于他有许多故事流传。张庄节率领军队在辽东一带平乱。儿子张遗将要从京城出发，去看望父亲，不知吉凶如何，于是询问郑仰田。郑仰田随手翻开几案上的一本书，看到的是《太平御览》的第五十二卷终了。郑仰田说：“这个人是一个了不起的人物，曾经为国家荡平贼寇，因为名字能够登上《太平御览》的人肯定了不起。但是正赶上第五十二卷终了，文治已经结束，武功即将开始，看来他是因为战功卓著才大富大贵的。”然后再往后掀一页，是第五十三卷，卷名是《神仙》。郑仰田问张遗的父亲多大年岁，张遗回答：“五十二岁。”郑仰田说：“世事就是奇怪！太平本是将军定，不许将军见太平。难道说他要急流勇退，学习成仙的道术吗？”第二年，赶上发生变乱，张庄节死难，寿命正好五十三岁。

崇祯时，郑仰田在南中，临淮侯召见郑仰田。当时正值明末农民起义，京师形势危急。临淮侯说：“北方张大司马入援北京，能行吗？”当时他在下象棋，就以象棋中的“马”字求测。郑仰田说：“马走日步，今日下雨，不行了。”临淮侯又问张大司马是否无恙，并以手中的犀杯给郑看。郑仰田说：

"'犀'字'尸'在身上，说明张大司马已经死了。"临淮侯不解地问："如果张大司马离位不做官，也会死吗？"郑仰田说："为时已晚。即使离位出走，一样要死，因为'犀'字加一走之旁'辶'，成'遲（迟）'。"此外另有一个相似的测字案例：

某吏尝梦至冥司遇一吏故友也。偶揭其簿，见己名名下朱笔草书似一"犀"字，吏夺而掩之，醒后莫测其故。有老者解释："此阴曹简便之籍。'户中'二字连写，颇似'犀'字。君其莫终于户部郎中乎？"

晋江人李某与阉党吴淳夫有隔阂，有一次，李某写了一个"吞"字去向郑仰田问事。郑仰田说："他的势力能够吞没你，不是小敌。'吞'字从'天'入'口'，其人莫非姓吴？"李某忙问结局怎么样，郑仰田接着说："'吴'以'口'为头，他的头已经落地了，你还怕什么？"过了一年，吴淳夫被斩。

明朝官吏倪鸿宾任国子监祭酒时，与人合不来，打算告退为民。有一天恰好遇到郑仰田，双方没有互通姓名，倪鸿宾拿出骰子中的"红四点"要郑仰田预卜未来。郑仰田看了看说："京官四品而掌印者，只有大司成。阁下大概就是祭酒倪公吧？"倪鸿宾点头称是。郑仰田说："你必然是与人合不来，那个人姓名中可能带有'骨'字。因为骰子用骨头作成，四面有棱角，不能圆，所以知道是与人合不来。阁下是想请求告退吗？因为骰子体方像'口'，加上四点是'回'字。"

明代大臣顾邻初去官后，闲居在家，有一次遣仆从拿象棋中的"車"字去问郑仰田。郑对仆人说："这一定不是为你自己的事来的，而是某贵人派你来的。"仆人问什么缘故，郑仰田说："'車'分拆开来是'一甲一'名，不是贵人是什么？在象棋中，只有车能够纵横如意，此人的文章事业必定很显赫，只可惜现在在局外。"仆人问："还能够复起为官吗？"郑回答说："虽然想复出，但半身不遂怎么办？再者，车既已取出来，则不合棋规。所以知道他身体有残疾，不能复出了。"

宁波胡宏对于易学有精通的研究。有一次，他遇见两位赴试的考生。胡宏说，两个人之中，有一个应该考中，而另一个当有丧事而受阻。二人皆不以为然。事情过后，却如胡宏所言。胡宏解释说："丧父者来问我时，正好有人提着水而过。'水'与'立'合在一起成'泣'字。所以说知道有哭泣之事发生。中榜者问时，正好有一个人站在我的身边。‘人’加上‘立’字，成一个‘位’字，因此知道此人必中无疑。”

明朝时，还有河北术士汪龙比较出名。他有眼病，人称瞎龙。每遇事，便起数而占，多奇中。有个人为生孩子的事，写了个“竹”字问汪龙，汪龙说，“是个双生，要在二月间才能生，而且两个都是男孩子。但是怕命不久长。”对方问为什么这样说，汪龙回答说：“‘竹’乃是无根之物，所以不能久长。”

有一天，四五个赴京赶考的举人，共同写了个“貴”字问汪龙未来考试的结果。汪龙说：“好，必中。”其中有一独眼的人，汪龙让他留下，私下对他说：“今日此去考试，只有你一个能考上，其余都难如意。‘貴’字是‘中一目人’。”有一个人用“汗巾”来问在府城的考试会不会被录取，汪龙说：“不但会考取，还有衣物之类的东西作陪衬送给你（兼入泮）。‘布’是‘有’字形，‘汗’是‘泮’字形。‘巾’是毛巾。布的颜色新，有不断更新之意。”入泮礼的其中一个环节是正衣冠。把衣服鞋帽都穿好，打扮得整整齐齐，再去拜孔子和老师。

有人用“哭”字请求预测父亲病情。当得知是独生子时，汪龙说：“没关系，‘哭’字上面两口双全，下面一‘人’。不但如此，还应得一个儿子，因为‘犬’字旁有一点。”另一人用“瓜”字来询问父亲的病情，汪龙说：“他的死期已到。把‘瓜’与‘子’合起来为‘孤’字。”与之相似的一个测字案例是：

有一人以求嗣，诣何仙祈梦。梦人抱一西瓜相赠，又见半子西瓜外。圆者称贺云：“瓜最多子，行且见累累矣。”其人至老不得嗣，自以梦无验，语方大古。方笑曰：“‘瓜’露半‘子’，公其‘孤’乎？”始悟。

由于汪龙的名气很大，找他的人很多。当地有个官员认为汪龙骗人，于是把他叫到官府讯问：“我手中拿的是什么？如果猜对，便放你回去。如果猜错，就乱棍打死。”汪龙让这位官员指一物。正好这时有少妇在堂下喊冤，官员就指了一下少妇。汪龙说：“手中之物，是一只麻雀。”官员一惊，又问：“是死的，还是活的？”汪龙说：“生死掌握在老爷手中。”官员知道对方已猜出了他的心思：如果猜是活的，会马上把它弄死。如果猜是死的，就会把它放生。官员问他说话的依据，汪龙回答：“此妇人为年少佳人。‘少’字加一‘佳’字，是‘雀’字。她又在堂前喊冤，身穿麻质孝服，以意解之，必为‘麻雀’了。”官员只好放了汪龙。

有一权贵无子，听说汪龙测字很有名，就找一个姓袁的员外拿着一只白色的围棋子，托他去汪龙那里预测一下有无后嗣。袁某微服找到汪龙。汪龙拿着这枚围棋子，问：“你是否姓袁？”求测人说：“不错。那我是什么身份？”汪龙用手摸围棋子的四周说：“你是位员外。”袁某又问：“我来求测什么事？”汪龙答道：“这是白色东西，应来自北方，必是北京当局的贵人，要求测有无后嗣。此物非木非石，经水火锻炼而成，全无生气，怎么会有子呢！”

汪龙在徽州为人测字，有个人写了一个“耕”字，询问外出的人何时归来。“耕”字左边的“耒”字似“来”字。汪龙说：“已经来到乡井了。”那人又写了个“耘”字，“耘”字中“云”有“说话”之意。汪龙说：“近在咫尺，在田间与别人说话呢！”

一天，一名罪犯同押解的官兵一起来求卜，他听过御史磨墨的说法，就帮汪龙磨砚，不料手重气粗，打翻了砚盘。汪龙说：“不用磨了，你是重犯。”罪犯问：“能活下去吗？”汪龙说：“虽不立刻死，但罪重难翻。”犯人哭着说：“某时運若此，何用生为。”汪龙说：“推算还有七年。逢戌碰到吕姓官人就喊冤，可改成充軍四川之刑，丑年可回来。因为‘哭’有双‘口’为‘吕’，‘運’字为‘軍’，‘用’字为‘川’，‘罪’字为‘四川’，‘生’字，有‘丑’字形。”

有人以“尼”字问病。汪龙说：“‘尼’加上‘夕’为屍。明天必死。”又以“生”字求测。汪龙说：“明天是丑日。‘生’字上面是‘牛’，下面是‘土’。病人不适宜泥土。临死无疑。”

有人以“彤”字问病。汪龙说：“肯定是远方的人生病了。”问的人很吃惊，询问缘故。汪龙说：“‘彤’字发音等于‘同’，词形类似‘肜’。‘肜’为祭祀的名称。如果在家，怎么能边祭祀，边问卜呢？杉木从丹，棺材已经油漆好了。如果问时间，当在一个月之间，用船载还。因为左边有‘舟’字形，右边有‘帆’字形。‘彤’字左边‘丹’是半‘月’状。”

明宪宗十八年，吴崧若在杭州测字。有一位名叫方楼冈的先生询问一个出门在外的人的情况。他用两个手指在两膝之间虚写了一个“行”字。吴崧若说：“此人必定是你的兄弟，排行不是第二，就是第三。”听者很吃惊，说：

“怎么知道的？”吴崧若说：“用两个指头在两膝之间写字，是膝前手足的形象，所以肯定是兄弟。写字的时候一直没有用到第四指，所以知道排行第二或者第三。”听者说：“真是神奇，正是要问三弟何时回来。”吴崧若说：“这个‘行’字是‘吾’字从‘衙’字中出来的形状，说明‘吾’已出‘衙’，看来他已经上路了，正在往家里走。”

有一位姓钱的先生，为他的亲戚占卜询问打官司的情况，他在《周易》中指了一下坤卦（☷）求卜。吴崧若说：“这件事起因本在家里，但是祸患自外而来，幸亏有朋友相助，所以没有什么危害。”钱先生说：“没错。本来是同胞兄弟，因为小事发生争吵，地方上把他们抓了起来，以杀害兄长的罪名进行诉讼，到现在已经半年了。如今找到一个当官的人，请他帮忙开释。请问这件事的结果如何？”吴崧若说：“坤卦是六个断横的形状，在‘門’字的内部，在‘非’字的外部，所以知道这事起因在门内，是非从外来。坤卦又有‘朋’字分解开的形状，所以知道有朋友相救，解除危难。坤卦是‘罪’字的两边，所以知道已经从罪过中解脱出来了。”

杨向春也是明朝测字大师。有一则他当学生时的逸闻。一年，学政要来考察生员的学习情况，凡是考核为劣的学生，都要被罚鞭打，并开除学籍。老师决定以穷学生报劣。杨向春向老师要求只将他以违背经术意蕴上报。学政到大理后，一见杨向春便批评。杨向春回答说自己并没有违背经术意蕴，如果说自己违背了经术意蕴，那么就不应该使用《易经》命题。学政对杨向春理解《易经》数理大感意外，于是马上测试。学政写了一个“由”字。向春就问学政：“你要问六甲之事吗？”（“由”为倒“甲”）学政很生气地大声说：“不是。”向春又对学政说：“恭喜老师，你家生了一个儿子。可惜你的声音太大了。报信人会摔断马腿。而你家公子的名字也是由此而来。”

巡抚欧阳重请杨向春占卜，但不说何事，只在纸上写一“梅”字。杨向春看后便说：“‘梅’字含两个‘人’字，一‘母’字。你将得一子一女，后者为男。‘赤文呆人’也！”过了几年，欧阳重见杨向春便说：“如你所说，只是有一个问题至今不解：请问‘赤文呆人’是何意？”杨向春道：“你儿子应该叫赦保！‘赤文’是一‘赦’字，‘呆人’则是‘保’字。”

明末清初学者周亮工擅长测字，他编写了名著《字触》，总结了前人测字的经典案例，读来饶有趣味。触有“触及”“触动”和“触类旁通”之意，意思是只要是触及文字的东西，尽皆收集，有表示字义的引申、增长，可以不局限于字的本义。其中有字谜、拆字、析字，也有风谣谶语、吉祥梦卜之类，亦有牵强附会之谈，掺杂了一些荒诞不经或迷信的成分。《字触》除了前序后跋外，共分《庾部》《外部》《晰部》《几部》《谐部》《说部》六卷。

《庾部》题目为《参同契》《藁砧》《鲁国孔文举》《思杨客姬难堪》《思玄》《悲客他方》《各》《念》《别》《信》《娱》《宠》《何敬荣》《闲居有乐》《王安石》《白水真人》《董卓吕布》《曹丕》《两火》《建元》《汝阴》《未》(一)、《剡》《王恭》《桓灵宝》《冯昌》《益州》《苻坚》《慕容熙》《劉》《寄苻》《未》(二)、《骆宾王》《美人》《姚崇宋璟》《誌公词》《普满》《申蘭申春》《班義》《獨眠孤舘》《裴度》《杜牧》《裴元质》《安吉》《轩辕先生》《甄仲舒》《甑杵为妖》《王晋公》《黄巢》《草重生》《吕洞賓》《许碑重立》《三梦》《王溥》《石笋隐字》《刘龑》《魏罐》《吉人》《鞋》《张考功》《曾》《三人》《周彪》《田中伸足》《双天西日》《叶简》《辛未狀元》《戊午解元》《困无多日》《戊戌进士》《三春》《黄猷吉》《三人同一口》《西瓜》。

《外部》题目为《李蠙》《北千》《蝌》《贝州》《解》《儋州雷州宜州》《谢石》《太》《周生相字》《湧》《失》《申》《飛》《慶》《易》《去》《一》《帛》《來遠楼》《胡宏》《金》《毛》《竹》《貴》《耕》《哭》(一)、《尼》《彤》《陀》《唐》《瓜》《汗巾》(一)、《麻雀》《哭》(二)、《来》《郑仰田》《囚》《骰子》《象棋車字》《全》《吞》《太平御览》《汗巾》(二)、《休》《午》《行》《静》《子》《徒》《携》《幾》《闵》《今》《非翠》《串》《代》《女》《七》《硯》《聿》《鳥》《行》《☷》《、》(一)、《瀉》《此》《葉》《已》《甲》《西》《元》《参拾陆拾》《示》《喜》《戲》《白》《六》《住》《筆》《九》。

《晰部》题目为《子系十二》《杨修》《活》《丕》《著桑屐》《馬上郎》《与上人》《侯景》《天保》《紫綎靴》《渊》《葉子》《桒》《柳光》《八人》《廣明》《木成文》《太平》《亨》《靖康》《理宗》《昌王》《顺曦》《醋》《熊》《嘉泰》《臀无肤》《竒》《桑相》《豐》《德》《陋》《驗》《吉帖》《士》《字》《玉缺》《樂》《钦》《天》《好》《可》《閩》《黄》《初》《萱》。

《几部》题目为《王字》《梦殿得禾》《牛头》《桑》《昱》《点额》《梦头生角》

《十八公》《掷玉于门》《宋桷》《走马上山》《脚》《髟》《车傍斤》《乘龙》《羊鱼》《大亨》《衮衣倚槐》《主》《隆化》《宣政》《天子家》《廣運》《大業》《改國字》《幽州》《讲坐下听法》《失》《四者》《吕走人向主》《门耳》《河》《片犬》(一)、《八》《竹束》《州》《弓与不得》《黑犬》《一犬》《羊去角尾》《顯》《狀》《头生羊角》《蟹》《片犬》(二)、《況》《干》《司》《郑启莫言》《田田田土》《二十鬼》《亞》《十》《牛田》《婦》《戊》《孫》《亚卿》《已酉》《來》《人木》《泣》《皮石》《榮》《竄》《白》《玉》《鰥》《失》《狱》《斗门》。

《谐部》题目为《东方朔》《薛综》《氏》《鳳》《井字》《崔光》《習字》《徐之才》《松槐矫对》《狄仁杰》《尹字》《孚》《斧》《甘洽》《青龙寺客》《午》《薛涛》《郭忠恕》《波滑》《日》《贺资》《圖字》《刘攽》《笃鸠》《陈亚》《陈亚蔡襄》《吕扩谢晖》《韩玉汝》《皛饭毳饭》《黄鲁直》《圈困佶》《王邁刘克莊》《用》《儉》《杨東里》《馬王》《璋蘇》《张乂》《巧对》《聶》《伞爽》《陈祭酒》《唐殿元对》《沈石田》《金元宾》《王文恪》《李西涯》《诸理斋》《闌坡》《一極》《杜渭》《钱兼山郭剑泉》《招客》《门》《、》(二)、《婦》《砚盖》《他》《佯》《秦》《楼》《卜》《入》《孕》《田》《呆》《脚》《觚不觚触哉觚哉》《王日叟》《虫二》《月》《彭》《汤》《賞》《秦字诗》《沈筠溪》《蒋涛》《棗棘》《十干名》《田》《肅》。

《说部》题目为《董彦远》《人字具五形》《无》《聋字从龙》《罚》《對》《疊》《智慧》《心火》《水》《辰》《日百》《仁義》《賤》《疾病》《病》《地》《黍》《同田分贝》《富自田起》《随》《弔》《閃》《革圭》《女子》《火伴》《止戈》《反正为乏》《郡县》《犇驫》《騧》《崇寧》《波涛》。如果熟悉这本书的精彩例证，看到每一个题目，就能让人想起一个有趣的故事，明白一个深刻的道理。因此这本书既是历史课本，也是儿童语文启蒙入门书。

除了著述，周亮工还以栎公之名从事测字实践。一日，在宴席上，有人写了个“九”字问夫人怀孕情况。栎公看后说：“你还没有得过儿子，这次会给你生个不平凡的儿子。”对方问原因，栎公说：“你写这个字，像‘兄’不成‘兄’，所以知道这孩子无兄弟。‘九’在数理上是个阳数，所以得知是个男孩。这个字像‘凡’字，而又不是‘凡’，所以你这个孩子将是个不平凡的孩子。”接着，栎公又说：“怀孕的人不是你真正的妻子。”对方回答说：“很对。怎么知道的？”栎公说：“字像‘元’，而又不是‘元’，所以知道不是你的原配夫人。这个字添到室中，外为奸，内为宄，需防室中有不测之灾。”对方说：“真神奇。这个怀孕的人，是我的一个丫鬟，因为我的妻妾比较多，她们都很嫉妒，想方设法害她堕胎，没办法。不知道能不能保全得住？”栎公说：“谁也伤不了她，因这个字是‘完’字之尾，定会有个完美的结果。”

有人以“午”字预测自己孩子的病情。栎公说：“上面是‘人’字卧而不起，下面‘十’是数的终点，不祥。”另有人写“钦”字预测途中的亲人。栎公说：“没问题。不过，会返回。‘钦’为‘欠金’，没钱会返回。”后来应验。栎公的其他测字案例还包括下面几则。

一、建宁贼王奇据城。大兵至，未遽克。栎公在绍武城上，众共企捷音。何司理书“筆”字，问栎公。时已廿三日。公曰：“昨廿日已破建矣。字竹头作草书，似‘廾’，‘聿’为‘建’破象。”

二、某子病危，书“天”字视栎公。公曰：“‘工’下之人不断嗣，岂应绝？”某讳有“工”字云。

三、陆君士冲病垂危，友人书“好”字视栎公。公曰：“但馀‘子女’矣。”

四、又有书“可”字视栎公者。公曰：“男一‘丁’，女一‘口’。询婚姻，必矣。成则必成，但男族盛，有易视女性之心。且女为男克，以‘丁’字太旺，‘口’不足以敌之也。”

五、闵君室人病，以“闺”字视栎公。公曰：“君‘闵’姓，以‘玉’易‘文’，是以素易采也。‘圭’字去首，所谓‘闺’中不全也。且字有‘門’内一‘土’之象，恐无复可望矣。”

六、闵君母病，即以姓“闵”视栎公。公曰：“以‘文’临‘門’，非吊即庆。病者在榻，无他庆事，吊当至矣。况字有‘門’内‘女’不成之象，恐不能起矣。”

七、有怀孕逾月，书“萱”字视栎公。公曰：“再迟廿一日方生。盖‘廿’在头，‘一’字在日上，且下‘一’字颇长，为‘生’字脚。”其人犹豫复曰：“是男乎女乎？”曰：“女。盖萱草为母。此女极易生长，他日必为人母。”

八、邑有大猾周体乾者，令公欲除之。以“非”字视栎公。公曰：“乾之左右，无不相逼者，除之必矣。”既下狱，令公复指“环翠楼”“翠”字视栎公。公曰：“字上二乾皆以笔直之，左视‘乾卒’，右视‘乾卒’，乾不永矣。”

九、杨左之厄，有书“初”字示栎公者。公曰：“刀剑之危及于衣冠之士，诸公不免矣。”

十、有以“今”字问六甲者。栎公曰：“此人一丁也，必生男。”问何日，曰：“逢丁始生，在念日。盖有‘念’字头也。”问平安否，曰：“目今夏日火旺，人在丁上，正乘旺地。”

清同治元年，某地有位柳玉之，只有十七岁，父母都目不识丁。他有测字之才，由于人年轻，同时十拆九中，于是，一传十，十传百，生意兴隆，大有应接不暇之势。有一天，一位老妪来求卜问寿限。老妪摸出来一个“草”字。柳玉之断言老妪寿限不多：“‘草’字不正是二十月加十日吗？”（按“草”字头如草写，可写成“廿”，等于二十。“曰”，“月”也。另加下面的“十”字。）老妪颇豁达，立刻返家告诉子孙。

大不同是某拆字者的别号。光绪、宣统年间，他在常州城隍庙设摊营业，名噪一时。某商店伙计纱帐被盗，薄暮时分才发现失窃，前来拆字。伙计写了个“四”字。大不同曰：“无妨，君所失为纱帐，今已有人悬于他处。君观‘四’字之形，固悬挂之象也。速觅或可得。”伙计说：“你所拆者为真体‘四’字，而我所写者为草体‘四’字。”大不同说：“如果那样，则赃物已经难以找到。可以购备蚊烟一圈以御蚊。因为蚊烟一圈，像草体‘四’字之形。”

某尼姑以“青”字求测终身。大不同审视“青”后，开言道：“清不清，静不静，出家非宜，择人而嫁，可望生育。”尼姑忸怩而去。人们问：“尼姑测终身，可知其尘念不绝，六根不净，有婚嫁之心不难断出。但是为什么能断出生育？”先生解答说：“‘青’之上似‘生’之形，下为‘育’字之底，故而断出。”

民国时期，有大不同给张宗昌测字的传闻。张宗昌在大招牌边写了个“人”字。大不同认为这是“大人”。张宗昌部下在手心上写了个“人”字，随后将手放下。大不同认为他是手下人。一个死刑犯说了个“人”字。因为由嘴中说出，大不同认为他是“囚”犯。

测字含有哲理、学理，需触类旁通，细思明辨。有人问谢石，为何有时不灵？谢石答称，他也不知道。这是忠实的答复。因为以人生所能学得之智慧，想去尽研宇宙所有之事物，完全不可能。所以自古以来，称赞卜算测字者，多用“每有奇中”，而很少用“每人必中”的字眼。测字大师以自己的传奇故事，在历史上留下了浓墨重彩的痕迹。历史因为他们而变得有趣起来。

第二节　优伶

中国古代活跃着一个优伶群体。他们是喜剧演员，利用自己机智的言语让别人快乐，同时针砭时弊。优伶经常戏谑帝王将相，他们是御用滑稽演员。实际上，只有有钱人才能聘请他们。本节将以几个著名的优伶为中心展开论述，他们分别是孟、东方朔、石动筒、黄幡绰、李可及、镜新磨等。中文有“优孟衣冠”的成语，比喻假装古人或模仿他人。这个典故具体内容如下：有一个叫孟的优伶常以谈笑旁敲侧击，劝说楚庄王。楚相孙叔敖死后，儿子很穷。孟就穿戴了孙叔敖的衣冠去见楚庄王，神态和孙叔敖一模一样。楚庄王以为孙叔敖复生，让他做宰相。孟趁机进行规劝，楚庄王终于封了孙叔敖的儿子。

优孟的成功劝说不是孤例。例如，某一年大考，有关官员做了精心准备，诸事顺利。但万万没想到的是，试题出了毛病。第一天的试题里有一句“闻善而行沛然莫御”。有考生提出，“沛”应该是“霈”。当时主考官在打瞌睡，和考生交流的是个年轻官员，没当回事，说既然错了，那就改成“霈”吧。试题有改动，当然应该公布，但是并没有通知所有人。最后，有写“霈”的考生，也有写“沛”的考生。到了第二天，考场又宣布正确的字是“霈”。不出意料，写“沛”的考生有意见，于是在考场上闹事，还把工作人员打伤。挨打的人连连叫喊：“有‘雨’字头也行，没‘雨’字头也行，都算对。下一次不敢了。”话虽如此，闹事打人的考生都被抓了起来。后来，有司请考官和工作人员吃饭压惊。酒过三巡，群优序进。其中一人问：“汉朝四百年一共有多少个丞相？”甲开始从萧何、曹参掰着手指头数，无一遗漏，群优咸赞其能。又有人问：“唐朝三百年，有多少名将？”乙张嘴就来：“张巡、许远、田万春……”甲打断他：“不对啊，应该是雷万春。”二人争执不下，于是向一人请教，确认是雷万春。乙立刻撸胳膊挽袖子，欲打此人，这人赶紧说：“有‘雨’字头也行，没‘雨’字头也行。”当时在座的考官个个面红耳赤。这还没完，一人持令旗上台喝道："考官在此就座，你们休得无礼。"群优回道："下一次不敢了。"这个段子产生了效果：那些被抓的考生全被无罪释放。就这样，演员起到了其他人起不到的作用。

以机智而避祸难，得其善终者，西汉名臣东方朔当之无愧。汉武帝游上林苑时看见一棵树，问东方朔树名，东方朔说："此树名叫善哉。"汉武帝暗中记下。过了数年之后，再次问东方朔此树之名，东方朔回答说："此树名叫瞿所。"武帝于是说："此树的名字为何与之前说的不一样呢？"东方朔回答道："大为马，小为驹。长为鸡，小为雏。大为牛，小为犊。人生为儿，长为老。昨日的善哉，今日已长成瞿所。"汉武帝大笑。

有一次，汉武帝用隐语召见东方朔。当时上林苑呈献枣子，武帝以杖击打未央宫的门槛说："叱叱，先生束束。"东方朔不慌不忙地说道："是上林苑献枣四十九枚吗？"武帝大惊。东方朔见汉武帝以杖击打门槛两木，于是推断两"木"为"林"，"束束"为"枣"，"叱叱"为"七七四十九"。

有了优伶，皇帝和臣民同乐的机会也多了起来。石动筒是北齐高祖高欢的御用优伶。一次，高欢对几个大臣说："我出个谜语你们猜猜。谜面是'卒律葛答'。""卒律葛答"是北方少数民族突厥语，译成汉语是"前火食并"，合起来组成"煎餅"二字。众人中，只有石动筒猜出来是煎饼。高欢让大臣们也出个谜语。大伙还没想出来，石动筒便说："卒律葛答！"高欢没猜出来，问他谜底是什么。石动筒说："是煎饼。"高欢说："这是我刚才出过的谜语，你怎么又说一次？"石动筒诙谐地说："我趁你的煎饼锅还热，就跟着又做了一个。"高欢于是大笑。

高欢让人读《文选》，有郭璞《游仙诗》，高欢很赞赏。石动筒说："我作的诗胜过郭璞一倍。"高欢很不高兴，沉思了一会儿说："你是什么人，敢说这样的大话，该死。"石动筒说："让我作一首诗。如果不能比郭璞好，情愿领死。"立下军令状后，石动筒说："郭璞《游仙诗》云：'青溪千余仞，中有一道士。'我的诗是：'青溪二千仞，中有两道士。'岂不胜他一倍？"高欢大笑。

此外，石动筒不惮于在"太岁"头上动土。他曾经利用孔圣人取乐：

动筒尝于国学中看博士论难云："孔子弟子达者有七十二人。"动筒因问曰："达者七十二人，几人已着冠？几人未着冠？"博士曰："经传无文。"

动筒曰："先生读书，岂合不解孔子弟子着冠有三十人，未着冠者有四十二人？"博士曰"据何文以知之？"动筒曰："《论语》云：'冠者五六人'，五六三十也，'童子六七人'，六七四十二也，岂非七十二人？"座中大笑。博士无以对。

唐朝时，优伶黄幡绰陪在皇帝身边，专门负责为皇帝取乐。唐玄宗一次登上御苑北楼，远望渭水，看见一个人喝醉了酒躺在水边。唐玄宗问身边的人："这是什么人？"身边人都说不知道。正要派人前去探问，黄幡绰说："我知道是什么人。这个人是令吏任期年满的办事人员。"玄宗皇上问："你怎么知道的？"黄幡绰回答说："再一调转就入流了。"唐时，令吏没有官阶品位。再进一步才算正式官员，有品位，称为入流。黄幡绰的另一个意思是"这个人一转身子，就掉进河流里了"。玄宗听了大笑。

有一次宁王和唐玄宗一起吃饭，没忍住咳嗽起来，唾沫喷到皇帝的胡子上。宁王吓坏了，不知道该怎么办。唐玄宗本不以为意，可也有点尴尬。旁边的黄幡绰说话了："王爷你这不是咳嗽啊，你这是喷帝（喷嚏）。"一句话，唐玄宗大笑起来，气氛又变得融洽起来。

安史之乱中，黄幡绰落到安禄山手里。一天夜里，安禄山梦见自己的衣袖长得一直拖到阶下。黄幡绰解析说："当垂衣而治。"后来，安禄山梦见大殿窗框倒立。黄幡绰解释为"革故从新"。两次解梦，黄幡绰的言外之意是安禄山当另立天下，其实也在客观上鼓动了安禄山野心。最终，安禄山的叛乱以失败告终。据说安史之乱平定之后，唐玄宗召见黄幡绰，要治他的罪。黄幡绰听后立刻为自己辩驳说："臣当时身不由己。我把梦重新解析一下：衣袖至阶者，出手不得也；窗框倒立者，糊不得也。'糊''胡'音同，安禄山胡人。"唐玄宗听后，赦免了他的死罪。

前文谈到石动筒曲解经典。这种做法并没有招致人们的反感。恰恰相反，皇帝有时也以曲解圣人为乐。唐懿宗咸通年间，有人问优人李可及："释迦如来是何人？"李可及回答说："是妇人。"问者惊奇地问："为什么？"李可及回答："《金刚经》云：'敷坐而坐。'非妇人，何烦'夫'坐，然后'儿'坐也？"皇帝听了，启齿而笑。有人又问李可及："太上老君何人也？"他回答说："亦妇人也。《道德经》云：'吾有大患，是吾有身。及吾无身，吾复何患？'倘非妇人，何患乎有‘娠’乎？”皇帝很高兴。有人又问：“文宣王（孔子）何人也？”回答说：“妇人也。《论语》云：‘沽之哉，沽之哉，吾待贾者也。’向非妇人，待‘嫁’奚为？”皇帝听后，非常开心，给李可及赏赐，赐予官职。

后唐较为著名的优伶为敬新磨。一次，他去宫殿中奏事，结果被唐庄宗李存勖的狗追赶。敬新磨一边跑一边叫：“陛下不要放纵你的儿女咬人！”李存勖本是少数民族，对狗这个称谓很忌讳。敬新磨骂他是狗，他当场大怒，拉弓就要射杀敬新磨。敬新磨说：“皇上可不能杀我，我和您是一体！我叫‘敬新磨’，您（的年号）叫‘同光（铜光）’。铜如果不磨，还能发光吗？”李存勖听后大笑，于是饶了他。

宋高宗时，有个厨师因为给皇帝煮馄饨没煮熟，被下放到大理寺监狱。不久，宋高宗要听段子，三个优伶开始表演，甲问：“你哪年生的？”乙答：“甲子生的。你呢？”甲说：“丙子生的。”这时第三个优伶立刻向皇帝报告：“这两个人都应该下大理寺监狱。”宋高宗不明白，问其原因，优伶回答说：“甲子（饺子）、丙子（饼子）皆生，应与馄饨不熟同罪。”逗得皇帝哈哈大笑，马上传旨，释放了厨师。

对于戏谑，宋高宗并不总是闻过则喜。南宋初年的军旗有一种两环交叉的图案，取蒙尘的徽宗、钦宗自北回归之意（二圣还）。绍兴初，杨存中得到美玉琢成帽环，献给宋高宗。偶有一伶者在旁，高宗指着环说：“此环杨太尉进来，名二胜环。”伶人接着话头说：“可惜二圣环，且放在脑后。”高宗听了，脸上改变颜色。

宋高宗有容人的雅量。但也有听到语言游戏恼羞成怒的人。绍兴十五年，宋高宗和秦桧在一起吃饭，还叫了伶人演出。宴席上，有位参军的头巾落下，露出脑后头发上的头巾环来。伶人立刻问：“这叫什么环？”参军说：“二圣环。”伶人说：“你就踏实坐在太师椅上。二圣环什么的，尽管忘到脑后去吧。”举座失色，秦桧大怒。这位伶人最后死在了监狱中。

戏谑者人虽卑微，也面临巨大风险，但铁肩担道义，对权贵从来不含糊。绍兴年间，赵构在宫内大宴群臣，席间安排伶人演戏。某伶人扮演善识天文者说：“凡世间贵人，必对应上天星象，只需一架浑天仪，并通过玉衡窥视，我便能见星不见人，从而得知其星象。不过，浑天仪与玉衡仓促间不易置办，用铜钱来代替亦可。”于是，他拿出一枚铜钱，通过铜钱的方孔看了看赵构，说：“帝星也。”又拿着铜钱看了秦桧，说：“相星也。”再对着韩世忠说：“将星也。”最后，他对着当时已被封为郡王的张俊左看右看，端详了很久，非常失望地说：“看不到星。”众人为之大惊，叫他再仔细看看。他又反复看了好一阵，然后一本正经地说：“的确不见星，只见张郡王在钱眼里坐！”众人哄堂大笑。

南宋宁宗年间，韩侂胄贸然北伐失败，劳民伤财，死伤无数，他自己压力也大，头发胡子都白了。皇上赐宴安慰，宴席上还有个“群口相声”。上台的四个人，一个自称樊迟，一个自称樊哙，另一个自称樊恼，还有一人问话。问话人先问樊迟名字的由来，樊迟说：“孔夫子取的。”众人赞叹：“说得在理，樊迟本来就是孔门七十二弟子之一。”又问樊哙，樊哙说：“汉高祖取的。”大家纷纷说：“没错，樊哙是汉家名将。”接着目光转向樊恼。樊恼说：“我这名是自己取的。”一下子全场大笑。众人都明白这是在指涉韩侂胄自不量力，强行北伐，烦恼自取。

韩侂胄之后是史弥远当政，到他那里钻营奉承的人络绎不绝。在一次节目表演中，有两个说相声的上台，一个叫捧哏的表演者拿了块石头，用木棍钻。另一个表演者逗哏问：“你在干什么？”捧哏答：“钻石头啊！”逗哏道：“你不去钻弥软（远），在这儿钻弥坚，还能有出息啊？”

南宋的真德秀和魏了翁既是程朱理学的继承者，又是儒家传人。二人想对朝政进行改革，只是雷声大，雨点小，最后什么规矩都没变，让人失望。失败的改革，也成了戏谑的题材。有两个说相声的演员打扮成儒生上台，其中一人还拿着一只鹤的模型。甲问乙：“您尊姓大名？”乙答：“我叫钟庸。”又问：“拿的是什么啊？”答：“大鹤（南方‘学’与‘鹤’音近）。”后面，二人相约喝酒。乙喝醉了，倒在地上不动。甲打着乙的嘴巴，说：“什么钟庸（《中庸》），什么大鹤（《大学》），白吃了这么多酒食，一动都动不得。”

宋人有“台官不如伶官”的谚语，意思是台官御史说话，还不如皇帝身边插科打诨取笑逗乐的伶人直率和大胆。沈从文著有《宋人演剧的讽刺性》一文，盛赞优伶。总之，优伶以自己睿智而大胆的言行，在历史上写下了浓墨重彩的一笔，为自己所属的群体赢得了不朽的声名。

第三节 名作

中国文学名著，首推四大名著《三国演义》《水浒传》《西游记》和《红楼梦》。从里面众多的语言游戏来看，它们也可以叫作四大语言游戏名著。

《三国演义》中，为联合蜀汉，对抗曹魏，孙权派张温出使蜀国。在蜀国，张温问："天有头吗？"秦宓说："有。在西方，《诗经》上说'乃眷西顾'，所以，头在西方。"张温第二次发问："天有耳朵吗？"秦宓回答："有。《诗经》上说'鹤鸣于九皋，声闻于天'"。张温的第三个问题是："天有脚吗？"秦宓回答："有。《诗经》上说'天步艰难'"。张温问道："天有姓吗？"秦宓答："有。姓刘。天子（刘备）姓刘，天当然姓刘啦。"秦宓暗指蜀汉是正统，为自己的阵营长了威风。不过，蜀汉没有胜利，吴国也没有胜利。吴国即将灭亡之时，有"青盖入洛阳"的童谣。这五个字有两种解读：一是吴灭掉晋，入主洛阳。二是孙皓被俘，打着投降的白旗，乘着青盖被押进洛阳。孙皓相信第一种解读，最后是第二种解读变为现实。

《水浒传》中多个著名事件由文字游戏引发，每一次事件都造成剧烈动荡，生灵涂炭。

事件一：遇洪而开。宋仁宗年间，洪太尉发现了一个神秘的大殿，里面有一块石碑，刻着"遇洪而开"。洪太尉命人掘开石碑，魔君乘机逃出了大殿，引来水浒众将出现并造反。

事件二：童谣中拆出宋江姓名。宋江刺配江州时，在浔阳楼上写下反诗，被黄文炳告发。同时，街市小儿流传童谣："耗国因家木，刀兵点水工。纵横三十六，播乱在山东。"明眼人马上联想到"因家木"和"点水工"就是宋江，于是把宋江的罪升级为造反。

事件三：反诗中藏着卢俊义的大名。吴用假扮算命先生，在卢俊义家墙上写下一首卦歌："芦花丛中一扁舟，俊杰俄从此地游。义士若能知此理，反躬逃难可无忧。"每句话的第一个字连起来读音是"卢俊义反"。卢俊义的厄运从这首藏头诗开始。吴用此举并不厚道。有歇后语说"梁山泊军师——无（吴）用"。可以认为，吴用和诸葛亮同为文学名著的军师，但他们的胸怀、胆略、智谋却不可同日而语。至少可以说，诸葛亮做不出陷害无辜这么下流的事情。

事件四：圣旨中故意读破句子。高俅征讨梁山时大败，宋江活捉了大将韩存保，又把他放回去。韩存保心中感动，积极为梁山说好话。他找到蔡京，说宋江是忠义之士，蔡京向皇上建议招安梁山。皇上也同意招安，于是安排在战场上举行招安仪式。但是，高俅不愿意招安宋江，于是，他让宣读圣旨的使节故意把句子读破。原文是："除宋江卢俊义等大小人众所犯过恶，并与赦免。"结果读成了："除宋江，卢俊义等大小人众所犯过恶，并与赦免。"就是这个小小的逗号，意思完全变了样子。原意是所有人的罪过全免。改变后，是宋江的罪不免，赦免其他人的罪。吴用和花荣都听出了弦外之音。气愤之下，花荣射死了使节，招安无果而终。

事件五：推背图中出现方腊。推背图上道："十千加一点，冬尽始称尊。纵横在浙水，显迹在吴兴。""十千"为"万"，加一点是"方"，冬尽是腊月，称尊等于当皇上。这四句诗为之后宋朝的灭亡起了推动作用。

《水浒传》里面有数首谶语诗，为以后的故事描写埋下伏笔，勾起人们读下去的欲望。两首为智真创作。智真第一次赠智深诗歌："遇林而起，遇山而富，遇水而兴，遇江而止。"后来，鲁智深的经历逐步揭开了谜底。大相国寺菜园遇林冲成为鲁智深流落江湖的起由。在曹正的配合下，与杨志夺下二龙山后，鲁智深的生活才暂时安定下来。第五十八回《三山聚义打青州，众虎同心归水泊》可算"遇水而兴"。"遇江而止"是说智深的事业止于宋江集团。在五台山方丈室内，智真第二次送智深诗歌："逢夏而擒，遇腊而执。听潮而圆，见信而寂。""逢夏而擒"指鲁智深在万松林活捉夏侯成；"遇腊而执"指生擒方腊；"听潮而圆，见信而寂"指听到潮声圆寂。此外，还有玄女娘娘赠送给宋江的四句天言："遇宿重重喜，逢高不是凶。外夷及内寇，几处见奇功。""遇宿重重喜"中的"宿"指殿前太尉宿元景，并两次应验。一次是在第五十九回，宿太尉奉旨到西岳降香，梁山好汉将其截获、软禁，冒其名赚开华州城，救出被拿入大牢的史进和鲁智深。另一次是在第八十一回，宋江等通过宿太尉的关系，最终实现了梁山泊全体受招安的政治目标。"逢高不是凶"中的"高"是专与梁山泊作对的高俅。高俅兵败被俘，成为梁山义军受招安的重要契机。"外夷及内寇，几处见奇功"指招安后的征辽和平田虎、王庆、方腊。

《西游记》中也有文字游戏。为给孙悟空取名，吴承恩引出了书中最神秘的人物须菩提祖师。他对姓氏有研究。石猴前来拜师，没有姓名不好称呼。祖师笑道："你身躯虽是鄙陋，却像个食松果的猢狲。我与你就身上取个姓氏，意思教你姓'猢'。'猢'字去了个兽旁，乃是个'古月'。'古'者老也；'月'者阴也。老阴不能化育。教你姓'狲'倒好。'狲'（猻）字去了兽旁，乃是个'子系'。'子'者儿男也；'系'者婴细（脐带）也。正合婴儿之本论。教你姓'孫'罢。"

《西游记》第四回，玉帝授予孙悟空弼马温的官职。弼马温这个名字很罕见，需要探寻其来源。根据民间传说，将母猴的经血和马的饲料混合，让马食用，可以"避马瘟"，取其谐音弼马温。此处，吴承恩开了个不大不小的玩笑。孙悟空知道自己工作的性质（看管马匹）后很不满。如果孙悟空知道自己官职名字的来源，恐怕不满情绪会更加剧烈。

《西游记》有中药名的双关语。第二十八回《花果山群妖聚义》中，悟空回到花果山，杀了上千名傲来国猎户。吴承恩留下一首《西江月》，以旁观者的口吻描写了孙悟空杀猎户的场景："石打乌头粉碎，沙飞海马俱伤。人参官桂岭前忙，血染朱砂地上。附子难归故里，槟榔怎得还乡？尸骸轻粉卧山场，红娘子家中盼望。"诗中用了乌头、海马、人参、官桂、朱砂、附子、槟榔、轻粉、红娘子九味中药的名字，生动地描写了飞沙走石和猎户尸如山积的血腥场面。

第三十六回《心猿正处诸缘伏》中也有中药名游戏。唐僧说："悟空啊！我自从益智登山盟，王不留行送出城。路上相逢三棱子，途中催趱马兜铃。寻坡转涧求荆芥，迈岭登山拜茯苓。防己一身如竹沥，茴香何日拜朝廷？"孙大圣闻言，呵呵冷笑道："师父不必挂念，少要心焦，且自放心前进，还你个功到自然成也。"文中嵌入益智、王不留行、三棱子、马兜铃、荆芥、茯苓、防己、竹沥，茴香九味中药。益智（益志）指唐僧受唐王之命，赴西天大雷音寺取《大乘经》的矢志不渝的信念；王不留行指唐太宗亲自为三藏饯行，并与众官送出长安关外；三棱子指三个徒弟；马兜铃是师徒与白龙马一起匆匆赶路的形象和声音；茯苓指如来佛祖；防己、竹沥指唐僧心地清净、一尘不染，像新采的竹茎经火炙后沥出的澄清汁液；茴香谐音“回乡”，指取经成功返回唐朝。药名和情节语境吻合，确实浑然天成。

《红楼梦》是一部具有反抗意义的小说。普通读者可能听说过关于贾、王、史、薛四大家族的顺口溜：“假不假，白玉为堂金做马。阿房宫，三百里，装不下金陵一个史。东海缺少白玉床，龙王来找金陵王。丰年好大雪，珍珠如土金如铁。”“假”“雪”分别谐音“贾”“薛”。

曹雪芹给贾政的清客起名也是典型的文字游戏。“詹光”谐音“沾光”，“单聘仁”谐音“善骗人”。类似的谐音还有很多。元春、迎春、探春、惜春四姐妹谐音“原应叹息”。贾宝玉做梦喝酒，酒的名字是“千红一窟”“万艳同杯”，分别谐音“千红一哭”“万艳同悲”。小说结束时，大观园里的女孩子结局基本都很悲惨。贾蓉谐音“容”名副其实：他容忍事情到了其他人难以忍受的地步。贾赦谐音“假设”，其实完全是个摆设。贾化（字时飞）谐音“假话、实非”。

《红楼梦》中的人物对人名也很敏感。林黛玉为了避母亲贾敏的讳，碰到“敏”字，就读成“密”或“米”。邢大舅曾经公开戏弄其他人物：“打量是‘真墙’，哪里知道是个‘假墙’！”众人听了，大笑起来。贾蔷也忍不住地笑，说道：“傻大舅！我没有骂你，你为什么骂我？快拿来罚一大杯！”

《红楼梦》的主人公叫贾宝玉，而在第二回、第五十六回都出现了一位“甄宝玉”，与贾宝玉不论外貌、性格、癖好都一样。所以“贾宝玉”是“假宝玉”，“甄宝玉”才是“真宝玉”，是作者曹雪芹。《老学士闲征姽婳词》中，贾政要求贾宝玉以巾帼英雄林四娘（即姽婳将军）为题材写一首诗。“姽婳”的谐音是“鬼话”，“姽婳词”谐音“鬼话词”。甄士隐与贾雨村，分别谐音“真事隐”“假语存”。

《红楼梦》中有一段测字的故事。贾宝玉弄丢了灵玉。为了找宝玉，贾府的管家拈了一个“赏”字，让刘铁嘴测字。刘铁嘴说：“丢了东西是吗？这‘赏’字上面是‘小’字，下面是个‘口’字。这东西可放在嘴里，必是珠子宝石之类。”后来才有人明白：“赏”字拆成“尚”和“贝”，说明是和尚拿走了宝贝。

除了四大名著，其他作品也有语言游戏的踪迹。《警世通言》有《三现身包龙图断冤》的故事。文中，大孙押司疑半夜跳河身亡，其妻改嫁小孙押司，其女仆迎儿去东岳庙烧香，速报司判官给她一个纸条，上面写道："大女子，小女子，前人耕来后人饵。要知三更事，掇开火下水。来年二三月，句巳当解此。"迎儿遂呈知县包龙图。包公命令左右，传小孙押司夫妇二人前来。包公说："'大女子，小女子'，女之子，乃外孙，是说外郎姓孙，分明是大孙押司，小孙押司。'前人耕来后人饵'，饵者食也，是说你白得他的老婆，享用他的家业。'要知三更事，掇开火下水'，大孙押司死于三更时分，要知死的根由，掇开火下之水。井者，水也。灶者，火也。水在火下，你家灶必砌在井上，死者之尸，必在井中。'来年二三月'，正是今日。'句巳当解此'，'句巳'两字，合起来是'包'字，是说我包某今日到此为官，解其语意，为他雪冤。"众人半信半疑，到孙家掀开灶台下一块石板，发现下面果真是一口井。放人下去，竟捞起一个尸首来。众人齐来认看，发现尸体面色不改，是大孙押司。

作为一部白话小说，《金瓶梅》的内容读起来非常生动，其中有许多语言游戏。比如，书中有个"应伯爵"，但实际上这人和"伯爵"没有关系。用当时的山东话读，这两字念"白嚼"，表示寄生在大户人家，蹭吃蹭喝。《金瓶梅》中水秀才写给应伯爵一封信，以"舍字右边，旁立着官"代替"舘"字，要求帮他荐馆教书，表现了卖弄斯文的性格。

《金瓶梅》第一回中，西门庆遇到潘金莲后，按捺不住饥渴的心。西门庆第五次来，王婆说起自己的副业是"做贝戎儿"，指"做贼"。第四十二回中有"女又十撇儿"，是"奴才"两字的拆字格。第五十三回，西门庆问丫鬟小玉："莫不是我昨夜去了，大娘有些二十四吗？""二十四——（节）气"是一个歇后语。实际上，西门庆在问："吴月娘是不是有些生气？"第八十三回，自从西门庆死后，潘金莲肆无忌惮地和女婿陈经济偷情，但被丫鬟向主母吴月娘告状，因此被严加管束。一个月下来，潘金莲"未免害些木边之目，田下之心"，正是"相思"二字。

《三侠五义》第六十九回有拆"容"的故事。静修认为该字无偏无奇，是个端正字体。按字意说来，有容德乃大，无欺心自安，做事光明，毫无欺心，这是好处。但也有不好的地方。此字若拆开看，是"穴"下有"人口"。若没有海量，恐怕事情发展不利。因此，凡事须有包容，不可急躁。

《施公案》中，施世纶初收黄天霸，满腹狐疑。晚上他做了一个梦，梦见自己头上长了两个角，同时下巴长白毛二三寸，竟然成了一个羊头。醒来之后，他仔细思考，认为“羊头而我身”是一个“義”字。由此，施世纶信任天霸，称呼他为义士，天霸也忠心相报，两人相得益彰。施世纶得到天霸，享有清官的名声，天霸因为施世纶最后被提拔为提督，二人的风云际会都来自一梦。

《镜花缘》等作品中也有文字游戏。有人评论说：“名著是大家都知道，但无人坐下来阅读的东西。”这句话不完全正确，但有一定道理。如何让人读好书？与名著的第一次会面一定要有趣，这样才可能有第二次相逢。语言游戏能起到这个催化剂的作用。语言游戏以其独特的魅力和韵味，吸引读者一次一次地阅读名著。在这个过程中，读者的精神得到升华，灵魂得到净化，生活也变得更有价值和意义。如果所有人都这样做，那么中国整体国民素质的提高指日可待，中国可以昂首挺胸迈步于世界民族之林的前列。

结论

对于弃之不用的树根，有人将其烧掉，有人将其丢弃，有人将其刻成根雕。语言游戏的命运也是如此。有人认为它是雕虫小技，不值一提；有人视而不见，听若无闻，漠视它的存在；有人视如珍宝，津津乐道，如数家珍。笔者属于最后一类。本文将这颗明珠擦拭干净，捧到人们面前，虽有田父献曝之嫌，但也显示出了笔者满心的赤诚和对祖国文字由衷的自豪和热爱。

对于各国语言来说，语言游戏是语言皇冠上璀璨的明珠，汉语也不例外。语言游戏存在已久，尘封在历史中，散落在各处，有湮没无闻并将永远丧失之虞。有必要将其总结整理成一个系统，永久固定下来，使其更好地为世人服务。《现代汉语词典》《新华字典》和其他各种字典和词典出版已经许多年，极大地促进了汉语的普及、教学和净化。如今，出版《汉语语言游戏词典》的时机已经成熟。它将是中国文化大业的一个微小组成部分，会对人们的思想产生一定的影响。

语言游戏对各个学科都有促进作用。它对语文的教学作用不言而喻。如果教师在教学中适当使用文字游戏，会极大调动各个年龄段的学生（包括未成年人和成年人）的学习兴趣和积极性，使他们为中华文字符码系统自豪，增强文化自信，从而振兴汉语，促进中华民族复兴。

语言游戏对历史教学的影响也不可小觑。有时，历史会重复。滴水藏海，从某种意义上讲，汉语语言游戏的历史，也是一部中国历史。如果以语言游戏为线索，书写中国历史，将会更新历史的观念和历史的书写。本书在这个方面做出了尝试，但愿对历史的记忆会有所帮助。此外，长期以来，有些人对历史存在偏见，认为历史可有可无，无足轻重。这种观念造成的结果是：历史专业招不到学生，历史专业毕业生难找工作。这是不正常的现象。不重视历史的人，会流于肤浅。不熟悉历史的人，可能也没有未来。用有趣的语言游戏书写历史，将拉近不愿意亲近历史的人与历史的距离，使更多的人觉得历史虽然远在天边，实则近在眼前。这对于整个民族是一件幸事。

从另一方面讲，语言游戏有其局限性。有时，生活中能打动人的不是巧言令色的文学，而是一些简单平实、毫无修饰的文字。有时，语言游戏绝非儿戏，也有其负面影响。极端的时候，语言游戏还会危及生命。这在前文的论述中有所体现。生活和工作中，应该设法消弭文字游戏的消极影响。只有降低内耗和摩擦，社会这台机器才能更快地前进。

本书有许多不足之处。国内现有的许多文学经典笔者还没来得及阅读，这些经典里也有丰富的语言游戏例证。许多杂志里面也有有趣的语言游戏故事。这些杂志包括《读者》《故事会》《爱你》《特别关注》和《青年文摘》。还有一些幽默读物，例如，《阿衰》《脑筋急转弯》等。其中还有许多例证没有收录，需要假以时日，认真筛选，补充完善，使书中内容更加完善。此外，附录中的关键词、人名、作品名应该补充完整。这将是未来笔者（和读者）的任务和下一步进行的内容。

新时代，新挑战，新气象。讲好中国故事，其含义包括讲中国好故事，讲中国文字的好故事，本书试图做到这一点。在全球化的今天，讲好中国故事这个任务显得尤其紧迫。在完成这个任务的过程中，汉语语言游戏能起到应有的作用。它能够再一次向世人展示，拥有两千多年历史的汉字符号系统神秘而伟大，不乏幽默。讲汉语的中国人乐观向上，极富幽默感。这有助于改变中国人在世界上的刻板形象，跨越文化障碍，融入世界，为人类文明做出新贡献。

汉语语言游戏词典

由于选材资料和作者视野的局限，本书所选语言游戏例证难免有比例失当之处，甚至挂一漏万。且因为书籍出版就有过时之虞，所以读者可根据各自的需要并利用各自的信息源，对内容做必要的补充，俾使其收到备忘的效果。为了使读者获得良好的阅读体验，附录将语言游戏的实例进行分类。这些类别是：说文解字、对联、诗歌、古代幽默、现代幽默（职场、买方卖方、朋友、萍水相逢、成语、校园学习、考试、禅与命、敏感话题、医患双方、汽车驾驶、恋爱、夫妻、父母子女、拆解、专名、中国人遭遇外语、外国人遭遇汉语、方言遭遇普通话、乱序、口误、同音、形似、句读、反权威、喜与忌、童稚、返老还童、俏皮话、脑筋急转弯、特殊用途语言）、歇后语、谜语。每一类按拼音顺序排列。

一、说文解字

1.【、】汪姓住芜阴，自善拆字。试后求占，执笔独点一点，问曰："吾一等一名乎？"先生曰："一等可期，不能前列。"友曰："'点'乃'文'字之首，岂得不前列乎？"不服。曰："请案后言。"案出，果一等末。复造曰："子何解也？"先生曰："君知一点为'文'字之首，不知一点居'等'字之末耳。"

2.【哀哀哀】钱文敏公维城，以少司寇丁艰回籍，梦见一大碑，上书"哀哀哀"三字，心甚恶之。语其弟竹初明府。竹初曰："三口为'品'，兄将来当着一品衣耳。"未几卒，诏赠尚书衔，赐葬立碑，乃悟其梦。

3.【安吉】臨安县令张宣，谒选时，梦一女云："某是明府邑中之客，十一口依在贵境。"及后补湖州安吉令，始悟："一女子，为'安'字；'十一口'，'吉'字也。"及秩满，又将选，复梦前女子曰："明府又当宰妾之邑也。往者家属凋丧略尽，今止三口为累耳。明府到后数月，亦当辞去。”及唱官日，及得杭州臨安县令。宣叹曰：“三口，‘臨’字也；数月而去，吾其状乎？”到任半年卒。

4.【斑义】令狐相出镇淮海，日支使斑义与从事俱游大时寺之西廊。忽睹前壁题曰：“一人堂堂，二曜同光。泉深尺一，点去冰傍。二人相连，不欠一边。三梁四柱，烈火烘然。除却双钩，两日不全。”诸宾幕顾之，驻足良久，莫能辨。义曰：“‘一人’，‘大’字。‘二曜’，‘明’字。‘尺一’，十一寸，非‘寺’字乎？‘点去冰’，‘水’字。‘二人相连’，‘天’字。‘不欠一边’，‘下’字。‘三梁四柱’而‘烈火’，‘無’字。‘两日’除‘双钩’，‘比’字。得非‘大明寺水天下無比’乎？”众皆叹：“黄绢之奇智，亦何异哉？”令狐公叹称弥日，询之老僧，曰：“顷年有客独游，题之而去。”

5.【保锡】谢文正厅事名“保锡堂”。后易之他姓，主人至，亟去其匾，人问之，曰：“分明写‘呆人易金堂’。”

6.【比玉居】有王生行一者，甚美，人多嬖之。沈伯玉过其家，见斋额曰“比玉居”。伯玉曰：“分合言之，乃‘王一屁占’四字。”

7.【彪】北宋尚书吴交石在地方做官时，有一女子在结婚当晚被人杀害。丈夫进屋的时候才觉察，不知凶手是谁。吴交石深思多日，夜梦有虎衔三刀，跳一舟中。吴交石说：“‘虎’加‘三刀’，乃‘彪’字也；‘舟’者‘周’也。杀人者，其周彪乎？”讯问之后，周彪马上承认了罪行。

8.【曾】曾崇范妻，先许嫁数人，每至亲迎之夕，其夫辄死。一夕梦人谓曰：“‘田’头有鹿角，‘田’尾有‘日’炙，乃汝夫也。”后嫁乃悟其梦。

9.【儲】清咸丰年间浙江守将防守要塞，以“儲”测军事成败。测士说：“左边看是‘信’，韩信也；右边看是‘諸’，諸葛亮也，将军必可建立大功。”

10.【串·患】两位读书人一起去算命。其中一位先写了一个“串”字给测字先生看。测字先生认为“串”可以分解为两个“中”字，这一年一定能够高“中”两次。另一位读书人也想得到几句恭维，于是写了同样一个“串”字。不料测字先生板起面孔说：“阁下不但不能高中，反而即将灾祸临头。刚才那位先生是无意中写的‘串’字，阁下则是故意书写的。故意，就是有‘心’。‘串’下有‘心’，成了‘患’字，就是将有祸患了。”

11.【此】朱公曰："吾弟返都，行时有微恙，途中安否？" 乞占之，遂书"此"字。断曰："'此'字占兄弟，不吉之数也。'此'字类'比'字。比肩者，兄弟也。'此'旁多一直，又'止'字引头，乃比肩之数止矣。况字形如'死'，岂尚生乎？" 又问曰："能抵家否？" 曰："'此'字与'北'字相去不远，纵不抵家，近矣。" 旬日报至，公弟卒于河西务。

12.【翠】清朝咸丰同治年间，浙江人陶二峰以测字名扬江浙。有一无赖欲陷害他人，书一"翠"字求卜。陶二峰说："你在军中得翎顶。" 无赖问何由知道。陶二峰说："'卒'头加'羽'，乃从军中得翎顶之兆。" 无赖欲卜运程，陶二峰说："'卒'字有二小人，毕竟心存小人之计。" 又书"羽"字加"番"字，说："你自以为羽毛丰满，若不幡然悔悟，恐有大难。" 无赖大惊，在陶二峰的劝诫下，停止了诬陷计划。

13.【代】明朝时，杭州人刘友曾写了一个"代"字，想占问某人的行迹音信。测字先生接过"代"字，仔仔细细地琢磨了一番，然后胸有成竹地说："此番前来求测的一定是至亲好友，而且是个具有很高德行的人。此人也许遭遇了骨肉之变，于是就躲藏起来。" 刘友感觉句句都在点子上，于是感叹道："情况的确如此。今天求测一位好友。他长年持斋佞佛，博爱待人，慈悲为怀。他有个哥哥和弟弟，关系十分紧张，甚至打起官司，一年多也没有了结。看到兄弟之间毫不相让，好友就竭力从中劝解。但屡劝不从。于是，好友就突然不见了踪影。" 测字先生说："尽管放心，此人没有走远，仍在杭州。" 刘友问何时才能三兄弟相逢。测字先生答道：大概时间并不太长，只要等到来年九月，兄弟自会相见。道理其实都在求测字中。"代"字字势相连甚紧，休戚相关。由此来断，自然知道此人一定是至亲好友。"代"字左为"信"字旁，右为"義"字下，"信""義"兼有，可推知此人一定是位德行很高的人。再说"代"字左为"伤"字旁，右为"残"字边，既得"伤残"之象，自然又可推断出此人必有骨肉之变。另外，"代"字左为"伏"字旁，右为"藏"字下。有"伏、藏"之体，可推测出此人一定躲藏起来。杭州附近，不外乎两个去处，一是仁和，二是钱塘，求测的"代"字左为"仁"字旁，右为"钱"字边。既然字在"仁、钱"之间，那么又可知道此人一定没走远，迄今仍然在杭州。至于何时相见，道理也仍在字中。"代"字左为"亻"字旁，"人"字可谐音"壬"

字；右为“戈”字边，“戈”看起来像戍，来年九月正好是壬戌。以此为断，相见必在此时。

14.【董·萨】张济善拆字，有两秀才问功名，一书“董”字，张济曰：“君今科必中。”一书“萨”字，曰：“君功名无份。”问其故，曰：“‘董’字头上簪花之象。‘菩萨’南面，一生不向北也。”

15.【杜牧】杜牧做宰执的时候，请求做小仪不成功，请做小秋也不成功。杜牧曾经梦见有人对他说：“春天过去，不到秋天，‘昆’脚‘皆’头。”后来担任比部员外郎。

16.【方猶】顺治丁酉，方猶典试江宁，贿赂公行。士子恨之，拆“方猶”二字云：“一万刀狗酋。”

17.【汾】皇祐五年，王彦祖卧疾困眠，梦至一大府。见二人，因恳求生平禄命，二人笑不答。再叩来年得失，其人指面前池水曰：“待此水分流，君即登第也。”觉，以为池水不能分流，决无中第望矣。久之，乃寤，即更名“汾”，以符水分之兆。

18.【粉】鄂人方某幕游于外，一日接家书，以妻病笃，促归，方犹豫不决。有友善拆字，往觅之。友曰：“试道一字，以定行止。”即应声曰“粉”。友曰：“妆台留半面，红粉已分离。可速行，迟恐不及见也。”

19【冯昌】晋苻融，尝为司隶校尉。京兆人董丰，游学三年而返，过宿妻家。是夜妻为贼所杀，妻兄疑丰杀之，送于有司。丰不堪楚惊自诬，融察而异之，问曰：“汝行往返，颇有怪异及卜筮否？”丰曰：“初将发，夜梦乘马南渡水，返而北渡，复自北而南。马停水中，鞭策不去。俯而视之，见两日在于水上，马左白而湿，右干而燥。寤而心悸，窃以为不祥。还之夜，复梦如初。问之筮者，筮曰：‘忧狱讼，远三枕，避三沐。’既至，妻为具沐，夜授丰枕。丰记筮者之言，皆不从，即乃自沐，枕枕而寝。”融曰：“吾知之矣！马左而湿。湿，水也。左‘水’右‘马’，‘冯’字也。两‘曰’，‘昌’字也。其为冯昌乎？”于是推检，获昌而诘之，具首服曰：“本与其妻谋杀董丰，期以新沐枕枕为验，是以误中妇人。”

20.【鳳·午】①嵇康与吕安善，每一相思，千里命驾。安后来，值康不在，喜出户延之，不入。题门上作“鳳”字而去。喜不觉，犹以为欣。离视

“鳯”字，“凡鳥”也。②李安义者，谒富人郑生。辞以出，安义于门上大书“午”字而去。或问其故，答曰：“‘牛’不出头耳。”

21.【符】四川茂州富户张姓者，老年生一儿，甚爱之。每出游，必盛为妆饰。年八岁，出观赛会，竟不返。遍寻至某溪中，已被杀矣，裸身卧水，衣饰尽剥去。张鸣于官，凶手不得，刺史叶公身宿城隍庙求梦。夜梦城隍神开门迎叶，置酒宴之，几上豆腐一碗，架竹箸其上，旁无余物，终席无一言。叶醒后解之，不得其故。后捕快见人持金锁入典铺者，获而讯之，赃证悉合。其人姓符，方知竹架腐上，成一“符”字。

22.【釜·妇】江淮有王生者，榜言解梦。贾客张瞻将归，梦炊于臼中。问王生，生言：“君归不见妻矣。臼中炊，固无釜也。”炊于臼中，谓无釜，谐音“无妇”。后以“炊臼”喻丧妻。

23.【婦】莆有某往九鲤湖，卜其女婚事何日配合。梦仙人书一“婦”字，醒不知谓何。圆者曰：“‘女’旁有‘山’，下乃‘出’字。君之女当出横山耳。”后女适唯新里横山地方。

24.【甘洽】唐甘洽与王仙客友善，因以姓相嘲。洽曰：“王，计尔应姓田，为你面泼赖，抽却你两边。”仙客应声曰：“甘，计你应姓丹，为你头不曲，回脚向上安。”

25.【干】徐溥谒范文正，公庙少憩，假寐。忽梦一人朱冠来，曰：“君寿还有两干。”觉而思之，以为二十年也。其后二十二年卒。盖“干”字两“十”两“一”，合为二十二云。

26.【弓与不得】弓与，潭州人。乾道四年冬，偕乡里六七人赴省试。过宜春，谒仰由祠祈梦。梦至官府，见柱揭纸一片，书“弓与不得”四字。但“不”字稍连接上下，而中乃空。既觉，殊不乐，自谓梦不验。好事者曰：“‘不’字断，乃‘一个’也。神言‘弓与一个得’耳。”

27.【顾·章·张】光绪己卯年江南乡试，无锡诸士子于榜前占牙牌数，其辞云：“大开围场，射鹿得獐。顾盼自喜，中必迭双。”是科无锡县中试者二人，一顾姓，一章姓。“顾”字明见数中。“射鹿得獐”句，暗影“章”字，尤为巧合。解析：这个故事还有一个现代版本。婚礼晚会上，许多朋友让新郎介绍恋爱经过，新郎说：“新郎姓张，新娘姓顾。尚未认识时，我东‘张’

西望，她‘顾’影自怜。后来我‘张’口结舌去找她，她左‘顾’右盼等着我。到认识久一点，我便明目‘张’胆，她也无所‘顾’忌。于是，我便请示她择日开‘张’，她也欣然惠‘顾’。”

28.【鱳】一人幼时，常梦沼中四鱼。占者曰：“一水四鱼，‘鱳’字也。”

29.【癸卯】杭州士人于文肃祠祈梦。甫睡，一厉鬼与一肾囊至，大如瓮，曰：“欲中举，当食此，否则不中。”士子惧，勉食之。初啖味甚甘，如榉子，片时将厚皮四面食尽，独肾丸二枚，齿决不可下。鬼曰：“弃之，汝已中矣。”士子喜，然自此下场屡斥。至乾隆癸卯榜发，士子中魁，始恍然解悟：“盖‘鬼’者，‘癸’也；浙中呼肾为卵。‘卵’去核，‘卯’字也。”

30.【衮】张衮的父亲在其试前问黄真人，批曰：“黄裳头，绿衣尾。”及榜至，黄吉甫第一，张衮名最下。“绿衣”，“六衣”也，“衮”字也。

31.【亥】传说袁天罡的叔父袁守城在长安摆卦。一日，有一人写“亥”字求占。先生曰：“有人请吃饭。”次日其人又写“亥”字求占，先生曰：“今日酉时，有人请喝酒。”次日又来写“亥”字求占，先生曰：“明日打兆。”时袁天罡年幼，问其叔父：“‘亥’字三次求拆，为何断法不一？”先生曰：“卦当一理断，不可一数求。‘亥’者为猪，猪第一次叫，主人认为其饿，给其食，所以断之有吃兆。猪二次再叫，主人认为其渴，给其水，所以断其有饮酒兆。猪第三次叫，其已吃了喝了，主人必打，所以断有打兆。”

32.【和】松江徐式如孝廉良钰精青乌家言，尤长于推算之学，顾多作隐语，不欲明以示人。其里人潘兆芙方以明经应秋试，踵门求推命造。式如不语，唯书“和”字示之，人皆不解所谓。后潘落第，始恍然曰：“此所谓‘名利’两不成也。”自是遂摒弃帖括，一意为善，以终其身。

33.【河】宋主有疾，梦河中无水。以为不祥。占者曰：“‘河’无‘水’，乃‘可’字。主君疾当瘳也。”

34.【黑犬】宋徐元杰尝梦神人系二黑犬过堂下授之。是岁，登科之文有《默思默通云者》。主司见之，以为神语。乃悟“默”字有“黑犬”。重复用之，二黑犬之征也。灵应至此，岂术相所窥。

35.【弘·济·堂】郭中丞青螺与蔡见麓冢宰同官于浙。是时冢宰为右方伯，有引去（退休回乡）意。一日坐弘济堂。冢宰曰：“子为我拆一字。”指堂匾“弘”字。郭曰：“公为何事？”曰：“子只拆字，不必问事。”郭曰：“公意将引而去，数未能。”公曰：“何也？”郭曰：“‘弘’字左为‘弓’而无‘丨’。是未能‘引’。右为‘厶’而无‘土’。是未能‘去’。”公笑曰：“奇哉。”郭又曰：“非徒如此也。堂匾有‘济’字。公将开府齐鲁，或操江。又不徒如此也。‘堂’字‘尚’书而归‘土’（升职到尚书后告老还乡或入土）。”公笑曰：“是太穿凿。”

36.【許碑重立】汉太尉许馘碑，久磨灭。诸孙再刻之，题八字碑阴曰：“談马砺毕，王田数七。”人莫能晓。徐铉父延休，一见解曰：“‘談马’，‘許’字。‘砺毕’，‘碑’字。‘王田’，‘重’字。‘数七’，‘立’字。”解析：“談”可解作“言”，“马”在十二生肖中对应的地支是“午”，将“言”“午”合并起来是“許”字；“砺毕”的意思是石块磨平了，解作“石卑”，合并起来是“碑”字；《诗经》中有“邦畿千里，维民所止”。“邦畿”即“王田”，按照承前启后猜谜法得“千里”二字，合并起来是“重”字；“数七”，是“六”和“一”相加之和。“六”与“一”合起来是“立”。综上所述，“談马砺毕，王田数七”为“許碑重立”四个字。

37.【許忠】乾隆十八年，山东高蔚辰宰河南延津县。昼寝书室，梦一马冲其庭立而人言。高射之，正中其心，马吼而奔。高惊醒，适外报某村妇卢罗氏夜被杀，以杙椓其阴，并杀二孩。高往验尸，伤如所报，而凶犯无以根究。因忆所梦，乃顺庄点名，冀有马姓者。点毕无有，问：“外庄有姓马者乎？”曰：“无。”高将庄册翻阅，沉思良久，见有姓許名忠者，忽心计曰：“马属午，马立而言，则‘言午’也；正中其心，当是許忠矣！”呼許曰：“杀此妇者，汝也！”許惊愕叩首曰：“实是也。以奸不从，故杀之；两指被妇咬伤，故怒而椓其阴，并杀其子。但未识公何以知之？”高笑不答。视其手，血犹涔涔也。置于法，合郡以为神。

38.【黄】明朝时，有位官员因为战功卓著被召入北京。大家都认为他会被授予军队里的官位。他的朋友用“黄”字询问测字先生，测字先生说：“‘黄’字可以拆成‘共由’两个字，他共由什么呢？也就是他从哪里来的？他是由道路上走来的。所以他会被授予道台一类的官职。”

39.【黄巢】黄巢令皮日休作谶词云：“欲知圣人姓，田八二十一。欲知圣人名，果头三屈律。”巢大怒。盖巢头丑，掠鬓不尽，疑三屈律之言为讥己也，遂及祸。解析：“屈律”为唐朝民间口语，是笔画曲折之意。皮日休本来想歌功颂德，却触犯了黄巢的禁忌。

40.【火】道光十二年，邑城北火灾。延烧街市数里，片瓦不存。先是有癫妇赤身披发往来于市，歌哭无常，见人即云：“一人两眼。”至夜烈焰冲霄，街巷灰烬，方悟妇乃神人。一人两眼者，“火”字隐谜也。

41.【火·八人】翟天师名乾，祐峡中人，往往言将来事。常入夔州市大言曰：“今夕当有八人过此，可善待之。”人不之悟。其夜焚数百家。“八人”，“火”字也。

42.【嘉泰】嘉泰元年辛酉三月二十八日，火延烧御史台及军民五万二千四百家，绵亘三十里。凡四昼夜，乃灭。其时术者言：“年号‘嘉’之文，如‘三十五万口’。‘泰’之文，如‘三月二十八’。”又都民市语多举“红藕”二字。“藕”有二十八丝，“红”者，“火”也，皆为识云。

43.【渐】鬼谷断语俱从理出。余偶适城市庙中有测字。一人问婚成否，随拈一“渐”字。测者断曰：“成。”因取笔书曰：“左边为‘水’，右边为‘刀’，以刀斫水，岂能断乎？！”又将“斤”加“断”字左边偏旁部首，为“断”字，“车”加走之旁“辶”为“连”字，曰：“藕断丝连。”复将“斤”加走之旁“辶”作“近”字，曰：“自去自来梁上燕，相亲相近水中鸥。”

44.【景祥】御史沈子公正德戊寅秋视屯田于江北，未至全椒三里县，人迎诉者甚众。沉默数而目识之，既而失其一人。问之左右，漫然答曰：“散去矣。”至县坐行台，诉者入，末一人蓬首跣足敝衣，乃道中失去者。沈问何处人，答曰：“全椒人。”问何名，曰：“小羊。”曰：“诉何事？”曰：“有冤。”曰：“有词乎？”曰：“无有。”沈叱使出，忽不见，急索之不得。盖是时独沈见之，与之言，左右皆无所见。沈知为妖，大骇，流汗呕痢交作。县官问疾，沈语之故。询之曰：“县中得无冤者乎？”对曰：“往年有顾景祥者为其弟所杀并及其子，事适败露，殆为是耶？”盖“景”字下为“小”，“祥”去掉左边“示”字旁为“羊”也。沈执其弟一讯服罪，乃知“小羊”即景祥乳名也。

45.【君·恒·天下奇才】樵川吴生善请仙。顺治丁酉，督学岁试将及，数子问场中题，书曰：“尹字带儿孙，一旦不离心。”复问：“次题出经题否？”

曰："否否否！"比入试，首题是"得见君子者斯可矣"，至"得见有恒者斯可矣"，乃知"尹字儿孙"，"君子"也；"一旦心"，"恒"字也。次题"乐正子强乎"三段，三"否"字也。同时有武学生，亦问试题，书四语曰："二人并肩，不缺一边。立见其可，十字撇添。"及入试，论题乃"天下奇才"四字。始悟"二人并肩"，"天"也；"不缺一边"，"下"也；"立见其可"，"奇"也；"十字撇添"，"才"也。

46.【康七】西川费孝先，善轨革，世皆知名。有客人王旻，因集货至成都，求为卦。孝先曰："教住莫住，教洗莫洗。一石谷，捣得三斗米。遇明即活，遇暗即死。"再三戒之，令诵此数言足矣。旻受教行，途中遇大雨，憩一屋下。路人盈塞，乃思曰："教住莫住，非得此邪？"遂冒雨而行。未几屋倒，独免。旻之妻已谒邻人，俟旋归，将欲毒之，约其私人曰："今夕新浴者，乃夫也。"日欲晡，呼旻洗沐，重易巾栉。悟曰："教洗莫洗，得非此邪？"坚不从。妇怒不省，因反自沐。夜半，反被害。惊睨罔测，遂独囚系。官府拷讯就狱，不能自辩。郡守录状牍，旻悲泣言曰："死即死矣，但孝先所言，终无验耳！"左右以是语上达。翌日，郡守呼旻问曰："汝邻比，何人也？"曰："康七。"遂遣人捕之。"杀汝妻者，必此人也。"已而果然。因谓僚佐曰："一石谷捣得三斗米，非'康七'乎？"既昭雪，诚"遇明即活"之数欤？

47.【口】有女郎将与人私，虑其未谐，而就拆字者问休咎，拈得一"口"字。问欲卜何事，女曰："有一事，可得良好结果否？"拆字者曰："依字而断，恐无圆满之望矣。欲成'可'字，无'丁'；欲成'如'字，无'女'；欲成'何'字，更无'人丁'。"

48.【哭・桀】①浙西陈锺年善拆字，名噪一时。有巨贾吴某者，苏人也，久商于浙。某日得家书，以妻病危笃，促之归。吴忧甚，即访陈就之卜。至则门已闭，吴叩之急，陈乃推窗而询知来意。时方有一犬在旁狂吠，陈即语曰："死矣。"吴厉声曰："字尚未拈，焉知生死！"陈曰："顷者吾之口与汝之口交谈，则为两'口'。又加一'犬'，则成一'哭'字也。"吴懊恼归，然未之信。翌晨再往，拈得一"桀"字。陈即询所占之事，吴以妻病告。陈曰："死矣。"吴询所以，陈曰："'桀'字，上部为两'火'字，乃一对烛也；中为一座，台之象形也；下为'木'字，棺木也。"吴闻言大惊，匆匆买棹归。②一士梦一树，端两焰并发。占者曰：“‘木’两‘火’，‘榮’耀之光。”

49.【况】盘门伍相神，旧本立像。况守至，见之曰：“是何亵也。”为易坐像。既而毁旧像，中有一石刻字云：“若要子胥坐，除非二兄过。”

50.【魁】兴化郡丞朱士容海妇有妊，求梦于九鲤仙，梦人示以科举案，视唯一“魁”字，后果生男，名魁儿。儿亦颖甚，谓必验之。乃年二十得危病，自曰：“‘魁’字‘二十鬼’也，吾其休矣！”

51.【困无多日】莆廖太瘦未登第时，梦枯木高寸许，以篾箍之。回首又见日落西山。廖悒悒。道士曰：“梦甚佳。篾圈箍木，乃‘困’字。日落西山，无多日也。先生困无多日。”

52.【來】一妇居室，夫久客未还。一夕，妇梦巨木两人夹之。卜者曰：“两人夹木，非‘來’字乎？汝婿目下当归。”

53.【闌坡】杨孟平，四明人，居金陵，最善戏，能篆书。有靴匠号“東门王皮”者，骤富。作一室以延宾，求匾于孟平，孟平篆“闌坡”二字与之。或诘之，孟平曰：“加一画，即‘東門王皮’也。”

54.【离·梨；子·籽】唐代杨进贤任南阳刺史，登舟遇风，失其子。夫妇相思甚切，忽夜梦与儿剖梨。因自解曰：“剖梨，分离也。”明日述于友，友曰：“剖梨则见‘籽（子）’矣。”

55.【李蠙】唐司空李蠙，始名虬。赴举之秋，偶自题名于屋壁。经宵忽睹名上添一划，乃成“虱”字矣。蠙曰：“虱者，蠙也。”遂改名蠙。

56.【立秋回禄】黄猷吉，清源人，为淮扬兵宪。以病归，家居颇好道术，缁流羽客，无不接引。一日昼寝，有僧来谒，而阍者不为通。翌日至，又如之。僧叹惋曰：“吾以尔主好道，故来救其厄。今若此，信命也。”取笔题字数行于室东小庑而去。翌日立秋，其夜火发，宅产荡尽，独僧所题小庑无恙，阍者因具言所以。视其书曰：“坐不得，行不得。愁无心，口添画。大口小口，青黄共色。”有解曰：“‘坐不得，行不得’，‘立’也；‘愁无心’，‘秋’也；‘口添画’，‘日’也；‘大口小口’，‘回’也；‘青黄共色’，‘绿’也。凡染绿者，必青与黄合也。乃‘立秋日回禄（火灾）’也。”

57.【奞】太仓陆星农，名增祥。以殿撰出为道员，次湖南，郁郁不得志，蹭蹬以终。相传陆应礼部试时，就拆字者为卜官阶，陆掣得一“奞”字，云：

"名居第一人，官不过三品。"盖"奩"字俗书，上从"大"，"大"字分析之为"一人"也；下从"區"，中为"品"字，空其一面为三数也。

58.【柳光】太和中，柳光入山崦中，见石壁文字中有"卯以附木，小首元尾"之语。"卯附木"，"柳"字；"小首元尾"，"光"字也。

59.【陋】柳道彦性迂缓而好思。尝在旅社，奴子盗其金而去。资斧缺甚。梦人画"陋"字。视之，思"陋"旁抱耳，乃是"人"字。转手入怀，物尚不失。行忽见一肆所卖饼面。因思"饼面"者，"丙乚"也。于"陋"字始全，其在是乎。下马入其室，果得奴子，而金尚在怀。

60.【吕洞賓】"三口共一室，室畔水邊清"是"吕洞賓"的隐语。

61.【麥】石璞善断疑狱。永乐年间民娶妇，三日归宁，失之。妇翁讼婿杀女，诬服论死。璞祷于神，梦神示以"麥"字。璞曰："'麥'者，两人夹一人也。"比明，械囚趣行刑。未出，一童子窥门屏间。捕入，则道士徒也。叱曰："尔师令尔侦事乎？"童子首实，果二道士匿妇槁麦中。立捕，论如法。

62.【茆】某人写了一个"茆"字问婚姻。先生言："婚事易成，女虽为妓，而可为善，可娶。"求测者道："先生神人。我果与一美妓交深，其愿从良而嫁，我亦甘心愿娶。敢问先生字理？"先生解曰："观字可知其为残花败柳，是妓女无疑。而字之末笔从'节'，知其尚可为善。故而言之。"

63.【美人】沈云卿梦口中羹甚寒，仰见天上有"无二"两字。明日以告金回秀。回秀曰："羹寒，无'火'也，非'美'乎？'天'无'二'字，非'人'乎？以鄙人观之，君当有美人桑中之喜也。"

64.【米·典】上官生为太守聘，途遇鬼送一谜："一十四点，一十四口，两头一只脚，六口两只脚，三口四只脚。"后太守为其娶妻米氏，妻不育。又纳妾田氏，孪生二子，取名曰"典"曰"册"。至此恍然大悟，笑曰："'一十四点'者，'米'也；'一十四口'者，'田'也；'两只'（隻）为'双'（雙）字，言孪生也；六口两脚者，'典'也；三口四脚者，'册'也。"

65.【聂】聂大年眇一目，聘至京。有欲识之者，童大章曰："何必识其人，彼但多一耳，少一目而已。"

66.【牛·失】①一人梦骑牛背。占曰："人在牛背，'失'字也。"果遭失脱之忧。②周缮商于江湖，梦一牛两尾，奔投水中。未几舟遇风溺，仅以身免，始悟“牛二尾”为“失”字。

67.【女】张先生书“女”字问婚事，问姓，曰：“张。”断曰：“张姓清河属水，‘女’字得‘水’为‘汝’字，正乃汝之婚姻也。”问貌，先生曰：“‘子’日占得‘女’字为‘好’，‘女’加‘立’字成‘妾’字，‘女’乃‘婢’字少‘卑’字，此人为妾可立，即居婢亦不卑，且必沉默寡言，能治内政。”公喜而未信。事谐，复来顾曰：“言无不验，此女原买为婢，今见其沉重贤能，将立为妾也。”请问何以知其寡言，先生曰：“‘女’字乃知夫人‘如’字不露‘口’耳，是以知之。”

68.【裴】韩公雍总督两广，获术者，惧惑众，命斩之。公试问曰：“知斩汝者谁？”曰：“绯衣人。”公命更白衣斩之。问其人，乃裴姓也。

69.【裴元质】河东裴元质，初举进士，明晨唱策。夜梦一狗从窦出，挽弓射之，其箭遂撇，以为不祥。曹良史曰：“吾住唱策之夜，亦此为梦。梦神为吾解之曰：‘狗’者，‘第’字头也；‘弓’者，‘第’字身也；‘箭’者，‘第’字竖也；有撇，为‘第’也。”

70.【七】一友书“七”字，问子目疾，先生曰：“目已损其半，其一将愈也。”友骇然曰：“犬子果坏一目，何以知之？”先生曰：“目者，北方水也。‘七’字存‘北’之半，故知目损其一。”又问何以知一目将愈，先生曰：“‘七’乃‘皂’字去其‘白’。皂白已分，故知其将愈也。”

71.【錢·賤·賊】张之彦云：“尝玩錢，上着一‘戈’字，下着一‘戈’字，真杀人之物，而人不悟也。然则两戈争贝，岂非‘賤’乎？”云田曰：“古人名‘錢’曰‘刀’，以其刮利能杀人也。”汪介说：“执两‘戈’以求‘金’，谓之‘錢’；执‘十戈’以求‘貝’，则谓之‘賊’而已矣！”

72.【禽】一人指飞过之鸟，曰：“‘鸟’字问家中吉凶。”先生曰：“尊夫人病。”其人骇曰：“敝室原有恙，不识近日何知，故问。”先生曰：“重矣，当速归。”问大命妨乎，先生曰：“恐难保，不日即有信至。”问所断之理，先生曰：“鸟者，禽属也。‘禽’乃‘内人凶’三字，故知其妻病危笃。‘鸟’字乃‘鸣无口’，病难生矣。飞过之鸟，音必速。”

73.【青龙寺客·合寺苟卒】乾符末，有客于青龙寺访知事僧，属其忽遽不暇留连。翌日至，又遇要地朝客。后时复来，亦阻他事。颇有怒色，题其门而去，曰："龛龙去东海，时日隐西斜。敬文今不在，碎石入流沙。"僧皆不解，有沙弥曰："'龛''龙'去，有'合'字存焉。'时''日'隐，有'寺'字存焉。'敬''文'不在，有'苟'存焉。'碎''石'入沙，有'卒'成焉。此不逊之言，辱我曹矣。"

74.【人木】昔一仕宦连夕梦站在木边。术士占之曰："'人''木'，'休'字也。"

75.【三春】新安某君子病，召乩卜之，得"三春"二字，众以为可恃无虞，后九日竟卒。盖"三春"者，"九日人"也。

76.【三人同一口】杨忠烈公涟，少落拓，不肯习程文，诸生皆心薄之，彭幼朔独奇，以为必售。癸卯元旦试诸生，批涟文后云："但得三人同一口，九霄之上便飞腾。"涟以是科乡荐，主考曰孙如游、董复亨，房考曰刘文琦，三人同口之征也。

77.【申蘭申春】谢小娥年十三，初嫁大贾任华。父升，与华往长沙贸易。忽梦父泣谓曰："吾与汝夫湖中遇贼。杀我者，車中猴，門東草。"梦其夫泣曰："杀我者，禾中走，一日夫。"梦觉遍访能解。有洪州使君李公佐教之曰："杀汝父，申蘭也。杀汝夫，申春也。盖猴申生，'車'去两头为'申'，'門東草'为'蘭'。禾中走，穿田也，亦'申'字；'一日'加'夫'为'春'字。"小娥乃易男服，泛江湖，询访有申屯。屯中有申春兄弟，因往求庸，年余乃知其为杀父夫之盗。俟二盗饮酒醉，小娥急呼邻人捕获之，就法定罪。小娥乃出家为尼，仍名小娥，示不忘本也。

78.【十】一士应试，梦人以粉书大"十"字于门，以为不祥。寻中亞魁。"亞"字中白"十"字也。

79.【十八滩头说与君】湖南巡抚某平时敬奉关帝。每元旦，先赴关庙行香求签，问本年休咎，无不应验。乾隆三十二年正月一日，诣庙行礼毕，求得签有"十八滩头说与君"之句，因有戒心。是年，虽浅水平路，必舍舟坐轿。秋间，为候七一案，天使按临。从某湖过某地，行舟则近而速，起旱则远而迟。使者欲舟行，公不可，乃以关神签语诵而告之，使者勉从而心不喜。未几，贵州铅厂事发，有公受赃事。公不承认，而司阍之李奴必欲扳公，说："此银实送主人，非奴所撞骗。"时李已受刑，两足委顿，奴主争辩不休。使者厉声谓公曰：“‘十八滩头’之神签验矣！‘李’字，‘十八’也；委顿于地，‘瘫’也；说此银送与主人，是‘送与君’也。关圣帝君早知有此劫数，公何辩之有？”公悚然，遂认受赃而案定。

80.【氏】是仪，字子羽，北海营陵人。本姓氏，初为县吏，后仕郡。郡相孔融嘲仪，言“氏”字“民”无上，可改为“是”，乃遂改焉。

81.【双天西日】长泰县戴侍郎，未第时，祈梦得四字，曰：“双天西日。”至癸酉，领乡荐。“双天”，“癸”字；“西日”，“酉”字也。

82.【順·曦】李順叛乱时，蜀有术士分解“李順”名字说：“自一百八日，有西川耳。”吴曦叛乱时，术士分解“曦”字为“三十八日，我乃被戈”。

83.【司】福州林廷未第时，往仙祠。梦见一牌匾，上半大书一“司”字，半空白无字。圆者曰：“公异日位至大司空。”

84.【死】张之万还没有中进士时，曾经客居杭州。过新年时，和朋友一起到吴山游玩，半路上遇见一个测字先生。他想测自己的仕途，却拈出了个“死”字，吓了一跳，想扔掉离开。测字先生让他止步，问他测什么。张之万说：“测功名。”测字先生看了看这个字，随手把“死”字的钩抹去，然后在纸上写下“癸卯一人”四个字，拱手祝贺道：“大吉大利，你将是癸卯年天下第一的状元。”张之万的朋友在一旁，感到很有趣，也拿着这个“死”字，测他的婚姻。测字先生说：“这个‘死’字，上边是‘一’，下边像‘怨’无‘心’。怨偶无心，昙花一现，恐怕将来有悲妻悼亡之事。”

85.【宋·尾】宋混病死，宋混之弟宋澄代辅政时，御史房屋柱自燃燋折，或曰：“‘柱’之为字也，左‘木’右‘主’。‘宋’字含‘木’。木燋，‘宋’破而‘主’存，灾之大也，宜防之。”又所乘马五匹，一夜中鬃尾秃。人曰：“‘尾’之为字也，‘尸’下‘毛’。‘毛’去‘尸’，绝灭之征。”宋澄曰：“吉凶在天，知可如何。”

86.【索紞·髟·肉·未】①黄平梦书一“髮”字，书“髟”而止。索紞曰：“此亡友也。”是日，果有友人讣至。②宋桷梦到自己拿着两根棍子，追打屋内一位穿红衣的人。索紞说：“‘内’有‘人’是‘肉’，红衣是‘赤’，象征‘肉干’。两根棍子代表筷子，看来有人要请你客了。”③张斌当应举，梦竖竿中天。索紞曰：“此‘未’字也。”④刺史王敦准备起兵反叛时，梦见一根木头刺破天宫，他把这个梦告诉了许逊。许逊说："这不是好兆头。"当时吴猛也在座，吴猛说："木头破天，是个'未'字。您不要轻易行动（指反叛朝廷）。"

87.【唐】有以"唐"字问母病者，曰："上'康'字头，下'居'字脚，主康居无恙。"

88.【田田田土】①莆苏璞祈功名于鲤湖仙庙，梦仙人语曰："田田田土，立月已三。"觉不知所谓。后科场毕，见主人亭窗上书"壘龍"二字，方悟前梦，今决中矣。②后汉王溥家贫，穿井得铁印，铭曰："佣力得富至亿庚，一土三田军门主。"溥以亿钱输官，得中壘校尉。"三田一土"，"壘"字。校尉掌北军壘门，故曰"军门主"。

89.【田中伸足】弘治乙丑探花谢公丕，上春官，卜于某丞相庙。梦坐田中，伸足塍外。解者曰："'田'伸'脚'，'甲'字也。"果第。故梦须善圆。

90.【陀】有以"陀"字问讼吉凶。曰："此察院状词也。以形而观，'虎'头'蛇'尾也。以意而论，其庇在他。又音与'拖'同，不成完，恐不能完结，扯长而已。"

91.【王恭】王恭在京口，民间谣云："黄头小人欲作贼，阿公在城下指缚得。"又云："黄头小人欲作乱，赖得金刀作蕃扞。""黄"字上，"恭"字头也；"小人"，"恭"字下也；"金刀"，"劉"也。

92.【王邁刘克莊】王曜轩邁尝调刘后邨克莊云："十兄，二十年前何其壯；二十后，何其不壯。"刘答之曰："二兄，二十年前何其遇；二十年后，何其不遇。"

93.【巍】乾隆己亥，江南乡试题为"巍巍乎唯天为大"三句。胡元音望捷心切，同人守榜。汪某在座，见其神情迫切，戏之曰："吾为君拆一字，如何？"元音口报一"巍"字。汪沉思良久，指画再四，曰："得之矣。上为'出'字之半，半出学也。偏旁有'禾'无'乃'，'秀'字去半也。有'女'无'子'，是半好也。加以'魁'字，有'鬼'无'斗'。其必中副车无疑。"

94.【魏】魏罐在广州做侍郎，内城墙一角忽然塌下来，掉下一块砖，上面有"委于鬼土"四个字，合为"魏"字。魏罐得到启发，在此大兴土木设防。完工后不久，倭寇进攻广州，外城被攻破，只有内城完好坚实，人民得以生存。平定叛乱后，皇上认为魏罐提早做了准备，所以加封其为谏议大夫。

95.【無】一人以“無”测字，张济善曰：“君妻当病。佳人伏卧四脚床，非病而何。”

96.【武】一人拈“武”字问后代事情。朱某说：“绝矣，一代无人，自此而止。”

97.【戊】一士求梦九鲤湖，梦以“戊”字示之，以为逢戊可捷。既而不验。识者曰：“‘戊’字逢‘丁’而‘成’。子其捷于丁岁乎？”

98.【戊午】①嘉禾张巽，素无文名。嘉靖戊午春，偶梦神语曰：“成不成，平不平，绿水弯头问老僧。”及邑试，竟置劣等。自郡城徒步归，过萧寺少憩焉。有老僧拜茗进曰：“解元请茶。”巽忽忆前梦，问曰：“此是何地？”僧曰：“是绿水湾。”巽喜且疑。本年果发解，所云“成不成，平不平”，盖“戊午”字云。②有祈梦者：“上而甲榜，下而乙榜，成否？”曰：“上不成，下不成。”因大愤。后乃中戊戌进士，上下皆不“成”也。

99.【鞋】殷秘书愿，夜梦牛皮上有二土，又有赤玉在其上。其子年十六，解曰：“‘牛皮’，‘革’字；‘二土’是‘圭’，‘鞋’字。‘赤’，朱色；入玉，‘珠’字。大人当得珠履乎？”

100.【瀉】先生过京口，有旧交于姓，以讼事在镇江候所亲不至，乞占。随于方书中指得‘瀉’字。断曰：“人因中途有阻，今已到。”问几时，曰：“刻卜。”茶未熟，人果至。因路染霍乱来迟。喜谢曰：“愿闻字中理。”曰：“‘瀉’头如‘門’字，形如‘馬’。三点水借做镇江‘江’字用。馬星已到江门间，所以知其到之速也。字中有‘且’字，故知中途有阻。”

101.【蟹】一士人赴省应试，梦得蟹而去其足，以问占者。曰：“‘蟹’去足，乃‘解’字也。当为解元。”

102.【熊】绍兴己酉永嘉火灾前数日，有熊自楠溪之江浒跃入小舟，渡至城下。初不惧人，命猎士杀之时，高开府世则寓城中，谓其倅赵允蹈曰：“‘熊’于字为‘能火’，郡中宜惧火烛矣。”

103.【亚】一士应举，求梦于坟。梦公使卒缚之曰：“恶人也，去其心。”士悸而醒，以为不祥。寻中式见匾额“亚魁”字，始悟。“恶”字去心为“亚”也。

104.【亚卿】长兴某公生子时，梦郡公送亚卿棹楔至其家。比长，始颖慧。领贤书之夕，复梦“亚卿”二字。凡上春宫者屡，亦屡梦，梦如前。数不第，以前梦有待，未肯谒选也。年已六十，始诣吏部，授邑令，得西鄉县焉。盖“西鄉”之与“亚卿”字相类也。

105.【剡】《道经》云：“两火一刀可以逃。”言“剡”中名山，可以避灾也。故汉晋以来，多隐逸之士，括州天姥是其处。

106.【硯】庚之冬，卜五陈公，书“硯”字问基业。先生曰：“‘破’字边，‘完’字尾，先破复完。”又问妻、子，先生曰：“唯此二者难言。‘石’乃辰断之象，夫人辰命有损。‘見’字，‘兒’缺之形，子亦有伤。”公不介意。

107.【騐】大梁二岑马公，为长山令，厚遇青衿王君。王成进士，马里居。马故清白吏，至不能举火。王一夕梦人书“騐”字于手，觉而悟曰：“其令吾念马乎？”乃遣人周旋，马公不置，时论多之。

108.【养浩】乾隆时，吾乡叶氏，家业隆起，作堂颜曰“养浩”。自后，家中人死亡相继。有善测字者，指匾曰：“‘叶’焉羊食，又值‘牛口’，焉得全？”急毁去之，乃安。

109.【叶简】叶简，剡人，善卜筮。凡有贼盗，皆知其姓名。有乡人失牛，卜之，曰：“占失牛，已被家边载上州。欲知贼姓‘一斤’求，欲知贼名‘十干’头。”乃邻人“丘甲”尔。

110.【葉】李昼公写了一个“葉”字占问疾病。术者对他说：“‘世’字在‘草木’之中，象征着弃世，恐怕不是吉兆。‘葉’有‘棄’字形，‘藥’不成‘藥’之象，很可能由于误服汤药而致不治。”

111.【一】①清军将太平军围于金陵，久攻不克。有拈得“一”字问何时可以收复旧地者，答曰：“甲子岁必克。天干第一，地支第一，‘一’之谓也。”②一测字者踉跄而来，问其父之病，随手拈得“一”字。术者曰：“‘一’者，‘生’字之尽，‘死’字之初也，汝父殆不起矣。”又问：“汝父生年云何？”其子曰：“丁丑生，属牛。”术者曰：“然则汝父不死。‘牛’加‘一’画则‘生’字矣。”

112.【一夥猾吏】四明翰林丰坊，号南禺，有口才。宁波县令遣吏索药方，丰出方云：“大枫子去了仁（人），无花果多半边，地骨皮用三粒，史君子加一颗。”谓“一夥猾吏”耳。解析：“夥”是“伙”的繁体字。

113.【已】杨姓者，偕友北游。舟抵邗关，偶鼻衄不止。友书“已”字问先生。曰：“是凶数也，难过明日。”友曰：“鼻衄遽殒命乎？”曰：“‘已’字加一‘夕’则‘死’也，故断难过明日。”

114.【義·棊·風·村】①范时行，苏州人，乾隆时以拆字寓德清紫阳观。所言不烦，而悉有意义。日以得钱六百为率。钱足，则谢客寂坐，有君平卖卜之风。一营兵拈“棊”字，问终身休咎。范曰：“凡围碁之子，愈着愈多；象棊之子，愈着愈少。今所拈是‘棊’字，非‘碁’字，从‘木’不从‘石’，则是象棊子，非围碁子也。恐家中人口日益凋零矣。”其人曰：“是也。然此非所问，问日后何如耳？”范曰：“观尔服装，是行伍中人，乃象棊中之卒也。卒在本界，止行一步，若过河，则纵横皆可行。以是言之，尔外出，方可得志。然卒过河，亦止行一步，亦不能大得志也。”②又有拈“義”字以问者。范问年若干，告之，范曰：“然则生年属羊也。‘義’字从‘羊’从‘我’，是止一属羊之我耳。终身孤只，不能有妻子也。妻子且不能有，他何望焉？”③又有一人以“風”字问妻所孕为男为女。范曰：“移中间‘虫’字于右旁，则似‘虺’字。《诗》曰：‘惟虺惟蛇，女子之祥。’所孕必女矣。”④又有一业理发者，盛冠服而往，拈“村”字问之。范曰：“木以长材为贵。一寸之木，亦何所用。”其人以为道其剃刀之柄也，惊而失色。范曰：“凡事若能努力，则方寸之木，可使高于岑楼，君何必自堕其志乎？”

115.【毅】沈文肃公以赣抚丁内艰，在籍守制，适左文襄创办马江船政局，制造轮舰枪械。议甫定，文襄移节督关陇，乃举文肃自代。文肃令官绅分司厂事，官曰委员，绅曰委绅。同治某科秋试，榜前，集局绅之与试者浇榜，且曰：“诸君请拈一字，吾用拆字法占之，卜今年本局售者当有几人。”某绅拈“毅”字，文肃曰：“‘毅’者，其左体为‘豕’字。‘豕’为‘亥’，二首六身。‘几’字其‘船’字之一股，‘又’字复得‘政’字之半股。船局委绅固有获售者，其数殆六乎？”

116.【因·恩·困】乾隆丁卯，福建乡试场后，士子谢廷光闻洪山桥有善拆字者，偕友人诣之，拈得“因”字，以询乡试之售否。曰：“国内一人，今科解首也。”友跃然曰：“我亦就此‘因’字拆之。”曰：“此科恐无分，后有恩科，可望得志。彼之‘因’，出于无心；君之‘因’，出于有心也。”旁有一人方握折扇，即以扇指“因”字曰：“我亦就此字一决之。”其人蹙然曰：“君扇适加‘因’字之中，乃‘困’象也，其终于一衿乎？”

117.【鹦】乾隆时，上海有沈衡章者，善拆字，问休咎者趾相接。一日，有罪犯越狱宵遁，捕役往问，拈得“鹦”字，沈曰：“鹦鹉，能言之禽也。舌慧而身不自藏，卒为人所絷。且‘鸟’而‘婴’，羽毛未丰，其能远逸乎？去此尚近，速捕可得。”问何往，沈瞥见雀跨后檐，曰：“可往后面厕中觅之。”

118.【湧·落】①皇甫坦喜为人书字，亦多验者。汪国正远猷登第已逾壮室，以未有子为忧，求字于坦，书一“湧”字。已而汪授吴江簿，到官而生男，乃悟“湧”字“江下男”也。②有士人赴省试，坦书“落”字与之，士人不乐。及揭榜，乃第二十三名，因视其字，草头即“二十”，其傍从水不为点而作三画，“各”字右笔止作一点，乃“名”字耳。

119.【聿】人书“聿”字问科考等第，占曰：“此字当考二等前列。”案发，果如其言。其友复来请申其说，曰：“此字‘書’字无尾，‘筆’字无首，书笔不全，可知不能一等。‘聿’字乃‘肆’字之半，所以断在二等。‘聿’字第二画长，所以定其前列。”

120.【闸】邵允蹈在绍兴七年被乡荐，乞梦于神。梦神告曰：“已与卿安排甲门高第。”及类试，果为第一。后罢眉州幕官赴临安，舟行闸口镇，病死。始验“甲门”之语，盖“闸”字也。

121.【斩】易雄为春陵（湖北枣阳）令时，曾举兵抵抗王敦，终因势单力薄，城池被陷，自己也被俘获。夜里，他做了一个梦，梦见自己乘车，车旁挂了许多肉。梦醒后，他自我占断道：“有肉必有筋。‘筋’者，‘斤’也。‘车’旁有‘斤’，正是‘斩’字，大概要被斩吧！”

122.【张考功】张郎中环，尝梦人告之曰：“老人伸了脚，切莫老头来。汝前程止此，可记之。”张自意此梦不祥，凡遇老者，必远避之，恐不利于己，无复志进取矣。后中进士，任考功郎中。“老”字伸脚是“考”字，“切”字不出头为“功”字，位遂止此。

123.【章·童·六十·卒】①武昌李某拆字有神解，有陈某艰于子嗣，值妻临褥，往问以“章”字。李云：“当为男，恐不育耳。”陈请其故，曰：“‘童’字无根。”②又有问其子之病者，以乳名六十，即举“六”字问之。李云：“汝口说‘六十’，已是一‘卒’字矣。虽去上一点，目前可望平安，恐终不免来年之忧也。”

124.【甄仲舒】邹湛尝梦一人来拜，自称甄仲舒求葬。湛觉，思之曰：“字合‘西土瓦中人’也。”乃往取，果得之，因厚葬焉。夜复梦其人拜谢。

125.【郑启莫言】郑生名启，求梦仙祠。梦仙人谓：“今年解元郑启莫言。”郑得梦以发解自负，谓仙人命已勿露耳。既揭晓，榜首乃郑启谟，始知“莫言”之义。

126.【种竹】①张廷玉得子迟，祈梦于京师之前门关帝庙。梦帝以竹竿与之，旁无枝叶，心颇不喜。有解者贺曰：“公得二子矣。”问：“何故？”曰：“孤竹君之二子，此传记也。破‘竹’字为两‘个’字，此字法也。”已而果然。②宋朝王君炳有两个儿子要赴秋试。王君炳夜里梦见有人拿了一枝竹给他种。解梦者说：“二郎君俱中选矣。‘竹’字，‘两个’也。‘种’和‘中’又是同音。”

127.【周秋】方敏悫公署直隶按察使时，饶阳民妇侯萧氏拒奸被杀。有周秋者迹可疑，而狡诈不肯吐实，悬案二载。公阅案牍尽三鼓，坐而假寐，梦一人持素纸，下宽上窄，缺左角，中有方孔，孔下有“謹権量”三字。寤后细思：“‘周’字下宽左缺，而‘謹権量’三字，皆‘土’字在下。移土之文于方孔之上，则成‘周’字，且月令‘謹権量’三字，乃秋政也。凶人为周秋无疑矣。”

128.【狀元】①梁灏进选前十日，梦人赐犬肉一片。灏不悦，以问术者。曰：“‘狀’字也。”果为状元。②洪武二十七年，一个名叫张诚甫的考生受乡荐赴京赶考。他梦见自己用竹片反押青犬头，放在兀上。解梦的人说：“竹片反押青犬，是‘狀’字，放在‘兀’上，凑成‘元’字。你一定会夺魁。”

129.【拙】嘉靖年间，监察御史王献臣罢官归里，请画家文徵明设计拙政园。他知道自己的儿子不成器，因此十分担心儿子能否守住园林。一天，他在玄妙观看到一个拆字先生，心血来潮，想问吉凶，就随手写了个“拙”字。拆字先生见他面色苍白，估摸问病情，就说：“没有大碍，你看‘拙’字，挥手即去矣！”王献臣心头一震：“我问的是家产，这下完了。”后来王献臣年迈体衰，不久病逝。儿子嗜赌成性，一夜之间将整个园林押上赌台，输给了同城徐氏，最后只能靠替人哭丧谋生。

130.【字】有以“字”字问六甲。曰：“‘寅’头‘子’尾，非寅日即子日。应在丑时子寅之间也。是女，盖‘字’者，女子许嫁曰‘字’也。”

131.【奏】赵介山、帅仙舟夙相契，在京同居，成进士。廷对前一日，蒋丹林往送考，介山举一“奏”字，令拆之。蒋云：“二人在三人之中，君与帅君皆可望鼎甲也。”

二、对联

132.【八】一、二、三、四、五、六、七（忘八），孝、弟、忠、信、礼、义、廉（无耻）。

133.【并·病】①一士善于联句，偶同友人闲步，见有病马二匹卧于城下。友即指而出题曰：“城北两只病马。”士即对曰：“江南一个村牛。”②经学先生出一上联与学生对曰：“隔河并马。”学生误认“并”字为“病”字，即应声曰：“过江瘟牛。”

134.【冻·洒·切·分】明人苏郡蒋涛少时即能诗善对。一天，家中来了客人。此时窗外正下着小雨，客人出联云：“冻雨洒窗，东两点，西三点。”“冻”字拆开是“东两点”，“洒”字拆开是“西三点”，对起来有一定难度。这时，只见蒋涛从屋里抱出个大西瓜，切成两半，其中一半切了七刀，另一半切了八刀，对客人说：“切瓜分客，上七刀，下八刀。”“切”字拆开正好是“七”“刀”，而“分”字拆开是“八”“刀”。

135.【卦名】东坡先生尝遇客行一令，以两卦名证一故事。一人云：“孟尝门下三千客，大有同人。”一人云：“光武兵渡滹沱河，未济既济。”一人云：“刘宽羹污朝衣，家人小过。”先生曰：“牛僧孺父子犯罪，先斩大畜，后斩小畜。”

136.【海】①海晏河清，王有四方当作国；天寒地冻，水无一点不成冰。②笑指深林，一犬低眠竹下；闲看幽户，孤木独立门中。③鸿是江边鸟，蚕为天下虫。④议讼吞天口，功名志士心。⑤人曾为僧，人弗可以为佛；女卑为婢，女又可以为奴。⑥星为夜象，却从日下而生；花本木形，何自草头而化。⑦砚自石边见口，笙从竹下生声。⑧八人共拥炉中火，十口同耕郭外田。⑨八刀分米粉，千里重金钟。

137.【洗澡·洗枣；书·熟；看书·砍树；东·栋】佳人洗澡（洗枣）挑书生（熟生），秀才看书（砍树）做栋梁（东梁）。

138.【何·荷；藕·偶；幸·杏；梅·媒】明代文学家程敏政为成化进士，官至礼部侍郎。宰相李贤欲招其为婿，于是差人将程敏政请到相府，在荷花池边设酒宴款待。李宰相手指莲荷，说出上联："因荷（何）而得藕（偶）。"程敏政略加思索，即对出下联："有杏（幸）不须梅（媒）。"语惊四座。李宰相大喜过望，当即以女许之。

139.【器·來】明代文人吴文泰有一次给朋友丁逊学买木材，并请了四个木匠做木器家具。吴文泰做了个拆字联："四口兴工造噐成，口多工少。"丁逊学马上对出了下联："二人抬木归來晚，人短木长。"解析："噐"是"器"字的异体字。

140.【儒卿】清朝时湖南永州有个叫李儒卿的官吏，心狠手辣。一天傍晚，李儒卿着便服外游，路遇一对年轻男女，便命差役将二人作为抢劫商客的嫌犯捉回县衙拷问，又把男子的银子收归己有，还想调戏其妻子，后来将二人放走。气愤之余，男子用"儒卿"的名字作了一副对联，贴到了县衙大门上："本非正人，装作雷公模样，却少三分面目；惯开私卯，会打银子主意，绝无一点良心。""非正人"即竖心人"亻"；"装作雷公"，即"雨"；"三分面目"乃"面"少三横，成为"而"。上联隐一"儒"字。下联"卯"字分开。"良"无一点，即"艮"，进入"卯"字的中心，合为"卿"字。

141.【三强】三强韩魏赵，九章勾股弦。

142.【伞·爽】岳公正与夏公埙饮，出酒令一字，内有大人小人，复以谚语二句证之，曰："'伞'字有五人，下列众小人，上侍一大人。所谓有福之人人服侍，无福之人服侍人。"夏云："'爽'字有五人，旁列众小人，中藏一大人。所谓人前莫说人长短，始信人中更有人。"

143.【沈筠溪】归安沈筠溪是弱冠补博士弟子。他与弟弟一起到城里去，路上遇到一场暴风雨，于是在陈方伯兄弟宅邸前避雨。方伯戏谑说："大雨沉沉，二沈伸头不出。"沈筠溪应声说："狂风阵阵，两陈摇摆不开。"可以称得上是巧绝。

144.【脱】大学宿舍春联：脱贫脱单不脱发，减肥暴富不挂科。

145.【王文恪】文恪公六七岁时，附学于舅氏。一小女使送茶，王戏以手握其手。舅氏出一对与对，曰："奴手为拏，此后莫拏奴手。"王对曰："人言是信，从今毋信人言。"

146.【谢·吴·德·沈】谢金圃墉、吴玉纶、德定圃保、沈云椒初典试，颇不满于众口，作对云："谢金圃抽身便讨，吴玉纶倒口就吞，德定圃人傍呆立，沈云椒衣里藏刀。"双关拆字，巧不可及。

147.【趙·欧】惠安欧知县与赵教谕饮酒。知县联云："趙先生饮酒，一走便消。"赵教谕答云："欧大尹征粮，合区全欠。"

148.【诸理斋】凤林夏五，名景倩，延师周四维训子，以不称，欲再延。妻曰："何为又增人口？"夫不从，又延羅成吾。时诸理斋亦馆于夏，戏曰："夏五本是五，增口便成吾。四维尚未去，如何又请羅？"

149.【总统】民犹是也，国犹是也，何分南北。总而言之，统而言之，不是东西。

三、诗歌

150.【悲·碑；莲·怜；思·丝；藕·偶】六朝的乐府民歌有"衔碑（悲）不得语"，"夜夜得连（怜）子"，"昼夜长悬丝（思）"，"藕（偶）异心无异"等句。

151.【藁砧】藁砧今何在，山上复重山。何时大刀头，破镜飞上天。解析："蒿砧"为丈夫。"山上山"为"出"。大刀头有"环"，谐音"还"。"破镜上天"为半月形。半月为十五天左右。

152.【河南村狗】明代广郡人蒙廷伦娶妻时，妻兄鄙视他出身寒微，于是侮辱他说："既云书生，请以'河南村狗'四字贯顶写诗。"蒙强忍羞辱，应声吟了一首诗："河槎浮汉到五羊，南风吹送桂花香。村人多少来争看，狗吠仙姬会阮郎。"此诗不仅做到了"河南村狗"四字藏头，而且表示了不甘自轻自贱的志向。经过发愤苦读，蒙廷伦终于中了嘉靖朝的进士。

153.【鲁国孔文举】孔融《离合》诗云："渔父屈节，水潜匿方。与时进止，出行施张。吕公钓矶，盍口渭滂。九域有圣，无土不王。好是正直，女回于匡。海内有截，隼逝鹰扬。六翮将奋，羽仪未彰。蛇龙之蛰，俾也可忘。玟璇隐曜，美玉韬光。无名无誉，放言深藏。按辔安行，谁谓路长。”

154.【情·晴】东边日出西边雨，道是无晴却有晴（情）。

155.【朱淑真·不打诗·一二三四五六七八九十】①宋代才女朱淑真的父亲骑驴外出时，不小心冲撞了州官，州官要拿他治罪。朱淑真闻讯后跑上大堂为父求情。州官以“不打”为题，让朱淑真当堂作诗。朱淑真稍加思索即吟：“月移西楼更鼓罢，夫收渔网转回家。卖艺之人去投宿，铁匠熄炉正喝茶。樵夫担柴早下山，飞蛾团团绕灯花。院中秋千已停歇，油郎改行谋生涯。毛驴受惊碰尊驾，乞望老爷饶恕他。”全诗共十句，其中前八句分别暗含了“不打”之意，分别是：不打鼓、不打渔、不打锣、不打铁、不打柴、不打茧、不打秋千、不打油。州官听罢，惊喜异常，连连夸赞，当堂释放了朱父。②从一至十的数字均有拆字代称。朱淑真有《断肠谜》：“下楼来，金簪卜落，问苍天，人在何方？恨王孙，一直去了。詈冤家，言去难留。悔当初，我错失口，有上交，无下交。皂白何须问，分开不用刀。从此莫把仇人靠，千里相思一撇消。”③一女子遭丈夫抛弃，百感交集，填了一首数字词《玉房怨》：“元宵夜，兀坐灯窗下。问苍天，人在谁家？恨玉郎，全无一点真心话。叫奴欲罢不能罢，吾今舍口不言他。论交情，曾不差。染成皂，难说青白话，恨不能一刀两断分两家。可怜奴，手中无力难抛下，我今设一计，教他无言可答。”

四、古代幽默

156.【白字】中秋节卖月饼，招牌上错写成“日饼”。一人指曰：“‘月’字写成白字了。”其人曰：“我倒信你骗，‘白’字还有一撇哩！”

157.【柏·伯】馆中二徒，一聪俊，一呆笨。师出夜课，适庭中栽有梅树，即指曰：“老梅。”一徒见盆内种柏，应声曰：“小柏。”师曰：“善。”又命一徒：“可对好些。”徒曰：“阿爹。”师以其胡说，怒挞其首。徒哭曰：“他小柏（伯）不打，倒来打阿爹。”

158.【被·饭·父】师向主人极口赞扬其子沉潜聪慧，识字通透，堪为令郎伴读。主曰：“甚好。”师归谓其子曰：“明岁带你就学，我已在东翁前夸奖。只是你秉性痴呆，一字不识。”因写“被”“饭”“父”三字，令其熟记，以备问对。到馆后，主人连试数字，无一知者。师曰：“小儿怕生，待我写来，自然会识。”随写“被”字问之，子竟茫然。师曰：“你床上盖的是什么？”答曰：“草荐。”师又写“饭”字与认，亦不答。曰：“你家中吃的是什么？”曰：“麦粞。”又写“父”字与识，子曰：“不知。”师忿怒曰：“你娘在家，同何人睡的？”答曰：“叔叔。”

159.【才·裁】一官偶有书义未解，问吏曰：“此处有高才否？”吏误以为裁缝姓高也，应曰：“有。”即唤进。官问曰：“‘贫而无谄’，如何？”答曰：“裙而无裥，折起来。”又问：“‘富而无骄’，如何？”答曰：“裤若无腰，做上去。”官怒喝曰：“哇！”裁缝曰：“极是容易。若是皱了，小人有熨斗，取来烫烫。”

160.【吃·尺】一裁缝上厕坑，以尺插墙上，便完忘记而去。随有一满人登厕，偶见尺，将腰刀挂在上面。少顷，裁缝转来取尺，见有满人，畏而不前，观望良久。满人曰：“你要什么？”答曰：“小的要尺。”满人曰：“屙也没有屙完，你就要吃（尺）！”

161.【川·三】有个庸人，只认识一个“川”字。有个弟子拿着书来找他，他便只想找到这个字来教弟子，但连翻了几页也找不到。气急之下，他突然看见一个“三”字，便指着骂道：“我说怎么找不到呢，原来在这儿躺着！”

162.【床榻】有卖床榻者，一日夫出，命妇守店。一人来买床，价少，争值良久，勉强售之。次日，复来买榻。妇曰：“这人不知好歹，昨日床上讨尽我便宜，今日榻上又想要讨我的便宜了。”

163.【大场·大肠】入场监生应付入场方出，一故人相遇揖之，并揖路旁猪屎。生问：“此臭物，揖之何为？”答曰：“他臭便臭，也从大肠（场）里出来的。

164.【德·得】一家延师，供馔甚薄。一日，宾主同坐，见篱边一鸡，指问主人曰：“鸡有几德？”主曰：“五德。”师曰：“以我看来，鸡有七德。”问：“为何多了二德？”答曰：“我便吃得，你却舍不得。”解析：鸡被称为德禽，源自《韩诗外传》中一段著名的话：“头戴冠者，文也；足傅距者，武也；敌在前敢斗者，勇也；见食相呼者，仁也；守时不失者，信也。”鸡好斗。从古至今，不乏斗鸡者。鸡爪后面支起来的叉很像古代的一种兵器，所以鸡具有的第二德就是“武”德。

165.【低】一生赁僧房读书，每日游玩。午后归房，呼童取书来。童持《文选》，视之，曰：“低。”持《汉书》，视之，曰：“低。”又持《史记》，视之，曰：“低。”僧大诧曰：“此三书，熟其一，足称饱学，俱云‘低’，何也？”生曰：“我要睡，取书作枕头耳。”

166.【第·弟】一介弟横行于乡，怨家骂曰：“兄登黄甲，与汝何干，而豪横若此？”答曰：“你不见匾额上面写着‘进士第（弟）’吗？”解析：这个故事有其现代版本。有一男子是医学博士，过年回家，其弟一直站在他后面。有人问其弟说：“你为什么总站在哥哥身后？”他说：“体验一下博士后的感觉！”

167.【典】有人将虞永兴手写《尚书》典钱。李尚书选曰：“经书哪可典？”其人曰：“前已是《尧典》《舜典》。”

168.【店·玷】医人买得医官札付者，冠带而坐于店中。过者骇曰：“此何店，而有官在内？”傍人答曰：“此医官之店（玷）。”

169.【风流·风留】有嫖客钱尽，鸨儿置酒饯之。忽雨下，嫖客叹曰：“雨落天留客，天留人不留。”鸨儿念其撒钱，勉留一宿。次日下雪复留。至第三日风起，嫖客复冀其留，仍前唱叹。鸨儿曰：“今番官人没钱，风留（流）不成。”

170.【高座】南齐仆射东海人徐孝嗣，出资重新整修了高座寺，多数时间吃住都在这座寺里。法云禅师是萧寺的僧人。每天从早到晚，两人各自干自己的事情，两座寺院紧挨着，却互相不往来。一次，徐孝嗣对法云禅帅说：“法师既然身在‘高座’（高座代指僧人），为什么不来高座寺呢？”法云禅师回答说：“施主既然在萧家（南齐皇帝姓萧），为什么不到萧寺来呢？”

171.【谷·咕】唐代华原县令崔思诲口吃，经常被他的表弟杜延业戏弄。有一次，杜延业对崔思诲说：“我能让你学鸡叫。”旁观者说：“他的嘴长在他头上，怎么会听任你随便驱使呢？他不肯作鸡叫，你能让他‘咕咕’叫吗？”杜延业说：“我能。”旁边有一个人就与他打赌。杜延业抓了一把谷子，来到崔思诲面前说：“这是什么东西啊？”崔思诲说：“谷谷。”旁观者大笑，那位打赌的人也承认自己输了。

172.【管·馆；节】一猫捕鼠。鼠甚迫，无处躲避，急匿在竹轿杠中。猫顾之叹云：“看你管（馆）便进得好，这几个节如何过得去！”

173.【何首乌】一人问大辟，临刑，对刽子手曰：“铜刀借一把来动手，我一生服何首乌的。”何首乌另一意义是：“没有头有什么可怕的？！”

174.【鸡·饥】一客坐至晌午，主绝无留饭之意。适闻鸡声，客谓主曰：“昼鸡啼矣。”主曰：“此客鸡不准。”客曰：“我肚饥是准的。”

175.【吉】一人元旦出门云：“头一日必得利市方妙。”遂于桌上写一“吉”字。不意连走数家，求一茶不得。将“吉”字倒看良久，曰：“原来写了‘口干’字，自然没得吃了。”再顺看曰，“吾论来，竟该有‘十一’家替我润‘口’。”

176.【监·鉴】一监生妻，屡劝其夫读书，因假寓于寺中。素无书箱，乃唤脚夫以担挑书先往。脚夫中途疲甚，身坐担上。适生至，闻傍人语所坐《通鉴》，因怒责脚夫。夫谢罪曰：“小人因为不识字，一时坐了鉴（监），弗怪弗怪。”

177.【薑】一富翁问“薑”（“姜”的繁体字）如何写。对以草字头，次“一”字，次“田”字，又“一”字，又“田”字，又“一”字。其人写“草”“壹”“田”“壹”“田”“壹”。写讫玩之，骂曰：“天杀的，如何诳我！分明作耍我造成一座宝塔了。”

178.【叫·教；摇】馆师岁暮买舟回家，舟子问曰：“相公贵庚？”答曰：“属狗的，开年已是五十岁了。”舟人曰：“我也属狗，为何贵贱不等？”又问：“哪月生的？”答曰：“正月。”舟子大悟曰：“是了，是了，怪不得！我十二月生，是个狗尾，所以摇了这一世。相公正月生，是个狗头，所以教（叫）了这一世。”

179.【金子·京字】徐班侯官户部。联军之乱，有译者导德兵入宅，曰：“你，南方人，有无金子？”徐以指画桌曰：“‘京’字是一点、一横，一张大‘口’，一个小人的‘小’字。”译者大笑，导德兵退去。

180.【经】①黉门三秀才往妓家设东叙饮，一秀才曰：“兄治何经？”曰：“通《诗经》。”复问其次，曰：“通《书经》。”因戏问妓曰：“汝通何经？”曰：“妾通月经。”众皆大笑。妓曰：“列位相公休笑我，你们做秀才，都从这红门中出来的。”②一吏假扮举人，前往青楼。妓以言戏之曰：“我今夜身上来，不得奉陪。”吏曰：“申上来，我就驳回去。”妓曰：“不是这等说，行房龌龊。”吏曰：“刑房龌龊，我兵房是干干净净的。”曰：“是月经。”吏曰：“我从幼习的是详文、招稿，不管你什么《易经》《诗经》。”妓曰：“相公差矣，是流经。”吏曰：“刘洪他是都吏，你拿来吓我，难道就怕了不成？”

181.【卷耳】韦庆本两耳如卷，朝士多呼为“卷耳”。适女选为妃，长安令杜松寿见而贺之，曰：“仆固知足下得妃。”韦曰：“何以知之？”杜乃自摸其耳而卷之曰：“卷耳，后妃之德也。”解析：“德”与“得”双关。《卷耳》为《诗经》篇章，内容为后妃当辅佐君王，既能拔擢贤能，又能审定官员的成绩，还体恤臣下的勤劳。同时也要母仪天下，给君王选择贤淑的后宫良配，还不能有争风吃醋、宫斗等私心。每天考虑这些事情，为此而忧虑勤劳。

182.【窠·科】①富家延二医，一大方，一幼科。客至，问：“二位何人？”主人曰：“皆名医。”又问：“那一科？”主人曰：“这是大方，这个便是小儿。”解析：大方脉是专门治疗成年人疾病的科，相当于现在的内科。②有人畜一金丝小犬，爱同珍宝，恐其天寒冻坏，内外各用小棉褥铺成一窠，便其好睡。不意此犬一日竟卧于儿篮内，主人见之，大笑曰：“这畜生好作怪，既不走内窠，又不往外窠，倒钻进小儿窠（科）里去了。”

183.【郎中】一人有一妻二妾。他死后，妻妾绕尸而哭。妻抚其首，曰：“我的郎头呀！”次捏其足，曰：“我的郎脚呀！”又次者无可哭附，只得握其中间曰：“我的郎中呀！”

184.【老先·老父】一市井受封，初见县官，以其齿尊，称之曰：“老先。”其人含怒而归。子问其故，曰：“官欺我太甚。彼该称我‘老先生’才是，乃作歇后语，叫什么‘老先’，明系轻薄。我回称，也不曾失了便宜。”子询何以称呼，答曰：“我本应称他‘老父母’，今亦缩住后韵，只叫他声‘老父’。”

185.【林】卢思道历事周、齐。既入隋，偶与宾客日中立。内史李德林谓曰：“何不就树荫？”思道曰：“热则热矣，不能林下立。”

186.【落】时年大旱，太守命法官祈雨。雨不至，太守怒，欲治之，法官禀云：“小道本事平常，不如裁缝好。”太守曰：“何以见得？”答曰：“他要落几尺，就是几尺。”

187.【落第·及第】一举子往京赴试，仆挑行李随后。行到旷野，忽狂风大作，将担上头巾吹下。仆大叫曰："落地了！"主人心下不悦，嘱曰："今后莫说'落地'，只说'及第'。"仆领之，将行李拴好，曰："如今即使走上天去，再也不会'及第'了。"

188.【驴马】晋诸葛恢与丞相王导共争姓族先后。王曰："何以不言'葛王'，而言'王葛'？"答曰："譬如言'驴马'，驴宁胜马也？"

189.【毛·猫·锚】①一妇患病，卧于楼上，延医治之。医适买鱼归，途遇邀之而去，遂置鱼于楼下。登楼诊脉，忽想起楼下之鱼，恐被猫儿偷食，因问："下面有猫否？"母在旁曰："我儿要病好，先生问你，可老实说了罢。"妇答曰："多是不多，略略有几根儿。"②道士、和尚、胡子三人过江，忽遇狂风大作，舟将颠覆。僧、道慌甚，急把经卷掠入江中，求神救护。而胡子无可掷得，唯将胡须逐根拔下，投于江内。僧、道问曰："你拔胡须何用？"其人曰："我在此抛毛（锚）。"

190.【绵·眠】一女买绵子，正在讲价，卖者欲出小恭，踌躇不决。女云："你放在此，难道我偷了不成？"其人曰："既如此，大娘绵在凳上，待我撒出了来。"

191.【琵琶·枇杷】明朝文人沈石田收到友人送来的一盒礼物，并附有一封信："敬奉琵琶，望祈笑纳。"打开盒子一看，却是一盒新鲜枇杷。沈石田不禁失笑，回信给友人说："承惠琵琶，开奁视之：听之无声，食之有味。"友人见信，十分羞愧，便作了一首打油诗自讽："枇杷不是此琵琶，只怨当年识字差。若是琵琶能结果，满城箫管尽开花。"

192.【其】或问："丈人杀鸡以请子路，不知是雄的？雌的？"答曰："是雌的。不然，何为'见其二子焉'？"解析：《论语》有子路路宿荷蓧丈人家一事："子路从而后，遇丈人，以杖荷蓧。子路问曰：'子见夫子乎？'丈人曰：'四体不勤，五谷不分，孰为夫子？'植其杖而芸。子路拱而立。止子路宿，杀鸡为黍而食之，见其二子焉。""见其二子"中的"其"字，指代的对象为"丈人"，而非"鸡"。

193.【气·器】一老翁寿诞，亲友醵分，设宴公祝。正行令，各人要带说"寿"字。而壶中酒忽竭，主人大怒。客曰："为何动寿气（器）？"一客云：

“欠检点，该罚。”少顷，又一人唱寿曲，傍一人曰：“合差了寿板。”合席皆曰：“一发该罚。”解析：寿器指棺材。

194.【阙里】齐人刘绘，官为南康郡太守。郡里有个人叫郅类，家住秽里。刘绘戏谑说：“你有什么污秽，而居住在秽里？”郅类反问道：“我不知道孔老夫子缺少什么，而居阙里。”刘绘听后，非常佩服郅类的辩才。解析：“缺”同“阙”。

195.【梢·骚；到·倒】①一家请客，摆列水果。家主母取甘蔗食之，连声叫“淡”。厨司曰：“娘娘想是梢（骚）了。”②天赦日秤人，婆先将媳上秤，婆云：“娘子，你放在大花星上正好。”次秤婆，媳云：“看婆婆不出，到（倒）梢（骚）了。”

196.【少】后魏孙绍历职内外，垂老始拜太府少卿。谢日，灵太后曰：“公年似太老。”绍重拜曰：“臣年虽老，臣卿太少。”后大笑曰：“是将正卿。”

197.【熟·赎】帮闲人除夜与妻同饭，忽然笑曰：“我想一生止受用得一个‘熟’字。你看大老官，哪个不熟？私窠小娘，哪个不熟？游船上，哪个不熟？戏子歌童，哪个不熟？箫管唱曲的朋友，哪个不熟？”话未毕，妻忽大恸。其人问故，曰：“天杀的！你既件件皆熟，如何我这件过年布衫，偏不替我赎？”

198.【爽利·赏吏】一官坐堂，偶撒一屁，自说“爽利”二字。众吏不知，误听为“赏吏”，冀得欢心，争跪禀曰：“谢老爷赏。”

199.【思】①在朝堂之上，孙皓曾经问诸葛靓：“卿字‘仲思’，为何所思？”回答说：“在家思孝，事君思忠，朋友思信，如斯而已。”②乾隆时常州知府胡文泊曾说：“能思则事成。思之为事，‘田’在‘心’上，‘田’中一‘十’字，四面俱到，缺一面则心有未至。”

200.【稣】姑苏李璋敏于戏调，偶赴邻人席，主人者虽富而素鄙。会次，适李旁。既进食，璋视主人之前鲑鱼大，即谓主人曰：“璋与若，苏人也。每见人书‘稣’字不同，不知鱼在左边，还是在右边？”主人曰：“古人作字，不拘一体，从便移易耳。”璋引手取主人之鱼示众曰：“领主人指挥。今日左边之鱼，亦合从便，权移过右边。”一座辍饭而笑。

201.【笋·婶；妹·梅；妻子·萝卜】吴人有灌园者，被邻居窃去蔬果，乃大骂曰："入娘贼，春天偷了我婶（笋），夏天又来偷我妹（梅）子，到冬来还要偷我个妻子（萝卜）。"

202.【停当】有开当者，本钱甚少。初开之月，招牌写一"当"字。未几，本钱发尽，赎者不来，乃于"当"字之上，写一"停"字，言"停当"也。及后赎者再来，本钱复至，又于"停"字之上，加一"不"字。人见之曰："我看你这典铺中，实实有些不停当了。"

203.【鍮】南梁时，汝南人周舍有学识，通晓佛经和佛经以外的典籍，还能言善辩，很有口才。一次，周舍戏谑僧人法云禅师说："孔夫子不喝盗泉里的水，法师为什么鍮石香炉？"法云禅师回答道："施主既然能举着大纛，贫僧为什么不能执鍮呢？"解析："鍮"谐音"偷"。鍮石是铜与炉甘石共炼而成的黄铜。"纛"谐音"毒"。

204.【秃·秀】一秀才问僧人曰："'秃'字如何写？"僧曰："不过秀才的尾巴弯过来就是了。"

205.【兔·免；斋戒·齐成】一监生姓齐，家资甚富，但不识字。一日，府尊出票，取鸡二只，兔一只。皂亦不识票中字，央齐监生看。生曰："讨鸡二只，免一只。"皂只买一鸡回话。太守怒曰："票上取鸡二只，兔一只，为何只缴一鸡？"皂以监生事禀，太守遂拘监生来问。时太守适有公干，暂将监生收入斋戒库内候究。生入库，见碑上"斋戒"二字，认作他父亲"齐成"姓名，张目惊诧，呜咽不止。人问何故，答曰："先人灵座，何人设建在此？睹物伤情，焉得不哭。"

206.【推仔】明末诗人归庄，夫妻感情甚笃，其将内室署名为"推仔楼"。人不解其意，问之。答云："'才子佳人'合抱也。"

207.【臀·饨；馄·魂】苏州人有卖馄饨者，妻姿色甚美。夫偶出，令其妻守店。一人来买馄饨，因贪看想慕出神，叫曰："娘子，我要买你饨。"妇应曰："你为何脱落子馄（魂）？"解析：意义一：你为什么不说"馄"字？意义二：你为什么失魂落魄？

208.【瓦·我】一师值清明放学，率徒郊外踏青。师在前行，偶撒一屁，徒曰："先生，清明鬼叫了。"先生曰："放狗屁！"少顷，大雨倾盆，田间一瓦，为水淹没，仅露其背。徒又指谓先生曰："这像是个乌龟。"师曰："是瓦

（我）。”

209.【外太公】有教小儿以“大”字者，次日写“太”字问之，儿仍曰：“大字。”因教之曰：“中多一点，乃太公的‘太’字也。”明日写“犬”字问之，儿曰：“太公的‘太’字。”师曰：“今番点在外，如何还是‘太’字？”儿即应曰：“这样说，便是外太公了。”

210.【晚生·眷生】一财主不通文墨，谓友曰：“某人甚是欠通。清早来拜我，就写晚生帖。”傍一监生曰：“这倒还差不远。好像这两日秋天拜客，竟有写春（眷）生帖子的哩。”解析：旧时两家通婚后，尊长对姻亲晚辈自称“眷生”。

211.【万】富翁子不识字，人劝以延师训之。先学“一”字是一画，次“二”字二画，次“三”字三画。其子便欣然投笔，告父曰：“儿已都晓字义，何用师为？”父喜之，乃谢去。一日，父欲招万姓者饮，命子晨起治状，至午不见写成。父往询之，子恚曰：“姓亦多矣，如何偏姓‘万’。自早至今，才得五百画着哩！”

212.【万物一体】一儒者谈万物一体。忽有腐儒进言：“设遇猛虎，此时何以一体？”又一腐儒解之曰：“有道之人，降龙伏虎。即遇猛虎，必能骑在虎背，决不为虎所食。”周海门笑语之曰：“骑在虎背，还是两体。定是食下虎肚，方是一体。”闻者大笑。

213.【王·馬】相传当时有一人姓馬，一人姓王，二人尝聚宴谈笑。姓馬者遂嘲“王”字曰：“王是你，原来本姓二。为你漫走来，将丁钉你鼻。”姓王者即嘲“馬”字曰：“馬是你，原来本姓�。拗你尾子东北出，背上负王郎。”遂一时大笑。

214.【洗马】杨守陈以洗马乞假觐省。行次一驿，其丞不知其为何官。与公坐而抗礼，卒然问曰：“公职洗马，日洗几马？”公漫应曰：“勤则多洗，懒则少洗，无定数也。”

215.【闲】玄墓山寺门前有一棵巨松，枝叶极为茂密。堪舆家认为松树当门不吉利，劝僧人砍了它。天全翁不忍心砍掉，便对僧人说：“门在木中，就成了‘闲’字。你不喜欢吗？”

216.【蚬子·险子】两人相遇，各问所生子女几何。一曰：“五女。”一曰：

"一子。"生女者曰："一子是险子。"生子者怒曰："我是蚬子，强如你养了许多肉蚌。"

217.【现成·县丞·现裎·典屎·典史】①衙官聚会，各问何职。一官曰："随常茶饭掇将来，盖义取现成（县丞）也。"一官曰："滚汤锅里下文书，乃煮（主）簿也。"一官曰："乡下蛮子租粪窖。"问者不解，答曰："典屎（史）。"②一作吏典者，有妻子最善详梦。适三考已满，将往谒选。夜得一梦，呼媳详之。媳问："何梦？"公曰："梦见你我二人皆裸身而立，身子相背，何也？"媳曰："恭喜！一转，就是县丞（现裎）。"解析："现裎"表示"脱衣露体"。

218.【膎·谐】北魏派主客郎李恕出使南梁，僧人重公接待他时说："我们寺院里从来都没有肉酱、酒和膎啊！""膎"音"谐"，意思是"干肉"。李恕的父亲名谐，以为犯讳，因此回骂了一句："你个短发粗疏的和尚！"重公说："贫僧短发是僧门的戒规。你作为两国交往的使臣，竟然辨识不了'膎'与'谐'同音不同义！"

219.【姓】人有姓尤者、姓于者，各夸所姓之美。姓于者曰："'于'固人之姓，尔之姓乃犬牛也，不观《孟子》曰：犬之姓'尤'，牛之姓'尤'，人之姓'于'。"解析：故事从音、义、句几方面曲解原义。《孟子·告子上》原文为："然则犬之性犹牛之性，牛之性犹人之性与？"

220.【衙门·牙门】有患牙疼者，无法可治。医者云："内有巨虫一条，如桑蚕样。须捉出此虫，方可断根。"问："如何就有恁大？"医曰："自幼在牙（衙）门里吃大，最能伤人。"

221.【爷·鞋】一人初上北路，才骑牲口踏镫，掉落一鞋。其人因作官话大声说："啊呀，掌鞭的，我的鞋。"赶鞭的以为唤他作爷，答云："爷不敢。"其人愈发急，大呼曰："我的鞋，我的鞋！"掌鞭的不会其意，亦连声响应曰："爷，小的怎么敢？"其人只得仍作乡语，怒骂曰："搠杀那娘，我一只鞋子脱掉了！"

222.【也未·野味】甲乙二士应试，甲曰："我梦一木冲天，何如？"乙曰："一木冲天，乃'未'字也，恐非佳兆。"因言己"梦一雉贴天而飞，此必文门之象，稳中无疑矣"。甲摇首曰："咦，野味（也未）。"

223.【依·医】有送医士出门，犬适拦门而吠，主人喝之即止。医赞其能解人意，主曰："虽则畜生，倒也还会依（医）人。"

224.【阴阳生】从来人堕水淹死，飘浮水面，覆者是男，仰者是女。一日，有尸从河内侧身氽来者。人见之，皆道："奇怪！若是女，一定仰，而男则覆转。今此人侧起，男女未知孰是。"傍一人曰："此必是个阴阳生耳。"

225.【淫】一人不通文墨，向友问曰："三点水的'淫'字如何解？"友曰："淫乃妇人之大病。"其人颔之。一日，此人之妻忽抱病颇剧，出遇友人问曰："令正病体何如？"其人曰："不要说起。贱内这两日，着实一发淫得紧哩。"

226.【尹】顺治中，吴中有尹姓者开罪于友。友作《尹字谣》以嘲之云："伊无人，羊口是其群。斩头笋，灭口君。缩尾便成丑，直脚半开門。一根长轿杠，扛个冷尸灵。"

227.【于戏】①秀才诘问和尚曰："你们经典内'南无'二字，只应念本音，为何念作'那摩'？"僧亦回问云："相公，《四书》上'于戏'二字，为何亦读作'呜呼'？如今相公若读'于戏'，小僧就念'南无'。相公若是'呜呼'，小僧自然要'那摩'。"②有蒙训者，首教《大学》。至"于戏前王不忘"句，竟如字读之。主曰："误矣，宜读作'呜呼'。"师从之。至冬间，读《论语》注："傩虽古礼而近'于戏'。"乃读作"呜呼"。主人曰："又误矣，此乃'于戏'也。"师大怒，诉其友曰："这东家甚难理会。只'于戏'两字，从年头直与我拗到年尾。"

228.【魚·鱼】有人问"魚"字怎么写，别人就写给他看。问者仔细端详后，摇头说道："头上有两只角，肚子下面有四条腿。如果游在水里，怎么会有角和腿？"

229.【郁·耶】晋朝人王绚是王彧的儿子，年仅六岁。他的外祖父何尚之非常赏识他的聪慧异禀，教授他读《论语》。教到"郁郁乎文哉"这一句时，何尚之戏谑地说："这句可以读成'耶耶乎文哉'？"（蜀人称父为耶。）王绚回答："长辈的称呼，怎么可以戏谑呢？'草上之风必偃'，也可以读成'草翁之风必舅'吗？""翁"指王绚的外祖父何尚之；何尚之的儿子（王绚的舅舅）名"偃"。

230.【赃官·壮观；牧爱·收受】①明朝正德年间，黄州太守是贪官陈民望。他重修了黄州钟鼓楼。修好后，陈大人颇为得意，亲自在上面题写了“壮观”二字。他的副职名叫王卿，陕西人，为官清廉。看到题词后，他对一位名叫邓震卿的官员说：“什么叫‘壮观’？照我家乡的口音，读起来是‘赃官’。”邓震卿听后笑了。②有一次，浙江绍兴府的衙门口上面挂了一个匾，匾上写着“牧爱”二字。一个戚姓编修对县令讲：“这个匾还是撤去好。因为‘牧爱’从下面望上去，不就是‘收受’吗？”

231.【脏·藏；油·忧·尤】①祭丁过，两广文争一猪大脏，各执其脏之一头。一广文稍强，尽掣得其脏，争者止两手撸得脏中油一捧而已。因曰：“予虽不得大葬（脏），君无尤（油）焉。”②一人贪饮过度，妻子私相谋议曰：“屡劝不听，宜以险事动之。”一日，大饮而哕，子密袖猪膈置哕中，指以谓曰：“凡人具五脏，今出一脏矣，何以生耶？”父熟视曰：“唐三藏尚活世，况我有四脏乎！”

232.【贼·赋】①有富翁同友远出，泊舟江中。偶散步上岸，见壁间题“江心赋”三字，错认“赋”字为“贼”字，惊欲走匿。友问故，指曰：“此处有贼。”友曰：“‘赋’也，非‘贼’也。”其人曰：“‘赋（富）’便‘赋’了，终是有些‘贼’形。”②庸师惯读别字。一夜，与徒讲论前后《赤壁》两赋，竟念“赋”字为“贼”字。适有偷儿潜伺窗外，师乃朗诵大言曰：“这前面《赤壁贼》呀。”贼大惊，因思前而既觉，不若往房后穿逾而入。时已夜深，师讲完，往后房就寝。既上床，复与徒论及后面《赤壁赋》，亦如前读。偷儿在外叹息曰：“我前后行藏，悉被此人识破。人家请了这样先生，看家狗都不消养得了！”

233.【者也】一辽东武职，素不识字。一日被论，使人念劾本云：“所当革任回卫者也。”因痛哭曰：“‘革任回卫’还是小事，这‘者也’二字，怎么当得起！”

234.【真】艾子到郊外游玩，两个弟子（通子和执子）跟从。艾子口渴了，派执子到农舍讨水。执子发现有个老人开着门看书，便作揖问老人讨要。老人指着书中的“真”字问道：“你能识此字，我就给水你喝。”执子说：“‘真’字。”老人发怒，让他离去。执子回来后，艾子说：“执子没有办成，那通子去吧。”通子见到老人，老人也把“真”字给他看，通子说：“这是‘直’和‘八’

字。”老人欢喜地拿出佳酿给他。艾子喝了通子取来的水说：“通子有智慧。如果像执子一样认‘真’，那么我一口水也喝不到啊！”

235.【枕石漱流】晋孙子荆年少时，欲隐，语王武子云：“当枕石漱流。”误曰：“漱石枕流。”王曰：“流可枕，石可漱乎？”子荆曰：“所以枕流，欲洗其耳；所以漱石，欲砺其齿。”

236.【争大】城里监生与乡下监生，各要争大。城里者耻之曰：“我们见多识广，你乡里人孤陋寡闻。”两人争辩不已，因往大街同行，各见所长。到一大第门首，匾上“大中丞”三字，城里监生倒看指谓曰：“这岂不是丞（城）中大？乃一征验。”又到一宅，匾额是“大理卿”，乡下监生以“卿”字认作“鄉”字，忙亦倒念指之曰：“这是鄉里大了。”两人各不见高下。又来一寺门首，上题“大士阁”，彼此平心和议曰：“原来阁（各）士（自）大。”

237.【竹竿·猪肝】新上任的知县要挂衣服，于是对师爷说：“去买两根竹竿。”师爷把山东腔的“竹竿”听成了“猪肝”，连忙答应着，急急地跑到肉店去。店主马上割了两个猪肝，另外奉送了一只猪耳朵。离开肉铺后，师爷心想：“老爷叫我买的是猪肝，这猪耳朵当然是我的了。”于是便将猪耳塞进口袋里，回到县衙。知县见师爷买回的是猪肝，大发雷霆：“耳朵哪里去了！”师爷一听，慌忙答道：“耳朵在口袋里！”

238.【自·字】有监生，穿大衣，戴圆帽，镜中自照，得意甚。指谓妻曰：“你看镜中是何人？”妻曰：“臭乌龟！亏你做了监生，连自（字）多不识。”

239.【倅·卒】南宋乾道年间，有一个学子不愿读书，屡试不第，到了年纪老大不小的时候，才得到了潭州清湘主簿的官职。有一天，他想带领全家郊游，但抬轿子的人手不够，就写了一封信向他的上司求借二卒。他以为“卒”字左边还应有单人旁，就写成了“倅”字。“倅”字是副职的意思，“借二倅”的意思是“要借两名副职”抬轿子。他的上司接信后，知道他写错了字，就复信嘲笑他说：“承蒙开导要借‘二倅’。本州人没有副职，只有一员主管，他也抬不了轿子，还请您明察为幸。”

五、现代幽默

职场

240.【阿拉伯语】小可大学几年基本没学到东西。去应聘，经理说："你的简历里说，英语只是你的第二外语。请问，你的第一外语是什么？""阿拉伯语。""请写几个阿拉伯文让我看看。"小可在纸上写道："1、2、3、4……"

241.【白领·懒领】"白领"就是今天发了薪水，还了贷款，缴了房租、水电气费，买了米面油，摸摸口袋里剩下的钱，感叹一声："这个月的工资白领了。""懒领"就是工头说快到发工资的时间了，一算自己的住宿费、伙食费、误工费、医药费，还欠老板一百多元，也就懒得去领了。

242.【不到】朋友二人交流月薪。甲："你月薪多少？"乙："不到一万。"甲："到底多少？"乙："一千五。"

243.【出去吃】单位的伙食非常差。昨天刚打完饭，朋友就对我说："一会儿出去吃！"我激动地追了出去，只见他坐在门口的石凳上感慨道："屋里热，外面吃凉快！"

244.【方便面试吗·方便面是吗】①投简历后，好多天都没有收到回复，我一直闷闷不乐。正在这时，我接到一个电话，电话那头说："你好！方便面，是吗？"我没好气地回了一句："我是火腿肠。"随即挂断了电话。躺下来琢磨了好一会儿后，我才反应过来，明白对方说的是："你好！方便面试吗？"②妹妹毕业后一直在家里，好不容易才给她找了个面试的机会。下班后见她在家，于是着急地问："面试过了吗？"妹妹指着桌上的（方便面）空盒子说道："试过了，挺好吃的！"③"晚上出来方便吗？""不用了，我家有厕所。"

245.【规·龟】有座庙很灵验，很多人前去求签。一位局长来到庙里，求得一签，上面画了一个青铜大龟，大龟身上背着一个小龟，相得益彰。局长心中甚喜："龟乃长寿之意，又是父子一对。不仅长寿，还能尽享天伦。"不料数月之后，他被双规了。

246.【快速成长】大学刚毕业来公司面试时，老板语重心长地对我说："虽然工资不高，但是你可以在这里快速成长，这对年轻人来说最重要。"两年过去了，老板没有骗我：现在我看起来已经像是40岁的人了。

247.【旷工·矿工】今天想提前下班，领导不允许："你提前走人，就算你旷工！"我呵呵一乐："我本来就是。"然后扛起镐子走出了矿区。

248.【老白干】某公司一群基层员工年底聚会，他们没有加薪，没有升职，连年终奖金都被取消了，打算借酒浇愁一回。有人带了瓶酒来，大家一看那酒的名字，眼泪就扑簌簌地往下掉：酒的名字叫"老白干"。

249.【梅毒·没毒】上班的车上，同事问我："我的电脑不行了，老是死机。"我说："那你回去查查病毒看，记得要升级杀毒软件。"第二天一大早，车上又见他，随口问了句："查过了没？怎样？"他大声回答："查了半天，说是没（梅）毒。你说怎么办好啊？"

250.【农民·老百姓】①某官员上任，为示亲民，与下属寒暄，说："我是农民的儿子。"然后问秘书："你呢？"秘书是在城市长大的，但他说："我是农民的孙子。"领导很满意，再问刚毕业分配来的一名大学生："你呢？"这个大学生憨厚地答道："我是农民。"②老师问同学们："大家长大后想做什么？"小刚回答说："我要做科学家，为老百姓做贡献！"小志说："我要做警察，为老百姓除暴安良！"小红说："我要做一名医生，为老百姓治病。"小明站起来大声地回答："我要做老百姓！"

251.【强调·补充·体会】直接对下级讲话，要说："我强调几点……"平级讲话后，如果你发言，要说："我补充几点……"上级领导讲话后，如果你发言，起始句应是："我的体会有几点……"

252.【水深】①李经理调走了。临行前，他对新来的王经理说："这个部门不好管理，家庭有背景的人太多，水很深啊……"王经理笑了笑："你一米六都没淹死，我一米七就更不怕了。你放心去吧！"②老总把我叫到办公室，神秘地说："我们公司，水很深。"心想老总肯定是要把商业机密托付，我连忙说道："请您多多指点！"老总接着说："你要是再不找人疏通一下下水道，水可能就要冲到我的办公室了。"

253.【摊上】卖早点的小哥说："没找到工作那会儿，家里人愁眉苦脸的，好像我摊上大事儿了。可现在呢？"他将铲子一挑，大饼一翻："摊上大饼了！"

254.【提神】公司连加四天班，某同事有点撑不住了。第五天来的时候，他提了一尊很重的铜菩萨。每隔一会儿，就把那尊铜像提起来，然后再放下去。同事纳闷地问："这是干什么？"他答道："困了，我提提神！"

255.【谢・蟹】蟹老板："海绵宝宝，你被开除了！"海绵宝宝："蟹老板！""不用谢。"

256.【幼稚】不久前，问一个朋友在哪儿工作，回答说在一家动漫公司，具体工作就是画师绘制完成作品后，她负责修改作品里人物的对话。我大惊，因为印象中她的语文水平不行，不禁暗叹自己跟不上时代了，就夸了她几句。随后，朋友自豪地说："他们怕自己的语言太深奥，小朋友看不懂，让我改幼稚点儿！"

257.【自我介绍】单位来了一位新同事，是我的潜在竞争者，他主动向我打招呼："我姓白，红橙黄绿青蓝紫的'白'。"这是挑战我的文化水平吗？我回应："我姓马，风吹草低见牛羊的'马'。"

258.【字・子】公司组织旅游，一个工作人员采集所有人的身份证号，询问是否参加活动。问到我时，工作人员除了问身份证号，又随口问了一句："你是属老鼠的吧？"我大声说："能不能把'老'字去掉？"后来，想去旅游，但因为工作人员把我的名字划掉，所以没有成行。估计她把我的话听成了"能不能把'老子'去掉？"

买方卖方

259.【店员・电源】一日在外，手机没电了。我冲进电脑城，问服务员："这儿有电源吗？"服务员说："我就是店员。"

260.【掉】有一朋友闲来无事，给电信客服打电话，问："手机卡掉了怎么办？"客服人员说："带上相关的证件，去营业厅补办。"朋友说："我的卡掉到地上了。难道不能从地上捡起来吗？"过了一会儿，客服说："为了您的安全，我们不建议您弯腰捡卡，因为您脑子里的水会洒出来。"

261.【回锅肉】中午去食堂，打了一份回锅肉。一看里面都是土豆片，就问打菜的人："肉呢？"他还没说话，后面排队的同学就接着说："回锅里去了。"

262.【会员・汇源】顾客点了橙汁，服务员问："是汇源吗？"这时候，顾客生气了:“不是会员，就不能消费吗？！

263.【活到付款·货到付款】在网上跟店主交流。本来想问能不能货到付款，结果写成了:“能活到付款吗？” 店主回复:“我争取。”

264.【建议】昨天在火车站买了一瓶水，问老板多少钱。老板说:“五元。”朋友说:“瓶子上写着‘建议零售价两元’。”老板说:“我不接受它的建议！”

265.【酒菜·韭菜】一人冲进客栈，坐在大厅最大的八仙桌上清了清嗓子，喊:“小二，把你们客栈最好的酒菜给我端上来！” 过了一会儿，小二端了一份上好的韭菜过来。

266.【客户端】IT 经理走进饭馆，问老板:“请问你们这里需要客户端吗？” 老板答道:“一般是服务员端。忙不过来的时候，客户端也行。”

267.【脸红】“这些苹果真贵。” 顾客抱怨道。“不要那样说，” 水果店店员回答，“你看它们多红。”“你要价太高，它们当然脸红。”

268.【麻将·麻酱】同事去四川，第一次吃四川火锅。由于此前只吃过北方的涮羊肉，因此吃不惯四川火锅的香油调料，就叫来服务员问:“有麻酱吗？”“没有。” 服务员操着纯正的四川话说，“有扑克。”

269.【马尔代夫·马尔大夫】在网上看到一个“五百元带你走进马尔大夫”的广告，脑袋一热就把钱打了过去。对方收了钱，带着我七绕八拐来到一家医院，叫了个医生出来，对我介绍道:“这位就是马尔大夫！”

270.【买家已付款】有个人开了个网店卖电话充值卡，每次等交易平台上显示“买家已付款”后，他就给对方的电话号码充值。有一天，他向朋友哭诉自己被人骗了：对方网名是“买家已付款”，卖家一看到这个就点充值键，买家还一次性买了一百张！

271.【门票】想看演唱会但是没票，于是在门口碰碰运气。没多久，过来一个人询问:“要不要买门票？八折。” 我很高兴，于是同意了。他递给我一张票，上面写着:“凭此票，购买〇〇木门八折。”

272.【喵·苗】今天和妈妈去买菜。问卖菜的大叔:“大叔，这是菠菜吗？” 大叔回答:“喵。” 又问了一遍，大叔仍回答:“喵。” 我觉得有点害怕，拉着妈妈转身就走。妈妈说:“那是菠菜苗。”

273.【配钥匙】一女孩去配钥匙。她问师傅:“可以配钥匙吗？” 师傅说:

“可以，可以。”然后师傅看着她，她也看着师傅。良久，师傅忍不住问：“钥匙呢？”那妹子说：“我有钥匙的话，为什么还找你配？”

274.【求生欲望】吃烤羊肉串，咬了一口，发现是夹生的。我生气地问老板，老板回答：“可能这块肉有很强的求生欲吧……”

275.【三袋·散袋】顾客：有没有散袋灰？店主：一袋灰也没有。解析：所谓的散袋灰，指的是已经拆封的水泥。

276.【散文·杂文·童话·古文】编辑：“你的这篇文章写得太松散了。”作者：“那就按散文发。”编辑：“而且写得太杂乱了。”作者：“那就按杂文发。”编辑：“同时，作品显得太幼稚。”作者：“那就按童话发。”编辑：“说实在的，没有一点新意。”作者：“是吗？那就按古文发吧。”

277.【上不封顶】我想在农村的老家盖一栋房子，包工头介绍道：“你想盖多少钱的？现在二三十万的有，七八十万的也有，最低十万起，上不封顶。”考虑到资金紧张，我选了十万的价位。到了验收的那天，我发现这栋房子果然没有封顶。

278.【上帝·天使】①旅客：“小姐，把我的行李放上去！”乘务员：“我一个人抬不动，一起抬好吗？”旅客：“你是天使，怎么放不上去？”乘务员：“上帝都放不上去，我怎么行呢？”②小明和小亮分别多年后在大街上相遇。小明：“快告诉我，你结婚了吗？”小亮：“结了。我妻子是个天使。”小明：“我很幸运。我的妻子仍然和我在一起。”

279.【十块钱两碗】一个饭店出售牛肉汤。分为三类：五元一碗、十元一碗和二十元一碗。一个顾客进来吃饭，对老板说自己十块钱要两碗。老板给了他总价二十元的牛肉汤。结账时，客人只愿意出十块钱，因为他点的类别是五元钱一碗，十元钱买两碗。无奈之下，老板最后只好龇牙咧嘴，自认倒霉，收了十元钱。

280.【首席】去理发店剪头发，理发师叼着烟给顾客围好布：“要首席设计师给你剪吗？剪得更好看！”顾客：“那就叫首席吧！”理发师摁灭烟进里屋，戴了副眼镜出来：“您好！我是首席设计师！”顾客：“不还是你吗？”理发师扶了扶眼镜：“态度不一样！”

281.【刷】和朋友出去吃饭，结账时服务员问：“现金，还是刷卡？”朋友逗她说："没有现金。"服务员说："可以刷储蓄卡。"朋友说："没有。"服务员又说："可以刷信用卡。"朋友还是说没有。服务员最后说："那你们还可以刷碗。"

282.【送】①一个人看到"买房子，送家具"的广告，于是买了房子。随后，他问房地产商赠送家具的事情。对方说："你的家具在哪里？我给你送过去。"②售房广告：买房子，送妻子。解析：意义一：丈夫买房子，赠送给自己的妻子。意义二：如果你买我的房子，我再赠送给你一个妻子。③在手机专卖店看好一款手机，最后买了下来。临走前，我问道："买了手机，送我点什么吧？"服务员说："我送你出去吧。"④和闺蜜一起开车出去玩，路过一个写着"加油送礼"的加油站。我心想："加油还能有礼物，真棒！"加油后，我问工作人员："我可以得到什么礼物？"工作人员一听，站直身体给我敬了一个礼。

283.【贴】路边一个摊主招呼我："老板，给手机贴个膜吧。"我说："师傅，你的手艺怎么样？"摊主说："绝对过硬，祖传的手艺。"我好奇地问："你从哪代开始贴的？"摊主说："让你笑话了，从我的曾祖父开始。他走江湖卖膏药，很会贴的。"

284.【王·忘·八】①朋友一起去吃饭，吃了两个王八，又喝了一箱啤酒。结账的时候，老板娘问服务员："他们吃了什么？"服务员说："两个王八喝了一箱啤酒。"顾客顿时就控制不住了，正准备生气，结果看到账单上只算了啤酒的钱，没算吃过的王八的钱。②某公司老总姓吴。每次打电话给姓王的客户，都能听到他说："喂，小王吧（小王八）？我老吴呀（老乌鸦）！"

285.【闲·咸】去饭馆吃饭，老板娘很强悍，把老板骂得狗血喷头。我忍不住和老板娘吵了起来，气得她脱下围裙退回了厨房。我对老板说："女人不要惯着。越惯，脾气越坏。"一会儿，猪头肉上桌。一尝，放盐很多。我就问老板："这菜怎么这么咸？"老板说："可能这猪活着的时候管闲事太多，所以咸了。"

286.【香芋·相遇·昨日重现】①面对食堂大叔，我说："这个香芋不新鲜，一看就是前几天卖剩下的！"大叔说道："世间所有的香芋（相遇），都是久别重逢。"②吃清水烫时发现锅底的大骨头和前一天的锅底一模一样，问老板：“你家锅底的骨头怎么长得都是一个模样？”老板指着店铺招牌没说话。我一看，发现是“昨日重现火锅店”！

287.【新华社】新华社记者到一个地方，服务员只肯给他较低的待遇。记者据理力争。服务员说：“我们知道新华社很著名。但按照规定，我们只能给您公社一级的待遇，和乡一级待遇大体相当。”

288.【新鲜】一男子在菜市场问鱼贩：“你这鱼新鲜吗？”鱼贩说：“活蹦乱跳，你说新鲜不新鲜？”男子说：“这可不好说。我家中那位也活蹦乱跳，我就觉得她不新鲜。”

289.【氧·痒】健身房里有人抱怨：“教练，蚊子太多了吧，都被咬了好几个包了。”教练答道：“这才叫‘有痒运动’。”

290.【幽会·优惠】准备买手机。讨价还价时，旁边有个促销员说：“要不要优惠（幽会）啊？”我扭头看了看，长得还不错。可是也太直接了吧，只好先拒绝：“不好意思，30岁之前不谈女朋友的，养不起……”对方红着脸说：“要不要优惠啊？！我们有活动哦！”

291.【有点潮】客人：“我房间这个被子有点潮哦。”服务员：“谢谢夸奖。先生，您真有眼光，这的确是今年最新款。”

292.【涨】一个富有的金融家在海边浴场打瞌睡。一个声音惊醒了他：“先生，海水要涨了。”金融家说：“好，那就卖出去吧！”

293.【找】和朋友坐出租车，下车时，朋友和我下了车，都抢着要付产生的80元出租车钱。我首先拿出100元，递给司机。随后，我对着还在钱包里找钱的朋友说：“不用找了。”听到这话，出租车司机也没有找零钱，开车扬长而去。

294.【中华】和宿舍好友去上网。半路上，烟抽完了，正好路过学院商店，于是去买烟。听到我说“来盒中华”，店里的阿姨拿出一盒中华牙膏，放在了柜台上。解析：国内市场既有中华香烟，又有中华牙膏。

朋友

295.【拔河】甲：“山河虽然高大，但人是可以拔起来的。”乙：“怎么可能？”甲：“你没有听说‘力拔山兮气盖世’吗？”乙：“那‘河’呢，也可以拔吗？”甲：“你没玩过‘拔河’吗？”

296.【草莓味·草没味】两头牛在一起吃草，青牛问黑牛："喂！你吃的草什么味道？"黑牛道："草莓味！"青牛靠过来吃了一口，愤怒地喊道："你骗我！"黑牛轻蔑地看了他一眼，回答道："笨蛋，我说草没味。"

297.【动·冻】冬天，陪同学去ATM机取钱，正好遇见运钞车加钞。在旁边无聊地等待时，我问他："冻不冻手啊？"他哈了口气说："冻手。"当时就听见咔咔的声音，旁边经警的枪口同时指向了我们。

298.【敢动·感动】一朋友踢球脚骨折了。众球友前去看望，问："我们这么多人来看你，感不感动？""不敢动，疼……"

299.【干了】烈日下，两只蚯蚓被晒得奄奄一息。临死时，一只蚯蚓对另一只蚯蚓说："我干了，你随意。"

300.【枸杞·狗起】几个人在吃饭。李某让张某站起，然后让张某说出一味中药。张某不知道，李某最后揭示了答案："枸杞。"

301.【黄牛】小明："你能分清奶牛和黄牛的叫声吗？"小王："分不清，你学一学。"小明："奶牛是'哞哞'。"小王："黄牛呢？"小明："北京去吗？沈阳去吗？广州去吗？有车票。"

302.【回头】昨天遇到一个好友，他满面惆怅，抽着烟，对我说了句："兄弟，我回不了头了。"我很是惊奇，担心地问他："是不是犯事了？"他说："昨晚上落枕了。"

303.【贱·健】下班路上看见地上有个空罐子，我就上去踢了一脚，罐子飞得老高。我得意地问朋友："你说我矫健不？"他看着我回答："贱！"

304.【金木水火土】今天和几个朋友在路边发现一个"五行理发店"，正好头发也该理了，就好奇地走了进去。进去之后我也没发现有什么不同，一直在想为什么理发店名字叫"五行"。后来发现，理发师手中的剪刀不就是金吗？木梳子不就是木吗？洗头不就是水吗？吹风机的热风不就是火吗？可是一直想不明白什么是土。理完后，几个朋友都说："这发型好土啊！"

305.【九宫格】听到两个女同学在讨论九宫格，我凑过去搭讪说："我也喜欢九宫格。全键盘打字不方便。"一个女生白了我一眼，对另一个女生说："我比较喜欢鸳鸯锅，人多的时候才吃九宫格。"

306.【快乐吗·快勒马】刘备和张飞一起骑马。眼看着张飞要冲下悬崖了，刘备说："张飞，你快勒马！"张飞："我很快乐！"然后他就掉下去了。

307.【买单】小张和朋友在饭店吃饭，吃完以后谁都不想结账，只好用掷骰子猜单双的方法决定。小张对朋友说："我买双，你呢？"朋友说："我买单！"小张如释重负地说："去买单吧。"

308.【没气】有一天可乐和咖啡在聊天。可乐问咖啡："你觉得我们俩谁更长寿啊？"咖啡慢悠悠地回答说："我也不知道呀，这要看你平常作息正不正常，有没有运动啊……"聊着聊着，可乐就没气了。

309.【女大十八变】几个朋友聚会，某男生对某女生寒暄说："哎哟，好久不见，变漂亮了。"另外一个也顺嘴说："那可不，'女大十八变，越变越好看。'"这时候，一个朋友补了一句："别瞎说。孙悟空七十二变。不照样是猴吗？"

310.【拍】①一朋友对我说："昨天看了一场拍卖会，其中有一件元青花，价值五百万，我一看太美了，当场拍下……"我倒抽一口凉气，没看出来他这么有钱啊！"这有什么好大惊小怪的，"他淡定地拿出手机说道，"就是角度不太好……"②吃饭吃得太快，噎着了。我急忙喊身边的妻子："噎着了……快……帮我……拍……拍……"妻子急忙掏出手机给我拍了两张。

311.【碰】"别碰我。"一个女人对身旁的三个陌生男子咆哮道。三个男子相互看了一下，其中一个男子还是没忍住，抬起手来。女人继续咆哮："不要碰我。"男子无奈道："大姐，这麻将还要不要打下去啊？"

312.【请·谢谢·对不起】甲：我们要常说"请""谢谢""对不起"，才能增进与他人之间的感情。乙：对不起，我今天忘记带钱包了。你请我吃饭，谢谢！

313.【求和】跟闺蜜吵架冷战。中午，闺蜜发了一个"Σ"。我不太理解，于是复制粘贴求助另一好友。好友回答："这个符号在 Excel 里的意思是'自动求和'。"

314.【水军】今天突然想到一个问题："《西游记》中，玉帝只有十万天兵天将，而天蓬元帅有八十万天河水军。为什么天蓬元帅不反了玉帝，然后自己做玉帝呢？"朋友的一句话点醒了我："因为那八十万是'水军'。"

315.【铁轨】一同学问我："你说钢铁侠死后会变成什么？"我百思不得其

解，最后他告诉我："铁轨（铁鬼）！"

316.【整】一个人跟着另一个人回家。第一个人："整点什么？"第二个人："'整'是什么意思？"第一个人："'整'表示'吃'。"后来，厕所发生堵塞。第一个人问："这怎么整？"第二个人顿时开始呕吐。

317.【自拍】校友群里有个姑娘问："你们说我要不要买个自拍神器呢？或者还有什么别的自拍效果好的东西推荐吗？"群里沉默了一会儿，终于一男生憋不住了，给出了一个中肯的意见："砖。"

萍水相逢

318.【不好·好了】男生甲和男生乙分别从南北两端骑自行车狂奔而来，骤然发现对方，眼看就要撞上了，旁边的人大叫："不好了，不好了！"骑车人没有避让得开，果真撞到一块去了，旁边的人又大叫："这下好了，这下好了！"

319.【传票·船票】骗子："你好，你有一张法院的传票。"我："我从来不坐船啊。"骗子："不是船票，是法院的传票。"我："我去法院也不用坐船。"骗子："这个传票不是交通工具的票，是法院的传票。"我："去法院还要买票？"骗子："不是门票，是传票。"我："我说了我不坐船。"骗子绝望地挂了电话。

320.【从何处开始】演说者："只有十分钟的发言时间，真不知道该从何处开始。"听众："从第九分钟开始吧。"

321.【贵宾】去银行办业务时，一个男士不排号就插队到我前面。我对他说："大家都在排队，你先去拿个号。"他说："我是贵宾。"我回他："我以为你是藏獒呢，这么霸道！"解析：贵宾犬也称贵妇犬，是一种非常聪明活泼且擅长跳跃的猎犬。

322.【腊肠犬】一小个子男人匆匆走进酒馆，高声问道："外面那条大狗是谁的？"话音刚落，一位身材魁梧的男子站起来说："你是说那条大丹犬吗？怎么了？那是我的。"小个子男人面色凝重地说："真对不起。我的宠物犬恐怕马上就要把你的大丹犬弄死了。"大丹犬主人听了哈哈大笑："宠物犬能弄死我的大猎犬？""当然。"小个子男人严肃地说道，"我那腊肠犬把大丹犬的喉咙给卡住了！"

323.【来·去】某人到一家单位公干。该单位管理严格、戒备森然。在大门口，门卫拦住了去路，一连问了哲学的三大终极问题："你是谁？你从哪里来？要到哪里去？"访客一下子陷入了巨大的困惑。②如果孩子不再问："我从哪里来？"对于自己的去向，也不告诉父母，说明孩子长大了。

324.【理工】甲："同学，你是哪个学校的？"乙："理工的。"甲："哦，我是〇〇大学的！"乙："你好厉害！"甲："其实也不算难啦。你当初要是再认真点学，也能考上的。对了，你是哪个理工？"乙："麻省理工。"

325.【帅哥】某男子第一次去滑冰，刚勉强在冰面上站稳，开始晃晃悠悠兜圈子，背后就有几个女生一起喊："帅哥！帅哥！帅哥！"这人听了很得意，吃力地回过头，冲那几个女生笑了笑。谁知控制不住身体重心，一屁股摔在冰面上。几个女生哈哈大笑，说："让他摔一个，他就真摔了一个！"

326.【魏·为·喂】①"你姓什么？""魏。""魏什么？""不为什么。"②"牛有几个头？""一个。""有几只脚？""四只。""喂（为）什么？""……"

327.【要不要脸】甲："以前在街上经常遇到有人偷偷问你，'要不要手机？'现在更可怕了，直接明目张胆推销人体器官了。"乙："这我还没遇到过。"甲："今天走路无意碰了一个女的。还没来得及说'对不起'，她竟然大声问我：'要不要脸？'"

成语

328.【霸王别姬·精忠报国】①一北欧女子希望拥有表现中国文化的文身，中国朋友建议文上"霸王别姬"。几日后，该女子浑身刺满蝇头小楷："我站在猎猎风中，恨不能荡尽绵绵心痛。望苍天，四方云动，剑在手，问天下谁是英雄……"②一个男子去文身店，对文身师傅说："在后背文上'精忠报国'。"然后趴下睡着了。醒来之后，发现文身师傅还在忙活。大哥忍着痛问道："朋友，还在刻字吗？"文身师傅擦了擦汗，说："大哥，这才文到'马蹄南去人北望'。"

329.【白马王子】①甲："你心目中'白马王子'的条件是什么？"乙："最好是'白手起家'，要不然就是'马到成功'。'王亲国戚'也可以，要是'子承父业’就更好了。”

330.【包治百病】最近妻子常常生气，一生气就爱买包。我说：“女人为什么买那么多包？这是病，得治！”妻子答：“包治百病！”

331.【悲欢离合】最近在驾校练车，感觉我的教练简直是一位哲学大师。他问：“人和车的区别是什么呢？”我们几个学员都摇头。他悠悠地说道：“车只有离合。人呢，人有悲欢离合。”

332.【不到黄河不死心】我对同事有好感，但表白几次都被拒绝了。周末她忽然对我说：“去看壶口瀑布吧！”我大喜，开车三个多小时到达目的地，她说：“这下到了黄河，你该死心了吧……”

333.【不解之缘】考试时，我有一道题不会解答，然后我瞄向隔壁桌女生的考卷，发现她也不会解答。恰好那时她也正看向我，四目相对。她白了我一眼。也许这就是“不解之缘”吧。

334.【不能自拔】令人不能自拔的，除了牙齿，还有爱情。

335.【不学无术 · 不学武术】一对男女青年谈恋爱。女孩说：“我讨厌不学无术的人。”男孩说：“那你不用害怕。我花了很长时间学武术。”

336.【垂帘听政】政治课上，一个女生因为熬夜非常疲倦，就把额前的刘海放下来，遮住眼睛，打起了瞌睡。老师发现了，指着她问：“在干什么呢？”一个学生说：“一帘幽梦。”大家大笑。笑声竟然没吵醒这个女生。老师大怒，正欲发作，小明解释：“她在垂帘听政呢！”

337.【聪明绝顶】“老师，你的头怎么秃了？”“这叫聪明绝顶。”“那我明天也把头发剃光算了。”“你那是自作聪明。”

338.【从不言败】作为一名大学新生，我看到几个学生的T恤衫上印着“大学足球队从不言败”时，感到非常激动。两周后，碰到一位穿着同样T恤衫的人，询问赛季何时开始。他看了看我说：“我们之所以没被打败过，是因为我们没有足球队！”

339.【待人接物】老师：“‘待人接物’这个成语如何解释？”学生：“就是待在家里，等待接受别人的礼物。”

340.【地主之谊】到外地出差，顺便拜访老同学。到饭点了，我觉得有点饿。老同学说：“混得再差，也要尽地主之谊。”我欣然同意。然后，老同学就热情地把我带到家里，玩了几小时的斗地主。

341.【独当一面】独当一面：据说从老板嘴里说出这个词，就意味着你可以干三个人的活儿，拿一个人的工资。

342.【峰回路转】开学后的第一堂课上，老师让小明做题："请用'峰回路转'造句。"小明答："我最大的梦想就是发了一条微博后，峰回路转！"老师不解："什么意思？"小明说："就是〇〇峰回复我，鹿〇转发我的微博！"

343.【含笑九泉】语文课上，老师提问："说出一个成语，来形容一个人很开心的样子，而且这个成语中须包括数字。"一学生答："含笑九泉。"

344.【黑白通吃】小刘陪邻居大哥喝酒，大哥感慨道："这年头生意越做越差了，想当年我可是黑白两道通吃啊！"小刘惊讶地说："这么厉害！大哥以前做的什么生意？"大嫂在一旁说："不就是打煤球和卖面粉吗？"

345.【后起之秀】一学生在宿舍睡懒觉。老师批评他："别人都起来了，你还好意思躺在床上！"该生回答："我正努力做个'后起之秀'。"

346.【花样繁多】顾客："你们饭店的米饭真不错，品种还真不少。"服务员："不就一种吗？"顾客："不。有生的，有熟的，还有半生不熟的。"

347.【火冒三丈·火冒三藏】火冒三藏：比喻做的事连像唐三藏这么好脾气的人都被气得冒火。

348.【火眼金睛】公司领导是个很细心的人。有一次，他在我的稿子里发现了一个细微的错误。我无奈地回应他："您真是火眼金睛。"他没听清楚，就问办公室的男同事我刚才说什么。男同事严肃地说："她骂你是猴子！"

349.【皆大欢喜】某富二代参加高考，特意穿了一身"耐克"套装，坐着一辆"捷达"车来到考场。同学问他为何如此装备，富二代回答："穿耐克，是为了能得到更多的'红钩'。"同学又问："坐捷达车呢？"富二代："取'皆大欢喜'的意思！"同学："你不是还有奥迪车吗？为什么不开出来呢？"富二代："难道你希望我高考得四个零蛋吗？"

350.【节外生枝·截外甥肢】病人出车祸，送进医院，需要截肢。医生正准备手术，护士跑进来报告："病人的外甥在门口闹事，不准截他舅舅的腿，怎么办啊？"医生苦笑着说："节外生枝啊！"于是，护士们把外甥架上了手术台。

351.【金盆洗手】甲："我有个朋友原先是混黑道的，穷得叮当响。后来金盆洗手，现在发了大财。”乙：“厉害！那他是怎么发财的？”甲：“把盆卖了。”

352.【津津有味】老师：“你为什么上课睡觉？”学生：“我没有睡觉。”老师：“那你为什么闭上眼睛？”学生：“我在闭目沉思。”老师：“你为什么直点头？”学生：“您刚才讲得有道理。”老师：“你为什么流口水？”学生：“因为您讲得津津有味。”

353.【惊慌失措·不知所云·如释重负·一如既往】语文课上，老师向同学们解释“惊慌失措”“不知所云”“如释重负”“一如既往”四个成语。恰巧，某学生正在呼呼大睡。老师一拍桌子，该生顿时坐了起来，拿起书遮羞。老师说：“这便是惊慌失措。”接着，老师让他回答问题。他站起来，支支吾吾了半天。这时老师说：“这便是不知所云，请坐！”这位同学长长地舒了一口气坐了下来。老师又说：“这便是如释重负。”等老师走上讲台，那同学又趴下睡觉。老师猛一转身，指着他说：“这便是一如既往。”

354.【酒肉朋友】一位朋友和我说好只做酒肉朋友，昨日忽然来电称，改做一般朋友：“最近涨价太猛，酒肉朋友做不起了。”

355.【客如云来·万里无云】有一家新开的饭店，门口有个屏风，上面写了四个大字：“客如云来。”晚上，饭店打烊，老板问服务员：“今天的生意怎么样？”服务员指了指屏风，回答道：“万里无云。”

356.【连中三元】一学生面临高考，跑去找算命先生。算命先生告诉他：“你的命是连中三元，然后归于平淡。”学生听了特别高兴，这说明自己肯定本、硕、博连读啊！他把朋友们请来，大吃了一顿庆祝。吃完结账，他在发票上刮出了三张一块钱……

357.【凌云之志】A：“今天我对女朋友表白了。”B：“她怎么说？”A：“她说她实在是配不上我这样一个有凌云之志的男人。”B：“你有什么凌云之志？”A：“癞蛤蟆想吃天鹅肉。”

358.【柳暗花明又一村】甲：“我今天好看吗？”乙：“整体有种柳暗花明的感觉。”甲：“哇，是说我搭配的颜色很丰富美丽吗？”乙：“又一村……妇。”

359.【六神无主】弟弟上小学五年级。有一次语文考试，要求解释成语“六神无主”的意思。他的回答是：“这瓶花露水是谁的？”

360.【庐山真面目】在网上认识了一个女孩子，声音很甜。便问她：“你长什么样？让我看看庐山真面目。”然后她发来一张山的照片。我回复：“我要看的不是庐山的照片！”她回复：“我发的这张是黄山。”

361.【路不拾遗】记者：“请问大爷，你们这个小区的物业管理怎么样？”大爷：“达到了路不拾遗的地步！上个月我见路上有几个香蕉皮，现在还在那里呢！”

362.【梦想成真】男孩见女孩愁眉不展，便安慰她道：“开心点。要不咱们把心里想的写在纸上，交给对方。”女孩点头。写完之后，男孩打开女孩的纸条：“我梦到期末挂了好几科，好害怕。”女孩打开男孩的纸条：“祝你梦想成真。”

363.【判若两人·胖若两人】据说现在最不想听的见面问候语是：“好久不见，你胖若两人了。”

364.【岂有此理】一个人听到了“岂有此理”四个字，觉得很有意思。后来，他苦苦思考，但无论如何也想不起这四个字是什么，于是四处寻找。有一个人看到他，就问他在找什么。他说：“我在找一个成语。”对方说：“只听说寻找丢失的物品，但没有听说四处寻找成语的。真是岂有此理。”这个人一听，就说：“我找的就是这个。你捡到了，为什么不告诉我？”

365.【千里迢迢】某秘书给领导写讲话稿：“欢迎大家千里条条光临我县考察。”有人看后提示他：“写错别字，看你这秘书啥水平？！”秘书：“我写错字，事小；领导念错字，事大！”

366.【前程似锦】①前程“四紧”（似锦）：手头紧、眉头紧、时间紧、衣服紧。②计算机科学与技术专业“钱”途最好、满意度高。③钱钟书：我都姓了一辈子“钱”了，还会迷信这东西吗？！

367.【倾国倾城】“倾国倾城”与“倾城之恋”都暗含两个意思：长相艳丽，危害巨大。

368.【忍辱负重】小红向朋友诉苦：“家里来了客人，吃饭的时候，总是问我学习成绩怎么样。明知道我成绩不好，就是想看我出丑。”朋友说：“那你就随便吃点，吃完马上离开。”小红认真地说：“我本来也是这么想的，但看到满桌子的好菜，我选择了忍辱负重。”

369.【杀鸡取卵】教师：“请说出一个与‘缘木求鱼’意义相近的成语。”

学生："杀鸡取卵。"教师："'杀鸡取卵'是'目光短浅'的意思，和'缘木求鱼'不是近义词。"学生："我说的是公鸡。"

370.【神出鬼没】有人埋怨舞台上鬼神戏太多。在场的另一个人说："这是'神出鬼没'。"

371.【世世代代】老师布置作业让学生用"世世代代"造句，并让家长签名。张小明造的句子是："我们家世世代代都姓张。"爸爸一看，提笔在后面批了几个字："情况属实。"

372.【书到用时方恨少】下课了，外面下着蒙蒙细雨。带伞的同学兴高采烈地冲进了雨雾中，没有带伞的同学将书顶在头上也冲了出去，只有阿超和阿伟站在门口，哀怨地看着大家。阿超说："怎么样，老师说得没错吧？""什么没错？"阿伟问。"书到用时方恨少呀！"阿超说。

373.【随心所欲】①"随薪锁欲"是成语"随心所欲"的谐音。指薪水太少，只能锁住自己的欲望。②相貌并非全靠先天：30岁后，相由心生，相也由"薪"生。③跟老板提议涨薪，老板说要不忘初心。③有些年轻人经常分不清需求和欲望，一味放纵自己，追求花钱的爽快：储薪积愿，薪如止水，薪平气和，薪尽自然凉。

374.【头昏眼花·头婚眼花】头一次结婚缺少经验，选错了人：头"婚"眼花。

375.【兔子不吃窝边草】表哥大学毕业好几年，眼看快30岁了，至今还单身。我好奇地问："表哥，你们单位那么多女同事，你还不找一个女朋友？"表哥说："兔子不吃窝边草！"我说："没想到你这么保守，这么讲究原则！"表哥沮丧地说："我是草，那些同事是兔子！"

376.【团结紧张·严肃活泼】班会布置教室时，班长在黑板上方贴了八个字的标语："团结紧张，严肃活泼。"A不解："什么意思？"B抢着回答："就是考试时团结，交卷时紧张。发卷时严肃，及格了活泼。"

377.【文章·一刀两断】语文课上老师分析课文时，小明不认真听课。突然，老师提问："小明你来回答一下，文章第一到二段说明了什么？"小明一愣，说："文章一刀两断，说明他和马伊琍分手了。"

378.【无病呻吟】我的写作水平终于得到了语文老师的认可。三年前刚进学校时，他给我的作文评语是“无病呻吟”。如今我把作文拿给他，他看完后会关切地问我：“你病得不轻吧？”

379.【无地自容】无“递”自容：指网购大促销期间没有快递可拿，而身边的朋友同事都有，因此感到无法融入大环境；也指快递多，连自己站立的地方都没有。

380.【无稽之谈·有机可乘】①一富人有余田数亩，每亩索鸡一只。张三将鸡藏于背后，田主没有看到，遂作吟哦之声曰：“此田不与张三种。”张三忙将鸡献出，田主又吟曰：“不与张三却与谁？”张三曰：“初不与我，后又与我，何也？”田主曰：“初乃无稽（鸡）之谈，后乃见机（鸡）而作也。”②无“机”之谈：现代社会，真正有效的交谈，开始于双方都放下手机、摘下耳机。③北方一个商品推销员去广州出差。他想乘飞机前往，便给经理发了一封电报：“有机可乘，乘否？”经理接到电报，以为是成交之机已到，便立即回电：“可乘就乘。”推销员出差回来报销差旅费时，经理以级别不够、乘坐飞机不予报销的规定条款，不同意报销飞机票。推销员拿出自己和经理的来往电报记录，经理无言以对。

381.【无牵无挂】一些人概括自己的大学生活：既没有牵过手，也没有挂过科，可谓“无牵无挂”。

382.【无所不谈】无所不谈的传统含义：推心置腹交谈。当代新含义：男女双方在谈婚论嫁时，如果没有房子，就不再继续发展关系。

383.【无中生有】李医生行医多年，使许多不孕不育的夫妇有了孩子。最近他收到了一块感谢的匾额，但大家看了总觉得有些别扭。原来，上面写着金光灿灿的四个大字：“无中生有。”

384.【五湖四海·冰天雪地·一波未平】①公司年会上做填字游戏，有一题是成语填空：“五（ ）四（ ）。”大家把答案写好，投进纸箱，经理边抽边看。大部分人填“五湖四海”，填“五经四书”，勉强算对。接着，经理又抽出一张纸条，笑道：“谁的数学这么好！填的是‘五八四十’！”②孩子上小学，一次语文考试，有一道填空题：冰（ ）雪（ ）。参考答案是“冰天雪地”。孩子的答案让人吃惊：“冰糖雪梨”。③语文课上，老师让大家说出“一（ ）一（ ）”格式的词语，比如，“一心一意”。画家的儿子说：“一笔一画。”船长的儿子说："一波未平，一波又起。"房地产商的儿子说："一室一厅，一厨一卫。"

385.【五花大绑】儿子上一年级的时候，给他买了《水浒传》彩绘本。一天，儿子问："五花大是谁？"左思右想也没想起《水浒传》中有个五花大，于是让儿子把书拿来看一下，只见上面写着："李逵一觉醒来，已经被五花大绑了起来！"

386.【五子登科】旧五子登科：五代后周时期，窦禹钧的五个儿子都品学兼优，先后登科及第，故称五子登科。新五子登科：车子、票子、孩子、位子、妻子。

387.【心如死灰·死灰复燃】"心如死灰"不代表绝望，因为还有个词叫作"死灰复燃"。无论遭遇怎样的困境，人生都不应该丧失希望。

388.【严于律己】咸甜适宜的人生态度："盐"于律己，"甜"以待人。

389.【言多必失】从电话费账单中，最能体会出"言多必失"的道理。

390.【燕雀安知鸿鹄之志】老师："谁能把'燕雀安知鸿鹄之志'翻译成现代文？"同学："我的世界你不懂！"

391.【一点就着·貌美如花】①一些中年人像煤气罐：没腰，一点就着。②男："小姐，你真是貌美如花啊！"女："我像什么花？"男："向日葵！"女："我哪里像向日葵？"男："脸大，没腰。"

392.【一毛不拔】一只猴子死后，见到了阎王，它要求投胎做人。阎王说："既然你想做人，就需要将毛全部拔掉。"于是，阎王就叫夜叉给猴子拔毛。刚刚拔下了一根，猴子就忍不住痛得叫了起来。阎王笑道："你看你，一毛不拔，怎么做人呢？"

393.【一文不值】甲乙二人招来一辆出租车。甲问司机："去市中心广场多少钱？"司机："十元。"又问："同朋友一起去呢？"司机："也是十元。"甲对乙说："我早就对你说过：'你一文不值！'"

394.【一无所有】以后不要再说你"一无所有"了。你不是有病吗？！

395.【一厢情愿·一箱情愿】一个女孩寄快递，却只给了一个空纸箱。快递员好奇地问她："寄给谁的？"回答说："喜欢的一个男生。"快递员蒙了："可是里面没有东西啊！"回答说："有些东西只有我自己能看见。"追根究底问到底是什么，女孩说："一箱情愿！"

396.【一言九鼎·一颜九鼎】“有没有比较文雅的词语来形容一个人脸大？”“宽容。当然还可以用‘一颜九鼎’来表达！”

397.【以牙还牙】在一所小学里，有不少学生戴着不锈钢牙箍矫正牙齿。有一天，一位教师启发学生什么是“反哺”。他举例问道：“父母现在花了很多钱帮你们矫正牙齿。将来父母老了，你们会花钱替他们镶假牙，这种行为叫什么？”有位学生答道：“以牙还牙。”

398.【欲罢不能】老师：“谁能用‘欲罢不能’造句？”小明：“我家没有浴霸，不能洗澡。”

399.【远交近攻·远程教育】①远交近攻：孩子做作业的时候，离得远一点，还能稍微交流交流；离得近了，想不攻击他都很难。②我叫儿子把试卷拿出来。儿子看了一下我严厉的脸色，不得不把藏好的试卷拿出来。看儿子慢腾腾的样子，我就知道他考得不好。就在我向儿子靠近时，他大叫：“不要再过来，你要学会远程教育。”

400.【纸上谈兵】一个人穿越回战国，在长平见到赵军主帅，激动地说：“你就是那个纸上谈兵的赵括啊？”赵括大惑：“我是赵括不错，也会谈兵不假，但什么是纸？”

401.【指若悬河】指若悬河：见面矜持羞涩、寡言少语，仿佛灵魂很无趣。手指打开手机聊天窗口，却像换了个人一样，无所不知、无话不谈。

402.【指指点点】新员工希望老员工“指点”，而不是“指指点点”。

403.【著书立说】如今许多人不著书，只立说。所谓的立说，是指在讲台上站着上课，代课赚钱。

404.【铸成大错】铸成大错比喻因为过失而犯了大错。“错”字在此为双关语：第一个意义为周代的一种刀形铜币“错刀”；第二个意义指“失误”。

405.【走马观花】老师叫学生用“走马观花”造句。一个学生写道：“我的一位朋友能用‘走马观花’造句。”作业本发回来之后，只见老师在后面批道：“请问你能吗？”

406.【左右为难】老师：“用‘左右为难’来造句。”小明：“我考试的时候左右为难。”老师：“因为不会做，所以左右为难吗？”小明：“是左边同学和右边同学的答案不一样，让我很为难。”

校园学习

407.【搬花·班花】校长："给我找两个同学。需要搬花。"女同学到了校长室。说明了情况后，校长说，"错了，我要两个同学搬花。"

408.【半天】一学生抱怨老师不及时批改自己的论文："我交了毕业论文，半天才有回应。"另一个同学说："半天后回应，速度也算很快了！"第一个同学说："我用的是'半天'的另一个意思。"

409.【操蛇之神】一天上课，讲《愚公移山》。老师讲解了"操蛇之神闻之，惧其不已也，告之于帝"。随后，老师问："这句还有什么不懂的？"小明："老师，操蛇之神指的是许仙吗？"老师无语。解析：《山海经》中，对山神的描述多有"操蛇"之语。故"操蛇之神"一说是"山神"。

410.【成就】《阿衰》：金城武成了舅舅，荣获终身成就（成舅）奖。

411.【初三·压力·鸭梨；动力·冻梨】①初三，快中考了，老师让我们以《××初三》为题写一篇半命题作文，大家写的是《热血初三》《奋斗初三》等，全班只有我一个人写的是《大年初三》。②妈妈领着小明到农村去看外公。外公很高兴，关心地问："你读书怎么样？"小明回答："读初三啦，很紧张。"外公说："好好读吧。初三要读，十五要读，还要天天读，才能读得好呀。"③老师出了个半命题作文：《……压力》或《压力……》。我们都写成了《成长的压力》《考试的压力》或《压力下的我们》，唯独一个同学写了篇说明文《压力锅如何使用》。②一个温暖的冷笑话：如果你有"鸭梨"（"亚历山大"谐音"压力山大"），就把它放进冰箱里，它就会变成"冻梨"！愿你找到自己的冰箱，把压力变成动力。

412.【刀削面】下雪了，从宿舍出来，我说："好冷啊！"没来得及吃早饭的室友说："冷风吹在脸上，有种刀削面的感觉！"

413.【的地得】上语文课，老师要求用"的、地、得"三个字造句。一个同学站起来回答："妈妈说：'我家的地得拖了！'"

414.【狗命】富翁在遛狗，一个蒙面人突然跑过来，对准狗就是一枪。富翁大惊。蒙面人道："有人让我来取你的狗命。"富翁激动地说："你的语文老师是谁？我要好好谢谢他。"

415.【瓜子 · 爪子】上小学时，班主任要求我们写一篇描写老师外貌的作文。我本来想写“老师有一张瓜子脸”，可是不小心写成了“老师有一张爪子脸”。结果罚站一小时。

416.【关心】上课时一个男生趴在桌子上呼呼大睡，老师看见后说：“同桌，关心一下他。”同桌立刻脱下自己的外套，披在了那个男生的身上。

417.【汉 · 汉子】大学时，一次老师让我们填一份很重要的表格，而且声明每人一张，没有多余的，不能涂改。一朋友不假思索地填写，结果发现在性别栏内填写了“汉”。意识到犯了错误，他想了想，在“汉”后面加了个“子”字。

418.【很棒 · 很胖】体育课上，老师教我们做健身操，带着同学们喊口号：“我真的很棒，我真的很棒……”同学们都认真地学着，只有最后一排的小胖一边做一边喊：“我真的很胖，我真的很胖……”

419.【减负】甲：“你知道为什么最近的作业少了许多吗？”乙：“减负了呗！”甲：“为什么数学作业仍然很多？”乙：“因为数学老师说减负等于加正嘛！”

420.【奖励】开学了，老师想了解新生的情况，就给每个学生发了一张调查表，让大家写下以前所获的奖励。只见同学们填写的奖励多种多样，有的是“奥数二等奖”，有的是“作文优秀奖”。有一个同学填的奖励是“商场购物抽奖三等奖”。

421.【洁癖】老师：“来，把我昨天布置的作业都交上来。”学生：“老师，我有洁癖，您介意吗？”老师：“不介意啊！”学生：“那就好，这是我的作业。”他掏出一个空白的作业本。

422.【借】老师：“多位数减法，遇到低位数不够减时，就向高位数去借。”学生举手问：“老师，要是高位数不借，那怎么办呢？”

423.【借读 · 戒毒】坐公交车，一个阿姨和旁人聊天，说：“我家孩子借读费两万呢。”另一个说：“戒毒所收费这么贵啊？”

424.【斤 · 惊】有个同学常写错别字。有一次，他写了一篇文章，其中一段如下：“今天在路上看到一堆牛屎。我吃了一斤。”

425.【精英 · 人渣 · 渣男】①上中学时，老师说：“你们长大后要做社会的精英。”有同学问：“什么是精英？”老师说：“就是把所有的人聚集在一起，过滤筛选，最后剩下的那部分人。”突然，有一位同学说：“这不就是传说中的人渣吗？”②问：“为什么暖男有时会变成渣男？”答：“你烧过煤吗？”

426.【绝对值】上数学辅导班，缴了20分钟的钱，老师讲了40分钟。下课时，老师说：“我多讲的时间，你们用一句话来评价一下。这句话里要用上数学名词。”全班同学开始各种讨论。这时，从教室的角落里传来一个声音：“绝对值！”全班都安静了。

427.【满纸荒唐言·不知所云·下课了】①作文课上，老师让我们描写一个最能感动自己的画面。作文发下来后，看到老师给我的批语是：“敬请阅读《前出师表》，查询最后一句。”我想，我总算写了一篇像模像样的文章，和诸葛亮不相上下。急忙查询，得知那句话是：“不知所云。”②老板：“你的策划书我看了，和《红楼梦》不相上下！”我暗喜，忙谦虚道：“过奖了，哪有那么好。”老板回答：“满纸荒唐言。”③初中上语文课，学习的是《最后一课》。老师先给大家朗读课文，读到最后一段，老师说：“下课了，你们走吧……”同桌当时正睡觉，听到这一句，提起书包就冲出教室。全班哗然……

428.【美妙】“简单评价一下你的学校？”“美妙。”“好羡慕哦！”“你仔细看看‘妙’是怎么构成的？”解析：“美妙”另一意义是“美女少”。

429.【木·没】作为一个远离人文学科许多年的工科学生，看到“山有木兮木有枝”的时候，第一反应是“山上有棵没有树枝的树”。

430.【目的】老师：“请各位同学以‘目的’这个词造句。”小强：“您是我见过的最漂亮的女士。”老师：“谢谢，但是‘目的’呢？”小强：“我今天希望早点回家。”

431.【男子汉】老师：“小明，你来回答这道题。”小明：“老师，我不会。”老师：“你能像个男子汉一样说话吗？”小明：“老师，这道题老子不会！”

432.【拳·权】政治课上，教师提问：“人身权利包括哪些？”被点名回答的学生艰难地答道：“生命健康权、姓名权、隐私权……”为了启发学生说出社会福利与养老权利，老师诱导说：“想想看，老年人的权……”男生脱口而出：“太极拳。”

433.【厦·啥】一学生不会读“厦”，找到老师。“这念啥？”“厦

（啥）。”“啥？”“厦。”“到底是啥？”

434.【失败是成功之母】教师：“介绍一下郑成功。”学生：“我知道他妈妈的名字。”教师：“真的吗？”学生：“他的妈妈叫失败。失败是成功之母。”

435.【师长】家长会上，一位老师提出让学生尊敬师长。一个家长提出意见：“为什么单单尊敬师长？难道就不尊敬团长、军长了？！”

436.【王道·霸道·儒道】子贡问：“什么是王道？”答：“对手不乖，从他身上碾过去。”子贡又问：“那霸道呢？”答：“乖，也碾过去。”子贡第三次发问：“那儒道呢？”答：“碾之前说一声。”

437.【王见之】王坐于堂上，有牵牛而过堂下者，王见之，曰：“牛何之？”对曰：“将以衅钟。”王曰：“舍之！吾不忍其觳觫，若无罪而就死地。”对曰：“然则废衅钟与？”曰：“何可废也？以羊易之。”围绕这篇文章有一个故事：“教师问：‘牵牛者的名字是什么？’学生回答：‘王见之’。”

438.【微信·威信】①一个老师教学无方，校长将其叫到办公室，问：“你的威信呢？”回答：“还没有开通。”②女儿：“父亲，您有微信吗？”父：“有啥威信？！都是你妈说了算。”③向朋友抱怨：“这微信附近的人，看照片都像美女一样，其实本人基本很糟糕！”朋友说：“天真！已经明确说明是微信。稍微相信即可。要是生活中的人和照片上的人一样漂亮，那就应该叫全信了！”

439.【无名氏】语文课上，老师在讲解词汇：“‘无名氏’是指不愿意让别人知道自己姓名的人……谁在后面叽叽喳喳地说话？”“老师，是无名氏。”

440.【喜欢】老师问小明：“你喜欢小动物吗？”小明：“喜欢。”“那到底多喜欢呢？”老师继续问。小明：“顿顿都有。”

441.【修】①某大学举行晚会，忽然电灯灭了，学生们利用黑暗的间隙交谈自己主修的专业。一个说：“我是修大气物理的。”一个说：“我是修生物学的。”一个说：“我是修国际贸易的。”这时，背后传来了辅导员的声音：“谁是修保险丝的？”②去找老板申请补休，进了办公室听到一同事说：“好的，明天我修。”我连忙说：“明天我也想休。”老板愣了一下说：“好吧，明天你俩一起。那马桶能修就修，不能修就换一个。”③父亲和母亲坐在门口。父亲说：“我会修理车，会修理家电，你会吗？”母亲说：“不会，但我会修理你！”④在某购物平台看到一件衬衫。有个买家的评价是：“衣服还是很好的，就是不修身。不修身如何治国平天下？”

442.【牙齿】一位老师问学生：“小马，你说说看，通过什么方式可以知道母鸡的年龄？”“通过牙齿，老师。”小马答。“母鸡没有牙齿呀！”“可是我有啊。如果母鸡的肉细嫩，那么它就很年轻；如果肉较难嚼烂，那么它就上了年纪。”

443.【音乐】一位音乐老师上完课问：“同学们，我喜欢高山流水声。你们都喜欢什么音乐呀？”一个同学回答：“下课铃声！”

444.【用点心】教师：“你用点心行不行？！”学生：“好。点心在哪里？”

445.【冤狱】有一个学生整天没完没了地写检查。一次，他在检查的末尾签上自己的名字，署上“写于一兔戴帽两狗对话斋”。“一兔戴帽”者，“冤”；“两狗对话”者，“狱”也。

446.【蜘蛛·只猪】上小学时，上课总是爱睡觉。一次语文课，老师布置的作业是《假如我是蜘蛛》。因为没听清楚，下课后随口问了同学，便回家了。晚上，我绞尽脑汁地写了一篇大作《假如我是只猪》。

447.【组·族·祖】①大一分组出去写生。一个女生分组时来晚了。临近发车出行时，老师问她：“你是哪组的？”她回答：“我是汉族。”老师愣了一下，又问了一遍。那个女生回答：“我是汉族，龙的传人。”②大学实训课，老师说要把全班按宿舍分成六个组，让大家给自己的组取一个名字，于是出现了“无厌组”“滑动变组”“如来佛组”“五号特工组”“重案六组”和“光宗耀组”。

448.【做·坐】教师：“作业做了没有？”学生：“坐了！喏，在屁股底下，还热乎着呢。”

考试

449.【白给的东西】数学课，老师讲评试卷，有一道题很简单，但还是有很多同学答错，于是老师愤怒了：“这么简单的题简直就是送分给你们的，你们都不要！”一个女同学回答：“家长说：白给的东西不能随便要！”

450.【不会】班上有个男生学习极差，考试前我交代他要把卷子写满，不准空着，这样或许能得点分，他满口答应。结果考试卷子上写满“不会、不会、不会……”但他没有得0分，因为有一道题是：“如果地球停止转动，还会有昼夜交替吗？”答案是“不会”。他答对了，得了2分。

451.【不羁阁·不及格】刚上大学的时候，为了表明自己是个很有个性的人，我给宿舍取名“不羁阁”，并写在纸上，贴在了宿舍门外。四年后，宿舍里的四个人一共挂了20多科。

452.【答错扣分】儿子语文考试考砸了，爸爸看完卷子后怒斥道：“一点儿都不动脑筋！判断题为什么全写‘对’？！”没想到儿子不高兴了，理直气壮地指着卷子说：“你看！试卷上不是写着‘答错扣分’吗？我敢答‘错’吗？”

453.【非重】毕业考试前，老师给学生上辅导课，说明哪些地方需要重点复习。有个学生因病缺席，之后借同学的课本来参考。见课本上标有“重点”“非重”的字样，于是专攻“重点”，舍弃“非重”。考试成绩下来，他的分数很低，于是不解地问书的主人：“按书上‘重点内容’来复习的，为什么还考不好？”同学说：“没看‘非重部分’吗？那可是‘非常重要的内容’啊！”

454.【和亲】表弟有一次考历史，有一道题是：“古代对待外邦采取的政策有哪些？”许多人写的是标准答案：“和亲。”表弟想了半天也想不起来“和亲”两个字，只能无奈地写道：“先打，打不过就送个公主过去。”老师不仅给了他满分，而且写了评语：“通俗易懂！”

455.【看完·看开】考试将至，全寝室的人都在看书，只有大哥在气定神闲地打游戏。我问道：“你看完了？”他说：“我看开了。”

456.【考煳】小时候，智力还没发育完全。记得有一次考试考煳了，成绩好像是42分，就把卷子偷偷藏在我家的炉子底下。晚上，妈妈问考试成绩，我说考煳了。追问试卷的下落，我无言以对。后来，妈妈添煤的时候发现了试卷，还真煳了……

457.【考完了】在学校读书的时候，我发现了一个规律：凡是学习好的同学考试前都说：“我去考试了！”学习不好的说：“我去！！！考试了！”考试完后，那些学习好的同学都说：“我考完了！”学习不好的说：“我考！完了！”

458.【烤牛筋·考牛津】校长路过学校后门，突然听到一句：“我要考牛津！”校长顿时感动不已：“没想到学校也有如此有志青年！”他决定看个详细。忽然，他又听到一句：“再来两串大腰子！”

459.【棵·科】①大学校园里有很多草坪，为了抄近路，学生总是践踏草坪。后勤处就在草坪边上立下写有“绿草茵茵，踏之何忍”“芳草青青，脚下留情”之类的警示语，但是效果不明显。这几天要考试了，后勤处想出了一个新的警示语：“踩一棵，挂一科。”从此再也没有人踩草坪了。②一次去参加补考，在半路上碰到一个同学，他问：“挂了几科？”我说：“两科，你呢？”他说：“一科没挂。”我说：“厉害。”后来去补考第二科，发现他从考场出来，我问：“你不是说一科没挂吗？”他说：“是呀，就一科没挂，其他的全挂了……”

460.【派】语文考试有道填空题，问李清照是什么派的词人。因为不知道，就写了个武当派。卷子发下来后，老师说：“有个学生的答案必须请他家长来看看！”心中对号入座，想着：“这个学生肯定非我莫属。”结果同桌被请家长了，因为他的答案是“蛋黄派”。

461.【求过】甲问：“你这辈子有没有求过谁？”乙回答：“没有，我只求过阴影部分的面积。”

462.【听力考试】英语考试后，小明对室友说：“听力考试我根本没听。”室友说：“那你是随便写的答案？”小明说：“也不是。我是听后面同学的答案。他写字很重。A 有三划，C 只有一划，B、D 都两划，但 B 比 D 时间长。”这才是真正的听力考试攻略！

463.【拖后腿】①学校举行拔河比赛，老师叫小明一定要参加。小明说：“我身体这么瘦小，不行啊。”老师说：“哪能啊？！平时一有什么考试，你一个人就可以拖全班的后腿。”②期末考试后，老师在班上批评我成绩考得不好：“你拖了咱们班的后腿。”我很不解：“老师，班级又不是猪，还分前后腿？”

禅与命

464.【单】算命的：“你的婚姻线就如同天安门。”我：“哦？很伟大吗？”算命的：“往东是东单，往西是西单。”

465.【放下】一青年最近心事重重，忧郁终日，遂去寻求大师指点。大师说：“放下该放下的。”青年说：“没有什么是该放下的。”于是大师让青年拿着一个茶杯，然后向杯中倒热水。直到水溢出烫到了手，青年也没有将手松开。

大师说："小伙子，你不按套路出牌啊！"

466.【开集·闭集】一青年问禅师："我的心就像门一样，她的离去将它关闭。我可能无法再爱别人了。"老禅师若有所思地说："你看看这朵花，多么美丽。在盛开的美丽面前，心必定会开朗。难道开的东西会是闭的吗？"青年答道："空集。"解析：空集既是开集，也是闭集。

467.【开杀戒·开沙戒】有一天，悟空问唐僧："师父，你动不动就要开除我，为什么从没想过要开除八戒和沙僧？"面对悟空的质问，唐僧轻声说："因为师父是佛门中人。"悟空不解地问："这跟佛门有什么关系？"唐僧回答："佛门中人不能乱开'沙戒'。"

468.【猕猴·时候·石猴】①唐僧师徒去西天取经，路遇六耳猕猴作祟，真假猴王无人能辨，只能到唐僧面前求得鉴定。唐僧说："为师要吃西瓜。"两只猴子马上变作西瓜。唐僧说："为师要吃苹果。"两只猴子迅速变作苹果。唐僧说："为师要吃桃子。"两只猴子又很快变作桃子。这时，唐僧说："八戒，把那个猕猴桃给我拿下！"②取经路上，杀出两个美猴王，天庭地府，无人能辨真假。观音建议："不如让两猴选择最爱的水果。"众生皆迷茫。最终悟空选了榴梿，六耳猕猴选了桃子。此时，背景音乐响起："有石猴，有石猴，宁愿选择榴梿不放手。"

469.【妖·腰】悟空："师父，怎么区分妖精和妖怪呢？"唐僧："看腰。小腰'精'，大腰'怪'。"

470.【长大·掌大】一天，我找了一位著名的手相大师看手相。大师看了看说："你的手掌很大，你一定很孤单。"我说："这都能看出来？为什么？"大师说："因为越掌大，越孤单。"

471.【治伤·智商】和朋友去算命，大师先给他相面，之后倒了一杯水。我的朋友问道："大师，我是五行缺水吗？"大师点点头，接着看了看我，拿出一包金创药。我问："我是五行缺金？"大师摇头，问道："金创药是干什么的？""治伤（智商）啊。""对，你缺的就是这个。"

472.【转机·登机·登基】①年轻人上山找到老禅师："大师，我的人生很失败，我该怎么办？"老禅师："树挪死，人挪活，你可以走出去，去远一点的地方，比如，南美洲，你的人生将出现转机。"年轻人："真的？怎样的转机？”老禅师：“在欧洲转机，然后登机（基）。”②出行的话，我喜欢坐飞机。因为到时候，工作人员会让我“登机（基）”。

敏感话题

473.【大姐 · 打劫】夜间，突然从草丛中出来个彪形大汉，把刘女士吓出一身冷汗。大汉开口说：“打劫……”话音未落，刘女士手里的茶叶蛋掉落地上。大汉接着说：“大姐……请问花园小院 B 座怎么走？”

474.【死】①小明一直为爸爸是一个工程师感到骄傲。某日，他遇到小华。小明对小华说：“知道喜马拉雅山吗？那是我的父亲建成的。”小华想了一会，说：“知道死海吗？那是我父亲杀死的。”②大军和朋友在网吧玩游戏玩到半夜，想去吃点夜宵，找了半天，才找到一家还在营业的小吃摊。两人坐下来等炒面时，大军想起了刚才那局输掉的游戏，便忍不住埋怨朋友玩得差，拖累了自己：“你要是不死，我也不会死！”朋友没好气地说：“死都死了，说这么多，咱俩还能活过来吗？”摊主听了，“啊”地大叫一声，拔腿就跑。③小明最近诸事不顺，他对朋友说：“我想死，我想死！”朋友劝道：“不要这么说，太颓丧了。”于是，小明改口道：“我想活，我想活！”朋友：“听上去更凄惨……”④一对夫妻吵架，丈夫吵不赢妻子，直接躺在床上，一动不动。妻子就问：“你躺床上做什么？”丈夫回答：“死了！”妻子又问：“死了怎么还睁着眼？”“死不瞑目！”丈夫回答。妻子又问：“那怎么还呼吸？”丈夫说：“咽不下这口气！”

医患双方

475.【胆固醇 · 短裤穿】患者：“前两天，我父亲去你们医院检查，他回来后，说你跟他讲‘他生病的原因是短裤穿太高……’这是什么意思啊？”陆医生：“我说的是胆固醇太高。”

476.【饭 · 范】①范医生的一名病人总是记不住医生姓什么。他告诉病人：“大娘，您每天都吃饭吧？！我姓范，您就叫我‘小范医生’。”几天后，他又见到这位病人。只听大娘喃喃自语：“‘吃饭的吃’。你是‘小吃医生’吧。”②什么是代沟？就是你换上新衣服，在老妈面前走了一圈，问：“妈，有范儿吗？”老妈看了你一眼说：“有，在锅里，自己盛……”

477.【观察】一名病人要求出院，医生说不行，还要继续住院观察。病人问：“我都住七天了，怎么从来没看到有人来观察我？”医生说：“哦，我们都是在暗中观察。”

478.【科·颗】一个运动员比赛过程中睾丸受伤，于是到医院挂号。护士问：“哪一科？”运动员回答：“左边的一颗。”

479.【李时珍】去医院打针，实习的护士可能比较紧张，拿针头扎了我几下，也没有扎进血管。我咬着牙说：“你姓李吧？！”她说：“你怎么知道？”我说：“很简单，因为一看就知道你就是传说中的李十针（时珍）。”

480.【麻】一个病人准备做手术。医生问：“是要全麻还是局麻？”病人回答：“可不可以要微麻？”

481.【拍片】女：“你是做什么工作的？”男：“制片人！”女：“天哪！那你跟导演很熟吧，能推荐我去拍片吗？”男：“这还用推荐？！你来，我给你拍就行！”女：“好！快告诉我具体地址！”男：“市人民医院门诊楼2楼201。”

482.【犬·你儿子】一个女人领着她的宠物狗去看病。兽医说：“你这只贵宾犬……”“对不起，”女人打断医生的话，“请你放尊重点，不要叫他‘犬’。他是我的宝贝儿子。”医生说：“请问你儿子多大了？”“九个月。”“请问你儿子哪里不舒服？”“他最近心情不好，总喜欢咬人。”“请问你儿子以前打过‘狂你儿子疫苗吗？”

483.【推·拉】“大夫啊，我最近总是做同样的噩梦。总梦到我走到了一扇门边，于是就推啊推，但就是推不开！”“门上有什么？”大夫急切地问。“有一个‘拉’字。”

484.【炎症·眼睁】弟弟眼睛比较大。有一次，感冒去看医生，医生说：“炎症太大，开点药，吃了就好了。”弟弟回去告诉妈妈：“医生说：‘眼睁太大。’”

485.【药效·要笑·有效期】①医生给看病的老大爷开了一服药，对他说：“药效十二小时。”老大爷点了头，离开了医院。老大爷边走边笑，回到家还在不停地笑。家人问：“怎么回事啊？”老大爷说：“医生开的药，要笑十二小时。笑得快累死了！”②女儿刚上幼儿园，已经认识了不少字。有天她感冒了，于是问她：“现在感觉怎么样？”“总流鼻涕，头晕晕的。”“只要听医生的话，按时吃药，很快就会好的。”“不会的。”女儿忧伤地说：“我看了药的说明书，有效期是两年，要过两年病才能好呢。”

486.【玉米·苞谷】毕业体检的时候，听力测试，医生小声说一个词语，体检的人在五米外听，听见就重复医生说的词语。轮到一个同学，医生小声地说：“玉米。”同学大声回答：“苞谷！”

汽车驾驶

487.【备胎】新买的车在路上爆胎了，我打电话给4S店。工作人员说：“先生，别着急，您先找一下备胎。”我迟疑了片刻，说：“不瞒您说，我就是备胎。”

488.【初恋】一位女士学车，撞到了树上。教练责怪：“怎么搞的？”女士说：“我是初练（恋），很紧张。”过了一会儿，女士又撞到了树上，教练说：“这次是失恋吧？”

489.【打死】睡得正香被吵醒，只听见楼下有个男人大喊：“打死！打死！往死里打！反了！反了！”我一惊：“这是要出大事的前奏啊！”赶紧起床，跑到窗前，看到一个男人正在指挥妻子倒车呢……能不能小点声啊！

490.【倒·到】①军训的时候点名，我因为没有答“到”，被罚对着墙喊100次“到”。我喊了一会儿，突然墙塌了，伸进来一截卡车屁股。司机跳下车来，指着我的鼻子吼：“你瞎指挥啥！”②教室里，冯老师正在点名。“张三。”“到！”“李四。”“到！”“王五。”“到！”很显然，这三声都来自同一个人。顿时，教室里的气氛凝固到冰点。冯老师面色铁青，一个箭步冲向窗台：“王大爷，您能等会儿再指挥倒车吗？”

491.【鄂】问：你都见过什么样的地理盲？答：开着鄂A的车被人问：“你是鄂尔多斯的吗？”

492.【非机动车·飞机动车】上班要迟到了，我开车开得有点快，结果不幸被警察拦了下来。警察教育我说：“知不知道要文明驾驶，礼让非机动车？”我点点头说：“知道知道。我又不是傻瓜，飞机、动车我肯定会让的。”

493.【加油】①一天，小丽和男朋友开车去加油。下车时突然一阵风起，把小丽的帽子吹跑了。男朋友说："我去追帽子，你加油。"男朋友跑了不远，就听到小丽在他身后大喊："加油！加油！"②小丽练车。开了一段距离，教练坐在副驾驶座上，一个劲儿地喊"加油"。她却没反应。教练吼道："你为什么不加油？车速都慢成这样了。"小丽说："我以为是精神上的……"③一个人在自己的微信朋友圈发布自己的动态："明天开始新工作了。加油！"一个朋友回复："在加油站工作，一定要当心呀！"

494.【驾·嫁】①今天上驾校理论课，老师说："造成严重交通事故，如果逃逸，终身禁驾（禁嫁）。"后边一女子举手说："难道一辈子都嫁不出去了吗？"②新郎入洞房。掀开盖头一看，不是新娘，而是新娘的闺蜜。新郎问："你怎么在这里？"闺蜜答："新娘喝多了，我是她的酒后代嫁！"

495.【今天】参加驾校体检填表，有一栏需要填写"入学时间"。前面一个男生对另一个男生说："入学时间填今天。"后来，抬头一看，发现问问题的同学表格相应的一栏里写着大大的两个字："今天。"

496.【师父·师傅】①一日，我上气不接下气地追赶末班车，一边追一边喊："师傅！师傅！等等我呀！"车窗突然有名乘客探出头来，慢条斯理地说："悟空，你就别追了。"②问："师父和师傅有什么区别？"回复："师父，前方有妖孽！""师傅，前方右拐。"

恋爱

497.【爱】爱上了一个木讷的男孩子，互相有好感却始终等不到他表白。于是我决心提示下他："你知道'撇点点撇点横钩横撇横撇捺'代表什么吗？"他低下头沉思了一会儿，眼睛一亮，兴奋地说："代表你不识字？"

498.【宝宝】地铁上，她拉起坐在旁边的他的手，放在自己的肚子上，一脸幸福地对他说道："你摸，这里有一个宝宝。"他顿时吓得变了脸色，惊恐道："什么宝宝？""暖宝宝。"

499.【宝马】悟空和唐僧一起上相亲节目，悟空上台，四盏灯全灭。理由："没房没车，只有一根破棍；保镖职业危险；动不动打妖精，对女生不温柔；坐过牢，曾被压五指山下五百年。"唐僧上台，哗！灯全亮。理由："公务员；皇上兄弟，后台最硬；精通梵文等外语；长得帅；最关键的一点，有宝马！”

500.【猜硬币】小王和女朋友去逛街。累了，两个人商量谁去买水，可商量了半天谁都不想去。女朋友说：“我们猜硬币吧。你猜对了，我就去。你猜错了，你就去。”小王觉得很公平，就答应了。只见女朋友迅速抛出一枚硬币，问：“几几年发行的？”

501.【彩虹·踩红】今天一男生向我告白。为了打发他，就说：“如果能马上给我彩虹，就和你交往。”男生回答道：“你想让它出现在哪里？”我伸出左手说：“在这里。”于是……于是男生把我的手放在地上，用力踩红了！

502.【馋·禅】朋友盯着满桌的烤肉，双眼闪着光。我叹息道：“饭桶！”朋友说：“‘饭桶’这个词太俗，叫我‘禅师！’‘馋师！’‘馋嘴’的‘馋’！”

503.【车】①我和女朋友去见家长，女朋友去厨房帮忙了。简单介绍后，女朋友父亲说：“小伙子，来下盘象棋吧。”我说：“行。”摆好棋盘后，我找不到车。对方说：“小伙子，你的车呢？”我感觉事情没那么简单……②有人在网上问：“月薪1200，该买什么车？”答：“买副象棋吧。有四个车，还有马呢！”③两个老头在下棋，我在旁边看，好心提醒：“大爷，您的车丢了。”大爷满脸不屑：“那叫 ju。”我：“哦，大爷，您的电瓶 ju 被人骑走了。”④火车票比较难买，学校放假前几天，我去车站买票，问售票员：“去上海的车还有没有啊？”售票员回答：“车有，票没了。”

504.【诚实·乘十】一男一女相亲，女：“可不可以诚实地告诉我你的年薪有多少？”男：“30万。”女：“你诚实了吗？”男：“我已经乘十了。”

505.【吃醋】①和女朋友冷战。早上起来发现屋里已没有她的身影。洗漱了之后，便到楼下餐馆吃早餐。面端上来的时候，眼睛余光看到女朋友和一个陌生男人在角落餐桌上有说有笑的。我若无其事地继续吃。女朋友走到我跟前，说道：“你不吃醋吗？”我愣了一会儿。还真忘了这件事！于是，我大声说：“老板！给我加点醋！”②有个张姓盐务官回家。走到半路，忽然有个妇女拦轿告状，说丈夫喜新厌旧，整天在外面拈花惹草。盐务官听了笑着说：“要告丈夫，到衙门里去告。我是盐务官，不管人间吃醋事。”

506.【抽烟·无烟处理】①第一次去女朋友家。饭后，伯父说：“走，去吸烟室抽烟去！”我当时心里还纳闷：“这么高档，还有吸烟室？”然后伯父把我带进了厨房，打开了抽油烟机：“来，点上！”②住酒店后，我发现房间里烟味太重，于是打电话给前台。对方说：“您稍等，我们来给您做无烟处理。”我心想：“现在科技真发达。”五分钟之后，来了个大叔，他打开我房间里的所有窗户，然后走了。

507.【出轨】朋友暗恋一个女生很久，拿着一块石头对女生表白：“我对你的爱坚如磐石！”女生：“你说的磐石是什么石头？”朋友：“陨石！在经历了大气无数次的磨砺之后，依然坚定不移地来到你的身边！”女生：“哪一块陨石不是出轨后，才有机会来到地球的！”

508.【大哥】某人穿越后，不知年代。一美貌女人道：“二叔叔这等武勇，你大哥如果知道了，不知道会有多开心呢！”此人春心萌动，问道：“我那大哥……是卖炊饼的，还是卖草鞋的？”

509.【对不起】①一男子和女朋友吵架后，打电话准备道歉。电话响了很久，终于接通。女：“对不起……”男（异常激动但还故作镇定）：“你终于知道错了。”女：“……您拨打的电话正在通话中。”男：“……”

510.【顿·吨】一男青年决定到农村老家举行婚礼。男方的父亲给市里的亲家发电报问：“能来多少人？好做准备。”亲家回电说：“去不了多少人，只准备一吨饭就行了。”电报中，他误把“顿”写成了“吨”。很快，他又接到农村的电报：“婚期推迟一月，因一吨饭的米一时难以备齐。”

511.【贵·跪】①吃饭的时候男生忽然拿出一枚戒指：“这是我昨天买的，你猜猜，贵不贵？”姑娘有点猝不及防，红着脸说：“贵吧！”这时男生单膝跪下，把戒指戴在了姑娘的手上：“既然要我跪，那就答应嫁给我。”②妻子从超市买回来一块搓衣板。丈夫：“搓衣板多少钱？”妻子：“十五块钱！”丈夫：“这价钱的搓衣板不贵！”妻子：“这搓衣板就是专门买来给你跪的。这价钱的不跪，你想要啥价钱的才跪呀？”

512.【好多余·好多鱼】小明：“我是你的什么？”小美：“好多鱼。”小明：“为什么是好多鱼啊？”小美：“因为你真的好多余！”

513.【核心·合心】男生苦追心仪女生而不得，悲愤道：“你的心就像一扇大门，为什么总是对我合上？”女生答：“因为我掌握了‘合心科技’。”

514.【坏】女:“你喜欢什么样的女生？”男:“我喜欢长得坏坏的女生。”女:“那你看我怎么样？”男:“我喜欢长得坏坏的女生，而不是长坏了的女生。”

515.【回去】小伙子买了一辆二手奔驰车，做起了网约车的生意。这天，他接了个单，乘客竟是前女友。一路上，两人相对无语，小伙子专心开车，而前女友却表情纠结，仿佛在做思想斗争。到达目的地后，前女友轻声地对小伙子说:“我们还能回去吗？”小伙子愣了一下，说:“你确定？回去还得加20块钱。”

516.【婚纱照·昏鲨照】海豚问鲨鱼:“为什么你的每张照片都闭着眼睛，像昏倒了一样？”鲨鱼:“嗯……因为我喜欢‘昏鲨照’。”

517.【暨南·济南；西宁·悉尼】①有个男生暗恋班上的一个女生。高考报志愿时，男生问女生报考哪里，女生答:“暨南大学。”男生听后，决定悄悄跟她报同一所大学，想给她一个惊喜。于是两个月后，男生踏上了去山东的火车。②小伙子跟女孩搭讪，要电话号码，女孩婉言谢绝:“我很快就要飞回悉尼了。”男孩问她:“坐哪一班飞机？”女孩说:“坐最早的一班。”现在女孩走了，男孩在打电话订购前往西宁的机票。不出意外的话，今晚他就到青海了。

518.【家】男:“有的人的梦想是成为画家，有的人的梦想是成为作家，你知道我的梦想是什么吗？”女:“是什么？”男:“和你成家。”

519.【剧透】小李:“刚看完一部新电影，要不要给你透露点信息？”小张:“剧透不太好。嘿嘿，我其实无所谓的，你说吧！”小李:“我看到你女朋友和别人一起去看电影。”

520.【考虑】①女朋友摔倒了。看她那个样子十分滑稽，我笑着连忙拿出手机拍照。女朋友脸一沉:“你在笑的时候，有没有考虑过别人？”我一愣，赶紧把刚才拍的照片发到了朋友圈。②妹妹下班，和她同行的两位男士都在吸烟。她觉得烟味很呛，于是问了一句:“你们吸烟的时候，都不考虑身边的女同胞吗？”他们转过头，用惊异的眼光看了一会儿，把烟盒递了过去问:“也要吗？”

521.【口红】男生从身后抱住女生，在她耳边轻轻地说:“我想尝尝你口红的味道。”女生不忍拒绝，颤抖着从包里拿出自己的口红递给他：“你小口点吃，今天用的这支比较贵。”

522.【离·梨】女友让我给她削水果，我挑了个大鸭梨。感觉她吃不完，就切了一半给她。她吼道：“在一起五年了，你竟然要跟我分梨！”

523.【路】朋友问我：“看你最近情绪不佳，是不是感情之路不顺？”我答：“很顺，一路上都没什么人。”

524.【绿·黑】晚上加班结束后，一个女子给男友打电话，让他过去，用车接她回家。男友不同意，说自己怕黑。女子怒道：“你怕黑，你怕不怕绿？！”

525.【魔鬼身材】A：“真是魔鬼身材。”B：“这身材能算是魔鬼身材吗？”A：“魔鬼也有许多种身材呢。”

526.【男友】女：“我需要一个男友。”男：“我帮你找，我们宿舍有个兄弟还不错。”女：“我跟他在一起，你不会心疼吗？”男：“小说看多了吧。我跟他没什么的，你放心好了。”

527.【内在美】一男子和一女子约会，男子衣服都是名牌。女子告诉男子：“我重视内在美。”男子解开外衣说：“你看，我里面的衬衫也是美的。”

528.【你好】有一次陪女朋友上街，她一定要我回答：“我和你前女友谁的身材好？”我正在思索，忽然身后一男声说：“你好！”我猛地回头，想看是谁这么鲁莽，结果是一陌生人。他颤声说：“你好，请问中山路怎么走？”

529.【去·取】跟大学的堂弟电话聊天，问他有没有女朋友，他回答：“没有。取向还没确定。”我当时就转告了老家他的父亲（我的舅舅）。后来，堂弟告诉我：“姐，我的普通话不标准。我说的是去向！”

530.【缺点】女：“你那么爱我，来说说我的优点吧。”男：“这个嘛……爱一个人是不需要理由的。”女：“那我有啥缺点？”男：“懒笨馋凶矮胖圆。”

531.【帅】某人登录征婚网站，输入条件：要帅，要有车。输出答案：象棋。不服，第二次输入条件：要高大，要有安全感。输出答案：奥特曼。发怒，第三次输入：要有很多钱，要有大房子。输出答案：银行。于是一气之下把以上条件一起输入。数秒后，给出答案：奥特曼在银行下象棋。

532.【特惠装·特会装】“你觉得你新交的朋友咋样？”“你见过超市

促销吗？洗发水、沐浴露啥的，买瓶大的，送瓶小的。给我就是那样的感觉。”“哦？那就是说挺实在的。”“你再想想促销牌上写的是什么？”“原来是特惠（会）装啊！”

533.【投缘·头圆】一男生暗恋一女生，于是鼓起勇气问她喜欢什么样的男生。女生答：“投缘的。”连问几遍，都是一样的答案。男生泄气道：“头扁的行不行？！”

534.【问题】男：“说实话，我脑子里有问题。”女：“啥问题？”男：“问题是：你愿意嫁给我吗？”

535.【我爱你】A 君令诸多男士倾慕。好事之 B 君趁课余之际。于 A 君桌上刻下“我爱你”三字。A 君甚为恼怒，无奈字乃刀刻，擦之不去。众皆谓 B 君有胆量。不想第二日，等 A 君离座，众人围将上去，不禁哗然。原来，三字之后又加刻了四个字：“塞北的雪”。

536.【瞎·虾】①男：“你一下子给那个乞丐那么多钱干什么？他只是在装瞎！”女：“他对我说：‘美丽善良的小姐’……”男：“看来他还真瞎！”②螃蟹出门散步不小心撞到了泥鳅，泥鳅很生气：“你是不是瞎（虾）啊？”螃蟹很委屈：“不是，我是螃蟹！”

537.【下棋·夏琪；游泳·尤勇】刚入学的时候，全班自我介绍。一男同学走上讲台说：“我叫尤勇，来自北京，我爱下棋！”下一位是个女生。该女娇羞地走上讲台，忐忑不安地自我介绍：“我……我叫夏琪……我爱游泳。”

538.【羞·羊·丑·子丑】①昨晚背女友回家，女友问：“你猜我俩这样是什么字？”我说：“不知道。”女友说：“是‘羞’。”我说：“有什么好羞的，又没人看见！”女友说：“我是属羊的。”②朋友生了小孩。群里有人向他要照片，他拒绝了，理由是“十二地支前两个”。我思考了一下，才明白他的意思是：“子丑。”③深夜一点，城市的夜行动物结束了一天的工作，回家卸妆，纷纷露出素颜，这就是传统的“丑”时。

539.【厌世】男：“分手吧。”女：“可你曾说我是你的整个世界！”男：“对，但我开始厌世了。”

540.【一点】问：“你喜欢我哪一点？”答：“我喜欢你离我远一点！”

541.【一个人】男的鼓起勇气向女神表白：“你知道吗？我喜欢一个人。”

女："哦，你喜欢一个人啊，那我先走了。"男无语。

542.【找对象·找对巷】今天一大早，父亲突然给我出了个智力题："你面前有十条巷子，其中九条都布置了杀人的机关，你要怎么做才能活下去？"我摇摇头。父亲平静地说："很简单，找对巷（象）。"

543.【真心】林先生大手术后换了一个人工心脏。病好了后，她的女友却马上提出分手，为什么？因为他没有真心爱她。

544.【座·做】母亲："你信星座吗？"女儿："不信啊！"母亲："你看看你这个星座，我觉得还挺准的。"女儿："我是啥座？"母亲："好吃懒座。"

夫妻

545.【摆渡·百度】白娘子喝了黄酒，现了原形，不知所终。许仙到处寻找，到了当初他和白娘子见面的渡口。他问摆渡的老人白娘子的去处。对方说自己不知道。许仙说，"不可能，你是摆渡（百度），你怎么会不知道？！"

546.【边】一对夫妻刚刚吵完架，妻子还在愤愤不平。突然妻子转头问她的小儿子："如果爸爸妈妈吵架，你要站在哪一边？"孩子想了一下，坚定地说："站旁边！"

547.【颤抖·打战】①食堂的饭菜浸透了莘莘学子的口水和血泪。在各大校园，每位资深的食堂大妈都有一双颤抖的手，把荤菜抖成素菜的时候，良心也不会痛！致亲爱的食堂大妈："少一分颤抖，多一分关爱！"②"帮我打扫房子吧！"妻子对丈夫说。"亲爱的，我不舒服。你瞧，我的手在打战。""那更好，你可以毫不费力地抖抖地毯！"

548.【倒贴】过年时，会倒着贴一个"福"字，寓意"福到了"。于是，我就写了个"钱"字，也倒着贴上了，寓意"钱到了"。结果，被妻子揪住耳朵一顿教训："我让你'倒贴钱'，我让你'倒贴钱'……"

549.【第一滴血】丈夫最近才看完《第一滴血》。我告诉他还有第二部，让他自己在网上搜。半小时后，丈夫说搜不到。过去一看，发现他在搜《第二滴血》。

550.【点】朋友结婚，主持人请我上台："今天是你的好兄弟大婚的日子，你上来说点什么吧？"我有点激动地上去说："那就点个糖醋里脊和红烧排骨吧。”

551.【点子】一个人脸上有麻子坑，因此只允许妻子称赞他：“你点子真多！”

552.【顶楼上・楼主】①丈夫疑惑地问妻子：“每次你骂我‘废物’的时候，为什么楼下的太太总会拿竹竿戳天花板？”妻子：“她的意思是：‘顶楼上的’。”解析：“顶楼上”常见于论坛或者帖子等评论里面，表示对网友的观点表示支持与认可。②每次想到自己买不起房子当不成业主的时候，我心中就会涌出无限的感伤。这时候，我会上网四处发一些没有意义的帖子，下面就会有人问我：“楼主，你干什么呀？”其实我什么都不想干，就是想让你们叫我“楼主”。

553.【攻击・公鸡】问一个人“攻”的反义词是什么，若回答“防”或“守”，那说明正常。一天，突然想起这个问题，就问妻子“攻”的反义词是什么。得到的答案是“母”。我说：“不对，是‘攻击’的‘攻’。”她的答案：“对呀，是‘母鸡’的‘母’。”

554.【购物・休闲・娱乐・餐饮】和妻子出门散步，说起了这一年来大大小小的事，我问她：“亲爱的，新的一年就快到了，你对未来的生活有什么打算和安排吗？”妻子东张西望了一阵子，然后说：“你看那边广告牌上写的话，那就是我明年的安排！”我顺着她手指的方向一看，只见不远处正在建设中的商业中心广告牌上写着八个大字：“购物、休闲、娱乐、餐饮。”

555.【管】女儿：“爸，我妈已经有这么多衣服，还不断地买衣服。你咋不管管呢？”父亲：“我管了。我一直管好自己的嘴……”

556.【哈欠】客人走后，妻子向丈夫抱怨道：“你朋友的妻子真没礼貌，我说了不到半小时的话，她竟然打了几十个哈欠。”丈夫：“她不是没礼貌，是想说，但插不上嘴。”

557.【好】女：“我做的饭怎么样？”男：“可以。”女：“你不能说一个‘好’字？”男：“饭‘好’凉。”

558.【好事】夫妻之间沟通很重要，没有什么事不好商量。比如，今天妻子骂我：“你看看你做的这些破事！”我平心静气地说：“你应该多想想我好的一面。”我妻子果然接受了我的建议，说：“你看看你干的这些好事！”

559.【黑客】甲："我遇到一个非常厉害的黑客，上个月，我在商场扫了一个二维码，结果银行卡被盗刷了几万元。"乙："这算什么，我遇到的黑客更厉害，在我不知情的情况下，总能把我卡里的钱刷得干干净净，根本无法阻止。报警了，警察说：'你们夫妻间的事，我们管不了。'"

560.【吼】听说新来的同事小刘也爱唱两句秦腔，我便找机会和小刘交流。我问小刘为啥热爱秦腔艺术，小刘红着脸说："在家里妻子冲我吼，在单位领导冲我吼，只有在唱秦腔时才轮到我冲别人吼。"

561.【加班·佳班】朋友总带我去一个酒吧玩。我问朋友："这家酒吧的名字为什么叫佳班？"朋友说："你等会！"只见他拿出手机拨通电话说道："喂，妻子，我现在在佳班呢，骗你天打雷劈！"

562.【佳佳·驾驾】昨晚，梦到自己在"驾驾"地骑马，一会儿穿过树林、一会儿越过小溪，简直要飞起。今早，妻子一脸寒霜，说我昨晚躺床上伸着双手，还不停地喊着："佳佳、佳佳……"

563.【老娘】刚认识妻子时，她的形象是斯文腼腆，爱吃蔬菜。结婚那天喝多了，后来服务员上了一道酱肘子。妻子拿起筷子说："哇，老娘最喜欢这个。"空气瞬间凝固，一大群亲戚一起看着她。这时未来的丈母娘很从容地说："结了婚要多关心婆家人，不能只惦记自己老娘。"然后撞了自己女儿胳膊一下。

564.【厉害】婚后，第一次和妻子去丈母娘家吃饭。我喜欢吃辣，而丈母娘和老丈人不吃辣，好在丈母娘说她给我准备了自制的辣椒酱。我还暗自庆幸丈母娘对我还挺好。拿出来我尝了尝，果然很辣。于是对妻子说："不错，这辣椒酱真厉害。"妻子："还不明白吗？咱妈这是要给你点厉害尝尝。"

565.【没戏·没系】①突然发现一个有趣的规律：不管我们看的是爱情剧还是青春偶像剧，到最后男主角和女主角结婚了，也就到了大结局。这深刻地说明：男的和女的只要一结婚，后面就没戏了！②某高校院系调整圆满完成，各系无论大小纷纷挂牌升格为"学院"。总结大会上，校长慷慨陈词道："从今以后，我们学校就没系（戏）了。"台下一片哗然。

566.【抹脖子】昨天下午照镜子时，忽然发现自己长了颈纹。结果，晚饭也没心思吃，就去网上找颈部护理霜。丈夫说："网购又想买啥？"我没心思理他，顺口回了一句："买抹脖子用的。"丈夫："那还用买？家里菜刀、水果刀，什么刀都有……"

567.【难养】父亲和母亲为了钱的事吵了起来。父亲吵输了，气急败坏地说道："唯女子与小人难养也！"母亲一愣："这话是谁说的？"父亲得意扬扬地说："孔子，圣人也！"母亲沉思半晌，闷闷不乐地说："看来圣人的工资也不高嘛，妻子和孩子都难养活。"

568.【你·我】只要妻子一张嘴，我就知道闺女在幼儿园的表现了。如果妻子说"我闺女"，那闺女肯定表现不错；但如果妻子开口说"你闺女"，不用问，闺女一定又做错事了。

569.【人财两得】两个女人在讨论她们的婚姻。甲好奇地问乙："结婚这么久了，是怎么管理家务？"乙说："我告诉我丈夫，由我来管钱，而由他来管我。这样一来，他就人财两得了。"

570.【三舅妈】丈夫手机里存了一个叫"39M"的联系人。妻子一直很好奇这人到底是谁，又不好直接问丈夫。妻子时常自己琢磨："生日是3月9日的女孩？穿39码鞋的美眉？"直到有一天，这个"39M"打电话过来了，丈夫一接电话，说："喂，三舅妈……"

571.【生铁落饮】某女因丈夫家暴而长期失眠，医生按《黄帝内经》的理论给开了"生铁落饮"。药房抓不到这味药，医生嘱咐其改用磨刀水煮大枣喝，于是该女每天在家磨菜刀。从此，再未听说过家暴的事，她的失眠症也很快被治愈了。

572.【太太】甲："常听人将妻子说成'太太'，结婚后终于悟出了其中道理。"乙："悟出了什么道理？"甲："烧菜多放几粒盐，她说'太咸'；少放几粒盐，她又说'太淡'；买楼盘，低层嫌'太潮湿'，高层又嫌'太累'；每月工资交给她时又说'太少'。"

573.【烫头】妻子：我烫头了。我：不可能！你就不是舍得花那钱的人！妻子：我说的是，刚才洗头，水太烫了。

574.【拖地·托蒂】父亲："儿子，以后处对象一定不要让她和你一样懂足球。"儿子："为什么？"父亲："你妈曾经问我喜不喜欢托蒂，我说非常喜欢。结果二十多年来，咱家的拖把上就没有留下过她的指纹。"

575.【吸引力】妻子问丈夫："如果你飞上太空，最想干的是什么？""看看外星球的女人是什么样。"丈夫回答。妻子没说话，拿起桌上的茶杯，手一松，杯子掉在地上，摔了个粉碎。"你这是干什么？"丈夫惶恐地问道。妻子说："没什么，我看看地球还有没有吸引力……"

576.【也】第一次带女朋友回家见父母。吃完饭，送走女朋友，父亲凑过来问："这姑娘长得不好看，还那么胖，你怎么也喜欢这样的？"正要解释，妈妈却不愿意了，吼道："你给我解释一下，你说的'也'是什么意思？"

577.【一半】"老公，我喜欢这双鞋。"丈夫看了看8888元的标签，说道："钱可能不够，就带了一半。""那就买4000的那双吧。""不是告诉你了吗？只有一半：88。"

578.【易主】一天，古玩店的老板在店门口贴出一张告示："本店已易主。"但是，熟人依旧看见他还在店里卖东西。有人奇怪地问："不是已经把店卖给别人了吗？"店主说："没有卖给别人，我结婚了。"

579.【珍重·真重】离婚时，我让丈夫像当初把我抱回家那样，把我抱出家门。他没有反对，将我抱下了楼。临分手时，他只说了两个字："珍重！"两个字让我一直感觉他其实还是爱我的。我一直没再恋爱，期待与他复合。直到他朋友告诉我，那天他极其劳累，肺腑之言是："真重！"

父母子女

580.【等等】爸爸去学校开完家长会，回到家，儿子问："家长会上老师表扬我了吗？"爸爸回答："没有。我听了半天，也没有听到你的名字。"儿子："那老师念完他表扬的同学的名字后，说'等等'了吗？"爸爸："说了。"儿子："那就是表扬我了，我一般都在'等等'里面。"

581.【多大】①知道有个学理工科的父亲有多悲哀吗？下面是一个例子。父亲："你别老宅在家里，出去走走。"儿子："大中午的，你知道外面太阳多大吗？"父亲："知道。直径139.2万公里。"②朋友买了个三星手机。今天问她："手机内存卡多大？"朋友回答说："差不多有指甲盖那么大吧。"

582.【飞行模式】妈妈："我的手机哪里去了？"儿子："被我扔到楼下去了。"妈妈："啊？！我要好好惩罚你！"儿子："别担心，我把你的手机设定为飞行模式了！”

583.【花生·马灯】一个女士让自己的父亲炒花生。过了一会儿，发现父亲在擦马灯。原来，父亲耳背，将“炒花生”听成了“擦马灯”。

584.【火】朋友特爱玩电脑，父母嫌他不求上进，便在一旁教育许久。朋友一声不吭地盯着电脑，突然他看到自己制作的视频转载次数过万，于是转身激动万分地对母亲说：“妈，别说了，我要火了！”母亲一个巴掌抡过去：“反了你！”

585.【煎饺·犄角】有一次回家，无意中说起投资方让我在片子里客串个角色。爸爸瞅了我一眼：“你也就能演个煎饺儿！”我特别不高兴：“我凭什么就不能演个锅贴儿？！”后来他一解释，才知道是“犄角儿”。

586.【接触】儿子：“爸爸，你会不会珠算？”父亲：“当然会，我几乎天天都要接触算盘。”儿子：“用手还是用膝盖？”

587.【节约·小气】儿子问爸爸：“节约与小气有什么区别？”爸爸说：“我舍不得给自己买东西，你妈妈说我是节约；你妈妈跟我要十件东西，我只买了八件，她就说我是小气。”

588.【看清】儿子问爸爸：“听说古代的新郎一直到结婚时才能看清新娘子是什么样的，是真的吗？”爸爸答道：“是的，不过现在还要晚，要等到结婚后。”

589.【扛得住】那天，我偷偷和同学到网吧上网，凌晨四点才回到家。妈妈关心地问：“孩子，一夜没吃饭，饿了吧！天这么冷，你扛得住吗？”我回答：“妈，我扛得住。”就在这时，爸爸拿着笤帚出来了，对我说：“扛得住？来吧！”

590.【考·烤】上二年级的儿子对我说：“爸爸，我能烤烤你吗？”我边看电视边回答：“好啊，你考吧。”接着他用打火机点燃了我的头发。

591.【客观·客官】写作业的女儿突然问我：“爸爸，‘客观’是什么意思？”我努力解释：“所谓客观，是一个哲学概念……就在意识之外不依赖精神而存在的……不以人的意志转移……”“那‘客官，里边请’是什么意思呢？”

592.【卖萌】今天去二妹家吃晚饭，去了没有看见她女儿，于是问她：“你女儿呢？”她说：“出去打工了。”“一个六个月大的宝宝能打什么工？”“卖‘萌’！”

593.【沐浴阳光】儿子问：“‘沐浴’是什么意思？”爸爸回答道：“就是洗澡。”儿子又问：“那‘沐浴阳光’是什么意思呢？”爸爸想了想，说：“干洗。”

594.【内服·外用】儿子：“妈妈，不爱学习是不是一种病？”妈妈：“肯定是啊！”儿子：“那赶紧帮我治治吧！”妈妈拿出一根甘蔗，说：“从今天开始治疗。如果能按时完成作业，就内服。完不成，就外用！”

595.【女人何苦为难女人】母亲为上高二的女儿买了很多参考书，作为新年礼物。女儿对母亲说：“妈妈，我为您点了一首歌。”晚上，母亲守在收音机前，高兴地想：“女儿终于明白了我的苦心……”这时，收音机里传来了女儿甜美的声音：“这首歌送给我的妈妈——《女人何苦为难女人》。”

596.【哦·嗯】妈妈跟我打电话时经常说“嗯”，而跟我聊 QQ 时，经常说“哦”。我问她为什么，她说：“打字的时候，‘嗯’要按两下，‘哦’只要按一下；打电话时，‘哦’要张嘴，‘嗯’不用张嘴。”

597.【排队】一天早晨，打发儿子去火车站买票。可一直等到快吃中午饭的时候，儿子才气喘吁吁地跑回来交差。我问：“售票处是不是排队买票的人太多了？”儿子说：“排队的人倒不多。”“那怎么等了这么长时间？”我疑惑地问。儿子嘴一咧，说：“不排队的人太多了！”

598.【人生·人参】礼拜六，带十岁儿子去喝喜酒。回家途中，儿子问：“妈妈，人生为什么会苦呢？”可能最近儿子被我处罚，所有娱乐都被禁止，才会觉得人生毫无乐趣。我说：“人生怎么会苦呢？先把书读好，然后就可以高高兴兴地玩耍。”儿子说：“你说什么？我是说酒席上那道人参鸡的人参。”

599.【认错】女儿做错事了，妈妈让她认错，可是她死活不肯。后来在各种逼迫下，她嘟着嘴对妈妈说：“妈妈，你是电影明星吗？”妈妈一脸迷惑：“不是啊。”女儿说：“哦，那我认错了。”解析：认错（人）了。

600.【声母·韵母】办公室里，老师对家长说：“这孩子不好好学习，到现在连声母、韵母都不知道！”家长指着孩子道：“连这个都不知道？！妈妈不就是你的生母吗？生你之前，不就是孕母吗？”

601.【熟】家里一直是爸爸做饭。那天，妈妈看着教学视频，弄了四个菜。我下定决心：不管什么味道，一定要吃干净，要鼓励一下！当我将筷子伸向一只螃蟹时，螃蟹突然夹住了我的筷子。大概螃蟹心想："很熟吗？就动手动脚的。"

602.【水手·火腿】小猪从噩梦中惊醒，对一旁的猪妈妈哭诉："我梦见自己长大后做了水手，可我不喜欢做水手。"猪妈妈摸着小猪的头说："傻孩子，不要怕，梦都是反的呀！"果然，小猪长大后没做水手，而是做了火腿。

603.【停·到】父子二人坐公交车。儿子："爸爸，什么时候到？"父亲："停了就到了。"儿子："什么时候停啊？"父亲："到了就停了。"

604.【通】①朋友把圆通快递大叔的号码存在手机里，名字就叫"圆通"。有一次，快递来电话，手机响时被妈妈看见。于是，她妈妈扯着嗓子喊："有个和尚给你打电话！"②峨眉派掌门人去少林寺挑战，指着少林寺的四大护法僧人喊道："来者何人，报上名来！"四大护法僧人道："贫僧申通，贫僧圆通，贫僧中通，贫僧汇通！"掌门怒道："难道你们方丈是顺风？"突然，方丈从后面闪出，说道："阿弥陀佛，贫僧法号全球通！"

605.【玩水】正跟父亲研究放假去哪儿玩，妈妈问："喜欢玩水吗？"我忙说："喜欢喜欢！"妈妈说："那你去把碗洗了吧。"

606.【微型家长会】儿子："爸爸，周五你有时间吗？学校要开微型家长会。"爸爸："微型家长会？"儿子："就是只有班主任、你和我参加的家长会。"

607.【吸烟有害健康】我对父亲说："不要吸烟了。你看，烟盒上都写着'吸烟有害健康'。"他白了我一眼，说："你的寒假作业上，不是也写着'假期快乐'吗？"

608.【犀利】一位家长边给女儿擦眼镜，边问道："怎么刚配的镜片上面就有划痕？"女儿答道："会不会是因为我的眼神太犀利？"

609.【相亲】妈妈让我有空回趟家，我问家里发生了什么事情。在逼问下，妈妈说："你看咱家的聊天群名称，然后念出前两个字……"聊天群的名称是："相亲相爱的一家人。"

610.【眼前一黑】麻将桌上，张婶对王姨说："知道吗？昨天门铃响，打开门的一瞬间，我忽然眼前一黑。"话没说完，王姨关切地问："没事吧？是不是高血压又犯了？"张婶摆摆手笑着回答道："没事没事，是我家闺女军训回来了。”

611.【野兽】儿子：“爸爸，我是野兽吗？”爸爸：“胡说什么！”儿子：“你说我做事马虎，吃饭猴急，挨批狗急跳墙，对父母狼心狗肺，昨天骂我兔崽子，刚刚骂我熊孩子，那我不是野兽是什么？”

612.【已转】妈妈：“女儿啊，早上看到你发了条微博，抱怨卡里没钱了，已给你转了。”女儿：“谢谢妈妈，可是钱怎么还没到账呢？”妈妈：“我已经转发了微博。”

拆解

613.【布谷鸟】课堂上，教师提问：“小强，你来回答，布谷鸟有什么用处？”小强回答：“布能做衣，谷能当粮，鸟下的蛋能吃。”

614.【警察叔叔】两个老朋友坐在一家咖啡馆里聊天。“你小时候的梦想是什么？”“当警察叔叔。”“实现了吗？”“实现了一半。”“何解？”“现在是叔叔。”

615.【快乐】①一对男女朋友度蜜月回来。朋友问女方的感受，女孩说：“乐倒很乐，只不过蜜月时间过得太快。”②在网吧，仅仅几秒钟，就完成了一次友情链接，见到昨天还陌生的朋友，心想：“不快，能乐吗？”

616.【玛莎拉蒂】“玛莎拉蒂我只买得起一半。”“怎么讲？”“我只买得起沙拉。”

617.【苹果牌笔记本】有家公司举办新年晚会。一员工经过重重考验，进入了抽奖环节，他抽到一张字条：“苹果牌笔记本！”正在激动万分之时，司仪缓缓地递给他一个礼品包，里面有一个苹果、一副牌、一个笔记本。

618.【树懒】面试官：“你会用什么动物来形容自己呢？”应试者：“树……”面试官：“树不是动物哦！”应试者：“……懒。”

专名

619.【爱卿】班上转来了一位新同学，叫王爱卿。很快，所有的男生都和他打成了一片。不是他人缘有多好，魅力有多大，而是我们每次叫他的名字时，都感觉自己是皇上。

620.【包邮】包拯给女儿起名字，求助公孙策："当初母亲给我起名包拯，是希望我拯救天下苍生。我希望我孩子的名字也能体现出类似造福社会的决心。你说叫什么好呢？"公孙策沉思片刻之后道："包邮！"

621.【贝多芬】艺术赏析课测验，我帮忙监考。瞥了一眼考卷，有道题是："哪位音乐家从28岁开始听力减弱？"同事说这是一道送分题。我一看选项，果然："A. 贝多芬；B. 贝少芬；C. 贝多少芬。"

622.【猜·偲】一个同学叫黄偲。老师点名时，不知道这个字的读法。正在犹豫时，一个同学告诉老师说："偲。"老师回答："我猜不出。"

623.【超威·超咸】在十字路口等绿灯的时候，司机看了眼外面的广告牌，感慨道："现在连电池都分甜咸了，还超咸！"我探头一看，上面写着"超威电池"。于是我说："大哥，放我下去。你这个视力我好害怕。"

624.【成龙】一条快被冻僵的小蛇被一个农夫救了。小蛇为了报恩，决定每天做一件好事。日复一日，年复一年，小蛇整整做了一千年好事，他的行为感动了上天。于是，佛祖下凡问他："你有什么愿望？"小蛇想了想对佛祖说："我想成龙。"佛祖想了想说："好。"只见白光一闪，成龙出现在他面前。

625.【倒霉】清华学堂从1911年开办时起，大约换了十余任校长，有的只做了几个月，有的还没上任就被抵制。有人问梅贻琦："怎么你做了这么些年？"他说："大家倒这个、倒那个，就是没有人愿意倒霉（梅）。"

626.【道光】高中时的数学老师名叫武道光。有一回，上课铃响了，武老师刚进教室，我就大声喊："皇上驾到！"不少同学很默契地附和："吾皇万岁！万岁！万万岁！"瞬间，整个教室沸腾了。武老师说："众爱卿平身！"随后，他看了我一眼，说："黄爱卿听旨，到操场跑20圈，再回来上课。"二十圈跑下来，累得中午饭都没力气吃。

627.【德芙·南孚】在超市，一个顾客问老板："有没有德芙电池？"老板愣了一会儿说："我们有南孚巧克力！"

628.【狄仁杰】狄仁杰前去探望元芳。狄仁杰亲热地说："元芳，我是狄仁杰啊！不记得我了吗？"元芳拔剑指向他："胡说！我只听说今天是情人节，哪来的敌人节？！"

629.【范范】出租车上，电台上的声音说："大家好！今天请来一嘉宾，有请范范，范玮琪！”司机说：“怎么现在连结巴都能当电台主持人了？！”解析：范玮琪的昵称是“范范”。

630.【还我河山】历史老师布置课堂作业：“写出我国宋朝两位抗金将领。”一个学生将“岳飞、宗泽”误写为“丘飞、宗择”。历史老师看后，愤然提笔批语：“还我河山！”

631.【航母】吃饭时，儿子突然问妈妈：“妈妈，能不能给我改个名字？只要别叫‘许航’，叫许什么都行。”妈妈摇摇头说：“不行，名字可不是随便能改的。”儿子想了想说：“那你以后别去学校接我了，让我自己回家好吗？”妈妈惊讶地问：“为什么？”儿子嘟着嘴说：“同学们一看见你来接我，就嚷嚷着喊：‘航母’来啦！”

632.【何·河】经理带我们去做市场调查，介绍某店的老板说：“这是河南的老板。”一个同事迅速打招呼说：“何老板好！”

633.【侯哥·猴哥】小刘正在陪四岁的女儿玩游戏，突然手机响了，一看是同事小侯打来的。小刘打招呼道：“侯哥，有什么事情吗？”女儿一愣，停下玩得正起劲的游戏，一脸崇拜地盯着爸爸，兴奋地问：“爸爸，您和孙悟空是怎样认识的？”

634.【胡说】著名学者胡适到某大学演讲。他引用了孔子、孟子、孙中山的话，并在黑板上写下“孔说”“孟说”“孙说”。最后，他发表自己的见解，郑重其事地写上“胡说”。

635.【胡一多】问：“我叫胡一多，如何以我的姓名作一首藏头诗？诗要很有个性，有哪位高人可以指点一下？”最佳答案：“胡椒粉，一斤，多少钱？”

636.【恐高】宿舍的灯泡坏了，需要换一个新的，舍友个个都说自己有恐高症。老大说：“坐火车，我不敢买上铺。恐高。”老二说：“我不敢穿高跟鞋，高一点儿就头晕。”老三最过分，她说：“父亲姓高，我因为恐高，随了我妈的姓。”

637.【榴梿·留恋】公司新来了一个同事叫陆莲，她娴静美貌，气质非凡。于是回家后跟丈夫商量：“以后咱闺女也叫莲吧！多古典美呀！”丈夫沉默了一下说：“你是忘了我姓刘吗？”

638.【鲁迅】①甲：“看新闻了吗？鲁迅的儿子姓周！鲁迅是笔名，他本人姓周。”乙：“你蒙谁呢！周迅是女的！”②学生学习有三个重点：古文、作文、周树人。

639.【路·陆】甲：“请问您怎么称呼？”乙：“我姓陆，陆游的陆！”甲：“路由的路是吗？”乙：“嗯对，大陆的陆！”甲：“好，大路的路……”

640.【马思聪】曾有人对音乐家马思聪说：“你是马，因此你该吃草。”

641.【猛男·孟楠】某高校学生考试。考试前，考务点名，看监考老师的到岗情况。一个监考老师被点名为“猛男”。此言一出，全体在场人员哗然。考务慌忙改口，念了这位监考老师的正确名字“孟楠”。

642.【缅甸·腼腆】元旦晚上，小弟带两位侨生到家吃晚餐。侨生一个性情开朗，一个较为拘谨。席间，拘谨的同学说：“我是从缅甸来的，所以比较腼腆。”开朗的同学举起酒杯一饮而尽，说：“我是从仰光来的。”

643.【木林森】老师发现一个学生在作业本上写的姓名是“木（1+2+3）”，于是问：“这是谁的作业本？”一个学生站起来回答：“是我的！木林森！”老师：“那你怎么把名字写成这样？”学生：“我用的是乘法分配律！”

644.【情·小青】一个朋友胳膊上文着“小青”两个字。我好奇地问他：“是不是女朋友叫小青？”他说：“不是。”“那你是喜欢《新白娘子传奇》里的小青？”“也不是。”“那是什么意思？”只见他仰望着天空说道：“当时我只是文了一个‘情’字，只不过后来我长胖了……”

645.【屈原泉】旅游团去湖南汨罗，当地导游负责接待。走到一座山下，导游说：“前面有一处名胜，是一口泉，叫屈原泉。”一个游客问：“什么泉？”导游复述说：“屈——原——泉。”游客说：“拼音我懂！”

646.【山本五十六】课堂上一位老师在给学生介绍日本人的姓氏习惯。她说：“如果有个日本名字里有‘太郎’二字，那他一定是长子；如果名字里有‘次郎’二字，那他一定是次子……下面，谁能说出一个有这种名字的日本人？”一个学生站起来大声回答：“山本五十六。”解析：山本五十六出生时，父亲五十六岁，以此命名。

647.【屎上飞·史尚飞】有一朋友经常跟我们一起喝酒，我只知道他外号叫“苍蝇”。昨天，几个好朋友又一起喝酒时，我忍不住问他：“认识你这么久了，大家只叫你的外号，我都不知道你的真实名字叫什么。”朋友慢慢地掏出身份证递给我。我接过来一看，只见姓名一栏写着“史尚飞”。

648.【松手・松首】漂亮的蒙古族女演员表演完后，被歌迷围住。一个粉丝拉着她的手，问这问那，半天也不肯放，还问道：“你叫什么名字？”该女演员激动地回答：“松首（松手）。”

649.【孙中山】本人姓孙，父亲希望我能比孙中山先生还要厉害，于是给我取了个名字：孙串出。

650.【万年・万元】①上大三时，有一天班里新来了一位英语老师，非常漂亮。第一次见到她，我就喜欢上了她。晚自习后，我独自一人来到教师宿舍楼门口。想表白，却不知道她住在哪个房间，又不知道用什么方法。思虑良久，就在旁边的地上捡了半截砖头，在上面写上“爱你！万年！”把砖头扔进一个房间后，撒腿就跑。第二天早上开全校大会，校长头上缠着绷带，当众宣布开除门岗保安李万年。②电线杆上贴了张悬赏启事：“白色小狗丢失。如有人发现找回，万元感谢。”一个好事者找到了狗，还给了失主。失主连声感谢，闭口不谈钱的事情。谈及赏金的事情，失主说：“本人名字是‘万元’。”

651.【西餐厅】暑假期间，学校对食堂进行了整修。开学后，同学们一进校门，就看见了一座建筑，上面写着“西餐厅”。于是，纷纷惊叹起来：“学校现在还提供西餐了？好时尚啊！”一会儿，又看到一座建筑，上面写着：“东餐厅”。

652.【下周一・夏周一】同事姓夏，她的丈夫姓周。两人在讨论将来宝宝的名字。丈夫想了一个简单的名字：“周一。”妻子说：“不错不错，这个名字还有延续性，一口气可以生七个，从周一到周日。”丈夫问：“那如果生了第八个怎么办呢？”妻子说：“第八个就叫夏周一。”

653.【辛弃疾・星期几】课堂上，语文老师正在讲台上诵读《永遇乐・京口北固亭怀古》。我转头小声问同桌：“这首词是辛弃疾（星期几）写的？”同桌看了我一眼，很不耐烦地对我说：“我怎么知道？可能是星期天吧！”

654.【兄・夫・子】甲：“廖冰兄原名‘东生’，为表达对妹妹廖冰的爱，而改名为‘廖冰兄’。”乙：“明白了。那么，殷夫就是‘殷’的丈夫，邵立子就是‘邵立’的儿子。”

655.【熊出没】朋友喜得千金，向大家征求好名字。我想了一个很有诗情画意的好名字：“初墨。”朋友不但不领情，还追着我打。我完全不明白为什么，难道是因为他姓“熊”吗？

656.【羊癫疯·想象力有限公司】①同学为自己的儿子征集姓名。我提议叫“巅峰”，结果被骂。是不是因为他姓“杨”？②公司老总为自己的子公司命名为“想象力”。秘书提醒说：“不要忘了，子公司的名字后面还带着‘有限公司’。”

657.【杨·谭；氧·碳】杨明和谭军是同桌，两人上课爱说话，还影响别人。今天化学课上老师讲化学反应，两人又在说话。老师罚他们站起来，说：“你们一个杨（氧），一个谭（碳），在一块儿就反应。不管生成一氧化碳还是二氧化碳，对人们都没有明显的好处！”

658.【烨·吔·腋】①一个同学叫陈烨，老师点名时，直接读作“陈华”。同学们齐声说：“烨！”老师说：“只是点名，有什么值得兴奋的。”解析：老师误将“烨”理解为表示欢呼、惊异、惊讶和感叹的“吔”。②因为发烧，去校医院看病。护士递给我一支体温计，我二话不说就含在了嘴里。护士说：“腋下。”我想了想，还是听话地叫了声：“吔！”

659.【阴虚·殷墟】学生：“您贵姓？”教师：“免贵姓殷。”学生：“是‘殷墟’的‘殷’吧？”教师：“不是‘阴虚’的‘阴’，是‘殷切’的‘殷’。”

660.【于】“于”常被称为“干钩于”，以示区别。

661.【语文·宇文】中学的数学老师复姓宇文。一天，有同学叫他宇老师，老师很尴尬地对他说：“我姓宇文，你可以叫我宇文老师。”这位同学愣了一秒钟，说：“但是，您教的是数学啊……”

662.【章·张；侯·猴】一个人听到另一个人确认其他人的姓氏：“你是弓长张，还是立早章？”觉得这个问法很有趣，于是想如法炮制。后来，他遇到有一个人自称姓侯，于是脱口问道：“您是公猴，还是母猴？”

663.【赵州桥·赵海燕】新学期第一堂课，老师让每个人做自我介绍。有个女同学介绍自己时说：“我姓赵，名字和大家学过的一篇语文课文的题目是一样的……”正当她期待着有人能猜到高尔基的名作《海燕》时，一位男同学高喊道：“赵州桥！”

664.【正·郑；副·付】一个工厂里，正厂长姓付，副厂长姓郑。于是有了付正厂长和郑副厂长之说。

665.【朱静·猪进】女朋友名字叫朱静，第一次带女朋友回农村老家，进门就说："妈，朱静来了。"妈妈听到后说："猪进来了，把它赶出去就是了！"

中国人遭遇外语

666.【工作员】刚来日本上班的时候，每次掏出小本子做笔记，都会被同事多看几眼。后来才知道是本子上的"工作日记"几个字特别引人注目。"工作员"在日语里面是"间谍"的意思……

667.【去个头】职员："我要去欧洲开会。"秘书："老板同意吗？"职员："同意了。他对我说 Go ahead。"秘书："来公司这么久，难道你还不知道老板的英文程度吗？他的意思是'去个头'。"

668.【思睿】有一个姓张的老师有了儿子，要给儿子取名"张三"。他的太太不同意，最后取名"张思睿"，读音等同于"张三"的英文发音。

669.【拖泥带水】教师：理发店的 Allen，Tony，Kevin 在沙漠里迷路了，请问谁不会因为缺水而晕倒？学生：Tony，因为托尼带水（拖泥带水）。

670.【汪·吐】一楼住户刚买来一只大狗。它警惕性非常高，一有响动就狂吠不已。尽管我每天上下楼都蹑手蹑脚，还是不免被狂吠一通。周日，去接正在上英语培训班的小侄子。刚进一楼，狗照旧"汪汪汪"地叫起来。侄子对着狗喊："吐吐吐。"奇怪的是，狗居然偃旗息鼓，并且发出可怜的哼哼声。回到家，问小侄子用的什么办法。侄子扬扬得意："狗汪汪叫时，其实是在说 one。如果说 two，狗会因为无法说 three，非常惭愧，就变哑巴了。"

外国人遭遇汉语

671.【冰箱·冰柜】法国姑娘艾伦说有一个中文难题要请教小静老师。小静老师："好啊，是什么样的难题？"艾伦："为什么在中文里，'冰箱'其实是个柜子，而'冰柜'其实是个箱子？"

672.【开会·培训·考察】前年，孙经理在广西桂林认识了一位叫约翰的英国朋友。闲聊时，约翰说："我发现您喜欢旅游，是吗？"孙经理连忙纠正道："不是旅游，是开会。"去年在杭州西湖，孙经理恰巧又遇到了约翰。约翰问："这次，你是来开会的吧？"孙经理摇摇头说："不是，我是来参加培训的。"今年，在日本的富士山，孙经理再次与约翰相遇。约翰幽默地问道："你是来开会呢，还是来参加培训？"孙经理笑了笑说："我是来考察的。"

673.【哭狗·酷狗】一只小狗在家里受了委屈，流着眼泪来到公园，它看到好朋友小猫也在，于是过去打招呼："Hello，kitty。"小猫看了看它，回应道："Hello，哭狗。"

674.【哪里】初通汉语的老外赞美一位给予他帮助的空姐："漂亮！"空姐说："哪里哪里。"老外以为自己说得不明确，就接着说："眉毛、眼睛、鼻子、嘴，都很漂亮！"

675.【千金】外国新娘："春宵一刻值多少钱？"答曰："……千金？"外国新娘："你说的是美金，还是黄金？"

676.【死马当作活马医】认识一对老外情侣。男的叫"司马当"，女的叫"霍玛伊"，说取名的灵感源于中国俗语。琢磨了半天才反应过来："死马当作活马医"。

677.【新婚】朋友今天结婚，证婚人是个法国人。他用蹩脚的中文大喊一声："形（新）婚快乐！"

678.【秀色可餐】一个老外喜欢一个中国姑娘，邀请她共进晚餐。吃着吃着，姑娘笑道："你怎么光看着我吃，自己不吃啊？"老外想用"秀色可餐"来讨好姑娘，但一时想不起这个词怎么说，情急之下脱口而出："我看见你就饱了！"

679.【一见钟情】在某大学进修中文的一外国女学生用成语"一见钟情"造句："昨晚做好全部功课，我一见钟，情不自禁地叫了起来。"年轻的男教师纠正道："不对，不能将成语拆开。"学生："今晨我到校一见钟情同学，就向她问好。"教师："词不达意。"她望着男教师又道："我对您一见钟情。"教师："这次对啦。啊？！不对，句子对了，对象不对。"

680.【银行】外国人误将"中国人民银行"认作"中国人民很行"。

681.【早点】甲："中国人很注意上班不迟到。"乙："何出此言？"甲："你看街上有很多牌子，上面写着：'早点'"。

682.【真假】据说汉语等级考试是全球最难的考试之一，举一道听力题为例，男：“哟，你的牙齿好白啊。”女：“那是假牙。”男：“真的假的？”女：“真的。”问题：“请问这是真牙，还是假牙？”

方言遭遇普通话

683.【菠萝·伯乐】今天开会，老板突然深吸一口气，很严肃地说：“我是一个菠萝。”大家都愣住了，开始思索自己是什么水果。然后，老板接着说道：“希望你们是千里马……”

684.【法院·怀孕】顾客：你们的老板是谁？店员：那边那个法院的。顾客：什么？解析：“法院的”和“怀孕的”发音相似。

685.【非洲·徽州】今天一福建朋友打电话给我说，发现一家非洲菜，特别好吃，晚上过去尝尝。我心想：“长这么大，没吃过非洲菜。”到了，才知道是徽州菜。

686.【家眷·家具】20世纪20年代，南方学生去北京读书，在学校附近租房。三两句话谈妥价钱，房东又多问了一句：“您有家眷吗？”南方人听错了，回答：“家具不是你们提供吗？”房东认为对方不可理喻，已经谈好的租约就稀里糊涂撤销了。

687.【揭馍·结膜】一个医生告诉一个求医的农村老太太，她患了结膜炎。老太太惊呼：“大夫，您看得太准了。我就是在揭馍的时候开始感觉到不舒服的。”解析：“揭馍”为河南方言，指将蒸好的馒头从蒸笼里取出来。

688.【卡布奇诺】一天，约女网友见面。我不想显得太土，所以约在星巴克。等女孩时，我觉得不买点东西不合适，就到柜台点咖啡。咖啡厅灯光昏暗，我使劲看价牌，还是看不清，就说了一句：“看不清楚！”服务员：“好的，卡布奇诺！”于是，我就在星巴克喝到了第一杯卡布奇诺……

689.【美女·魅力】某高校中秋节举行教师表彰大会，校领导方言较重，直接将“魅力老师”念成了“美女老师”。

690.【雀巢咖啡】鹊桥上，牛郎给织女一杯香饮。织女浅尝一口说：“有点苦，又有点甜，馨香、浓郁。这是什么？”牛郎微笑：“这是思念的味道。你喝的就是这鹊桥上的灰，是我对你无尽的思念化成的。我给它取了个名字叫

‘鹊桥卡灰’”。织女恍然大悟说：“你是福建人吧？”

691.【水饺·睡觉；六毛·流氓；摸·馍；苹果·屁股】一个外地小伙到饺子馆，问小姐：“水饺（睡觉）一碗（晚）多少钱？”服务员小姐斜眼瞪了一下：“流氓（六毛）。”小伙大呼：“六毛便宜。”小姐发火了，干脆说：“没有。”小伙搓着手：“没有啊。那，那馍馍（摸摸）也可以吧。”解析：故事前面也可以更改为，不会说普通话的乡下人去城里买苹果。他问卖家：“一斤苹果多少钱？”卖家以为买家说一斤“屁股”多少钱。

692.【孙·熏】“您好，请问您贵姓？”“我姓熏！”“‘熏’是很少见的姓哦。是‘薰衣草’的‘熏’吗？”“不是，是‘熏悟空’的‘熏’。”

693.【虾米·乡民；兔子·同志；浆瓜·讲话；咸菜·现在】一次开会，村主任说：“虾米们，兔子们，不要浆瓜，咸菜太贵了。”解析：村主任的原话为：“乡民们，同志们，不要讲话，现在开会了。”

乱序

694.【搬家公司·公司搬家】小张下岗后不久，开了一家搬家公司。由于服务周到，收费低廉，生意相当红火。于是他招聘了一位话务员帮他打理生意。可自从这位漂亮的小姐来了以后，生意突然冷清了许多。小张百思不得其解。这天电话突然响了，只见话务员拿起电话温柔地说道：“您好，公司搬家……”

695.【哥斯达黎加·毕达哥拉斯·哥斯拉·毕达哥斯拉】A:《特斯拉》是不是快上映了？ B：那是《哥斯拉》！ A：哥斯拉不是和中国踢世界杯的吗？B：那是毕达哥斯拉。A：不是毕达哥拉斯吗？ B：那是哥斯达黎加。

696.【国美·京东】①“国美”颠倒过来是“美国”，“京东”从后往前读是“东京”。②两个儿时的小伙伴都有远大的梦想，一个要去美国，一个要去东京。多年后，两人终于与梦想“一步之遥”：一个在国美，一个在京东。

697.【加拿大】“加拿大”反过来成为“大家拿”。

698.【快乐简单】小时候，快乐很简单。长大了，简单很快乐。

699.【流氓·盲流】还盲流呢，离流氓不远了。

700.【钱】钱不是万能，没钱万万不能。钱不是问题，问题是没钱。

701.【四季穿衣】富人四季穿衣，穷人衣穿四季。

702.【心中业物·物业中心】去了龙泉寺，就看到一个牌匾，上书“心中业物”。再三回味，不住地感叹：“是啊！一切烦恼都肇源心中。果然佛法无边！”正在胸中感慨，即将形成鸿篇巨制之时，有人来了，说：“哦，物业中心在这里。可以交物业费了。”

703.【一万·万一】不怕一万，只怕万一。

704.【伊拉克·一克拉】珠宝店里，客人：“有没有伊拉克的钻戒？”销售员：“先生，您是说一克拉吧？”

705.【丈夫·付账】①黄宏：“现在这老婆真够呛，是吃喝玩乐讲高档。一上街，她买东西我买单。我这丈夫不叫丈夫，我叫付账。”②知道为什么要用丈夫的钱吗？“夫”倒过来是“¥”。

706.【紫菜蛋花汤】“紫菜蛋花汤”常被误念为“子弹菜花汤”。

707.【做人难】语文课，老师在读一篇学生作文，其中有一句是“做人难，人难做，难做人”。忽听人群中传出一声：“做难（男）人！”

口误

708.【骨盆】①宴席中，服务员本来想说：“我给你换一下盛骨头的盆，好吗？”却说成：“我给你换一下骨盆，好吗？”②晚会上，主持人本来想说“掀起你的盖头来”，却说成“掀起你的头盖骨”。

709.【还在滑行·滑得还行】飞机降落后，播音员告诉乘客：“请大家坐在座位上保持安静。我们的飞机滑得还行。”

710.【贱人·贱内·内人·健】①一老师上课本来要说“贱内”或“内人”，一着急，“贱人”脱口而出。②高中时，班上有个同学叫黄家健。某天上课，他没有到。班主任注意到他的座位空着，就问了一句：“咦，黄家健人呢？”全班同学都听到了。以后，大家都叫他“黄家贱人”。

711.【拎·领】“跳完舞后，男士将女士领到座位。”学生将其读为：“跳完舞后，男士将女士拎到座位。”

712.【男女】一老师上课训斥学生：“看你们男的不像女的，女的不像男的，像什么样子！”学生哗然。

713.【膀胱·旁光】大学军训时，教官大吼一声："用你们的旁光（余光）对齐！"有一个同学小声对我说："只有他的膀胱长在脸上。"

714.【主要配偶】填表格时，有时念错，将"主要社会关系"和"配偶"合二为一，念作"主要配偶"。

同音

715.【包·饱·宝·抱】女人的快乐其实很简单：包包，饱饱，宝宝，抱抱。

716.【近·烟】近世进士尽是近视。烟沿艳檐烟燕眼，雾捂鸟屋雾物无。

717.【考过】英语学得不好。一次去应聘，面试官问我："英语四级考过没？"我答："考过。"面试官："证书呢？"我说："没考过。"面试官："到底考过没？"我硬着头皮答："考过，但没考过。"

718.【魄力·迫力·破例】高明的主管做事有"魄力"，中流的主管做事有"迫力"，差劲的主管做事皆"破例"。

719.【躺·糖·烫·汤】与糖尿病有关的习惯：躺、糖、烫、汤。

720.【西·锡·惜】游西湖，提锡壶，锡壶掉西湖，惜乎锡壶。

721.【言·研·验】人性：不可言、不可研、不可验。

722.【一队·一堆·一对】小学生，一队一队；中学生，一堆一堆；大学生，一对一对。

723.【疫·艺】许渊冲的翻译理论：艺、意、移、疫、易、宜。

724.【渔·鱼】授人以鱼，不如授人以渔。

725.【知·支】唐朝美女如杨贵妃，美人上马马不支。清朝美女如林黛玉，美人上马马不知。解析："支"和"知"同音，而意义恰好相反，对比强烈。

726.【志·至】尽吾志而不能至者，则无悔。

形似

727.【雕·周佳】"雕"牌被"周佳"牌仿冒。

728.【方丈·方文】开学第一天，班主任点名。点到一半，班主任突然笑着说："谁叫方丈？"班主任喊了几遍，都没人答应。最后，坐在后面的一个男生慢腾腾地站起来，双手合十道："施主，老衲法号'方文'，不是'方丈'……"

729.【浒·许】《水浒传》被误读为《水许传》。

730.【娘·狼】"我和老大娘睡在一起"被误写为"我和老大狼睡在一起"。

731.【泰·秦】朋友去出入境管理处办去泰国的护照。一不小心，在目的地国家一栏写上了"秦国"。他把表格交给了警察。警察看后，愣了半天，对他说："我们这里只办理出境，不办理穿越业务！"

732.【物·吻】"待人接物"被误写为"待人接吻"。

733.【育·盲】学校的标语"育人为主"很容易被看作"盲人为主"。

734.【旱·早】某年，湖南省的高考语文作文题是"早"。从考场出来，大家展开了热烈谈论。突然一人惊呼："'早'？不是'旱'吗？！"

735.【中国·蝈蝈】在花鸟鱼虫市场陪朋友闲逛，突然看见角落里有个塑料箱，上面用稚拙的笔迹写着"中国中国"。我的内心忽然受到触动，连嗓子都噎住了。定睛一看，发现写的是"蝈蝈"。

句读

736.【吃香的喝辣的】我想吃香的，不想喝辣的。

737.【带好孩子】小时候喜欢逛街，购物中心的电梯上贴着"请带好孩子"的提示语。妈妈以此教育我："如果不是好孩子，就不让上街！"我居然信了好多年。

738.【当上海贼王】一个上海小偷被捕时，这样高喊出自己的理想："我一定要当上海贼王！"这句话立刻招来了各种议论："一个小偷也想当海贼王？""当海贼王你到陆地上来干什么？""不要侮辱海贼王！"忽然觉得，断句很重要。

739.【废寝忘食】能让我做到"废寝"的事还有几件，但能让我做到"忘食"的事就几乎没有了。

740.【府·腐】北京金融街建设时期，有人曾挖到个硬物，于是非常小心地往下挖，最终露出个瓷坛顶。众人更加小心地往下挖，发现露出"北京府"

三个字来。有人推测："北京府，那肯定不是近代的东西。一定是古物！"众人兴奋了，于是继续往下挖，终于露出了下半部来。加上前面的字，全称为："北京腐乳。"

741.【工农兵学商】"工农兵学商"原来是并列关系。后来，有人将"学"曲解为动词。

742.【滚】①老大爷用海绵笔在广场的地上写大字，一个小伙子近前观看。大爷看了他一眼，提笔写了一个"滚"字。小伙子心里不舒服，至于如此吗？他退后两步，不料这大爷又写了一个"滚"字。小伙子真生气了，抬腿一脚把大爷的涮笔筒踢倒了。两人大吵起来，惊动了警察。老大爷对警察说："我正要写'滚滚长江东逝水'。刚写两个字，这小子就发神经了……"②一个年轻人坐在体育馆门口，神情沮丧。警察过来问："没买到今天'滚石30年'的票？"年轻人拿出两张票，警察惊讶地问他怎么不进去。小伙子说："我本来想约暗恋的女孩子一起看，打电话给她，女孩子问是什么演唱会，结果我刚说了一个字，手机就没电了……"③新学期开始，高年级学生去车站迎接新同学。一男生见一小女生站在一个大箱子旁不知所措，便主动上前帮她提起箱子。不料箱子重逾百斤，又不好意思放下箱子，只好勉强支撑。才走了几步，那女生便说："背不动，就滚吧。"一听此言，该男生顿时怒从心头起，放下箱子，怒视着她。那女生愣了几秒钟，才满脸通红地指着箱子的底部说："我指的是轮子。"

743.【和好如初】感情易碎，需精心呵护："和好"容易，"如初"太难。

744.【华山派·华山派出所】一朋友练双刀多年，在青岛渐渐战胜了所有对手，决定出游，以武会友。在华山脚下，见一道观深藏于幽谷之间，上书"华山派"。朋友非常兴奋，亮出双刀大摇大摆地走了过去。刚进门，便被十几个壮汉围住，最后终于寡不敌众被制服。被连夜审讯时，朋友哭诉："警察同志，我确实没看见'华山派'后面还有'出所'两字啊！"

745.【街道里弄干部】正确意义：街道里弄/干部。曲解：街道里/弄干部。

746.【科比·柯南】室友拿着一张科比的照片和一张柯南的照片，把柯南的照片递给我说："我挂科比的照片，你挂柯南的！"另一个室友忍不住向我道破天机："他挂科比，你挂柯南。意思就是：'他挂科，比你挂科难！'"

747.【热带鱼】闹闹一直很想养热带鱼。一天中午放学后，他接到妈妈发的微信：“赶紧回来，家里有热带鱼！”闹闹兴奋地一口气跑回家，推开门，只见妈妈从厨房里端出了一盘热气腾腾的带鱼……

748.【洗手机】昨天去一家酒店见客户，见大厅有台新机器，上面写着：“消毒洗手机。”想都没想，掏出手机就洗了，而且洗得还真干净。然后，手机就无法使用了。晚上看电视，新闻里说某酒店一位客人误用洗手机，把手机洗了。于是，酒店把“消毒洗手机”改成了“洗手消毒机”。

749.【亚健康】健身教练拿了张名片给我，我出声地念了出来：“张东亚，健康终结者！”对方说：“不好意思，我叫张东。”

750.【张条子】领导过生日，我在网上给他买了个生日礼物，而且特意跟店家说：“帮我写张条子：‘祝您生日快乐。”结果领导收到生日礼物的时候问我：“为什么里面夹了一张纸，上面写着：‘张条子，祝您生日快乐！’”

751.【长得漂亮不重要】长相确实那么重要吗？答案：长得漂亮、不重、要。

752.【自行车】我不但有车，还是自行的……

反权威

753.【卡·忐忑·斧·爹】①老师：“古人造字都是有一定道理的。例如，‘卡’字，上不能上，下不能下，不就卡在那儿了吗？再如‘忐忑’二字，心上下跳个不停，多形象呀！”学生：“也不一定吧！例如，‘斧’字，能解释为‘父亲只有一斤重’吗？再如‘爹’字，难道父亲多就成了‘爹’吗？”②有一次上化学课，老师给同学们讲解试题，其中一道题与牙膏的成分有关。老师说：“牙膏的成分很简单：田七牙膏含有田七，盐白牙膏含有盐。”突然一个同学问：“那黑人牙膏呢？”

754.【诈骗罪】在一所法律学校的《刑法》考试课上，教授向学生提出的第一个问题是：“什么叫诈骗罪？”一个学生回答说：“如果您不让我考试及格，则犯诈骗罪。”教授非常诧异：“怎么解释？”学生说：“根据刑法，凡利用他人的无知而使其蒙受损失的人则犯诈骗罪。”

755.【专家】“砖家”怪象：一“砖家”提了只螃蟹并冲它大吼，螃蟹很快就跑了。捉回来后，再冲它吼，螃蟹又跑了。最后，“砖家”把螃蟹的腿切掉，又对着螃蟹大吼，螃蟹一动不动。“砖家”得出结论：“螃蟹的听觉器官在腿上。”

喜与忌

756.【出宫】故宫的工作人员很有文化素养。我问：“想出宫，请问怎么走？”他回答：“武英殿旁边有厕所。”解析：“出宫”与“出恭”谐音。

757.【放】一个商人被一个士兵抓住。士兵说：“如果你说出什么能让我发笑，就可以不杀你。”商人说：“屁。”士兵让他解释一下。商人说：“放不放全由你。”士兵大笑，释放了商人。

758.【挂面】路遇一个朋友，见他满脸伤痕，我问：“怎么回事？”朋友：“去拜寿，被打了。”我：“寿礼没给？”朋友：“不是，寿星吃长寿面时我跟他随便聊了两句。”我：“这主人家也太不讲理了！你讲了啥？”朋友：“这种面在我们家乡叫挂面……”

759.【快子·筷子】新人洞房床上的柚子（有子）、筷（快）子、枣子（早子）、花生等取其吉祥的谐音，预祝早生贵子、子孙满堂。

760.【牌位】新年会餐时，有几张桌子是有姓名牌的，其余的人随便坐。一个女同事看见我过来，对我说：“你去前面坐啊，那里有你的牌位。”

761.【平·苹；橙·成】平安夜，和朋友逛超市。朋友说：“平安夜一定要买苹果，代表平安！”我想了想说：“再买点橙子吧，代表心想事成！”

762.【气】没气了。解析：没有煤气了。

763.【燃烧·腐朽】老张和老王到村委会办事，看到墙上挂着一条横幅，上面写着一句名人格言：“人的一生不是燃烧，就是腐朽。”老张不解其意，于是问老王：“这是什么意思？”老王解释道：“燃烧就是火葬，腐朽就是土葬。”

764.【秃·突·秀】①老王40多岁开始谢顶，他变得很敏感，禁不起别人说“秃”。有一天，一辆拖拉机从老王身边驶过，老王整个人都崩溃了。解析：拖拉机发出突突突（秃秃秃）的声音。②“秃”然消费：脱发问题日益严重，商家也从中嗅到商机，出现了发际线填充粉、头发纤维、负离子吹风机这类新事物。③“秃”如其来：这个时代既给了年轻人前所未有的机会，又给了他们随时可能被淘汰的恐慌，提前掉落的头发或许就是证明。

765.【图·涂】小区楼下，我拿着马克笔在一辆吉利小轿车上乱画，结果被车主撞见了。车主：“你涂啥呢？”我：“没啥，就图个吉利。”

766.【旺·汪】闲逛时遇到一只小狗，突然对我狂叫。我想起网上的段子，就对狗大喊一声：“今年我旺不旺？”谁知小狗不叫了，一扭头，走了。

767.【一定赢】澡堂进来一个彪形大汉，在屁股上文了身，全是苍蝇，密密麻麻看着恶心！众人奇怪。搓澡的师傅好奇地问：“大哥啊，你文这些东西是什么意思？”那位大哥说：“吉祥物！一腚蝇，一定赢！懂不？”

童稚

768.【阿拉丁】问：“阿拉丁有几个哥哥？”答：“三个：阿拉甲、阿拉乙、阿拉丙。”

769.【阿姨·姐姐】今天带着小狗豆豆散步。路上，一个小女孩盯着豆豆看了好久，终于忍不住说：“阿姨，您的小狗好可爱。”我说：“叫姐姐。”小女孩说：“阿姨，您的小狗姐姐好可爱。”

770.【不客气】最近儿子迷恋网络游戏，成绩直线下降。晚上，丈夫黑着脸教训儿子：“下次考试再不及格，别怪我对你不客气。”刚上幼儿园的小侄女听了，忙跑过来说：“伯伯，哥哥要先说‘谢谢您’，您才能说‘不客气’。”

771.【大海·母亲·无边无际】①假期，老张带孩子去海边玩耍。在海滩上，他张开双臂，感受海风的吹拂。然后，他大喊一声：“大海啊，母亲！”儿子看着父亲，也张开了双臂，喊了一声：“大海啊，奶奶！”②儿子终于看到向往已久的大海。他对妈妈说：“妈妈，大海不是无边无际的吗？那我们现在怎么站在大海的边上？”

772.【单身狗】①一个人出去吃饭，忽然想去洗手间，又怕餐品被服务员收走。看到一个“单身狗暂时离开，请勿收餐”的牌子，不禁大喜，觉得这家店真是人性化，于是拿了过来放到了桌面上。回来的时候，我看到一个四五岁的小女孩正往我的碗里塞她吃过的鸡骨头。②老师问：“什么词能把人与动物结合得很完美？”一个同学回答：“美人鱼！”另一个同学回答：“单身狗！”

773.【等·登·灯】过马路的时候遇上红灯。一个背着书包的小学生闷头想冲，我叫住他：“灯，等灯等灯！”小学生回过头来，说：“阿姨，只有你知道英特尔吗？”解析：“等等等等等”是芯片企业英特尔的广告音。

774.【懂事·董事·人事·人世】①五岁的女儿随我去公司。上了二楼，女儿指着一间办公室门上的标牌，问上面写的什么字。我告诉她是“董事长”。女儿随即提问：“妈妈，在公司就数他最懂事吗？”②校长在学期结束时的校务会议上，对人事行政效率之低大发雷霆。他说：“负责董事业务的不懂事，负责人事管理的不省人事，身为干事的又不干事！”③小李在十楼人事部门工作。一个月前，被调到九楼行政部门任职。昨天，他的一个同学小明打电话到人事部门：“小李在吗？”接电话的同事说：“小李已不在人事了。”小明：“什么时候的事啊？怎么不知道啊？！还没来得及送他呢。”同事说：“没关系，你可以去下面找他啊……”

775.【呃·鹅】一个朋友吃多了，在公交车上忍不住连打响嗝：“呃——呃——呃——”旁边座位上一个小朋友坐在妈妈的腿上，奶声奶气地接了一句：“曲项向天歌。”

776.【富足·穷手】女儿做作业时，突然问妈妈：“‘富’的反义词是什么？”妈妈说：“当然是‘穷’了。”女儿点点头说：“那‘足’的反义词应该是‘手’吧？”妈妈点了点头。很快，女儿做完了作业。妈妈拿起作业本检查，发现有一道题是“写出‘富足’的反义词”，再一看女儿的回答：“穷手。”

777.【稿·镐；缸·纲】他一见秀敏就说：“秀敏同志，你那个发言稿呢？”“啥镐？”“讲话的稿。”“讲话还要镐？”“不用稿也得有个提纲吧。”“啥缸？”“拿张纸把你要说的内容写下来，提防忘了。”

778.【格·嗝】老师布置了作业，让小明打格写。写了一会儿，小明开始抱怨：“一边打嗝，一边写，太难。”

779.【更高·多写点】①老师：“说一下你的理想。”学生：“吃得好，穿得好。”老师：“能不能更高些？”学生：“吃得更好，穿得更好。”②女儿写日记：“今天和妈妈去菜市场买菜，妈妈给我买了两斤排骨，我非常开心。”妈妈说：“写得太少了，多写点。”结果女儿改成了：“今天和妈妈去菜市场买菜，妈妈给我买了十斤排骨，我非常开心。”

780.【狗不理】昨晚买了三笼“狗不理”的包子，吃了两笼，还剩一笼。第二天，准备把包子热一热当早饭，却找不到了，于是问：“昨晚剩的包子呢？”六岁的儿子说：“做实验了。什么‘狗不理’？骗人！小狗吃得可香了。”

781.【姑奶奶】一天，女儿兴冲冲地跑过来说：“爸爸，老师和咱家还有亲戚关系呢。”我：“什么亲戚？我怎么不知道？”女儿说：“那他为什么叫我‘姑奶奶’？”

782.【锅底】家里的铝锅锅底漏了，和女儿一起到小区服务中心找人修理。一位师傅看了之后说：“换个锅底15元。”女儿拉拉我的手，小声说：“我们不在这里换。对面有一家火锅店，他们的广告上写着‘锅底免费’……”

783.【哈】①一个爷爷对自己的孙子说：“金庸的作品可以连成一副对联：‘飞雪连天射白鹿，笑书神侠倚碧鸳’。”孙子说：“英国作家罗琳的《哈利·波特》作品系列也能连成一句话：‘哈哈哈哈哈哈哈’。”②上网几年，见证了“哈”字的“通货膨胀”：过去，用“哈哈”就已经代表很好笑了；现在，经常要用“哈哈哈哈哈哈哈哈哈哈，没事啦”来证明自己没有生气。③隔壁住着一个老奶奶，养了一条哈士奇。她以为是哈开头的，就给狗起名叫“哈哈”。今天她的狗走丢了，老奶奶特着急，在小区四处找，到处喊狗的名字：“哈哈，哈哈，哈哈哈哈哈哈哈哈哈哈……”

784.【酱油·姜·油】儿子今年5岁，昨天让他去楼下买一瓶油，顺便再买点儿姜回来。他一边换鞋，一边念叨着“油、姜、油、姜……”走了出去。回来的时候，他买了一瓶酱油。

785.【节目单】爸爸带女儿去看木偶剧演出。在售票窗口，爸爸询问座位的价钱。售票员说：“一级票100元，二级票80元，站票50元，节目单5元。”女儿小声说：“那我们就坐节目单上吧！”

786.【门口转一圈】儿子三岁，今天在小店吃肥肠粉。因为人多，等半天还没见踪影。我就说：“走！儿子，咱们去门口转一圈。”随即走出门。走了几步一回头，儿子正在门口原地转圈，完了冲着我说：“爸爸，我已经转完一圈了，该你了！”

787.【米线】买了一袋大米，用电动车驮回家后才发现，米袋子的一角破了一个口子，在路上漏了许多大米。儿子走到门外，看着电动车刚才行驶的轨迹，自言自语道：“这就是传说中的米线吧。”

788.【怒·气】①老师问媛媛：“‘蜜蜂在花丛中采花，给花园增添了生气。’这句话什么意思？”媛媛答：“意思是‘蜜蜂偷花，花儿生气了！’”大家听了大笑。媛媛反驳道：“要是花儿不生气，哪来的‘鲜花怒放’？”②甲：人为什么要吸进空气？乙：为了一口气。甲：那为什么要呼出空气？乙：为了出一口气。③初中午休的时候，和朋友在厕所抽烟，还剩最后一口，朋友猛吸了一下。突然，教导主任进来了。看见我俩靠着窗户，问道：“干什么？”我慌了，转头看向我的朋友。只见从他的鼻孔里喷出了好多烟。他说：“我在生气。”

789.【请】四岁的女儿站在椅子上，伸手到桌子另一端的哥哥面前拿面包。为了教她懂礼貌，妈妈说：“你为什么不坐下，请哥哥递给你呢？”女儿甜甜地回答：“好的，妈妈。”然后，她冲着哥哥喊道：“把那块面包递给我！”“那个有魔力的字眼儿是什么？”妈妈问。“立刻！”她回答。

790.【扔一两块】跟妈妈出去散步时，遇到一个纠缠不休的乞丐。妈妈对我说：“随便给他扔一两块，让他赶紧走吧！”于是我给了他一块，他还不肯走。我想了想又扔给他两块，没想到他更放肆了。我咬咬牙只好一连又扔了好几块。路边的警察叔叔过来就喊：“你给我过来，扔石头的那个！”

791.【如果】小学老师让学生用“如果”做造句练习。一个学生写的句子是：“牛奶不如果汁好喝。”

792.【摄像头·射象头】①小明和朋友一起去动物园玩。走到象栏旁边，小明突然尿急，看四下无人，便偷偷往象栏里撒尿。尿到一半，朋友发现有监控，于是大喊：“小明！摄像头！摄像头！”小明照办了。大象暴怒，小明卒。②动物园学校的大象老师病了，小猴同学去看望它，说：“老师，一定是我不听话，把您气病了。我以后一定好好学习！”大象老师欣慰地说：“真乖！”然后抚摸着小猴的脑袋问：“你打算学什么啊？”小猴说：“我想学气象学，以后到气象站去做气象员！”③动物学校开课，大象迟到了。老师生气地说：“你怎么现在才来？还不如干脆别来了。”大象说：“真象可能会迟到，但永远不会缺席。”

793.【十分】儿子上小学，妈妈教育他：“你一定要记住，学习这件事就是‘三分天注定，七分靠打拼’，不努力肯定不行。”儿子听了，若有所思道：“妈妈，刚才讲的只有10分，那剩下的90分靠什么呢？”

794.【手·手指·手纸】①小孩上厕所每次都会忘记擦屁股。一次，妈妈提醒说："上完厕所，一定要记得用手纸把屁股擦干净哦。"小孩连忙点头。过了一会儿，小孩上完厕所，出来说道："我擦了屁股了。"妈妈表扬说："真乖。"小孩又问道："那我又用什么擦我的手指呢？"②"我再也受不了我女朋友了，她搅拌咖啡的时候和别人都不一样，居然用左手。""这没什么。她是个左撇子，我妻子也是。""可是，别人都用勺子啊！"

795.【属·属于】一次，妻子说："今天闺蜜约我去逛街，女儿就交给你了。"我对女儿说："妞妞，今天你属于我了！"女儿歪着脑袋看着我，说道："记得妈妈告诉过我，我是属猪的！"

796.【淘气】开学没几天，刚上一年级的儿子回来就问我有几个名字。我说："我只有一个名字啊！"儿子生气地说："不要骗我，你不是还叫'淘气'吗？今天上课时，老师说我是'淘气'的孩子！"

797.【头疼】早上，女儿对我说身上难受，不想去幼儿园。问哪儿难受，她有气无力地说："浑身头疼。"这话让人笑出了声。我接着问她："哪些头在疼？"她噘着小嘴，伸出手指头开始数："额头疼，鼻头疼，舌头疼，手指头疼，还有脚指头也疼。"

798.【西经·西京】中午和一个朋友吃饭。朋友问："为什么有东京、南京、北京，却没有西京？"还在思索时，隔壁桌的一个小男孩说："西经不是被唐僧取走了吗？"

799.【小强·蟑螂·张郎】①小刚上小学三年级，期末考试有一道选重量单位的数学题："小强体重25（ ）。单位是'千克'，还是'克'？"他选择的是"克"。爸爸很奇怪，问他："这么简单的题怎么还能做错？"小刚回答："我以为小强是蟑螂呢。"②和丈夫在家看电视剧《神雕侠侣》，看见李莫愁称呼陆展元"陆郎"，感觉好浪漫，想学习一下。丈夫姓张，我就喊了声："张郎！"丈夫扭头道："蟑螂！你还不如喊我小强呢！"

800.【小王·王科长】王科长家电话铃响了，小明拿起话筒，稚声稚气地问："您找谁？"对方说："请王科长接电话。"小明说："爸爸不在家。""这个小王，星期天也老往外跑。"对方嘟囔一句。小明歪头眨眼地说道："您找王科长，还是找小王？爸爸说了，凡是找王科长的，就说他不在家。凡找小王的，就叫醒他。”

801.【应酬】电话响起，妈妈接听之后，告诉九岁的儿子说爸爸晚上有应酬，不能回家吃饭。儿子好奇地问：“什么是应酬？”妈妈说：“本来不愿意去，却因环境或者一些人的关系而不能不去，这种聚会便是应酬。”从此，儿子上学前总会说一句：“我应酬去了。”

802.【再造】语文课上，老师让小明用“长城”造句。小明答：“长城很长。”老师不悦：“不行，再造一个！”小明把头一扭：“凭什么？！我又不是秦始皇！”

803.【政治面貌】一个学生填政治面貌一栏时，实在不知道写什么，于是填上“瓜子脸”。

804.【作·做】小妖甲看见另一个山头的小妖乙，问：“很久不见，你怎么这么憔悴？”小妖乙说：“别提了，前一阵子，大王叫我去巡山，抓个和尚做晚餐。”小妖甲：“抓到了吗？”小妖乙后悔地一拍大腿：“抓是抓到了，可那和尚每天做晚餐只会做萝卜、白菜！”

805.【做棺材好·做官才好】爷爷在病危之际，将年少无知的小雷叫到床前，用尽最后一口气嘱咐道：“孩子啊，这个世道，做官才好啊！”小雷是个听话的孩子，他将爷爷临终前的话牢牢记在心里。许多年以后，他终于成了村里最好的棺材匠。

返老还童

806.【超生】昨晚，爷爷坐在沙发上看电视，电视里正播放着古装神话剧，只听剧中的老魔头怒吼着：“我要打得你形神俱灭，魂飞魄散，让你永世不得超生！”一旁专心织着毛衣的奶奶闻言，嘟嘟囔囔地说：“现在超生不行……”

807.【复读·服毒】孩子今年高考没考上，爸爸说：“要是实在不行，就复读吧。”爷爷着急地说：“没考上就没考上，服什么毒啊！”

808.【光】老夫妇去拍照。摄影师问：“大爷，您是要侧光，逆光，还是全光？”大爷说：“我无所谓，能不能给你大妈留点衣服穿？”

809.【空间】周日给家里买了台电脑，方便爸爸在家里上网。第二天，正在上班，父亲打了个电话过来："电脑总提示'空间不足'。我已经把电脑搬到20平方米的客厅了，还是说'空间不足'。到底要放在多大的房间才行啊？"

810.【劳动局】一个农村孩子大学毕业，被分配到劳动局工作，管理灌溉。其父是个农民，顿时气不打一处来："我一直在地里干活，天天引水浇地。花大钱供你读书，毕业后却到了劳动局去灌溉！"

811.【两块·凉快；投·头；前头·钱投】一位老奶奶上了一辆空调车，投币一块钱。司机提醒："空调车两块！"老奶奶："是凉快。"司机重复："投两块！"老奶奶："不光头凉快，浑身都凉快！"司机急了："我告诉你钱投两块！"老奶奶："我觉得后头人少，更凉快！"

812.【磨墨·馍馍；为·喂】"李爱卿，朕命你写诗助兴。""皇上，写诗可以，还请贵妃为我磨墨。""哈哈，才子就是才子，要求都这么独特。来人，上馍馍。贵妃，你就喂李白吃几个吧！"

813.【师太·失态】鲁智深到了大相国寺，仍是戒不掉酒瘾，常常醉后惹事，闹得寺里鸡犬不宁。众僧告到方丈处。方丈无奈，私下劝智深："喝酒我不管你，但求酒后莫要失态！"鲁智深闻言大笑："哈哈，洒家有酒就行，还要什么师太！"

814.【五步蛇】A："五步蛇很毒。如果被咬了之后，走五步就会倒下。"B："那我就只走三步。"

815.【西直门·中关村】①一位台湾的同事刚来北京，和人约在西直门见。打车时，司机师傅问："您在西直门哪儿下？"同事寻思了一下。为了显示自己不是什么都不知道的外地人，便做熟悉状，随意地说："就停在门那儿吧！"②乘客问售票员："同志，这趟车到中关村吧？"售票员回答："到。"乘客："那麻烦在村口停一下！"

816.【下载·下崽】孙子对奶奶说："奶奶，您会下载吗？"奶奶火了："我不会下崽，你爹哪里来的？"

817.【小米】地铁车厢里，一个人在打电话："儿啊！城里的小米和苹果好贵啊！几千啊！不要上班，回农村种苹果和小米吧。"

818.【烟酒店】一农民到城市，不知道去哪里买烟。问了一个朋友，朋友说:“到烟酒店，一般卖酒的地方都卖烟。”朋友走到一家酒店，问:“有大中华吗?”回答说:“没有。”“有红双喜吗?”“没有。”“有黄鹤楼吗?”“没有。”朋友郁闷:“什么烟都没有，开什么酒店啊!”

819.【移动】有一个男子，喝醉后来到大街上。他突然想上厕所，便来到交警面前说:“警察，哪里有厕所?”交警说:“前面有个移动厕所。”男子说:“有没有联通厕所，我的手机号不是移动的。”

820.【怎么看】记者采访一位老奶奶:“您对在城市里随意燃放烟花爆竹这件事怎么看啊?”老奶奶:“我还能怎么看啊?就是趴在窗户上看呗。”

821.【证件类型】去银行办理业务，看到旁边一个老大爷在填表。我看他有些为难，就忍不住凑上去多瞅了一眼，其中有一个选项是证件类型。老大爷琢磨了半天，颤颤巍巍地填上“长方形”。

俏皮话

822.【爱多】“‘爱多’，你的爱是不是太多?”解析:“爱多”是一企业名。为了推销商品，该企业曾经在电视台投入巨额广告费。

823.【爱拼才会赢】爱“拼”才会赢:春天拼脸蛋，夏天拼身材，秋天拼气质，冬天拼性格。

824.【熬夜】为什么要叫“熬夜”呢?在深夜玩手机、吃夜宵、追美剧、看小说，一点也不煎熬啊?!上班应改成熬班。

825.【包】工钱就像紫菜包饭:很少，但是什么都要包。

826.【保重】亲爱的，你一定要多保重啊!当然，是保持过去的体重!

827.【杯具·悲剧】杯具不可怕，可怕的是它可以无限续杯。

828.【病假】有人请假的理由是“病假”，只因为病是假的。

829.【波·菠;羊·杨】宋丹丹:①送秋波:送秋天的菠菜。②现在的经理也多。我们后头的老杨头去年养了两只羊，现在见面都叫“羊总”了。

830.【不薄】脸皮厚的人，最常说的一句话是“我待你不薄”。

831.【不良·人流】①上学时看到“不良”二字，想到的是混混。工作后看到“不良”，想到的是呆账。年纪大了看到“不良”，想到的是药物反应。②以前，看到“人流”二字，第一反应是街上人数的多少。如今，看到“人流”，第一反应是堕胎。

832.【不是我说你】妈妈被附体了吗？每次骂我之前都要说一句：“不是我说你……”

833.【不粘锅】不粘锅族：早饭在街头小摊吃，午饭在单位食堂吃，晚上在父母家蹭一顿。据调查，很多年轻小夫妻承认自己是“不粘锅”一族。解析：另外，不粘锅也表示官员不腐败，不受贿赂。

834.【才·裁】我这么有才，上辈子肯定是裁缝。

835.【成功·不足】近年来，我获得了不少成功，主要分为三类：登录成功、下载成功、付款成功。也明白了自己最大的不足：余额不足。

836.【成功·失败】作为失败的典型，你实在是太成功了！

837.【成家】“祝早日成家”有两个意思：“结婚”和“成为某一领域的名家”。

838.【大家】《大家》（杂志）：既表示“名家”，又表示“大众”。

839.【待合格】教育部《小学生减负十条》规定：考试不评分，按照等级来评价，分成“优秀、良好、合格、待合格”四个等级。

840.【点·线·面】有些人看到数学书上的“点、线、面”，会想起“点心、米线、面条”。

841.【动】幼年是好动；少年是心动；青年是冲动；老年只有感动。

842.【斗·痘】①青春期前，皮肤好得吹弹可破；青春期后，我成了“战痘士”。②去青春痘药品广告：不让逗（痘）留。

843.【恩·嗯】一日夫妻百日恩，百日夫妻“嗯嗯嗯”。解析：婚姻中，沉默并不是金，而是随时可能引爆的炸弹。

844.【发·加·脱】网友对一地鸡毛的生活的最新诠释：别人发财我发胖，别人加薪我加班，别人脱单我脱发。

845.【反正】“反正”这个词不管用在哪里，都是满满的负面能量和消极态度。不知道你们喜不喜欢用，反正我是不用了。

846.【房】①我没钱，这辈子只能给你提供两间房，永久产权的：一间叫左心房，一间叫右心房。②提问：“为什么蜗牛看起来偶尔还算可爱，而鼻涕虫一直很恶心呢？”回答：“有房没房的区别。”

847.【风】配偶是成败的关键：世界上最大的风不是台风，而是枕边风。

848.【丰满·骨干】理想很丰满，现实很骨感。

849.【浮·沉】茶不过两种姿态：浮，沉。喝茶人不过两种姿势：拿起，放下。茶若人生：沉时坦然，浮时淡然。

850.【父爱如山】当了妈以后，突然领悟了"父爱如山"这四个字的意思：山一般静静地躺着，什么也不干。

851.【富·负】有资源、有钱就得承担责任，负责任的"负"才是最关键的：首富，首先应该是负责任的"负"。

852.【高发·高剪】理发店起名"高法"（高发）、"高检"（高剪），谐音最高人民法院、最高人民检察院。

853.【高数·高树】高数：高"树"。大学挂科排行，高等数学排名第一。高数就是一棵树，上面"挂"了许多人。

854.【搞、整、弄、干】"搞、整、弄、干"四大动词越过了言语的雅俗，解决了搭配的无所适从。

855.【狗不理】你不理我，那我成狗不理了！

856.【孤独】把"孤独"两个字拆开看，有小孩，有水果，有走兽，有蚊蝇，足以撑起一个盛夏傍晚的巷子口，韵味十足。

857.【骨头】丰子恺：有些动物主要是皮值钱，譬如狐狸；有些动物主要是肉值钱，譬如牛；有些动物主要是骨头值钱，譬如人。

858.【关门弟子】收一个关门弟子，学费一千元，只教关门。现在报名优惠，还负责教关灯、关窗、关空调。

859.【官·观】爱一个人，不仅要爱他在你面前的样子，更要爱他面对世界的模样：相爱容易，因为五官；相处不易，因为三观。

860.【龟·归】"海归"被戏称为"海龟"。空姐喜欢养乌龟，表示"平安归来"。

861.【过】"过"字新解：什么是"过"？就是"走"在分"寸"的前面。

862.【行】成功的四个要素：自己要行；要有人说你行；说你行的人要行；身体要行。

863.【合订本】如果说，女人像一本书，那么胖女人像什么书？合订本。

864.【后天】“先天”是指父母的遗传，那“后天”是什么？明天过后的那天。

865.【化疗・话疗】赵本山小品台词：他在接受化（话）疗。

866.【诲・毁】一些人所谓的“‘诲’人不倦”，不过是“‘毁’人不倦”。

867.【己所不欲，勿施于人】漫画家蔡志忠：己所不欲，勿施于人，是人的本分。己之所欲，施于他人，才是真的慷慨。

868.【尖；滑】人生与铅笔：人生就像铅笔，刚开始很尖，但慢慢地就被磨得圆滑了。不过，等到太过圆滑时，就差不多又该挨削了。

869.【见笑・见效・贱】①制造出一连串的“笑”果，让听众兴趣盎然。②人生所有的努力无非有两种结果：“见笑”或者“见效”。做好迎接前者的准备，做好遇见后者的从容。③真不好意思，让您见（贱）笑了。

870.【借】借钱潜规则：借一元叫“乞丐”，借千元叫“集资”，借十万叫“借贷”，借千万叫“融资”，借亿万叫“资本运作和IPO”。

871.【金】别说什么水克火、金克木。只要穷，就克所有。很多人到了一定年纪，发现最缺的其实还是“金”。

872.【镜】人生必须配备的几副眼镜：一是望远镜，看远；二是显微镜，看细；三是放大镜，看透；四是太阳镜，看淡；五是哈哈镜，笑看人生。

873.【久经・酒精】久经（酒精）考验。

874.【救我】一句话证明你看过四大名著：军师救我；妹妹救我；哥哥救我；悟空救我。

875.【就】婚姻的等级：上等婚姻互相成就，中等婚姻互相迁就，下等婚姻互为人质。

876.【局】有些“局”最好别掺和：婆婆的牌局、丈夫的饭局、家人的相亲局。

877.【卡夫卡・卡付卡】电视剧《丑女无敌》中一角色的外号为“卡付卡”，是城市中日渐扩大的用一张信用卡给另一张信用卡还债的人群的代称。

878.【开心・闭心・关心】“开心”的反义词为什么既不是“闭心”，也不是“关心”？

879.【看不上・看上了】女人与对象分手的两个原因：闺密看不上，闺密看上了。

880.【口水】口水定律：当你红得让人流口水时，关于你的口水就会多起来。

881.【快递·块地】为什么一个人很快乐？因为他（她）有块地（快递）！

882.【宽广】一位语文老师说："世界上最宽广的是海洋，比海洋宽广的是天空，比天空宽广的是考试范围，比考试范围宽广的是看到考试成绩后家长的胸怀！"

883.【懒】懒得像柿子。解析：懒柿子其实是脱涩后的柿子的另一种叫法。

884.【老板·总裁】老板着脸，简称"老板"；总在裁人，简称"总裁"。

885.【老不死】老不死。意义一：骂人的话。意义二：吉祥语。即无论怎样变老，都不会死。

886.【理财·离财】俗话说："你不理财，财不理你。"但是对大部分人而言，你不理财，财不离你。你若理财，财必离你。结论：别瞎理财。

887.【恋】"恋"是个很强悍的字。它的上半部取自"变态"的"变"，下半部取自"变态"的"态"。

888.【两会】成功人士的两会：开会、培训会。普通人的两会：约会、聚会。穷人的两会：这也不会，那也不会。奋斗的人的两会：必须会，一定要会！

889.【流民·游客】没钱的流浪者，叫"游民"；有钱的流浪者，叫"游客"。

890.【买·埋】在国外某城市，如果年收入1000万，房子爱买哪买哪；如果年收入5万，爱埋哪埋哪。

891.【美籍华人】有美国国籍的华人被称为"美籍华人"。如果一个美国人加入了中国国籍，叫"中籍美人"？

892.【美女·同志·小姐·孩子他妈】①西安62岁的女士乘地铁时向一位女工作人员求助，因一句脱口而出的"服务员"，让女工作人员很不高兴。程阿姨发出感叹："称'美女'太轻浮，称'同志'太过时，称'小姐'会让人反感，应该怎么称呼这些年轻女孩？！"②一高中生坐公交车，遇到一位带着孩子的年轻妈妈。高中生想让座，可不知道怎么称呼。叫"阿姨"吧，人家挺年轻；叫“姐姐”吧，也不行。情急之下，他说：“孩子他妈，来这儿坐。”

893.【门槛】所谓门槛，能力够了就是门，能力不够就是槛。提升自己才是硬道理。

894.【名片·明骗】名片：“名骗”或“明骗”的近义词。

895.【男儿膝下有黄金】男女各有金贵之处：男儿膝下有黄金，而女人头上、脖子上、耳朵上、手上都要有黄金。

896.【难除】古龙常使用奇数的人名，难道是因为奇数难“除”吗？

897.【难听死了】每次看歌唱比赛，总有人说民谣不死、摇滚不死，那到底什么死了？回复：难听死了。

898.【鸟人】骑白马的不一定是王子，可能是唐僧；带翅膀的也不一定是天使，有时候是鸟人。

899.【您】赵本山：霓虹灯显示字样刚开始是“北京欢迎您”，后来变成“北京欢迎你”，最后变为“北京欢迎尔（儿）”。

900.【跑·送·动】不跑不送，原地不动；又跑又送，提拔调动。

901.【片】大片、芯片、薯片。美国文化通过这三种和平的、缓慢的文化产业和信息控制的方式，在全球强势传播。

902.【妻管严·气管炎】妻管严：气管炎。

903.【乾坤】八卦歌诀：“乾（☰）三连，坤（☷）六断，震（☳）仰盂，艮（☶）覆碗，离（☲）中虚，坎（☵）中满，兑（☱）上缺，巽（☴）下断。”这是对八卦简单记忆的歌谣。

904.【穷】“穷”就是在固定单位，每天8小时，拼命干。解析：“宀”是固定的地方，一般指工作单位；“八”是八小时；“力”是拼命干。

905.【然】人生四然：来是偶然，去是必然，尽其当然，顺其自然。

906.【人民·人民币】为人民（币）服务。

907.【人生·人生观】①约翰·列侬：五岁时，妈妈告诉我，人生的关键在于快乐。上学后，人们问我长大了要做什么，我写下“快乐”。他们告诉我，我理解错了题目。我告诉他们，他们理解错了人生。②当不能拥有美好的人生时，最好能拥有美好的人生观。

908.【容易】甲：“成年人的世界，哪有‘容易’二字？还需好好努力！”

乙："有的。容易秃，容易胖。"

909.【三宝】小学生有三宝：起立、敬礼、老师好。中学生有三宝：补习、熬夜、拼高考。大学生有三宝：复制、粘贴、过就好。谎言有三宝：天长、地久、爱到老。

910.【三得】人生"三得"：沉得住气，弯得下腰，抬得起头。

911.【三观正】"三观正"其实是一个缩写，全称是"三观正好和我一样"。

912.【三清团·三青团】一家招聘单位提出的要求：只录用"三清团"的毕业生！所谓"三清团"，指本科、硕士、博士都出自清华。

913.【色】"色"字头上一把"刀"。

914.【厦·吓】你以为我是厦大（吓大）的？

915.【伤肝·伤心】喝酒伤肝，不喝酒伤心。与其伤心，不如伤肝。

916.【上午·早上】小胖在填写"寒假心得"的时候，忧伤地写道："知道为什么假期那么短暂吗？因为假期没有上午。知道为什么开学后的日子那么漫长吗？因为它们不仅有上午，还有早上！"

917.【射·矮】"射"和"矮"是两个被颠倒使用的汉字。"射"拆开来是"寸身"。身只有一寸高，分明不是"矮"吗？而"矮"拆开来是"委矢"。"委"，"托"也；"矢"，"箭"也；委矢在弦，不就是"射"吗？

918.【伸手要钱】出门前记住"伸手要钱"：身份证、手机、钥匙、钱。

919.【身份】什么是有身份的人呢？就是有身份证的人！

920.【升官·棺】不久前，有游客在某景区内的悬棺谷烧纸跪拜，其中一名参拜者吐露了实情：这些悬棺"升"在半空，是"升官"的谐音。

921.【诗·湿】一个译者：我不翻译诗，我只翻译干货。

922.【手气·脚气】小沈阳：我不但手气好，脚气也不错！

923.【数·鼠·属；牛·扭】①2020实属（鼠）不易。②祝你有"鼠"（数）不清的成果。③2021扭（牛）转乾坤。

924.【说话·出门】你说都不会话，将来怎么出生意做门！

925.【说谎】台湾《联合报》：说谎，只是卖弄"小聪明"；圆谎，可要搬出"大智慧"。

926.【斯基·司机；娃】俄罗斯是一辆幼儿园校车，里面不是司机就是娃。

927.【四同】共同创业的人大都逃不过“四同”的结局：同舟共济、同床异梦、同室操戈、同归于尽。

928.【送得远】一个人在广州寄了包裹，里面有违禁物品，他寄到黑龙江，给收件人虚构的名字是宋德元（送得远）。

929.【速·宿】对外卖员来说，越是条件恶劣的极端天气，就越是工作“旺季”：难逃“速”命。

930.【天堂·任天堂】不相信天堂，但相信任天堂。

931.【铁饭碗】铁饭碗的真实含义不是在一个地方吃一辈子饭，而是一辈子到哪儿都有饭吃。

932.【偷·盗】“盗”比“偷”更上档次。

933.【图】人生：没规划的人生叫拼图，有规划的人生叫蓝图；没目标的人生叫流浪，有目标的人生才叫航行。

934.【土】旧时，某大亨一生有两“土”：靠烟土（鸦片）生财、挥金如土。

935.【土豆】昨天看宝兰高铁通车的节目。一个主持人说：“定西有三宝，土豆、洋芋、马铃薯。”

936.【蛙·哇】某饭店遭人批评的招牌：“蛙！好吃。”解析：文字内容与“哇！好吃”谐音。

937.【外甥·外生】我在外国出生，因此是外甥。

938.【晚安】“晚安”的含义：不是确实要睡了，而是想进入一个人熬夜不被打扰的状态。睡不睡，谁知道呢。反正话题是终止了。

939.【万】网友：钱不是万能的，是万达的。

940.【网恋】一公一母两只苍蝇不小心撞到了蜘蛛网上。逃不掉，只能谈恋爱，简称网恋。

941.【危·微】中国中央电视台《今日说法》2020年1月8日至9日《解密“危”整形》用上下两期节目，揭示了国内微整形的种种乱象。

942.【危机】危机：既有危险，又有机遇。解析：美国前总统肯尼迪（Kennedy）和美国前副总统艾尔·戈尔（Al Gore）都曾经提到过汉语“危机”二字的双重性。

943.【文】英文、日文很难，但达尔文可能更难。

944.【无】理想的生活状态：良心无愧，身体无病，胸中无累，肩上无债。

945.【先进·先烈】台湾饭店业"教父"严长寿的经验之谈：比时代早一步叫先进，比时代早三步叫先烈。

946.【闲·咸】如果有人问我向往什么样的生活，我会如此作答：我要做一枚咸鸭蛋——闲得要命，富得流油。

947.【香火】我吸烟的理由很简单：爷爷吸烟，爸爸吸烟，轮到我不能断了香火。

948.【箱·乡】你坐在箱子上，想当乡长吗？那坐飞机上就是想当机长！

949.【想起来了】在床上躺了一会儿，我想起来了。解析："想起来了"有双重含义：一是表示想从床上起身；二是表示思考的某件事有了结果。

950.【孝】何为孝：贫穷的父母，钱到为孝；孤单的父母，相伴为孝；脾气暴躁的父母，理解为孝；患病的父母，照顾为孝；唠叨的父母，聆听为孝。

951.【心】当代婚姻的三大劲敌：已婚者不安心，未婚者不甘心，旁观者太热心。

952.【心眼】心眼这东西，很难懂：想多了，小心眼；想少了，没心眼；一直想，死心眼；不想了，缺心眼。

953.【辛苦·舒服】杨澜：辛辛苦苦，过舒服日子；舒舒服服，过辛苦日子。

954.【新闻语言】什么叫新闻语言？下面是一个例子：美国一个小镇报纸的实习记者报道一宗意外爆炸事件，写了几次都被总编打回来，原因是太啰唆。记者急了，大刀阔斧写了最后一次。总编看了一眼，马上通过。正文如下："约翰划着了一根火柴，想看看汽油桶里还有没有汽油。有。38岁。"

955.【新西兰】某高中教师鼓励高三毕业生报考"新西兰"地区的高校：新疆、西藏、西安和兰州。

956.【研究·烟酒】需要进一步研究（烟酒）才行。

957.【咽气】A：此仇不报难咽下这口恶气啊。B：那怎么才能让你咽气啊？

958.【洋灰·水泥】有些地方路况较差，晴天洋（扬）灰路，雨天水泥路。

959.【阳·殃】治愈后出院还阳，小区居民遭殃。

960.【艺术·遗书】艺术：遗书。解析：嘲讽国外某刊物《艺术人生》栏目。

961.【佚名】“佚名”这个人写了许多作品。许多文章后面都署着他的名字。

962.【勇】孕妇防辐射服和清兵身上的“勇”差不多，主要起个提示作用。

963.【优秀】仓央嘉措：我曾以为别人尊重我，是因为我很优秀。后来才明白，别人尊重我，是因为别人很优秀。

964.【预·与】浙江徐利案告破后，绍兴市检察机关在“引导不代替、参与不干预、讨论不定论、到位不越位”的原则下，深度介入。

965.【月子】赵本山：某某写了一本书，名字是《日子》。我准备写一本，名字是《月子》。

966.【运动会】问：为什么每次运动会都会下雨？答：没看见“运动会”这三个字里都有“云”吗？指不定哪片云里就藏着雨。

967.【知】人生两境界：一个知道，一个知足。知道，让人活得明白；知足，让人活得平淡。

968.【重大】重庆大学缩略为重大，变音为重大。

969.【重男轻女】女人反对重男轻女，却又常常跑去参加“减肥训练班”。解析：重有两重含义，一是指身体重，二是指重视。

970.【装·妆】在深夜可以重新认识一个人：深夜简直就是另外一个世界，因为人们不是卸“装”，就是卸“妆”。

971.【子】三分醉的男人会打开话匣子。更有经验的人说，七分醉的男人会打开皮夹子。

972.【走光】意义一：露出隐私部位。意义二：全部离开。一个图片名称是《美女走光图》。图片中，沙滩上空无一人。

973.【做大·坐大】办公室一族的悲哀：毕业后，有的人渐渐地做大了自己的事业，有的人渐渐地坐大了自己的屁股。

脑筋急转弯

974.【边】一个盒子有几个边？两个边：里边和外边。

975.【不准过桥】桥上写了“不准过桥”，为什么大家仍然从桥上通过？因为桥的名字是“不准过”。

976.【炒鱿鱼】经理不会做饭，可有一道菜特别拿手，是什么？炒鱿鱼。

977.【沉默】你只要叫它的名字就会把它破坏，它是什么？沉默。

978.【错】有一个字，人人见了都会念错。这是什么字？“错”字。

979.【打瞌睡】打什么东西，不必花力气？打瞌睡。

980.【碘酒】什么酒不能喝？ 碘酒。

981.【动物】进动物园看到的第一个动物是什么？售票员。

982.【风车】什么车子寸步难行？ 风车。

983.【光头强】为什么少林寺一直是古代武林第一大派？因为光头强。

984.【过去】一个小孩要过桥，但是桥上卧着一只狼，但是小孩还是过去了。他怎么过去的？他晕过去了。

985.【红字】怎样才能用蓝笔写出红字来？写个“红”字。

986.【火腿肠・火腿长】金木水火土，哪一个腿长？火腿肠（长）。

987.【见死不救】为什么会有人见死不救？已经死了，还救什么？！

988.【借光】借什么可以不还？借光。

989.【酒精】狐狸精最擅长迷惑男人，那么什么“精”男女一起迷？酒精。

990.【救人要紧】为什么蝙蝠侠和超人都穿紧身衣？因为救人要紧。

991.【零花钱】甲：一和零谁比较节俭？乙：不知道。甲：一，因为零花钱。

992.【南无阿弥陀佛】为什么很多佛教徒都在北半球？因为南“无”阿弥陀佛。

993.【难事・男士】世上无难事，然后是什么？只剩下女士！

994.【泥人】什么人始终不敢洗澡？泥人。

995.【七窍生烟】人在什么情况下会七窍生烟？ 火葬。

996.【傻瓜】冬瓜、黄瓜、西瓜、南瓜都能吃，什么瓜不能吃？傻瓜。

997.【闪】为什么用石头击不中星星？因为星星总是在闪。

998.【偷笑】偷什么东西不犯法？偷笑。

999.【先生】“是先有男人，还是先有女人？”“男人。”“为什么？”“男的被称为‘先生’。”

1000.【香蕉・相交】猴子为什么不喜欢平行线？因为平行线没有香蕉（相交）。

1001.【做出来】人被逼急了，什么事都做得出来吗？数学题不行。

特殊用途语言

1002.【不快】宽带业务广告：告别不快。

1003.【丑・条】交通标语：①你闯你丑。②道路千万条，安全第一条。

1004.【匆匆・冲冲】厕所文明劝导广告：来也匆匆，去也冲冲。

1005.【促・醋】某苹果醋饮料广告：醋进健康。

1006.【大不了】医学塑形广告：①没什么大不了。②做女人，挺好。

1007.【放假・放价・现・鲜】楼盘广告：①暑假大放价（假）。②现房鲜（现）售。

1008.【分】公益广告：垃圾分一分，环境美十分。

1009.【管】管道广告语：〇〇管，管用50年。

1010.【监】调侃语：总是监考，便成太监。

1011.【请】奶茶店广告语：我请您喝一杯。

1012.【小・大】椰汁广告：从小喝到大。解析：此广告因为品位低下，已经被舆论批评。

1013.【转】文具店促销广告：世界那么大，我想去看看！钞票这么少，哪都转不了！快来买个地球仪吧，世界那么大，你不但可以看看，还可以转转！

六、歇后语

1014.【安・淹】矮子过河——淹（安）心。

1015.【摆・掰】高粱地里找棒子——瞎摆（掰）。

1016.【办・搬・拌】①打灯笼搬石头——照办（照搬）。②冰凌调豆腐——难办（拌）。

1017.【棒子】母猪钻进玉米地——寻着吃棒子（玉米）。

1018.【薄・剥】佛爷脸上刮金子——浅薄（剥）。

1019.【抱・刨】木匠推刨子——抱（刨）打不平。

1020.【卑躬・背弓】笸箩里睡觉——卑躬（背弓）屈膝。

1021.【辈·被】侏儒盖被子——人小辈（被）大。

1022.【笨·奔】老太婆上鸡窝——（奔）笨蛋。

1023.【蹦·崩；词·瓷】①茶杯掉在地上——净蹦（崩）词（瓷）。②糖炒板栗——熟了就崩（蹦）。

1024.【便·辫】大闺女买假发——随便（辫）。

1025.【憋·鳖】王八说话——憋（鳖）声憋（鳖）气。

1026.【彬彬·宾宾】七姑子八大舅抬食盒——彬彬（宾宾）有礼。

1027.【不·步】大老爷下轿——不（步）行。

1028.【不懂·扑通】癞蛤蟆跳水井——不懂（扑通）。

1029.【不妙·补庙】土地堂里填窟窿——不妙（补庙）。

1030.【步·布】包脚布上飞机——一步（布）登天。

1031.【才·财】①肚里吞金——有内才（财）；②金子当作黄铜卖——屈才（财）。

1032.【才·裁】旗杆上挂剪刀——高才（裁）。

1033.【材·柴】山林中烧火——就地取材（柴）。

1034.【睬·裁·踩·采】①裁缝撂剪刀——不睬（裁）。②骑自行车下坡——睬（踩）都不睬（踩）。③霜后的桑叶——没人睬（采）。

1035.【茬·碴】锔碗的戴眼镜——专找茬（碴）儿。解析:“锔”表示用锔子接合破裂的陶瓷器等。

1036.【常·场·长】①碌碡上拴镜儿——照常（场）。②胖子的裤腰带——稀松平常（长）。③蛇住店——常（长）客。④庄稼老汉背木掀——扬长（场）而去。

1037.【嘲·潮；讽·风】寒流来了吹暖气——冷嘲（潮）热讽（风）。

1038.【吵·草·炒】①懒厨子办席——不想吵（炒）。②生肉——非吵不可（非炒不可）。③三个钱买个牛肚子——尽吵（草）。

1039.【称·撑】①心口上挂秤砣——称心。②高粱秆当柱子——撑（称）不起。

1040.【成·沉】木排下水——不成（沉）。

1041.【成·盛】没底的棺材——成（盛）不了人。

1042.【吃·次】烧饼铺里的耗子——次（吃）货。

1043.【齿·耻】豁子喝米汤——无耻（齿）下流。

1044.【愁·稠·筹】①二两米熬锅粥——不愁（稠）。②参谋皱眉头——一筹（愁）莫展。

1045.【臭·丑；闻·文】厕所里耍笔杆——丑（臭）闻（文）。

1046.【吹·催】耕地里甩鞭子——吹牛（催牛）。

1047.【捶·锤】铁匠摆手——欠捶（锤）。

1048.【疵·刺】地毯上寻针——吹毛求疵（刺）。

1049.【词·瓷】景德镇停业——没词（瓷）了。

1050.【聪·充】盲人戴眼镜——假聪（充）明。

1051.【错·挫】懒木匠的锯子——不错（挫）。

1052.【大·打】光头上拍巴掌——正大（打）光明。

1053.【呆·袋·代】①孔夫子的口袋——书呆（袋）子。②麻袋换草袋——一代（袋）不如一代（袋）。

1054.【歹毒·带犊】车后拴小牛——歹毒（带犊）。

1055.【逮·得】空手抓白鱼——难得（逮）。

1056.【带·歹】马蜂过河——歹（带）毒。

1057.【胆·掸】电线杆上绑鸡毛——好大的胆子（掸子）。

1058.【淡·旦；角·脚】猪蹄子不放盐——旦（淡）角（脚）。

1059.【淡·蛋】鸡屁股拴绳——扯淡（蛋）。

1060.【蛋·旦】刀马旦不会刀枪——笨蛋（旦）。

1061.【当·挡】胖婆娘过窄门——门当（挡）户对。

1062.【捣·倒】鸡蛋换鸭蛋——捣（倒）蛋。

1063.【倒·道】茶壶里煮冻梨——道（倒）出来也是酸货。

1064.【倒霉·捣煤】炉子翻身——倒霉（倒煤）

1065.【倒贴·盗铁】老鼠偷秤砣——倒贴（盗铁）。

1066.【地道·抵刀】铲子切菜——不地道（抵刀）。

1067.【盯·叮】苍蝇见粪堆——盯（叮）住不放。

1068.【定·锭】十两纹银——一定（一锭）。

1069.【丢丑・抖臭】剖肚腹翻肠子——丢（抖）丑（臭）。

1070.【动・冻・洞】①十月的萝卜——动（冻）了心。②冬天不戴帽子——动（冻）脑筋。③蚂蚁搬家——倾巢出动（洞）。④腊月天气——（冻）动手（冻）动脚。⑤冰库里点蜡——洞（冻）房花烛。

1071.【赌・堵】保温瓶的塞子——赌（堵）气。

1072.【杜撰・肚转】大胖子推磨——杜撰（肚转）。

1073.【度・肚】一顿能吃三升米——度（肚）量大。

1074.【度・渡】①大船载太阳——勉强度（渡）日。②张天师过海不用船——自有法度（自有法渡）。

1075.【断・段】门槛上剁萝卜——一刀两断（段）。

1076.【饿・我】没水吃，渴死人——与我（饿）无关。

1077.【发・法】和尚打伞——无法（发）无天。

1078.【反・翻】①错贴的门神——翻（反）了脸。②脸大的人脾气和蔼——很难翻脸。

1079.【犯・饭】①面条点灯——犯（饭）不着。②脑袋上顶锅巴——犯（饭）人。

1080.【方・妨】筛子脱坯——不妨（方）。

1081.【非・飞】①打鸟枪法不准——非（飞）也。②梦中游太空——想入非非（飞飞）。

1082.【粪・分】屎壳郎搬家——本分（粪）。

1083.【粪・愤】公共厕所扔石头——引起公愤（粪）。

1084.【风・疯・蜂】①扇着扇子说话——疯言疯语（风言风语）。②空中布袋——装疯（装风）。③苍蝇采花——装疯（蜂）。

1085.【服・浮・扶・付・富】①秤砣过河——不服（浮）。②掉下井的秤砣——扶（浮）不起来。③长江里漂木头——付（浮）之东流。④秤砣掉进大海里——富（浮）不起来。

1086.【服啦・伏辣】六月里吃生姜——服啦（伏辣）。

1087.【福・夫】庵庙里的尼姑——没福（夫）。

1088.【福气・夫妻】丈夫不打妻子——好福气（夫妻）。

1089.【概·盖】王八钻鼠洞——大概（盖）难办。

1090.【甘·干】砍倒的柳树——死不甘（干）心。

1091.【杆·秆】蛇吃高粱——顺杆（秆）爬。

1092.【敢·赶】老虎驾辕——没人敢（赶）。

1093.【敢·擀】鏊子里摊饼——不敢（擀）。

1094.【高·糕】矮子不吃馒头——想高（糕）。

1095.【各顾各·咯咕咯】母鸡带崽——各顾各（咯咕咯）。

1096.【耕·经】扛犁头下关东——经（耕）得多。

1097.【弓·功】①戴着乌纱弹棉花——有功（弓）之臣。②弹花匠上殿——有功（弓）之臣。

1098.【功·公】两代寡妇——没功（公）夫。

1099.【功·宫】僵蚕做硬茧——不成功（宫）。

1100.【顾·雇】老掉牙的驴——顾（雇）不得。

1101.【官·冠】鸡戴帽子——官（冠）上加官（冠）。

1102.【官僚·冠燎】老公鸡着火——官僚（冠燎）。

1103.【规·龟·规矩】①乌龟的屁股——规定（龟腚）。②王八中解元——规矩（龟举）。

1104.【诡·鬼】城隍出主意——诡（鬼）计多端。

1105.【行·航】货轮出了海——外行（外航）。

1106.【何·河】①船老大带徒弟——从何（河）说起。②河边洗黄连——何苦（河苦）。

1107.【横竖】隔墙扔扁担——横竖由它去。

1108.【哄·轰】炮打林中鸟——哄（轰）而散。

1109.【侯·猴】猪八戒打退堂鼓——不伺候（猴）。

1110.【后·厚】皮皇帝的妈妈——皮太厚（皮太后）。

1111.【后·候】有了病，吃人参——候补（后补）。

1112.【乎·呼】土地喊城隍——神乎（呼）其神。

1113.【乎·壶】醋坛里盛酒——满不在乎（壶）。

1114.【胡·壶·狐】①喝酒不拿酒盅——胡（壶）来。②狐狸吵架——

一派胡（狐）言。

1115.【糊·煳】耗子偷糯子——糊（煳）嘴。

1116.【花·华】开水碗上的葱花——华（花）而不实。

1117.【话·花·化·活·画·货】①七十岁配眼镜——老话（花）。②吃进冰棍，排出冰棍——没话（化）。③国画馆里倒垃圾——尽废话（画）。④墙壁上挂帘子——不像话（画）。⑤宋徽宗的鹰，赵子昂的马——好活（画）儿。⑥茶壶里煮馄饨——肚子话（货）。

1118.【慌·荒·谎】①脚趾缝里长茅草——慌（荒）了手脚。②庙里长草——慌（荒）了神。③稻谷场上扬草——撒谎（荒）。

1119.【谎·黄】大金牙说媒——满口谎（黄）言。

1120.【昏昏沉沉】肉锅丢进河——昏昏沉沉（荤荤沉沉）。

1121.【混·荤】肉汤里煮元宵——混（荤）蛋。

1122.【混·婚】钟馗嫁妹——鬼混（婚）。

1123.【火·伙】铁匠拆炉子——散伙（火）。

1124.【祸·火】披蓑衣救人——惹祸（火）上身。

1125.【机·饥】饿着肚子造反——借机（饥）闹事。

1126.【激·脊】房顶上种麦子——刺激（脊）。

1127.【计·髻；施·梳】和尚照镜子——无计（髻）可施（梳）。

1128.【记·系】腰带拿来围脖子——记（系）错了。

1129.【家伙·夹火】铁匠炉的钳子——好家伙（夹火）。

1130.【嫁·架】地黄瓜丢架子——嫁（架）不得。

1131.【尖·奸；猾·滑】红萝卜掉油篓——又奸（尖）又猾（滑）。

1132.【简单·见蛋·捡蛋】①老母鸡抱空窝——不简单（不见蛋）。②倒背手看鸡窝——不简单（捡蛋）。

1133.【见·剑】老将耍镰刀——少见（剑）。

1134.【狡·绞；猾·滑】①毒蛇爬竹竿——又狡（绞）又猾（滑）。②黄鳝爬犁头——狡猾（绞铧）。

1135.【脚·角】①螃蟹上戏台——角（脚）色不少，能唱的不多。②抹布盖牛背——崭露头角（脚）。

1136.【揭·截】大树做椽子——揭（截）短。

1137.【经纬·泾渭】梭引红线穿绿线——泾渭（经纬）分明。

1138.【精·惊】庙里的石马——精（惊）不了。

1139.【久·酒】精装茅台——好久（好酒）。

1140.【久闻·九文】十八个钱平均分两下——久闻久闻（九文九文）。

1141.【旧·舅】妗子改嫁——没救（舅）。

1142.【均·君】朝廷吃煎饼——均（君）摊。

1143.【可·磕；耻·齿】鼻子上挂钉锤——可（磕）耻（齿）。

1144.【肯·啃】怀揣玉米——不肯（啃）。

1145.【空调】教师涨工资——空调。解析：这条歇后语适用于几十年前。

1146.【空头支票·空投纸票】飞机上扔钱——空头（投）支（纸）票。

1147.【夸·跨】新买骏马——自欺（骑）自夸（跨）。

1148.【劳·捞·牢】①池塘里摸菩萨——劳（捞）神。②土地爷坐班房——劳（牢）神。③万岁爷掉进井里——劳（捞）驾。

1149.【累·泪】苍蝇飞进牛眼里——找累（泪）吃。

1150.【离·犁；跟·耕】壁上的春牛——离（犁）不得，跟（耕）不得。

1151.【理·李·里】①百家姓里第四名——说的是李（理）。②白布做棉袄——反正都是理（里）。

1152.【理亏·李逵】黑旋风的本名——理亏（李逵）。解析：与李逵发音相似的人是李鬼。

1153.【历·粒】碗底的豆子——历历（粒粒）在目。

1154.【厉害·离海】龙王爷搬家——厉害（离海）。

1155.【练·炼】锅边上的油渣——练（炼）出来的。

1156.【良·凉·量】①六月里吃薄荷——良（凉）心。②卖布不带尺——存心不良（量）。

1157.【聊·缭】王母娘娘缝花袄——神聊（缭）。

1158.【临·淋·轮】①下雨不打伞——临（淋）到头上了。②下雨躲进山神庙——轮（淋）不着。

1159.【淋·鳞】一桶开水浇在身上——遍体鳞（淋）伤。

1160.【溜·留】牧人不刮胡子——溜（留）须拍马。

1161.【流·留】大水冲走土地庙——留（流）神。

1162.【路·鹿】老寿星骑仙鹤——没路（鹿）。

1163.【落·乐】苹果掉在箩筐里——乐（落）在其中。

1164.【忙·盲】瞎子背瞎子——忙（盲）上加忙（盲）。

1165.【莽·蟒】巨蛇过街——莽（蟒）行。

1166.【茅·毛】麻黄汤发汗——茅（毛）塞顿开。

1167.【冒·帽】斗笠出烟——冒（帽）火。

1168.【没·煤】门头沟打官司——没（煤）的事。

1169.【霉·煤】茶馆的火钳——倒霉（煤）。

1170.【闷·焖】①饭甑（zeng）里蒸黄连——苦闷（焖）。②高粱米蒸饭——闷（焖）起来了。

1171.【迷·弥·米】①豆腐渣炒藕片——迷（弥）了眼。②饭锅冒烟——迷（米）糊了。

1172.【妙·庙】①寺里起火——妙哉（庙灾）。②和尚的房子——庙（妙）。③菩萨跺脚——妙（庙）极（急）了。

1173.【名·鸣·明·命】① 电灯照鹿头：名（明）角。②月下提灯——虚挂名（明）。③玻璃袜了玻璃鞋——名角（明脚）。④响鼓不用重槌——一点就明（鸣）。⑤点燃的蜡烛—— 长命（明）不了。⑥对着窗户吹喇叭——名（鸣）声在外。

1174.【摸·没】盲人伸手——没（摸）钱。

1175.【摩登·摸灯】盲人进烟馆——摩登（摸灯）。

1176.【莫·魔】张天师下海——莫（魔）怪。

1177.【目中无人】木器店里的棺材——目（木）中无人。

1178.【难·蓝】双手插进靛缸里——左也难（蓝），右也难（蓝）。

1179.【难·篮】篾匠赶场担一担——前后为难（篮）。

1180.【难·南】①北极的另一端——难（南）极。②从河南到湖南——难（南）上加难（南）。

1181.【难缠·南蟾】广东的蛤蟆——难缠（南蟾）。

1182.【恼·脑】①黄连水洗头——苦恼（脑）。②炭火盆扛肩上——恼（脑）火。

1183.【闹·挠】五黄六月长疥疮——热闹（挠）。

1184.【泥·你；吐·土】泥水匠招手——要你（泥）；要吐（土）。

1185.【泥·疑】①瓦匠的双手——多疑（泥）。②邮包掉水田——半信半疑（泥）。

1186.【年·黏】黏窝窝掺黄连——一年（黏）一年（黏）的苦。

1187.【撵·碾】屎壳郎掉车辙——不走就撵（碾）。

1188.【偶然·藕燃】荷塘里失火——偶然（藕燃）。

1189.【爬·扒】小猪抢食——吃里扒（爬）外。

1190.【爬·怕】坐电梯上楼——不怕（爬）。

1191.【跑·袍】薛仁贵的行头——白跑（白袍）。

1192.【痞·皮】牛毛、羊毛和驴毛——全是痞（皮）子出身。

1193.【骗·变】狗熊变黑瞎子——骗（变）自己。

1194.【平·瓶】飞机上挂暖壶——高水平（瓶）。

1195.【妻·凄】丈夫摇扇——凄（妻）凉。

1196.【奇·骑·旗】①马背上接电话——奇（骑）闻。②针尖上挑毛巾——不足为奇（旗）。

1197.【岂有此理】父亲向儿子磕头——岂有此理（礼）。

1198.【气·弃】对着镜子怒吼——自暴自弃（气）。

1199.【气·器】①大老爷的惊堂木——官气（器）。②酒杯里量米——小气（器）。

1200.【谦·牵·度·渡】①儿子拉着父亲胡子过马路——谦虚（牵须）。②拉着胡子上船——谦虚过度（牵须过渡）。

1201.【前·钱】①孙女穿上奶奶的鞋——钱（前）紧。②驼子上山——钱（前）紧。

1202.【腔·枪】旱烟袋打鸟——不是真枪（腔）。

1203.【亲·清·青】①春天的杨柳——分外亲（青）。②白菜叶子炒大葱——亲（青）上加亲（青）。③吃稀饭泡汤——亲（清）上加亲（清）。

④小葱拌豆腐——清（青）二白。

1204.【情·擎；难·南；领·岭】南天门作揖——高情（擎）难（南）领（岭）。

1205.【请·清】黄河里的水——难请（清）。

1206.【屈·曲】吃了一包回形针——一肚子委屈（曲）。

1207.【取·娶】封面上的美人——不可取（娶）。

1208.【然·燃】①橘子店失火——果然（燃）。②电灯泡上点火——不然（燃）。

1209.【然·染】染房姑娘的衣服——自然（自染）。

1210.【人·仁】嗑瓜子磕出臭虫——什么人（仁）都有。

1211.【骚·臊】狐狸嫁黄鼠狼——都是骚（臊）货。

1212.【色·射】坟地里拉弓——色（射）鬼。

1213.【色·虱】眉毛上掐跳蚤——有眼色（虱）。

1214.【扇·煽】摇扇抽烟——煽（扇）风点火。

1215.【伤·墒】犁地淹死牛——伤（墒）透了心。

1216.【少·嫂】哥哥不在家——少来（嫂来）。

1217.【身·申；虚·戌】十二个时辰占三个字——身（申）子虚（戌）。

1218.【神·绳】卖草帽的丢扁担——留神（绳）。

1219.【生·声】捏鼻子吃葱——忍气吞声（生）。

1220.【湿·失·时·识】①泥菩萨洗脸——失（湿）面子。②驼子打伞——背时（湿）。③蚂蚁尿书本——识（湿）字不多。

1221.【石·实】①山顶滚石头——实打实（石打石）。②千年的石佛像——老实（石）人。

1222.【石·死】贾府门前的狮子——死（石）心眼儿。

1223.【时·死】蛤蟆跳到热锅上——欢乐一时是一时（死）。

1224.【时髦·湿毛】耗子掉到水缸里——时髦（湿毛）。

1225.【实·十】老九的兄弟——老实（十）。

1226.【蚀·食】耗子进书箱——蚀（食）本。

1227.【始·屎；终·钟】厕所里挂表——有始（屎）有终（钟）。

1228.【屎·死】黄泥巴掉进裤裆里——不是事（屎），也是事（屎）。

1229.【事·食】茶壶里煮元宵——满腹心事（食）。

1230.【事·市】①马店买猪——没那事（没那市）。②通州集——常事（市）。③黑枣树上结柿子——小事（柿）一宗。④老和尚住山洞——没事（没寺）。⑤小和尚下山——出事（寺）了。

1231.【是非·试飞】航空兵翻筋斗——颠倒是非（颠倒试飞）。

1232.【手·守】①一辈子做寡妇——老手（守）。②六月里戴手套——保守（手）。

1233.【手·首】羊头插到篱笆内——伸手（首）容易缩手（首）难。

1234.【输·梳】俏大姐的头发——输（梳）得光。

1235.【输·苏】小苏他爹——老输（苏）。

1236.【树·竖】筷子顶豆腐——树（竖）不起来。

1237.【耍·刷】眼皮上吊炊帚——耍（刷）嘴。

1238.【说·刷】嘴上抹石灰——白说（刷）。

1239.【私·丝】老蜘蛛的肚子——净是私（丝）。

1240.【缩·说】唱戏的腿，说书的嘴——有伸有缩（说）。

1241.【贪·摊】卖煎饼的赔本——贪（摊）大了。

1242.【谈·弹】①半两棉花——免谈（弹）。②弹花匠的女儿——只会谈（弹）。

1243.【叹·炭】火烧旗杆——长叹（炭）。

1244.【唐·塘】水池里长草——荒唐（塘）。

1245.【掏·淘】喉咙里使勺子——淘（掏）气。

1246.【提·啼·蹄·剃·题】①大公鸡闹嗓子——不提（啼）了。②烧猪蹄不放酱油——白提（蹄）。③癞子的脑袋——不好提（剃）。④马背上钉掌——离题（蹄）太远。⑤才学理发就碰上大胡子——难题（剃）。

1247.【体统·提桶】水桶缺了把儿——不成体统（提桶）。

1248.【天·添】小碗儿吃饭——靠天（添）。

1249.【天才·添柴】烧火不旺——天才（添柴）。

1250.【调·吊】一串钱九百九——不成调（吊）儿。

1251.【调·挑】吃饺子不吃馅——调皮（挑皮）。

1252.【挺·铤】孕妇走独木桥——铤（挺）而走险。

1253.【同·童】小朋友唱歌——同（童）声同（童）调。

1254.【投·头】推小车上鼻梁——走投（头）无路。

1255.【突·秃】和尚枕着门槛睡——突（秃）出。

1256.【丸·玩】①药铺掌柜开抽屉——找玩（丸）。②王八坐月子——完（玩）蛋。

1257.【枉然·网燃】渔场失火——枉然（网燃）。

1258.【妄·汪】恶狗咬天——狂妄（汪）。

1259.【违法乱纪·尾发乱系】后边扎小辫——违法乱纪（尾发乱系）。

1260.【伟·尾】鸡尾巴上拴扫帚——伟（尾）大。

1261.【味·胃】肚脐眼上挂钥匙——开味（胃）。

1262.【文·闻；武·捂·舞】①被窝里放屁——能文（闻）能武（捂）。②茅坑里的搅屎棍——文（闻）不能文（闻），武（舞）不能武（舞）。③路边上的狗屎——不值一文（闻）。

1263.【窝囊废】裤兜里装五脏——窝囊废（肺）。

1264.【物·屋】房间里闹鬼——怪物（屋）。

1265.【希·西】透过窗缝看落日——一线希（西）望。

1266.【息·熄】耗干了油的灯火——奄奄一息（熄）。

1267.【席·息】开会请了假——没出息（席）。

1268.【虾·瞎】卖虾的不拿秤——抓瞎（虾）。

1269.【下·吓】黑瞎子坐月子——吓（下）熊了。

1270.【闲·贤·衔·咸弹】①夫子的徒弟——闲（贤）人。②狗吃豆腐脑——闲（衔）不住。③盐老板抱琵琶——闲谈（咸弹）。④卖油的不打盐——不管闲（咸）事。⑤炒咸菜放盐巴——太闲（咸）了。⑥喝盐开水聊天——尽讲闲（咸）话。

1271.【响·想】①一根麦秆打鼓——不想（响）。②半天云里吹唢呐——想（响）得高。

1272.【象·相】猪鼻子插葱——装相（象）。

1273.【邪·斜·鞋】①东西路，南北拐——走邪（斜）道。②房角贴对联——邪（斜）门。③脱了旧鞋换新鞋——改邪（鞋）归正。

1274.【心·芯】①草把做灯——粗心（芯）。②不拨灯不添油——省心（芯）。③蜡台上无油——空费心（芯）。

1275.【心·薪】打柴人回山庄——两头担心（薪）。

1276.【心·星】秤杆子当拐杖——小心（星）点。

1277.【惺·猩】猴子学走路——假惺惺（猩猩）。

1278.【羞·修】照相馆改底片——羞（修）人。

1279.【秀·锈】肚子里磨刀——内秀（锈）。

1280.【玄·悬】揪着马尾跑步——悬（玄）。

1281.【牙】①老头张嘴——亚克西（牙可稀）。解析："亚克西"为少数民族语言的汉语音译，意思为"好""优秀""棒"。②老太太打哈欠——一望无涯（牙）。

1282.【严·檐】房檐下吊磨盘——严（檐）重。

1283.【言·咽·沿】①泥人吃饼子——难言（咽）。②草帽烂了边——没言（沿）。

1284.【言·盐·檐；尽·进】①酱缸里泡石头——一言难尽（一盐难进）。②平房门前不漏雨——有言（檐）在先。③炒咸菜不放酱油——有言（盐）在先。

1285.【言之有理·沿枝有礼】拾食盒上树——言（沿）之（枝）有理（礼）。

1286.【羊·样·洋】①反穿皮袄——装样（羊）。②牵着羊进照相馆——出洋（羊）相。

1287.【仰·痒】背心藏臭虫——久仰（痒）。

1288.【妖·谣·腰·窑；艳·言·烟】①肚脐眼说话——谣（腰）言。②砖窑里失火——谣言（窑烟）。③荷包里冒烟——妖艳（腰烟）。

1289.【要·药】病人断了气——要（药）来也没用。

1290.【也·爷】阿公吃黄连——苦也（爷）。

1291.【一·衣；十·食】二三四五六七八九——缺衣（一）少食（十）。

1292.【一窍不通】十窍已通九窍——一窍不通。

1293.【倚·以】寿星卖了张果老——倚（以）老卖老。

1294.【因·音】楼顶上的警报器——事出有因（音）。

1295.【引·瘾】放路纸钱——瘾（引）死人。

1296.【影·缨】萝卜进菜窖——没影（缨）了。

1297.【由·游】冰滩上的鱼——由（游）不得。

1298.【游·油；闲·弦】卖油条的拉胡琴——游（油）手好闲（弦）。

1299.【余·鱼】流水滩头——有余（鱼）。

1300.【愚·鱼】鲤鱼戴斗笠——愚（鱼）人。

1301.【语·羽；关·冠】孔雀头上绑鸡头——语（羽）双关（冠）。

1302.【冤屈·圆曲】坛子里的豆芽菜——冤屈（圆曲）。

1303.【原·圆·源】①玻璃瓶里装王八——原（圆）形毕露。②井里放爆竹——有原因（圆音）。③西瓜地里散步——左右逢源（圆）。

1304.【缘·园】墙上栽菜——无缘（园）。

1305.【云·运】一跤跌在青云里——交好运（云）。

1306.【栽·哉】冬天水田里种麦子——怪哉（栽）。

1307.【赃·脏】①戴马桶坐大堂——赃（脏）官。②屎盆往脑袋上扣——栽赃（脏）。

1308.【遭·糟】年初一吃酒酿——头一遭（糟）。

1309.【沾·粘】豆腐渣糊门——不沾（粘）板。

1310.【占先·颤仙】吕洞宾打摆子——占先（颤仙）。

1311.【战·颤】老虎患伤寒——窝里战（颤）。

1312.【仗·账】①拿着算盘串门——找仗（账）打。②当兵的背算盘——找仗（账）打。

1313.【招·糟·照】①黄连酿酒——苦打成招（糟）。②半天云里点灯——高招（照）。

1314.【照·灶】丈八的灶台——高照（灶）。

1315.【真·针】①半个月绣不出一朵花——真（针）差。②棒槌缝衣服——当真（针）。③裁缝的家当——真正（针挣）。

1316.【争·蒸】开水锅里煮空笼——不争（蒸）包子争（蒸）口气。

1317.【正·真·朕】①唐僧的书——一本正经（真经）。②万岁流鼻血——正红（朕红）。

1318.【正合适·郑何氏】何家姑娘嫁给郑家——正合适（郑何氏）。

1319.【之·子】百岁生儿子——得之（子）不易。

1320.【肢·枝·趾】①五朵梅花开一朵——四肢（枝）无力。②司令上树——趾（枝）高气扬。

1321.【治·直】山坡上的弯腰树——难直（治）。

1322.【直·值】弯曲的牛角——值（直）不得 / 值（直）不了。

1323.【主·拄】灯草拐杖——做不了主（拄）。

1324.【专·砖·钻】①泥水匠无灰——专（砖）等。②苞谷秆里的虫——专（钻）心。

1325.【自顾自·吱咕吱】拉胡琴——自顾自（吱咕吱）。

1326.【自然·字燃】图书馆失火——自然（字燃）。

1327.【自我吹嘘·自我吹须】鲇鱼打喷嚏——自我吹嘘（须）。

1328.【自找难堪·自找难看】猪八戒拍照——自找难堪（看）。

1329.【罪·醉】喝足酒跳太湖——罪（醉）该万死。

1330.【作·坐】瘫子不出门——作（坐）家。

1331.【做围·作为】被单蒙桌子——作为（做围）很大。

七、谜语

1332.【安】谜面：鬆髻冲着天，乌云挂两边，双脚盘腿坐，烟袋手上端（打一字）。谜底：安。

1333.【安道全】谜面：一言难尽（打《水浒传》一人物）。谜底：安道全。

1334.【安徒生】谜面：岂可虚度年华（打一外国作家）。谜底：安徒生。

1335.【八】谜面：公而忘私（打一字）。谜底：八。

1336.【捌】谜面：一字生得奇，共唱四出戏：第一出霸王举鼎，第二出王婆骂鸡，第三出武松打虎，第四出吴起杀妻（打一字）。谜底：捌。解析：“举鼎”用“手”（扌），“骂鸡”用“口”，“打虎”用“力”，“杀妻”用“刀”（刂）。

1337.【白】①谜面：九十九（打一字）。谜底：白。②谜面：伯父隔壁没住人（打一字）。谜底：白。③谜面：一了百了（打一字）。谜底：白。解析：谜面意思是“一”字没有了，“百”字也就不存在了。

1338.【白露】谜面：百里挑一（打一节气）。谜底：白露。

1339.【百】谜面：自动变化（打一字）。谜底：百。

1340.【扮】谜面：离别（打一字）。谜底：扮。

1341.【包】谜面：有手怀里抱，有足想溜掉，有火点就跑（打一字）。谜底：包。

1342.【胞】谜面：中秋夜乌云密布（打一字）。谜底：胞。

1343.【保】谜面：傻瓜（打一字）。谜底：保。

1344.【抱】谜面：手提包（打一字）。谜底：抱。

1345.【悲】谜面：一条小船两根桅，九只燕子天上飞。六只停在桅杆上，三只还在船头尾（打一字）。谜底：悲。

1346.【碑】谜面：啤酒厂出酒（打一字）。谜底：碑。解析：“酒”和“酒”抵消后，余下“啤厂”，“口”与“厂”合成“石”。

1347.【北】谜面：反比（打一字）。谜底：北。

1348.【辈】谜面：旅行坐飞机（打一字）。谜底：辈。

1349.【本末倒置】谜面：半（打一成语）。谜底：本末倒置。解析：把“半”倒置看成“末”。

1350.【笨】谜面：竹子连根（打一字）。谜底：笨

1351.【必·刀】①谜面：一箭穿心（打一字）。谜底：必。②谜面：心如刀刺（打一字）。谜底：必。③谜面：心有余，力不足（打两字）。谜底：必，刀。

1352.【婢】谜面：注重生男（打一字）。谜底：婢。

1353.【弼】谜面：左右开弓，百发百中（打一字）。谜底：弼。

1354.【斌】谜面：文武两全（打一字）。谜底：斌。

1355.【殡】谜面：来者不善，善者不来（打一字）。谜底：殡。

1356.【冰】谜面：两点水（打一字）。谜底：冰。

1357.【伯】谜面：欧洲人（打一字）。谜底：伯。

1358.【博】谜面：刚满一尺（打一字）。谜底：博。

1359.【跛】谜面：彼此各有一半（打一字）。谜底：跛。解析：拆开“彼”“此”“各”三字，从中各取一部分，组成谜底“跛”字。

1360.【卜】①谜面：中心一点口不见（打一字）。谜底：卜。②谜面：一边一点（打一字）。谜底：“卜”或“小”。

1361.【不可同日而语】谜面：钓鱼岛是中国的，这个没有商量（打六字成语）。谜底：不可同日而语。

1362.【布达拉宫】谜面：奉先到，即挽公台（打一名胜古迹）。谜底：布达拉宫。解析：吕布字奉先，陈宫字公台。“奉先到，挽公台”表示布（吕布）达（到），拉（挽）宫（陈宫）。

1363.【步】谜面：正字少一横，不作止字猜（打一字）。谜底：步。

1364.【猜】谜面：左牵黄，右擎苍（打一字）。谜底：猜。解析：同一谜语，如果猜两个国家，就是“中、苏”（中间是苏轼）。

1365.【参】谜面：一勾一勾又一勾，一点一点又一点。左一撇来右一撇，一撇一撇又一撇。谜底：参。

1366.【昌】谜面：日复一日（打一字）。谜底：昌。

1367.【常温】谜面：手不释卷（打二字物理名词）。谜底：常温。

1368.【朝·萌】①谜面：十月十日（武昌起义）（打一字）。谜底：朝。②谜面：十字对十字，太阳对月亮（打一字）。谜底：朝。解析：两个谜语的答案又可以为“萌”。

1369.【城】谜面：砖（打一字）。谜底：城。

1370.【程】谜面：主动求和改缺点（打一字）。谜底：程。

1371.【充】谜面：子曰（打一字）。谜底：充。

1372.【醜】谜面：酒中没有水，简直活见鬼（打一字）。谜底：醜。

1373.【出·岳】谜面：山上复有山（打一字）。谜底：出，岳。

1374.【春】谜面：自有一日出头天（打一字）。谜底：春。

1375.【淳】谜面：高温季节（打一字）。谜底：淳。解析：“高”、“温”、“季”三字各取一节组合而成“淳”。

1376.【此一时，彼一时】谜面：60分是3600秒（打六字成语）。谜底：

此一时，彼一时。

1377.【促】谜面：座无虚席（打一字）。谜底：促。

1378.【窜天猴】谜面：大圣驾起筋斗云（打一花炮名称）。谜底：窜天猴。

1379.【崔·淮】①谜面：半進半出（打一字）。谜底：崔。②好山好水（打二字）。谜底：崔、淮。

1380.【打白条】谜面：李逵浪里斗张顺（打一不良现象）。谜底：打白条。解析：张顺外号浪里白条。

1381.【大】谜面：一人（打一字）。谜底：大。

1382.【大别山】谜面：成年后走出峻岭（打一山名）。谜底：大别山。

1383.【大喜过望】谜面：农历十六娶新娘（打一成语）。谜底：大喜过望。

1384.【呆】谜面：出自幽谷，迁于乔木（打一字）。谜底：呆。

1385.【胆】谜面：金乌玉兔一相逢（打一字）。谜底：胆。

1386.【淡】谜面：江边点起两盏灯火（打一字）。谜底：淡。

1387.【蛋】谜面：足下倒钩，底线传中，进球（打一字）。谜底：蛋。

1388.【德】谜面：人人树立四化志（打一字）。谜底：德。解析："德"由双人旁、"四"和"志"构成。同时，"志"化解为"十"、"一"、"心"。

1389.【灯】谜面：大小参差（打一字）。谜底：灯。解析："大""小"两个字笔画重新组合后，成为"灯"。

1390.【等】谜面：土上有竹林，土下一寸金（打一字）。谜底：等。

1391.【笛】①谜面：苗头不对（打一字）。谜底：笛。②谜面：个个不沾油水（打一字）。谜底：笛。

1392.【电】谜面：猴子尾巴翘（打一字）。谜底：电。

1393.【丁】谜面：何需杀人灭口（打一字）。谜底：丁。

1394.【订】谜面：边打边谈（打一字）。谜底：订。

1395.【丢脸】谜面：人面不知何处去（打一常用语）。谜底：丢脸。

1396.【东奔西走】谜面：鉴真渡扶桑，唐僧取真经（打四字成语）。谜底：东奔西走。

1397.【東】谜面：日落半林中（打一字）。谜底：東。

1398.【斗】谜面：十二点（打一字）。谜底：斗。

1399.【多】谜面：一夜又一夜（打一字）。谜底：多。

1400.【俄】谜面：人我不分（打一字）。谜底：俄。

1401.【恩将仇报】谜面：武松醉打蒋门神（打一成语）。谜底：恩将仇报。解析：《水浒传》中，武松醉打蒋门神，替施恩报了仇，将快活林夺了过来。

1402.【兒】谜面：鼠头虎尾（打一字）。谜底：兒。

1403.【二】谜面：夫人莫入（打一字）。谜底：二。

1404.【二十一条】谜面：香烟两块钱一盒（打一历史名词）。谜底：二十一条。

1405.【法】谜面：干燥剂（打一字）。谜底：法。

1406.【泛】谜面：看上去水少，实际上水多（打一字）。谜底：泛。

1407.【非】谜面：罪该斩首（打一字）。谜底：非

1408.【扉】谜面：不是门也是门（打一字）。谜底：扉。

1409.【肥皂】谜面：黑胖小子（打一生活用品）。谜底：肥皂。

1410.【焚】谜面：森林大火（打一字）。谜底：焚。

1411.【风吹草动】谜面：卷我屋上三重茅（打一成语）。谜底：风吹草动。

1412.【凬】谜面：虫入鳳巢飞去鳥（打一字）。谜底：凬。

1413.【逢】谜面：左右边锋紧密配合（打一字）。谜底：逢。

1414.【服】谜面：身上衣服口中食（打一字）。谜底：服。

1415.【府·廣】①谜面：一点一横长，一撇到南洋。南洋有个人，只有一寸长（打一字）。谜底：府。②谜面：一点一横长，一撇到南洋。二十去买田，初八回家乡（打一字）。谜底：廣。

1416.【俯】谜面：庄前村后人成双（打一字）。谜底：俯。

1417.【父】谜面：此字不凡仅四笔，无横无直无钩曲。皇帝见了要起身，圣人见了要施礼（打一字）。谜底：父。

1418.【幹】谜面：十元买早餐，八元买豆干（打一字）。谜底：幹。

1419.【缸】谜面：左边缺一半，右边空一半（打一字）。谜底：缸。

1420.【告】谜面：一口吃掉牛尾巴（打一字）。谜底：告。

1421.【歌】①谜面：兄有债（打一字）。谜底：歌。②谜面：没有哥哥（打一字）。谜底：歌。

1422.【阁】谜面：打开门，有客来。先脱帽，再进来（打一字）。谜底：阁。

1423.【更】谜面：与人方便（打一字）。谜底：更。

1424.【工】谜面：江西省（打一字）。谜底：工。解析："江"的西边省略，成为"工"。

1425.【汞】谜面：水上工程（打一字）。谜底：汞。

1426.【共】①谜面：失其心也（打一字）。谜底：共。②谜面：拱手让人（打一字）。谜底：共。

1427.【够】谜面：千言万语（打一字）。谜底：够。

1428.【古】谜面：没有舌头（打一字）。谜底：古。

1429.【乖】谜面：乘人不备（打一字）。谜底：乖。

1430.【拐】谜面：抢先别落后（打一字）。谜底：拐。

1431.【关汉卿】谜面：匈奴困苏武（打一古代作曲作家）。谜底：关汉卿。

1432.【观】谜面：重逢（打一字）。谜底：观。

1433.【棺】谜面：林务大臣（打一字）。谜底：棺。

1434.【规】谜面：改天见（打一字）。谜底：规。解析：将"天"和"见"改动，就是"规"。

1435.【果】谜面：太阳挂在树顶上（打一字）。谜底：果。

1436.【过】谜面：追根寻底（打一字）。谜底：过。

1437.【含笑】谜面：面带喜色（打一花名）。谜底：含笑。

1438.【旱】谜面：甲乙丙丁戊己庚辛壬癸（打一字）。谜底：旱。解析："天"可以理解为"日"。"天干"合在一起，等于"日干"合在一起，得到"旱"。

1439.【好】谜面：男女同行（打一字）。谜底：好。

1440.【皓】①谜面：判决无罪（打一字）。谜底：皓。②谜面：倾诉真情（打一字）。谜底：皓（告白）。

1441.【合】谜面：拿不出手（打一字）。谜底：合。

1442.【合肥】谜面：两个胖子在一起（打一地名）。谜底：合肥。

1443.【和】谜面：名利始终抛一边（打一字）。谜底：和。

1444.【赫】谜面：近朱者赤（打一字）。谜底：赫。

1445.【恒大】谜面：一旦用心有奔头（打一足球队名）。谜底：恒大。

1446.【衡】谜面：无风荷叶动（打一字）。谜底：衡。解析：无风荷叶动，必定大鱼行，所以是“衡”字。

1447.【红·黑】谜面：关公和张飞（打一外国名著）。谜底：《红与黑》。

1448.【花】谜面：此字不奇怪，芬芳又自在。七人头上草，大家都喜爱（打一字）。谜底：花。

1449.【彗】谜面：转过山头，隐隐见松林一片（打一字）。谜底：彗。

1450.【晦】谜面：天天（打一字）。谜底：晦。

1451.【慧】谜面：远树两行山倒影，轻舟一叶水平流（打一字）。谜底：慧。

1452.【魂】①谜面：司马中原（打一字）。谜底：魂（说鬼）。解析：司马中原曾经在卫视中文台主持两个灵异节目，《今夜鬼未眠》《惊夜吓吓叫》，也曾主持中国广播公司深夜节目《午夜奇谭》。节目中，他把自己亲耳听过或亲眼见过的一些光怪陆离、乡野奇谈说给听众。②谜面：《聊斋志异》（打一字）。谜底：魂。

1453.【活】谜面：欲话无言听流水（打一字）。谜底：活。

1454.【貨真價實】谜面：七个人有八只眼，十人亦有八只眼。西洋人有八只眼，家母同样八只眼（打一成语）。谜底：貨真價實。

1455.【霍去病】谜面：忽然沉疴脱体（打一西汉人物）。谜底：霍去病。

1456.【击】谜面：二山穿在一起，猜“出”没有道理（打一字）。谜底：击。

1457.【唧】谜面：嘴（打一字）。谜底：唧。

1458.【吉】谜面：一家十一口（打一字）。谜底：吉。

1459.【亟】谜面：子分居兮叹离别，重团聚兮意急切（打一字）。谜底：亟。

1460.【籍】谜面：竹林茅舍农家地，春耕缺水无心惜（打一字）。谜底：籍。

1461.【计】谜面：纵横谈（打一字）。谜底：计。

1462.【记·系】谜面：自言自语（打一字）。谜底：记。

1463.【记忆棒】谜面：过目不忘（打一数码产品）。谜底：记忆棒。

1464.【加拿大】谜面：十取一人（打一国家）。谜底：加拿大。解析："十"与加号"十"相同，"取"和"拿"同义，"一人"组合成为"大"。

1465.【夾·來】①谜面：一人挑两小人（打一字）。谜底：夾。②谜面：十字架下三个人（打一字）。谜底：來。③谜面：树旁站着两个人（打一字）。谜底：來。

1466.【尖】谜面：少长咸集（打一字）。谜底：尖。解析："少长咸集"出自《兰亭集序》。"尖"有"（年纪）大小"，对应了谜面中的"少长"。

1467.【简】谜面：竹影临门明月光（打一字）。谜底：简。

1468.【涧】谜面：门里阳光照，门外水滔滔（打一字）。谜底：涧。

1469.【饺】谜面：酒肉朋友（打一字）。谜底：饺。

1470.【脚】谜面：月字去了一直（打一字）。谜底：脚。

1471.【觉】谜面：学子远去，又见归来（打一字）。谜底：觉。

1472.【接龙】谜面：炎黄子孙，生生不息（打一扑克牌游戏）。谜底：接龙。

1473.【杰】谜面：四个人搬木材（打一字）。谜底：杰。

1474.【金·全】①谜面：点点成金（打一字）。谜底：全。②谜面：值钱不值钱，全在这两点（打一字）。谜底：金。③谜面：杜十娘怒沉百宝箱（打一店面招牌）。谜底：金银抛光。

1475.【京·如】①谜面：樱桃小嘴（打一字）。谜底一：如。谜底二：京。解析："京"可以分解为"一点小口"。②谜面：大有头，中无心，小全身（打一字）。谜底：京。

1476.【晶】①谜面：七十二小时（打一字）。谜底：晶。②谜面：待到重阳日（打一字）。谜底：晶。③一字九横六直，孔子猜了三日（打一字）。谜底：晶。

1477.【九·旭】①谜面：旭日东升（打一字）。谜底：九。②谜面：九号（打一字）。谜底：旭。

1478.【灸】谜面：长明灯（打一字）。谜底：灸。

1479.【臼】谜面：一半兒（打一字）。谜底：臼。

1480.【救】谜面：学生学字（打一字）。谜底：救。

1481.【居】谜面：木乃伊（打一字）。谜底：居。解析：谜面暗示“古代的尸体”，谜底由“古”“尸”二字合成。

1482.【聚精会神】谜面：王母娘娘蟠桃宴（打一成语）。谜底：聚精会神。

1483.【绝对值】谜面：为人民利益而死（打一数学名词）。谜底：绝对值。

1484.【军】①谜面：挥手自兹去（打一字）。谜底：军。②左轮护盖（打一字）。谜底：军。

1485.【卡】①谜面：上下合一（打一字）。谜底：卡。②谜面：上下串通（打一字）。谜底：卡。③谜面：上下难分（打一字）。谜底：卡。

1486.【开化】谜面：七人（打一县名）。谜底：（浙江省衢州市）开化县。

1487.【开会、出差】谜面：驾车不饮酒，饮酒不驾车（打两个行政用语）。谜底：开会、出差。解析：另一意义：开（车），会出差（错）。

1488.【开门见山】谜面：愚公之家（打一成语）。谜底：开门见山。

1489.【刊】谜面：干在前，谋利在后（打一字）。谜底：刊。

1490.【坎】谜面：金木水火（打一字）。谜底：坎。

1491.【棵】谜面：高树矮树留下来（打一字）。谜底：棵。

1492.【可】谜面：添丁进口（打一字）。谜底：可。

1493.【克】谜面：十个哥哥（打一字）。谜底：克。

1494.【肯】谜面：如果正月无初一（打一字）。谜底：肯。

1495.【控】谜面：手无寸铁（打一字）。谜底：控。

1496.【哭】谜面：夫妻骑狗把家还（打一字）。谜底：哭。

1497.【夸父】谜面：爸爸最棒（打一神话人物）。谜底：夸父。

1498.【夸张】谜面：孺子可教。（打一修辞手法）。谜底：夸张。

1499.【狂】谜面：狗王（打一字）。谜底：狂。

1500.【窥】谜面：洞里会郎君（打一字）。谜底：窥。

1501.【栏】谜面：代父从军未挂花（打一字）。谜底：栏。

1502.【蕾】谜面：田里雨后长青草（打一字）。谜底：蕾。

1503.【里拉】谜面：撞散（打一外国货币）。谜底：里拉。解析：“撞”分开之后，成为“扌”“立”和“里”，组合后为意大利货币“里拉（lira）”。

1504.【力】①谜面：点滴积累方有为（打一字）。谜底：力。②谜面：刀出鞘（打一字）。谜底：力。③谜面：加强劳动，三个有份（打一字）。谜底：力。解析："加强劳动"四个字中，三个字都有"力"字。

1505.【立】谜面：人不在其位（打一字）。谜底：立。

1506.【戾】谜面：看门狗（打一字）。谜底：戾。

1507.【粒粒皆辛苦】谜面：丸药（打一诗句）。谜底：粒粒皆辛苦。

1508.【戀】①谜面：无限心头语，尽在情丝中（打一字）。谜底：戀。

1509.【俩】谜面：落花人独立，微雨燕双飞（打一字）。谜底：俩。

1510.【料】谜面：一斗米（打一字）。谜底：料。

1511.【邻】谜面：小队改组（打一字）。谜底：邻。解析："小""阝""人"重新组合后成为"邻"。

1512.【林·森】①谜面：遇火燃烧，遇水挨浇。若猜尧字，智慧不高（打一字）。谜底：林。②谜面：木偶（打一字）。谜底：林。③左边不出头，右边不出头。不是不出头，就是不出头。谜底：林。④谜面：一个不出头，两个不出头，三个不出头。不是不出头，就是不出头（打一字）。谜底：森。

1513.【林海音·林如海】谜面：松涛吼（打一作家）。谜底：林海音。解析：如果打一台湾作家，为林海音。如果打《红楼梦》一人物名，则为林如海。

1514.【溜三样】谜面：白由滑、速度滑、花滑（打一菜名）。谜底：溜三样。

1515.【六】谜面：一点一横，两眼一瞪（打一字）。谜底：六。

1516.【六神无主】谜面：七仙女下凡配董郎（打一成语）。谜底：六神无主。

1517.【龙】①谜面：有耳听不见（打一字）。谜底：龙。解析：谜底加一"耳"为"聋"。②谜面：一根棍子，打弯狗腿。（打一字）谜底：龙。

1518.【楼】谜面：长十八，短八十，八个女儿下面立（打一字）。谜底：楼。

1519.【鲁】谜面：一半在河海，一半在天空。问它住哪里，老家在山东（打一字）。谜底：鲁。

1520.【鸾鳳和鸣】谜面：好鸟无心恋故林，吃罢昆虫乘風鸣。八千里路随口到，鹧鸪飞去十里亭（打四字）。谜底：鸾鳳和鸣。

1521.【乱码】谜面：随意堆叠（打一网络名词）。谜底：乱码。

1522.【掠】谜面：半推半就（打一字）。谜底：掠。

1523.【羅】谜面：礼义廉耻（打一字）。谜底：羅。解析：礼义廉耻为四维。

1524.【驴】谜面：火尽炉冷，平添意马心猿（打一字）。谜底：驴。

1525.【吕】谜面：互吻（打一字）。谜底：吕。

1526.【马】谜面：有点像画眉鸟（打一生肖）。谜底：马。解析："鸟"和"马"的最大区别是"一点"和"一撇"（一撇如同画了眉毛）。

1527.【马达】谜面：告别蛇年（打一种机械名称）。谜底：马达。

1528.【马致远】谜面：跨赤兔，走千里（打一元杂剧作家）。谜底：马致远。

1529.【买办】谜面：调整实力（二字旧称谓）。谜底：买办。

1530.【買】谜面：横算直算，二四得八（打一字）。谜底：買。解析："買"字上面是横的"四"，中间是直的"四"，下面是"八"字。

1531.【满江红】谜面：火烧赤壁（打一词牌名）。谜底：满江红。

1532.【满庭芳】谜面：小院清香（打一词牌名）。谜底：满庭芳。

1533.【每】谜面：遇水一片汪洋，逢木可闻花香（打一字）。谜底：每。

1534.【门】谜面：闻不入耳（打一字）。谜底：门。

1535.【門】谜面：日长月短左右站，一正一反两边排（打一字）。谜底：門。解析："門"为对称结构，每边都是"日"字多出一些，"月"字少了一些，而且左右一反一正排列。所以谜底是"門"。

1536.【米】谜面：正看八十八，倒看八十八。左看八十八，右看八十八。仔细一端详，好像一朵花（打一字）。谜底：米。

1537.【面】①谜面：一根木棍，吊个方箱。一把梯子，搭在中央（打一字）。谜底：面。②谜面：此字不难猜，而且不分开（打一字）。谜底：面。

1538.【瞄】谜面：眼看田上长青草（打一字）。谜底：瞄。

1539.【渺】谜面：干号（打一字）。谜底：渺。

1540.【妙】①谜面：二八佳人（打一字）。谜底：妙。②谜面：小姑娘（打一字）。谜底：妙。

1541.【名】谜面：周末前夕（打一字）。谜底：名。

1542.【名古屋】谜面：故宫（打一地名）。谜底：名古屋。

1543.【明】谜面：太阳西边下，月儿东边挂（打一字）。谜底：明。

1544.【陌】谜面：五十对耳朵（打一字）。谜底：陌。

1545.【目】谜面：三口重叠，莫把品字猜（打一字）。谜底：目。

1546.【募】谜面：劳模光荣（打一字）。谜底：募。解析："光"字还可以表示"完了，净尽"。将"劳模"二字中的"荣"去掉后，剩下的部分组合为"募"。

1547.【拿】①谜面：一人一张口，口下长只手（打一字）。谜底：拿。②谜面：和尚拜佛（打一字）。谜底：拿。

1548.【纳米】谜面：秋收万颗子（打一数学名词）。谜底：纳米。

1549.【奶】谜面：要一半，扔一半（打一字）。谜底：奶。

1550.【奈】①谜面：老大老二和老三，兄弟三个叠罗汉。老大踩着老二头，老三站在最下边（打一字）。谜底：奈。②谜面：一大二小（打一字）。谜底：奈。

1551.【难】谜面：滩头水落（打一字）。谜底：难。

1552.【你】谜面：小露头角显雄心（打一字）。谜底：你。解析：小＋𠂊（头角）＋亻（雄心）＝你。

1553.【鸟】谜面：唐老鸭退役（打一字）。谜底：鸟。解析：退役即解甲。

1554.【恁】①谜面：白首雄心志不移（打一字）。谜底：恁（nèn）。解析：白首指"白"上的一撇。雄心指"雄"中间的单人旁。"志不移"指还有"志"字。三个成分组合起来是恁。②自始至终关心人（打一字）。谜底：恁。

1555.【牛仔服】谜面：红孩儿甘拜下风（打三字服装款式）。谜底：牛仔服。解析：红孩儿是《西游记》中牛魔王的儿子。

1556.【農】谜面：星星之歌（打一字）。谜底：農。解析："星"为"辰"，"歌"为"曲"。

1557.【女汉子】谜面：男人站中间，妇孺站两边（打三字网络热词）。谜底：女汉子。

1558.【潘】谜面：前滚翻（打一字）。谜底：潘。

1559.【胖】①谜面：十五天（打一字）。谜底：胖。②谜面：半个月亮（打一字）。谜底：胖。

1560.【跑】谜面：裹脚（打一字）。谜底：跑。

1561.【陪】谜面：部位相反（打一字）。谜底：陪。

1562.【彭】谜面：好面花腔鼓，皮破难修补。拿住一个彪，走了一个虎。（打一字）。谜底：彭。

1563.【批】谜面：猜酒拳（打一字）。谜底：批。

1564.【频道】谜面：滔滔不绝说不停（打一电视用语）。谜底：频道。

1565.【平】谜面：六十不足，八十有余（打一字）。谜底：平。解析："平"字中有"六""十"，但少了一个点。"平"字中有"八""十"，但多了一横。

1566.【破】谜面：一边韧又软，一边硬又刚。软的可做鞋，硬的好盖房（打一字）。谜底：破。解析："软的可做鞋"暗示了"皮"字，"硬的好盖房"暗示了"石"字，二者合成谜底"破"。

1567.【扑】谜面：左拾遗，右补阙（打一字）。谜底：扑。

1568.【仆】谜面：算命先生（打一字）。谜底：仆。

1569.【奇】谜面：大河上下，顿失滔滔（打一字）。谜底：奇。

1570.【起】谜面：自行联合（打一字）。谜底：起。

1571.【器】谜面：一只狗四个口（打一字）。谜底：器。

1572.【憩】谜面：自古两岸必一统（打一字）。谜底：憩。

1573.【倩】谜面：独留花下人，有情却无心（打一字）。谜底：倩。

1574.【巧言令色】谜面：孔明定下空城计，苏秦能说六国平。六郎要斩亲生子，宗保不舍穆桂英（打四字）。谜底：巧言令色。

1575.【亲】谜面：匠心独具需出新（打一网络称呼）。谜底：亲。

1576.【秦】①谜面：春秋配（打一字）。谜底：秦。②谜面：二画大，二画小（打一字）。谜底：秦。

1577.【请坐奉茶】谜面：言说青山青又青，两人土上说原因。三人牵牛缺只角，草木之中有一人（打一礼貌用语）。谜底：请坐奉茶。

1578.【秋】谜面：一边红，一边绿。一边喜风，一边喜雨（打一字）。谜底：秋。

1579.【全聚德·都一处】谜面：二战会师柏林（打京城老字号二）。谜底：全聚德、都一处。解析：全聚德、都一处可以解析为全聚德（国首）都（柏林）一处。

1580.【人】①谜面：你有我没，花有草没（打一字）。谜底：人。②谜面：天上无二，合去一口，家家都有（打一字）。谜底：人。

1581.【壬】谜面：自始至终在一起（打一字）。谜底：壬。

1582.【忍】谜面：心有余而力不足（打一字）。谜底：忍。

1583.【認】谜面：欲言又止（打一字）。谜底：認。

1584.【肉】①谜面：一人在内（打一字）。谜底：肉。②谜面：妻（打一字）。谜底：肉。解析：肉可以分解为"内人"。

1585.【入】谜面：镜中看人（打一字）。谜底：入。

1586.【伞】谜面：十五人（打一字）。谜底：伞。

1587.【沙】谜面：舌尖上的西湖（打一字）。谜底：沙。解析："舌"字上为"丿"，"尖"上为"小"，"湖"之西为"氵"，"丿"+"小"+"氵"="沙"字。

1588.【莎】谜面：戈壁滩上一棵草（打一字）。谜底：莎。

1589.【杉】谜面：先生从前住西楼（打一字）。谜底：杉。

1590.【汕】谜面：一边水，一边山（打一字）。谜底：汕。解析：谜面如果改为"依山傍水"或"醉翁之意不在酒"，也是同样的谜底。

1591.【疝】谜面：致癌食品（打一字）。谜底：疝。解析："食"表示"除掉"。

1592.【扇】谜面：推门望一望，门里一大将。你说关云长，他说楚霸王（打一字）。谜底：扇。

1593.【伤逝】谜面：子在川上曰（打鲁迅一作品名）。谜底：《伤逝》。

1594.【赏】①谜面：生员与和尚口角，和尚不成和尚，生员不成生员（打一字）。谜底：赏。②谜面：子牙在上，子胥在下（打一字）。谜底：赏。解析：姜子牙，名尚。伍子胥，名员。

1595.【尚】谜面：高尔基（打一字）。谜底：尚。解析："高尔"的基部（底部）组合起来是个"尚"字。

1596.【少】谜面：飞砂走石（打一字）。谜底：少。

1597.【舌】谜面：白头偕老（打一字）。谜底：舌。

1598.【慑】谜面：又遂心，又顺耳（打一字）。谜底：慑。

1599.【神】谜面：日加直，不加点（打一字）。谜底：神。

1600.【慎】①谜面：两点一直，一直两点（打一字）。谜底：慎。②谜面：真心相伴（打一字）。谜底：慎。

1601.【生】①谜面：一只牛（打一字）。谜底：生。②谜面：死对头（打一字）。谜底：生。

1602.【笙】谜面：新竹（打一字）。谜底：笙。

1603.【聲】谜面：馨香飘逝，闻香无门（打一字）。谜底：聲。

1604.【省】谜面：独眼龙（打一字）。谜底：省。

1605.【狮】谜面：驯狗者（打一字）。谜底：狮。

1606.【十】谜面：田中（打一字）。谜底：十。

1607.【十五贯】谜面：望穿（打一昆曲剧目）。谜底：《十五贯》。

1608.【十月十日】谜面：仕绅中一人未见，邀朋友只请半边。大清斗乌云遮日，明月下更惹人怜（打四字）。谜底：十月十日。

1609.【蚀】谜面：啄木鸟（打一字）。谜底：蚀。

1610.【使君子】谜面：莫用小人（打一中草药）。谜底：使君子。

1611.【始】谜面：宝岛姑娘（打一字）。谜底：始。

1612.【士】谜面：有心得志（打一字）。谜底：士。

1613.【示】谜面：视而不见（打一字）。谜底：示。

1614.【仕】谜面：十一个读书人（打一字）。谜底：仕。

1615.【似】谜面：三人踢球，一人倒钩（打一字）。谜底：似。

1616.【首日封】谜面：头天不开放（打一集邮名词）。谜底：首日封。

1617.【受】①谜面：付出愛心（打一字）。谜底：受。②谜面：无心的愛（打一字）。谜底：受。

1618.【叔】谜面：上而又小，别小看它。若论辈分，准比你大（打一字）。谜底：叔。

1619.【赎】谜面：珠宝商（打一字）。谜底：赎。

1620.【树】谜面：左看掌法纲，右看结成双（打一字）。谜底：树。解析：掌法纲为“权”，结成双为“对”，合二为一为“树”。

1621.【衰】谜面：衷心倾倒（打一字）。谜底：衰。

1622.【双红】谜面：江枫渔火（打《儒林外史》一人物）。谜底：双红。解析：枫和火都是红色，因此双红扣合谜面。

1623.【水泵】谜面：冰上两点嫌它多，石头压水水爬坡（打一名词）。谜底：水泵。

1624.【水到渠成】谜面：柜（打一四字成语）。谜底：水到渠成。

1625.【顺】谜面：三张纸（打一字）。谜底：顺。

1626.【顺口溜】谜面：垂涎三尺（打三字俗语）。谜底：顺口溜。

1627.【斯】谜面：共二斤（打一字）。谜底：斯。

1628.【讼】谜面：有话大家讲（打一字）。谜底：讼。

1629.【甦】谜面：起死回生（打一字）。谜底：甦。

1630.【素】谜面：青一块，紫一块(打一字)。谜底：素。

1631.【肅】谜面：左一片，右一片。横带着方巾，顶上插枝箭（打一字）。谜底：肅。

1632.【岁】谜面：多出一半（打一字）。谜底：岁。

1633.【他】谜面：力物之灵（打一字）。谜底：他（人也）。

1634.【谭】谜面：Good morning（打一字）。谜底：谭。解析：西方人说Good morning表示“早上好”。“谭”可以分解为“西言早”。

1635.【特别想你】谜面：寒山寺前牧黄牛，口力二字与刀配。双木非林心相许，您若无心各自飞（打四字）。谜底：特别想你。

1636.【特等鱼露】谜面：王祥卧冰（打一食品名）。谜底：特等鱼露。解析：干宝的《搜神记》中，王祥性至孝。母常欲生鱼，时天寒冰冻。祥解衣，冰忽自解，双鲤跃出，持之而归。此事被后世奉为孝道经典故事。

1637.【腾】谜面：夫人回娘家，头戴两朵花。住了一个月，骑马转回家（打一字）。谜底：腾。

1638.【题】谜面：这一页（打一字）。谜底：题。

1639.【天】谜面：大丈夫不得出头（打一字）。谜底：天。

1640.【天津】谜面：增加十两（打一城市名）。谜底：天津。解析："添斤""天津"谐音。

1641.【田】①谜面：没心思（打一字）。谜底：田。②谜面：周围山色隐画里（打一字）。谜底：田。③谜面：四山纵横，两日绸缪。富是它起脚，累是它起头（打一字）。谜底：田。④谜面：干打雷，不下雨（打一字）。谜底：田。⑤左是山，右是山，上是山，下是山。山连山，山靠山，山咬山，不是山（打一字）。谜底：田。

1642.【偷】谜面：一人卧着一人站，背后藏刀把人瞒。整整待了一个月，做事谁也看不见（打一字）。谜底：偷。

1643.【头】谜面：重点支援大西北（打一字）。谜底：头。

1644.【秃】①谜面：日落香残，洗却凡心一点（打一字）。谜底：秃。②谜面：莺莺红娘去上香，香头插在案几上。远看好像张秀才，近看却是一和尚（打一字）。谜底：秃。

1645.【突】谜面：狗洞（打一字）。谜底：突。

1646.【土】谜面：走在上边，坐在下边。堆在左边，挂在右边（打一字）。谜底：土。解析："土"字在"走"字的上边，"坐"字的下边，"堆"字的左边，"挂"字的右边。

1647.【退出·显示】谜面：祟（打两个电脑常用词）。谜底：退出；显示。

1648.【脱】谜面：八兄弟同赏月（打一字）。谜底：脱。

1649.【丸】谜面：九点（打一字）。谜底：丸。

1650.【旺】谜面：太阳神（打一字）。谜底：旺。

1651.【望】谜面：昭君仰首看斜月，云天吊亡魂（打一字）。谜底：望。

1652.【吻】谜面：不要讲话（打一字）。谜底：吻。

1653.【乌】谜面：是黑不念黑，点睛就能飞（打一字）。谜底：乌。

1654.【无与伦比】谜面：桃花潭水深千尺（打一成语）。谜底：无与伦比。解析："桃花潭水深千尺"的下句是"不及汪伦送我情"。

1655.【毋】谜面：听听像爸爸，看看像妈妈（打一字）。谜底：毋。解析："毋"字音像"父"，字形像"母"。

1656.【鼯】谜面：子随我后（打一字）。谜底：鼯。

1657.【悟】谜面：我的心（打一字）。谜底：悟。

1658.【夕・歹・多】①谜面：多一半（打一字）。谜底：夕。②谜面：加一笔不好，加一倍不少（打一字）。谜底：夕。

1659.【昔】谜面：措手不及（打一字）。谜底：昔。

1660.【喜】谜面：自古离别惹相思（打一字）。谜底：喜。解析：自古离别，即把“古”分开成“十”“口”；“相思”扣“豆”，“十”“豆”“口”为“喜”。

1661.【细】谜面：给一半，留一半（打一字）。谜底：细。

1662.【仙】谜面：出一半有何不可（打一字）。谜底：仙。

1663.【鲜】①谜面：一个在水里，一个在山上（打一字）。谜底：鲜。②子牙垂钓，苏武放牧（打一字）。谜底：鲜。

1664.【冼】谜面：洗去一点（打一字）。谜底：冼。

1665.【现】谜面：主见差一点（打一字）。谜底：现。

1666.【相】谜面：休要丢人现眼（打一字）。谜底：相。

1667.【香】谜面：庄稼离不开太阳（打一字）。谜底：香。

1668.【箱】谜面：想放心，毛笔又丢了（打一字）。谜底：箱。

1669.【響】谜面：家书（打一字）。谜底：響。

1670.【小满】谜面：有点骄傲（打一节气）。谜底：小满。

1671.【小心】谜面：要保护视力（打三字口语）。谜底：小心眼。

1672.【斜】谜面：自成一格（打一字）。谜底：斜。解析：“自”即“我”，在古文中常用“余”相代。“格”有“打”的意项，扣“斗”，合成“斜”。

1673.【鞋】谜面：规格（打一字）。谜底：鞋。解析：“圭”与“规”谐音，“革”与“格”谐音，组合为“鞋”。

1674.【心】①谜面：打消念头（打一字）。谜底：心。②谜面：一钩残月带三星（打一字）。谜底：心。

1675.【辛弃疾】谜面：良药苦口利于病（打一宋代词人）。谜底：辛弃疾。

1676.【新浪微博】谜面：风乍起，吹皱一池春水（打一网络交流平台）。谜底：新浪微博。

1677.【鑫】谜面：金字塔（打一字）。谜底：鑫。

1678.【杏・呆・束・困】谜面：一字十八口，一字口十八。十八中有口。

口中有十八（打四字）。谜底：杏、呆、束、困。

1679.【姓·甥】①谜面：弄瓦之喜（打一字）。谜底：姓。②奇怪奇怪真奇怪，出个谜语给你猜。一家至少有一个，全国一共才几百（打一字）。谜底：姓。③谜面：弄璋之喜（打一字）。谜底：甥。

1680.【熊】谜面：去了上半截，有了下半截。比成两半截，又無下半截（打一字）。谜底：熊。解析："去"去掉了上半截是"厶"，"有"的下半截是"月"，"比"分成两半截是两个"匕"，"無"的下半截是四点。组合起来，是"熊"。

1681.【秀·秃】谜面：秀才翘尾巴（打一字）。谜底：秃。

1682.【恤】谜面：自上而下团结一心（打一字）。谜底：恤。

1683.【溆】谜面：自居汉中（打一字）。谜底：溆。

1684.【雪】谜面：大雨落在横山上（打一字）。谜底：雪。

1685.【衙】①谜面：与我同行（打一字）。谜底：衙。②谜面：自求进步（打一字）。谜底：衙。

1686.【啞】谜面：此字八横又八直，若问孔子也不知（打一字）。谜底：啞。

1687.【亚】谜面：存心不善，有口难言（打一字）。谜底：亚。

1688.【言】谜面：人无信不立（打一字）。谜底：言。

1689.【驗】谜面：三人两口一匹马（打一字）。谜底：驗。

1690.【杨乐】谜面：一骑红尘妃子笑（打一数学家）。谜底：杨乐。

1691.【恙】谜面：美人一去心生病（打一字）。谜底：恙。解析："美"去掉"一"和"人"，加上"心"，成为"恙"字。

1692.【尧】谜面：总有一天会明白（打一字）。谜底：尧。解析："尧"有一"日"为"晓"。

1693.【姚】①谜面：无为在歧路，儿女共沾巾（打一字）。谜底：姚。解析：四点为眼泪。②谜面：弄瓦之徵（打一字）。谜底：姚。

1694.【要】谜面：西方女子（打一字）。谜底：要。

1695.【耶】谜面：两边都能听到（打一字）。谜底：耶。

1696.【也】谜面：我没有他有，天没有地有（打一字）。谜底：也。

1697.【葉】谜面：百年前草，百年后木（打一字）。谜底：葉。

1698.【一】①谜面：上不在上，下不在下。不可在上，且宜在下（打一字）。谜底：一。②谜面：人有他则变大（打一字）。谜底：一。③谜面：春雨绵绵妻独睡（打一字）。谜底：一。解析："雨绵绵"说明没有太阳，"妻独居"说明丈夫外出。"春"字去掉一个"日"字，再去掉一个"夫"字，是"一"字。

1699.【一成不变】谜面：十分之九在革新（打一成语）。谜底：一成不变。

1700.【一二三四】谜面：百万雄兵卷白旗，天下无人去征西。秦王杀了余元帅，罵完一阵把馬骑（打四字）。谜底：一二三四。

1701.【一家之言】谜面：诧（打一成语）。谜底：一家之言。

1702.【夷】谜面：一人腰上挂张弓（打一字）。谜底：夷。

1703.【移】谜面：丰收年（打一字）。谜底：移。

1704.【以一当十】谜面：3–2=5（打一成语）。谜底：以一当十。解析：汉字"一"与数学符号减号"–"相近，汉字"十"与数学符号加号"十"相近。3–2=5应该为3+2=5，减号应该改为加号。

1705.【亦·挛·严】①谜面：转业之前（打一字）。谜底：亦。②谜面：转业之前留一手（打一字）。谜底：挛。解析："亦"留一"手"为"挛"。③谜面：转业到厂（打一字）。谜底：严。

1706.【翌】谜面：上面能飞，下边能站。今天猜不出，明天出答案（打一字）。谜底：翌。

1707.【引】谜面：如箭在弦（打一字）。谜底：引。

1708.【莺】谜面：朱雀桥边野草花（打一字）。谜底：莺。

1709.【瑛】①谜面：伊丽莎白（打一字）。谜底：瑛。②谜面：左看矮脚虎，右看陈玉成（打一字）。谜底：瑛。

1710.【用】谜面：重山复重山，重山向下悬；明月复明月，明月在两边。上有可耕之田，下有长流之川；一家共六口，两口不团圆（打一字）。谜底：用。

1711.【有感于斯言】谜面：秦始皇收回《逐客令》（打《兰亭集序》一句）。谜底：有感于斯言。

1712.【酉·酱】①谜面：干了酒已是黄昏时候（打一字）。谜底：酉。②

谜面：只是近黄昏（打一字）。谜底：酱。

1713.【鱼】谜面：无头无尾一亩田（打一字）。谜底：鱼。

1714.【语】谜面：自述（打一字）。谜底：语。

1715.【玉】谜面：主动一点（打一字）。谜底：玉。

1716.【玉·或】谜面：《建国（國）方略》（打一字）。谜底：答案一，或。答案二，玉。

1717.【妪】谜面：男宾止步（打一字）。谜底：妪。

1718.【育】谜面：云破月来（打一字）。谜底：育。

1719.【欲】谜面：饥荒（打一字）。谜底：欲。

1720.【元结】谜面：开明（打一唐代文学家）。谜底：元结。解析："开明"别解为"明朝的开始"，即元朝的结束。

1721.【元宵】谜面：清明前夜（打一食品）。谜底：元宵。解析：清朝明朝之前是"元"朝，"夜"即"宵"。

1722.【月】谜面：前有后没有，明有暗没有（打一字）。谜底：月。

1723.【岳】谜面：孔子登山（打一字）。谜底：岳。

1724.【阅】谜面：家中兄长多，一门共八个（打一字）。谜底：阅。

1725.【晕头转向】①谜面：东洋兵（打一字）。谜底：晕。②谜面：晖（打一成语）。谜底：晕头转向。解析：将"晕"字的"日"字移动到左边为"晖"。

1726.【运动项目】谜面：左顾右盼（打一体育名词）。谜底：运动项目。解析："运动项目"可以曲解为"动一下自己的脖子和眼睛"。

1727.【早】①谜面：草上飞（打一字）。谜底：早。②谜面：斩草不除根（打一字）。谜底：早。

1728.【早点名】谜面：豆浆、油条、小米粥（打三字考勤用语）。谜底：早点名。

1729.【乍得】谜面：昨日之日不可留（打一国家名）。谜底：乍得。

1730.【债】谜面：专人负责（打一字）。谜底：债。

1731.【长寿面】谜面：鹤发童颜（打一风俗食品）。谜底：长寿面。

1732.【仗】谜面：岳父大人（打一字）。谜底：仗。

1733.【爪】谜面：瓜熟蒂落（打一字）。谜底：爪。

1734.【赵·趙】①谜面：走是不对的（打一字）。谜底：赵。②谜面：有轿不坐，有马不骑。今天二十九，明日初一（打一字）。谜底：趙。解析：有轿不坐为“走”，有马不骑为“走”。今天二十九，明日初一，属于小月。“小月”合为“肖”字。综合起来是“趙”。

1735.【者】谜面：有目共睹（打一字）。谜底：者。

1736.【真】谜面：云南大旱（打一字）。谜底：真。解析：云南简称“滇”去掉水后为“真”。

1737.【正能量】谜面：站直方可测身高（打一网络热词）。谜底：正能量。

1738.【汁】谜面：十三点（打一字）。谜底：汁。

1739.【知了】谜面：已经晓得（打两字昆虫名）。谜底：知了。

1740.【直】谜面：真丢人（打一字）。谜底：直。

1741.【值】谜面：半真半假（打一字）。谜底：值。

1742.【职】谜面：一人生得丑，一耳八张口（打一字）。谜底：职。

1743.【旨·脂】①谜面：一个礼拜（打一字）。谜底：旨。②谜面：一月七日（打一字）。谜底：脂。

1744.【至】谜面：上头去下头，下头去上头。两头去中间，中间去两头（打一字）。谜底：至。

1745.【置之脑后】谜面：枕头（打一成语）。谜底：置之脑后。

1746.【众】谜面：一字有六笔，笔笔是斜的（打一字）。谜底：众。

1747.【重】谜面：千里姻缘一线牵（打一字）。谜底：重。

1748.【朱·移】谜面：木字多一撇（打一字）。谜底：移，或朱。

1749.【珠·猪】谜面：四四方方一院墙，院墙中间横道梁。院子分为两部分，只养猪来不养羊（打一文具）。谜底：算盘。解析：“（算）珠”“猪”谐音。

1750.【竺】谜面：见人就笑（打一字）。谜底：竺。解析：“竺”加上“人”为“笑”。

1751.【筑】谜面：竹影轻点半江风（打一字）。谜底：筑。

1752.【啭】谜面：专车到京里（打一字）。谜底：啭。

1753.【捉】谜面：兄弟姐妹（打一字）。谜底：捉。

1754.【姿】谜面：二小姐（打一字）。谜底：姿。

1755.【子·鼹·快一点】①子夜危险（打一字）。谜底：鼹。解析："子"在十二生肖是鼠。"夜危险"，即"日安"。"日安"是"晏"，合起来是谜底"鼹"。②谜面：子时将尽（打三字日常用语）。谜底：快一点。

1756.【自成一家】谜面：闯王府（打一成语）。谜底：自成一家。

1757.【总】谜面：将四化放在心上（打一字）。谜底：总。解析："四化"可以解析为将"四"化解，成为"总"的上部和中部。

1758.【足】谜面：吴头楚尾（打一字）。谜底：足。

1759.【座】谜面：庄里来了两个人（打一字）。谜底：座。

参考文献

[1] 程杰 . 宋辽金元歌谣谚语集 [M]. 南京：南京师范大学出版社，2014.

[2] 董志翘 . 启颜录笺注 [M]. 北京：中华书局，2014.

[3] 冯梦龙 . 古今笑 [M]. 呼和浩特：内蒙古人民出版社，1998.

[4] 李永文 . 名人谜语故事 [M]. 济南：山东人民出版社，2005.

[5] 刘海平 . 英美戏剧：作品与评论 [M]. 上海：上海外语教育出版社，2012.

[6] 陆谷孙 . 英汉大词典 [M]. 上海：上海译文出版社，2007.

[7] 吕爱晶 , 王程辉 . 大学英文经典原著导读 [M]. 北京：中国人民大学出版社，2018.

[8] 吕叔湘 . 现代汉语词典 [M]. 北京：商务印书馆，2016.

[9] 申俊 . 中国笑话 [M]. 上海：上海文艺出版社，1997.

[10] 孙坚 , 王程辉 . 美国当代短篇小说精编 [M]. 西安：陕西师范大学出版社，2016.

[11] 唐麒 . 中国幽默笑话集 [M]. 长春：时代文艺出版社，2004.

[12] 特里尔，罗斯 . 毛泽东传 [M]. 北京：中国人民大学出版社，2010.

[13] 王程辉 . 日语语言游戏实例精华 [M]. 苏州：苏州大学出版社，2018.

[14] 王程辉 . 日语语言游戏实例精华：续篇 [M]. 苏州：苏州大学出版社，2023.

[15] 王程辉 . 中医英语 [M]. 北京：高等教育出版社，2007.

[16] 王程辉 . 憨豆先生喜剧艺术形象研究 [M]. 苏州：苏州大学出版社，2020.

[17] 王程辉 . 美国作家约翰 · 巴思小说研究 [M]. 武汉：武汉大学出版社，

2013.

[18] 王程辉 . 他山之石：国外影视课堂教学启示录 [M]. 北京：光明日报出版社，2020.

[19] 王程辉 . 英美文学戏仿研究 [M]. 苏州：苏州大学出版社，2014.

[20] 王程辉 . 英美文学戏仿研究（续一）[M]. 苏州：苏州大学出版社，2016.

[21] 王程辉 . 英语双关语研究 [M]. 苏州：苏州大学出版社，2018.

[22] 王学勤 . 中华谜语大辞典 [M]. 合肥：安徽文艺出版社，1989.

[23] 游戏主人 . 笑林广记 [M]. 呼和浩特：内蒙古人民出版社，2009.

[24] 翟鸿起 . 中国经典名谜赏析 [M]. 北京：中国文史出版社，2007.

[25] 张豫 . 历代小品幽默 [M]. 武汉：崇文书局，2010.